中国近代史学文献丛刊

王东 李孝迁／主编

英国文化史

［英］博克尔／著
胡肇椿／译
李孝迁／整理

上海古籍出版社

2018年度国家出版基金资助项目

上海高校服务国家重大战略出版工程

上海市教育委员会科研创新计划重大项目
"重构中国：中国现代史学的知识谱系（1901—1949）"
（2017-01-07-00-05-E00029）

2018年度国家社科基金重大项目
"域外史学在华百年传播史（多卷本）"
（项目批准号18ZDA214）

Henry Thomas Buckle (1821—1862)

丛刊缘起

学术的发展离不开新史料、新视野和新方法,而新史料则尤为关键。就史学而言,世人尝谓无史料便无史学。王国维曾说:"古来新学问之起,大都由于新发现。"无独有偶,陈寅恪亦以为"一时代之学术,必有其新材料与新问题",取用此材料,以研求问题,则为此时代学术之新潮流;顺此潮流者,谓之预流,否则谓之未入流。王、陈二氏所言,实为至论。抚今追昔,中国史学之发达,每每与新史料的发现有着内在联系。举凡学术领域之开拓、学术热点之生成,乃至学术风气之转移、研究方法之创新,往往均缘起于新史料之发现。职是之故,丛刊之编辑,即旨在为中国近代史学史学科向纵深推进,提供丰富的史料支持。

当下的数字化技术为发掘新史料提供了捷径。晚近以来大量文献数据库的推陈出新,中西文报刊图书资料的影印和数字化,各地图书馆、档案馆开放程度的提高,近代学人文集、书信、日记不断影印整理出版,凡此种种,都注定这个时代将是一个史料大发现的时代。我们有幸处在一个图书资讯极度发达的年代,当不负时代赋予我们的绝好机遇,做出更好的研究业绩。

以往研究中国近代史学,大多关注史家生平及其著作,所用材料以正式出版的书籍和期刊文献为主,研究主题和视野均有很大的局限。如果放宽学术视野,把史学作为整个社会、政治、思潮的有机组成部分,互相联络,那么研究中国近代史学所凭借的资料将甚为丰富,且对其也有更为立体动态的观察,而不仅就史论史。令人遗憾的是,近代史学文献资料尚未有系统全面的搜集和整理,从而成为学科发展的瓶颈之一。适值数字化时代,我们有志于从事这项为人作嫁衣裳的事业,推出《中国近代史学文献丛刊》,计划陆续出版各种文献资料,以飨学界同仁。

丛刊收录文献的原则:其一"详人所略,略人所详",丛刊以发掘新史料为主,尤其是中西文报刊以及档案资料;其二"应有尽有,应无尽无",丛刊并非常见文献的大杂烩,在文献搜集的广度和深度上,力求涸泽而渔,为研究者提供一份全新的资料,使之具有长久的学术价值。我们立志让丛刊成为相关研究者的案头必备。

这项资料整理工作,涉及面极广,非凭一手一足之力,亦非一朝一夕之功,便可期而成,必待众缘,发挥集体作业的优势,方能集腋成裘,形成规模。华东师范大学历史学系,在史学理论与史学史研究领域有着长久深厚的学术传统,素为海内外所共识。我们有责任,也有雄心和耐心为本学科的发展贡献绵薄之力。在当下的学术评价机制中,这些努力或许不被认可,然为学术自身计,不较一时得失,同仁仍勉力为之。

欢迎学界同道的批评!

巴克尔史学及其在东方的回响
——代前言

在西方史学史上,英国史学家亨利·托马斯·巴克尔(Henry Thomas Buckle,1821—1862)极具传奇,他四十年短暂的生命几乎都奉献给一部巨著《英国文明史》(*History of Civilization in England*)。[①]该著甫经问世即轰动全球,被译成欧亚各国文字,有些国家还不止一种译本,反复再译再版。世界各国的读书人对巴克尔的书兴趣殊浓,上至知识菁英,下至普通学生,他的名字和思想甚至出现在戏剧和书籍广告中,引起社会各界的广泛注意。从影响面之广、争论之大、持续之久来说,巴氏在西方史坛可谓异例,找不出第二位。在中国,当下读者对其人其书已十分陌生,但饶有趣味的是,19世纪末至1940年代,这部英国人的书曾吸引了几代日本、中国的读者,在东亚世界留下了浓淡不一的痕迹。

一

在《文明史》出版之前,巴克尔在英国学界默默无闻,名声仅限于国际象棋界,而1857年《文明史》第一卷出版后,他的名字传遍欧洲,那时他才36岁。1859年达尔文(Charles Darwin,1809—1882)《物种起源》(*The Origin of Species*)出版,同样轰动了各界。巴克尔和达尔文是

[①] 《英国文明史》(下简称《文明史》)第一卷出版于1857年,第854页,第二卷出版于1861年,第601页,往后六年里出了十五版。1867年新版改为三卷本:第一卷即旧版第一卷前七章,第二卷即旧版第一卷第八章至第十四章及第二卷第一章,第三卷即旧版第二卷第二章至第六章,此后三卷本《文明史》最为流行。《文明史》只是巴克尔原先拟定的庞大写作计划中的一个未完的"导论"(General Introduction)。

1850年代英国学界两大焦点人物。巴克尔的传奇人生因《文明史》的出版开始进入人们的视野。① 《文明史》不同于一般历史著作,而以很大的篇幅讨论历史哲学。他认为,人类不过是自然的一部分,人类历史跟自然界一样受法则(Laws)宰制,"长久以来我坚信各个民族的进步受制于原理(principles),或者可称之为法则——有规律确实地宰制着自然界。我著作的目标就是为了发现这些法则。有鉴于此,我打算对欧洲一些大国在道德、知识和立法方面的独特性作一鸟瞰。我希望指出这些独特性出现的环境,借此对各民族进步过程的各个阶段互相确实关系有所认识。这些普遍关系,我打算作特别的应用,通过仔细分析英国历史,表明它们是如何统摄我们的文明……这是我著作的一般方案,如果它有什么价值的话,取决于我尽量将这个方案付诸实践,以及成功尝试将历史从编年史家、年代史编者、文物搜藏家那里拯救出来"。② 巴克尔执着地相信人类历史运转背后存在规律,由此抱怨史学家不能将零散的现象加以概念化,像牛顿就一个苹果从树上掉下来的简单事实中发现万有引力一样,以致无法将历史提升为一门科学。在他看来,史学家的任务就是要发现人类历史的"万有引力",以解释历史是如何发展,各民族包括英国是如何进步的,给读者提供一个观察未来的原理。

经长期思考研究,巴克尔认为对人类历史发展起到决定性作用的规律有两种:自然规律和思想规律。关于自然规律,他以为气候、食物、土壤、自然景象(The General Aspect of Nature)四大外在因素对人类社会影响最大。气候、食物、土壤影响于人类的财富积聚。财富积聚是闲暇所必需的,如无闲暇,则知识无从发展,文明遂无从产生。生产超过消费所得的剩余,是财富积累和知识阶级存在的前提。土壤的肥沃与气候状况,是产生财富的主要自然条件。财富积聚之后,始有分配

---

① 巴克尔传记可参阅:"Biographical Sketch of Henry Thomas Buckle", in *Essays by Henry Thomas Buckle*, New York: D. Appleton and Company, 1863, pp. 7 – 36; John Mackinnon Robertson, *Buckle and His Critics*, London: Swan Sonnenschein & Co., 1895, pp. 518 – 548; Alfred H. Huth, *Life and Writings of Henry Thomas Buckle*, London: Sampson Low & Co., 1880; Giles St. Aubyn, *A Victorian Eminence: The Life and Works of Henry Thomas Buckle*, London: Barrie, 1958.

② Huth, *Life and Writings of Henry Thomas Buckle*, pp. 63 – 64.

之事。人口分为雇主与劳工。巴克尔接受李嘉图(David Ricardo, 1772—1823)的工资铁律,以为工资的高下一视食物的贵贱。他也赞成马尔萨斯(T. R. Malthus,1766—1834)的观点,食物富足之地人口的增加,比食物稀少而难获得之地更为迅速。凡气候温暖、土壤肥沃的国家比气候寒冷、土地贫瘠的国家,食物富足而易得。在前者,人口增加有较大的倾向,劳动力视同商品,于是降低劳动价格,工资低落。有一种明显的趋向,热带国家工资低,而寒带国家工资高。人口增加使工资减低,所以人口增加是民众贫穷的主因。贫穷的结果,减低劳动阶级的力量,而增加财富阶级的力量。因此,底层阶级在政治、经济方面势必依附财富阶级。热带和肥沃平原,民主与自由政治不易发达,而在食物稀少、工资高昂、大量财富积聚几不可能的条件下,始见自由政府与自由社会的繁盛,其他状况只能形成阶级与民众的贫穷与堕落。自然景象会对人类精神状态产生直接的作用,引起恐怖情绪或惊异想象。在自然势力极盛时,人深觉自己的渺小,人的卑微感禁锢了他成就的意志,冷静的理智无发展的机会。反之,自然界的力量微弱,则人得其自信,进而了解并统制自然势力,于是人的智力乃得活动的机会。

《文明史》着重探究各种自然条件对人类社会的影响,但巴克尔不是地理环境决定论者,他不认为自然条件对人类社会发展具有决定意义。相对于思想规律,自然规律对人类历史进程的控制又是有限的。综观人类历史,巴克尔将其分为欧洲文明与非欧洲文明,前者自然服属于人,后者人服属于自然,所以人类文明发展的巅峰在西欧尤其是英国。在欧洲文明中,自然条件不太优越,反而有利于人类知识的积累,这是一切社会进步的基础。他说,欧洲文明的进步表明自然规律力量的减少,思想规律力量的增进。思想规律又区分为知识规律和道德规律。他认为道德是静止固定的,知识是不断进步的,故社会进步实际上发挥作用的是知识。欧洲文明进步的动力来自知识而不是道德,且道德受知识支配。知识在社会发展中的作用有四种法则:其一,除了知识,其他种族或道德因素一切放弃;其二,人的天赋能力并不能增进,文明全靠知识的进步;其三,任何思想中的怀疑精神,是社会进步的前提;其四,保护精神是文明的大敌,或人类进步的大敌。

对于如何发现历史规律，巴克尔受比利时统计学家凯特勒（Adolphe Quetelet，1796—1874）影响，相信统计学方法是发现人类历史规律的不二法门。凯特勒被视为"十九世纪最伟大的规律推销员"（the greatest regularity salesman of the nineteenth century），①他研究社会现象的统计数据，认为从一个长时期来看，社会现象存在一个相对稳定的趋势，尽管短时期内会有变动。巴克尔相信随着统计学的进步，人类行为如谋杀、自杀、犯罪等，都可借助统计方法发现其中规律，揭示人类行为的一般性，甚至在某些方面可以预测。

《文明史》出版以来，各界人士对巴克尔评论之多，在西方史坛无出其右。② 巴克尔史学有三方面需要加以说明：第一，他的思想是多元的，吸收了启蒙运动以来各种思想资源，组成系统化的论述。一般都把巴克尔视为实证主义史学代表性人物、"英国的孔德"（English Comte），但他不完全是孔德思想在历史领域的简单"翻版"，他还接受了法国启蒙思想家孔多塞（Condorcet，1743—1794）的历史发展阶段论、孟德斯鸠（Montesquieu，1689—1755）的地理环境论、凯特勒的统计学等。③ 孔德最后提出所谓"人类宗教"（Religion of Humanity），根据科学原理让社会有序化，建立有组织的宗教性质社会。巴克尔显然没有这个企图心，这违背了他自由的、不干涉的立场。他没有为了某种乌托邦的理想而欲改造社会，而是通过研究社会各种现象，发现背后规律，帮助人们理解人类历史进程。此外，不少中外学者视巴克尔为地理环境决定论者和唯物主义者，这些都是对巴克尔史学的曲解，事实上他持以知识为中心的史观。

第二，巴克尔的史学方法与学院派史家不同，故不被专业史家所接受。19世纪在欧洲一些国家史学已经出现专业化趋向，德国最发达，法国次之，英国相对滞后。在英国，业余史家著史的传统颇为兴盛，巴克尔也是其中一员。巴氏没有接受过学院学术训练，他研究历史主要

---

① Ian Hacking, *The Taming of Chance*, Cambridge: Cambridge University Press, 1990, p. 105.
② 关于批评巴克尔的情形，详参 John Mackinnon Robertson, *Buckle and His Critics*, London: Swan Sonnenschein & Co., 1895.
③ Huth, *Life and Writings of Henry Thomas Buckle*, pp. 239-242.

靠自我摸索,与职业史家很少交流,身边没有良师益友,①大体处于闭门造车的状态,由此形成了独具个人风格的治史方式。与职业史家通常从搜集一手文献入手研究不同,巴克尔主要以拉德纳(Dionysius Lardner)主编的《袖珍百科全书》(*Cabinet Cyclopaedia*)作为入门读物。②该丛书凡133卷,属于普及读物,包括大量的历史著作,构成了巴克尔的历史知识的主要来源。当然,他也认识到这些流行著作存在许多错误,所以他会找更权威的著作来比较阅读。他从这些自认为最好的二手研究著作(也包括那些谈不上权威的著作)中选择史实,然后把它们安置在自己的思想体系中。《文明史》的脚注揭示巴克尔掌握了数量惊人的史料,在当时可谓海量,几乎囊括诸如法学、科学、哲学、政治经济学、心理学、医学、统计学等所有学科领域。但是,巴氏以"六经注我"方式取用史料,而且他似乎没有充分的史料批判意识,无所谓一手史料与二手史料,所以他的著作存在大量的史实错误。英国史家阿克顿(Lord Acton,1834—1902)就《文明史》的观点和史料曾给予严厉批评。③巴克尔的立论不是建立在可信完备的史料基础上,所以他的结论自然不被专业史家所接受。加之他对传统史家的挖苦和嘲讽,对自己的理论过于自负,遂引起大多数职业史家的敌意和拒斥。④

第三,巴克尔在公众中具有很大的力量。英国史家古奇(G. P. Gooch)认为《文明史》可列入"最有吸引力的历史著作之林","他的书却在许多读者的生活中标志着一个时代"。⑤ 美国汤普森(J. W. Thompson)说:"巴克尔的记述虽说并不完美,但从来还没人否认他的书很有见地,除了他那结论以外,他对当时青年人的激励也是不应当忘记的。即使他本人并未曾写出伟大的历史著作——这一点尚无定论,有待解决——但他的确是促使别人写出伟大历史著作的原因。"⑥《文

---

① Robertson, *Buckle and His Critics*, pp. 521 - 522.
② Huth, *Life and Writings of Henry Thomas Buckle*, p. 20.
③ Acton, "Mr. Buckle's Philosophy of History", in *Historical Essays & Studies by John Acton*, edited by John Figgis and Reginald Vere Laurence, London: Macmillan, 1907.
④ G. A. Wells, "The Critics of Buckle", *Past & Present*, No. 9 (Apr., 1956), p. 75; Bernard Semmel, "H. T. Buckle: The Liberal Faith and the Science of History", *The British Journal of Sociology*, Vol. 27, No. 3, Special Issue: History and Sociology (Sep., 1976), pp. 370 - 386.
⑤ [英]古奇著,耿淡如译:《十九世纪历史学与历史学家》(下),商务印书馆,1989年,第876页。
⑥ [美]汤普森著,孙秉莹、谢德风译:《历史著作史》下卷第4分册,商务印书馆,1996年,第611页。

明史》对一般读者具有不可抵御的魔力,不论富人还是穷人,受过教育的和没有受过教育的,英国人和外国人,当时许多外行人都读这本书,对这一时期公众思想产生很大的影响。① 如果追问《文明史》风行之因,笔者以为或跟以下方面有关:

其一,《文明史》预设的读者是大众而不是专业学者。巴克尔的文字非常有魅力,很能吸引读者。达尔文虽然不同意巴氏对科学方法的理解,但他很乐意阅读《文明史》,称赞巴氏是用英语写作最好的作家。② 确实,巴克尔讲究行文,注意遣词造句,每日花四小时研究 Hallam、Burke 或其他名家的作品,③从不自满,一直努力如何写得更好,他希望自己的书能被大众接受,广泛流传。他尤其反感英国著名学者常用笨拙的术语破坏了英语,以致普通人根本不能真正理解。④ 巴克尔写作预设的读者定位在底层阶级和工人阶级,而不是专业学者,所以他的文字要尽量浅显而有力。他曾表示宁愿世人称赞《文明史》是通俗读本,而不是学术出版物。⑤ 巴氏著作出版之后的风行,足以说明他的努力是成功的。他独特的文风能左右读者的思想,甚至批评者也不得不承认《文明史》表达和辩护方式独具价值,"语言清晰、活泼、有说服力,有时近乎雄辩,态度诚挚,读者完全相信他所讲的学说"。⑥ 巴克尔表述直截,观点鲜明,绝不含糊,坚定有力,饱含无限的热情,极易感染读者。⑦

其二,《文明史》具有浓烈的批判否定风格。巴克尔批判传统历史写作,指出大多数历史著作充满了毫无价值的细故,"君主和宫闱的私

---

① Joseph A. Schumpeter, *History of Economic Analysis*, Routledge, 2006, p. 410.
② C. Darwin, *The Life and Letters of Charles Darwin*, London: D. Appleton, 1887, p. 386.
③ 巴克尔日记中记录:"read Burke for the style";"made notes on style from Whately and H. Spencer";"Began to read Johnson's English dictionary to enlarge my vocabulary";"read Milton's Prose works, for the style——especially for the vocabulary."(Huth, *Life and Writings of Henry Thomas Buckle*, pp. 40 - 41)
④ Henry Thomas Buckle, *History of Civilization in England*, Vol. 1, London: John W. Parler and Son, West Strand, 1857, p. 744.
⑤ Ian Hesketh, *The Science of History in Victorian Britain*, Routledge, 2011, pp. 30 - 31.
⑥ "History of Civilization in England by Henry Thomas Buckle", *The North American Review*, Vol. 93, No. 193 (Oct., 1861), p. 521.
⑦ 对于巴克尔的写作能力持质疑或否定者也不少,如德国福利德尔(E. Friedell,1878—1938)批评《文明史》"叙述重复不已,资料和引证长篇累牍。巴克尔读书太多,以致把自己的著作弄得臃肿膨大,剥夺了他自由行动的所有力量"。(E. Friedell, *A Cultural History of Modern Age*, Vol. 1, New York: Alfred A Knopf, 1953, pp. 31 - 32)

人轶事,冗长无味的百官言行录,尤为恶劣者,关于战争、战役、城守等等作了详尽记载","重要的事实往往被忽略,无关宏旨的琐事反被保存下来"。[1] 而他要写人类的全部活动,探究支配社会发展、文明进化的规律。他批判了那些以为历史乃"自由意志"或"预定命数"决定的观点,否定上帝和道德在历史进程中所扮演的角色,旗帜鲜明地指出历史由规律决定,不以个人意志为转移。他相信知识是文明发展的决定力量,而教会权力、宗教迫害以及专制政府和教会共同推行的保护政策是社会进步的障碍。他虽出身于基督教家庭,但经常外出旅行,足迹遍及欧洲大陆和中东地区,开阔了他的眼界,抹去了他原先狭隘的基督教信仰,他自我定位为自由思想家(free-thinker)和激进分子(radical)。巴氏偏好法国的社会和政治理论,对英国科学进步史也很有兴趣,造成了他对宗教迷信的厌恶和对知识理性的坚信,赞扬怀疑批判精神和自由思想。《文明史》攻击旧思想旧事物,批判教会、贵族、专制政府,批判传统"邻猫生子"式的历史写作,再配合巴克尔惊世骇俗的表达,具有轰动效应,易引起读者的关注。[2]

其三,《文明史》提供了一个新世界观。《文明史》既是一部历史著作,又是一部历史哲学,它有一套对人类历史发展的基本认识,且高度概括为若干原理,如果接受这些原理,便能对人类历史(当下社会)作出合乎原理的解释。经巴氏思想的洗礼,一切未知的、模糊的、无序的世界意识即刻变成可解的、清晰的、有序的历史世界,其功能类似于唯物史观,故论者形容他是"一位杰出的思想规划师"(a brilliant formulator of thought)。此外,巴克尔虽然没有乌托邦的构想,但事实上他把英国作为人类文明进化史的顶点,是世界各国应该效仿的典型,其作用近乎乌托邦。他认识的社会基础在于19世纪中期英国处于全球霸主位置,英国的议会政治、自由贸易、言论自由、科学发达,皆为文

---

[1] Buckle, *History of Civilization in England*, Vol. 1, p. 210.
[2] 法国托克维尔(Tocqueville,1805—1859)当年就被《文明史》反基督教精神所吸引,1858年5月他给一位友人的信中说:"你听说过最近刚出版的一本书吗? 作者以前默默无闻,突然暴得大名,成为一流名人。这位尊贵的动物叫巴克尔。他的导论部分有八百页,关于所有人类历史,他打算陆续出版。这本著作的精神是偏执且激烈地反基督教,对我好像有特别留意的价值,这样的学说在英国获得巨大的学术成功不是很奇怪吗?"("History of Civilization in England. By Henry Thomas Buckle. In Three Volumes. -Longmans,1867", *Supplement to John Bull*, 30 Mar. 1867, p. 229)

明进化最高境界的表现。《文明史》通过英国与其他国家如法国、西班牙的对比论述,更彰显进入文明国所应遵循的准则。因此,《文明史》出版之后,相对于英国当时还处于发展中国家的德国、俄国、美国,以及迫切想进入文明国行列的远东日本和中国,这些国家的读者表现出对《文明史》前所未有的兴趣。① 其关键不在巴克尔提供了丰富的西方历史知识,而在于他为读者提供了全新的世界观,指明了发展中国家和落后国家改变命运,迈向以英国为典范的文明国的可循途径。这些国家的读者(不包括职业史家)都热烈讨论着这本英国人的书,有些人或根本不知巴克尔为何许人,但都共享他的思想资源。

二

明治时期(1868—1912)的日本,为了能融入西方列强,推行"脱亚入欧"政策,积极吸收西洋知识和输入各种学术。巴克尔《文明史》便是这股翻译西洋历史书籍风潮中的一种,"这些翻译决不是纯粹地作为学问,以输入西洋史学为目的,乃是应了当时追求所谓文化开化的倾向,要更深刻地理解西洋,对于逐渐兴起的新的政治希望,供给有益的知识",以尽启蒙的使命。② 巴克尔《文明史》在日本有四种译本:(1)《英国开化史总论》(前 4 章),大岛贞益译,东京印书局 1875 年出版;(2)《英国文明史》(6 册),土居光华、萱生奉三合译,东京宝文阁 1879 年出版。第 7、8 册由土居光华译,日本出版会社 1883 年出版;(3)《文明要论》,辰巳小次郎编译,东京哲学书院 1887 年出版;(4)《巴克尔世界文明史》(6 卷),西村二郎译,而立社 1924 年出版。

巴克尔的书在日本一度很风行,"谈史则曰勃克尔",③甚至普及到

---

① 在德国,巴克尔《文明史》第一卷德译本出版于 1860 年,到 1901 年已出七版;在俄国,早在 1860 年代,《文明史》已经两度被译成俄文,巴克尔其他著作也都在俄国出版过,在彼得堡和莫斯科学术界引起讨论。(维诺格拉多夫著,何清新译:《近代现代英国史学概论》,三联书店,1961 年,第 45 页,注一)在美国,美国劳工协会的许多美籍会员熟读此书,能大量征引它的内容,1926 年美国左翼书店还出版了此书的提要本 C. Wood, *The Substance of History of Civilization in England*。(谭英华:《试论博克尔的史学》,《历史研究》1980 年第 6 期)
② [日]今井登志喜著,梁盛志译:《西洋史学对于日本史学的影响》,《中国公论》1941 年第 4 卷第 5 期,第 56 页。
③ [日]田口卯吉:《支那开化小史》,宫川仁吉,1888 年,卷末末广重恭跋语(1883 年 10 月)。

山村僻县,加之受其影响的福泽谕吉(1835—1901)、田口卯吉(1855—1905)、加藤弘之(1836—1916)等人著书立说,使巴克尔的文明论构成了明治时期知识界的思想渊源之一。众所周知,福泽氏《文明论概略》(1875)很多观点皆脱胎于巴克尔。① 田口氏《日本开化小史》(1877—1882),黑板胜美为之作序说:"这本《日本开化小史》,是博士读了一种西洋文明史而后构思撰述的。大概是受了巴克尔的文明史等影响而引起著述的动机,也未可知。……明治时代能够称为文明史体裁的历史,实以此日本开化小史为嚆矢。再广泛地说,明治时代的著述,其以西洋的学问为基础而研究日本固有之历史与文化者,要以此书为嚆矢。"② 加藤弘之的著作经常出现巴克尔,他自述:

> 在我四十七岁的时候,即明治十五年,写成出版了《人权新说》那本小册子。这是我思想转变后最初的著作。说到我的思想转变,那究竟是怎么回事呢?原来是因为我读了英国文明史大家巴克尔的著作之后,才开始明白所谓形而上学的东西实在是荒唐无稽,感觉到如果不依据自然科学,便不能论究任何事物。后来又读了达尔文进化论、斯宾塞、赫克尔等其他的进化哲学之类的书,就完全改了我的宇宙观、人生观。③

由于得到社会名流的鼓吹,契合当时日本社会普遍追求文明开化的愿望,文明史(开化史)研究和著述一度极为兴盛,如北川藤太《日本文明史》(1878)、室田充美《大日本文明史》(1884)、藤田茂吉《文明东渐史》(1885)、物集高见《日本文明史略》(1887)、羽山尚德《大日本开化史》(1888)等,以及部分中国文明史,如田口卯吉《支那开化小史》(1888)、青山正夫《支那文明史略》(1889)、中西牛郎《支那文明史论》(1896)、白河次郎和国府种德合著《支那文明史》(1900)等,这些著作都是直接或间接受巴克尔、基佐等文明史影响的产物,提供给读者一种新世界观,在社会上形成一股强大的力量。据松岛刚(1853—1940)所言,他还在

---

① 关于福泽谕吉《文明论概略》引述巴克尔《文明史》详情,参陈凤川:《〈文明论概略〉研究》,辽宁教育出版社,2012年,第332—337页。
② [日]田口卯吉著,余又荪译:《日本开化小史·大正六年缩印版序言》,商务印书馆,1942年,第2页。
③ 《加藤弘之自叙传》,加藤弘之先生八十岁祝贺会,1915年,第47页。

学校时,巴克尔《文明史》由英国传入,应庆私塾的风气随之一变,日本读者的热情如火般狂热。之后,明治中期这本书也很流行,对当时实证主义史学产生了极大的影响。① 然而,明治初年十分活跃的文明史学,并未得巴克尔《文明史》的精髓,它不过是加上科学之名的朴素物质文明论,仅仅叙述政治制度和文物变迁,没有完全摆脱偏重政治史的取向。②

日本官方史学,尤以帝国大学为中心的史学,推崇的是德国兰克史学,巴克尔史学处于被批判的位置。1886 年东京大学改为帝国大学,1887 年其文科大学设置了史学科,聘请德国史家利斯(Ludwig Riess, 1861—1928)担任教授。利斯推崇兰克史学,深受德罗伊森(J. G. Droysen, 1808—1884)的影响。利斯追随德罗伊森,全力批判巴克尔,③他在帝大讲"世界史"(Universal History),采用的是兰克晚年著作《世界史》(World History)模式,讲述以日耳曼民族为中心的欧洲民族形成、发展以及向外扩张的历史,强调民族国家在历史叙述中的重要性,史学家的任务是通过揭示不同民族之间的相互关系,揭示由不同民族构成的"民族共同体"的"普遍历史"。④ 批判巴克尔抽象地从整体上概括人类历史,忽视人类在特定时空下的活动。他在"史学方法论"(Methodology of History)课程中仍然否定巴克尔。巴克尔认为提升历史学成为一门科学,必须用统计方法发现宰制历史现象的法则。利斯批评巴克尔及其崇拜者杜伯雷(Emil du Bois-Reymond, 1818—1896)的著作是不科学的,统计方法在历史学中行不通,根本不能解释历史事件,职业史学家从来没有按巴克尔的方法进行历史研究。⑤ 利斯在日本推广的是以兰克为代表的德国正统的理念主义史学,与巴克尔史学根本异趣。此外,被尊为"日本近代史学之父"的坪井九马三

---

① [日]德重浅吉:《维新政治宗教史研究》,目黑书店,1935 年,第 746 页。
② 日本史研究会编,北京编译社译:《日本历史讲座》第 8 卷《日本史学史》,商务印书馆,1964 年,第 138 页。
③ 关于德罗伊森批判巴克尔,请参阅胡昌智:《译介朵伊森书评〈提升历史学成为一门科学〉》,《台大历史学报》2013 年第 51 期。
④ Ludwig Riess, A Short Survey of Universal History, Tokyo: Fusambo, 1899, pp. 2 - 6. 转引黄东兰"吾国无史"乎?——从支那史、东洋史到中国史》,见孙江、刘建辉主编:《亚洲概念史》第 1 辑,三联书店,2013 年,第 139—140 页。
⑤ Ludwig Riess, Methodology of History(未公开出版讲义), pp. 12 - 13.

(1858—1936)留学德国,同样推崇兰克,他说:"余辈所见纯正史学,始于德国的 Leopold von Ranke。"①日本西洋史学家先驱箕作元八(1862—1919)留学德国,明治 27 年担任帝大历史系讲师,明治 35 年利斯解任归国之后,继其讲座,发扬德国兰克史风。1890 年代以后,德国理念主义史学在日本史学界大行其道,使巴克尔在日本职业史家中毫无地位。然而,对一般知识分子或业余史学家,巴克尔仍然具吸引力,诚如石川祯浩所指出的,"博克尔的文明论已经远离开他的名字,径自成为有关历史与地理环境之关系的普遍性法则和常识,一直规定着明治时期知识分子对世界的认识"。而且 1924 年西村二郎将巴克尔《文明史》重译成日文,接连出版三次,可见巴克尔在日本的影响一如既往。②

三

正当巴克尔史学在日本民间广为传播之际,中国出现了留学日本潮,并生吞活剥地译介日本既存的各种西洋学问,巴克尔《文明史》亦在列。巴克尔文明论曾经满足了明治初期社会各界期望文明开化的心态,同样地,19 世纪末 20 世纪初中国面临着改变困境,急欲跻身文明国的行列,巴克尔文明论正是彼时社会所需的思想资源,一时之间国人竞相译介,恰似当初在日本的盛况。20 世纪初年,《文明史》先后出现四种中译本:(1)《英国文明史》,南洋公学译书院 1903 年出版;(2)《文明史论》,转译日译本《文明要论》,林廷玉译,上海新民译印书局 1903 年出版;(3)王建祖译的《英国文明史》,③见 1904 年作新社出版的《美洲留学报告》中"留学著述介绍",未见译本;(4)陆续连载于《学

---

① [日]今井登志喜著,梁盛志译:《西洋史学对于日本史学的影响》,《中国公论》1941 年第 4 卷第 5 期,第 60 页。
② [日]石川祯浩:《梁启超与文明的视点》,狭间直树编:《梁启超·明治日本·西方》,社会科学文献出版社,2012 年,第 99、101 页。
③ 王建祖,字长信,广东番禺人,1878 年生。北洋大学堂毕业。1902 年自费留学加利福尼亚大学,学习商务专业,获经济学硕士。1906 年回国,历任度支部秘书、江苏财政监理官、国立北京法政专门学校及燕京大学经济学教授、上海租界临时法院推事、国民政府司法院秘书等职。1916 年 3 月至 1918 年 3 月,任北京大学法科学长。后又在北京大学经济系任讲师、教授。译有《基特经济学》《经济学史》《银行学原理》等。据《美洲留学报告》(作新社 1904 年,第 144 页),王建祖留美期间,译有《英国文明史》《欧洲上古史》《银行论》《俄国变革论》。

部官报》1906 年至 1907 年第 3 至第 28 期、1911 年第 155、156、158、160 期,魏易翻译的《文明史》。

南洋公学译书院译本最早,1901 年南洋公学译书院在《中外日报》向学界公布译书计划,其中便有《文明史》,署"英国白克尔著"。① 1903 年南洋公学译书院出版《文明史》,署"英伦勃克鲁原本"、"南洋公学译印","光绪廿九年五月第一次活字排印"。分甲乙丙丁戊五篇,即原书第一卷前五章。首附《亨利·多马斯·勃克鲁传》一文,详述传主家庭出身、生活经历、著书过程,而且提要钩元,把《文明史》核心观点概括为"十条大意"。② 据笔者查考,此传不是译者所写,系译自 1876 年《大英百科全书》(Encyclopedia Britannica)第九版"Henry Thomas Buckle"条目,由英国史学家弗林特(Robert Flint,1838—1910)撰写。③ 南洋公学译书院只译了该条目前半部分,后半部分未曾译出。《亨利·多马斯·勃克鲁传》中有一段话:

> 勃克鲁以著《英国文明史》得盛名,全书具在,发而读之,觉理绪深微,节次秩如也。开章专论著史之法,揭其大纲,渐及统核人群进化程途之公例。次乃撮举各国历史记载之异同,以发明著史之法,与所谓大纲,所谓统核人群进化程途之公例,如引西班牙、苏格兰、日耳曼、合众国诸国历史之体要皆是也。④
>
> The fame of Buckle must rest wholly on his so-called History of Civilization in England. It is a gigantic unfinished introduction, of which the plan was, first, to state the general principles of the author's method and the general laws which govern the course of human progress; and secondly, to exemplify these principles and laws through the histories of certain nations characterized by prominent and peculiar

---

① 见《中外日报》1901 年 10 月 17 日来函栏目。
② 俞旦初认为:"如果这是译者所撰,则说明当时中国学者对它的认识已经达到相当的高度和深度。"见俞旦初:《二十世纪初年中国的新史学思潮初考》,《史学史研究》1982 年第 3 期,第 64 页。
③ Robert Flint, "Henry Thomas Buckle", in Encyclopedia Britannica, 9th edition, Vol. iv, Edinburgh, 1876, pp. 421 - 423.
④ 《亨利·多马斯·勃克鲁传》,见《英国文明史》,南洋公学译书院,1903 年,第 2 页。

features,——Spain and Scotland, the Unite States and Germany.①

研究者往往借此认为此传对《文明史》给予"很高的评价",②但若将此传与原文对照研读,译者显然对原文略有曲解。事实上,弗林特仅对《文明史》作客观陈述,"十条大意"只是概括此书的主要观点,他对巴克尔不仅没有好评,反而颇多批判:观点偏激,论证不严谨,有时改变或扭曲史实,经常把问题过度简化处理;他学问虽然渊博,但既没有受过正规教育,也没经过科学训练;他虽掌握了数量惊人的史料,但思想并不丰富。③ 两年前,弗林特在《历史哲学》(The Philosophy of History,1874)对巴克尔同样持否定的态度,认为历史解释不能专从其他科学的法则演绎出来,以地理条件解释历史,多以偏概全,言之过分。由于弗林特全力批判巴克尔,引起 Alfred Henry Huth(巴克尔传记作者)的不满,抱怨弗林特对巴克尔几乎没有只言片语的赞誉。④ 南洋公学译书院之所以没全译弗林特所写巴克尔条目,自然为了引导读者对《文明史》作正面的理解。

《文明史论》署名"英国硕儒伯古路原著,日本文学士辰巳小次郎译述、批评、增补,中国南海林廷玉重译",在《政艺通报》《中外日报》刊登出版广告:

> 是书日本博士译英国伯古路氏之《文明史论》也。氏生于十九世纪,浸淫于欧风美雨,所见者文明之事迹,所闻者文明之风潮,故潜心研究各国宗教、政治、学术、制度、风土、人情,如何变迁,如何改良,与夫列邦进步之原因,人群开化之结果,考据精确,议论宏伟。日本辰巳小次郎有言曰:"氏以稀代之才,著未曾有之书,诚为史家至高无之佳构也。"而重译者又能以龙卧虎跳之笔达之,立论

---

① Robert Flint, "Henry Thomas Buckle", in *Encyclopedia Britannica*, 9th edition, vol. iv., Edinburgh, 1876, p. 421.
② 俞旦初:《二十世纪初年中国的新史学思潮初考》,《史学史研究》1982年第3期,第64页;胡逢祥、张文建:《中国近代史学思潮与流派》,华东师范大学出版社,1991年,第202页。
③ "Henry Thomas Buckle", in *Encyclopedia Britannica*, 9th edition, vol. iv., Edinburgh, 1876, p. 423.
④ Huth, *Life and Writings of Henry Thomas Buckle*, pp. 237-239.

雅正,行文畅快,引证广博,而新奇道理,深入而显出。学者手此一书,当有百读不厌之趣。①

《文明史论》转译自日译本《文明要论》。《文明要论》凡二十章,据两卷本《文明史》译,并且增补五章原书所无的内容,即第八章"十九世纪之英国形势"、第十四章"十九世纪之法国形势"、第十八章"日耳曼之形势"、第十九章"美国之形势"、第二十章"全篇概要"。日译者辰巳小次郎认为《文明史》两卷凡一千二百篇,"初学仍苦其浩瀚,今特钩其要,补其阙,译出以便学者之采择"。日译本系"节译",在内容上有所增补,译文中加了不少"译述者云"评语。译者不完全赞同巴克尔的观点,"深惧世人之不善读之","弃精而拾粗者其愚也,如买椟以还珠;认恶而称美者其盲也,如采薪以作桂"。② 书中偏颇之论,译者均加案语,以示读者。经辰巳小次郎对原著的一番处理,不仅突显了《文明史》各章要点,且甚为明了。特别值得注意的是,1897年康有为编纂的《日本书目志》介绍了多种日文文明史作品,包括未署著者名的《文明要论》。

据俞旦初的说法,《学部官报》译刊的《文明史》,署"英国白格耳著","仁和魏易译",系原著第一卷第一、二章及第三章的开头部分。第一章论研究历史之方法,论人事之有一定程,人事受制于心灵及身体之公例,不明天然理学者不能言历史;第二章论物理之影响及于社会之组织及国民之品性;第三章没有译章名。事实上,魏易所译《文明史》不止三章。《学部官报》第155、156、158、160期"选译书报"专栏所刊《欧罗巴文明史》卷二,署"英国白格尔著","仁和魏易译"。魏易所作按语:

当学报发行之初,鄙人曾有白格尔氏《文明史》译稿附登报末,后因接译美国学务统计,遂将第二卷暂停,兹编即其续译也。原书为议论体裁,但求畅晓,不计复沓,译者循句追意,但求不与原文相左,至与吾国文章格式是否熨贴,译者学识浅陋,不遑计及,阅者谅之。③

---

① 见《政艺通报》第15号(1903年9月6日)和《中外日报》(1903年10月22日)刊登的上海新民译印书局新书广告。
② [英]伯古路著,林廷玉译:《文明史论·序》,新民译印书局,1903年,第2页。
③ 《文明史》,《学部官报》1911年第155期。

《学部官报》所刊《欧罗巴文明史》卷二内容仅第一章"自十六世纪中叶至路易十四即位期间法国思想史",为旧版第一卷第八章。魏氏说"兹编即其续译",说明他至少已译至前八章,比南洋公学译书院译本多出了三章,但第一卷第四、五、六、七章内容并没有刊登于《学部官报》。魏易译本所依据的底本是三卷本《文明史》,至于他为何将此书易名"欧罗巴文明史",或与此卷以叙述法国、西班牙等国历史为主有关。

中文世界最早论及《文明史》者乃蔡元培。1901年8月15日蔡氏在南洋公学译书院负责人张元济家中得见译稿,在日记中概述此书主要观点,"言心理决事,终不如历史之可据","又言治化之进,系慧不系德。欧洲近百年战事及窘戮异教之事渐寡,皆以智进故也。又言人之智愚善恶,皆为外界风习所铸,非由先世遗传"。① 此后不久,《文明史》开始在上海《新世界学报》学人群体中流传,如陈黻宸(1859—1917)、陈怀(1877—1922)、汤尔和(1878—1940)等,对巴克尔史学颇为欣赏。1902年12月,陈怀《方志》一文说:

> 我谓史学亦然,史必得欧人统计之学而后于史家可无憾。方志者,统计之学之所由出也。善哉!《英伦文明史》曰:天下精微之理,极数千年通人学士,竭虑研思,万方而未得其解者,求之日用见闻之间,而其理悉备。②

1904年京师大学堂教习陈黻宸在《中国史学通论续编·读史总论》也引用了"英伦文明史曰"这句话,以此批评中国学者,"往往识足以洞天地无尽之奥,而不足以知民俗之原,辨足以凿浑沌七窍之灵,而不足以证间里之事。吾观欧美各强国,于民间一切利病,有调查之册,有统计之史,知之必详,言之必悉,如星之罗,知棋之布,如数家人米盐,厘然不遗铢黍。彼其所行于政治者,无一不于社会求之。而我国之社会,究不知其何如矣"。③ 显然,陈黻宸、陈怀叔侄推崇巴克尔的统计学方法,1902年陈黻宸在《新世界学报》第4、5期发表的《地史原理》,尝试规划将统计方法应用于历史研究。汤尔和(调鼎)在《新世界学报》1902

---

① 《蔡元培全集》第15卷,浙江教育出版社,1998年,第357页。
② 陈怀:《方志》,《新世界学报》1902年第7期。
③ 陈德溥编:《陈黻宸集》,中华书局,1995年,第680页。

年第1期发表《弭兵篇》,其中"欧洲弭兵,要有数端,我据《英伦文明史》以证之",征引了六段长短不一的文字,取自《文明史》第四章。此种情形转引二手著作的可能性甚低。汤尔和、陈黻宸、陈怀所读《英伦文明史》应是中译本,笔者猜测也许来源于魏易未刊译稿。魏易(1880—1930)是汤尔和表弟,也曾跟陈黻宸在杭州养正书塾共事,他教英文,而陈黻宸为总教习,借这层人脉网络,推动了《文明史》在一批读书人中间扩散。还有一种可能:这是目前已知四种中译本之外的另一种未知的译本,出现时间或早于南洋公学译书院译本。

严复虽然曾经评梁启超《新史学》为"石破天惊之作",①但对新史学思潮中偏激言论,如批评传统史学"相斫之书"、"帝王家谱",他颇不以为然。巴克尔被新派引为外援,故严复对巴氏亦无佳评:

> 英国有拔可尔者,尝著《文明史》一书,一时风行,几谓旧史所载,皆无关宏旨之文,而所重者,专在天时、地利、水土、寒热之间。不知此固重要,而史家专业,在纪人事,而于一切有关政治者,尤所重焉。②

1909年2月他在《泰晤士万国通史序》述及巴克尔,仍未改初意,"理烦而略事变"。③严复指桑骂槐,他对新史学不满而祸及巴克尔,从一个侧面说明巴克尔是彼时新史学思想渊源之一。

巴克尔最初在中国学人著述中出现的频率并不高,但在汉译论著中则颇多。1901年杨荫杭所译的《物竞论》曾征引过《文明史》:"白格尔于所著《英国开化史》中言:古代之建筑其存于今日者,往往弘大惊人,此盖君主之权强大无极,而臣民悉为奴隶。"④1902年7月作新社出版的《万国历史》论及19世纪英国史学,云"著《文明史》之巴克尔"。1902年10月《泰西政治学者列传》有一篇《邈克尔传》,评论《文明史》摘录如下:

---

① 严复:《致张元济信·十四》(1902年春),见王栻编:《严复集》第3册,中华书局,1986年,第551页。
② 严复:《政治讲义》(1906年),《严复集》第5册,第1249—1250页。
③ 严复:《泰晤士万国通史序》,《严复集》第2册,第270页。
④ [日]加藤弘之著,杨荫杭译:《物竞论》,译书汇编社,1901年,第80页。

邀克尔所有著述,立论尖新,着着出人意表,且又行之以雄浑活泼之文,抑扬顿挫,妙尽鼓舞,论者皆自以为不能及也。但以辞气过激,初时不无为世所嫉,或目以为异端妖说,又其以伦教为无益于开化,故各名家多不免有异议者。要之以豪迈之气,兼卓绝之识,谠言直论,肆无忌惮,鞭笞一世,矫千古之弊败,非如是安能行也。于其论破法教,尤为痛快,多有言人所不能言,以故有识者皆好读其书。近日耳曼、法兰西亦已有译本,其书行世,可望日致昌盛也。至俗人僧侣之忌恶之,则亦以自有所病而然耳,固不足以为邀克尔轻重。即邀克尔初心,亦不志在以合时俗之眼也。邀克尔之议论,活活泼泼,读之自足令人惊喜。每当睡气相侵之时,若能一读,则精神振动,不复知睡魔之何去矣。惜乎! 盗跖长命,颜回夭折,天之定数,何颠倒哉。邀克尔总论二卷,已倍于基率特《文明史》全书,使天假以年,则全卷落成,不几如涑水《通鉴》之大著哉。呜呼! 壮士未酬,早为泉下之客,邀克尔之遗憾,可想像而知矣。而至于史理,则以基率特为嚆矢,邀克尔次之;若比较其议论之高下优劣,则又非同日而论,邀克尔应处以高度,基率特应处以低度也。①

1902年12月汪荣宝编译的《史学概论》论及地理学之补助于史学时说:"利用实际之山河以解释历史之事实,英人帕克尔论高山大河之势力影响于人间之心理,此在今日已成老生常谈。"②《汉声》第6期《史学之根本条件》一文也提到巴氏。1903年《群学肄言》亦多次论及巴克尔。1904年9月23日《中外日报》刊登一则《最新中学物理学教科书》广告说:"英儒巴克尔谓进化之功,艺学居十之九,而政教之力不与。旨哉是言,今欲开吾国民智,非人人稍通格致之理,断无实益。"这条材料颇耐人寻味,巴克尔的论说居然渗透到广告语,足见他的文明论渐成为人们一种习以为常的普遍观念了。1906年日本法学博士户水宽人《文

---

① [日]杉山藤次郎编纂,"中国广东青年"述译:《泰西政治学者列传》(日文本由东京鹤声社1882年出版),广智书局,1902年,第17页。按,此传脱胎于《英国开化史总论》(日译本)首附《伯克尔小传》,且对巴克尔记述略有小误,他卒年是1862年,享年40岁,而不是46岁。"基率特"是法国史学家基佐(F. Guizot, 1787—1874),著有《欧洲文明史》(*Histoire générale de la civilisation en Europe*, 1828)、《法国文明史》(*Histoire de la civilisation en France*, 1830)等。
② 汪荣宝:《史学概论》,《译书汇编》1902年第10期。

明时代之道德》一文被译成中文,其中评论巴克尔重智轻德:"巴克尔于其所著《英国文明史》内,举其大要,曰世界之日趋于文明者,非人民道德上进步之谓,乃人民知识上进步之谓也。"①

20世纪初年,巴克尔文明论逐渐脱离母体,被分解成各个单元,成为现代思想的组成部分,而他的名字和著作却进入被遗忘的场域。例如,巴克尔认为自然景象会对人的精神状态产生直接作用,巍巍山岳或平坦平原所在区域易产生一种极富现象而溺于迷信的民族,而在小而复杂的地形中,如希腊等地,人类的理性很早便十分发达。② 此说像上述广告语一样流行,变得"老生常谈",那要归功于浮田和民《史学通论》、《万国史纲》(家永丰吉、元良勇次郎合著)、梁启超《地理与文明之关系》、《新体中国历史》等,辗转反复不点名袭用此说,③引用者或许根本不知道此说源自巴克尔。再举"文明国之小儿"一例,《文明史》第四章"道德定律与知识定律比较"中举婴孩说明社会进步与个人天赋无关,全靠智力的进步。巴克尔说:

---

① [日]户水宽人著,朱绍濂译:《文明时代之道德》,《法政杂志》1906年第1卷第6号。
② "现在以自然现象来说,很显然的,凡能激起恐惧或惊愕的感觉及引起心中之空泛不能制止的观念者,也有燃起想象之特别趋向,而使理解之作用在其范围中渐趋迟缓,在这种情形中,人把自身与自然之权力及尊严相比较,于是便很有痛苦地感其自身之渺小,一种劣等性的感觉潜盖着他,各方面有无数的阻碍牵制着他,而限制他个人底意志,他底心受不可了解的及难以解释的恐吓,于是不再去探究这种严肃伟大中所包含的真际了。反过来说,在自然作用浅小而微弱的地方,人反得有自信心,他似乎较能倚靠他自己底力量,他能够——事实上——一往无前,向各方面发挥他底权力,假如想象越接近他,那么,使他更为易于对现象得到实验及精细的观察,考究及分析的精神着激励,他且尝试着要综合自然底现象而纳之于定律。"(胡肇椿译:《英国文化史》上册,商务印书馆,1936年,第57页)
③ "凡天然之现象过于伟大,则恐怖之念起,而想象力易敏,道理性易缩,其遮人心之发达而妨文明之进步者,莫此为甚。若使反乎此,而天然之现象中和而不过于伟大,则人类不至为天然所压倒,自信力遂从而发达,不特不怖此天然,且爱此天然;不特不漠置此天然,且接近此天然,至为种种之实验,以制天然之势力,以达人间之利用焉。"(浮田和民讲述、李浩生等译、邬国义编校:《史学通论四种》,华东师范大学出版社,2007年,第81页)《万国史纲》将这种理论运用于历史现象的解释,认为古代东洋诸国"皆左右于天然之境,其被天然之惠最笃",但"盖人民享天然之惠过厚,则流为苟窳偷生",同时"又有大山大川及他天然之异象,人民易起奇怪之想,至于迷信堕落,盲昧无力",所以不能永保其文明。(《万国史纲》,支那翻译会社,1903年,第1—2页)"若夫精神的文明,与地理关系者亦不少。凡天然之景物过于伟大者,使人生恐怖之念,想象力过敏,而理性因以减缩,其妨碍人心之发达,阻文明之进步者实多。苟天然景物得其中和,则人类不被天然所压服,而自信力乃生,非直不怖之,反爱其美,而为种种之试验。思制天然力以为人利用。"(梁启超:《地理与文明之关系》,《饮冰室合集》文集之十,中华书局,1989年,第113页)"富火山地震之人民多迷信势力,而宗教之发达较科学为大;富天然景象之人民多想象理性,而美术之进步较学科为多。"(吕瑞廷、赵澂璧:《新体中国历史·叙论》,商务印书馆,1912年,第15版,第6页)

> 出生在文明国的婴孩,同样的,不见得比出生于野蛮人的婴孩优越。据我们所知,导致两个婴孩行为不同,完全受制于外在环境,我意指的是周围的舆论、知识、团体,一言以蔽之,就是整个思想氛围,两个婴孩各自在其中受养育。①

此喻同样广为流传,如浮田和民《史学通论》便说:"试思文明国之小儿,不受教育,不受社会之感化,与文明之恩泽,则与野蛮国之小儿何异?"②浮田此说渊源于巴克尔,而梁启超又转袭浮田氏。③ 中国读者未必有很多人读过巴克尔《文明史》,但他的思想渗透在福泽谕吉、田口卯吉、加藤弘之、浮田和民、梁启超等人的著作中,借助这些流行文本,巴克尔文明论"转世投胎",得以二次流传,某些观念深入民心,化为普遍常识。

四

"五四"前后,巴克尔又在中国学界重新被激活,有其特定的历史背景。第一,东西文化论战。彼时思想界关于东方文化与西方文化特点、性质及其相互关系的论争,始于1915年,迄于1927年,它是新文化运动的组成部分。那时思想界急需了解有关西方文化的经典论述,而《文明史》则是西方史学史上讨论西方文化演进的一部名著,故他的观点经常被中国学人视为权威表述加以引征,或赞同或批判。1915年恽代英在《文明与道德》一文中探讨自野蛮以至文明,道德为与日俱进,或与日俱退?以为道德无进步亦无退步,古今相差不远,"如排克尔之说是也"。作者以为古今之道德,毫无异同点,"排克尔之说殆不可信"。④ 1920年9月署名"三无"《文明进步之原动力及物质文明与精神文明之

---

① "The child born in a civilized land, is not likely, as such, to be superior to one born among barbarians; and the difference which ensues between the acts of the two children will be caused, so far as we know, solely by the pressure of external circumstances; by which I mean the surrounding opinions, knowledge, associations, in a word, the entire mental atmosphere in which the two children are respectively nurtured." in Buckle, *History of Civilization in England*, Vol. 1, p. 162.
② [日]浮田和民讲述,李浩生等译,邬国义编校:《史学通论四种》,第55页。
③ "试以文明国之小儿,不许受教育,不许蒙社会之感化,沐文明之恩泽,则其长成,能有以异于野蛮国之小儿乎?"(梁启超:《新史学》,《饮冰室合集》文集之九,第9页)
④ 恽代英:《文明与道德》,《东方杂志》1915年第12卷12号。

关系》一文讨论文明进步的原动力是什么,介绍了巴克尔观点:"谓道德、宗教、文学、政治,并不能为文明进步之助力,徒足阻碍其发达,为文明进步之原动力者,惟智力耳。故必以智力增进知识获得为有意味之科学发达,始能助长近世之文明。因此则为文明之中心的要素者,即所谓科学也。"批评巴氏"不免过陷于偏颇"。① 此外,时人好从地理环境角度剖析东西文化差异,而巴克尔最长于此,故他的许多经典论述被人所引征,如 1922 年梁漱溟《东西文化及其哲学》引用巴氏的话,以说明欧洲地理形势有利于控制自然,造就了东西文化的不同特质。② 这场论战持续时间长、影响广,巴克尔借此应提高了他在中国的知名度。

第二,批判旧史学。批判否定是巴克尔史学的特质之一,他不仅批判教会、贵族,也批评政府的保护政策,全盘否定传统史学。20 世纪初新史学思潮对传统史学批判不遗余力,巴克尔也被引为外援,尽到了启蒙的作用。"五四"前后的中国史学界,据 1921 年北京大学史学系主任朱希祖(1879—1944)说,"实在是陈腐极了,没有一番破坏,断然不能建设",所以他支持何炳松翻译美国鲁滨逊(J. H. Robinson,1863—1936)《新史学》(*The New History*,1912),"何先生译了 Robinson 这部书,是很合我国史学界的程度,先把消极的方面多说些,把史学界陈腐不堪的地方摧陷扩清了,然后慢慢的想到积极的建设方面去"。③ 鲁滨逊新史学派在西方史坛是以提倡新史学打倒旧史学面目出现的,鲁氏《新史学》一书旨在推翻旧日窄狭的政治军事史而建设新式的社会史,他主张要将历史的领域扩充到整个人类过去,他反对旧式"年月事实"式的死历史,而提倡对人类生活环境演变的了解。这些思想在巴克尔《文明史》已倡,所以鲁滨逊新史学派也视巴克尔为新史学之先驱,颇为推崇,"巴克尔之定律虽过于大胆,实能发前人所未发,仍不愧为史学界中开山之杰作"。④ 中国史家之所以选择鲁滨逊、巴克尔,无非是引以为同道的缘故。1932 年陈易《历史动力论》一书指出,以往学校的历

---

① 三无:《文明进步之原动力及物质文明与精神文明之关系》,《东方杂志》1920 年第 18 卷第 17 号。
② 梁漱溟:《东西文化及其哲学》,商务印书馆,1922 年,第 18 页。
③ 朱希祖:《新史学序》,《北京大学日刊》1921 年 10 月 20 日,第 4 版。
④ [美]绍特韦尔(James T. Shotwell)著:《西洋史学史》,《何炳松文集》第 3 卷,商务印书馆,1996 年,第 498 页。

史教科书被曲解成大人物和大英雄的个人记录,使青年少年"终身拘守着一个错误的历史观","我们尊重巴克尔和格林(Richard Green)的事业与遗名,乃是因为他们最先攻击这种奇怪的观念"。① 1946年陈序经《文化学概观》一书简介巴氏史学,把他视为西方新史学的先驱,"在消极方面,反对旧的史学,而使在积极方面,能够产生一种新的史学"。② 在批判旧史学的语境中,巴克尔又被现代人利用,发挥它的威力。

第三,建设新史学。19世纪虽然被称为"历史学的世纪",成绩斐然,但与自然科学相比则黯淡无光。自然科学的飞速发展,由此带来社会的深刻变革,导致人们对科学的普遍崇拜,要求史学必须是"科学的"。当时尝试把历史建设成"科学的"努力从研究方法上可分为三种:以巴克尔为代表的实证主义史学、以兰克为代表的德国历史学派以及马克思主义史学,它们都宣称自己摆脱了过去史学中的哲学和形而上学,是一种科学的史学。③ 这三种类型在20世纪中国史学追求科学化的过程中,都不同程度作为模仿对象,尤其兰克史学和马克思主义史学,前者有新历史考据派承袭兰克的史料学,后者则有中共史学高举马克思主义史学旗帜,而惟巴克尔实证主义史学,虽然不及前二者赢得诸多信仰者,但仍被许多中国史家视为通往科学史学之途可资取鉴的思想资源。

与西方、日本学院派史家普遍拒绝巴克尔有所不同,在中国现代史学多元竞存的格局中,巴克尔史学是被新历史考据派或中共史学所积极拉拢争取的对象。巴克尔采取自然科学研究的立场,从广泛的材料中寻找合乎假设的证据,希望把史学提升到科学的地位,这一努力契合近代中国新派史家的学术追求。然而,巴克尔史学又与兰克史学、马克思主义史学有本质的不同,甚至是对立的,所以各派都有保留选择性吸取巴克尔某些史学资源,以丰富自己的历史解释和治史方法。新历史考据派接受巴克尔史学中自然环境、统计学等科学性、实证性的历史解释,而拒绝了他的法则说。傅斯年留欧期间受过巴氏的影响,1929年开始他在北大史学系多年开设史学方法导论,讲到欧洲史学观点之演

---

① 陈易:《历史动力论》,大东书局,1932年,第45页。
② 陈序经:《文化学概观》(第1册),商务印书馆,1946年,第140页。
③ [美]伊格尔斯、王晴佳著,杨豫译:《全球史学史》,北京大学出版社,2011年,第120—134页。

进、自然科学与史学之关系、统计学与史学,应对巴氏有所评述。他把巴氏史学归为"物质史观":

> 此派在英以 T. H. Buckle 为代表,所著《英国文化史》包罗万象,彼之主张,以为人类愈进化,天然之影响愈小,愈草昧,天然之影响愈大。天然影响人类之物,不外天气、食物、水、地理形势四种。对于早年西班牙文化,亦有许多解释,对于各地社会组织与地理影响也有许多讨论。此种学派,现盛行法国,称人文地理学派。

承认"以地理环境解释文化之发展,对于历史之帮助甚大"。[①] 1930 年代他还计划翻译《文明史》前五章,撰写《地理史观》一文,[②]足见傅氏对巴克尔的地理史观兴趣甚浓。他的评论全然不见巴克尔的规律理论,因为他在欧洲留学期间已经形成牢不可破的信念:历史无 Law。[③]

1923 年傅斯年好友丁文江在《历史人物与地理的关系》一文开头便说:"布克尔(T. Buckle)是 19 世纪用科学知识研究历史的第一个人。照他的学说,凡人类的历史都是气候、土壤、交通的关系,这种物理派的历史观,在他的《文化史》(History of civilization)出版的时候很有势力。"[④]丁氏此文不仅关心地理因素,且采用统计方法,当受启于巴氏。1925 年陆懋德在《学衡》连载《中国文化史》,作者坦言:"本书体裁,多仿英人巴克尔《英国文化史》。"[⑤]说明陆氏研读过《文明史》英文本,并对他的史学实践产生深刻影响。1934 年姚从吾接替傅斯年开设"史学方法",讲"实证主义的历史观",专门介绍了巴氏史学。[⑥] 1931 年雷海宗在武汉大学历史系讲授《欧洲通史》,讲到 19 世纪历史学,介绍"历史哲学之发达——寻求历史变化之定律",以巴克尔作为典型。[⑦]稍后他讲授"史学方法",以评论《文明史》作为"历史哲学论文题"之

[①] 傅斯年:《中西史学观点之变迁》,《傅斯年全集》第 3 卷,湖南教育出版社,2003 年,第 157 页。
[②] 王汎森:《中国近代思想与学术的系谱》,河北教育出版社,2001 年,第 330 页。
[③] 王汎森等主编:《傅斯年遗札》第 1 卷,台北"中央研究院"历史语言研究所,2011 年,第 104 页。
[④] 丁文江:《历史人物与地理的关系》,《科学》1923 年第 8 卷第 1 期;又参卫聚贤:《历史统计学》,商务印书馆,1934 年,第 185 页。
[⑤] 陆懋德:《中国文化史》,《学衡》1925 年第 41 期。
[⑥] 李孝迁编校:《史学研究法未刊讲义四种》,上海古籍出版社,2015 年,第 270 页。
[⑦] 雷海宗:《西洋文化史纲要》,上海古籍出版社,2001 年,第 339 页。

一。① 中央大学史学系开设"西洋文化史",《文明史》被列为参考书之一。② 1940 年张荫麟在贵州遵义浙江大学开设"历史研究法",重点讨论巴克尔《文明史》的观点。③

巴克尔与马克思是同时代人,后者对前者持同情、欣赏的态度,两人都非常强调地理环境和气候因素在历史发展中的作用,马克思承认他的历史观与巴克尔有某些类似的地方,④他们都相信历史有规律可寻。两者由于在思想上的亲近,所以中外不少学者把巴克尔视为广义上的经济史观或唯物史观。⑤ 由此之故,中国左派史家常常对巴克尔表示好感。1923 年刘宜之《唯物史观浅释》第四章"巴克尔底物质的历史观",认为巴克尔史学在诸多历史学说中"算是很新的学说",但与马克思的唯物史观相比,后者又比前者进步很多。⑥ 同样具有唯物史观派倾向的刘剑横肯定巴克尔"从特种事实中发现统御各自事实的定律"的努力方向是正确的。⑦ 中共学者杨秀林视巴克尔为唯物史观下的地理环境史观,并指出巴克尔不是一个地理决定论者。⑧

在英国,雷奇(W. Lecky,1838—1903)是巴克尔最为忠实的信徒,他的《欧洲从奥古斯都到查理曼时代的道德史》(*History of European Morals from Augustus to Charlemagne*,1869)接受巴克尔的观点,强调自然环境对道德风俗的影响;在德国,柏林大学生理学教授杜伯雷是巴克尔的代言人,宣扬实证科学的历史方法,认为"自然科学史即人类历史"⑨;在日本,福泽谕吉对巴克尔之推崇可与雷奇、杜伯雷相媲美;

---

① 《雷海宗史论集》,天津人民出版社,2016 年,第 305 页。
② 《国立中央大学文学院选课指导书》(1933 年),第 109 页。
③ 管佩韦:《张荫麟教授的历史教学》,周忱编选:《张荫麟先生纪念文集》,汉语大词典出版社,2002 年,第 234 页。
④ 哲学研究编辑部:《资产阶级哲学资料选辑》第 19 辑,上海人民出版社,1965 年,第 92—93 页。
⑤ 美国塞利格曼(E. R. A. Seligman,1861—1939)《经济史观》(*The Economic Interpretation of History*,1902)一书认为尽管维柯(Vico)、孟德斯鸠等人在此前对社会运动如何受物质环境的支配有过讨论,但是只有巴克尔才"用哲学的方法,加以丰富的例证,来建设一个学说",所以他被视为经济史观的真正创始人,"当之无愧"。(塞利格曼著,陈石孚译:《经济史观》上卷,商务印书馆,1926 年,第 5 版,第 5 页)陈训慈《史学观念之变迁及其趋势》一文接受塞利格曼观点,以为巴克尔是"马氏(马克思)学说之先驱"。(陈训慈:《史学观念之变迁及其趋势》,《史地学报》1921 年第 1 卷第 1 号)
⑥ 刘宜之:《唯物史观浅释》,上海书店,1923 年,第 16 页。
⑦ 刘剑横:《历史学 ABC》,世界书局,1930 年,第 20—21 页。
⑧ 杨秀林:《历史动力学说之检讨》,《师大月刊》1936 年第 26 期。
⑨ 胡昌智:《译介朵伊森书评〈提升历史学成为一门科学〉》,《台大历史学报》2013 年第 51 期。

在中国,朱谦之堪称巴克尔之信徒,此论不算太过分,在近代中国史家之中,惟他的著述中讲巴克尔最多。《历史哲学》(泰东图书局,1926年)是 1924 年朱氏在厦门大学的授课讲义,书后所列参考书有《文明史》英文本,他细读过。《历史哲学大纲》(民智书局,1933 年)一书,对以往人们对巴氏史学的误解作出新解。巴克尔"过于误解统计上的事实,当然是一大错误",但也不像批评者所说的那样趋于极端,"统计法在社会静力学上之重大意义,也正是很明显的事实"。[1] 巴克尔主张用统计方法研究历史,朱氏持肯定态度,"我们如果能如 Buckle 在《英国文明史》第一章所说,以统计方法为发现历史进化法则之一个重要工具,那么我们可以说这种补助方法,实在再好也没有了"。同时他还说:"我们应该知道就是历史中之统计方法,他的功效也只能如 Buckle 所说,于历史进化的法则有所贡献,过此便失去了历史统计学之原来的意义了。"[2]

至于地理史观,《文明史》"在建立科学的历史法则,与使此观念的普及上,是有非常的贡献的",但巴克尔的学说,因人文地理学者米细勒(Michelet)、拉萨尔(Ratzel)、森普尔(Semple)诸人的提倡,"遂使 Buckle 声名,永久和物质环境联在一气"。[3] 《文明史》第一卷第二章"论物的法则对于社会组织与个人性情的影响",虽然很重要,但专就古代社会而言的,"Buckle 虽从外的现象对心的作用入手,结果却认心的作用比物的作用更为重要",因此巴克尔不是地理环境决定论者。自然现象与道德原理,虽在短期间中也曾惹起很大的变化,但不久便归平复。从长期来看,知识法则并不受这些副次的原因支配,反而它们受知识法则所支配。朱谦之认为巴克尔这种以知识为中心的史观,是"综合了从十六世纪渐渐发达来的自然环境史观,与十八世纪后半法国发达的知识中心的历史观,才结合为这个实证科学之历史观的"。[4] 应当说,朱谦之对巴克尔史学的认识颇具卓识。

此外,朱谦之完全赞同巴克尔的历史法则说,认为历史和自然科学

---

[1] 《朱谦之文集》第 5 卷,福建教育出版社,2002 年,第 216 页。
[2] 《朱谦之文集》第 6 卷,第 198 页。
[3] 《朱谦之文集》第 5 卷,第 216 页。
[4] 《朱谦之文集》第 5 卷,第 217 页。

一样,要从事实的混沌中寻出必然的法则,而后历史才能脱离幼稚状态,和自然科学并驾齐驱,"巴克儿的意见和我们一样……历史进化的意义,是在心的法则,而不在物的法则。在物的法则方面,历史不能不借助于自然科学方法,来研究定期反复的现象,而在心的法则方面,则不可不超出地理环境,以直接体验历史生命的活跃,这就是人类进化历程的心理阶段说了"。①

从巴克尔史学在中国的译介状况,大体反映中国史家多持"拿来主义",只要某种理论学说能增进对历史的理解,不妨多加吸收,并不太在乎各种理论之间是否存在对立矛盾。中国史学界对巴克尔持欢迎的态度,不论或褒或贬,或正解或误解,都不会无视他的存在。有人建议选译西洋学术名著,历史类著作共五种,其中便包括《文明史》。② 1930年代中山文化教育馆计划出版"中山文库",文库第二期选译书目第三种即巴克尔《文明史》(History of Civilization),③原拟定分三册出版,而实际上最后只出版了上中两册(胡肇椿译,④商务印书馆,1936、1946年),共十五章,即三卷本原著前二卷,书名译为"英国文化史",作者译为"博克尔"。⑤ 胡肇椿译本不是根据英文本,而是转译自日译本,即西村二郎译《巴克尔世界文明史》(而立社,1924年)第一、二篇,对原著略有删节。1937年商务为中译本刊登广告,言简意赅,兹摘录如下:

>本书(History of Civilization in England)为近代英国史家博克尔(H. T. Buckle)名著。共三册。著者试循索欧美各大国之社会进化,而资以证明英国文化所必趋之自然途径。对于研治历史之方法,独具卓见。全书主要点可分四项:(一)气候、土壤、食物及其变化为组成民族性之主要动力;(二)怀疑主义乃智识进步之泉源;(三)轻信乃文化退步之重要障碍;(四)政府、贵族、教会

---

① 朱谦之:《历史学派经济学》,商务印书馆,1933年,第127—129页。
② 瞿菊农:《选译西洋学术名著之建议》,《图书月刊》(国立中央图书馆)1941年第1卷第4期。
③ 《本馆编译部上年度工作概况》,见《中山文化教育馆纪念刊》,1935年3月。
④ 胡肇椿(1904—1961),广东人,毕业于燕京大学文学系,后留学日本,入京都大学研究院,专攻考古学,曾任教于上海暨南大学、广州中山大学,担任上海市博物馆馆长。
⑤ 《文明史》第三卷,凡五章:第一章十四世纪末苏格兰的形势,第二章十五一十六世纪苏格兰的形势,第三章十七一十八世纪苏格兰的形势,第四章十七世纪苏格兰思想史,第五章十八世纪苏格兰思想史。

及其他机关,对于人民所施之过分保护,反截绝与阻碍文化及自由精神。征引详博,文笔锋利,读之不感枯涩。兹先出上册,以飨读者。①

在乏善可陈的民国史学译业,《文明史》翻译质量算是值得称道的,尤其将冗繁的注释一并译出,这在当时译界实属罕见。

此次再版旧译本,整理者所做的工作包括:(1)统一译名,(2)校正错字、别字、衍字和倒误,(3)按现今通行的出版要求最新标点,(4)据英文原本校正旧译所有西文,(5)据英文原本校正旧译明显误译之处,(6)旧译注释置于每章之末,现为便于阅读,同时也为恢复原著特色,皆改为脚注。以上皆径改,不出校记。

李孝迁
2018年秋于华东师大历史学系

---

① 《英国文化史》出版广告,《出版周刊》1937年第222号。

博克尔小传

亨利·托马斯·博克尔（Henry Thomas Buckle）为十九世英国著名史家，生于一八二一年十一月。他底父亲是伦敦底富商，遗产甚巨。博氏席丰履厚，遂资以周游欧洲以至埃及、叙利亚诸土，而专致力于史实之搜求。幼年时因体魄孱弱，不久即离开学校而完全在家庭中受父母之教育指导。人极聪颖，年三十一即通晓语言达十九种。一八五一年，他决定写一部文化史，而一八五七年是书告成，遂名满天下，一跃而登第一流史家之席。他曾被选为各种专门会社之会员，而于一八五八年三月复得在皇族学院讲演，研讨女子对于知识进步之影响问题，极博一时美评。

一八六一年复有壮游之志，十月，南出埃及，越西奈及以东沙漠（The desert of Sinai and Edom）而趋叙利亚。其明年四月达耶路撒冷。旋由倍罗脱（Beirut）返欧，不料在拿撒勒（Nazareth）中道得疾，其年五月，一代史人遂捐馆于达马斯革矣。

译　者

目　录

丛刊缘起 / 1
巴克尔史学及其在东方的回响——代前言 / 1
博克尔小传 / 1

上编　概论

第一章　历史研究底方法 / 3
第二章　自然定律底影响 / 20
第三章　形上学者所应用的方法 / 68
第四章　道德定律与知识定律底比较 / 76
第五章　宗教、文学及政治底影响 / 108
第六章　历史文学底起源 / 143
第七章　由十六世纪至十八世纪的英国思想 / 163

下编　概述

第八章　自十六世纪中叶至路易十四秉政间之法国思想史 / 249
第九章　保护精神史及其在英法两国之比较 / 299
第十章　法国保护精神之蔚盛亦即表明夫隆德战争之失败及夫隆德战争与同时代英国叛乱之比较 / 320
第十一章　保护精神为路易十四引用于文学知识阶级及统治阶级联合所产生的影响底考察 / 335
第十二章　路易十四之死保护精神之反动及法国革命之整备 / 354
第十三章　自十六世纪之末叶至十八世纪之末叶之法国历史文学 / 379
第十四章　十八世纪中叶以后法国革命之近因 / 411
第十五章　由第五世纪至第十九世纪中叶之西班牙思想史概略 / 464

上编 概 论

第一章　历史研究底方法

　　研究历史之方法及人类活动规律性之证明的叙述。这些活动本为思想定律及自然定律所支配，故两部分之定律皆须研究，且不恃自然科学，历史亦不能成立。

在人类知识各大支流中，史之著述最多而亦最普遍。一般的意见似乎以为历史家底成功与其勤勉是成正比例的，研究愈邃则所得亦愈多。

史底价值之信心已传布很广了，只看史底册籍销流之广及其在教育方案上所占有之地位即可知。由某种眼光看起来，这种信心是完全正当，不可非难的。时至今日，谁也不能不承认史料之罗集，就大体上观之，未尝不丰备而焕煌；若欧洲及其以外各大国之政治、军事年史已精细地编辑成秩，排例简便，而其所依恃之证据也完全是精选过的；即法律史、宗教史也都受到极大的注意；同时关于科学、文学、艺术及有裨于社会之发明，以至于民族风尚及优美生活方法等进化底探讨亦曾下相当的研究，虽研究的程度比较差些。为欲增进吾人对于过去之认识，故古代遗物分毫皆曾为研讨上之凭藉；古城底遗址展露了它们底胸怀，古币重现于人间，宣吐其来历，铭刻孳生出副本，古契点染了它们底璀灿的本来面目，象形文字亦有了迻译训释了；即皇古遗文，至是也受了重新的缀拾排例，唤返人们底回忆。有几个支配人类言语变迁的定律亦已发现，且经语言学家之研究，竟能说明民族早期迁移之最晦暗时期。又政治、经济既成立为科学，且因之发见财富分配不均之种种原因，而这种不均乃为社会混乱之主要渊薮。统计学又经过努力攻修，广集材料，非唯注意于人类物质方面底事情，抑且于道德方面之特点亦包罗殆尽。例如,各种罪恶之数量,其彼此比例数以及年龄、性别、教育对于罪恶之影响等是。与这种伟大运动同时进行的乃是自然地理学:气候现象有了记载,山岳有了测量,河流有了勘查,并穷其源,各种天产经过了精细研究及开采其蕴藏;又对于供养生命之各种食物皆用化学方法加以分析,食物所含原质也经过计量及称衡了。至食物与人体组织之关系,亦已得到相当满意之确定。同时,因凡对人类发生影响的各种知识皆待增广而不能遗漏不顾,故在其他方面,当有许多特殊的研究组织起来;以故,关于现代文明人底死亡率、结婚率、生产底比例、职业底性质、工资及生活品价值底变动等我们现在皆能明了。像这些或其他同样的事实皆经搜集及组织起来以供应用,这种组成民族结构的研究是非常精密的。还有其他与有关联的研究,其精密之点虽较逊,但范围广阔些。又非但伟大民族底行动及特性皆已记录下来,即此外许多散居地球上各地方底其他种族均经游历者之访讯,而其生活情况备详于著录,因此使我们能将文化各时期及各种不同情况下底人类状态作一比较研究。但是我们还要说,我们对于这个问题底求知欲尚未能认为满足,这欲念仍继续着在增加,使其求知的方法亦继续着有增无已,而以前所观察的仍大部分在保留着——如果将这许多事情集合在一起,那么,我们就能隐约感觉到所积集的许多事实实负有重大的价值,人类进化之迹因其助力亦得以考察出来。

但在其他一方面,若叙述关于这种材料之利用,则情形又大异。人类史最不幸的特点,即虽然各部分皆已片断地备探无遗,但未有能将其集合成整,而确定其彼此之关联者。在其他知识底田园中,综合的需要已普遍地认为重要,且曾努力由各种单独之事实发现支配这些事实之定律。可是,史家不常采用此法,且流行一种特异的思想,以为他们底责任不过是叙述事实,而他们又偶然因个人底道德、政治底谬误的观念之反应,反使这些事实栩栩生动。照此看来,则任何著作家有因思想之落后或天赋之钝鲁,不能应付此思潮最高峰者,只需在数年中稍事涉猎相当的书籍,即可妄列于史家之丛,他便能胜任撰作一部伟大民族底历史,且其工作可被学坛视为权威者矣。

这种狭义标准之成立,其结果将使知识之进步受牵掣。因有此种偏见，历史家——指全体而言——于是从不承认这种广博及预备工作底需要，这种需要能使其由全部之自然关联领悟所研究之题材。其结果则有些史家之观点对于政治、经济、文学茫然若无所知，或昧于法律，或忽于宗教事业及思想之变迁，或轻藐统计哲学，或夷鄙自然科学，而类斯种种题材固极属重要者，盖因它们本为世间底主要环境，而人类底性情及品格固皆受其影响而表现于其中者也。但这许多重要的题材确曾经过深邃的研究，唯皆彼此独立而不相关联，比例及彼此印证的效用已失，亦未闻将这种题材集中于史底倾向。实在讲起来，这种题材却是史底组合成分。

从十八世纪初期以来，曾有少数的大思想家发觉史底退化而努力设法补救。但例极鲜见，在全部欧洲文学里只有三四种可称为创作，而确含有有系统之尝试，及应用最竭人心力的方法研究人类历史者。这种方法，其他知识支派曾证明是有效的，且由经验所得的观察也只有依此方法方能成为科学上的真理。

十六世纪以后，尤以在最近百年中，我们可以在一般史家之中发觉几种现象，就是观察底理解力增加及有拟采用曾被遗弃之题材的愿望。因此，其题材之搜集渐趋庞杂，而这种类似事实之收罗及其彼此之相关却时常暗示着综合性，这在欧洲之早期文学里是绝无此痕迹可寻的。即以史家之能与较广博之思想接触及此种覃思习惯之鼓励而言，以上情形已可认为极大之成就。至于覃思一点，虽或近乎妄用，却为各种真知识所以成立的最重要条件，因为没有它，科学也无计成立。

虽然历史文学之探讨确较前为乐观，但我们不能不承认，除极少数例外，这些也不过是探讨罢了，至于支配民族特性及命运底原理则绝无成就。关于以上的实在的影响，我将留在此书之别部讨论，现在所要说明的，只就人类思想最高的目的而言，历史仍是非常穷乏，呈混乱及草莽未辟状态，为无定律无基础之题材所有之自然现象。

我们对于历史之认识是这般地不完全，而史实又如此其丰富，似乎应该有种较以前任何尝试更为广大的工作，努力将此浩涵的研究与其他部分相辅并行，以维持我们知识底平衡及融会。现在这部著作底理想即本着这种精神。固然求理想与实行之完全平行是不可能的,但我仍希望从事于史学者成就一些事业,能似其他研究者之对于各科自然科学一样地收并驾之功。说到自然方面,各种显然无规律及矛盾的事态已有了明白的解释,或表明其与某种确定及普遍律相洽合了。这种成功实基于才智者及坚忍苦思者之具有发现规律性(regularity)的眼光,以从事自然事态之研究。假若人事方面之探究也采用这方法,那么,当能得到同样的效果无疑义。凡有以历史事实为不可综合者,实际上,他们是最初就存此念的。更甚者,他们不但臆断所不能证明的事实,且即在现实知识情态中最不确切的事实亦复妄加臆断。凡熟习最近两世纪之历史者,必注意到每代都表露出一二正常的及可预测的史实,这却是前代所认为无可臆测及反常者,故促进文化之显著步骤即是坚强吾人对于常规、方法、定律之普遍性的信仰。如此,则某项史实或某类史实尚未能归纳于常规者,却须引我们过去的经验为资鉴,而承认其将来有解决之可能性,不可遽认为不可归纳。在复杂中觅取正常规律的冀望对于科学家是很平常的事,其中之卓越者已视此为信条了;但假使这种期望之所以不能遍求之于史家,则必因其才智之不及自然之发见者,及其所研究之社会事态过于繁杂也。

这两种原因牵掣了历史科学底创造。而最有名的史家显然是逊劣于成功的自然科学家,故从事于史学之士,在智力方面,实未有能与开普勒(Kepler)、牛顿诸人比较者。① 至于事态之繁复,则使哲学史家所遇之困难远迈于自然学者以上,一方面,他底观察易陷于个人意气及偏见所酿成的错误,在他方面,他又无计应用大的自然的实验方法——这种实验固常能将外界最复杂的问题变易而为简单化者。

所以,无怪乎现在人底活动底研究和自然活动底高深研究比起来尚是幼稚时代。这两种研究,在进步上相差如此辽远,在物理方面所发生的事态的规律性及预测是等事态的力量常常即在未被证明的情形中亦能姑假定之,乃同样规律性在历史上则非惟不能假定,且遭拒绝。因此,凡有人欲提高历史使与其他学术研究地位相侪者,一着手即遇障

---

① 这里所指的是以史学为其主要的研究,培根也有关于史学之著作,不过他视为附属的目的,显然他对于史底思想程度不似其他的研究为甚。

阻,因每令人感觉到人事是神秘的、天定的,且使我们底考察不易深入而常常隐蔽其未来的途径。这种叙述当然是无理的,且亦无从证明;再者,事实每能明显地证实,凡我们知识愈增加则对于"均等性"(uniformity)底信心亦愈见坚强,即同样的情境下必发生同样的事实。故现在不如对于当前困难作较深的审察,同时对于根深蒂固的共同的成见——即主张史学必须常常保持其以经验为主之情状,决不能成立为一种科学——宜彻底地根究一下。但这却引起一个潜伏于整个主题底根源中底极大问题,简言之,即是否人类以至社会之活动由固定的定律支配着,抑或这些活动乃由于"机遇",以及超自然的干预的结果? 这两方相反的讨论将引起相当的有兴趣的思潮。

关于这问题,有两种原则可以代表两种不同的文化阶段。以第一种原则为立场,每一事件都是单独的分立的,其产生仅视为偶然的机遇底结果。此说最为毫无学识者所奉为天经地义,但经验一经增广,其说遂暴弱点,因经验常暗示我们以自然所表现的继续均等性及并存性也。譬如,未受文化浸染,专恃渔猎为生的游牧民族必以为食物底供给是某种偶然的结果,无待解说的。无纪律的供给及有余与不足的现象不会令他们怀疑到自然布置有何规划,他们底思想也从未感到这些能支配事件发生的规律及因以能预料未来的普通原理的存在。但当这种民族进化至农业时代,他们初次尝试种植的食物,于是又以为那食物之形状以至其所以生存之故,皆归功于他们自己工作底结果。他们撒下甚么种子,即能得甚么果。其所需要的食粮更能由他们自己支配,且更能确定是他们自己工作底结果。看到散布在地下的种子和成熟的谷粒底关系,即察见一清楚的计划和规常的均等性底结果。他们现在非但对于未来能够确定,且得到一种信念远较以前那不可恃的事业为广阔。于是"事件固定性"底模糊观念因之以起,而意念中也渐隐约蕴酿了以后所称为自然定律的观念。在这伟大的进化过程中,每一步伐都使他们对于这见地更清楚。当他们底观察日以增积,且经验推移至较广的宇域的时候,遇到的均等性更为他们所从未梦及者,遂使以前所主张的"机遇原则"站不住脚。更有进者,一种对于抽象论定的倾好发生了,于是有人综合其所得的观察,蔑视旧时流行的意见,并以为每一事项及其前提有一必然的关联，而此前提又复与其前一事实相接，因此全世界组成一必然的连锁，在里面每人或许都是活动的一分子，但不能决定所活动的是那一部分。

于是在社会正常的迈进中，自然规律性观念之增进毁灭了"机遇说"（chance）而代以"必然关联性"（necessary connexion）。由这两种——"机遇"与"必然"——主义当各自发生了"自由意志"（free will）和"前定"（predestination）底信条，这我想是很可能的。欲在比较进步的社会中，明了这种变体事态之如何发生并非难事。大凡一国家底财富积集至相当程度，那么，每一个人民之生产力足以维持其个人之生活而绰然有余，故不必人人皆任工作，因此特殊阶级于以产生，其中大多数以追寻享乐为度日之方，而有少数则从事于知识之获得和传布。在后者中往往有忽略外界底事件而转其注意力于内心底研究者，其富于才智之士，遂成为新哲学及新宗教之创始者，且常对于信仰其说底人发生极大影响。但这种创始者底本身实亦为时代所左右，乃欲逸出其周围意见底压迫是不可能的，故所谓新哲学、新宗教者，当非凭空创造，乃不过综合当时思想界之流行观念而指示以新方向罢了。[①] 照此说来，则"机遇说"之于外界恰如"自由意志"之于内心，同时，"必然关联性主义"则同等地类似于"前定说"，其唯一不同点即前者由形上学者所发展而来，后者则出发于神学者而已。在第一例里，形上学者以"机遇说"为出发点，对于思想之研究应用武断及不负责的原理而形成为自由意志说；自由意志者即所有各种困难似乎也皆可免除，因完全自由，其本身即是各种活动之造因，并不受任何影响，故和机遇说一样，乃是不容再为分说的最终事实。在第二例里，神学家将必然关联说改易为宗教之方式，因其意念中早已充满常规及均等性之观念，故自然地将这种合理规律性透于神权底预知，因此除一神信仰外，再附一信条，即万物之始已由上帝予以绝对的命定。

这两种相反的自由意志及命定说当然无疑地是解决人生之谜最平

[①] 菩索布尔（Beausobre）在他底名著《史学评论》（*Histoire Critique de Manichée*）曾有恳切的评语。他说：伟大宗教底教义都是基于前期的哲学的。凡认识思想史者，当然无不对于斯陶尔（M. Stahl）底直截了当"民族底哲学是拿神学为根本的"一语表示首肯的。（见格林拉芙底《特拉和斯》〔Klimrath, *Travaux*〕第二册第四五四页，一八四三年巴黎出版）

妥而简单的方法；①因其易于了解，且合乎普通人底思想，故虽迄于现世两方底信仰者其数尚非常可观，他们不但阻绝知识之源，且各立派别，彼此仇恨，常惹起社会之纷乱而增加私人生活关系之烦恼。但在现今较前进的欧洲思想家中却有一种新兴的意见，以为以上两种学说都是错误的，换言之，即对于任何事项之真理我们还没得到充足的证据。这是个重要的关键，故未申说以前，先宜尽力解释清楚。

对于我所设想的自由意志及前定说底观念底起源发生任何怀疑都可以的，但对于这些观念现在确实所根据的基础实无辩论之余地。前定学说是基于神学底假定，自由意志则基于形上学之假定。前一种学说之赞助者其所进行之设想还未有丝毫完满之证据，他们要我们相信造化者——同时他们诚心承认它底恩惠——虽然至高至善，但在选择及未被选择者之间已有一独断的区别，它在永常中已预决数百万未来生物之灭亡，而这种生物惟在其支配下方能生存；又它所以这般处置者并非为公正主义，不过为无限权力之伸展而已。② 这种学说于新教徒之间以及于蒙昧固执的喀尔文派（Calvin）颇为流行，但在早期教会里是奥古斯丁（Augustin）第一次把它系统化了，奥古斯丁则似乎是取义于祖先崇拜者（Manichæans）。总之，不论其本身彼此之矛盾如何，在科学底研究中，这种学说必须被认为无结果的假定，因为既出乎我们知识范围以外，则决无方法以确定其真伪。

其他一说早已颂为自由意志者，与"阿民教义"（Arminianism）是相连属的，但在真实上却基于人类意识至高无上的形上学信条。这说以为每一人感觉并稔知他是个自由的主动力，没有一种精微的议论可以减去我们对于占有自由意志之意识。现在这种与普通理论方法挑战的最高裁判权底存在含有两种臆说：第一种虽或属于真实的，但从未

---

① 这些彼此相反的学说，假如没有普通所感觉的希望补足二说缺点，而以原有理论方法来解说的话，便会受一般所承认：以为因减少道德上的责任而舍弃自由意志是危险的，不过因恐触犯上帝底权力，而舍弃前定说亦有同等危险。故自来有过各种尝试想调和自由和必然性，而令人底自由与神底预知彼此能够谐合。

② 即使研究不似奥古斯丁那般深邃的安布罗兹（Ambrose）也十分冷淡地说："上帝能够那般庄严地说，也能够端严地去做。"是《尼安得》（Neander）第四册第二八七页里，喀尔文说："上帝在永常中命定一部分人类永久的快乐，一部分人类无限的悲惨，其动机不外乎为其自己之愿望及自由意志而起。"

经证明；第二种是虚假的无疑。这些臆说以为有一独立天赋之机能叫做意识，其运用是确实无谬的。但首先我们不能决定意识是否机能之一，且有几个最大的思想家曾表示意识不过是思想之一种情状。[①] 果如其说，则以上的理论根本被推翻。因为即使我们承认各种思想之机能，当完全运用时，是同等正确的，可是没有人会对其思想所达到之情状作同样的反应。现在姑且取消这一点反驳的理论，第二步我们可以回答，即使意识是一种天赋的机能，可是历史底证据可以证明它底极端错误。[②] 在文化进展及人类不绝的过程中底各大阶段都显露着思想底特异点和信心，而这种特异点及信心每每留了印象在时代之宗教、哲学及道德上。每种信心在一时期是信仰，而在别一时期则每有徒成笑柄者，且皆在其本时代中能深入人心，变为意识之一部——即所谓自由意志者，但不能说这些意识之产物尽属真实，因许多都是彼此矛盾的。故除非各时代有各种不同的真理标准，人底意识证据恒不能证明一意见之是否真实，否则两种背驰的主张都有同等的正确了。除此以外，还有一观点可以由普通生活中之遭遇窥探出来。我们不是在某一情景中感到鬼魅及幻象的存在吗？但这已普遍地认为绝无存在之可能了。若驳斥此理论，以为这种意识是彰著的而非真实的，则我要问，如何可以决

---

① 杰姆士·密尔(James Mill)在《思想底分析》(Analysis of the Mind)一书第一册第一七一——七二页里说：意识和信仰是同样的东西，而极大的错误就是认"意识是和其他感觉不同的一种感觉"。照陆克(Locke)底《人类理解论著》(Essay Concerning Human Understanding)第二册第一章及其《丛著》(Works)第一册第八九页说："意识就是任何事物经过人底心之一种知觉。"布郎(Brown)在《思想哲学》(Philosophy of the Mind)第六七一六八页里反对意识是一种官能。又哈密尔登爵士(Sir. W. Hamilton)在《利德著作底评论》(Notes to Reid's Works)第二二三、二九七及三七三页里不满意于利德将意识降为一特殊官能之说。库臧(M. Cousin)底《哲学史》丛书第二(Hist. de la Philosophie, II. Série)第一册第一三九页说：意识应作"复杂的现象"，第九四页也说："良知为智慧底必要条件。"同时，最近一作者在乔勃底《哲学新统系》(Jobert, New System of Philosophy)第一册第二五页里宣称："我们有我们底意识——这是确实的。"

② 这是需要解说的，意识在它底证据的事实方面讲起来是确实的，但在真实上都是易于错误。我们知觉到某种现象就是证明这些现象存在心里面或是呈现于心上，但如果说这种意识就能表明现象底真实，那么，不啻再进一步，非仅贡献一个证据，且下了一个判断。这，我们就引入了一错误的成分：就是意识和判断混合在一起的时候，每致失其正确性，因为判断常是错误的。已故的布兰科·怀特(Blanco White)——一个心理精深的思想家——说："必需的自由和强制的自由之间的重要分别从未受到注意。任何事物都不能强迫我底意志，这种事实是每个人多少都知觉到的，但同时我们同等地知觉，假如没有动机，那么，我们即不能被决定是怎样的。"（见《布兰科·怀特底生活》，一八四五年出版，第三册第九〇页）但一个人怎样能知觉到：任何事物不能强迫他底意志？这不是意识，却是判断，这是"也许"的判断，不是"是"的意识。意识底意义，必完全指现在，永不能包含未来事的"或许"和"能够是"的意义了。

定何者为真,何者为伪?① 若这种夸张的机能在某一部事物中欺蒙了我们,又有何凭藉可以信它不在其他方面都在欺蒙我们呢?设无凭藉,则其机能根本是不可靠的了,如有凭藉——无论何种——则其存在已表明需要有一种以意识为附属的权威,如此则"意识至高说"推翻,而信从者须被迫重新建设其全部理了。确实的,以意识为独立的机能,其存在之不正确及其自身之矛盾,使余早信观察个人思想之普通方法永不能将形上学成立为科学。这种研究是只有凭演绎的应用定律方能有成,这些定律是由历史的程度发现而来的,就是说,这些定律包含人事全部现象之考查。

尚幸而我写此书之目的,并不要引起信历史为科学者信恃前定主义或自由意志说。② 在研究的时期,我所要他们承认的就是以下几点论据:即当我们表现一种动作的时候,我们是因某种或几种动机而表现的,这些动机乃是某几种前因底结果,故若能认识前因底全部及其变动,即能正确地预测其全部直接的结果。除非我是犯了极大的错误,否则,凡头脑清楚而以实证立意见者,必须有此见解。③ 譬如说,若我能熟悉某人底性质,我即常能预料在某种情况中他将如何动作。万一对于这种预测失败了,则我必不诿过于这种错误是由于那人底专断及反复的自由意志,亦不假因于神底预先处置,因为这两方面我们都没有丝毫的证据。但我必诚悦地猜想,或许是我对于他所处的某几种情况不甚清楚,或者对于他底思想之普通作用未有充分的研究。可是,若我有正确的理解力,同时完全明了他底性情及其周围底事项,则我必能预测他将采取的④——受各种事实影响的——行径。

---

① 当柏拉图要找寻人类思想底标准去测验幻象及梦底真伪的时候,他也感觉到极度的困难。他唯一的结论是:假如个人底思想所见到是真的,那么,于他就是真的。但这是问题底逃避,而不是解决。
② 自由意志,就是存在思想中的动作因子,是离动机而独立行动的。若有人说我们有这种动作力而没有动机,但当这种力在实际上运用时,我们又常意识地或无意识地被动机驱使着。若有人这般主张,那他简直是述说一种无结果的议论,这种议论并不和我底见解相扞格,这也许或也许不真实的,但确未有人得到证明它的成功。
③ 这就是照现象实证,呈现于理解之前而用理解所融合的普通论理所估量者。但康德(Kant)曾下一非常的尝试要避免这种实际的结果,以为自由乃理性所产生的观念,故必须归于超越的理性律。就是说,归于这些经验境域以外而不能用观察证明的定律。
④ 这当然是个假设的情境,不过举以为例罢了。我们从来没法完全知道某个人底前因,就是自己底也难明了,但可以确定,愈明白了前因,愈能易于知道结果。

否认自由意志之形上信条及事实前定之神道信条之后,[1]我们底结论必归纳于下面:人底动作既完全由其前因所决定,故必有均等性,就是说,在同样情况之下,必常发生同样的结果。又因各种前因非在思想中即在思想外,故我们很清楚地看到各种结果的变化,换句话说,即历史所充满之各种变迁,人类各种之不断的活动及其进步与衰落,快乐与悲惨,皆是双重动作底结果:外像对于思想底动作及思想对于外像底动作而已。

合理的历史只有靠这些材料才能建立起来。一方面,我们有人底思想受它自己生存律底支配,并且当它不受外力操纵底时候,照它自己组织的情况发展它自己;别一方面,我们所有的所谓自然者,亦受它自己定律底支配,但不停地和人底思想交相接触,激动他们底热情,引起他们底智慧,因为决定他们动作底方向,若无这种扰乱,他们底动作是不会引起的。如此,人改变自然,而自然亦改变人,同时各种事项因这种交互的变易而必然地发生了。

现在直接的问题就是要确定发现这种双重变易律底方法:这——我们立刻将看到的——就引我们入于初步的考察,两种变易究竟那一种比较重要些,就是说,人底思想和欲望较受自然现象底影响呢,还是自然现象较受人底思想和欲望底影响呢?因为很显然的,那一阶级比较活动(若是可能的话),就先被研究。这是,一部分因为它底结果比较特著,故易观察;一部分因为开始先综合较大力量的定律,其所存留不能表白的事实必较开始先综合较小力量的定律为少。在未考察这问题以前,须先叙述几个现有的、确切的精神现象更迭延续之规律性底证明。因此叙述,以上的见解更能坚固,同时我们将明白现在已用以解释这大问题底方法是甚么。

实在获得的结果有非常的价值是显然易见者,非但因综合所包括的范围广大,尤以此种结果乃由于非常的整备而来的。大多数道德上

---

[1] 天意干预主义和前定说是联合的,因为神能预见各种事物也必能预见他所要干预的目的。反对预知就是限制上帝的全知全能。故有以为在特别的情况下,有特殊的天意阻止普通事项之进行者,也必须主张在一特别情境中,其阻止乃前定的,否则就有非难神圣的意义。因为,如阿奎那(Thomas Aquinas)所说的:"知识既是知识,当然并不含蓄有因果力底意思,但此知识既是隶属于创造知识的艺术家,那么,它便和艺术家底艺术所产生之因果力发生关系。"(见尼安得《教会史》〔Neander's *History of the Church*〕第八册第一七六页)

的考察是依恃神道或形上学底假设,而我所说的研究却完全依恃归纳法。这种研究是根据无数的事实底罗集,包括许多国家,排列成最清楚的方式——即数学表格。这些表格大多数不过是由政府人员收集的,他们既没有任何特殊理论要拥护,也没有原故要牵强附会报告底真实。

这种关于人类动作最容易了解的推理,曾普遍地被人认为无庸争辩的真理,是从以上或相类的来源获得的,它们是根据于统计底证据,用数学方式来表明。任何人若能明了这种简单方法所发现之多,则必非但承认精神现象更迭延续之均等性,且必热诚地感觉,若用较有力的方法,即现在所有之知识已足够应用以表露更重要的发现。但在未能预测未来的研究以前,我们现在只有涉猎到统计家所创始的人事均等性之存在底证据。

人类底动作可以简易而明白地分成善良与卑劣两类,因为这两类是互有关系的,且放在一起就组成我们道德行为底总和,故一类之量增加,则以比较的眼光看起来,其他一类必呈减少的现象。因此,若能于某时期中侦察得某民族之恶德底均等性及方法,则于其善行方面亦能发现一符合的规律性;反之,若能于其善行方面证明其有规律性,则必须于恶德方面推度一相等的规律性。这两类动作以分类的名词讲起来,是彼此增补的。① 今用另一方法解说,很明显的,假如能表明人类恶劣行为因周围环境之变迁而变化,则我们不得不推度其善良行为——恶劣行为之残余——亦有同样的变化。我们更不得不下进一步的结论,即这些变化是广大而普遍的因底结果,这些因在繁杂的社会中运行,必能不顾社会所包有之特殊人类底意志而产生某种结果。

假如人类底动作是被他们所处的社会情状所支配,则以上即是我们所要寻觅之规律性;反之,若找不到这种规律性,则我们或信他们底动作乃依据于每人所特有的专断及私见——如自由意志等等。所以,最重要的是要确定在一指定的社会中,其全部的道德行为是否有一规

---

① 有几个道德家也建立一种第三类的动作,他们称为中立者,既不属于善行方面,亦不隶于恶德方面。因此发生著名的"或然主义"(Doctrine of Probability),是几个声誉崇隆的天主教良心研究者所创立的,但给巴斯卡尔(Pascal)热烈的攻击。这主义底最劣点姑不计及,即就它底实际的状态看来,这仅是一个定义的问题而已。因为每种不同的动作必倾向于善或恶,乃可规定其所倾向底范畴,且确实的,每种恶德底增加,即减少相连的善德行为,虽然这种现象不常是绝对的。

律性存在，这又是要决定那种统计能供给最大价值的材料的一个问题。

立法最主要的目的既然是要保护清白的人来抵制犯罪者，自然的，欧洲各国政府早知统计底重要，应该开始收集所愿责罚的罪恶底证据。这些证据已堆积层叠，直至组成一大部的记载，包含无数排列的事实及注释，因其编纂精密，解说透彻，故关于人类道德性质方面，我们所习得者远较以前世纪所堆积的经验为多。① 但在概论方面欲将所有由统计上所得的推论叙述出来是不可能，故我只考查二三种最重要的，并指明其间的关系。

各种犯案里面，恐怕谋杀罪是最轻妄和最不规则的了。因为当我们想到这种罪——虽然是长期恶劣行为底总动作——常是骤然冲动的直接结果。当预谋的时候，这种犯罪（即使是极难免被伤害的），必需要一极巧合的机会，是犯罪者所常等候着的，他必须忍耐等候时间，和寻觅他所不能支配的机会，当时机到了，也许他底心软化了，他犯罪不犯罪的问题还须视各种冲突动机——如畏惧法律及宗教刑罚、良心责备、将来痛悔的省悟、爱底获得、妒忌、报复、失望——底平均力如何。当我们将这许多事情合观的时候，就发生许多复杂的原因，使我们自然地对于在这些支配犯罪的无定的动作里面侦察常规和方法要抱失望了。但现在事实如何？实际是，谋杀案是很有规律性的，且和某几种已知的情状有均等的关联，如潮底涨落、季候底转变一样。开特雷（M. Quetelet）终身从事于搜集及整理各国之统计者，经过辛劳的研究以后说："犯罪中之每一事件，其发生之重复数目含有绝无错误的永恒性，即使是难以预测的谋杀案常种因于偶然的争论。从经验上我们知道，非但每年的谋杀者其数目几相等，即他们所用的杀人工具也有同样的比例。"这就是一八三五年所称为欧洲第一统计家底话，以后则每种研究都增加它底正确。因为近来的研究曾确定一非常的事实，即犯罪案底重复均等性较自然定律之于人体之疾病及毁灭更

---

① 我说这点是有意的，凡曾考查这些题材的人，必注意到道德问题底作者是怎样地反复叙述前人底陈腐及卑陋的意见，故读完这些关于道德行为及道德哲学底著述，还会感觉到像初读时一般地蒙昧。人类思想底正确侦察者一向是诗人，尤其是荷马和莎士比亚，但这些深刻的观察者只是注意生活底具体现象，到了分析的时候，便藏隐了变化的阶段，所以现在我们只能单靠着经验以实证它们底结论。统计家底大进步在能应用"平均数学说"（Doctrine of Average），这些研究在十八世纪以前是没有人想到的。

为明显，更为易于预料。例如，在法国一八二六年至一八四四年之间有一个奇妙的符合，被告犯罪者之数差不多和同时期巴黎之男子死亡数相等，其不同点即犯罪数之波动实较死亡之波动为少而已；同时在每一种罪案中都发现一同样的规律性，各种罪案都受同样的均等及定期重复律底支配的。

凡深信人类动作受个人之特点影响较社会之普通情状为甚者，必对以上所叙述者表示惊疑。可是尚有一情境更可骇异，在公开及登记底犯罪中，没有一种像自杀似的完全以其个人思想为定者。谋杀或意图劫掠，且常是不能如愿的，有时受敌党之挫折，有时受公正官吏底裁判。但自杀却不易受到阻止了。决定自杀的人在最后一刹那并没有受到敌人挣扎底禁阻，他既很易避开政府力量底干涉，他底动作就变成孤立了，其动作既与外面的扰乱隔绝，则较其他犯罪更属于个人意志之产生物，尤为明显。又这种犯罪与其他普通的犯罪不同，是不甚受同谋者底煽动底影响的，所以这些人既不受到同伴者底怂恿，也不曾受到阻止其自由意志发生之一切外力底障碍。因此，我们常易联想到，以为欲在自杀中找寻通则或在这样反常、孤立、立法不能制驭，精明的警察无法禁阻的犯罪中发现规律性是不可能的。还有一种阻碍对于我们底见解发生防害者，就是关于自杀底最好的证据也常患其不完全。譬如说溺毙一事，自杀每易视为偶然失足，而真正之偶然失足却又视为自动的了。如此，则自杀非惟近乎专断及不易抑制，且于证据方面亦颇晦隐不明。综上观之，则于所追源的自杀产生通则一点，不得不抱失望了。

这些即是这一种犯罪底特点，但确是一种可惊骇的事实，也就是我们所有的证据希望能归纳于一个大结论，且我们再不疑惑自杀不过是社会普通情形底产生物，而犯罪的个人不过将以前情境所必致发生的结果实行出来罢了。在一指定的社会情形里，某一部分底人是必要戕伤他们自己底生命的，这便是一个通律。至关于那一种人常会犯自杀罪这一个特殊问题当然另受特殊定律底支配，但这些特殊定律在其共同活动时，却要受支配于其所附属的大的社会定律。这大的定律是这样地不可制止，无论生命之爱惜，来世之恐惧，皆不能阻止其动作。这种特著规律性底原因，就是此后我所要估量的，但这种规律性底存在对于熟悉道德统计者是很明了的了。我们由各国所得到的统计答案中考见每年都有同比例的人民自戕其生，因此，虽然搜集完全的证据是不可能的，但我们也能在极少错误的范围中，预测来年自杀底数目——当然，这也要社会没有任何显著变化才可以。即以伦敦而言，虽然像这样变迁极多的，世界最大、最奢华的都市，我们还能发现深信社会定律者所难料到的规律性。因为政治底激动，商业底兴奋，食物昂贵所产生的悲惨，都是自杀底原因，且在永常地更迭不休。在这大城里，每年大概有二百四十人自杀，各年合计，因受临时原因底影响，其变化常在最高数二百六十六人与最低数二百十三人之间。一八四六年是火车倾覆大惨剧的一年，伦敦自杀者有二百六十六人，一八四七年开始渐降至二百五十六人，一八四八年是二百四十七人，一八四九年是二百十三人，一八五〇年则为二百二十九人。

这些不过是我们现在所保有的关于规律性底证据，而表示同一的社会情形之下必产生同样的罪犯。欲深察这种证据底效力，必须明白这种证据并非由特殊的事实武断地选择出来的，却是综合所有罪犯统计底一个殚精费力的叙述，包括几百万次底观察，展布及于不同的文化阶段，不同的法律、意见、道德、习惯的各国。又这些统计都是由专为此目的而聘用的人所收集的，他们多方寻搜真理，以求事实之准确，故我们必承认罪犯之存在，以其固定及均等系统而言，实是人类道德史上一个最可证实的事实。我们现在有用同等精密研究工夫在不同情状中得到证据之平行连索，共同指示着同一的方向，共同迫我们下一个结论：即人类之犯罪，大部分是该犯罪者所处之社会情形底结果，而不全是犯罪者个人恶德之过。这是根据适合于全世界、广泛而确实的证据底推论，这是无论形上学者或神道学者用以混淆过去事迹之任何假设所不能推翻或非难的。

凡熟稔自然律之作用在自然界中所扰起之各种状态的读者，必也希望在道德界里发现同等活跃的扰动。在两种例里，这样的变化由狭小的定律进行，直至某一特点与广泛的定律相遇合，于是即变易其正常之活动。关于这一点，机械科学在力底平行四等边形底绝妙的原理

(theory of parallelogram of force)底例里有一极好的例。照此原理，两种力所成之斜角线，①其作用与二力所产生者相同。这个定律已包含着重大的结果，它和重要的机械原料，力底合成和力底分解是相关联的，凡熟知这证据之立场者，对此真理无复疑问。但当将此原理应用于实际目的时，则发现其活动恒被其他定律所误引，例如空气摩擦，及我们所运用之物体底密度——由其化学组合或原子分布所成者。扰动这样地加入后，机械律之纯粹及简单作用因而隐没。但虽然定律底结果是常受扰乱，定律之本身却仍是完全的。② 同样的，广泛的社会定律——即人之道德动作非其自由意志之产生物，乃是前因的——其本身难免扰动，这种扰动影响其运用，却无累于其真理。这一点即够足表明一国中年年罪犯总数之稍有差异的原因。确实的，鉴于道德界问题之繁多那般超过于自然界，我们所惊异之点乃其变化不应过大。由此细微之差异情况看来，我们似有一意念，感觉这些广泛社会定律之伟大，它们虽常受到阻止，似乎总能战胜一切障碍，且若以大的数目统计之，简直没有表示甚么扰动。

　　非惟人类罪犯，其结果显著着均等性，即每年注册底结婚数亦不能决定于个人底性情及其志愿，却为个人绝不能违抗的广泛的普通事实所摆布。现在都知道结婚和谷底价格有一固定不移的关系。③ 在英国，一世纪底经验曾证明结婚不与个人感情有任何的关系，不过是被大部分人民之平均薪资所规定的，故这个大的社会及宗教之现象非但受食物价格及工资率底摇动，且完全受其支配。在其他例里，均等性之原因虽尚无从知谙，但其均等性却已发现了。今试举一特异的例，我们便可加以证明，即记忆力底错乱亦显著着这种必然及不变易的正常的普通性质。最近伦敦及巴黎邮政局宣布无法投递函件之数目，而这些函件都是作信者忘记书写地址所致，其各种不同的情况姑不计及，但此种无法

---

① 当两边各都代表一种力时，那么，它底对角线往往成为一合力；假如我们当这种合力为一合成力，于是对角线底比较即成为合成物之比较了。
② 自然定律本来是无形的，它不过是关系的综合，除在思想中以外并不存在；故无论其定律如何小，决无例外——虽然运用时也许有无数的例外。
③ "实在可惊奇的，食物价格和结婚数会有这样密切的关系存在。……存在食物价格和结婚数之间底关系，并非单限于我(英)国，若我们有方法确定这些事实，恐怕在每个文明社会里却可考见这种结果。我们有从法国所得到的需要的回复，这些答复却同有以上所述的见解。"(见波尔武底《国家底进步》[Porter's *Progress of the Nation*]第二册第二四四至二四五页，伦敦一八三八年版)

投递函件之数目却是年年如出一辙的。年年有同等比例的作信者忘记这简单的动作,因此每年关于这小小或可说是偶然的事情,我们能确实预言被记忆力遗误的人数。

凡对于事项之规律性有坚定之观念,并能坚实了悟此伟大的真理者——即人底动作是受其前因之支配,在真实上永不矛盾,虽然外表反复无常,实乃宇宙正常大计划之一部,此种计划以我们现有之知识很难知其大略——凡能了解历史之基础与门径之真理者,以上所援引之事实,可谓绝不新奇,且系其所应已预料者,及早被认识者。如果,研究工作底进步率如此迅速而热诚,真使我深信下一世纪未消逝以前,证据的连锁定能完成。同时,不信道德界之有坚确规律性之历史家,将与不信物质世界之哲学家同样地找不到了。

我们将洞察以上所述我们动作受定律支配之例证,乃从统计上得来的,这一种学理虽然尚在幼稚时代,其对于人性研究上所启示的光焰却已较其他科学之总和为多了。可是,虽然统计家创用其他范围内已奏功效的推理方法去研究这个大的题材,虽然他们应用数目,作为发现真理的最有效的机构——我们却决不能以为除此以外绝无其他可恃以研讨的资料,亦不能推度以为自然科学从未应用于史学,故于史学为不实用。确实的,当想到人与外界接触之频繁时,我们即确定人类动作与自然定律之间必有一密切之关系,故自然科学之所以未曾引用于史学者,其理由乃史家尚未洞见这种关系,或既洞见而缺乏联接之知识。因此在二大类研究——内心与外界——之间发生一不自然的分离。虽然现在欧洲文坛已有打破这种"人为的屏障"之愿望的切实表征,可是不能不承认现在确尚无成就以助成这伟大的目的。道德家、神学家及形上学者继续从事其研究,而对于科学家底工作,他们既视为简劣,且毫未加以重视,他们所攻击的这些研究工作确实对于宗教兴趣是危险的,且鼓动我们对于人类理解力之预期的信心。在其他一方面,自然科学之攻修者,明知他们是进步的团体,当然对于他们底成功表示骄矜,且当其将所发现的种种与对方之静止状态相比较时,每易陷于轻视对方事业无成之一途。

史家应调和于两派之间,宜显示此两种研究应谋联结之点,俾免除彼此敌对之自傲态度。解决这联结的问题，亦即所以固定史之基础。因为历史所研究者，既是人类动作，而此等动作，又是内外现象冲击的产生物，则我们必须考察此等现象彼此之重要性，推广研究直至明了其所含之定律，确定精神学者及自然学者两大派所已有之未经发见的资料。这种工作我颇期成于下两章之所述，若果有所成就，则本章工作至少对于缝合这宽大而幽暗之裂隙——这裂隙把密切而不可化离之题材强加划分而为知识之障阻——的一点上面有所献助。

第二章　自然定律底影响

自然定律在社会组织上及个人性质上所生的影响。

对于人类种族发生强有力影响之自然主动力,可分为四大类:即气候、食料、土壤及自然之一般现状是。最后一类我是指的那些现象,经过视觉或其他感觉——虽然大半是视觉——的媒介,组合而成的观念底联贯,因此使不同的国家发生不同的思想习惯。凡永久影响人类之各种外界现象都可归于四类中之一类。最后一类——我所谓自然之一般现状者——产生一主要的结果,即激起幻想,惹起无数的迷信而成为知识进步之一大障碍。且在思想幼稚的民族中,这种迷信底力量是那般厉害,自然的各种现状竟使一般人底性质呈现着种种特态,及使其国家宗教亦具有特殊性,这种特性于某种情形下竟不易废除的。其他的三种主动力,照我们所知道的,没有发生这种直接的影响,但它们,现在我正要证明的,对于社会普通组织曾原成了最重要的结果,且因此随着构成许多民族底显著而辽阔的限异,这些限异常被认为人类各种种族之基本差别。但正因人种这种本有的分别是假设的,[①]故受气候、食料及土壤底影响所构成的差别,却很能给予一满意的解说,且当其原因发现以后,可以扫除许多史学研究底困难。故第一步,在论到这三大主动力与人类在社会情形中之关系一点,我主张先须考察此三大类之定律,等待这定律之正确性凭着现在底自然知识范围去尽力循索,得到成

[①] 我很热诚地将现代大思想家关于人种之假定的差异的话表明于下:"各种欲规避考量社会及道德对于人类思想之影响的普通趋势中,最普通的乃是将行为与特性之分歧归因于本来天然的差异。"(见密尔《政治经济原理》〔Mill's *Principles of Political Economy*〕第一册第三九〇页)普通作家常易错误地倾向于提议这种差异的存在,这种差异存在与否固不敢必,但实在从未证实过。

功以后,然后再考查这末一种主动力——即自然之一般现状——而且我尚拟指出自然一般现象之变化如何当然地产生了各国之重要的分歧点。

开始讲到气候、食料和土壤,就很显然的,这三种自然力彼此相辅关系的程度并不算小。这就是说,一国底气候和其通常产植的食料有很密切的关系;同时食料本身要受土壤、地之高低、大气底情状,总而言之,各种情形总合而成之自然地理学——就广义而言——底影响。

既了然于自然主动力之结合性以后,那么,最好不要分别来看,宜视其各类结合活动所产生之总效力。这样我们即刻对于整个问题易得一明白的见解,我们将避免强分现象底纷扰,且对于自然权力在早期社会中所施于人类命运底明显影响,将得一更深远的根究。

气候、食料、土壤在一民族中所产生的结果,其中以财富之积聚为最早而主要。虽然知识底进步自然地促进财富底积聚,但很确实的,在社会开始建立时,财富必已在知识启昧以前即开始有所积聚了。当人必须从事于生存必需品底集取之际,乃无所谓闲逸、嗜好与高尚之追求,更没有科学之创造,极其量的享受,也不过是尝试最野蛮民族所能发明之粗劣及不完备的工具以冀节省其工作而已。在这种社会情形中,财富之积聚乃是必须采取的第一大步骤,因无财富则闲逸无由生,无闲逸则知识无所孕育凭藉,若一民族之消费常等于其所有,则必无所剩余,故无积聚之资财,即无法以维持其族之无业阶级。[①] 但假如生产超过消费,而盈余以生。这种盈余,照公认的原则讲起来,又必积增而成一资源,人人直接或间接受其资助而不用自己创造财富以谋生活。到这时候知识阶级之存在是可能了,因为已开始有剩余的积聚,人们能用非其所生产之物品,而专心致力于早期为生活逼迫,无暇计及的问题了。

基此之故,社会各大改进中,财富之积聚必宜首列,因缺此则无嗜好、无闲暇以获得知识,而文化之进步,后此我要证明其全靠知识为其出发点的。现在可见在完全蒙昧的民族中,财富创立速率之骤缓完全

---

① 我所谓无业阶级者(unempolyed classes),即阿丹·斯密斯(Adam Smith)所称的不生产阶级(unproductive classes),虽然两种语解都不十分正确,但"无业"二字于意义上似较切合。

为其本土底自然特点所挟持者。稍后,当财富已有了相当累积,其他原因方加入活动,但在这种情形以前,进步只能单靠两种情势而定:一、靠工作进行时之能力及规律性,二、视那宽大的自然对于工作之酬偿怎样。这两种原因底本身即自然前因底结果。工作底酬偿是受土壤肥沃底支配,而土壤本身底一部分是受其化学成分之混合底调整,一部分是受河流及其他自然原因之灌溉程度底节制,又一部分更受大气底热度及潮湿底调合的。在另一方,工作进行时之能力及规律性又复完全受气候底影响。这一点在两种不同的情形中表显出来:其一——很易明白的——即酷暑时,人往往觉得不舒适或有点不适宜于那种在温和天气时所愿表露的自动的勤勉。其二——不甚惹人注意,但有同等重要性者——即气候之影响非但对于工作有减弱或增强的力量,且于工作者习惯上之规律性亦生效力。我们可以考见在极北地带生活的人民,没有能如温带居民之富有恒久及猛进之努力的,其理由更为明显:若我们想到较北的国家,其天气底寒烈,和年中竟有几个月过着黑暗的生活使居民不能再继续其通常户外底工作,结果则劳动阶级被迫停止其平常从事的事业而反习于散漫不羁的习惯,他们勤勉的链索已被折断,而又失了长期不断的练习所赐予的动力了。因此,其国民性较气候容许继续勤勉的人民尤为多变而专断。的确的,这一原则是这般的强有力,即在相反的情形中,我们亦能见到它底运用。关于政体、法律、宗教及习尚方面,我们实难找到那视瑞典之较挪威、西班牙之较葡萄牙更大的差异。但这四个国家有一大的相同点,四国内的农业都是不能继续进行的。在南方底两国,工作是被酷热、干燥的天气、土壤之恶劣所阻止,北方两国,因冬季底严寒及日子底缩短亦产生同样的影响。其结果,这四国虽然其他方面是差异之处甚多,却都显著着某种不固定而易变的性质,恰与较有规律及安定之习惯很相反。这种有规律的习惯是建立于气候能减少劳动阶级之工作间断,而予以长期不断的职业底国家里的。

这些就是支配财富创立的自然原因了。当然无疑的,还有其他的情况亦含有相当的力量,且在较进步的社会情形中,这种力量发生同等或有时竟至超越的影响。但这些都是指较后的时期而言,若考察极早期的产业史,则必发觉这全受土壤及气候之制裁。土壤是支配工作后的收获,气候是支配工作本身底能力与永常性的。只要对于过去的事迹浏览一遍,即可明白这两种自然重要性之伟大权力。因为没有一国底历史有例可以证明那国底进化是靠自己的力量的,除非很适宜地占有两种重要性中之一种。在亚洲,文化分布常限于为人类获得财富之肥沃及积冲土之大地域内,若不稍具财富积聚的知识,进化便不能开始。这片大的地域毫无阻止地从中国东南部直伸展至小亚细亚西岸,而菲尼基,而巴力斯登。但这一长带地域之北方乃是狭长的不毛之国,永久繁殖着精悍而流浪的种族,他们因为土质瘠硗,一向与穷乏为伍,而又因安土重迁,故从未能自拔于野蛮的地位。这完全要靠自然的原因,看以下的事实即可明了。蒙古和鞑靼之游牧民群在各时期曾在中国、印度及波斯建立了伟大的帝国,且在各当时,其文化并不较其他兴盛之古王国为低劣。因为在亚洲南部之肥饶平原,自然供给了全部财富底原料,在这里这些野蛮种族才第一次获得相当的精美物品,产生民族文学和制定政制,若在其本土,这些事一件也不能成就的。① 同样的在阿拉伯本国底阿拉伯人因土壤之绝对干燥,永久不脱为粗悍和不开化的民族,因为在他们这种情形中,和其他情形一样,愚蒙总是赤贫的结果。但在七世纪时,他们征服波斯,在八世纪征服西班牙之最富饶部分,在九世纪征服旁遮普(Punjaub),最后几罗有印度全部。② 他们在这新的居留地建立了国家以后,民族底性质也似乎受了极大变化。他们在本土时不过是飘泊流徙的野蛮人,现在呢,开始能积集财富了,且因此在文化学术方面也才有些进步。在阿拉伯,他们不过是一个浪游的畜牧种族,但在这新的居处,他们变成了伟大帝国底创立者——于是建城市、立学校、集图书,而他们所遗留之权力底痕迹至今尚能在科尔多巴(Cordova)、巴格达和德里看出来。③ 到这里我们又有一个同样的

---

① 西藏底鞑靼,就算是字母也是由印度传入的,这实在可以相信。
② 他们在九世纪时即早已建立于旁遮普,但并没有征服加塞勒特(Guzerat)和摩腊婆(Malwa)这两处在五百年以后才征服的。
③ 阿拉伯人底唯一可称的科学就是天文学,这是在八世纪中叶回教管辖之下发达蕴酿而成者,以后日见进步直至巴格达在第十世纪仍占东方民族中天文学底重要地位。(见蒙都拉加底《数学史》〔Montucla, *Histoire des Mathématiques*〕第一册第三五五、三六四页)这种老的异教阿拉伯人,和野蛮人民一样地居住在空旷之地,却有这样合乎实用的天象之经验底认识,但(转下页)

例：接连阿拉伯之北部——仅一狭长的红海之隔——有一大沙原，非洲地方之在同一纬度者皆入其版图，伸展直抵大西洋底西岸。这庞大无垠之地域，多为不毛之地，①故其居民亦完全陷于未开化之境与阿拉伯同，只因无财富之积聚，无计获得知识。② 但这大荒漠的东部却受尼罗河泛滥之灌溉成为肥沃之冲积层，使工作得到最丰盛、最出乎意料之外的收获。结果则这一地方财富迅速地积聚起来，知识遂立刻随着而滋荣繁长，这一带地域遂蔚为埃及文化底发源地。这种文化虽或言逾其量，③却和其他非洲各民族之仍在野蛮情态者大相悬别。返观非洲其余民族乃从未能为其本身稍获进步或相当地超出于自然之贫乏所造成之愚昧的范围之外。

以上的考虑，都很清楚地证明文化形成的一基本原因：土壤之丰腴于古代社会影响最大。但在欧洲文化上讲起来，其他一大原因——即气候——最占势力。我们知道气候所产生的影响，一方是对于工作者底工作能量，一方是对于工作底规律或不规律性。其结果之差异，恰

（接上页）没有证据可以实证他们是视此为一种科学而研究的。多尔恩博士（Dr. Dorn）在《亚洲学社会报》（*Transactions of the Asiatic Society*）第二册第三七一页里说："若讲到他们底天文学底知识，实在是无迹象可循的。"菩索布尔（在他底《史学评论》第一卷第二○页里）对于彼塔哥拉斯（Pythagoras）时代之阿拉伯哲学是非常热心！他告诉我们，这种民族常研究科学的。因欲建立这事实，他摘录八世纪早期时部兰维耶（Boulainvilliers）所写的回教徒之生活一书之一大段而称为"法兰西最杰出的人才"。假如这是一个正确的描写，那么，部兰维耶底著作底读者将以为天才者在法兰西是很不幸的；至于回教徒一书，则与稗史相差无几耳。作者不懂阿拉伯底语言，且所知者皆已给马勒西（Maracci）和波科克（Pococke）详述过了。

① 利查松（Richardson）经过这不毛之地游历至的黎波里之南部，他注意到"荒漠和不可克服的枯瘠的现象"。（见利查松底《撒哈拉》一八四八年版，第一册第八六页；又第四○九页底惊人图画）顿那姆（Denham）曾描写谟苏克（Mourzouk）至差德湖（L. Tchad）之奚阿（Yeou）一带中凄惨辽远的道路，他是欧洲人中曾冒艰险的旅程者极少数之一。（见顿那姆《中阿非利加》〔*Central Africa*〕第二至六○页）即在差德湖之近岸亦绝少植物，"只有一种易于繁植的草本和小朵的铃花是我所能发现的"。（见第九○页）

② 利查松在一八五○年旅途经过的黎波里（Tripoli）至差德湖的数日中，颇因当地人民底固定性质而生惊奇。他说："无论在荒漠或中非洲底王国中，毫无文化之进程可言。各种事物都照着以往世纪之惯例而进行。"（见《中非洲之使命》〔*Mission to Central Africa*〕第一册第三○四、三○五页）

③ 关于这点，我在下举一个例。一个原很明达和有相当学问的作者说："关于埃及人对于物理底知识，其同时代人颇信其有艺术的惊人力量，我们既不能假设这些记载于经典上的例证是源于超然的力量，乃必须确断地说埃及人确有自然定律及化合之透彻知识，非现代最有学识的人所能及的。"（见哈密尔登底《埃及学》〔*Egyptiaca*〕第六一、六二页）这种胡说的东西在十九世纪发表，真是个耻辱。但又有最近的一个作者（见《金字塔底螺旋》〔*Vyse on the Pyramids*〕第一卷第二八页）对我们说："为特殊的目的，埃及人是赋有极大的智慧与科学的。"照真正的科学讲起来，埃及人是没有份儿；至于说到智慧，固然与古希伯来底野蛮民族有明显的分别，但他们是较劣于希腊，若和现代的欧洲相较，那就不可比量了。

第二章　自然定律底影响　25

与其原因巧相符合。因为虽然各种文化必以财富之积聚为其前因,但问题却又视在如何条件之下积聚方能进行。在亚洲和非洲,其条件乃是肥沃的土壤造成丰富的收获,在欧洲乃是舒爽的气候造成有效的工作。在前一情形,其结果视土壤与出产之关系如何而定,换一句话说,就是自然之一部对其他一部之作用;在后一情形,其结果视气候与工作者之关系,即自然之作用不在对其本身而在对人。这两类关系中,第一类比较不甚复杂而又不易受扰动,故见效较速,此即文化所以无问题地先孕育于亚洲及非洲之膏腴地域的原故。但虽然他们文化开化最早,可是尚不能谓为极厘然灿备之观。不过按以下所述的情形观之,则可证所谓真正有效的文化进步实不在自然底赐予,而端在人底能力底运用。故欧洲文化,其早期受气候之支配者,已表露其进展之能量,而与发源于土壤之文化迥殊,但植基于自然之文化,其力量无论如何彰著宏大,总是有限与固定的。总之,我们对于其力量之曾否增加或能否增加了无把握。至于人底力量,执已往的经验及类似点观之,是无限的,我们从来也没有一些证据可以勉强划定人类智力必需停止的理想界限。因脑力底增加特限于人类,而又别于外界自然之显著现象,故气候底主动力,能引动其工作而获财富者,较土壤底主动力为尤适合于其最后的进步。土壤底主动力固为财富获得的原因,惟不能激发其能力,它不过是土质与生产——几是蓬勃丛生的——之量值底自然关系罢了。

　　以上所述的,不过是气候与土壤影响于财富创立的各种方式。还有一点同等或更重要的却也须讨论,财富创立以后所发生的问题为如何分配,就是说比例上若干应归上等阶级,若干应归低等阶级。在一个进步的社会阶段里,分配是要视几种非常复杂的情况而定,此处暂不述及。① 但在一个很早的社会阶段里,在其较精细的复杂问题未开始以前,我想可以证明财富底分配,乃与其创立同为全受自然定律底支配的,并且这种定律更形活动,竟不断地保留着世界最大部分之居民于永

---

① 确实的,有许多复杂情形尚未考见,因为雷意(M. Rey)很公正地说:"大多数的作者过于注意于财富底生产,而忽略财富分配底定律。"(见雷意著《科学社会》〔*Science, Sociale*〕第三册第二七一页)因欲证实这点,我可提一提地租原理,这原理不过是半世纪以前才发现过的,因为包含许多精微的议论,故还没有得到普遍的采用,就是主张这原理的人也未能维护他自己底学说。工作价值与货物利润之比例这一大定律是关于财富分配我们所能达到的最高综合,但以地租与价格混合的人却不能一致地承认这点。

久和难解决的穷苦中。假若这点能够证实,那么,此等定律底重要性可彰然表露了。因财富既为不可掩塞的权力底源,则很明显的,若无其他问题,考察财富底分配即考察权力底分配,且欲上溯社会上及政治上不平等底始原也尽可借鉴于此。这种社会及政治底不平等,其活动及反抗乃组成每一文化国家底大部分历史。

总观这些题材,我们可以说,财富创立及积聚开始以后,便分配于两种阶级之间:劳动者及非劳动者。后述一种人,以阶级而言,似较富于才能,前者则人数较多。维持这两种阶级底资财是先由低等阶级建立起来,而其体力乃受上等阶级之优越技能所支配、集合及经济化。工人底报酬叫做工资,策画者底报酬叫做利益。以后继起一种所谓放款者,即是有一部分人既不去策画,也不去工作,惟将其积蓄借给策画者,复因着借款底关系而分有策画者底一部分酬报。在这种情形中,放款者即由节省其积蓄而得酬报,这种酬报即所谓利息。故遂形成三重的分界——"利息"、"利益"与"工资"。但这还是以后的情况,直至财富有相当的积聚才是这样,在我们现在要叙述的社会阶段里,这第三阶级——即放款阶级——还未达分立而单独形成一阶级的地位。① 现在只要能确定,当财富积聚后,调整分配于两阶级——工人与雇主——之间底比较数底定律而已。

现在既已明白工资即为工作底价格底酬报,但工资率与其他商品底价格同随市场变动而上下的,若工人之供给溢出社会底需求则工资必低减;反之,工资也增加。今假设某一国家,其财富分配于工人及雇主之间,则工人数目底每次增加将减少每个工人平均应得的报酬。我们现在且不计一般意见所公认的其他纷扰原因,我们将发觉在长期中,工资底问题即是人口底问题。因为工资真正付给的总数须视他们所获得的财源底丰约而定,但每人所得的工资数必因工作者之增加而致减少,苟无其他原因为之障阻,则财源本身之增进迅速,常与其较大之要

---

① 在更进步的社会阶段中,还有财富之第四分阶级底存在,及工人生产之一部被地租所吸收。但地租并非价格底一原素,不过是价格底结果,在平常事件进行中,要经过相当时间它才能开始作用。地租之正确的意义乃是利用土地天然不毁之力所付之价格,必不能与平常之所谓地租相混淆,因为后者包含货物利润的意义。我所以注意到这一点,因为有几个反对李嘉图(Ricardo)的,将地租底始原列入较早时期,忽略了外表的地租实常是利润的假饰。

求同为正比也。①

要知道那一种情况最适合于工资母金底增加,确是个很重要的关头,但这点我们现在可暂置勿论。现在所当注意的问题,不是财富底积聚,而为财富底分配,目的是要确定那些鼓励人口激增,使超过工作市场之容纳性,而维持极低之工资平均率底自然底原因是什么。

影响工人阶级之增加底自然主动力中,以食料为最有力而普遍。若有两个国家其他各种情形都相似,单是食料一项显有差异———一国底国有食料贱而丰裕,他国则稀少而昂贵,则前一国人口之不可避免的增加必较其他一国为迅速。② 又用同样的推理,工资底平均率在前一国因为工作市场充斥的原因,必较后一国为低廉。③ 故为现所欲研究的目的着想,考察各国食料所依系的自然定律实为最要。不过以现在的化学及生理学知识底丰备,我们关于这一点还可以得到些正确固定的结论。

食料受人类消耗后产生两种仅有而重要的生存必需的影响。第一种供给人类一种"动物的热度",缺此则生命立即停止;第二种运用于人底细胞组织中,即在人底构造的机能内,起一种新陈代谢的作用。为这两种不同的目的,于是也有不同的食料。我们身体底温度是被不含窒素底物质保持的,故名为"不含窒素底物质";我们机能底不断的衰谢是靠含窒素底物质之常存在活动以回复其健康。在前一情形中,不含窒素物质内底炭质和我们所吸入之氧气化合而起内部燃烧的作用,使我们重行发生动物的热度;在后一情形中,因氮气与

---

① "于是工资就要依靠劳动人口数和资本,或其他购买工作力底财源间底比例而定,为简约起见,竟可称为资本。假如某时某地之工资较高,假如劳动阶级之生计及生活较丰裕,设无其他理由夹杂于其间,那么,必是资本底比例较人口为大。对于劳动阶级影响重大的,并不是积聚或生产之实在量,更非指定分配于劳动者间的资财,其重要性实在这些资财及应分有财资之人口间底比例。劳动阶级之情况不能改良,非改变这些比例才能于他们有益,故无论为彼等利益计的任何设施,假如不以此作根基,必是梦呓而已。"(见密尔《政治经济原理》一八四九年版,第一册第四二五页)李嘉图在他底《谷类低值之影响》(Essay on the Influence of Low Price of Corn)底论著里,用他平常的简洁语说出三种可能的方式:"工资之起落无论其是固定、增加或减缩,于各种社会情形中是很普通的。在固定情形中,它是受人口增减底支配。在增加的情形中,是靠资本或人口之迅速的增加。在减缩情形中,就视人口或资本之较大的递减。"(见《李嘉图著述》[Ricardo's Works]第三七九页)
② 生活之安逸的标准方面当然也是这样。
③ "最好的一点无过于工人之供给须常以工人生活可能维持之情形为比例。"(见《李嘉图著述》第一七六页《政治经济原理》第十一章)

氧气绝少化合力,①故氮气或含窒素底食物反抵御燃烧。② 因这种互系的情形,即能尽重长细胞之责,而恢复人类机能因每日劳苦所忍受的损失。

这就是食料底两种大分类,若要考察食料调整与人之关系底定律,那么,我们就会发见每一类底重要主动力乃是气候。居住于热带国底人较居住于寒带国者容易保持其动物热度,故只需要较少量的不含窒素的食料,这种食料底主要作用,即在维持其体温至相当程度。同样的,在热带国底人,所以需要较少量的窒素食物,也因为就普通看来,他们体力之运用较少,因此细胞之陈谢也缓。

故热带居民于自然普通情况中,其消耗食料既较寒带者为少,则其人口增进——若无其他问题发生——必较寒带为速。但人民供养物之过剩,是由于供料丰裕,抑由于消耗较少而起的一个问题本属无关重要的。人民底食量虽或较小,但其消耗力实与食量大者同,因大量的营养料感着过剩,于是便给人口澎涨一个机会,使其锐增较寒带国为烈;在寒带国内,虽然亦有同样丰盛的粮食,但因气候的关系,消耗亦快。

这是第一点,气候定律因食料之媒介,与人口定律,及财富分配定律发生关联。但是还有一点,用同样的推理,可以使以上的理论更觉稳妥。就是,在寒带国里人非但是受环境所迫而致食量增加,且食物价格较昂,获得较困难,而工作耗费亦较大。其理由,在下面极简单地叙述一下,不须详细讨论,因尚有其他对这有趣底题材底理解我们更需注意者在。

食料底作用,我们已知道有两点:即保持体温及细胞之新陈代谢作用。③ 第一种作用,是因吸入肺内的氧气经过全体组织而和我们食

---

① "动物体内之各种原质,氮气对氧气之化合力最弱,更明显的是它和氧气结合时夺取燃烧之原素而毁灭之。"(利俾喜《化学讨论书牍》〔Liebig's Letters on Chemistry〕第三七二页)
② 有几种物质底所谓防护力尚未完全考见,在十八世纪末叶以前绝无人疑其有存在之可能者,现在知道这种力和普通毒物原理是相关的。(见忒纳〔Turner〕著《化学》第一册第五一六页)关于这一点,我们必须知事实有种毒物于伤口是致命的,但人于胃中却无害。(布罗提〔Brodie〕底《生理学之研究》〔Physiological Researches〕一八五一年版,第一三七——一三八页)将此事归属于化学定律似乎较与布罗提坚持说有几种毒物"麻痹筋肉之呼吸作用而毁残生命,惟不即影响于心底活动"为有理由。
③ 两种作用都同等重要,以前者为尤迫急,由实验证实——我们应希望在理论上——当动物饿死时,其体温继续递减,故饿死底近因不是衰弱而是寒冷。

物中底炭质化合而发生的。炭质与氧气底化合必发生相当热度,人体构造即因此维持其必需之温度。凭化学家所熟知的定律说起来,炭质和氧气,和其他成分一样,只能在某一固定的比例中才能结合。故若要保持健康之平衡状态,食物所含的炭质,其量必须与吸入的氧气相上下;又因外界的寒冷而致体温降低时,这两种原素量都应增加。在寒冷的天气中,营养上炭化较高的需要,显然是起于下列两种彰著的情形中:一、空气稠密些,则人所吸入的氧气量较在因热度高而空气稀薄的气候中为多;二、寒冷能加速人底呼吸,使呼吸次数不得不较热带国之居民为多,因此增加其所吸入的氧气平均量。在两种立场上,氧气之消耗都较大,因此炭质之消耗也应同其正比,这两种成分如能在某一固定的比例中结合,则体温及人体构造底平衡状态方能维持。[①]

  从化学及生理学上加以研讨,我们便可得一结论,即国家气候愈寒冷,则其居民之食料愈要丰富的炭质。这一点纯粹的科学的推论,已得到实验的证明了。两极地域底居民消耗大量的鲸油和鲸脂,这若在热带这种食料恐怕要置人于死地了,故热带普通的食品几完全是水果、米和其他蔬菜。现在经精细的分析后,已确定两极底食料含过量的炭质,热带食料则保有过量氧气。现在不再详细赘说,只略举如:油所含的炭质是六倍于鲜果而极少氧气;说到淀粉质,于营养方面又是蔬菜类中之最重要的成分,那里却几含一半的氧气。

  这种情形和我们所要研究的题材底关系是颇可异的,因为有个很彰明的事实——这我要特别提出的,且为我们未发现的几种较普通的定律所支配者——即富于炭质的食料,其价值较缺少炭质的食料昂贵许多。世界上以氧气为其主要成分的果实是非常的丰富,这可以不蹈危险或几乎不甚费事即能获得。但富于炭质的食料——为气候寒冷地方底生命原料——其生产却没有这样容易而自然。它不是像蔬菜一样地由土壤长植的,它包含着凶猛动物底脂肪,要得到它,人必须冒极大的危险,费极大的工力。这虽是两种极端情形的比较,可是仍旧是很明显的,即人民愈近此两极即愈受其所被制驭底情形所支配。照通则讲

---

① 请阅本章末后的注释。

起来,国家愈寒冷,则其食料愈富于炭质,愈暖则其食料愈含氧气。①同时因炭化食料乃大半取给于动物界,故较由植物界所取之氧化食物为难得。② 结果是,气候寒冷的民族中其主要食品为炭化食品者,就算他们底社会仍在幼稚时期,已表现一种较以氧化之食料为生,不劳力、不用竞争而得自然供给底民族为勇敢而富于冒险性。③ 从这种重大的分歧,即生出许多结果来,这里我却不必多加追讨,现在的目的不过要指明食料的不同是怎样地影响于财富分配于各阶段的比例罢了。

其比例底变动如何,我想在上面已弄个明白了。但不过现在再重述议论所根据的事实,也未始是无用的。工资率随人口而变动,工作市场不过多则从事增加,超过容纳则加以削减。人口本身虽受其他许多情形底影响,也无疑地要因食料供给而生变动,供给丰富而人口增加,供给缺乏即停止或减少。生命之必需食料在寒冷国家较热带国家为缺少而尤需要,故这两种立场足以鼓励其工人及人口之增加。简单地作一结论,我们可以说:在热带国里有一减低工资的永常趋向,而在寒冷的国家则反是。

将此大原则应用于历史之研究程途,我们将于任何一方面都能考见正确的证据,且决无例外。亚洲、非洲、美洲底各古代文化都是发源于气候较热的地方,它们底工资率却很低,因此劳动阶级底情况是很低下的。但欧洲文化乃独发源于气候较寒的地域,故工作报酬增加而财富底分配较人口因过量之食料而激增的国家为平均。这种差异,我们现在可看到,产生了许多重大的社会上与政治上的结果。但在这些问题提出讨论以前,且先征引一个明显而惊人的例外却证实了这个通律。这就是欧洲底一个大民族占有了极廉价的国有食料,这种民族即爱尔

---

① 据说要保持人底健康,即在温带的欧洲,其食物中之"炭素在冬季应较夏季增加八倍"。(利俾喜《动物化学》〔Animal Chemistry〕第十六页)
② 最富于炭素的食物无疑地是动物,最富于氧化的是植物。在植物界里,炭素是这样多,因着这种优势及其氮气之缺少,使化学植物学家定植物为炭化的,而动物为氧化的。但到这里我们有一双重的相反现象,因为它们是非氧化,但它们与寒冷国家富于炭化的动物食料相反而是氧化的。除此以外,还极有可注意的,即植物之炭质皆聚于干和不营养的部分,这是不能吃的;而动物之炭质却聚于脂肪及油膏底部分,非但可吃,且为寒冷国民族所最喜。
③ 马尔科姆爵士(Sir J. Malcolm)在《波斯史》(History of Persia)第二册第三八〇页说到东方植物之廉贱谓:"波斯之某几部地方,果实是简直没有价值。"叩维挨(Cuvier)则详为比较植物与动物食料,且以为前一种为易得,故较天然。但事实上两种都是天然的,虽然当叩维挨著作时,尚无所谓气候与食物关系的定律。

兰人。在爱尔兰差不多二百多年中底劳动阶级都是靠着马铃薯为生，而这种食料是在十六世纪末叶或十七世纪早期才传入爱尔兰的。① 马铃薯底特点是，除非易于腐烂，否则总比其他相等量的食料为贱。若以其繁殖力与其所含之营养量作一比较，那么，平均一亩地出产的马铃薯其供给食料的能量可两倍于同等面积的麦田。② 结果则食薯的国家，其人口——若无其他不同点——之增加亦二倍加速于食麦国家，真确的事实所表明者彰彰甚著。直至前几年，社会现状因疫疠及移民之故而生变换，于是爱尔兰底人口总计才致每年仅增加百分之三，英国在同时期则仅增加百分之一·五，结果这两国底财富分配就完全不同了。即使在英国，其人口繁殖也似乎太快，工作市场有人满之患，而工人阶级之报酬亦感不足。③ 但回头一比几年前爱尔兰人生活维艰的情形也就绰裕多了。爱尔兰人处境的惨苦，无疑地，都是被昏愦的治理者所压迫而成的，且这种腐败而错误的政治，直至最近，在英国底光荣上遗留了一个最大的污点。最主要的原因就是工资底极度低廉，这非但剥夺其舒适的生活，抑且限止其文明生活中应有的普通礼教，而这种恶劣的情况即是基于丰富而价廉的食料鼓励人底激增，使工作市场充斥的天然结果。一个在二十年前曾游历爱尔兰的有识的考察者说，那时的平均工资是每日四便士，可是这区区的少数还不能常恃以得一个长久的职业。

这一国底自然原料较任何欧陆国家为丰裕，而其食料贱廉的结果乃致如此。假如我们能大规模地考察各国底社会及经济情形，必能发见同一原理在各方面活跃着。我们可以考见——假设没有其他问题的

---

① 迈阳(Meyen)《植物地理》(*Geography of Plants*)一八四六年版第三一三页说：马铃薯是于一五八六年输入爱尔兰；但然克洛区(M'Culloch)《商业辞典》(*Dictionary of Commerce*)一八四九年版第一〇四八页则："普通以为马铃薯直到一六一〇年才输入爱尔兰，那时窝尔忒·劳利爵士(Sir Walter Raleigh)寄回少许，种植在尧哈尔(Youghall)近处之别墅花园中。"
② 阿丹·斯密斯底《国家底财富》(*Wealth of Nations*)第一册第十一章第六七页以为可维持三倍的人民，但这位大作家底这种统计是他底工作中最劣的一部。他写了以后，还有精密的计算证明这书底叙述。"一亩的马铃薯可供养两倍恃一亩稻麦为生的人。"劳同底《农业全书》(*Loudon's Encyclop of Agriculture*)一八四四年第五版第八四五页在克洛区底《食品》(*Dict.*)一书，第一〇四八页里也有同样的句语。强壮的爱尔兰工人每日平均消耗量，估计是，男底九磅半马铃薯，女底七磅半。
③ 最低的农业工资在现在的英国是每日一先令；至松吞(Thornton)在一八四五年所集的证据，是林康西(Lincolnshire)那时所付的工资，最高每星期有十三先令以上；在约克西(Yorkshire)或脑森勃兰(Northumberland)也差不多是高的。

话——人民底食料决定了人口增加数,而人口增加数又决定了工资率。我们更将发现,工资若是永常的低廉,[1]财富底分配必更不均衡,而政治及社会势力之分配也必异常地失其公平。换言之,下等阶级及上等阶级之寻常及普遍的关系,其始即为自然之特殊现象——其作用我曾拟表明者——所决定。综以上观之,我相信我们对于自然界与道德界底密切关系,约束这种关系的定律,以及何以古代文化每每达到某一进化阶段而又消沉,不能反抗自然底压力或向前抵御那阻绝其进步之外界阻力的理由底察见,较前更为清楚些。

第一步,若转看亚洲,我们即可发见所谓内外现象冲突之最好例证。照以前所说的情形看来,亚洲文化常限于财富易得的富饶地域内。这广阔的地带包括世界最膏腴的部分,而各地域中以印度斯坦占有最长期之灿烂文化。[2] 因关于研究印度底材料较亚洲任何部分为丰足,所以我选它作例子,且用以表明那些由政治、经济、化学、生理学所综合的定律,亦可以广泛地考察——也只有历史才能达到此目的——来证实的。

在印度,因气候的酷热,使以上所说的一种定律易于活动,即通常的食料亦含氧化质而非炭化质。又因其他定律,使人民不由动物而由植物界获得其通常食品,而植物所含有之淀粉质乃植物底最主要成分。同时在高温度下,人不宜于耐劳的工作,因此需要一种易于生长的食料,且在较少之数量内含多量的滋养料者。假如以上观点是正确的,那么,在印度民族通常所有之食料中,应发见几种特点。在印度古代,最普遍的食料就是米——这是五谷中最富滋养的食料,而其赐予工人之报酬至少六十倍。

因此,应用几种自然定律即可预知一国底国有食料,且可预测其以后的结果。还有很奇特的,印度南部居民现在虽不大用米作食料,但仍以他种谷类叫做"拉其"(Ragi)的来代替,[3]而不用动物食料。原来的米是那般适合于以上所述的环境,在亚洲底热带国几仍用为普遍食料,

---

[1] 所谓低廉工资,我是指工作之低廉酬报,这当然是和工作值或工资率无关的。
[2] 我用印度斯坦这名词是照普通的意义,是由南伸展至科摩林角(Cape Comorin),虽然正确地说来,只包括纳巴达(Nerbudda)以北之部。
[3] 现在印度东、南部底一种主要谷食。——译者注

第二章　自然定律底影响　　33

且在历代各时期中亚洲底米不断地输往世界各国。①

因气候及食料之特殊表征的结果,在印度即显有财富分配不均的现象,在工作市场过剩的国家都可以发见的。② 假如考查印度所保存之最早记载——二三千年前的——不难发见与现在相似的一般情形的证据,这种情形可以相信在资本开始积聚时即已存在了。我们发觉上等阶级异常富足,而下等阶级乃极度穷苦。用劳力创立财富者所得极为微渺,其余财富皆以地租或利润底方式为上等阶级所吸收。因除知识外,财富即是权力底最永久的来源,所以财富极度不均等,那么,政治和社会权力底不均等便自然地随之而起。所以并不足奇的,自印度有史以来,大部分的人民都为纷扰的穷贫所逼迫,其生活每只堪糊口,常处于愚钝贱辱的地位而接连着不断的恶运,屈服于高贵者之下,只合于做奴隶或被驱着去战争而置他人于奴隶的地位。③ 凡此种种,实在不足骇异的了。

欲在印度某一长时期中确定其平均工资率之正确的价值是不可能的,因为其数目虽可以用通货来表明,可是通货底价值即购买力,因生产价值底变化起了无量数的变动。但为现在研究便利起见,有一个更妥善的方法,其结果之正确远过于仅恃收集工资之证据的叙述。这就是一国底财富既只能分为工资、地租、利润及利息,而利息平均又是利润之确实衡量,④故地租及利息高则工资必低。⑤ 因此,我们若能确定

---

① 以我所能循察的,米曾向西转输。说来是印度底土产,除历史证明以外,尚有言语学方面底可能性,且梵文所给予它底名字已传布很广了。十四世纪时,米是桑给巴(Zanguebar)沿岸底普通食料,现在却已通行于马达加斯加(Madagascar)。照克洛区底《商业辞典》第一一○五页说:米底种子在十七世纪后期从马达加斯加转输到卡尔来那(Carolina)。现在,在尼加拉瓜和南美都种得很兴盛了,古希腊人虽然很知有米,但并不种植,第一次输入欧洲种植的,还是阿拉伯人。
② 关于食料,代俄多拉斯(Diodorus Siculus)已注意到印度著名的肥沃及其当然之财富积聚,但于分配之经济定律——却和所有的古时作者一样——是完全不知道的。
③ 一个有才能有学问的古代基督教底辩护者替这些悲惨的人民说:"关于印度人之卑陋,没有像当我们寻证据时的来得彰明的了。但若承认其确具奴隶性之行为,则何以不责其不具自由人之德性呢? 经长期的压迫,教育他成这样无疑的顺服了。"(肯内提提之于《孟买学社会报》〔Vans Kennedy, in *Transactions of Society of Bombay*〕第三册第一四四页)
④ 斯密斯《国家之财富》第一册第九章第三七页,内中所主张的说得是太断专了,因从不安的社会情形所得的证据必须思察过的。但利息和利润之间有一平均之比例则甚明显,并经梵文法学家所明白规定了的。
⑤ 李嘉图在《政治经济之原理》第六章第六十五页说:"工资增加则利润必然减少。"又在第十五章第一二二页:"工作工资提高,则货物利润必减低。"在其余的地方,他有同样的叙述,这(转下页)

通货底现行利息及土地——被地租所吸收者——底出产比例——便能得一工资底完全正确的观念，因工资乃是残余物，即地租、利润及利息付给后所给予工人的剩余。

印度利息及地租之高是很显著的。在西纪前九〇〇年所制定的《米纽法典》(Institutes of Menu)上通货最低的合法利息规定为百分之十五，最高为百分之六十。这种法律并没有因过旧而毁弃不用，直到现在，《米纽法典》还是印度法律学底基础，①并且我们很有根据地知道一八一〇年借款所付的利息，仍是由百分之三十六以至百分之六十。

以上所说的，仅是现在所要研讨者之一点而已，至于地租，我们也得到同等准确而有价值的报告。在英国及苏格兰耕种者用地所付的地租，其总数的估计为总生产四分之一。在法国，平均比例为三分之一；②在美国就少得多了，这点向为人所习知，且有几处地方确实地其所纳简直等于零。③ 但在印度，法定的地租，即法律及国家常例所承认的最低率，为生产之半数。好在这种苛律还未能认真施行，因地租既增加得这样高，耕种者所得非但不及生产之半数，且以所得之微渺，甚至无力购买下期的种子。

从这种事实所得的结论当然是很明显的。地租及利息既常在高率，而利息又必因利润率而消减，那么，工资也必随之而低削。例如印度某种财富，其总数分为地租、利息、利润及工资，故欲前三者有所增加，惟有取偿于第四种，其理甚明。换言之，劳动者所得的酬报与上等

（接上页）给普通读者很不满意，因为他们知道在美国，譬如说，工资和利润是同等高的，但其含糊之点在文字而不在思想。李嘉图底所谓工资是指工作值，以这意义来看，他底意见是正确的。若工资是指我们所谓的工作报酬，那工资和利润就没有关系了，因地租低时，工资和利润都可以高，如美国底情形一样。这就是李嘉图底意见，可以从下面一段看出来："利润当然是有赖于工资的，不是虚的而是真的工资，不是每年付给工人的磅数，而是欲得此等磅金之必需的工作日数。"（《政治经济》第七章《李嘉图著述》第八二页）

① 科尔布卢克底《法例汇编》(Colebrooke's Digest)第一册第四五四页、第三册第二二九页米纽乃"已往法律之最高权威亦已往法律之创始者"。最近的印度史家挨尔芬斯同(Elphinstone)在《印度史》第八三页说："《米纽法典》仍是印度法律学底根基，其主要点至今尚未更改。"这部特著的法典亦是缅甸人和老挝法律底基础。

② 这是由熟稔法国农业的人得来的估计。地租当然是因以下每一例而变迁的，如土地之自然力、土地改良所达到的程度及销路等等。但除这种变迁以外，在每一国，其平均的地租却要凭一般的原因底作用而定。

③ 因为土地太多，以前国家乐于耕种的瘠硗土地实在用不着去耕种，故愿意付相当地租而得任意使用之权。在美国，利润及工资（即工作报酬而非工作值）都是高的，若地租高，则绝对不可能的了。

阶级所得者相较,其比例相去极远。又,这虽然是一个不可避免的推论,但现在无需理论上之补足,已可说明,即在现代——只有现在才能有直接的证据——印度底工资还是十分低,人民一向还是勉强工作着,其所得的工资仅足以应生命底需要罢了。

这是国有食料底廉贱及丰裕对于印度所发生的最大结果。① 但恶果尚不止此,于是在印度——在任何国家也一样——贫穷挑拨起轻蔑,财富产生了权力。假如没有其他原因,阶级和个人是同样的,愈富则所占有的权力亦愈大。财富分配不均必形成权力分配之不等,诚可预测。而从来占有权力的阶级且无不滥用其权势,是以我们颇能明了印度人受气候底自然定律底支配以致于贫穷,其命运终陷于无可避免的退化。今举数例已足阐明——尚非证明——以上议论所示的不容置辩的原则了。

印度人底大部分被称为奴隶,②当地法律关于他们有几条细密而奇特的条款,譬如这种被轻视的人民,有与其上等阶级同席坐者,就要受流放、鞭打及凌辱之刑罚。③言语有轻视他们者,则其口必被焚灼;有侮辱行为的,则其舌被撕割;和一个婆罗门为难的,则必被处死;和婆罗门同坐在一毡上的,则处以终身残废之刑;若为受教之欲望冲动而私听经典之诵读者,以沸油灌其耳;万一经典被他偷诵了,则必被杀;其本身犯罪,则所受的刑罚较上等阶级为重;反过来说,其自身若被谋杀,则赔偿仅与一犬、一猫或一鸦之被杀同。若将其女配嫁给婆罗门,那么,世上所能施行的刑罚似尚嫌不足以科其罪,于是宣布那婆罗门因受极卑贱的妇女底占辱,必入地狱;甚而工人底名字底字义也必须含有轻蔑之意,使其地位可令人一望而知。但这些处置犹以为不足以束缚社会底

---

① 忒纳在一七八三年旅行经过孟加拉之东北说:"当然的,我们想到这些地方的农人,其必需的生活费是这样的少,这些人民底极端贫穷与痛苦将必然地活现出来了。生活所费每日不到一便士,尚可得两磅饭、一撮盐、油、素菜、鱼及番菽。"(见忒纳著《西域之使》〔Embassy to Tibet〕第一一页)伊本·巴图塔(Ibn Batuta)在十四世纪时经过印度斯坦说:"我从未见过一个国家,食料是这般便宜的。"(伊本·巴图塔底《旅行记》〔Travels of Ibn Batuta〕第一九四页)
② 华得(Ward)在《印度人之概观》(View of the Hindoos)第三册第二八一页里估计奴隶阶级(Sudras)占"印度人四分之三"。他们时常包括全部的劳动阶级,他们所称的"外伊谢斯"(Vaisyas)不是田户,乃是地主、畜牧之占有者及商人。
③ "或用墨刺其背部而放逐,或由国王命令在其臀尖加以重创。"(琼斯爵士〔Sir W. Jones〕论著第三册第三一五页,《米纽法典》第八章第二八一节)

下等阶级,乃加订法律,不许工人积聚财富;又宣布即使其主人赐给他自由,在实际上他仍是奴隶,立法者解释说:"因为他本来的地位是这样,谁能有权力去取消他呢?"①

当然的,谁能取消他底地位? 这也实在不用猜度权力能这般滥用的理由所在。因印度卑贱而有永久性的奴隶在大部的人民里头本来是天经地义的事,自然定律已命定其地位永无反抗余地的了。这些定律底能力,在真实上,是这般地颠仆不破,作用一旦发生,那么,生产阶级只有永处于屈服地位而已。凡建立于热带的国度,考诸文献上的记载,当财富有了积聚以后,那国家底人民即没法能逃避这种劫运;又凡因国家气候之过热,没有不形成食料出产之过丰,而过丰的影响,则财富分配之不均,政治社会之不平等,也没有不随之而发生者。在这种情形下的国家,其人民是无足轻重的了,他们在政治上没有发言权,对于他们自己所创立之工业,财富没有管理权。其唯一事业乃工作,其唯一责任乃服从。因此,养成他们一种胆怯及奴隶性的服从习惯,在历史上我们可以常见得到的,因为这是一件无可置疑的事实。他们编年史里并没有反对他们底统治者,及阶级战争、民众变叛或较大的党乱作乱等记载。在这个丰饶而膏腴的国家里,固然也曾有过许多的变迁,但各种变迁都是局限于上层社会,而无与于下层,民主底成分总是缺少的。有许多贵族之间及朝代更易的战争,有政府底变乱,宫廷里底骚动,王位底争夺,但没有人民底革命,②没有减轻自然所赐予的艰苦。直至文化蔚起欧洲,才有其他的自然定律起而活动,生出其他的结果来。在欧洲才有平等的步骤,才有财富与权力之不均状态底纠正。这种不均曾造成许多古代大国之主要弱点的。事物之在文化上有地位者,大都起源于欧洲,这实是当然的结果,因为只有欧洲才有保持各部平均关系的尝试。只有欧洲才有计划地组织社会,计划规模虽不甚大,但亦足包括其所有的各阶级,因此每一阶级都有发展的机会,而同时因以达到全体底永固及进步。

---

① "一个奴隶虽然被他主人解放,尚不能越出奴隶底地位,因这是他本来的地位,谁能使他取消呢?"(见琼斯论著第三册第三三三页、《米纽法典》第八章第四一四页)
② 一个智慧的观察者说:"亚洲国底人民是怎样地不参加他们政府底革命,这很明显,他们从未被伟大而普遍的感情冲动领导着,且亦不与闻对其本国及其自身幸福有兴趣及最重要的事情。"(墨尔多底《信地国》见《亚洲学社杂志》〔"M. Murdo on the Country of Sindh", *Journal of Asiatic Society*〕第一册第二五〇页)

其他限于欧洲底自然特征怎样地促进欧洲底进化而减少其迷信,将在本章底后段有所阐述,但此种研究尚需引用其他新的定律,所以现在第一步应先完成当前的探讨,同时我主张先证明应用于印度的理论亦可适用于埃及、墨西哥及秘鲁。假如这小小的研讨,即能包括亚、非、美三洲不同而相去辽远的国家之特著文化,那么,可见我们上述的原则更形稳固了。我们也可以得到更充足的证据,用以测验这些大的定律的正确性,且以免除一般人以为我用狭隘而不完全的材料以附会其说的私见。

在非洲各国中,埃及文明独显优越的理由,及其凭藉自然底特征而超迈其他邻国之故,皆见上述。国内底财富因而增进加速,非惟供给大量特产,且使知识阶级利其暇日及机会广拓其知识之园。不过他们虽拥有这得天独厚的利益,却没有什么重大的建树,其中因果乃因某种环境使之然,关于这点下述将有详细的解说,但最低限度,我们尚不得不承认,他们固已远迈于非洲各民族了。

埃及底文化与印度同,以土地底肥沃为其因素,且其气候亦酷热,所以两国也具有同样的定律,同得同样的结果。两国底国有食料都贱而丰,因此工作市场充斥,因此财富与权力之分配悬殊,因此这种不平等产生许多不可避免的结果。这种情形怎样地在印度发生作用,已见上述。虽然埃及给我们的研究材料不若印度丰富,但也足证明两国文化底类似点及支配两国社会与政治进步程序之大原则底相同性。

假如我们考查古代埃及人民底种种主要情况,实如印度底副本一样。因第一点,亚洲富饶地域之通常食料为米,非洲则为棕实。从底格拉斯河(Tigris River)西至大西洋,乡村中都可以找到棕树底踪迹,[①]它供给阿拉伯数百万人民底日常食料,[②]且几概括赤道以北之全部非洲。在辽广之非洲荒漠上,实有许多部分是果树无法生长的所在,但土地尚宜于一种较坚实的植物,故棕实大量繁生,在撒哈拉(Sahara)以北,供人食用以外,亦为饲养家畜底唯一粮秣。[③] 又在埃及,棕树是

---

① 但南非洲却没有这种棕树。
② 阿拉伯人所有的食品,棕实为其所最嗜好的。
③ "棕实非但是腓臧(Fezzan)沙漠沃土中ందీ特产,且为该地居民之主要食料,成人、儿童、马、骡、骆驼、羊、禽类以至于犬,咸恃棕实以为生。"(利查松著《撒哈拉之游》〔Travels in the Sahara〕第二册第三二三页)

非常廉贱的植物,①在极早期因其繁殖之多,早已用以供饲负重致远的骆驼了。

从这些事实看来,若将埃及代表非洲、印度代表亚洲底最高文化,则棕实之在前一种文化底地位,都显然与米之于后一种文化同。又因而可观察到,凡在米方面所表现出来的自然底重要特点也可在棕实方面找寻出来。至讲到化学方面,那么,二者都含有营养底主要成分,印度植物中所含的淀粉质不过转为埃及底糖质罢了。说到气候底定律,它们彼此底相近更无待言,因为棕实和米固同属热带地方底产物,且大都繁生于赤道一带的。关于繁殖及其对于土地之关系底定律,则二者亦极为相类,因棕实和米一样地不需烦苦的劳作而可得最大收获,且其所供给之营养料远过于其所占的土地之所能产,有时一亩地竟可栽植二百株以上的棕树。②

两个不同的国家所得自然之影响,其相类有如此。同时,在埃及或印度土地肥沃的地带总是文化形成的先驱,故土地底饶裕既可支配财富创立底速度,而食料底丰富又可支配财富分配底比率。埃及最富饶之区是萨伊德(Said),而就在这里,我们可以找到技艺及知识之伟大表现,和底比斯(Thebes)、卡那克(Carnac)、卢克索(Luxor)、顿得拉(Dendera)和爱特福(Edfou)底遗迹。③ 且在萨伊德这地方——或常称西倍伊德(Thebaid)——还盛行一种食料,其繁殖较米及棕实为尤速。这就是玉蜀黍,最近以前是只限种于上埃及,它底生产力这般惊人,工作者在玉蜀黍几可得二百四十倍的收获。④ 从前在下埃及,玉蜀黍这

---

① "在尼罗河山谷中,棕树旺盛地到处生长着。"(见惠更生著《古埃及人》〔Wilkinson, *Ancient Egyptians*〕第二册第三七二页)这种棕树可用以制成特种饮料,为某几部地方所狂嗜着,此又可证明此种美丽的植物对于非洲是怎样地重要了。
② "在尼罗河山谷中,一'非登'(即一又四分之三亩)的地有时可种四百株树。"(见惠更生著《古埃及人》第二册第一七八页)在毛尔苏克(Moorzuk)全株棕树只值一先令。(见利理松著《中非洲》第一册第一一一页)
③ 南埃及底遗迹优越于北埃及为黑椤(Heeren)所注意(见《非洲民族》〔*African Nations*〕第二册第六九页),实则凡研究墓铭等纪念物者对此均已了然的。在萨伊德,古埃及语比较在下埃及保持得长久些,语言学家称之为"米沙"(Misr)。
④ "通常的收获不止二百四十倍,平均的价格是大概每'阿堞'(译者注:Ardeb是埃及和其邻近诸国之容量单位)值三先令九便士,这就是不到三先令一斗。"(见哈密尔登底《埃及学》第四二〇页)在上埃及"玉蜀黍几成为乡村之全部食料"(前书第四一九页),又在第九六页哈密尔登说:"我常常数到一个玉蜀黍的穗有三千粒玉蜀米,而每一茎却有四、五个穗。"

一种植物是没有人知道的，但那地方底人除棕实以外，也有用尼罗河肥壤所盛产的莲实作成一种食料。这一定是很便宜而易得的食料，和这种食料混合在一起的还有其他植物和草本植物，这些大概都是埃及人恃以为生的。其供给如是裕如，故在回教侵入时，仅阿雷桑德利阿一城（City of Alexandria）几有四千人从事于贩卖蔬菜的小买卖。

因国有食料之丰富，结果发生许多事件，和印度如出一辙。普通在非洲，人口之增加虽然一方受气候之激励，但在他方也受土地瘦瘠的阻挠的。但这种阻挠绝对不存在于尼罗河两岸，[①]故以前所说的定律即大施作用。因这些定律之作用，埃及人非但享有贱廉的食料，且需要较少量的食料。因这种双重的关系，就展越了其人口增进的限制了。同时，低级人民容易养育其子女，因温度高可以省去许多其他的费用，因热度强烈，成年人所需的衣服是极简少的，至于工人阶级底儿童那简直是裸体了，比之寒带国里，必须保持相当温度及需要温暖而价格较昂贵的衣服底情形适成相反。代俄多拉斯（Diodorus Siculus）在十九世纪前游历埃及，曾说在埃及养育一个小孩以至成人，所费不过二十希腊银币，几乎不到十三个先令，他以为这种情形就是该国人口蕃殖的原因。

综合以上而言，埃及人民所以蕃殖是因土地增加其供给，而气候减少其需要的原故。结果，埃及人民非惟较任何非洲底国度为稠密，且较任何古代国家为甚。我们对于这一方面底知识虽然尚属简陋，可是已得的材料却都是很确凿的。黑罗多塔斯（Herodotus）——对他研究愈深，愈知他底精密——说：[②]在阿米斯（Amasis）朝，据说有二万个人烟稠密的城。这也许是言过其实，但代俄多拉斯忌嫉黑罗多塔斯盛名之心常使其反揭其说的，他在后于黑罗多塔斯四世纪游历埃及时，在这重要的一点却也证实了黑罗多塔斯底叙述。他不但说埃及在那时是所有

---

① 尼罗河之泛滥所形成的肥沃土地使人口激增一事实曾有许多作家观察到，但都不似马尔萨斯（Malthus）来得明断。（见马著《人口论著》〔Essay on Population〕第一册第一六一至一六三页）这部伟大的著作，其原则虽曾粗率地被误用，但仍不失为重要的人口问题论著中最佳者，虽然作者常因所读不多而致误用例证，而尤不幸者他并不热研自然知识各支系，岂知这种知识和经济研究却有很密切的关系。

② 斐迪礼·什雷该尔（Frederick Schlegel）真实地说："现代对于古史底研究愈深刻明悟，则对于黑罗多塔斯（Herodotus）底认识及尊重愈增加。"（见斐著《历史哲学》第二四七页，一八四六年伦敦出版）他底关于亚洲及小亚细亚底精微知识无不被所有通达的地理学家所认可，尤有进者，最近有一个博览的游历家即对于他底西伯利亚西部的详明知识亦曾有很精奇的证实。

国中住民最稠密的,且根据当时的重要纪录说埃及以前是世界人口最稠密的国家,稠密地域几有一万八千城以上。

这两个古代作家是靠着个人见闻而研究埃及情形,①他们底证据比较有价值些,因各人所得的材料来源不同,黑罗多塔斯底材料完全得于美姆非斯(Memphis),代俄多拉斯则得于底比斯。两方底叙述无论如何悬殊,其于人口增加之繁速及人民堕于奴隶之情形其见解实同。确实的,即就所遗存的耗费大而工程奇伟的房屋而言,已可推断证明国家当日建设底情形了。兴筑这般辉煌②而无济实用的③建筑品,也可见统治者之施暴政,人民之必迫为奴隶。假若人民是自由的工作者,所得为公平的工作报酬,那么,无论有如何累积的财富,如何奢糜的用途也断不能作这种无益的消费。但在埃及和印度却决不计及此,因为每件事都是要取悦于上等社会而压迫下级的,在两种阶级之间有一种极辽阔而不可逾越的鸿沟。④ 设使工人阶级中有欲改变他底职业,而显露其对于政治发生注意的,就要受重刑;除了国王、教士或军人外,无论农夫、工匠或任何人都不能占有土地;大多数的人民是和劳力负重的兽类相去不远,所希望于他们的就是不偷懒,无报酬的工作,万一怠忽了工作,那就痛鞭立下了;同样的刑罚平时也会施之于家仆和妇女。这些刑制他们都非常明了,而且对于这种以专制为基础而只靠暴虐为维持的社会制度处之甚惯。因此,在举倾国之力而人民受惠极有限的情形下,是可以兴筑这种伟丽的大厦无疑。这种大厦,浅薄的观察者每崇为文

---

① 马泰尔(M. Matter)之专断叙述实在不必计及,(见《阿力山得路学派史》〔Hist. de l'Ecole d'Alexandrie〕第二册第二八五页,参看《唯知主义史》〔Hist. du Gnosticisme〕第一册第四八页)因为关于早期希腊人游历埃及的事,的确没有更好的证据,又柏拉图曾否到过埃及,还是个问题呢。本曾所著《埃及》(Bunsen's Egypt)一书第一册第六〇页说:"他是曾否到过埃及还是个疑问。"罗马人对于埃及也很乏兴趣(见本曾书第一册第一五二至一五八页)。本曾又在第一五二页说:"自代俄多拉斯起,埃及史之有系统的研究是停止了,非但关于希腊人的一部,且关于一般的古史也是这样。"利克(Leake)在关于廓拉(Quorra)一篇论文里有这样的结论说自托雷密时代(The Time of Ptolemy)以后古人对于非洲地理之知识从未增进。(见《地理学杂志》〔Journal of Geographical Society〕第二册第九页)
② 约翰·赫舍尔爵士(Sir John Herschel)计算大金字塔重一百二十七万六千万磅。(见《自然哲学之讨论》〔Disc. on Natural Philosophy〕第六〇页)来埃尔《地质学原理》(Lyell's Principles of Geology)第四五九页内所计算的更大,有六百万吨。照倍林(Perring)以现在的石料量计算是六百三十一万六千吨或八千二百一十一万立方尺。
③ 关于建筑金字塔之目的曾有许多幻想的假说,但现在已公认不过是埃及底王陵罢了。
④ 假如有人怨恨说在欧洲此种阶级底鸿沟还算辽阔的话,那么,研究欧洲以外的古代文化便可以得到一种满足了。

化底表征,其实就是腐败与不康健之各种情形的混合证据,在这种情状里,不完整的文明底技巧与艺术,实破坏了人民无量数的幸福,所以人民在淫威压迫下,辛苦艰难所建树的东西,反为危害自身的因素。

在这种社会里,说是有甚么顾恤人民痛苦的地方,实在不必妄想了。但我们试回想埃及上等阶级之糜费人民工作及生命,毫不顾及利害的妄举也实在可以骇叹！关于这一点,只要看那屹立而无可匹敌的墓碑就可证实了。据说从挨利方泰尼(Elephantine)搬运一块石到塞伊斯(Sais)却需三年的时间,二千的工人;仅一红海运河已需浪掷十二万埃及人民底生命了;造一个金字塔需要三十六万人民,二十年的工作。我们对于这种难以置信的糜费也有相当的概念了。

我们若由亚、非两洲底历史再掉转头来看看新大陆,那么,对于以上的见解又有了新的证明。当欧洲人未到美洲之先,较为开化的地方是墨西哥和秘鲁,或者再加上从墨西哥之南直伸至巴拿马地峡底一狭长地带。在后一带地方,即今所谓中美,那里底居民受土地肥饶之赐似已获有相当的知识,因为遗迹尚存,可证明那时的人曾擅有机械及建筑之技艺,远非完全野蛮民族所能有的。[①] 舍此以外,他们底历史委实已经湮没无闻,但我们根据科班(Copan)、巴兰开(Palenque)、乌斯马尔(Uxmal)等建筑底叙述,大可证明中美为某一种文化底古发源地,且含有类似印度及埃及各种之文化重要点,这就是说,财富及权力分配不均及大部人民流为奴役是相同的。

虽然关于考察中美以前情形之史实已经完全消失,但属于墨西哥及秘鲁者犹得幸存。现在尚有许多确凿的史料可赖以为探讨这两国古代情形及其文化之性质和传布之资。但在未探究这题材以前,应先指

---

① 斯快尔(Squier)考察尼加拉瓜时说,那些石像"其原料都是黑色玄武岩,非常坚硬,即以现代最优良的工作也难以奏刀"。(见《中美洲》第二册第六八页)斯提文斯(Stephens)(见《中美洲》第二册第三五五页)在巴兰开找到了"最精美的艺术及模型标本,以供研究"。(可再阅前书第三册第二七六、三八九及四〇五页,第五册第二九三页)至关于契成(Chichen)地方底绘画,他说:"这些绘画,笔端那般纵横放恣,惟受名家之训练方能有这种结果。"(第四册第三一一页)说到科班,"用现代最良的工具,也不能凿成这样完美的石"。(第一册第一五一页)至关于乌斯马尔,"各处石之放置及磨练其完好宛如现代最良之石工"。(第二册第四三一页)我们对于中美底知识差不多完全得自以上两作者,虽然斯提文斯底著作比较精细,但斯快尔曾说:我所信的是十分正确的(第二册第三〇六页)——一八五三年他底书出版以前,尼加拉瓜底墓铭及纪念物等是从未给人们注意过的。

明那几种物质定律是决定美洲文化底地域的,换言之,就是何以某几种国家,其社会单独地有固定及紧密的组织,而新大陆底其他部分,却仍停滞而为散漫而鄙野无知的蛮族呢？这种探讨当然非常有趣,因那更可证实自然力支配人类命运的超绝而不可抵御的力量。

第一种情形使我们惊奇的,就是美洲和亚洲、非洲一样,文化都是发源于热带国,秘鲁国全部都在南热带上,中美和墨西哥全部则在北热带上。气候怎样地影响到印度及埃及底社会政治设施,上面已有述及,且我相信亦已证明其结果乃减少人民底欲望及需要,而产生财富及权力之不平均分配。但此外还有另一趋势,使一国底平均温度左右其文化,这种论究,我现在即付讨论,因在美洲所取之例证较任何地方为清晰而明白。在新大陆,自然作用之范围远优于旧大陆,其作用力亦远胜之,同时,自然作用力对人类影响较烈的国家比之作用力较弱者在研究上为尤生效果。

若读者能记忆丰饶之国有食料所生之强烈影响,必易明了美洲文化因受自然现象之驱迫,是必然地限于发现新大陆者所寻觅的数部地域了。因为除土壤之化学及地质上的变化外,凡调整每国之土地肥沃的两条件,就是热与湿润。热与湿润充溢则土地饶裕,反之则瘠硗。这种准则之应用当然不概括其他绝不相关的自然情形所发生的例外,但若各方情形相等,则此准则之作用是永不变的。且加"等温线"(Isothermal Lines)之发明,有助于我们对于地理植物学之知识,因此使我们能定上一点为自然之定律,此不但从植物生理学所得的论据可以证明,且从各国植物之分配比率上的精密研究亦可论定之。

对于美洲大陆下一普遍的考察,即可表明这定律和现在所研究之题材的关系。第一,以湿润而言,新大陆之大河流都集中东海岸,没在西岸的。这种异状底原因还没有研究出来;①但南、北美洲确没有一重要的河流灌注入于太平洋,而在其他一面则有无数阔大而重要的河流,如内格罗河(Negro)、拉·普拉塔河(La Plata)、圣·佛兰西斯科河(San Francisco)、亚马孙河(Amazon)、俄利诺科河(Orinoco)、密士失

---

① 在东西两部河流底流域之间是有差异的,这可以表明一部分的理由,但不完全,即使解说较此满意,可是太涉近于现象而无科学之价值,故必须归于较高深的地质学研究。

必河（Mississippi）、阿拉巴马河（Alabama）、圣·约翰河（Saint John）、波托马克河（Potomac）、萨斯圭罕那河（Susquehannah）、得拉韦尔河（Delaware）、哈得孙河（Hudson）和圣·劳楞斯河（Saint Lawrence），这个大的水网使向东的土地常常得到灌溉；①但向着西面的，在北美只有一条有价值的河流，就是俄勒冈河（Oregon）；②至于南美，从巴拿马地峡以至麦哲伦海峡更没有一条大河了。

至讲到土地肥饶底其他主要原因——即热力——我们在北美却发现相反的一切情形，即东面受灌溉，而热却在西方。这两岸底温度差异恐怕和几个重要的气象定律有关，因为在整个北半球，大陆底东部和岛屿都较西部为寒冷。可是无论其属于一个广泛的原因，或各有其特殊原因，都是现在的知识所不能决定，但事实显然，其对于美洲之早期历史是很可注意的。因上面差异的结果，两种土地肥饶的情况从未在墨西哥以北的大陆任何一部发生联结的关系。一面的区域需要热，其他一面则需要灌溉。财富之积聚因此阻滞，而社会进步亦因而停止，除非直至十六世纪欧洲文化输入美洲以后，没有一例可以显示纬度二十度以北的民族达到印度及埃及居民所轻易获得的不完全的文化。③ 在另一方面呢，纬度二十度以南的大陆忽变易其方式，紧缩而成一狭带的土地，直展至巴拿马地峡为止，这狭小的区域就是墨西哥文化底中心。若以此和以上的论据相比较，那么，其所以然便易知晓了。因陆地之特殊形状增加其海岸线，使北美之南部含有岛屿的性质。因此发生一种海岛气候，即湿润之充溢，此种湿润乃由海水之蒸发而来的。④ 故近赤道

---

① 关于这方面底灌溉我们大概可以估计亚马孙河冲积二百五十万平方哩的面积，河口是九十六哩阔，从河口起可航行的有二千二百哩。确实的，在《南美之水路测量》（Hydrography of South America）一文（载《地理学社杂志》第二册第二五〇页）里说："除三哩须由陆运外，其余的水流行于——大部都可航行——南纬线三十五度之别怨斯·爱尔斯（Buenos Ayres）之间以至于将及北纬九度之俄利诺科河口。"
② 俄勒冈，有时称为科仑比亚者，组成一著名之植物线，这就是加利福尼亚植物区底边界。
③ 关于早期北美种族底简陋史料曾被克洛区博士收集于其名著《关于美洲之研究》（Researches concerning America）一书第一一九——一四六页中。他在第一二一页里说："他们没有法律和民法地生活着。"在这部分世界里，人口恐怕从来没有固定的。又我们现在知道亚洲东北之居民曾不时地移居于美洲之西北部，例如两洲都有初克斯基（Tschuktschi）人一点可见。多倍尔（Dobell）很惊奇地发见北美种族和极西的杜吾母斯克（Tomsk）底相同点，他相信他们必是同一源的。
④ 照普通物理的设想，我们可以假设雨量和海岸线底关系，在欧洲，我们有极众多的气象纪录，故此种关系已极满意地证实了。

之墨西哥,就地位言,则充满热量,就地形言,则易得潮湿,只有在这一部分的北美,两种的不同的情况——即热与潮湿——是结合在一起了,恐怕也只有这一部是有文化的。无疑的,假如加利福尼亚和南哥仑比亚底沙碛平原不是这样瘠硗,而受东方河流底灌溉,或东方之河流兼有西方之热量,则任何两种结合之结果都必形成丰饶之土地,而这种土地由世界史确实证明,都是任何早期文化底前驱。但既然这两种肥饶之原素在纬度二十度以北之美洲各部不能兼有,则可知除非此两线有过交通,否则文化决不能因以发展;且亦从没发现——我以为也决不会发见——一个证据可以证明在此大陆上有一古民族能于生活之艺术上得到多大的进步,或组成固定而永久的社会。

以上都是讲到关于支配北美早期命运底自然主动力。至于南美,则另有一种情况在活动着,因东海岸较寒于西海岸的那个定律,非但不适用于南半球,且恰代以另一相反的定律。赤道以北是东面寒于西面,赤道以南却是东面热于西面。① 我们若基于这种现象以与大河系统之所以判别美洲东、西部底情形相比观,那么,南美兼有热与湿润,而是北美所缺乏的便显然了。结果是南美之东部土地异常肥沃,非惟在热带以内,即在以外也这样,巴西底南部以至于乌拉圭一部,其所占有的肥饶,实非同纬度的北美任何区域所能梦及的。

把上述的情形综览一过,那么,便会想到南美底东部既受自然底厚赐,必成为文化发源地之一——即因自然之厚赐所产生的文化之一。② 但如果再加以观察,又会发见自然之关系并不止此,我们必须对于第三种大的主动力加以注意,这种主动力已足够消灭其他两种的自然结果而使其居民仍处于野蛮之状态,否则必成为新大陆各国中之最繁盛的区域了。

我所说的主动力就是"贸易风"。这是个可惊的现象,我们以后将可看到,各种先于欧洲底文化都大受其损害。这种风几遍于纬度五十

---

① "大陆和岛屿底东西海岸底气候差别已在南半球观察出来了,但在南半球,西岸较东岸为寒,而在北半球则东岸较冷。"(迈阳著《植物地理学》一八四六年版,第二四页)
② 达尔文——在南美发表其名著的——曾惊讶着东海岸底超越性,他提起:果类如葡萄及无花果等生长于东岸纬度四十一度者丰收,反之在本洲之对岸较低纬度中者则甚凋零。(达尔文著《研究杂志》〔Journal of Researches〕第二六八页,伦敦一八四〇年版)

六度的区域——赤道以北二十八度及赤道以南二十八度。① 在这个包有世界最富饶的国家的地带中，贸易风经年吹括，或由东北或从东南。② 这种有规律性的吹括原因现在已经明白了，且知道一部分是因赤道上空气之转移，一部分是因地球之转动，因由两极来之冷空气是永常地吹向赤道，因此在北半球产生北风，南半球则为南风。但这种风却因地球之运动——环绕其轴由西向东而转——而偏向了。又地球之转动，在赤道方向当然较任何处为迅速，因此赤道四周之速率远越于由两极来的大气底运动，强逼其吹向另一方向而成为东气流，亦即我们所谓的贸易风。我们现在所注意的，并非贸易风底解说，却是怎样叙述这伟大的自然现象与南美历史底关系。

贸易风吹向南美底东岸，继续由东方吹经大西洋而达充溢水蒸气的陆地。这种水蒸气积聚于风向线，及其达岸，则有时凝结而成雨，可是当其向西进行时，被阻于峻巍之安第斯山脉（Andes）而不能通过，于是倾其所有水气于巴西，结果巴西常倾泻着阵头的大雨。这种充分的雨水，加上美洲东部之特殊的河流系统，而又附以热量使其土壤底活力作用远非世界其他部分所能比拟。③ 巴西底面积几等于欧洲全部，布满着伟岸而茂盛的植物。其生长那般繁密而蓬勃，自然似乎是放恣地行使其权力。于是这个大国底大部分布满了稠密而绵亘的森林，那些高大的树，瑰艳绝伦地怒展着，表露着千条万缕伟丽的彩色，而不断地爆发其丰盛的出产。树顶上栖止着翎翻辉煌的好鸟，它们筑巢于郁翠而高危的浓阴深处。下面的根干处丛生着灌木，蔓延草和无数的寄生物全都活跃着生命。还有种类万千的昆虫类，奇形的爬虫动物，点缀着绝美的花纹底蛇与蜥蜴，通通在自然底大工场和仓库里找到生存的途径。这奇异的地方，什么都不缺乏，故森林之外是围绕着大的草场，因

---

① 贸易风有时达到纬度三十度。
② "在北半球，贸易风由东北吹来，至南半球则由东南吹来。"（见迈阳《植物地理学》第四二页）
③ 加得纳博士（Dr. Gardner）对于这些用在植物学家底眼光来看，他说：近里约热内卢（Rio de Janeiro）地方，热和水气已足补救瘠硗的土地了，故"光滑无泥土附着的岩石亦盖满着凤梨科寄生植物、野牡丹科、仙人掌科、兰科等植物及青苔等，全都富于生命力"。（加得纳《巴西之行》〔Travels in Brazil〕第九页）又窝尔什著《巴西》（Walsh's Brazil）第二册第二九七、二九八页亦有奇特的雨季之描写："有几个星期中，每天有八九小时我都穿不着干的衬衣，晚上脱下的衣服，翌晨发觉非常的潮湿。若不下雨——这是很少见的——有些地方就有烈火似的太阳，我们循行着吸烟，因潮湿被热度所蒸发，我们也似乎浸润在水气中了。"

热与水气之蒸发,可营养无数靠草为生的畜类;至于附近的平原,富于另一种生活方式的,却是狡诈凶猛的兽类底栖息所,它们彼此掠夺,似乎人力没有力量可以制止的了。

这就是巴西驾于世界他国之上的丰盛及盈溢的生活,①但是在自然这样的光辉和华盛当中,反没有人类底地位。他们是被周围的威严降迫而为渺小了,反对他们的力量是这样大,他们从不能自动地反抗,也从未能集合着抵御自然积聚的压力。整个巴西,虽属得天独厚,却常是保持着不开化的状态,这些游浪的野蛮居民不能抵御自然底丰厚所赐予的阻碍。因这些土著,像原始社会底民族一样,厌恶去经营事业,又因不知道征服自然的技巧,故从不设法去解决阻止社会进步的困难。这些困难是这般严重,事实上,在三百余年以来,以欧洲人底知识技能力之大犹不足以当廓清之任。在巴西沿岸昔日固曾输入了相当的欧洲文化,这是土著之力所不能及的。但这种自身尚不完备的文化从未透入该国底腹部,在内地仍旧保留着许多古代的风习。人民愚昧,粗暴成性,不知自制,更不谙法律,而继续生活于原有的野蛮状态。在他们底国里,这些自然定律是这般倾其力以经营活动在这广阔无垠的大地,所以农人自来就觉得这种集合的活动底影响是无可逃避的。农业底进步是被层密的森林阻止了,收获也被无量数的昆虫毁坏了。②山岭过高而不能攀登,河流过阔而不易架桥。这些现象都计划着遮断人们底思想而抑止其勃起的野心,这就是自然能力桎梏着人类底精神了,真是没有一处有这般威风的自然界和渺小的内心底痛苦困斗底情形啊!且人类底思想,因这种情势悬绝的威吓,不但没法进步,且假使没有外力底援助,必终致当然地退缩的。因为即在现在,由欧洲不绝地输入了许多改进的方法,还未有显著进步的表征。殖民虽日见增加,而已垦之地尚未达五十分之一。人民底习惯,其野蛮一如往日。至于人口呢,倒是值

---

① 这种异常的富饶,任何人看见了都要被惊奇所激动的。窝尔什旅行经过这些沃腴的地方说:"巴西特有的自然底过量的富饶。"(窝尔什著《巴西》第二册一九页)还有那负盛名的自然学家达尔文说:"在英国,凡爱好自然历史者喜欢在步行时,常有事物引起其注意以供研究,但在这些充满着生命的富饶气候里,引人注意的事物太多,以至于不能步行了。"(见《研究杂志》第二九页)
② 来埃尔爵士(见《地质学原理》第六八二页)注意到:"那毁坏巴西谷类的骇人听闻的昆虫数量";又斯汪松(Swainson)游历巴西时说:"巴西底红蚁极富于毁坏性而又蕃生极速,它们常常占了农夫底耕土,尽力展拓其殖民地而很不费力地迫着农夫离了他底耕地。"

得注意的,以巴西物质原料之丰盛,动植物之富裕,土地受大河灌溉之利,海岸布满着良港——这超过法国十二倍以上的广大的土地,而其人口却不到六百万。

以上的审察已足够表明何以巴西绝无文化表征底理由了。自开国以来,任何时期中,都找不到一件事实可以证明其人民有超乎草莽初辟时的进步表现。但反观巴西对面的一国,虽然处于同一洲,同一纬度上,却受着不同的物质情况底支配,因此产生不同的社会结果。这就是有名的秘鲁王国。它包括南热带底全部,若按以上的叙述看来,实可算是南美唯一的向着文化领域进行的一部了。在巴西,气候底热度附加着双重的灌溉,一是由于东方特有的大河流系统;二是由于贸易风所吹积的水气,这几种情形的结合形成了无可比拟的沃腴。从人类方面着想,这种沃腴反致斫伤人类底前途,因为富饶会遏止了人类底进步,如果不是这般丰裕,那么,情形或许会较好些。因我们已很明了,凡自然生产力超过某一限度时,不开化的人类底不完备的知识是不能与之竞争的,且亦无法克胜之而为我利用。但假如自然力仅达到相当的充溢,使人类可发挥其驾驭的能力,则必然发生亚洲及非洲底同样情况,那么,那时自然底丰饶非但不会障害社会底进步,且反鼓励财富之积聚以推进之,盖没有积聚的财富,社会底进步即失其动力。

所以当我们推想到最初决定文化之物质环境时,不但需要自然底丰富,且亦须顾及所谓自然底驾驭,就是说,我们估计天产底数量时,同时也须顾及怎样利用此等原料。在墨西哥和秘鲁,我们可以考见它们是美洲国家中唯一能具这两种条件的民族。它们底天产数量虽然远逊于巴西,可是比较容易处置得多;同时气候底热度引起了其他定律之活动——这些活动我曾试加说明,上古各种文化皆曾大受其影响。最奇怪的是关于纬度方面——这我相信从未有人察觉到的——现在秘鲁底南方边界就是墨西哥旧时之边境;还有一件奇怪的暗合的事——在我却以为是很自然的——就是这两国底边界都在热带以内,墨西哥底边界是北纬度二十一度,秘鲁是南纬度二十一度半。[①]

[①] 虽然秘鲁曾以兵力伸展其国土远达智利及巴塔哥尼亚(Patagonia)底一部,但维达加(Vidaca)却是现在秘鲁海岸底最南点。至于墨西哥呢,这国底北面边界是大西洋岸二十一度,太平洋岸十九度。(见普累斯科特底《墨西哥史》〔Prescott's *History of Mexico*〕第一册第二页)

这就是历史经过精邃的研讨以后，所呈现于我们眼前的奇异的规律性。假如我们拿墨西哥和秘鲁同上面曾提过的旧大陆国家相比较，那么，其社会现象着实和欧洲文化以前的情形一样，都是附属于自然定律的。第一点，其国有食料所具有之特质，恰和亚、非两洲之最富饶地域相同。虽然旧大陆底营养植物不甚见于新大陆中，可是新大陆中却有另一种植物底供给，其功用和米、棕实极相类，就是说，有同样的丰盛，同样地易于生长，同样地有大量的收获，因此随着有同样的社会结果。在墨西哥和秘鲁，通常最重要的食料是玉蜀黍，我们有许多理由可以相信这是美洲底特产。这和米、棕实一样，显然是热带国底出产。虽然据说在海拔七千尺还能栽植，[①]可是在纬度四十度的地方已很少见，且其丰盛亦因温度之低落而递减。譬如，在新加利福尼亚平均收成是七十或八十倍，但在墨西哥本部，同样的谷类可有三四百倍的收成，且收成好的时候，尚可有八百倍的收成。

凡民族能得格外丰盛之植物以维持生活者，无须十分努力于生活底挣扎，同时有充分之机会增加其人口而产生如上述印度、埃及之同样的种种社会及政治的状况。又玉蜀黍以外，还有一种食料也可以作为例证。就是在爱尔兰曾激增人口而发生恶影响的马铃薯，据说也是秘鲁底土产。这一点虽然曾给某名家所反驳，但事实上，当秘鲁第一次被欧洲人发见时，马铃薯确是非常蕃植。在墨西哥，则直至西班牙人侵入后，才有马铃薯。但墨西哥人和秘鲁人大半恃香蕉而维持其生活，香蕉之蕃植力这般惊人，只有我们所有的确实而不可摇动的证据方可令人深信不疑的。这种奇特的植物在美洲是和气候底自然定律有密切之关系，因当温度达至某一点时，它就是维持生活之主要食料。至于其营养力，我们可以说，一亩的香蕉可以供养五十余人，但在欧洲，同样大小的地，种着麦只能供养两个人。至其生长之繁盛，如果没有其他例外的原故，那么，其生产力实四十四倍于马铃薯，而一百三十三倍于麦。

现在根据各种重要观点看起来，很容易明白为什么墨西哥、秘鲁底文化和印度、埃及底是极端相似了。在这四国及其他几个南亚、中美底

[①] "玉蜀黍在海拔七千二百尺本来还可栽植，但大多数是在三千尺至六千尺之间。"（见林德利底《植物界》〔Lindley's *Vegetable Kingdom*〕一八四七年版，第一一二页）这是属于南美洲热带底情形，但在庇里尼（Pyrenees）山坡上的玉蜀黍据说达三千至四千尺高。

国家里，曾保有相当的知识，这些知识若以欧洲底标准看起来，当然非常简陋，但以之与同时代或邻近的国家底愚昧比观一下，实在是非常超卓。但在这几国内，同样的没有能力将其所有之简陋文化传布出去，也没有一些近乎民主精神的表现，上等阶级同样地有专制的权力，而下等阶级也同样地被轻蔑奴视。因我们已很清楚地看到，这些文化是受某几种自然定律底影响，这些定律虽然有补于财富之积聚，但无助于财富之分配。又人类之知识仍在幼稚时代，[1]绝无能力可以抵御这些自然主动力，或阻止其影响于社会之组织，像我在上面所曾讨论过的。在墨西哥和秘鲁，合乎富人奢侈的各种艺术都有大的成就，上级人家底房屋内部布满着令人惊羡的精工的装饰品和用具，他们底卧室内挂着华美的垂帘，他们底衣服和身上底装饰品价值连城，他们底珠宝精美而样式新奇，他们底富丽而潇洒的长袍镶着由全国最僻处收集得来的珍贵羽毛。以上都是占有无限财富与浪费夸耀财富之证据。至直属于这阶级之下的是一般平民，他们底情形怎样，是很容易猜想得到的。秘鲁底全部赋税都由他们负担，而贵族和教士可完全豁免支付。[2] 但在这种社会情形中，人民财富之积聚是不可能了，故只有直接受政府之支配以工作代替支付政府底费用。同时，治国者却深知在这种制度下，各个人底独立的情感是难以抵敌的，于是绳以苛律，使极少的事件也不能有自由的行动。甚至平民如果未得管理者底许可，简直不得私自更衣或迁居。法律规定了每人底职业，所穿的服式，所娶的妻子及所宜有的娱乐。[3]在墨西哥，这种事情也是同样的，同样的物质情状随着发生同样的社会结果。凡历史研讨所及而视为最重要特点，即所谓人民之情状者，这两国是符合的。因虽有许多小小的差异，[4]但国内只有两种阶级——上

---

[1] 他们最熟稔的科学就是天文学，而墨西哥对此曾有相当的成功。
[2] "皇族、贵族以至官吏及无数僧侣之团体都可免税，而政府开支底全部责任是属于平民的。"（普累斯科特著《秘鲁史》第一册第五六页）
[3] 虽然在这种环境中，这种情形是很自然的，但普累斯科特还是惊奇着，他说："在这种异常政制之下，其人民对于生活之改善有许多进步，农工方面也很有训练，可是我们发见他们并不知金钱为何物，他们没有甚么可称为财产的。除法律特殊规定以外，他们不能自由谋职业、工作或娱乐。没有得到政府的许可，不能迁居或改换衣裳。即其他各国最低限度的自由都不能得——就是选择他们底妻子。"（见《秘鲁史》第一册第一五九页）
[4] 照普利查德（Prichard）说墨西哥人底性情较秘鲁人为苛刻，但我们现在的知识尚不足以决定是否这完全是自然底原因或社会底原因。（见《自然史》〔Physical History〕第五册第四六七页）

等阶级乃专暴者,下等阶级乃奴隶——这一点是很相同。这就是墨西哥被欧洲人发现时底情状,且此种趋势必已有相当的历史了。像这样的社会情形实在使人难于忍受下去,我们从确凿的证据上知道,人民中所产生之一般怨恨心实是助长西班牙侵入者底进步,而促成墨西哥沦亡之一原因。

研究愈深,那么,所谓"人类思想之欧洲期"底以前各种文化底相同点愈觉显著。将民族分为数等级制,这虽在欧洲各大国是不可能的,但在埃及、印度——而以在波斯为尤著,此盖均由来已古矣。[①] 这种制度在秘鲁是很认真地施行着,墨西哥虽然没有法律规定,可是习俗相传,儿子是必须继续父亲底职业,由此可证实当时的社会确有相同之点了。这就是固定及保守精神的政治表征,我们以后可以看到凡上等阶级专权的国家都表现着这种精神。在宗教方面,这种精神也表露着对古代遗教极度崇敬,而对一切的改变深恶痛绝;关于这一点,美国底最著名著作家也曾指出墨西哥与印度斯坦土著也有类似之处。说到这里,不禁想起研究古埃及史底人也能发见埃及人有同一的倾向。对于埃及墓碑最有研究的惠更生(Wilkinson),说他们那不愿改变其固有宗教信仰之固执性,实较任何民族为甚。[②] 当黑罗多塔斯在二千三百年前游历埃及时,因看到他们对旧风俗保守之拗执,即早已确定他们永不会有易俗移风的可能了。由另一种眼光看起来,这几个距离辽远的国家,乃有这般的同样点,实也同等地富于趣味,但它们本由同样的原因发生出来的。在墨西哥和秘鲁,下等阶级既完全受上等阶级的支配,故也有同样的可怕的工作底浪费,和我们在埃及所见者同;而在亚洲各处兀存的古庙、荒殿底遗迹里,也可以看出同样的事证。墨西哥人和秘鲁人也同样地有恢宏伟丽的屋宇建造出来,且其浪费无聊一似埃及,但这种建设的成就,除非人民底工作受到不公平的报酬和暴虐的滥用,决不易办到。[③] 这些奢华的纪念物,其价值如何,无可估计,但其所费必极可惊。

[①] 波斯之有等级制是佛突阿西(Firdousi)说的,兹不计其叙述上是否别有所谓而作,但究较希腊史家之沉默而无所论述为贵,因希腊史家大都除其本国外,了无所知。

[②] "埃及人对于引用神权方面的风俗较任何种人民为犹疑。"(惠更生著《古埃及人》第三册第二六二页)本曾也注意到:"埃及人对于旧礼和风俗的固执。"(本曾著《埃及》第二册第六四页)

[③] 墨西哥人看起来较秘鲁人尤为浪费,只需看他们底巨大金字塔,其中绰卢拉(Cholula)一座,"基础之广大都有埃及金字塔底两倍"。

如美洲土人本来不知铁底应用，那么，在建筑大工程时，也必不知应用方法以减少工作量。现有几点特殊的史实可以对于这问题稍窥一斑。且举帝王底宫室为例，我们发见在秘鲁，皇宫底建筑曾在五十年中役使二万人，墨西哥底则达二十万人，这种惊人的史实，即使没有其他的证据，已足使我明了这几国——为极不重要的事而费去极大的力量——底情形。①

以上从各种无可置疑的确实的来源里所集得的事证，可以证明这些伟大自然定律底力量。这种定律在欧洲以外的繁盛的国家里，鼓励了财富底积聚，但抑止了它底分配，因此，使上等阶级独占社会及政治权力之最重要的一种原素。结果，在各种不同的文化当中，大部人民大都不能由国家底改进中得到利益，因此进步底基础是非常狭隘，而进步之本身亦不甚稳固，②及至受到外力攻击，则全部制度随之瓦解了。在这种彼此分裂，相敌视的国家里，社会是站不住的。且无疑的，在社会倾覆实现以前，这种偏畸而不合规的文化已开始衰败了，故他们自己底退化，即助长着外力侵入者底进步，而浸陷古王国于倾覆，假如有较优良的制度存在，这些古国或许还能引延其国祚的。

以上所述，皆在表明欧洲以外的文化怎样因特殊的食料、气候和土壤底关系而蒙其影响。现在让我考查其他的自然主动力——即我所统称之为"自然现状"者——底影响。这些自然现状启发着许多广阔的研究，以深察外界促成的人类之某几种思想习惯所发生的宗教、艺术及文学底特殊风派——总言之，各种人类思想之主要表现——底影响。若要确实知道这种情形怎样发生，还须对以上已结束的研讨加以补白。我们已知气候、食料和土壤完全是和财富之积聚和分配有关，故现在也可看到自然现状是和思想之集成和分布有关的。在前一情形中，我们须研究人类底物质关系，在后一情形则为人类底智力关系。前一种我

---

① 普累斯科特《墨西哥史》第一册第一五三页）说："我们并不知道建筑这皇宫究占据多少的时间，但据说力役的人有二十万之多。"无论其事实如何，泰斯库根（Tezcucan）朝底帝王实拥有很众多的顺民，且有时督役整个被征服的城底男女从事于公共的工作，这一件事却是确实的。世界震名的那个伟大的建筑纪念碑决非自由人所能任的劳役。
② 这一点最好拿马泰尔底美妙的评语来例示，就是说："埃及底王室一旦失位，那么，国家便不易于重建了。"（马泰尔著《阿力山得路学派史》第一册第六八页）在波斯也一样，忠耿的情感一旦消馁，民气亦同时丧失。（马尔科姆《波斯史》第二册第一三〇页）但欧洲文化最高地域底历史和这点恰正相反。

已竭力予以分析,这恐怕已倾尽了现在所有的知识以供研究了。[①] 但其他一种,即自然现状与人类思想底关系,却包含这般广阔的考虑,需要从各方面得来的这般众多的材料,我已很能预料其结果了。不用说,我并不求完备无遗的分析,且除将几种复杂而未经探讨过的过程综合而为定律——这些定律底作用,外界曾因而影响了人类思想,侵害其自然的行动,而常阻止其自然的进步者——以外也没有甚么希冀。

在这种意义上,自然现状可分为两类:第一类就是那些激动了想象的现状;第二类为引起理解力或智慧之逻辑底运用。虽然在一个完满及平衡的意念里,想象和理解力各有其相等的作用,且彼此能相补助,但根据大多数的向例,理解力每过于薄弱,不能约束想象而挽回其危险的狂澜。进步的文化趋势就是要补救这种不平均,而授予推理力以一种早期社会中想象所独有的权力。是否有理由要恐惧这种反动将进行过度而推理机能反将压制想象,却是一个极富于兴趣的问题,可是在现在的知识范围内,这问题恐怕不易于解决。不过,可以确定,这种情形未曾发生过,因为,即使在现代,想象较以前任何时代为受抑制的时候,仍有着过分的力量,这不但很容易地拿各国人民中普通所流行的迷信来证实,且还可以引神秘的崇古观念这一点作佐证,这种崇古的心理虽然逐渐减退,但仍阻止着知识阶级底独立精神,迷惑其判断,而拘束其创造力。

现在以自然现象来说,很显然的,凡能激起恐惧或惊愕的感觉,及引起心中之空泛不能制止的观念者,也有燃起想象之特别趋向,而使理解之作用在其范围中渐趋迟缓。在这种情形中,人把自身与自然之权力及尊严相比较,于是便很痛苦地感其自身之渺小,一种劣等性的感觉潜盖着他,各方面有无数的阻碍牵制着他,而限制他个人底意志。他底心受不可了解的,及难以解释的恐吓,于是不再去深究这种严肃的伟大中所包含的真际了。[②] 反过来说,在自然作用浅小而微弱的地方,人反

[①] 我所指的是关于自然和经济方面的概说。至于文学方面,我感觉到有许多缺点,尤其是关于墨西哥和秘鲁史。
[②] 即使没有危险发生,恐惧感觉力之强已足毁坏应有的欢乐。例如,印度斯坦底伟大的山界的描写:"在人能得到这景色底观念以前,必须先置身其地。山谷之深奥,山峰之巍峨,重雾环绕的希马拉雅山之严尊堂皇,构成这样伟大的景象,与其说深印于心中一种快乐的感觉,毋宁说是可怕的。"(《亚洲研究》第六册第四六九页)在提罗尔(Tyrol)地方,曾考见那处山景之伟大使人民深印着恐惧的观念,而至造成许多迷信的传说。(阿利松〔Alison〕著《欧洲》第九册第七九、八〇页)

得有自信心，他似乎较能倚靠他自己底力量，他能够——事实上——一往无前，向各方面发挥他底权力，假如现象越接近他，那么，使他更为易于对现象得到实验及精细的观察，考究及分析的精神得着激励，他且尝试着要综合自然底现象而纳之于定律。

若以人类思想受自然现状底影响一点看起来，各伟大的古代文化都无疑地发源于热带或邻近热带的地方。这些地方底现状是最威严、最可怕，而自然在各方面都是于人有危害的。普通在亚洲、非洲及美洲外界是较欧洲为可怕，非但固定及永久的现象如峰峦及其他划分疆界的高山大河等是这样，即偶然的现象如地震、飓风、大风雨及疫疠等，也会在这些地方时常发生非常灾害。这种永常而严重的危险所产生的影响，和自然之威力所产生者同，即两方有促进人类增加想象力活动之趋势。因为想象底特殊范围内所关涉的，既属人类未知的事物，那么，凡事未得到解释，及关重要者皆能激起想象底机能。在热带，这种事件较任何地方为多，故在热带，想象实较占优势。举几个这种原理底作用底例，就可了然明悟，而给读者以根据这一点而发生的论据。

增加人类不安全的各种自然现象中，地震以其影响于生命之丧失及其发生之突如其来而言，确是最严重的。在地震以前，大气之变动，确能立即袭击人底神经系，而直接地损伤智力底运用。无论如何，地震所产生之影响，会激起思想底特殊联系及习惯是无疑的。它们所引起的恐惧，激起痛苦的想象，迷乱判断力，而使人偏向于迷信的幻想。最奇怪的，是地震底一再震动，也非但不会麻木人们底感觉，且有加强感觉的力量。在秘鲁，地震较任何国为普通，[1]每一次底发生都增加一般的忧郁，故有时恐惧之情几至不可支柱，[2]于是心情常常陷于畏怯而焦虑的情形中。人们见到这些不可避免及难以了解的严重危险，每深印

---

[1] "秘鲁底地震恐较任何国为烈。"（见克洛区著《地理辞典》一八四九年版，第二册第四九九页）楚提博士（Dr. Tschudi）说：利马（Lima）"每年平均有四十五次的地震"。（见《秘鲁之行》第一六二页）
[2] 有一奇特的例表示观念之联系能消失了惯性所含的麻木影响。楚提博士描写这种震惊说："没有人能够看见这种现象而尚能压制恐惧的感觉的。"（《秘鲁》第一七〇页）皮尔（Beale）在《南海之捕鲸航行》（South-Sea Whaling Voyage）一八三九年伦敦出版一书第二〇五页内说："据说秘鲁土人并不像其他常遇危险者之能惯常于其境遇，他们每次越感觉到地底震动，则越充满着忧郁，故老年人遇到小地震也要发生不可支持的恐惧。"

着自己能力薄弱,及方法应付之竭尽的观念。① 于是相等比量的想象被引起,而神力干涉之信仰亦因以很活动地增进。人底力量失败,而超人的力量成立了,不可思议的,及不能看见的事物于是给人们相信是存在着的;更因而发生一种畏惧及无告的感觉,这就是各种迷信之根基,缺此则迷信决不能存在。

在这种自然现象较少的欧洲,也要举几个例。在意大利及西班牙、葡萄牙底半岛上,地震及火山底爆发较任何大国普遍而有害,也恰巧正在这里迷信最流行,而迷信者阶级也最有势力。就在这几国内,教士们开始建立他们底权力,基督教最腐化的事情每在这里发生,而迷信壁垒所霸占的时间也最长。除此以外,还有一点可以表明自然现象和想象占优势的关系。照普通说起来,艺术恒认为近乎想象,而科学则近于智慧。② 试看所有的伟大的画家,几乎现代欧洲所有的大雕刻家,大多是意大利或西班牙半岛所产生,这实是一件彰明较著的事实。至于科学方面,意大利当然也有几个特出的人才,但和他们底艺术家、诗人比起来,人数却未免相差太远了。至于西班牙和葡萄牙底文学则完全是近乎诗方面的。又在他们底学校里,曾造成几个世界得未曾有的大画家。可是在另一方面看来,纯推理的机能是完全忽略了,找遍整个的半岛,从上古到现在,从未在自然科学史上遗留过丰功伟业的余烈,没有一个人的名字可以在欧洲知识进步上独霸一个时代的。③

自然现状当着十分威胁的时候,怎样地激发想象、鼓励迷信,而阻绝知识这一点,还可以用一二个事实为之证明。在愚陋无识的人民中,有一直接的倾向,即把所有严重的危险都归于超自然的干涉,强烈的宗教情感因以发生,非但屈服于危险之下,且对它浸生忠实的崇拜了。这

---

① 斯提文斯曾深刻地描写中美底地震很有力地说:"我以前从未感觉过自身这样地弱小。"(斯提文斯著《中美洲》第一册第三八三页)
② 科学界名人及事实上所有的伟大人物都是富于想象力的,但在艺术方面想象实较科学为更明显,这也就是我在这本书上所要表明的一点。台维·布卢斯忒爵士(Sir David Brewster)果然也想到牛顿是缺乏想象的,他有"他想象力底微弱"一语。(见布卢斯忒著《牛顿之生活》一八五五年版,第二册第一三三页)本来在注解里要讨论这样大的问题是不可能的,但以我所见,除但丁和莎士比亚以外,没有一个诗人底想象比爱萨克·牛顿公爵更遐远和胆大的了。
③ 提克诺(Ticknor)所提及的关于西班牙科学之不振的判语至今还可引伸。(阅提克诺著《西班牙文学史》第三册第二二二、二二三页)他在第二三七页说在一七七一年萨拉曼卡(Salamanca)大学对加强物理科学的要求回答说:"牛顿所教授的没有一件能有裨于一个好的论理学家或形上学者之育成,而加孙提(Gassendi)和笛卡儿并不如亚里士多德之能与显现的真理相切合。"

就是在马拉巴(Malabar)森林中一部分印度人底情形,凡研究野蛮民族底状况者都能寻出同样的例出来。确实的,在这样情形中,有几国底居民因崇敬畏惧的感觉,竟不敢损害凶猛的兽类和有毒的爬虫类,这些兽类所施的祸害,他们色喜相告以为是免灾的原因了。①

热带底古代文化就这样地和无穷的困难相斗争,这是欧洲文化兴盛的温带所没有感觉到的。蹂躏人类的野兽、大风雨、飓风、地震及同样地发生危险的事情底损害,②常常压迫着他们,而影响其民族性之风格。我以为单是生命之损失,倒是极小的骚扰。真正的祸害却是在思想中产生一种联想,这种联想使想象超越于理解而占优势,在人民中浸假养成一种崇敬的精神以替代了研究的精神,又助长了一种性情,使易忽略自然原因之研讨,而将各种事像之发生归于超自然作用。

我们对于这些国家所知道的一切,都证实这种倾向必是很活跃的。除极少的例外,健康在热带气候里较温带为不可靠,而疾病亦较为普遍。我们常可以很清楚地观察到热带人底畏死,使他们更易倾向于找寻超自然底助力。我们对于另一宇宙生活既属这般漠然无所知,实无怪乎即以最坚强的心志,乍对此黑暗及漫无经验之未来底来临,也要气短了。在这样的情况中,理性是完全静止的,故想象之驰放,遂成不可羁勒。自然原因之作用既然没有了地位,于是超自然底力量总要开始运用。因此,在任何国家,凡危险性的疾病发生了严重的形势,那么,每每立即增强了迷信的倾向,而减少理解以推广想象。这种原则是这般地普遍,所以世界各部底民族常将特殊的险症归因于神底干涉,这点以那些急病奇症为尤显著。在欧洲也常信疫疠是神怒底表现,这种见解

---

① 苏门答腊(Sumatra)底居民因迷信之故,虽然虎曾造成可怕的蹂躏,却最不喜损害老虎。(见马斯顿〔Marsden〕著《苏门答腊史》第一四九、二五四页)俄国对于开斯却脱根(Kamtschatkans)叙述说:"除以上所提及的神以外,他们对于几种明知其危险的兽类也予以宗教的崇视。"(格里芙〔Grieve〕底《开斯却脱根史》第二〇五页)布庐斯(Bruce)提及,在阿比西尼亚(Abyssinia)土狼被视为"迷惑人的动物",居民不敢触动土狼底皮,除非他底皮曾受过牧师底祷告或念咒。(见麦来〔Murray〕底《勃鲁斯生活》第四七二页)和这类似的就是崇拜熊(见挨尔曼〔Erman〕底《西伯利亚》第一册第四九二页,第二册第四二、四三页);还有很流行的蛇底崇拜,它那狡猾的行动很能引起恐惧而激动宗教的情感。从毒的爬虫类所理会到的危险,是和波斯古经及它底译文有关连的。
② 这里可以举一例表明地震波及地域范围之广阔,一八一五年苏姆巴瓦(Sumbawa)有一次地震及火山爆发,"其所及之地域周围有一千哩",爆炸之声远达九百七十哩外。

虽然早已成为过去，但在最文明的国家里也不见得完全消灭的。① 在医学知识最幼稚或疾病延播最普遍的地方，这种迷信当然是很颠仆不破的。兼有两种情形的国家则迷信更甚了，即使只有一种情形存在，而迷信的观念已极顽强，所以我相信所有的野蛮民族不但将非常的疾病归因于他们底善恶之神，就算普通的疾病，他们也不能自拔于超自然底迷信之外。

这里还有一例表明在古文化时代，外界现象对于人类思想所给予的不良影响。在亚洲最进步的区域里，其康健状态因各种自然原因的关系，远逊于欧洲最文明的区域。② 仅从这个事实看来，已足够对于民族性产生相当的影响，③且加以以上我所指出的情形，那么，当然更甚了。到这里还可以说，欧洲各时期所发生的大瘟疫，大都是东方所传来，那里是它们底产生地，也是受害最严重的地方。现在欧洲所有的凶暴的疾症，事实上，几乎没有一种是本土所固有，且最厉害的疾病皆是在西纪后第一世纪以降自热带国传入为多。

总括这些事实，可以说在欧洲以外的文化中，所有的自然都是协力

---

① 在推论哲学影响之下，疾病之神道的理论在十七世纪中叶以前已非常地微弱，在十八世纪中叶或其后半期，它已完全在科学界中失了附和者。现在这种理论仍在一般普通人中流行着，我们可以在教士，或在缺乏物理知识的人底著作里找出痕迹来。当虎列拉疫病在英国流行时，有人重提这种理论，但时代的精神已不容许这种力量成功了，且可以很自然地预料，人们决不会重温他们以前的意见，除非他们回复到以前的愚妄境界。我现在介绍格兰夫人（Mrs. Grant）一八三二年的一封信，可以代表虎列拉疫病所激起一般的论调及其与科学研究之冲突。她是一个有相当成就的人，所以她底言论也很能影响于一般人。她在《格兰夫人通信集》（一八四〇年伦敦版）第三册第二一六、二一七页里说："照我看来，大可容纳人民对于这种疾病——特殊的灾难，和以前绝不相同的痛苦——的考虑和臆测。"这种要限制人类思考力的愿念就是久已使欧洲处于黑暗的地步的那种感觉，因为它很有力地阻碍我们忧以得真正知识的自由研究。波义耳（Boyle）对于这问题的疑惑可举以例示十七世纪思想变动底过程及其预建下一世纪伟大解放的基础。波义耳叙述这问题的两方——即神道学的及科学的意见后说："似乎这些流行而传染的疾病并非单单惩罚不虔敬的人的，因为我记得曾读过有些名著里面说到有些瘟疫同时伤害人和兽底生命，有些又特别地损害与人无关或于人有益的畜类——如猫类等是。""因为这些及同样的理由，我关于瘟疫之原因的辩论每生疑惑——即由于自然的呢，或超自然的？——两方的争执者都不十分对，因为很可能的，有些瘟疫若无神力之非常干涉——因人类底罪恶而起——是不会发生，可是另有些瘟疫却不过是为了自然原因之不幸的集合而产生的。"（见波义耳论著中第四册第二八八、二八九页之《空气之论谈》[Discourse on the Air]一篇）"这两方底争执者底论调都不尽可信！"——这一句话可以令我们明白十七世纪底调和精神，这就是介乎十六世纪底轻信论及十八世纪怀疑论派之间底中立派。
② 热的气候和湿气蒸郁以至植物之迅速腐烂当然也是不康健的原因，此外或尚可加上热带大气中之电气情状一个原因。
③ 同时也必增强教士底力量，因为沙尔勒夫瓦（Charlevoix）很坦白地说："疫疠是上帝治理之收获。"（见骚西[Southey]底《巴西史》第二册第二五四页）

地增加想象机能的权势,而削弱推理的。以现在所有的资料,可以循索这个大定律底最详尽的结果,及表明欧洲怎样保有一个极背驰的定律,这种定律,整个讲起来,使自然现象倾向于限制想象,而扩展理解,因此感悟人自信他们自身的力量,助进了勇往研讨及科学的精神,以引带其入知识之门。这种精神时常在进化,且将来的进步亦必须靠着它的。

不可以为这便能够很精细地寻出欧洲文化因以上的特殊点和前于它的文化底巨大悬别。这种工作要有另一种的研究及思想,现在还没有人有这般造诣,因为一方既应然有一广阔而普遍的真理的认识,继着,这真理也必须包罗万有而能完美地证实以满足一般读者。确实的,凡惯于这方面的考虑而能通悟人类历史者,必能立即明了这种复杂的问题所综合之范围愈广,则明显的例外之机会愈多,且当理论所包含之范围极大时,例外亦必不可数计,但原理仍保留其绝对的正确的。现在有两个基本的意见我想表白的是:(一)有某几种自然现象是对于人底思想发生作用而激起想象的;(二)这种现象在欧洲以外比较欧洲多得多。如果以上的两种意见能成立的话,那么,在这些想象受到刺激的国家里,特殊的结果——除因受到其他原因而抵消外——必然地因以产生。至有无相对立的原因发生,且不去管,这对于原理之真实毫无关系,因为这种原理是根据刚才所述的意见的。故从科学的眼光看起来,这种综合是完全的了。现在与其多加例证,毋宁就此结束,因各种特殊的事实很易受人误解,且总是和不喜欢这种结论而加以证实的人底意见相违反的。但为使读者明了我所主张的原理起见,这里最好举几个例表明这些原理底真实作用,因此我要简单地叙述他们对于文学、宗教及艺术三大分类中所产生的结果。在每一类中我还要表明其主要点是怎样地受自然现状底影响,又为欲令这种探讨简单化起见,我更要在某一方面举两个显著的例,并将希腊和印度底思想表现作一个比较,盖因这两国底材料最丰富,而自然方面底相反情形亦最显特。

如果我们研究印度底古代文学——就算在它底最灿烂的时期——我们很能发见想象不可约束的优势底最显著的证据。第一点,显特的事实就是对于散文绝不注意,所有才华丰茂的作家都专心于诗,因为诗最适合于他们底民族思想习惯。他们对于文法、法律、历史、医学、数学、地理及形上学等的见地几乎都用诗写的,且照着一定的诗底格局把它们描画出来。结果,散文著作既全被轻视,诗底艺术乃得到专力的培植,于是梵文乃可自傲其音律之多,而复杂较任何欧洲文化为甚。①

特殊的印度文学格式却带着特殊的精神。在这种文学里,每件事物都表现着人底理性的轻视,这话倒并非是过甚其词。即使充满着病态的想象,也是到处地放纵着。在最富于国民性的著作品如《拉马牙那》(Ramayana)、《马哈巴拉》(Mahabbarat)和《波拉那》(Puranas)等篇都特别地可以看出来。但我们在那极不易含有想象阶段的地理及纪年史系统里,也可发现这种精神。在最有权威的书里面所叙述的几个例很足以指出一个与印度完全相反的欧洲思想的比较,且使读者明白,即在文明国度的人民中,轻信也是很普遍的事。②

在想象蒙混真理之各情状中,过分的崇拜过去,是最遗害不浅。这种崇古心理对于理性底每一种真理都有背驰的意向,它不过是诗情的放纵而倾好于迂远和渺茫的事像罢了。所以这也很自然的,在智慧比较迟钝的时期,这种诗情当远较现在为流行。自此以后,它逐渐地继续减弱,而进步的感觉却要相等地得势,故崇拜过去,继着就是希望将来。但以前这种崇拜心是很厉害的,无数的痕迹可以在各国底文字及公共信条中找寻出来。就是这种原故,每每能使诗人感悟着黄金时代底来临。在这时代,世界是充满着和平,恶劣的情感是静止了,罪恶也消失了。也就是这种原故令神学家发生人底原始德行和纯朴的观念及人类堕落的概念。也就是这种同样的原则流行着一种信仰,以为在古时,人非但性行较佳,治生较乐,且体格亦较强,因此他们能得到较高的身材,及活到较长的年岁,这都不是他们这些弱而退化的子孙所能及到的。

这种意见既由想象而非理解而来,那么,在任何国家内,这种意见之势力实可供我们恃以为估量想象机能之优势的标准。将这种试验应

---

① 耶兹(Yates)说起印度底诗文,谓:"没有一个民族底作品能擅有这般多的变化,希腊和罗马之音律已使欧人震惊,但和梵文之三大类诗品相较真是渺乎其小了。"(见一八三六年加尔喀塔出版《亚洲研究》[Asiatic Researches]第二〇册第一五九页中耶兹著《梵文顶韵》[Yates on Sanscrit Alliteration])

② 在这本书底第六章我们可以看到在欧洲这种轻信底心理曾有一个时期也非常厉害,但那时代还是在野蛮的状况中,而野蛮总离不了轻信。在另一方面讲起来,这些从印度文学中所举的例都是取材于那国底博学者底著作,他们底文辞是那般地优美富丽,据几个有力的评判者底意见,以为那虽不能超越于希腊人,亦可与之相抗衡了。

第二章　自然定律底影响　59

用于印度文学,我们复可在上面的结论上得到显特的证实。梵文书中所充满着那往古可惊佩的技巧,是这般冗长而繁杂,即使要替它们作个提要,亦未免要占据很多的篇幅,但在这些创作中有一类却还值得注意,而应予以简单的叙述的。我是暗指着一非常的时代,并设想以为人曾经在那时代生存着。那以为人类在古代能享高寿的观念纯是那些古人优越于现代人的感觉底自然产物,这一点我们可以从几种基督教底著作及许多希伯来人底著作里找出证明。但拿这些著作底叙述和印度文学底内涵相比较,那就未免显得相形见绌了。在这一点,印度人底想象是超迈于任何民族以上的。因此,有许多同样的历史纪录里面,我们发见古代普通人底寿命有活到八万年,①圣人更活到十万年以上。固然有些死得早些,有些迟些,但在往古最隆盛的时期,合各种阶级统计之,那么,平均的年岁还是十万年。② 古国王幼底斯撒(Yudhishthir)偶然提及他在位已达二万七千年,③而又一国王阿拉加(Alarka)也在位六万六千年。④ 他们还算是夭折的了,因为有几个早期诗人竟活到五十万年。⑤ 但最显著的例却是一个印度史上最卓越的人,他是个国王和圣人一身兼备的人物。这位才高望重者生活在纯洁而尊崇道德的时代里,而他享祚也很长,因他登王位时已是一百万岁了,其后在位六百三十万年,禅让后还继续活了十万余年呢。⑥

对于往古之无限制的崇拜,同样地使印度人将一切优越的事物都归美于皇古时期中,他们又常弄出一个简直使人莫从置信的年日。他们底伟大的法律汇编《米纽法典》,分明总是三千年前的著作,但印度底

---

① "寿命底限度为八万年"(一八二八年加尔喀塔出版《亚洲研究》第十六册第四五六页)这和西藏底神对寿命底猜度相差不远。照他们底意思,人以前是"活到八万年的"。(见《亚洲之行》〔*Journal Asiatique*〕丛书第二集第三册第一九九页,一八三三年巴黎出版)
② 在《领导者》(*Dabistan*)第二册第四七页关于世界最早的居民说:"在这时代,人底生命可延长至十万年。"
③ 威尔福(Wilford)在《亚洲研究》第五册第二四二页说:"当彼勒那人(Puranics)讲他们古代底帝王底时候,也有同等的狂妄,照他们的意思,幼希斯撒王在位二万七千年。"
④ "阿拉加王君临这世界只有六万六千年之久,着实没有其他的君主比他更短祚了。"(见维什努底《彼勒那》〔*Vishnu, Purana*〕第四〇八页)
⑤ 有时寿命还有长的。在《琼斯爵士论著》第一册第三二五页内关于印度纪年史的短文里有"范尔密克(Valmic)和维阿萨(Vyasa)……两个诗人底谈话,他们年龄底相距期为八十六万四千年。"
⑥ "他是第一个王,第一个隐士,第一个圣人,所以被冠以极荣誉至尊无上的称号。他接王位时年纪是二百万岁,他在位六百三十万年,然后禅位于诸王子,又过了十万年的朴素清高的生活,乃在阿什塔巴大(Ashtapada)底山上大行。"(见《亚洲研究》第九册第三〇五页)

编年史家对这年代的估算还大不满意而将它归属于欧洲明眼人所难以意料的时代。照最有名的印度学者说起来,这些法典是在现世纪以前约二十万年以前才显示给人类的。①

以上这些不过是好怀远古,喜欢夸大及漠视现实的一部分的表现,而特别显著于印度学术界中,非但文学如此,即在宗教和艺术,这种倾向也非常大。压制理解,而提高想象力是他们普遍的原则。由他们底神学学说,神底性质及庙宇底格式看来,我们很可以看到外界之森严及恐吓在他们思想中是怎样地充满着伟大而可怕的印象。他们将这些印象尽力表现使形诸迹像,且其民族文化之特点也即导源于此了。

我们对于这方面的见解要因和这对立的希腊情形相比较而更明了。在希腊,我们会发现一个和印度完全相反的国家。自然底作用在印度是那般的惊人,在希腊就微弱得多,而且对于人的恐吓性也都没有那样厉害。在这亚洲文化底大中心所在,人类底能力是被周围的现象——和他施用恐吓力一般地——所限制。除热带气候内所有的危险以外,还有巍峻而几乎高接穹苍的大山,旁边放泻着洋洋大流没有人力可以转移它底方向,也没有桥梁可以架设的。那无路可通的森林,整个区域包绕着茂密的丛木,那苍凉辽阔的荒漠……这一切,都教人认识自己的渺小,缺乏能力与自然力相抵抗。转头再看外面大的海洋,飓风排山撼岳地激荡着,远较欧洲底任何海洋底危害为大,且其气势这般疾迅凶烈,简直是无计与之争持。在这些区域里,似乎所有事像都是要牵掣着人底活动,全个海岸线从恒河(Ganges)口到半岛之极南端绝无一平安而有用的港口,也没有一个能够避风的港坞——而这却是较世界任何国为需要的。

但在希腊,自然之现状既是这般地完全相反,生存的情形也就变换了。希腊——像印度一样——也是一个半岛,但在亚洲那一国,每件事像都是大而可怕,在欧洲这一国,每样事物却是小而安静的。整个希腊所拥有的国土似乎还小于葡萄牙国,②大概仅占现在所谓印度斯坦底

---

① 挨尔芬斯同底《印度史》第一三六页有:"这个时期底年代还超过四百二十六乘四百三十二万之数。"
② 总计它底面积总计好像比葡萄牙还小些。(见格罗特著《希腊史》〔Grote's History of Greece〕第二册第三○二页)

四十分之一的广袤。因位置在一个狭窄的海之四通八达的部分：东邻小亚细亚，西接意大利，南望埃及。各种的危险远逊于热带文化国家，气候也较便于摄生，[①]地震不常有，大风雨之毁坏性较微弱，凶猛的兽类，毒恶的生物也比较少得多。关于其他地势上大致状态，同样的定律也适用的。希腊最高的山还没有及到希马拉雅山的三分之一，所以没有一个山有永久的积雪的模样。说到河流，非但没有像亚洲山泉所倾泻下来的这样宏巨的容量，且因自然这样特别的呆滞，走遍希腊底南北，简直除了几条小川外，寻不到别的。这些小川很容易徒涉，且在夏季总是干涸得见底。

为着这两国物质现象有了显著的差异，那么，民族底思想之联系上也因而发生同样的影响。因为既然所有的观念必一部分由思想之自然运用而发生，一部受外界暗示而起，于是本于原因方面之大变异，必产生互歧的影响了。在印度，周围之现象底倾向是激起恐惧，在希腊却是反给以自信心；在印度，人是被威吓的，在希腊却是被鼓励着的。在印度，各种的阻碍是这么众多、这么惊人、这么显然的不可思议，生活底困难只有冀求超自然底直接统治者底解决了。这些原因既出乎理解力范围之外，因而靠想象力得来的资料乃皆集中着不断地加以研求。想象力本身既运用过度，其活动益成危害，理解力被侵占而全部之平衡性于以毁坏。在希腊，却因相反的情形发生了相反的结果。在希腊，自然没有像印度那样危险，那般地侵入，那般地神秘。故在希腊，人底思想没有那样受惊吓，也没有那样迷信，自然原因开始加以研究，物理、科学首先成立，而人因渐渐发觉其自己之力量，乃勇敢地追寻一切事像底真际。这种勇敢精神乃绝非受自然危害其独立性及被暗示以知识矛盾之观念的国家所可冀而有的。

且曾比较印度及希腊之公共信条者必很明了思想之习惯是怎样地影响于一国底宗教。印度底神学，像其他热带国一般，是以恐惧心理为根据，而且是最严厉的一种恐惧。这种感觉之普遍，其证据是充满于印度人之圣书、传说中，甚而于神之形象及状态中。恐惧的想象既是那般

---

① 在希腊底最隆盛期常能使那国受殃害的传染病比较上极少发见。（见瑟尔窝尔〔Thirlwall〕著《希腊史》第三册第一三四页及第八册第四七一页）这或者是由于大的宇宙律底原因，或简单地说，就是未与东方有实际的接触，故各种流行病未能传入的原故。

深印于他们的脑海,那么,最普遍之神便为恐惧所结合的印象。譬如说,大自在天神之崇拜是最普遍的了,夷考其源,我们可以相信是婆罗门教徒从印度底原始假借而来的。总之,起源是很古、很普遍的了,而大自在天神和婆罗门及维什努(Vishnu)组成印度有名的三体合一的神。这个神本来与恐惧的印象相关连的,我们对此原无所事其惊异,因为这种恐惧只有热带的想象力所能感觉到的。大自在天神在印度人脑中是代表一个令人可怖的东西,围绕着一条蛇形的环带,手执着人底骷髅,戴着人骨组成的颈练。他有三只眼睛,他底性情之凶残可以在它底身上所披着的虎皮表显出来,据说他浪游着如疯狂人一样,在肩上昂仰着死的东印度毒蛇底头。这个恐吓幻想所造成的怪物也有妻,叫做多迦(Doorga),有时叫做开里(Kali),有时又用着其他的名字。[①] 她底身体是黑而蓝的,她底手心是红的,表示她对于血的饥渴。她有四只臂,其中一只却携着一个巨人底头盖,她底舌咋伸于口外,腰部围着被牺牲者底手,颈上装饰着一圈可怕的人头。

我们若掉转头来看看希腊,就在他们宗教最幼稚时代,亦发见不到一线的这种痕迹。因在希腊,恐惧的原因既然比较少,恐惧的表现因而也没有这样普遍。所以希腊人不会将印度人所惯有的恐惧观念参入他们底宗教里。亚洲底文化倾向,是把人和神之间的距离推展得太远了,希腊文化底倾向却恰巧相反。故在印度斯坦所有的神都含有怪异性,如维什努有四只手,婆罗门有五口八手等是,但希腊底神却完全常以人形来代表的。[②] 假如国内的艺术家用了其他形象作神像,那就必不会得到人家底注意。他可以绘成较人类更强壮、更美丽的形态,但仍必须是人。能激动希腊人底宗教情感的神人相似一点,在印度人看起来,要视为极不合理的了。

这两种宗教艺术表现之差异,附着有神学传说之同样的差异。在印度书籍中,其想象力皆极力趋向于叙述神底功绩,凡事成功愈难,更

---

① 这就是印度神道家平常所说的,但照拉摩罕拉(Rammohun Roy)说来,大自在天神有两个妻子。(阅拉摩罕拉底《维特斯》〔Veds〕第九〇页)
② "希腊神底形象多作人形,富于权力及才能,假如环境相仿,那么,行动也和人一样,不过含有一种尊严和能力几等于完人罢了。至于印度底神,虽然亦赋有人底情感,却每在形象上现着怪异的状态,而行为也复粗野而无常。他们有各种的肤色,红、黄、蓝,或有十二个头,大多数都有四只手。他们底脾气也喜怒失常。"(见挨尔芬斯同底《印度史》第九六、九七页)

愈喜归功于神力。但希腊底神乃非但有人底形象,且有人底品性、人底事业和人底嗜好。① 亚洲人看到自然里头的任何事像于他是恐惧的来源,因此养成一种崇拜的习惯,使他从不敢把自己底动作和神底作动混为一谈。欧洲人被物质世界底安稳和平淡所鼓励,并不畏惧和神并行,他们假如生活在热带国底危险中的话,那么,不免也许会退缩而不敢罢! 因此,希腊神和印度神有那般的异样,在相互比较之下,我们委实似乎由一个创造的世界跑入其他一个创造的世界了。希腊人是综合人底思想上的观察而应用于神的。② 女人底无情是以代安那(Diana)来代表,美丽和纵欲以维那斯(Venus)来代表,骄傲以朱诺(Juno)来代表,成功以密纳发(Minerva)来代表。至其他普通的杂神,也应用着同样的原则。内普丢恩(Neptune)是个水手,伏尔根(Vulcan)是个工匠,阿普罗(Apollo)有时是个奏提琴者,有时是个诗人,有时是个牧人。至于爱神(Cupid)却是一个执弓箭的放荡小孩,主神(Jupiter)是个多情而性情温厚的王,而商神(Mercury)比较不足轻重,有时拿来代表诚实的使者,或著名而普通的窃贼。

将人与神底力彼此相接近的同样趋势也表现在希腊宗教底另一点上。我底意思是指英雄崇拜之表现,以希腊生物之崇奉为最早。照以前所讲的原理看来,这种情形不能在热带文化里寻找得到的,在那里,自然现状已充塞着人以自卑无能的观念了,是以很自然地,英雄崇拜并不能组成印度宗教之一部,即埃及人、波斯人以至阿拉伯人都不会有的。③ 但在希腊,自然界对于人既没有这样屈辱和玩弄,他就更想到他自己底力量,而人底本性也不致于像在别处一样的堕于不自信中。结果,在希腊古史里,生物之崇奉已被认为国教之一部了,这一点对于欧洲人是那般地自然,以后的罗马教会仍旧非常成功地采用这种风俗。虽然一种完全不同性质的其他情形渐渐减除了这种偶像崇拜的形式,

---

① "在其他信奉物质多神教的主要古国里,如埃及,神底化身大部或完全限于禽兽、怪物或其他幻想底表征……在另一方面,希腊底神底化身几乎是精神和美德底必然结果,神既附有着人底形象,同时也须具有人底兴趣及情感。天堂和世界一样地有朝廷和皇宫,贸易和职业、结婚、私奔和离婚。"(见牟尔〔Mure〕著《古希腊文学史》第一册第四七一、四七二页)
② 这一点也适用于形式之美丽上,起初他们注意于人像底美丽,后来就移用于神像上了。
③ 在阿拉伯古代宗教上找寻不出关于英雄崇拜的证据,且这种崇拜当然是最和谟罕默德教义底精神相远的。

但其存在仍值得视为欧洲文化所以别于其他以前之文化的无数例证之一。①

这样,在希腊,每样事像在在都提高人底尊严,而在印度,又适与相反。总而言之,可以说希腊人对于人底权力较为重视,而印度人则万事付托于神。前一种人所关涉的都是已知的和有用的,后一种人却是愚惑的和神秘的。但是在这小小的古希腊半岛上,那印度人为自然威力所压迫,费去同等的推理力,而从不知所止的想象都失其效用了。在希腊,想象力在世界史上却初次多少被理解力所调和而限制着,非惟势力削弱,它底活力亦减少了。它是被混合而趋于柔和,既不允其过分充溢,亦不使其误入愚妄之途。但它底能力仍旧保留着,我们大可于古希腊思想底遗留品内得到充分的证据。那么,他们所收获于自然者实是很完全的,因为人类理解力底进程及怀疑底机能是启发着,而并不毁损想象力之崇敬及诗底本能。至于两方之平衡是否很正确地适合着,是另一问题,但我们可确定的乃在希腊,适合之程度较任何以前之文化为接近。无论影响如何,一向对于想象力之机能总陷于过分的重视,遂使纯粹之推理永没得到充分的注意,这点实是无可疑惑的。又事实彰然,希腊文学最先补救了这种缺点,且其中有一种精密而有系统的尝试,要去考查合乎人类理性的意见,因此,给了人类一种权力去判断其自身底一切非常重要的问题。

我所以选择印度及希腊为以上比较之代表者的原故,实因我们所得到那两国底史料尚属不少,而且也曾仔细地分别纂辑过。但我们所得到其他热带国文化底一切问题,在在都可为我所主张关于自然现状之影响的见解作坚强的佐证。在中美,广泛的发掘曾举行过,研究的结果,证明其民族底宗教像印度一样,是一种纯粹的,同等情形的恐惧的制度。② 无论在中美、墨西哥、秘鲁或埃及,没有一国人民愿意把人底形象来代表他们底神,或把人底品性归原于神。就说到他们底庙宇,也

---

① 对于死者的崇敬,尤以对于殉道者的崇敬是正教教会和祖先崇拜者最大的相反点,且很容易明了这种崇敬的举动,必为波斯异教徒所痛恨无疑。
② 因此在科班的一个神像,"那雕刻家底目的似乎就是要引起恐惧","他们常用的雕刻模型是骷髅"。(斯提文斯《中美洲》第一册第一五二、一五九页)在《梅耶潘》(Mayapan)第三册第一三三页里:"有人像,或可怕的形状和表现的兽类绘像,艺术家底技巧似乎都尽于此了。"又第四一二页里:"那不自然和奇异的脸。"

是庞大的房屋,建筑的时候,也是穷思极巧地从事,但究其极不过要使人们深印着恐惧的观感而已,恰和希腊人为宗教目的所用轻而小的建筑物完全相反。因此,在建筑的风格上,我们也可发见同一的原理在作用着,热带文化之危机在乎过分暗示着无限(infinite),欧洲文化之安全,乃在暗示着有限(finite)。若要追寻这两种大的对立的关系,必需表明无限、想象、综合及演绎是怎样完全相联系,而又和有限、怀疑、分析及归纳是取敌对的地位。但欲作一完备的例证,那就会出乎本章范围以外,且亦恐非我底知识能力所可及。现在我必须让读者公平判断,我所知道的不过是一个不完全的概略,但最低限度总算对于将来思想的材料底寻求给了读者一个暗示,且可为历史家开辟新的园地——若非奢望——提醒他们自然底力量处处都可及到我们身上,故人类思想史只有拿物质宇宙的历史及现状和它相联合起来,方能了解。

附注

这些见解既然除它们生理方面底价值外,尚另有其社会及经济的重要性,我现在更想在这注解内证明其为确凿不移,就是我要试为表明炭化食物及呼吸功用之关系可因动物界之广泛的考察而益明显。

在各类动物中最普遍的腺就是肝,其主要任务是放泄胆汁——一种富于炭化的流质——以减少人体组织内的过剩炭质,这种程序和呼吸功用的关系是非常奇特的。我们如果总观动物生命底情形,大可考见肝和肺几乎常是互相补偿的,就是说,当其一之机能小而怠钝的时候,那么,其他一种必大显活动。故爬虫类底肺是弱小的,但有相当大的肝;鱼类亦然,照实际上讲起来,可说是没有肺,可是没有肺,肝却非常的大。另一方面,昆虫有很大的和复杂的气管组织,但它们底肝是微小而功用通常亦迟慢。如果我们不去比较各类动物相互的不同,而仅比较动物本身所经过的各程序,也可证实这广泛而显特的原则。这个定律在动物产生以前已很适应的了。因未生的婴孩底肺几乎没有甚么活动,但有一巨大的肝,充满了能力,倾泻多量的胆汁。这种关系是这般的一定不易,故在人类,肝是最先组织成形的机能,在生前容量极大,但生后当肺部开始活动时即迅速地减缩而新的补偿统系在人体组织内成立了。

　　这些事实于精通明悟的生理学家很有兴趣，而于这章所主张的理论的参考上也占着重要的地位。肝和肺在其组织史上既然是彼此补偿的，那么，很可以确定在功用上也收着彼此补偿的效果，即其一有不活动的时候，其他一必取而代之。所以，有如化学所指示给我们的，肝尽量发泄一种炭化的流质而把人体组织内的炭质除去，肺也同样地——虽是没有其他的证据——有除去炭质的功用。换句话说，我们可以想到，假如我们因身体上一时过分地充满了炭质，我们底肺必能帮助解救这种危害。这，由其他一方，使我们得到一个结论，就是富于炭化的食物有能加重肺底作用的倾向，故炭化食品和呼吸功用的关系并非像一般人所说的是那般粗浅的假设，而是很高的科学理论，且不但在化学上得到证实，即在动物界底统系及胚胎现象观察上也得到同样的效果。利俾喜及其附从者底见解是那般地广博充实，又和我们所有知识之其他部分相应合，假如还有反对这种结论——自七十年前拉发西挨（Lavoisier）试用化学合力定律以表明呼吸功用时即已渐次积聚而成的结论——者，那只有因顽固的深恨综合，或无能力以研究伟大的思考的真理才可以表明其理由了。

　　在这及以前的注解里，我曾考虑食物、呼吸及动物热度底彼此关系，但篇幅既那般冗长，对于生理学方面不发生兴趣的读者一定觉得厌烦，但这种研讨是必需的，因有许多实验者对于这问题未有了解的研究，曾提出某几部的反对理由。现举一显著的例如下：那负有盛誉和能力的作者布罗提爵士（Sir Benjamin Brodie）最近发表一本书叫做《生理学的研究》（*Physiological Researches*），里面包括研究犬和兔底几个精密的实验，证明热是由神经系所发出，而非由于呼吸的器官。这有名的外科医生底意见，我现在不必加以深究，可是我可以说，第一，即以历史而言，从未有因这种单独一类的动物实验而发现过大的生理上的真理，或破除了大的生理学上的谬说，理由是因为一方面我们所研究的是有抵抗力和活的物体，粗浅的生理学上的例证是不实用的；一方面又因每一实验必产生反常的情状，而因此引入新的原因，其作用是无穷尽的，除非在无机界里，我们方能支配全部的现象。第二，有机界之其他一部是植物界,我们一向认定它没有神经系,但却有热度;我们又知热是氧和炭底产物。第三,游历者所得到的关于寒热带国各种食物种类及食物之量的证据,以动物热度之来源底呼吸及化学原理来解释是讲得通的,但以热度底神经来源原理解释那就不能自圆其说了。

第三章 形上学者所应用的方法

形上学者用以发现思想定律的方法的考量。

我所搜集的证据,似乎可以成立为两个主要的事实,除非是被反驳了,否则就是一般历史底必需的基础。第一个事实,欧洲以外的文化,其受自然权力之支配远较欧洲为甚;第二个事实,是这些权力曾留有无穷的遗害,一方面形成财富分配之不均,他方面专注于引起想象之题材,而形成思想分配之不均等。按过去之经验,我们可以说在所有欧洲以外之文化中,这些阻碍很难扫除,当然没有一个国家曾经克制过这种阻碍的。但欧洲与世界各部相比起来,是建设在较小的规模上——地域较寒,土质较劣,自然底压迫没有这样严重,自然现象所表现的微弱得多——人对于自然所暗示于其想象的迷信比较容易弃除,且容易实行一种虽不算公平,亦可谓较任何古国为接近的财富分配制。

因此,把世界史研究一下,可以概括地说,此中有一种趋势,就是在欧洲,自然受人类底支配,欧洲以外,自然便支配着人类了。关于这一点,在野蛮国度里,虽然有几个例外,但在文明国里,这个原则已十分普遍。故欧洲文化及非欧洲文化之大区分,即在乎历史哲学底基础,因为它暗示着重要的考虑,譬如说,我们如果要明了印度底历史,必须先研究其外界,因为他们底外界对于人之影响实较人对于外界之影响为尤甚。由另一方面讲来,如果我们要明了像英、法等国底历史,那么,我们又必须以人为我们主要的研究,因自然底力量既然比较的薄弱,则伟大的进化之每一步伐,在在都增辟人底思想领域而克服外界底主动力。但即使在人底权力达到最高点的国家里,自然底压力仍旧是非常大的,不过它是跟着时代底进程而逐渐地减少罢了,因为我们所增益的知识,使我们不必支配自然,即能预测自然底活动趋向,而因此免除许多必然的祸害。我们努力的成功可以事实来证明,即平均的寿命已永常地增长,而不可避免的危险的数量也减少了,最显著的是人底好奇心及接触的机会较任何以前的时期都来得紧张而密切,所以表面的危险似乎在增加,可是以经验所知,真正的危险全部讲起来,却是递减了。①

因此,如果我们对于欧洲史作一广泛的概观,而专力于研究其优越于其他世界区域的主要原因,那么,我们必须对于人底思想怎样侵入于无机及有机之自然底力量中加以分析,其他的原因都不过是附属的罢了。② 因我们已经见到,凡自然权力达到最高点的地方,其国家文化必畸形地发展着,而文化底进展必致停顿。故最重要的就是要限制自然现象底干预,这大概在这种现象最微弱及最不严重的地方才能成功。欧洲就是如此情形,所以单独在欧洲,人是真正地能够驯服自然底能力,将其屈抑于自己之意志下转移其普通的方向,驱迫其为他自己底快乐及为人类生活普通的目的来服役。

我们底周围都是这个光荣而成功的奋斗的痕迹。确实的,似乎在欧洲没有一样事人是怕尝试的。有如荷兰,洪水被逐退了,而全个区域从海底掌握中拯救出来;大山给人们凿通而夷为平坦的大道;硗瘠的土壤仅因化学知识的进步变为肥沃了;至关于电底现象,我们发见了最精微、最迅速和最神秘的力,为思想之中间物而受人类变化无穷的思想底支配。

在其他的例中,外界所形成的难解的结果而又是人认为难以处置的,却也终究被毁去了。最残酷的疾病,如瘟疫及中世纪底麻疯症差不多在欧洲底文化地域都隐迹了,且永远也许不会再发生。野兽和鸷鸟已完全绝灭,且再也不会在文明人底领域里作祟。那些可怕的饥荒,欧洲在每世纪中都须受害几次的,也已停止。我们已很有效地处置饥荒,

---

① 这种天灾底减少无疑地是增长寿命的一个原因——这原因虽然很小,但最活动的原因是人类健康情形方面有一般的改进。
② 关于这方面之一般社会关系,我以后即要说了,但讲到经济方面,密尔曾经说过:"人类克制自然底权力永久及无限的生长乃显著地可以表明文明国家经济方面底进步底运动,因已经生产现象底密切关系而首先引起人类注意者。我们对于自然界事物底性质及定律底知识还未觉得其有限度的表现,知识底迈进及其研究方向之多,视以前任何时代为甚,并启示我们许多尚未垦殖的知识之园,这证明我们对于自然的察究还在幼稚啊!"(见密尔底《政治经济原理》第二册第二四六—二四七页)

绝不用恐惧它像以前一样地复临了。的确的,我们现在的方法既这样多,极其量也不过受到些微小而为时极暂的饥馑,因为在现在的知识情况中,饥馑的祸害,一开始就可用化学底方法来补救了。[①]

现在并不用在许多其他的例中去注意欧洲底文化怎样地因外界影响之减少而显著,我当然是指与人志愿无关而非人所创造的外界特殊情形而言。最进步的国家,以现在的情况看来,确是比较少受自然现状底影响,而这种自然现状对于欧洲以外的文化却是施展着无限的权力的。因此,在亚洲及其他地方,贸易底路程,商业底发展及其他的同样情况,都是视河流之数量,河流之畅通与否及附近有否多而良好的港泊而决定。但在欧洲,决定的因素却并不在这些自然的特殊情形,而在人底处断和能力。以前最富足的国家也就是自然供给最丰饶的国家,现在最富足的国家却是人力最活跃的国家。因为在我们这时代,假如自然底供给是薄弱的,我们知道怎样补救它底缺点。如果河流难于航行,国内交通不便,我们底工程师知道如何疏浚修筑而救治其弊害。没有河流,即造运河;没有天然的良港,便建筑人工的。减少自然现象底权力,其趋向是这般明显,即在人口分布上亦很易看出,因在欧洲,最文明的区域内,市镇底人口处处超过乡村,且很显而易见的,人愈稠集于大城市,则愈惯于在人事中获得他们思想底材料,而不专注于自然底特殊情形——这种情形是迷信的泉源,是欧洲以外之文化底人类底进步底阻碍。

从这些事实中,可以很公平地推知欧洲文化底进步是以减少自然定律底影响,而同时增加思想律底影响为特著的。这种综合的论断,其完备的证据只能从历史里收集起来,所以我必须为以下的述说上保留许多这种论断恃以成立的证据。但凡是承认以下两种前提——两种都无庸置辩的——的人,必也承认我底意见是根本上毫无弊谬的。第一个前提,是我们现在没有自然权力能永久继续增大的证据,我们也没有理由想到这种权力底增大能实现;其他一前提,是我们有极足的证据可证明人类思想底原动力较前更有力、更完备,更能解决外界底困难。因为每一次新知识底增益,都给予新的方法,使我们能支配自然底运用,

---

[①] 据在世的某一最大权威底意见,在现代化学知识范围中,"饥馑实可免掉"。(见赫舍尔底《自然哲学讨论》第六五页)

否则亦能预测其结果,而不致于不能避免。在两种例内,都可以减少外界动力所施布的压力。

假如这两种前提都被承认了,那么,我们可得到一个结论,于这本书是非常重要的。因为文化之估量若以思想制胜外表之主动力为定,那么,支配人类进步之两类定律中,其属于思想之一类必较自然之一类为重要。固然有一派思想家曾视此为当然的,但我迄今还未见他们尽力试用分析法以阐明其理论。至关于我所持论底出处问题,本来无关重要,现在所宜注意者,乃在我们研究之现阶段中,我们所提出之问题已简单化了,发现欧洲史之定律,首需变易为发现人类思想定律了。这些思想定律若确定以后,将成为欧洲史之主要基础;至于自然定律重要性当较次,它们不过引起扰乱而已,其力量及其活动在数世纪中已显然减少了。

假如我们现在考查发现人类思想定律底方法,则形上学者已预有答案,且视他们底工作为满意的解决。故此,我们必需确定其所研究的价值,估量其研究之材料,尤宜测验其方法之效用,那方法乃他们所常应用而视为推测伟大真理之唯一途径者。

形上学底方法虽然必须分为两支派,但其原始却常是相同的,且并含有每个观察者研究其自己之意念运用底意义。这和历史底方法恰正相反,盖形上学者研究一个人底思想,而史家却研究众人底思想。现在最应注意的,就是形上学底方法对于任何学术研究方面未有什么发现。我们现在对于每一事物的认识都是因研究各种现象后确定的,从各种现象中将那些偶然的扰乱原因都除去了,于是乃得彰明的定律。[①] 这种研究的方法,只有依靠多量的观察以排除其他偶然的扰乱原因,或用精密的实验以隔绝这些现象和其他原因混合,方能有效。这两种条件中的任何一种对于各种推论的科学都非常重要。但形上学者于该两种条件皆不加以注意,他以为隔绝某一现象和其他原因混合是不可能,因没有人当其默想时能完全脱离外界事件的影响,且即使他没有察觉那事件之存在,那事件对于其思想也必产生一种结果。至于其他一条件,形上学者是公然轻蔑的,因为他全部的思想组织都是根据于一种设想,

---

① 当然的,演绎的科学对于这方面是个例外,但形上学全部的学理皆建设在其归纳的性质上,且以为其包含着综合的观察而只有由这些观察的成立,精神的科学才能建立起来。

以为研究一种单独的思想,即能得所有思想的定律,所以一方面不能令他所观察的和扰乱的原因隔绝,而他方面又拒绝采用谨慎的方法——即拒绝扩充他底研究以减少困扰他底观察的扰乱原因。①

这即是形上学者在他们底学说底藩篱内所遇到的最初而基本的反对声响,但假如我们稍加探求,却又会碰到一种新情形,虽不甚明显,却也相等的确定。形上学者既断为仍由个人的思想可以发现所有思想定律,当他开始应用这种不完全的方法时,即会遇着困难。我所谓困难,在其他方面很少遇见,而对于形上学的讨论不明了的人每每对这种困难不甚加以注意。所以我们要明白困难底性质,必须对于以上二个大的学派,给它们一个简短的叙述——这两大学派,所有形上学者是必然属于一派中的。

照形上学底方法讲起来,要研究人类思想底性质有二种进行的方法,这两种方法皆同等的显浅,但它们底结果却互异。照第一种方法讲来,研究开始先要考察他自己底感觉;而第二种方法,则开始先要考察他自己底观念。此二方法常引起彼此完全相反的结论。以上的理由尚显而易见,在形上学言之,思想是一种工具所用的材料。研究这学理底方法和研究目标既然相同,于是遂发生一种特殊的困难。这困难即对于思想现象的全部不能得到一个完满的见解,因无论这见解怎样广博,既然它本身在思想状态及因思想状态而生,则必须屏除了这思想状态。因此,我想我们即可观察到物理和形上学研究底根本差异点了。在物理学中也有许多研究进行方法,但各方法皆能达到同一的结果。若在形上学中总发见到两个同等能力同等忠实的人用二种不同的方法以研究思想,那么,所得的结果也是两歧的。对于这些事理不明白的人,只要举几个例便可使他很了然了。形上学者在开始研究观念的时候,在他们自己底思想里观察得一种空间底观念。因此,他们要问:空间底

---

① 这种叙述只有对于采用纯粹形上学的研究方法方为适用。但在少数的形上学者(其中库臧是法国最有名的)底著作中,我们发现其含有广大一些的见解,发现他们打算将历史的研究和形上学的研究相连起来,这样他们就承认了他们原来理论之待证实的必需了。假然以为形上学的结论不过像一种设想,而需待证明然后乃能建立成为一种理论的话,那么,这种方法便无可反对。所可惜者,他们并未见到这一点,他们底墨守的成见以为这种设想是已经证实的理论,一似他们只要举心理学家已构成之真理予以历史上的例证为已足。这种举例与证实的纷扰似乎已成为一般人底普遍失败,他们和维科(Vico)及斐希特(Fichte)一样以前例来推考历史的现象。

观念是在何处发生的呢？他们以为空间底观念底原始并非"感觉"，因为"感觉"所供给我们只是"有限的"和"难定的"，但空间底观念是"无限的""必然的"。其所谓"无限"，因为我们看不到空间有"完结"的时候，所谓"必然"，因为我们看不到空间不存在的可能性。这就是唯心论者底意见。但所谓唯觉论者，①其出发点不是观念而是一种"知觉"，于是他所达到的结论就完全不同了。他以为：除非我们先有事物底观念，我们便不能有空间底观念，事物底观念仅能由事物本身所引起的感觉底结果而生。又以为所谓空间底观念之必然性，皆因我们看到一件事物从来皆与其他事底观念之间有种不可分离的关连。又因我们常常得到这种关连的经验，到了后来我们假然没有位置——换句话说，没有空间，②我们便没法看见一种事物。至于空间"无限"之说，我们是观察从"线"、"面积"、"厚薄"底不断的增加而来的，这就是立积底三种变化。在无数的其他方面，我们皆可发觉这二学派之间皆有这种同样的差异点。唯心论者谓我们所提及的"因"、"时间"、"人底类似点"和物质，③皆很普遍和必然的，又谓这些皆很简单，又谓亦不易于分析，所以必是属于思想底基本组织。④ 反过来说，唯觉论者则不承认这些观念是简单的，以为是极端的复杂，其普遍性、必然性不过是常发生而透彻的关连的结果。⑤

在采取各异的方法时，其不可避免的结果，就是这最大的不同之

---

① 这种名称是库臧给予所有英国底形上学家及空提雅克（Condillac）及其在法国的信徒的一个总称，他们底学说"可称为感觉主义"。（见库臧底《哲学史》丛书二第二册第八八页）
② 这一点密尔在他底《人类思想现象底分析》（*Analysis of the Phenomena of the Human Mind*）第二册第三二、九三一九五页，及其他著作中曾作有力的争论。可比阅《陆克著述》中《人类理解论》第一册第一四七、一四八、一五四、一五七页及其于第一九八页中关于"无限空间之观念及一个空间无限之观念之间"的独创的区别。又在第二〇八页陆克讽说："但到底还有人以为他自己还有很清楚而绝对、广阔、无限的观念，他们这般去想固然无碍，但我很喜欢他们能够给我充足的解说。"
③ 我所说的唯心论者是和唯觉论者相对的，虽然形上学者常将"唯心论者"一名词应用于其他一种意义上。
④ 斯丢阿特（Dugald Stewart）在一八一〇年爱丁堡所出版的《哲学论文》（*Philosophical Essays*）第三三页这样告诉我们："人与人类似点的简单观念。"又利德说："我知道，没有一种观念或意见比空间和时间的观念再简单再原始的了。"（见《思想力论著》〔*Essays on the Powers of the Mind*〕第一册第三五四页）而在梵文形上学里，时间是"一个独立的因素"。
⑤ "空间既是一个广泛的名词，包括所有的地位或同时之事物全部，那么，时间也是一个广泛的名词，包括所有的继续性或事物继续性之全部。"（见密尔底《思想底分析》第二册第一〇〇页，又对于时间记忆之关系，可参看第一册第二五二页）在乔勃底《哲学新系统》第一册第三三页说："时间不过是各种事件底继续性，而我们只有靠经验方能明了事件底真像。"

处。唯心论者被迫着要说"必然"的真理和"难定"的真理,它们底来源是不同的。唯觉论者又不得不坚持它们是同源的。① 这二大派学说愈进步则愈南辕北辙。对于道德方面、哲学方面及艺术方面他们都在公开的彼此攻击了。唯心论者谓所有的人类对于真、善、美之本质上皆有同样的观念。唯觉论者则坚持人对于真、善、美并无这样的标准,因为观念本靠感觉而发生,而人类底感觉则靠它身体底变化之影响及外界事物对其他的身体底影响而定,这即最有力的一般形上学者因应用不同的研究方法所产生相反的结论底一个小小的例证。我们更应该观察到这二种方法应用以后形上学底论材显然已达枯竭之境了。② 这二派底学者则同意思想定律只有靠各个人底思想方能发现,并且在思想中无非"反省"或"感觉"的结果。所以他们底唯一选用只有以感觉的结果归属于自省底定律,或将自省的结果归属于感觉底定律而已。每一种形上学底系统皆在以上两种方法之一种上面建立的。这种情形也必这般继续下去,因当二种方法合用时,那么,就要包含所有形上学现象底全部了。他们自己对于各个的进程皆异常夸美,而附和者也皆十分富于自信,在争论的性质言之,实找不到调和的地步,也没有人能加以裁判,因为没有人能够调解形上学底争论而他自身非一形上学者,没有人他本身为形上学者而非唯心论者,换一句话讲,他所要判决者他也必是两派中之一员。③

---

① 陆克底附从者都这样说。又该学派底某最近出版物说到:"如果说必然的真理不能由经验而获得,那么,不啻否认我们底知觉及理性底最清楚的证据。"
② 为避免误会起见,我现在再复述一遍,在这或其他地方我所说的形上学就是指那大部的——建立在一种设想上,以为人类思想定律只能由个人的意识底事实中综合起来——学问。形上学这名词在这种意义上似乎不甚适合,但假如读者能够深切了解这个定义,那么,也不见得有什么纷扰罢。
③ 我们在这方面得到一个特异的例,就是库臧底建立一个折衷学派的尝试,因为这个有能力而学识丰茂的人实不能避免每个形上学所必趋的单方面的见解,他又承认了必然观念的主要分别点,唯心论者即因此点和唯觉论者相背驰的,"今日思想界成立的最大分立,是必然的思想与偶然的思想之分"。(见库臧著《哲学史丛书》二第一册第八二页)库臧常反对陆克,并且说他曾驳斥那个奥深而有力的思想家,同时他简直对密尔底议论及有述及,密尔以形上学者底地位言之,是现代唯觉论者中之最伟大者,无论其见解合理与否,一个折衷的哲学史家对于他,当然是应该觉可注意的。还有一位折衷人物哈密尔登宣称:"一种未成立的哲学,我相信是建立在真理上的。我有这种的自信心,不惟从我自己底意识上的信念得来,且因为我为各方相对立的意见在这种系统里头找出一种中心及调解。"(见《哲学讨论》第五九七页)但在第五八九页中他把这些哲学意义底最重要之一点总结了说是"陆克底空虚的广厦"。

我想，根据这些论点，我们即可得一结论：形上学者既然不可避免，并且在他们研究的本质上必须分立两个完全敌对的学派，那么，即没有方法可以确定他们彼此底真理了。又因为他们底论材不多，而使用论材的方法并无其他科学曾使用过而生效果的——我们看到上面种种，那么，我们不应希望形上学者能供给我们充足的材料以解决人类思想史所显现于我们面前的那些重大的问题了。如果有人能不避艰苦，很公平地去估量精神哲学现在的情状，那他必须承认：无论这种哲学对于一般最富于思想的人之影响，或因这些有思想的人对于社会所发生的影响怎样大，从来没有一种研究像这种哲学那般热心去追求，费那般长的时间，而究其实，则结果毫无的。没有其他学问的研究曾有费力这般多而进步这般小的。有许多世纪，每一文化国中皆有许多有能力及具伟大目的的人从事于形上学的研究，但现在他们底统系并不向真理方面推移，仅彼此分道扬镳，其速度因知识之进步而加甚。这二势不两立之学派底不断的对敌争竞，所维护之势力及一种用独断的不哲学化自信心以左袒他自己底方法——这些思想底研究皆成极度混乱，真似那些道学家在宗教上的争论一般。① 其结果，假然我们除了几个少数的联念定律或加以现代的视觉及触觉底理论以外，②我们即可发现在形上学范围找不到一重要原则，同时也没有独霸的真理。在这种情形之下，不得不疑惑到在这种研究之中有根本的错误暗伏在里头了。在我们自己底方面想来，我相信仅观察我们自己底思想或竟尽我们底力量在这思想用一种简陋的实验法，我们还未能将心理学成立为科学之一，并且我相信形上学只有靠研讨历史至相当深切程度，因以明白支配人类活动之各种情状，然后方能有成。

---

① 柏克利(Berkeley)在诚恳的时候不留意地承认他自己这种研究的名誉上的危机，他说："总之，我不得不想到现在哲学家所遇到的困难及其知识的障阻，但大部分都是我们自己引起来的。我们自己扬起了尘土，而又去怨怼自己看不见。"(见《柏克利论著》第一册第七四页《人类知识底原理》〔*Principles of Human Knowledge*〕)每一个形上学家及神学家皆应牢记这句话"我们自己扬起了尘土，而又去怨怼自己看不见"啊！
② 休谟(Hume)及哈特利(Hartley)谓：有几个联念定律可以用历史来证明，这种证明可以将形上学的设想变为科学的理论。哈特利底视觉说及布朗底触觉说皆用生理学来证明过于是我们知道什么是我们应加疑惑的了。

第四章　道德定律与知识定律底比较

思想定律非属于道德的即属于知识的,道德定律与知识定律之比较,及其各对于社会进化上所产生之影响底探讨。

在前章我相信我已讲明白,无论以后情形如何,我们仅以现代我们知识底情态而言,我们必以为形上学的方法不足以担负发现支配人类思想动向之定律底工作。所以现在只得跟着唯一的方法,照此方法,以研究思想之现象,其范围不仅限于个人之所表现,且包括全人类活动之现象。这两种方策底主要不同点甚为明显,但我现在最好再举数例,以表明每种方策所恃以研究真理的方法,因着这个目标,我且选出一种题材,可以证明在最相冲突的情形下,那些自然伟大底定律,其规律性实能指挥其动向,虽然这种题材尚未给人们详尽地明了。

我所说的题材,即是"两性出生之比例"。这种比例在无论任何国家,若是非常不平衡的话,那么,在一个世代中,可以影响而生全社会底非常混乱,而罪恶因而激增。[1] 一向大家以为男女底出生律是很均衡的,但至最近,没有人能说男女底出生律是否均衡,假如不均衡的话,那么,那一性底数目较为超越呢?[2] 出生既为身体前身之身体的结果,于是出生底定律必显然地包含在这些前身之内,这就是说,两性比例底原

---

[1] 因此,我们发现十字军战役以后,欧洲男女之比率失了均衡,即增加了淫乱之风。在犹卡坦(Yucatan)地方,常有过剩的妇女,结果引起道德观念底恶化。(见斯提文斯《中美洲》一书,第三册第三八〇及四二九页)
[2] 关于这问题,我们可在旧著作家中见到许多冲突的叙述。古德迈(Goodman)在十七世纪早期以为出生之女性较男性为多。(见骚西著《平凡的书》〔*Commonplace Book*〕第三集第六九六页)

因全视乎父母之本身而定。① 在这种情形之下,如果我们底动物生理学的知识不能解释这种困难时,问题便会发生了。因为一向有很动听的话说:"生理学既成为身体定律之研究,②又既然所有的出生皆为身体之生产物,因此,我们如果能知道身体底定律,便能知道出生定律了。"此即生理学家一向所持的见解,亦为历史上所有形上学家底见解。两派人都相信以为即欲知这种生产现象是可能的,并研究出生定律即可预知出生定律之本身。生理学家说:"假然研究个人底身体而能因此确定支配父母结合之定律,那么,我便能发现两性底比例,因此种比例不过是结合所产生之结果而已。"同样地,形上学家也说:"由个人思想底研究,我便能确定指挥个人行动的定律。用此种方法,我也能预知人类底行动,人类底行动很彰著的为人类行动之总和。"这即生理学家关于两性定律所非常深信的希冀,亦为形上学家对于历史底定律底期望。至于这种预期,形上学者完全没有做什么工作,生理学家也没有成功,虽然他们底见解得到解剖学底助力,解剖学应用了直接的实验而非形上学者所知的。但假然要解决现在的问题,这些解剖学底助力委实没甚用处,并且生理学者尚无一种事实足能给予这问题一些曙光,男女底出生数目是否平等,抑互有偏歧?

这些问题自亚里士多德时代以至现代生理学家所有的材料都没法回答。③ 但现代我们因为应用一种现在似乎非常自然的方法,已得到一种真理,这种真理为以前许多卓识多能的人所曾通力合作而尚未能

---

① 当然问题便要发生,当淫欲极盛时期思想底情态所发生的影响是怎样的。但无论影响如何,只能经过身体前身而影响新生的婴孩,这种前身在任何情形之下,必被认是最直接的原因。所以假如说这种影响证明是存在的话,那么,我们仍须搜寻自然底定律,虽然这些定律当然只能当它作次要的定律,而融化于比较高的通则里头。
② 有几个著作家认生理学为研究生命定律底一种学问,但以现在的题目看来,那就走的太快了,而且有几种学问在生命现象能采取科学化的研究以前,必须由现在的经验底状态中提高起来。以生理学与解剖学为相关连的学问似乎是比较来得合理的说法,前一种学问属于有机组织研究底动力一方面,而后一种则属静止的一方面。
③ 我们想到生理学已经过那般长时期的研究,而生理学者对于所有的科学最重大而最终了的目的——即属推测将来事件变化的力量——极少贡献。照我想起来,有两个主要原因之潜在:一为化学底退化,二即显微镜之未臻完备,它既是一种不正确之工具,假如我们有些较困难的研究,我们便不能靠它了,比方我们在考查精子时已发生最相反的结果了。关于化学,罗平(MM. Robin)和维迪(Verdeil)在他们最近的伟大著作里,很有力地证明化学与我们动物躯体构造底知识底未来进步上有复杂的关系,虽然我大胆地以为这些卓越的著作家常常表现一些没理由的倾向,以限制化学定律对于生理学现象的应用。

成功者。用一种简单两性出生数目注册的方法,再伸展这种注册以至各国而迄若干年后——于是我们便能免除许多纷扰,并且能确定有一种定律之存在,这种定律是以概数为之表明,即每二十女子中必有二十一个男子。又我们可以深信地说:此种定律固常有反常的错乱与变化,但定律之本身既如此其有力量,使我们知道每一国家,其男性之出生量未有不超过女性的。①

此种定律之重要与其保有健全之规律性,使我们觉得它还是验经上的真理,而未能与影响此种定律之运用的自然现象发生关联,实为遗憾。② 但这一点对于我们底目的并无重要关系,因为现在的目的只要注意发现此种定律底方法而已。盖此种方法很显然地和我所主张研究人类思想运用底方法相同,同时旧日无成的方法即与形上学者所研究者相类似。当生理学家要试用个人底实验以确定两性比例底定律时,那么,其所希冀的目的绝不会有所成就了。但当人们对于这种单独的实验发生了不满,开始要搜集一种比较上没那么精细,但来得广泛些的观察,那么,自然底伟大定律在数世纪以前所未寻得者已初度显布在他们底目前了。同样的,如果人类底思想仅照形上学底狭隘的肤浅的方法来研究,那么,我们有不少理由可以想到那支配人类思想运用的定律永不会给我们发现了。所以假然我们愿意真的得到真理,我们必须遗弃向日的方法——这种方法之效能短缺已经由经验及理由方面表明出来了。并且我们应广泛地考察事实,以代替旧方法,如此,即可使我们免除许多因实验之不可能而使我们永不能排脱的纷扰。

我因为欲令到本章初步的见解弄个清楚,故离题太远,这点我最引为憾歉的,不过离题的解说虽然对于议论方面未能增加力量,但可用为例示,可以使普通的读者领会到以上所提方法之价值。现在只要我们

---

① 常有人以为东方有几个国家对这点是例外的,但比较正确的观察已与早期旅行家随意的叙述是相反的了,且以我们现在的知识范围而言,世界没有一地方女性的出生率多于男性的,同时在世界各部分所搜集而来的统计,表明男性的出生是比较地多些。
② 在牟勒(Müller)底《哲学》一书——一部权威的著作——第二册第一六五七页里说:"决定两性胚胎底因素未曾发现,虽然似乎父母底相关年龄对于子女底性决定有些影响而已。"父母底相关年龄确能影响其子女之性决定一点,可以根据现有之大量证据,认为确实,但牟勒不应以上述归功于生理学著作家,而应提及以上的发现是由统计家获得的。

确定因应用此种方法如何可以使思想进步之定律最易于给我们发现出来而已。

　　第一点，如果我们要问这种进步是什么？那么，它底回答是很简单的，这不过是复式进步，即是道德的与知识的，前一个对于我们底责任方面，后一点对于知识方面皆占直接的关系。这种分类法为向所习用，亦为人所习知者。历史既为事实结果的叙述，那么，这种分类之完全属于正确也不容疑了。一种人民假然其能力与其恶行同时增加，或者民族愈道德化同时其知识愈愚昧，这实不是真的进步。这种道德与知识并进的运动于文化底本义上异常重要，并且包含思想进步的全部理论。愿意尽我们底责任是属于道德方面的，要知道如何去履行这种责任是属于知识方面的了，这两部分愈结合，则其功用愈和谐。对于这目的采用的方法愈正确，则我们生活计划之成就将更完全，并且我们人类之进步方面能立一更可靠之基础。

　　现在在这重要关头发生一个问题，就是所谓思想进步之两种成分孰为重要？既然进步之本身为这二成分联合动作的结果，于是必须要确定那一种作用来得有力量，因此，我们可以把不重要的成分附属于重要成分之定律中。假如文化底进展与人类普遍的快乐靠道德的感觉比较知识上的进益来得尤为重要，那么，我们当然可用这种感觉以测量社会之进步；同时，反过来说，假然全靠他们底知识的话，我们又须拿知识方面底量和成就以为我们底标准。当我们知道这两种成分之连接的力量，我们将要采用研究真理之普通方法以为应付，就是说，我们将要服从比较有力的作用底定律来看他们联合活动的结果，这种有力作用的定律常受比较力量较微弱而次等的定律之困扰。

　　此种研究一经着手，我们即遇到一个初步的困难，这困难发生于名辞之不正确。因为"道德和知识进步"这一个名辞，在表面上暗示一种严重的名难符实的情态。这名辞普通用起来含有人类底道德和知识底功能在文化进展上自然比从前来得尖锐而有价值的观念。但这点虽或属实，但从来没有得到证明。或因尚有未被发现的自然因素之故，平均的脑量假然得长时间的比较计算，或可发现脑量正在渐进增加也说不定,所以经过脑底活动,思想即使离开了教育也得增加它底敏锐及普遍地增广它底见解。[①] 但对于这方面的自然定律我们当不大明了,并且对于支配性格、脾气及其他个人特性之遗传情形还全在黑暗中,[②]因此,我们必须视上述强辩的社会进步实为异常可疑之点了。并且以我们所保有之知识而言,我们不能稳健地说,在人类道德及知识的功能上是否有永久的改进,同时,我们也不能决定说,在欧洲最文明的地域所产生的婴孩底上述的功能是否较最野蛮地域底婴孩为优异。[③]

所以无论人类道德及知识之进步情态如何,其进步之本身与天赋才能无关,而为机会促成的进步,这就是环境底改进,在此改进的环境中,人类诞生以后其天赋才能即在这里头活动。这就是全部的紧要关头。进步非内在的力量,而为外来的助进。诞生在文明地域底婴孩并非怎般比野蛮地域底婴孩来得优异。照我们所知道,两个婴孩动作之不同,完全因受了外方环境所左右。我所谓外方的环境,系指周围的意见、知识、联系,一言以蔽之,就是两个婴孩各别所受养育而成之思想氛围。

关于这方面,很显然地假然从人类全部观之,道德与知识方面的行为是全受他们当时流行的道德及知识方面的观念所支配。当然也有许

---

① 人类底脑之自然力量因其能受遗传而能进步的一点意见是高尔(Gall)信徒所主张的学说,且为孔德(M. A. Comte)所采纳。(见《实验哲学》〔Philosophie Positive〕第四册第三八四及三八五页)不过孔德承认此点从未充分的被证明过:"然而并无充分的事实以证明之。"普利查德博士具有不同之思想习惯者,似亦有同样的意见,因他对于头盖之比较的研究使他有以下的结论,即使英国现代居民"或因数世纪之伟大知识营育的结果,或因其他原因,我不得不信其脑量确较其祖先为广大。"(见普利查德底《人类体质史》〔Physical History of Mankind〕第一册第三〇五页)即使这点是确实的也不能证明脑质是否有变化,虽然这也可以成为一种断定。所以我想这普通问题仍旧不能解决,除非布卢门巴赫(Blumenbach)所开始及摩尔吞(Morton)现在所继续的研究,其进行能够比旧日的来得更广泛些。
② 最近我们注意到血底质地对于各种不同脾气的变化,这方法总比旧日仅就脾气表面底征像研究的来得满意。
③ 我们常听到遗传的才能、遗传的恶行、善行等,但凡能具有批评的眼光来研究这些证据者将要发觉它们底存在是没有证明的。普通所证明的皆十分不合逻辑,通常的著作家皆从父母及其子女搜集到同样的思想习性才推论这种特性是属于遗传。用这种推理的方法,实可使我们任意下断论,因为在各种大的研究中总有许多经验方面的偶然相同点,于是每每给人家利用附会以补益他自己底论据。但这里算得是真理发现的方法?我们不但应该要研究那几种是遗传才能的例,并须研究那些是不能遗传的例。除非是这般地研究,否则我们便不能由推论而解决上面的问题;同时,除非生理学和化学非常进步,否则我们也便不能由演绎方法明白这问题。这些考虑应该阻止我们接受那坚持遗传的疯狂及遗传的自杀底存在底理论,关于遗传的各证状也可以应用这般说法,至关于遗传的恶行及善行更应这般看去。伦理学底现象,其研究并不如生理学上的现象研究来得详细,所以我们关于伦理现象方面的结论便没有这样确定了。

多人能超乎这种观念之上,但也有连这种观念也跟不上的。不过这些是例外的情形,和善恶并不显著的大多数人比起来,实是极小的比例。大部分的人类必常在中等的情状中,既不是十分下愚,也不算十分能干,没有卓迈的美德,也不会有分外的邪恶,只是憪然生活于和平中庸的状态中,每每不加深究地很易采纳当时流行的意见,对于耻辱及新奇的事没有敏锐的感觉,只能与当世同浮沉,无声无息地遵行他们国家当时的道德和知识的标准。

现在只需稍为猎涉历史,即可明白这种标准是时常变换,即两个极相雷同的国家或一国内的前后两代也决不会恰好相同的。任何一国底流行意见,几乎年年在各方面都在变化着,某时期曾被攻击为伪论者,在另一时期则被认为绝对之真理,过此以后,又会有新奇的意见蔚起而取代之。这种人类行动普通标准之极端不稳定,表明其标准所恃之条件本身即非常不稳固。而这些条件,无论其性质如何,显然是大多数人类之道德及知识方面的行为底创始。

到这里我们便有了基础可以安然迈进了。要知道人类行为底主要因素是极多变化的,现在也只有将这种试验应用于假想含有此种因素之任何环境之下,但设使发觉那环境并没有多大的变化,那么,我们自当推知那并非我们所需的因素了。

拿这种试验应用于道德底动机或所谓道德底本能,我们立刻便会知道这些动机对于文化进步的影响是那般地微弱。因为在这世界里,道德系统下所包含的伟大的信条皆是极少变迁,这点实是无可疑问的了。对他人行善,舍己从人,爱邻如己,宽恕敌人,抑制情感,敬顺父母,尊重上峰,凡此等等皆为道德上最主要的本质,这些信条也是数千年来为人们所习知的,可是一般道德家神道学家却从未设法在基督底遗训和他们底布道当中能对于这些信条有所增益。[①]

如果我们拿静止状态的道德上的真理和知识上的真理相对照,其

---

① 凡读者皆能明了那在《新约》圣经里面所说到的道德系统,其中的格言没有一种非前人所道过的,并且在《使徒行传》里头有几处最美丽的章节都是由教外的著作所摘录出来的,有些人以为这点足以反对基督教,而不知这实在是补足基督教一点强有力的意义,因为它能表明基督教与各时期底人类道德底同情心有密切的关系。但如果说基督教所宣传的道德真理是前人所未知者这话,若非发言者太糊涂,就是他意存狡猾的欺骗。

差别之巨,实足骇人。[1] 所有那些主要而曾经发生普遍的影响的道德系统,在基本上都是彼此相同,而所有的知识系统则根本实互异。至说到道德方面的动作,现在大多数欧洲文明人所熟知的原则没有不是古代人所已知的。而知识方面的活动,现代人非但在每一个知识世界中有很重要的增益而为古代人从没尝试过的探讨,再进一步,他们更要推翻一切向日的研究方法。他们把亚里士多德个人曾经有所发觉的所有的归纳方法结合而为一个大的研究规划,他们创造了科学,但今日这些科学研究,就算它底微旨片影也没有存在过古代思想家底幻梦里头。

以上种种皆是很明显的,且为一般有学识的人所公认的事实,要从以上事实去加以推论,自能易于明了。既然文化为道德与知识作用共同的产生物,又既然这产生物常是变化的,那显然不会给静止的作用所支配,因为当周围的环境不生变化时,则一个固定的作用只能产生一个固定的结果。那么,唯一的支配文化底作用,即属于知识底作用了。这作用若说是正确的动力,现在可以用两种彰著的方法来加以证明:

一,因为我们已知,能支配文化者或为道德的或为知识的,既不是道德的,则必是知识的;

二,因为知识底原则有一种活动和能力以适应一切,这种适应已足证明它是支配了那数世纪以来在欧洲方面继续在迈进的非常的进步。

以上的理论便是我个人底见解之所根据,但尚有其他有关的情形

---

[1] 马金托什爵士(Sir James Mackintosh)对于道德原理固定性之发现颇为震异,所以他非但反对了它们进步底可能性,并大胆地说在道德方面不会得再有新的发现了:"道德不容许新发现……自从'彭塔丢克人协定'(The Composition of the Pentateuch)以后已历三千年之久,无论何人能否告诉我们自从那时到现在我们生活底规则有任何重要的变化呢? 让他用同样的眼光去研究《米纽法典》,那么,我们将要达到同样的结论了。我们翻阅假的宗教书籍看看罢,我们要发觉其道德系统在大的结构方面都是相同的……事实上很明显,在实际的道德上从没有过改进……造成道德规则的事实是可以见得到的,并且对于最简单的野蛮人及很通达的哲学家都能明白……自然科学和思考上的科学是直接相对者。在这方面其事实是辽远而难得到……从这些科学所保全无量数的事实里,我们设法可以看到将来它们进步到甚么地步。道德方面底情形则适与相反,它们现在既已是固定的,在我看起来,将来也必继续是那般固定的。"(《马金托什底生活》〔Life of Mackintosh〕第一册第一一九至一二二页,一八三五年伦敦出版)

亦值得我们加以估量者。第一，知识的原理非但比道德的原理较见进步，且其结果尤着有永久性。在每一文明国家，知识上之所获得，皆在在小心于保存，并纪录在非常明了的方式中，且用专门及科学的文字以传之永久。代代相传，造成一种易于感受的方式，以使其影响于远代，成了人类底传代的宝物，为天才者底永久的遗产。但我们道德上的才能所发生良善的行为比较的不易于续传，这种行为多数属于私有及隐晦的人格。至于说到它们底原始动机，本来是个人训练及牺牲的结果，所以必本于个人的出发点以表现发露之，所以这种各个人自动发露的行为不会从以前经验所历的信条而得进益，也不会将他本人底良善行为搜集以备将来道德家之参证。其结果则道德上的最高成就虽比较知识的更觉可亲，但我们仍须承认因瞩及以后的结果，道德上的成就比较上不甚活动，其奠基亦较欠稳固，并且我可即加证明，也比较地没有真实的结果。假然我们考查最活动的慈善事业及广溥无私的好施，我们无疑地可证明其影响所及为时极暂，且只有少数者能获得这种恩泽，其所溥泽的世界曾不能有生气勃勃之观。这种慈善事业即使有了大规模而永久的组织，也时常有倾覆之虞，在始，主持的人每易流于滥用权责，次则渐至腐化，再次则终于毁灭，或至失了他们底原意，妄用其力量，或竟不欲保全其向日慈善之旨。

我这些结论，无疑地非常不受人家底欢迎，其理由是它实在难于给人家驳倒。因为对于这问题研究愈深入，则对于知识上的成就远迈于道德方面的观察，我们愈能清晰了。在历来记载上，凡属愚拙而良善的人虽有为善的决心与行善的毅力，但究其极则每致恶果多于善果。当其志愿愈热诚，其力量愈充足，则恶果愈大。但如果能低减他底热诚，如再能在他底动机中加入其他成分，则所酿成的恶果或可见减低。假然那人是富于自利心而为人又复愚昧，亦可利用其愚昧以免除其恶行之发生，并可激动他底恐惧以阻止其作恶。但假使他既无所恐惧，淡然于自利之企图，而主要目的在乎利人，假然他又本其热诚以大规模追求其行善的目的，而我又穷于术以禁阻之，于是便没有方法以障阻在一个蒙昧世纪中一个愚黯的人所闯出来的祸害。只要我们去研究历来的宗教压迫史，即大可用经验而加以证明了。为宗教主义以刑罚个人，当然是最严重的罪恶,不过去刑罚多数人,压迫所有的异教徒,且尽力以图消灭养成对方势力底社会底意见等举动,本身实为人类思想最足奇异最能极其能事的表现——这种举动据我们所知不但极有害,并为最愚的动作。但那些大多数的宗教压迫者固为意志极纯洁、极可赞许的道德家,这又不容我们去否认,因为他们本来不是恶人,且很要把他们认为善的信念设法力行者。他们更不是恶人,因他们不顾现世的利害,举全方以续传他们认为人类未来快乐所寄托的宗教,而并非为他们自己底利益。所以他们本非存恶念而病在愚昧,他们黯于真理底性质,忽于他们自己底动作所发生的结果。但在道德的眼光看来,他们底动机本无可指摘。当然的,他们所以要出于压迫手段者实全为热诚所驱动而然。这是神圣的热心所推进的狂焰的信念而成功的一种悲惨的活动。假如你能令一个人深深信仰着某几种道德和宗教教义底重要性,假如能够令他相信:凡违反这种教义者须受永久的刑罚的,假如把权力给了一个人,而因他底无知致他自己底行动成了盲目的——他将致于虐待那违反他底主义的人,而他底虐待底限度遂受他底热诚底限度所支配,减少了他底热诚即可减少了虐待了。换句话说,能减低他底德行即所以阻止恶果之所由生。这是一种真理,而且历史上已给我们无数的例示了,若要反对这种真理,则非但是表示不接受最明白最确凿的议论,且系反对各世纪所连续表现的证据了。我只要选出两种不同的事实,因其情形之各殊,可以供给两种人相对的例示:第一事实得自异教史,而另一事实则得自基督教史中。两种事实均证明道德底感觉之没有能力去限止宗教底压迫。

一,罗马诸皇对于早期基督徒施行压迫之事彰见史实,这种压迫虽然未免说得太过分,但总是常见而极悲惨的事实。有些人必觉得希奇,因为施行这种压迫的最活动者却是罗马诸皇之最贤明者,而没有藉藉声名的皇反系最能绕恕基督徒而对于他们人数之增加是最不关心的人。两个最庸暴的罗马皇当推科摩达斯(Commodus)及伊拉加巴拉斯(Elagabalus)。这两位君皇皆没有压迫新教,当然也不采任何方法抵抗这新教。他们对于未来漠不关心,专事自利而太沉溺于不名誉的快乐里,那里管得一切流行思想是真理抑属邪教。因此,他们对于人民幸

第四章　道德定律与知识定律底比较　85

福表示冷淡,他们对于信条底进步未尝关怀,因其本身是信仰异教的君主,于是那些信条不过仅是大逆不道及侮辱上帝的谬说而已。所以他们放任基督教驰骋于它自己底大道里,并不似那较公正而实较易犯错误的统治者之采用刑法加以限制。① 我们同时可以发现基督教底大敌乃是马可·奥理略(Marcus Aurelius)。他是一个性情仁厚,而大无畏、不可摇撼的忠实的人,但终其位显著着一种压迫空气,如果他对于他底父祖底宗教信念没有那般热诚也决不致那样的。② 今为补足这种理论计,我们可以再举出一位最后反对基督教而最力的罗马统治者。这就是恺撒,他是一个异常忠实的皇,他底意见常受人家底攻击,但说到他底道德行为就算是诽谤本身也不能对之发生丝毫疑惑。③

二,第二个例是西班牙,这个国家,我们可以承认从来没有一国底宗教精神有它底国民感觉得那般敏锐。没有一个欧洲国家曾经产生那么众多的热诚无私的传教者,及热烈而自谦的殉道者,这些人很快乐地牺牲其性命,因为要续传他们所认为必须普遍传播的真理。没有一个地方那宗教阶级获有势力能够那般持久,没有一个地方底人民具有那般热烈的信仰,教堂那般地挤拥,教士那般地众多。但西班牙人民对于宗教目的之真诚及其忠实(整个讲起来,常是很显著的),非但不能阻止宗教底压迫,并且从而鼓励之。如果这个国家对宗教比较冷淡些,便比较能够对异教易于宽容些。惟其那般地热诚,所以视信仰底保持实为

---

① "科摩达斯皇即位底元年必是基督教宽赦的时期。按所有名家底意见,科摩达斯皇是一个例外,他于即位底元年就停止了基督教底压迫……没有一个作者,无论是外教者或基督教徒,认科摩达斯是一个宗教压迫者。"(见《莫尔〔Moyle〕丛著》第二册第二六六页中的《关于神威古罗马步骑兵之书信》(*The Letters Concerning the Thundering Legion*)"伊拉加巴拉斯(Elagabalus)在其他方面虽是诸王中之最不名誉者及最可恶的人,但对于耶稣底信徒未尝表示厌恶及悲惨的行为。"摩斯海姆〔Mosheim〕底《宗教史》〔*Eccl. History*〕第一册第六六页及密尔曼〔Milman〕底《基督教史》〔*History of Christianity*〕伦敦出版,第二册第一五九页)

② "马可,一个最严厉的哲学道德学派中的无可责难的信徒,在其轻视基督教对于生命之愚拙及乖离的观念中,其严正的态度适可与基督徒相敌对,但其本性之仁慈却未因其哲学之严正与骄傲而趋于坚悄。可是基督教却发现马可非但是支配人类思想之唯一公正及卓越的竞争者,非但是提挈人类灵魂至较高的见解及严正动机底一个对敌,且是一个威猛的和不宽恕的压迫者。"(见密尔曼底《基督教史》第二册第一五九页)

③ 尼安得说最贤明的君主反对了基督教,而最糊涂的却对于它底侵入反是漠然的。(见《教会史》第一册第一二二页)歧蓬(Gibbon)对于马可及科摩达斯都有同样的意见。(见《衰落与倾翻》〔*Decline and Fall*〕第十四章第二二〇页,一八三六年伦敦出版)其他不同性质的某一著作家将这些特殊点归因于魔鬼底故意作祟,"在原始时期据说有几个最好的王给魔鬼所引诱而为教会最悲惨的压迫者"。(见《哈钦松参将言行录》〔*Memoirs of Colonel Hutchinson*〕第八五页)

首要之举,为着这个目的任何事物都可牺牲,于是这种热诚自然地产生一种暴虐的举动,并且在这地方异教徒裁判所也就得到了根基,从而发展蔚盛。赞助这种野蛮组织并非伪善者却是热心者,伪善者大概总是流于卑屈而却不致于暴虐。因为暴虐是一种严正而不可抑折的情感,而伪善却是一种阿谀而可以转移的手段,这种手段牵就着人家底感情,逢长人家底弱点,因以达其目的。在西班牙,民族底热心完全集中在一个单一的问题——宗教——其他一切事物都要随着宗教为转移,于是对异教的深恶痛绝遂积渐而成习惯,对异教的压迫也视为一种责任。为实现其责任的一种磅礴浩瀚的力量大可以在西班牙底教会史中寻找出来了。那天主堂教堂裁判者以不偏见不腐化而著名的一点可以从许多方面看出来,并可从各方面独立的证据证明出来。这点容在下再为详说,但有两种证据不容忽略者,因这点和所论的有关,实在没从而诘难的。罗朗泰(Llorente)是一个研究异教徒裁判所的史家,也是裁判所底劲敌,他能接近一切裁判所底私有文件,他虽有这许多的材料,但仍不敢对于裁判者底道德人格加以丝毫讽刺的话。不过当他叙述到他们底道德行为的暴虐时,却不能楚言他们底动机是纯洁的。三十年前英国教会中的教士道孙德(Townsend)印行他关于西班牙饶有价值的著作,虽然他因是一个英国人和一个新教徒,很有刻意反对那不名誉的制度的可能性,但他找不到证据去攻击主持的人。而当他有机会去说到在巴塞罗那(Barcelona)地方一个机关——即异教徒裁判所最重要者之一——时,他很明显地承认在这机关里头的人员均属有价值的人,而且大多数实在是存心为善的呢。①

这些事实那般惊人也不过历史所包含大多数证据里头的极小一部分而已,并且已可证明道德的情感全不能减少宗教底压迫。而知识上所得的进步却真确地证明对于宗教的压迫有减轻的力量,这点我将在本书其他部分加以讨论,我们可以看到不宽恕异教徒底大敌人不是善心而是知识。只有知识底传布可以比较地能够停止所有恶人对于其同种所施与的恶行。因为宗教压迫之所以比较上属于大的恶劣行为,其

---

① "可是一般赞美巴塞罗那底军队者都承认里面的人员是有价值的人,并且大多数以合于人情著名的。"(见道孙德《一七八六及一七八七年间西班牙之游历》〔*Journey through Spain in 1786 and 1787*〕第一册第一二二页,一七九七年伦敦版)

明显之处倒并不是从许多知名的牺牲者发现出来，[1]却反从许多不见经传的人寻找出来，他们身体上虽未受甚么痛苦，而精神上却感到异常的压迫。我们听见许多牺牲者、忏悔者——这些人曾受死刑、火刑，但我们并不知道别有许多人他们因为怕受压迫而致违弃他们底本来意见，因恐惧而被逼着脱离自身的宗教，于是终日在永久的虚伪中渡着余生。这才是宗教压迫的真确可咒咀的事了。因这样人既然不能不遮蔽他底本身思想，于是发生一种习惯用虚假以获得个人底安全，以欺骗换得免灾。如此，则欺骗变为生命之必需，不真诚乃日常之风习，公共情感之全部情势因以破坏，而大量的恶行和错误将无忌地激增了。当然，我们有理由可以说，和这比起来，所有其他的罪恶都是不足轻重的；又我们可以感谢知识事业底进展，它已减除那现在还有人打算予以恢复的恶行。

我所主张的原理于实际及理论上既是这般重要，我还可再举一例以表明其运用的力量。人类较次的大恶行——除宗教压迫外，受殃最大者——当然就是战争了。这种野蛮的事件，在社会的进步上，已逐渐减少，即就是略事浏览欧洲史的读者也觉得是明显的事实。假如我们将各世纪相互比观，我们将发觉在长时期中，战争确已减少，且现在这种减少的运动是这般地明显，若由最后一次的对垒算起，我们已将享有四十年的和平了，这种情形即在我们本（英）国及世界各霸主国家也未尝有过的。问题便要发生了，这种大的进步我们底道德感觉有无参与呢？如果这问题底答案非预先怀着的偏见，那么，按着我们所搜集的证据告诉我们，便是这种感觉并没有参与。当然我们不能故意说，现代人关于战争恶行底道德观念曾有所发见。这点实是数世纪以前久已明了者，在这问题上只有两个原则为道德家所能指示出来的：一抵抗战争

---

[1] 在一五四六年威尼斯派到英王查理士五世底宫廷里的使臣，回国时，在其对于政府底官式报告里说："在荷兰及夫利斯兰德（Friesland）有三万多人都因为洗礼上的错误而被判死刑。"（见威林·布拉德福德（William Bradford）编《查理士五世与其使节底通信集》〔Correspondence of Charles V. and His Ambassadors〕第八册第四七一页，一八五〇年伦敦版）在西班牙，托开马达（Torquemada）治理之下十八年间，天主教裁判所以最低限度计算曾经刑罚十万五千人以上，而其中有八千〇八十人是被烧死的。（见普累斯科特底《斐迪南及伊萨培拉史》〔History of Ferdinand and Isabella〕第一册第二六五页）在安达卢齐阿（Andalusia）一个地方一年之间裁判所曾致二千犹太人于死，"除此以外，还有一万七千人，其所受的刑罚略比火葬为轻耳"。（见提克诺尔底《西班牙文学史》〔History of Spainish Literature〕第一册第四一〇页）

是合理的，二挑战则反是。这二原则在中世纪战事最多的时候久已著为公理，而在战事渐少的现在，我们对这些原则也仅有同样的感觉而已。既然人类关于战争底动作已渐改变，而他们关于战争底道德知识却仍保留本来面目，这便很明显了——不变化的因素绝对不会产生变化的结果。我们不会找到其他的论据比较这种论据来得确定。如果能够证明在最近一千年里头道德家与神道家能够指出一个前人所未知战争底恶果——若果这一点能够证实的话，我当然能放弃我所有的见解。如果照我所深信的说过的理论观之，这一点当然没法证明的，于是我们必须承认在这问题里道德底量底方面本来未曾有所增加，而在道德所产生的结果也不能有所增加。①

这许多都是叙说，因道德感觉的影响增加了我们对于战争的厌恶。但说到人类底知识方面，在最狭义的意义说来，每一次知识活动的大的迈进实是战争精神底大打击。对于这点的充足的证据，将来我要加以详细的探究。在本书里，可以把几个特显之点举列出来，这些因为在历史底表面上即便可以看到的。

这些特点中最明显的一点，是知识世界中的每一步的迈进皆因他们所用材料之增加，而增大了知识阶级底权威。现在这一阶级和军人阶级间之敌对是非常明显的，这是思想与行为的对敌，内心与外界的对敌，论据与强暴的对敌，说服与强力的对敌。或总言之，即两种人对敌，一种生活在和平的事业上，而他一种却生活在战争的实现上的。所以若对于前一个阶级是偏袒了，那么，显然对于其他一个阶级是不利了。假如其余的情形均属相同，则一种人民其知识之获得增加，好战心必因而减少；又如果其知识进步迟钝，则好战心自必强烈。在完全野蛮的国

---

① 除非更大的热心表现在道德及宗教原理之分布上，在这情形之下原理是可以固定，不过其影响是进步的。但至此为止，在中世纪时，按人口上的比较，教会的确比现在为多，精神阶级者既见激增，而宗教改革的精神也较热烈，并且有比较坚强的意志以阻止纯粹的科学论议之侵入伦理方面底论据。的确，在中世纪道德及宗教底文学超出其他侮辱宗教底一切整个的文学，非但在量方面，即在修学者能力方面也超过。但现在道德家所归纳的结论已不能干预到人底事件，而让给那比较重大而有利益的主义，这主义包含所有的事业及阶级。道德方面底有系统的作家到了十三世纪已经达到最高点，但此以后，有如科尔利治(Coleridge)所说因给了"新教徒天才者"所反对，遂急速地降落了。在十七世纪末年期，即在最文明的国家差不多也消灭了，泰罗(Jeremy Taylor)底 Ductor Dubitantium 是一个天才者最后的广泛的尝试，想完全以道德家底格言来绳范社会。

家,知识的获得甚微鲜,他们底脑是空虚的像荒漠一般,思想的唯一内涵仅是向外的活动,①而唯一的才能便是个人的勇敢。人能把他底敌人杀掉了,那才给人家看得起,人愈杀得多,则其名誉愈大。② 这是纯粹的野蛮情形,在这情形里,以战事的荣耀为最有价值,军人最能给人们看重。③ 从此种可怕的卑下的情形以至文化的最高潮都有一个久长而相互连接的阶梯,即从强力方面所保有的力量积渐转移增加了思想界底威权。知识阶级及和平阶级日见蔚兴,他们最初给武士辈非常地轻视,可是我们渐渐获得了地位,人数与权力亦同时增加,而且每次的增加足使旧日的军人精神渐趋衰灭,我们稍一回顾,以前所有的事业实在都给军人精神所侵入过的。商业、贸易、工业、法律、外交、文学、科学、哲学——这些东西在以前均了无所知,而现在都已蔚成各个专门的研究,且各有其研究阶级,各阶级重视其自己的研究。这些阶级无疑地或比其他阶级欠缺和平的征象,但即使这些最不和平的阶级仍视那些脑海中充满了战争空气及专恃战争以为进身之阶者,其精神尚优胜一筹。④

那么,当文化进行时,便发生了一种平行的状态,又军人热也给其他的动机所减低了,而这动机只有文明人能够感觉得到的。不过在思想并无进展的民族中,则此种平衡状态就不会存在。关于这点我们在现代战争史中可得到一个极好的例。⑤ 因为这种大的争斗底特殊点并非发生于文明国家底利益上的冲突,而是两个欧洲现在仅存的最野蛮

---

① 所以无疑地在早期的社会里,其感觉当然的及必须的尖锐化,并因没有了反应官能几和低等动物相差无几矣。
② "在某几个马其顿族中,凡没杀过敌人的人,必须以凌辱的标记来表明他。"(见格罗特底《希腊史》第六册第三九七页)在婆罗洲(Borneo)代阿克(Dyaks)人中,"一个人不能够结婚,除非他得过一个人头,假如他得到了几个,那么,他便可以有骄傲及高贵的表记来表彰他。"(见埃尔底《婆罗洲记述》〔Earl's Account of Borneo〕载《亚洲杂志》第四册第一八一页)
③ 马尔科姆关于鞑靼人说:"只有一条路可以享到盛望,这便是在军事获得了名誉。"(见马著《波斯史》第一册第二〇四页)在《帖木儿法典》(The Institutes of Timour)一书里第二六九页也说:"只有权力与尊严的地位才能和他相对等,他对于军事底技巧及胜敌各种兵法皆非常地熟悉。"这种同样的思想时常也很明显地表现在荷马所叙述的战争里头——这种特殊点在牟尔底《希腊文学》第二册第六三、六四页曾注意到,在那书里他已将一种尝试转移为论据证明荷马底诗是一个人著作写成的,虽然比较合理的推论即说这些诗都是一个野蛮时代所作成的。
④ 说到个人之所以显著,财富从前也有关系的。在欧洲中世纪时候,战争是一种很发财的职业,这是源于俘虏以重金赎取自由的风俗。(参看巴森吞〔Barrington〕底《法典底观察》〔Observations on the Statutes〕第三九〇—三九三页)"在查理二世(Richard Ⅱ.)一代中,和法国打一次仗,给人视为一个英国绅士底唯一的发财之道。"欧洲底俘虏赎取自由的风俗在中世纪是非常流行,并且只自明斯忒(Münster)和约以后,一六四八年这种风俗才停止。
⑤ 这本书是我在一八五五年写成的。

的国家俄国与土耳其底破裂。这是非常显著的事实。当时社会之真实情形的特著点,即是这次长期的和平之破坏并非两个文明国家底争论,而是不文明的俄国侵略那更野蛮之土耳其。在比较早期时,知识与和平习惯的影响自是时常增加,但即使在最文明国里头,知识与和平底力量要去支配旧的战争底习惯,其力量依旧是很薄弱。因此,引起一种期求战胜的希望,这希望且常比其他感觉热度为高,并且引诱两个大国如英与法每每为着小故而借端轻启战衅,找寻机会以互相征伐,惟恐敌国之国势日臻兴盛。但情形进展,这两个国家放弃了旧时所纵容的器量不广而容易激发愤怒的妒忌心,因着一个普通的原因而联合起来,拔刀相向非为自私的目的,而为文明国家抵御野蛮人底侵略。

这便是旧日战争和今日战争底主要状态底分野。保持了四十年之久的和平现在一旦给一时拥有强权而不文明的帝国底野心所摧残,而并非起于文明国家底互相仇视,这也是许多例证中足以证明战争底厌恶仅是文明国人独有的感觉的一个例证。因为没有人能矫揉做作地说:俄国对战争的偏好,其理由是道德观念之衰落,或对于宗教责任不履行之结果。所有的证据表明俄国底恶习惯并非比英国、法国来得普遍。[1] 我们还可以确定俄国人民之对教会教义服从的热诚比其他文明国人所表现者为尤大。[2] 所以,俄国之所以为好战的国家,的确地不是因她底人民之不道德,实因他们之无知识,其弊病在思想而不在性灵。在俄国,国家知识基本既失于培植,而知识阶级没有势力,于是军人阶级遂高于一切。在社会早期,中等阶级尚未产生,[3]于是从中等阶级所产生富于思想而和平的风气当然不会存在。人类底心意既然没有了思想上的研讨,[4]那么,惟有趋向于战争范围之一途。因此,在俄国所有

---

[1] 的确有人以为俄国之不道德比西欧来得少,但这观念恐是错误的。(参看斯忒林〔Stirling〕著《俄国》一书第五九、六○页,一八四一年伦敦版)
[2] 俄国底人民对于他们底教士之尊重,曾引起许多观察者底注意,这点既然那般地明显,实在无须加以证明了。
[3] 一个观察精明而聪慧的著作家说:"俄国只有两个阶级——最高和最低的。"(见《由波罗的海来的书信》〔Letters from the Baltic〕第二册第一八五页,一八四一年伦敦版)
[4] 最近一个女著作家,她有可羡慕的机会研究圣彼得堡底社会情形,且她能够运用一个成功的妇人所用的机智以从事于研究,她在那奢华而富足的阶级中发现这种情形实在觉得很惊奇了,"完全没有理智的观感及文学底题材……这里完全没有兴趣来讨论那理智的问题——所研究的只是衣饰、跳舞等等"。(见《由波罗的海来的书信》第二册第二三三页)

的能力皆以军事的标准来估量。他们底陆军为国家之最荣耀代表,一战之胜,或以智巧败敌,认为一生最无上的成功,而一般平民无论其才能若何超迈,也给那些野蛮人民轻视为完全劣等而附属的贱民而已。①

在英国,反过来说,相反的因素适产生相反的结果。我们知识进步既如此之速,中等阶级势力既如此展扩,军人非特于政治毫无干预权力,且在某一时期,我们恐怕倒有将这种感觉推进过分的危险,并且恐怕为我们厌恶战争之故,遂致忽略其他国家彼此仇恨所必备的同样军备。但至少我们可以很稳健地说:民族所倾好的好战心已经完全消灭了。这种大的结果,既非受道德教训底影响,也非受道德本性底制裁,不过受一种简单的事实底影响,即在文明底进程中,社会已蕴酿成某几种的阶级,他们有保持和平的兴趣,举他们底力量已足制裁好战阶级底野心。

引伸这种论据,当易于证明军事方面底事业必因知识追求的倾好日增之故而逐渐退化,这非但在"名"方面抑在"能力"方面也是那般地退化。在一个退化的社会里面,有特殊才能的人必蜂涌地投入军事一途,并以能入军人阶级为可沾沾自喜。但及至社会进步了,新的活动便开展着,新的职业兴起来了,这种活动及职业其主要点既皆属思想方面,于是使天才者得到成功的机会比以前来得快。结果,在英国这种机会比任何地方为多,譬如一个父亲看到他底儿子底才能是特殊显著的,他便会使他从事一种非教士的职业,这种职业加上了他自己底努力便一定会得到报酬了。可是,如果这个孩子底低能性是异常明显的,也立刻有一个妥当的补救方法,这便是或者令他做军人或充教士,把他送到军队或教会中。这一点以后就可以看到当社会进化时,宗教及军人精神何以必趋于衰落。当一般有才能的人都不愿从事的那种事业,那么,

----

① 照什尼兹勒(Schnitzler)讲起来,在俄国只有军事等级能得到显达,如果一个贵族在军队里并没有注册,或没有军事等级地位的一个旗兵就可以得到他底优先权。(见克洛区底《地理辞典》第二册第六一四页,一八四九年版)在平刻吞(Pinkerton)一八三三年出版的《俄国》一书第三二〇页里也是这般说法。爱门曾经游历俄国之大部分地方说:"在圣彼得堡底现代语里面,人们可以常常听到关于教育阶级个人的重要的询问,他是穿平常衣服还是制服?"(见埃尔曼底《西伯利亚》第二册第四五页)阿利松爵士在《欧洲史》第二册第三九一、三九二页里面说:"俄国全部底力量都倾向于军队,商业、法律及所有的公共事业都不觉得重要的,所有有为而年富力强者皆从事于军事事业。"同书第十册第五六六页摘录布楞纳(Bremner)底话:"没有一样能使俄国及波兰贵族那般惊奇如英国对于公共事业看得那般重的,尤以对于律师辩护事业为然。"

那事业的固有光彩自然地日就黯淡了，名誉首先低减，继而权力也被剥夺。关于教会及军队方面，欧洲现在的确正在经过这种进程。至于说到教会事业，其证据可以在本书底他部分说及。而军事事业底证据也是同样地固定。虽然这种事业在现代欧洲产生过几个非常的天才者，但人数既这般的少，很足使我们惊奇其原来能力之缺乏。假如我们在长期加以比较，那么，更明白这军人阶级整个讲起来已有了退化的趋向。在古代，主要的领袖武士非但有重要的成就，且为政治、军事上广泛的思想家，并且在当时，他在任何方面系不失为铮铮有名之人物。所以——只要从一种民族里举出几个例来——我们发觉到希腊自来所产生的三个名政治家，即索隆(Solon)、塞密斯托克利斯(Themistocles)及伊巴密农达(Epaminondas)——这几个人都也是著名的军事领袖。苏格拉底，古人中之所谓最负天才者，也是一个军人，柏拉图也是一般；安提斯善尼(Antisthenes)，犬儒学派底著名创始者也不过是一个军人。阿开塔斯(Archytas)，对于"毕氏哲学"(Pythagorean philosophy)另有一种新的见解者，和美利萨斯(Melissus)，他是意大利底"挨利亚哲学"(Eleatic philosophy)底继承扩展者——这两个学者都是著名的将军，同时对于文学和战仗都有名的。在最负盛名的雄辩家中，培利克利斯(Pericles)、阿尔西拜提(Alcibiades)、安多西提(Andocides)、狄摩西尼(Demosthenes)及挨斯基尼(Aeschines)都是从事于军事的人；又两个最伟大的悲剧作家挨斯基拉(Aeschylus)、索福克利斯(Sophocles)也是这般。阿基罗卡斯(Archilochus)据说是发明了音韵文，而为荷累斯(Horace)所视为模范者，也是一个军人；忒提阿斯(Tyrtæus)，哀诗底创造者，阿尔西阿斯(Alcæus)著名抒情诗作家，也都是从事于军事的。希腊史家中之最富哲学思想的当推修西提提斯(Thucydides)，但他和塞诺封(Xenophon)、波里比阿(Polybius)二人皆在军事上曾占有很高的职位，并且在战阵中时常能转败为胜的。在喧闹而忙碌的营寨里，这些富有才能的人在时代知识容许之下，能够发展其思想之最高点。其思想之范围既如此广大，其抒写出来之风格也是那般美丽而严正，于是他们底著作曾给从来不注意战事发展的无数论者所诵读。

这些便是古代军事事业底点缀品，所有的著作皆用同样的文字写出给同样的读者去欣赏。但现代世界，这种同样的职业包含了数百万的人员，而地域且举全欧洲自十六世纪以来还不能产生出十个第一流的著作家或思想家。笛卡儿就是一个欧洲战士中而能具有双重才能的人底一例，他以著作风格美丽著名，而一方他底研究很能深造而近乎创作。这不过是一种少数的情形，我相信没有第二个现代军人著作家能够这般在两方面都有超越的成就。当然是，英国军人在二百五十年内没有这种成就，而事实上只产生了两个作家，即劳利（Raleigh）和内彼厄（Napier），他们底著作之所以给人认为模范者，其意盖仅就其本质上的价值而言。这仍旧仅从他们底风格立论，并且这两个历史家无论其写作的技巧如何，也从来没有人认他们是难治的题材底深奥的思想家，且对于我们底知识仓库也没有甚么增积。同样地，在古人里头最有名的军人，同时也是最有名的政治家，军队里头最贤明的领袖，同时也是国家底最好的管理者。但社会底进步已经做成这般大的变化了，在许久的时间里，这种例已经非常的少。就算是加斯塔发斯·阿多夫（Gustavus Adolphus）和腓特烈大帝（Frederick the Great），他们内政底手腕皆很失败，且显出他们对于和平方面眼光很短，而独表示精于战阵而已。恐怕只有克林威尔、华盛顿及拿破仑这三个人能公平地认为第一流的现代军人，而同时对于治国治军尤称能手。假如以英国为一显著的例，那么，我们可以由两个伟大的将军马尔巴罗（Marlborough）及威灵顿（Wellington）看出和上面具有同样的例。马尔巴罗非但是一个最懒惰而最凶暴的人，并且那般非常的不学无术，使得他底短处成为当时人底笑柄；至于说到政治方面，他除了阿谀当时的王后以获得君主底宠爱外，并无其他的目的，他背离了君主底兄弟当最需要他底时候，并且后来以双重的不忠实反叛了以后的主人，复与以前离背的人重新作一种最愚而罪恶的通谋。这些便是当时最伟大的征服者百战百胜的英雄，及布楞宁（Blenheim）、拉密宜（Ramilies）两地方征服者之特异处了。至于其他的军人，英国人提起了威灵顿底名莫不生感激和敬重的意念，这些感觉当然由于他底伟大的军事成就而起，其成就之重要本来叫我们不忍于忘记。但凡研究现世纪的英国本国史便很能充分地明白这个军事领袖在战争时为战阵上之无敌者,而具有纯洁的目的,不可摇撼的忠诚,和不可及的道德上造就者,但对于复杂的政变却每艰于应付。很显著的,他对于立法方面的见解常生错误,且在国会辩论纪录中每一种已见实行的大设施、大革新及每种革新的步骤,每一种适应民意的议案都给威灵顿反对过,但不管威灵顿怎样反对说到会危害英国安全的话,也已毅然公布,而成为英国底法律了。但到了现在没有一个英国学生不知道现代英国之臻于稳固都是这些设施底惠泽。经验——即智慧之最大试验——已经很完满地证明这些——是威灵顿费了他整个的政治生活来反对的——大的革新方策为事实上的必需。这虽然我还不敢说其必有利益或必可取。他常提议要拒绝民意的政策,即自从维也纳会议以后,每一个君主国除英国外都采取这政策的。这政策底结果已经表现出来给我们一种教训:它表现在民意激奋的大暴发的,这种民意在最暴激之时曾经推翻过最凛不可犯的王朝,消灭了王族,墟废了贵族底邸第,令到繁荣的城市荒凉。如果我们采取了我们那伟大的将军底意见,如果拒绝了人民正当的要求,那么,那同样的教训又会见诸我们底编年史了,并且我们必然确定地不能逃出那几年以前这里文明社会充满着执政者底愚妄、自利所酿成的灾祸结局。

古代军事天才者与现代欧洲军事天才者,其成就之天壤判隔,可谓如此!军人天才之所以退化诚有线索可寻,即关于知识方面事业大量地增加,于是昔日天才者所奔竞蜂涌而趋赴的军事事业之愿望遂日见减少,以前的人以为入了军事范围为训练个人才能之最善方策,而现代人已奔赴了较佳的途程了。这当然是极重要的变化,如此将有力之智慧由军事的技巧转移而成和平的表现,已经是数世纪以来蕴酿的迟慢的工作,是知识迈进的积渐而永久的进行。假然我们要写这知识的扩展史即是写人类智慧史了,这种工作没有一个人能单独地担当得起,但这问题既是这般有兴趣,而甚少经人研究过的,虽我将这种分析未尝不言逾其量,但我不能不注意到古代战争精神之所以因欧洲知识进步而低减,其主要原因有三:

第一是因火药之发明而发生,虽则它是一种战争工具,但对于和平之促进是异常有效。据说这种重要的发明,时在十三世纪;但至十四世纪以至十五世纪初期才始应用了它。一旦火药应用了以后，在战争底方策及实际上起了极大的变化。在那时以前，为保护国土及从事征伐，则凡公民均有当兵的义务。当时还没有常备军，只有一些粗莽野蛮的民军，他们常预备要打仗而不愿意从事于当时一般轻视的和平事业。既然全国皆兵，所以军事事业并不独立的，或较确切地说，整个欧洲形成一个大的军队，所有其他的事业皆为所掩矣。唯一的例外便是宗教事业，但这仅有的事业也须受普遍的潮流所影响，并且通常大队军队时常由神父牧师在战场上司领导之责，大多数的神父辈对于当时的战术都非常精明的。① 总之，当时的人必须入这二途，唯一的副业非军事即神学，假如你不愿入教堂，那你便必须入军队服务。其自然的结果，则每一样有重要价值的事业完全被忽略了。当然的有无数的牧师，无数的军人，许多的布道，许多的战争。② 但在另一方面，则既无贸易，亦无商业、工业，无科学、文学，亦全无应用的技术，即社会最高阶级不但对于普通的享受无所知，即使文明生活上最普通的礼仪也不备。

但自火药发明以后，即下了大变化的根基。在旧的制度下，只要由父亲传下了一把刀、一张弓，他便可以预备上战场了。而在新的局面下即须用新的方法，战具比较昂贵而难得。第一要有火药底供给，③还要有短枪，这都是昂贵的武器，而且难于使用的东西。④ 又有因火药而起

---

① 这种敌人是最可怕的，因为在这快乐的日子，一个教外的人伤害了一个神父，他即有渎神的罪恶。在一〇九五年教皇召集了一个会议宣布称："因此，凡身为监督者应预知缔结无法纪的人。"（见马泰荷伊著《巴黎史》第一八页）这宣言底上下文对于这点并没有限制，这样，所以如果一个人拿神父作为囚犯，虽然为自卫起见，精神上也是犯法的。
② 有如忒纳说到英国在盎格罗·撒克逊政府管理之下，"战争和宗教是这时期最能使人沉迷的一个问题"。（见忒纳著《英国史》第三册第二六三页）
③ 据许多著作家说，英国直至伊利莎白女王时代才有火药之制造。但忒纳受理查三世底命令在哈连手册（Harleian Manuscripts）说明英国在一四八三年已有火药了。（见《英国史》第六册第四九〇、四九一页）挨克尔斯吞（Eccleston）说：英国在一四一一年已有火药之制造及输出。（见《英国掌故》〔English Antiquities〕第一八二页，一八四七年伦敦版）总之，在很长时期内，火药久已视为贵重品，即使在查理士一世朝代里，我已发现了怨恨火药昂贵的记载，"军队在他们练习时均表示非常的失望"。（见《国会史》第二册第六五五页）一六八六年在《克拉林敦通信集》（Clarendon Correspondence）第一册第四一三页说到其批发价为每桶从二镑十先令至三镑之值。
④ 短枪是那般没用的器具，在十五世纪中叶要费一刻钟才能放出一弹。（见哈拉姆《中世纪》〔Hallam's Middle Ages〕第一册第三四二页）格罗斯（Grose）说："在英国第一次说到短枪的是在一四七一年，这种东西直至查理士一世时代才废止不用。"（见格著《古兵》〔Military Antiquities〕第一册第一四六页、第二册第二九二页及三三七页）在近代培克曼底《发明史》（Beckmann's History of Inventions）一八四六年伦敦版，第二册第五三五页里面很奇怪地说，短枪是"在巴维阿（Pavia）之战才初次使用的"。

的其他工具,例如有手枪、炸弹、爆炸机、开花弹、炸药线等。① 这些发明,增加了战术底复杂性,同时增加了训练底必需;又这种普通工具之变化,减少了大多数人得着武器之可能。因为适应这等变化的情态,新的制度组织起来了,于是觉得专门为战争目的而训练一部分的人是觉得可取的,并把他们和旧日军人以军事为副业的制度分开了。那么,常备军之组织在十五世纪,时方在火药发明以后。于是更有募兵的风习,这种制度我们本早已晓得,但迄至十四世纪后半叶才至完全实行。

此种变迁的重要性很快地可以看出功效,因为它已把欧洲底社会立刻分了等阶。这些固定的军队经训练之后,对于抵抗敌人更觉有效果,而且直接在政府管理之下,于是他们底能力即刻给人发现出来,旧日的民军制度即便推翻。因为他们早便不得到人的信用,渐至不采用此制度,而卒至明白地消灭了。同时,没有经过训练的军队减少了,亦即使国家一部分的战争底实力减少,因此,使国家更注意那曾受训练的军队,而使他们仅限于肩负军队上的责任。那么,这才是首次大胆地把军人与平民两阶级隔离了,到这时也才有独立的军事职业,②这种军事职业仅占公民全部的少数,所以其余的公民便可以从事于其他事业。③在这情形下,大多数的人民渐失了向日的军人习惯,既然他们被逼着从事于公民生活,他们底力量遂变成极有裨益于社会底普通目的,并培育了旧日所忽视的一切和平空气。结果,则欧洲底思想从此并不似昔日那充满着战争和神道底空气,现在他们打出了一条折衷的途径,并创造许多现代文化所由原始的知识流派。而知识流派分类研究更依时代之迈进而益见明显,分工底功效也很清楚地给人家认可,那么,知识本身也得到进步,而中等及知识阶级底权威也同时并进了。这种权力之每

---

① 据论手枪是在十六世纪前期的发明品。火药是在一四八七年第一次被用以开掘城镇。丹尼挨尔(Daniel)说炸弹直至一五八八年方发明。(见《法国军队》〔Milice Francaise〕第一册第五八〇及五八一页)在《世界传记》(Biographie Universelle)一书第十五册第二四八页也有此一说。但照格罗斯在《古兵》第一册第三八七页里说,在一四七二年伏脱李纳斯(Valturinus)也曾提及。至关于大炮发明之确实时间尚有疑问,可是当然在十四世纪以前已应用于战争了。
② 格罗斯说:直至十六世纪英国士兵还没有规定的制服,"其分别只靠他们将官底武器,像现在的海军一样",又在十六世纪底初期,兵书才有独立的研究。(见《古兵》第一册第三一〇、三一一页)
③ 从凡不务专业者皆是兵的时代以来,情形之变迁确是很明显的。阿丹·斯密斯在《国家底财富》第五册第一章第二九一页里说:"在欧洲文明国家里,任何国通常可征募其居民约百分之一,而其国不致于倾覆。"

一次的增加,即减少其他两阶级底力量,并截止了那些迷信底感觉和好战的心理,这在早期社会里头,所有的热心都集中在这两点的。这种知识原理底滋长与传播的证据,既如此其充足及确定,我们可以将所有的知识流派结合起来,以追索它们底彼此全部的关联。现在我们只有说,照一般的看起来,这种第三的——或所谓知识阶级,最初在十四或十五世纪已经表现其独立的活动,这虽然仍不脱空洞;在十六世纪,这活动便表现了明目张胆的方式,从宗教底步伐看出来;在十七世纪,这种力量更来得实际,转移为攻击政府的腐败,形成了欧洲几乎没有一处地方能逃得出的反叛;最后在十九世纪,甚至扩大了它底目的而伸展至每一公共及私人生活中,如推广教育、纠正立法人员及监视君主,而最高点为建立了民意很坚固的根基,这种民意非但立宪君主,即使最独裁的帝王也要低头了。

这当然是非常大的问题,假如我们对于这点邈无研究,那么,便不易明了欧洲现代蜕化的情形,及对于欧洲将来趋势之预测。但读者已足见火药发明本是一件微小的事,然究其极,可以因此减少习于战争的人数,而复因而减少战争之精神。无疑的,当然尚有其他情形亦趋向于同一的方向,但以火药底影响为最有效,因增加了战争用度之困难,而趋势不得不另建立了军事独立职业,那么也减少了军事精神底活动,剩余的许多人员和剩余的力量无所宣发,于是即刻倾泻于和平事业,而混入于新的生活,开始去制裁征服的欲望。这欲望虽然在野蛮人是很天然的,而却是知识底大敌,并为文明国家时常感到困扰之苦的祸害。

第二个能使好战心减少的知识运动发现较迟,这至现在还未布露它底整个的当然影响。我是暗指着政治经济底发现,它是一种知识,即最聪明的古人也没有认识过,但它占有一种难以夸大的重要性,并且它底特点即在其与尚未成立为一种科学的治国方策有直接的关系。这种高尚的学问,其实际上的价值虽然只有比较进步的思想家能完全明白,但受过普通教育的人也渐渐憬悟了。但即使他们明白了,似还不去注意如何和平事业及文化事业因政治经济之知识而得直接推进。关于这点,我就要表明一下,因为它还可供给我一种论据以支持我所建议的大的原理。

大家都知道在战争的各种因素里头,商业底竞争以前是最明显的一种,有许多争论的例子都是关于颁布几种特殊的税则或保护几种于国家有利的工业。这种争论是建设在异常愚昧及异常自然的观念上,就是说,商业底利益是靠贸易之平均,一国之所得当然是其他一国之所失。人深信财富完全是金钱底积聚,所以每一种人民最主要的兴趣是输入少数的工业品及多量的金钱。若果常是在这种情形下,据说各种事业都可因而健全,反之则我们国家底财源便日渐枯竭,而其他国家即显然占了优势,并且榨取我们而富润了他们自身。① 关于这点,其唯一的补救方法是大家议定一个商业条款,这条款必是要求对方国家多量购买我们底工业品,同时多量地把金钱输向我们。如果对方拒绝了签订这条款,便必须强迫他们能自觉,因此目的,于是便须整备武装以攻打那减少我们底财富,夺取我们用以伸展贸易于国外市场的金钱的国家。②

对于贸易底真性质底错误观念,以前是非常普遍的。这错误观念

---

① 这种一时好尚的理解是见诸一五七八年斯托著《伦敦》(Stow's London)一书用新奇的言论表达而出。他说:如果我们底输出超过输入,那么,我们底贸易便胜利,反之即失败了。(见《伦敦》第二〇五页,一八四二年汤姆士公司版)这问题一失了平衡状态,那么,政治家便感到恐慌,一六二〇年詹姆士一世(James I.)在他底长篇演辞之一里说:"我总觉得这八九年来我底造币厂没有枯竭是一桩奇怪的事,但我以为金融枯竭之弊是在贸易之失其平衡。"(见《国会史》第一册第一一七九页,并参看辩论篇《金融恐慌问题》第一一九四——一一九六页)一六二〇年下议院在一个最严重警告之下,通过了一个"西班牙烟草之输入实为我帝国金融枯竭之源"的决议。(见《国会史》第一册第一一九八页)在一六二七年下议院为着尼得兰因与东印度通商之故,金融输出而致地方衰败一问题曾有切实的争论。(见《国会史》第二册第二二〇页)其后五十年,泰姆培尔(Sir William Temple)在他底通信集及联省视察(Observations upon the United Provinces)中也表示赞成这个原则。(见《泰姆培尔论文集》〔Temple's Works〕第一册第一七五页,又第二册第一一七、一一八页)

② 一六七二年名驰遐迩的沙夫兹巴利伯爵(Earl of Shaftesbury),当时为主管大臣,宣称英国和荷兰底不可避免的战争时期已到了,因为两方同时站在均衡的地位上是不可能的,如果我们不能左右他们底贸易,那么,他们必左右我们了。他们或我们必须有一方屈服才可。一方必须支配其他一方。在全世界贸易底竞争里头是没有和解的可能性的。"(见《萨麦斯短篇论文集》〔Somers' Tracts〕第八册第三九页)数月后,仍坚持战争之论调,其另一理由为"为英国底贸易起见,在东印度必须有一公正的商业规定"。(见《国会史》第四册第五八七页)斯泰普尼(Stepney),一个外交家及贸易大臣之一,在一七〇一年发表一篇文章坚持与法国交战对于英国商业之利益。(见《萨麦斯短篇论文集》第十一册第一九九及二一七页)他在第二〇五页里说和法国交好的结果将是:"我们贸易之整个要倾颓及毁坏。"哈得维克勋爵(Lord Hardwicke)为当时最卓著的一人,一七四三年在上议院说:"如果我们底财富减少,此时即宜将夺取我等在大陆之市场底国家底商业倾翻了——扫除他们在海上行驶的船只,并封锁其海口。"(见卡姆培尔著《枢要底生活》一书〔Campbell's Lives of the Chancellors〕第五册第八九页)

既为最有能力的政治家所信从，于是这非但是战争底直接原因，抑且增加国家仇恨的感觉，因此，大家鼓励战争，各国都认减少邻国底财富为本国当务之急。① 在十七世纪十六世纪末期，确有一二卓越的思想家曾指出这种意见所根据的谬误。② 但他们底议论并未得那些能左右欧洲大局的政治家底赞许。而他们底议论是否已给这些政治家知道，尚是一个疑问。但我们可以确定即使政治家们及立法人员明白了他们底议论，亦必不免加以轻视，盖因当局者职位之稳固，绝无余闲来理会那些新的发现，所以当局者这个团体常常站在时代底后面。结果，他们总在黑暗中扪索着旧的途径，谬以为假如没有得到他们底干涉，商业便不会兴旺的，弄出许多不断的繁琐的规例以扰乱商业，并故意说，每一国政府底责任便是损害他国人民底商业而谋自利。③

但在十八世纪有许多连续的事件——此后我也还要追索的——预备了改进精神及革新愿望之途径，但这途径在那时候世界上仅属初见。这种大的运动在知识的每一种专门研究都已表现了它底力量，现在首次作成功的尝试，就是把政治经济提挈而成一种科学，要发现支配财富之创立及分布的定律。在一七七六年阿丹·斯密斯刊布了他那《国家底财富》一书，我们看到了这书最后的影响，它实在可算是从来没有过的重要创作了，并且是就个人所能对于政治必须根据的原理建立了最有价值的贡献。在这伟大的政论里面，商业保护政策的旧理解几乎弄

---

① 布利斯托尔(Bristol)伯爵，一个有相当能力的人，在一六四二年对上议院说，如果其他国家彼此交战，对于英国是非常有利的，因此我们可以得到他们底金钱，或如彼所谓他们底"财富"。
② 据说塞拉是第一人在一六一三年著作证明阻止宝贵金属输出之可笑。但我相信最早提及现代经济发现底惊人文字是一五八一年斯塔福德所发表者。这篇文字可以在巴克(Park)编辑的《哈连杂志》(*Harleian Miscellany*)第九册第一三九——一九二页看见；又他所写的《英国政策之概观》(*Brief Concept of English Policy*)一篇对于当时视为最重要的政治理论大部分评为意义不充足，因作者非但能深究前人所未知的价值与价值底性质，且能清楚地指出包围制度(The System of Enclosure)之原因，这种制度乃是伊利莎白女王时代之主要的经济事实，且与"贫民救济法令"(Poor-laws)之兴起有密切之关系者。脱维斯(Twiss)博士曾对于上述那篇文字有所叙述，原文很容易得到的，凡研究英国史者都应阅读一遍。在其他提议里面，这篇文字还主张谷类底自由贸易。
③ 关于英国立法底干预一点，克洛区凭下议院一个委员底资格说在一八二〇年以前，"各时期间约有二千个关于商业的法律通过"。我们很可以自信地说，这些法律，每一个都是不轻的恶果，因为没有一种的贸易及任何事业给政府保护而不使其他不受保护的事业及贸易受极大的损失者。如果保护政策是普遍的，那么，损失也是普遍的。的确，人人皆以为历届议会皆应加以补救，又查理士二世在他底演说里头说："我请求找几个简单而完善的议案以改进本国底实业……那么，上帝便会为议会祝福了。"(见《国会史》第四册第二九一页)

到体无完肤,①贸易均衡政策不特被他攻击,其错误抑且给他揭示出来,又几世纪所积聚那无数的笑柄也给他一扫而清。②

假如《国家底财富》刊布在较早的世纪,那它会同享有斯塔福德(Stafford)及塞拉(Serra)底伟大著作底命运,虽这书所提的原理无疑地已激起理论思想者底注意,但恐怕对于实际的政治家不会发生什么影响,或者至多也不过发生了间接的及不信任的影响而已。但知识底传布已经是那般普遍,即是我们底平凡的立法人员也多少要预备接受这些伟大的真理,它在以前是给他们轻视为空谈而已。结果,斯密斯底主义即找到了它底途径潜入了下议院,并给几位领袖的议员所听取,于是遂使全院底议员都十分耸耳咋舌,全院底意见全受古人底智慧所支配,深信现代所发现者无一非古人所已知。不过这些人常常挺身出来抵抗这种前进着的知识底压力,但这是于事无补的。没有一种既经发现的伟大真理以后会弄到隐灭,也从来没有一种重要的发现,在发现前,不受前驱的知识底影响。即使如此,斯密斯所提之自由贸易底原理及其所发生的结果,都给上下两院底大多数人举全力以抵抗,但并无结果。这重要的真理一年一年地向着前进,也从来没有退缩。③ 最初少数有能力的人和大多数人背道而驰,弄到后来,一般人也和这多数人意见相左,于是前所谓大多数人渐成少数,抑且逐渐地消灭了。在斯密斯这本书发行了八十年,我们找不到一个受完美教育者会接受斯密斯以前所流行的意见而不觉得有些难堪的。

这便是大思想家能够统制人事之道,因他们底发明便可支配国家底前进。这种历史上的成功,的确已能压制政治家与立法人员底意见了,这些政治家与立法人员夸大他们事业之重要,于是他们将那些伟大

---

① 关于这点,其唯一的例外,即剥夺重利的法律所持的见解,这种法律幸而给边沁(Jeremy Bentham)所废止了。
② 在斯密斯以前,最大的劳绩应归功于休谟,但这深奥的思想家,因其著作过于零碎,不能发生大的影响。但且不计休谟底成就之如何大,其渊博及努力实较斯密斯为逊。
③ 一七七九年巴尔特尼(Pulteney)在他底经济演讲中,将这点"归功于斯密斯,他很给人承认为有效服了现代,而支配后一代的能力者。"(见《国会史》第三十三册第七七八页)一八一三年斯丢阿特宣称:自由贸易主义"现在我相信已变成全欧洲底有思想的人底流行信条了"。(见《人类思想哲学》第二册第四七二页)又一八一六年李嘉图说:"支持自由贸易底理论是那般有力,所以每日皆可得到附和者。我很引这大的主义已深入于顽固者底心为快慰。"(见《李嘉图著述》第四〇七页《经济流通的建议》〔Proposals for an Economical Currency〕)

的成就谬谬然归功于他们那转移不定的方策。不过他们之所以自诩的知识果何所本呢？他们怎样获得这些意见呢？他们怎样得到他们底原理呢？这些便是他们成功的成分了，这些，他们只有从那些伟大的学者得来的——这般学者因着他们天才底感应将他们底发现营育这个世界。我们很可以大胆地说这位孤独的苏格兰人——斯密斯——自从刊布他那独一的著作以后，对于人类底快乐比历史上所载的所有的政治家、立法者底全部力量影响尤为伟大。

这种伟大的发现底结果，除了关于它有帮助减弱战争精神之力外，在这里我不用赘说。这些发现怎样去影响战争精神一点是很容易表示的。如果照通常所信以为一国之财富只包含金钱，那么，当然也相信贸易之主要目的即系增加宝贵金属之输入。因此，政府自然希望采取一种政策使能获得这种输入，但如果这样办下去，也只有吸干他国底金钱了，而其结果倒是他们自己本身基于同样的理由而要拒绝的。因此，彼此纯正的互惠便不可能了，每一商约均是一国要尝试取胜其他一国的企图，①每一种新的税则也是仇视底表示，税则本应是各种规定之最和平者，不料竟成为国家嫉视仇恨原因之一，于是战争悉本此而鼓动起来了。② 但当我们明白了金和银并不是财富而仅是财富之代表，当人开始明白财富之本身本是完全包括有"技巧"、"劳力"及其所加于"原料"之一种价值，并且金钱除了计算国家底富足外，别无其他用项。这些伟大的真理给人家明了以后，那么，所有关于贸易均衡的观念及宝贵金属之重要性即觉消失。大的错误既已消灭，贸易底真确的理论即不难于阐发出来。我们已见到如果商业是自由的，凡加入国际贸易的国家皆可分有其利益，既无垄断的情形，于是贸易底利益必是互惠了。当我们

---

① 戎松爵士(Sir Theodore Janson)在一七一三年发表的《贸易普通须知》(General Maxims of Trade)一文中，认："所有的欧洲国家，大家都争竞于贸易方面如何取胜一途，他们有同样的信条，以为购买他国底货物愈少，则对于本国愈有利。"这一点为普遍所承认的原则。《萨麦斯短篇论文集》第十三册第二九二页)又在一七〇〇年出版的《一英人与一荷人之对语》一文中，荷人代表骄傲方面，以为他底政府有商业上的"有力的条约非其他国家所能参与的"。(见同书第十一册第三七六页)斯托利博士(Dr. Story)在他底名著《法律之冲突》(Conflict of Laws)第三二页(一八四一年版)说认这种商业条约为"最狭隘自利的制度"。
② "确实，我们不能否认商业上的错误见解，有如宗教上所惯犯者，曾为许多战争与流血底原因。这种错误的见解使每一国认邻国底幸福不能与本国底比较，因此，彼此希望互相损害，互令邻国日趋贫弱，商业竞争精神亦因以发生，这种精神即现代战事底近因远因了。"(见克洛区底《政治经济原理》第一四〇页)

不靠所得来的金钱底数量,则互惠的利益便可很取巧地得来,即是一个国家输出本国能以低廉的价值制成的工业品,同时需要输入所费极昂制成的工业品。后一种工业品在其他国家或因工人之擅有特著技巧,或因天产之丰富,所费很微便能制成,基于以上理由,用商业底眼光看来,如果要使和我们贸易的国家财源日渐枯竭,岂非一件笑话!这等于一个商人愿意富有的老主顾破了产一样。结果商业之精神以前是战斗式的,现在变为和平了。① 虽然非常真实的,一百个商人里头没有一个明了这些经济发现所由创立的论据,但不能阻止这些发现对于他们思想上的影响。比如说,所有无数保护政策之反对者确是没有几个能够用有力的理由以表明其反对的,但这不能阻止反对的进行。因为有大多数人常是绝对顺从当时的精神,而当时的精神不过是知识及其所取的方向而已。在日常生活之普通副业里头,每一个人都因许多的技巧及科学之进步而增加他底安乐及安全,恐怕他对于这些技巧及科学的名辞也举不出,就好似商业阶级也那般受经济发现之利泽一样。这种大的经济发现在近两世纪间已经使我国商业立法有了整个的变化,其变化现正在渐进中,并足以直接急速地影响其他欧洲底国家,这些国家,其民意既然没有那般有力,便很难建立伟大的真理而消灭旧有的腐败。所以在商人中有比较少数是对于政治经济明白的,其所得到大部分的财富也实在是靠政治经济家而来。这般政治经济家既除去了旧日政府因愚昧而对于贸易所施与的障害,于是对于商业的兴盛立了坚固的根基,这也是我国很大的光荣。我们也很可以确定,同样的知识运动已减少了战争底机会,确定一种必须能支配我国和他国商业关系底原理,证明假如要干涉商业底进展非惟无利,抑且有害。最后揭发以前所有的错误,这错误引人相信国家彼此是当然的敌人,鼓励仇视的感觉,而结聚国际的嫉忌心,其力量之所自来,则军事精神仍不为重要的鼓动者。

　　第三个减少好战心的大原因即关于蒸汽对于旅行目的底发明,这发明能引起各国之交通,并帮助毁灭了国际的愚昧的轻视。比如

---

① "这种流行在各国的商人底对敌的情感已支配了几世纪底普通公共利益所有的意义,这种利益,商业国家乃由共存共荣而获得的,而且这种商业精神今为战争之强有力的阻碍,在欧洲史之某期中,实曾为战争底主要原因。"(见密尔底《政治经济》第二册第二二一页,一八四九年版)

说，以前有大部分的英国著作家曾经故意侮辱法国人底道德及私人人格，尤可耻的是侮辱到法国女人底贞洁，致两大国间底愤怒情感非常地激增，引起英国轻视法国人底恶行，同时，也使法国人诽谤英国人。同样地有一时间凡忠实的英国人自己深信能够力敌十个法国人，以为法国人是他们最足轻视的人类，以为他们是最弱最矮小之民族，他们饮冰红酒而不饮白兰地，他们是绝对厌恶蛙类动物的，他们是可怜的不信新教者，他们每星期与弥撒会奠祭时跪拜偶像，并且崇拜教皇；在他一方讲起来，法国人也受着轻视我们的教育，以为我们是粗野而无文字的野蛮人，既鲜感觉，也不大近乎人情，是一种暴燥易怒的民族，生活在最多雾而不见阳光的恶劣空气之下，受着深而永在的愁惨的天气，使一般医学家称为英国人底愁闷，在这种苛虐的不愉快之下，自杀常会发生，尤以十一月时大家都知道我们有千人以上的自缢或自行枪杀者。①

凡多读英国或法国旧文学者，皆知道上述是这两国因其彼此愚昧及思想简单相互对待的意见。但因蒸汽发明之进步能使这两国得到密切的接触，已经消灭了这些愚昧的偏见，并使两国人民彼此赞扬，益进而为彼此敬重。接触的机会愈多则彼此敬重之心愈增。无论神学家怎样说，大多数的人类也总是善行多于恶行，每一个国家那善良的动作总比恶坏的动作来得多。如果不是的话，把这些恶行积聚起来，人类早便整个毁灭了，并且没有一个人会存在这世界来悲痛他底同种底灭绝。还有一个证明，即国家底接触愈多，则同类旧日的仇恨愈易于消灭。这因为许多的经验可以证明，人类并非似我们幼时得到的教训所说那般坏的。但如果恶行真确的比善行为多，结果，社会底混合机会增加，则我们对于他人底恶劣印象也增加，因为我们虽然会掩饰自己底恶行，却不会容恕人家底恶行。可是这并不是真实的情形，常发现凡依自己广阔的知识以认识人类活动之通常路程的人，即是最能对人类怀抱着好感的。最大的观察者及最深微的思想家总是最宽恕的判决者。只有最孤独的厌世者养成个人幻想底错误，常不能体认我们本性之优良之点，

---

① 通常以为在天气恶劣的地域底自杀者较天气清明的地域为多，这并且是法国底聪明人所喜引为谈柄的题材。他们每倡英国人之好自杀及自杀与阴沉天气关系之论而不觉厌倦。不幸这种普通论调在事实上恰相反，并且我们有确实的证据，夏天底自杀者比冬天为多。

并过分地夸大恶劣的性能。或只有那些愚昧而无知识的修道者,每每梦想生活在慵懒而孤清的境界里,夸大他们自己底谬妄,并斥责人家底恶行,因此,他们反对生活之享受,恼恨因他迷信而离开的社会。这些人就是最有力地坚持我们本性腐败及我们已经退化的人。凡通晓某一国家底历史者当能明白这些意见所发生的恶果。由知识底前进中所获得的无量的利益鲜有能与交通改良的所生的便利还来得重要的,①交通之便利因其增加国与国间、人与人间底接触次数,所以在非常的范围里已纠正了他们底偏见,提高了他们相对待的意见,减少彼此间的仇视。因此,将我们普通的本性分布了一个有利的见解,激起我们人类底谅解性底无量的来源,这种谅解性在从前曾给人认为邪说的。

这即是现代欧洲所遭遇的事,法国与英国底人民仅因接触之增加,彼此已有较佳的印象,并且彼此都放弃了从前两民族间愚昧的轻视。在这一点及其他情形中,一个文明国家与其他一个文明国家愈能互相地认识,愈能相亲敬及愈谋接近。在所有国家仇恨的因素里,愚昧实最占势力。当接触增加了,愚昧自然可以扫除,仇恨也可以减少。② 这是慈善底真确的保证,比较所有的道德家及一般圣哲底教训还来得有价值。他们追求他们底事业已经有几世纪了,对于战争次数减少的企图也没有丝毫的效果。但我们并没有言过其辞,每一铁路线底新完成,每一艘经过英国海峡的汽船却都是长期不断的和平新保证,这种和平在四十年内已经把世界两最文明国家底财富及事业发生了密切的关系了。

以上依我底知识所容许,我已将减少宗教压迫及战争底原因试为表明,这两个大的恶行,人类现在还想用以摧残他们底同类的。关于宗教压迫之逐渐减轻的问题,我不过是很简单地说过罢了,因为在本书底后半部尚须加以充分的解说。但以现在我所说的已大足以证明对于知

---

① 关于那一点,我只需说明我国底一件事实就够了。据贸易局底报告,每年铁道底旅行者在一八四二年一年中达一千九百万人,但在一八五二年已增加至八千六百万人以上。
② 关于这点,斯提文斯说过一个有趣的例,说到一个特著的人卡李拉(Carrera)说:"他对于外国人底观感,确实已经改变了。这是一件个人间底接触对于免除个人及阶级偏见底影响底一个很好的例。"(见斯提文斯底有价值的著作《中美洲》第一册第二四七—二四八页)挨尔芬斯同说:"凡能够和印度人做朋友时间愈长久,则对于印人愈有好感,但这与其说这是对于印度人的恭维,毋宁说是对于人底本性的恭维,因为任何民族都是如此的。"(见挨著《印度史》第一九五页)

识进程是怎般的重要,道德情感底运用对于宗教压迫的问题其影响是怎样微弱。

好战精神所以减弱底原因,我已经够絮絮不休的了,读者或以为所论述的冗长得可怕。关于这点研究的结果就是好战精神之减少,实因知识阶级增加之故,而他们却为军人阶级不得不敌视的。再深究这问题,仔细分析以后,我们已经确定有三种大的副因存在,因其存在,于是此种运动因而激起。这些副因即——火药之发明,政治经济学之滋长及蒸汽动力之发现是也。此即知识进步对于减少好战精神之三个大的方式及路程。至于这路程之发现怎样影响到好战精神,我已详加说明了,我所提出的事实与论据,我能够平心地说是曾经仔细及反复的研究过的。我十分不明白还有甚么根据能反对我所论据的正确性?我很明白这些论据及事实当然为某几个阶级所不满,但一种不痛快的著述实不能认为错误的证明。我所得到的证据底来源我已详加表明了,我希望我底论据或尚不失为公平叙述。从这些论据中发生了重要的结论。由这些论据中即推知那两种最旧、最大、最稳固、传布最广的恶行——即宗教压迫及战争——已逐渐地减少,虽然整个说来,其减少还属渐而缓;惟其所以减少,实无与于道德感觉、道德教训,却是全受人类知识活动及数世纪以来人类所成功的发明与发现底影响。

既然在社会进步表现的两个最重要的现象里头,道德底定律一定永恒不变地服属于知识定律下,便发生一种强有力的断定,在比较不重要的事件也逃不了这一途。如果需要充分地证明这一点,并将以上的断定成为绝对的确定,那么,我们便不须写历史底引论,而写历史底本身了。所以读者现在必须要满意这不过是初步的说明,全部的说明必须留为本书下两册分述。在那两册书里头,我将要表明欧洲之所以由野蛮进而为文明之域皆因知识活动为之推进。现在主要的国家,几世纪以来,其进化已足脱离了自然主动力底羁绊,如果在早期,它们底境遇也许要受其困扰。虽然道德底主动力仍旧纠缠着不休,不过这是反常的,如果我们拿长时期比较起来,这些反常的事便会彼此平衡,在整个讲起来,实在便消失了。所以用广义的眼光衡之,每一种文明民族底变化从积聚方面说来,完全是靠三种原因:

一，他们底最有才能的人所含的知识量；

二，这种知识发展所取的方向，就是说，知识是关于什么题材；

三，知识底分布怎样广阔和它怎样自由地透入社会之各阶级。

这些便是每一文明国家之三种大动力，虽然这种动力之运用常给有权力的个人底恶行或德行所困扰，但这些道德的感觉总能彼此纠正着，而在长时间说来，并不发生很大的影响。道德底内涵无疑地常会变化，因为有许多因素我们至今尚未明了，所以在一个人或一代，时时会有过分纯良的意念或过分恶劣的意念发生，但我们没有理由可以想到善恶的意念底人底比例上有任何永久的变化。至所谓良知良能，我们知道本来是没有所谓进步的。在我们与生俱来的冲动里面，有些时候很占优势，而有些则别种冲动占了优势，但经验告诉我们，这些冲动时常是相反的，因此，常常给反对的力量平衡了。一种动机底活动常被其他动机底活动所纠正，因为每一种恶行总有连带的善行跟着。暴虐之反面是慈悲，同情是痛苦所激起的，少数人之对人不公平，遂引起其他人底恻隐心，罪恶之发生即有补救的方法，并且最大的过恶从来不遗留下永固的印象。国家底衰弱与人类底残杀，所发生的损失从来都会得到补救，并在数世纪以来，这些损失底遗迹已经黯淡下去了。亚力山大帝及拿破仑底大的罪恶经过了若干时已成了梦幻，而世界底一切事件已恢复向日的水平线。这就是历史底隆替似水一般流转的状态底表现，其永久的变迁是我们因本性底定律之存在，遂受其支配。但所有这些以上，还有一种更高的运动，当那潮流激动起来时，有时前进或会后退，于是在那不断的变迁中，只有一件事是有永久性的。恶人底动作只能产生暂时的恶果，善人底动作也只能产生暂时的善果，善果与恶果当然一起地消失了，给继来的世代消灭它们底势力，给以后的时代底不断的运动所吞没了。但伟大人物所发现的一切从来不会离开我们，它们是永久的，它们包含那些永久的真理，引起了帝国底震动，消灭了对敌的信条底争斗，并且证明了宗教连接不断的衰落。所有以上的种种都有不同的标准与方策，一个时代有一个时代自身的意见。这些意见像梦一般地消逝了，它们像幻象底编织物，至今连一些迹像也不遗留了。只有天才的发明单独能够传之永久，我们现在所有的一切也皆由此而来，它们是为所有的世纪，所有的时间而存在的；它们播下了它们底生命底种子，永不会太幼稚，也不会衰老；它们是永不断和不息的川流；它们天然地累积起来，并且因其能增补上许多新的发现，以故，能影响到最远的后代，经过了世纪底奔驰，其影响之大较其初发现之时为尤可观了。

第五章 宗教、文学及政治底影响

宗教、文学及政治所产生的影响底研究。

关于人类史应用其他知识流派已得到好果的研究方法，同时抛弃了所有先入而无同样效果的观念，我们已得到某几种结果，其大纲我们不妨再述一下。我们已经明白我们底动作全是内心及外界主动力底结果，则必须采用这些主动力底定律来解说。我们也见到思想定律在欧洲比自然定律较为有力，并且在文化底进步里，思想定律底超越性常见增加，因为进步的知识累积了思想之源，而使旧日思想底来源固定了。因此，我们以思想定律为进步之最伟大支配者，我们以为自然定律不过占有附属的地位，并且不过表现它们自己在偶然的扰乱中，而这扰乱力量及次数早便渐见减退，现在若整个讲起来，已失其运用力了。用此方法既将所谓社会动力底研究溶化于思想定律底研究里面，我们亦可以后一种定律作同样的分析。我们发觉它们包含着两部分，即道德定律及知识定律。把这两定律比较一下，更可以清楚地确定知识定律底博大的超越性，我们已见到文化底进步一方既因思想定律之优越于自然定律，同时知识定律也胜过道德定律，二者同为显著的现象，这种重要的推论依恃着两种明显的论据。在始，道德底真理既属固定，而知识底真理是进步的，那么，持社会进步是靠道德知识而非靠智慧一说便不可靠了，因为道德知识几世纪以来仍旧是一成不变的。其他的论据包含在以下的事实里面，即是人类底两种大的恶行，并未尝因道德之改进而有所轻减，但已经继续着受知识进步底影响了。从这点讲起来，即可知如果要确知支配现代文化进步的情形，我们必须在知识底量及其分布的历史上搜寻之；而且我们必须要以为自然底现象无疑地会在短时期内发生大困扰,但在长时期内,即会彼此抵消及纠正了,而使知识定律之活动不受这些低劣及附属的作用所支配。

这是我们由不断的分析而得的结论,现在我们便站在这立场上。个人底动作是很受他们自己底道德的感觉及冲动的影响,但这些既对于他人底冲动及感觉有了冲突,于是便彼此相抵消,所以他们底影响以人类底事件之通盘计算起来是看不出的,且人类底全部行为整个讲起来是要受人类所有的全部知识所支配。在个人情感及个人之反复性之相吸收,互抵消中,我们找到了关于罪恶史——以前曾提过的——底清楚例证。因为这些事实已确实地证明每一国家所发生的罪恶量逐年产生了非常可惊的均等性,而并非丝毫因受这些一向与人类动作有关的反复及个人的情感底影响。但如果我们不拿年数而以月数来考查罪恶史,则其规律性自较低;又如果再改以钟点来考查,那么,规律性简直找不到了;我们若不知道一个国家底罪恶纪录,而所达的范围仅限于知道一条街道或一个家庭,那么,它底规律性也看不出来了。这一点的原因,因为支配罪恶的大的社会定律只能经过观察大的数目和长的时期才能看得清楚。但在少的数目短的时期里,个人道德原理便得胜利,而扰乱那比较大的知识定律底运用。所以当道德感觉——人因其引诱而犯罪或因其感动而阻止其犯罪者——将对于他本人底罪恶量上产生极大的影响,而不会对他所属的社会罪恶量上发生影响。因为在长的时期里,它们一定会被相对敌的道德感觉所抵消,而后一种道德感觉转令其他的人发生相反的行为。同样的,我们都感觉到道德原则确是几能影响我们动作底全部,但我们有确实的证明如果我们用充足的时间及广阔的范围来研究社会现象,使超越的定律能自由地运动,那么,它们对于人类底全体或大集团的人群不会产生丝毫影响。

人类动作底全部从最高的见解看来既然是受人类知识全部的支配,那么,搜集知识底证据及把这些证据综合起来以确定支配文化进步底定律底全部是一件很简单的事。而且这是自然会得成功的,我对这点也并没有丝毫的怀疑。但不幸历史却给那些不能担当这伟大工作的人去执笔,于是必需的材料很少给他们搜集得到了,并没有告诉我们那些唯一有价值的事物——并不给予我们关于知识进步的材料及人类如何因知识之进步而受影响底消息——大多数的史学家在他们底著作里充满了最不重要最无用的详细叙述：帝王及朝臣个人的轶事，政府要员间底言行记述，而尤为恶劣者，便是战争底详细记载，这些记载对于那些有关系的人自然觉得有兴味，但实无与于我们，因为这不能给予我们新的真理及其发现的方法。这是停止我们进步的真阻碍，就是这种判断力底缺乏及选择力底愚昧夺取了我们久应积聚、编制及留为将来应用的史料。在其他知识的流派中，观察自应在发现之前，事实被搜集后，定律才能被发现。但在研究人类史时，重要的事实被忽略了。结果凡现在要综合历史现象的人必须搜集事实，同时还要下综合的工作。他找不到现成的材料。他必是一个泥水匠，同时也是个建筑师；他非但要计画大厦，还要去挖掘石矿。这种必须担任的双重工作使那哲学家作这种重大的枯涩的事，即使穷一生之力也担任不来了。历史底研究尚没有达到它本身应有的成功，以供我们作一个完全及深入的综合研究，即使最坚定最忍耐的努力都不能使任何研究者——即在两世纪短时间内——明了人类底真的重要动作。

因着以上所述的问题，我早便废了我本人底计画。我曾勉强决定写一部非普通的而为一个民族底文化史，可是因用这种方法我们便会断割了研究底范围，而不幸即减少研究所包含的材料。人类动作底全部如果以长时期计算之，是靠人类知识全部的，这一点虽是非常的确实，但我们也须承认假然应用于一个国家便失了一些它原有的价值了。我们底观察愈减少，则平均量之不确定性愈大，换言之，即是比较小的定律底运用愈有机会去困扰比较大的定律底运用。外国政府底干涉，异国人民底意见，文学及风俗所发生的影响，他们底侵略或至于克服了我们，以及新宗教、法律、习惯等之强制侵略——所有这些都是自然进化中之一种困扰，在普通的历史看来，是可以互相抵消了，但在一个国家里头即能困扰了她自然的前进，因此，使其文化底运用更难加以估量。我如何尝试解决此种困难，现在便要加以叙述了。但我首要指出那令我选定英国史的理由，因我以为较编辑其他历史更为重要，因此，英国史是值得作一个完全及哲学化的研究。

现在就可明白，当研究过去的事件的优胜点在于确定，此件事件所被支配的定律底可能性,那么,任何民族底历史其活动如果比较少受外来主动力底困扰,便比较地有价值了。任何外国或外来所对于自国的影响,即是对于自国自然的进展底阻碍,所以便使我们所从事于研究底状况更形复杂。使这种复杂性简单化实是各种知识流派中之成功的重要条件。这点对于治自然科学的人是很熟悉的,他们常能因一个单独的实验发现了即费了无量数的观察也找寻不到的真理,理由是现象之实验能使我们在其复杂性中将其分解出来。因此,在将它们和隐昧的动力底干涉隔绝了以后,我们便能令它们走自有的路程,而表现自身底定律底运用。

于是这便是我们必须用以估量任何国历史底价值底真确标准。一国底历史底重要性并不靠其事业之宏伟,而在那国底活动受其本身所发生的原因底干涉底程度如何而定。所以假如我们能找到几个文明民族,他们底文化完全是他们自己去发展的,他们已避免了所有外国底影响,他们也不因统治者个人底利益及特殊性底影响而获有利益或退化——这种民族底历史实是最重要的,因这种历史将表现正常的及本有的发展底情况,它将要表明一个进步的定律在单独情形中活动。事实上,它是一个现成的实验,且完全具有自然科学所依赖的人为的方法底价值。

要找到这种民族,显然是不可能,但是哲学史家底责任就是要选择一情形最相近的国家以供其专门的研究。现在非但我们自己,即是有知识的外国人,也将首先承认在英国最近之三世纪中,此种情形实较其他国为尤永常而成功。我不必讲到我们底发现如何之多,文学之如何璀灿,及军器制造之如何进步,这些是招人家妒忌的题材,其他的国家恐怕要不承认我们可以合理的宣传底优越的才能。但我提出这单独的一点,即在所有的欧洲国家里头,英国是在最长期中,政府最平稳,而人民最活动的一个国家;公共的自由是立在一个广大的根基上,而个人可以享有思想底自由及去做所欲从事的事业;每一个人能够随其所向而传布自己底意见;宗教压迫在英国甚少见,人类思想之流转,很清楚地可以看到,不受其他地方所受到的阻碍;在英国,异教底事业没有危险发生,而不信从国教也是一件普通的事;在英国,那敌对的信条可以同时流行,其升降隆替并不受甚么困扰,而视人民底所需而定,不受教会教义底影响,也不受政府权力底制裁;在英国,所有的事业及阶级无论是宗教方面抑非宗教方面皆是顺其所向而自由地滋荣；在英国，所谓多事的保护政策已首先遇到攻击，且以其在英国之故，才能废去了。总而言之，在英国，凡因障阻所发生的危险底极端性既经免除，所以独裁及叛逆绝少发生，互相谅解既然认为政策底基本原素，所以国家底进步极少受阶级底权力及特殊宗教团体底影响，专制治理者底暴虐等底困扰。

　　以上所述的英国史底特殊点已是人所共知的了。这在一些人固然可引以自豪，但也有引为遗憾的。而在这些环境之上，英国还因着它底国土之孤悬海外，①因此，直至上世纪底中叶，外人到来访问的还是很少，而我们底进步便很明显地不受那其他民族所同感觉到的政府权势、外力影响两种主要原动力底干涉。十六世纪时，英国贵族中，海外观光之习很是流行，②而外国底贵族却没有这种风习。及至十七世纪为娱乐而旅行的风习是那般风行，英国贵族及有闲阶级中几乎人人都走过英伦海峡了，而其他国家底同样阶级却一部分因为没有那般富足，或缺少了航海底习惯，所以除有特别的任务外，很少到我们这个岛里来。结果，在其他国家，此中尤以法国与意国大城底居民更惯见外国人，且如所见的人类一般，无形中便受所见的事物底影响。但在我们底大城里，除了自己的英国人外，却很少有外国人插足其间，即使都会里居民，毕生也许除了见过几位冷淡而踞傲的外国使节踯躅于泰晤士河两岸外，简直没有见到一个外国人。虽常说在查理士二世复位后，我们底国民性开始甚受法国人底影响，但这点我将充足地证明是仅限于范围极小的官僚社会里，对于知识及工业这两种重要阶级实没发生重要的影响。这种接受法国影响的潮流是仅见于我们底文学之最无价值的部分中——在巴金干（Buckingham）、多尔塞特（Dorset）、挨瑟累治（Etherege）、基利格卢（Killigrew）、马尔格累夫（Mulgrave）、罗彻斯忒（Rochester）、塞德利（Sedley）等各无耻的作品中。但在当时及以后各时

---

① 科尔利治很愉快地说："我们最可庆幸的事是由于我们国家底岛屿底性质及环境能令到我们底社会一切组织之建立本着我们底特殊需要和兴趣而蔚成的。"（见科尔利治著《教会与国家之机构》〔Coleridge, *On the Constitution of the Church and State*〕第八册第二〇、二一页，一八三〇年版）

② 在本书他部我可以把十六世纪底人对于旅行兴趣之激增的事实汇集起来，但到了那世纪之后半叶，我们才有延聘导游者领导的风习，这也是一件有趣的事。

期,我们底伟大思想家中,实在没有一人曾受法国底知识界底影响;[①]反之,我们在他们底思想及其风格中找到粗率及著有土俗的色彩。这些虽然不给那些斯文的邻国所欢迎,但至少也不失为我们本国底特色。[②] 以后所产生的法国和英国底知识,其原始及其展布的关系,是一个很重大的问题,但好像其他的真有价值的事物一样,完全给史家所忽略了。在现在这本书里,我要尝试补充这缺点。现在我可以说虽然我们在欣赏上、风雅上、仪容上以及所有的生活之舒适上,其进步一向受惠于法国,但我们实未曾从法国得到能令我们国家底命运可以永久受其变化之最重要影响。在其他方面讲来,法国非但采用了我们许多的政治制度,并且法国史最重要的史迹都受了我们底影响不少。一七九八年法国底革命,大家皆知为几个伟大的人物所鼓吹而成的,因着他们底著作及其演辞乃能引起了人民对于政府底反抗,那里晓得那般卓越的领袖本来由英国学得了许多哲学及原理回了国,因此,遂产生那样可怕而有益的结果了。

我希望勿以为我故意讲许多话,想对于法国——一种伟大而可赞许的,在许多方面说起来超越于我们,而我们尚须恃以借鉴,其缺点不过仅因专制统治者底长期压迫而发生的民族——下一些反应。但从历史眼光看来,我们发展我们底文化确很少得到他们底助力,而他们却反自我们得到极大的帮助。同时,我们必须承认法国政府之干涉他们比我们底来得厉害。但关于那一个国家较为伟大一点上,我本丝毫没有成见,不过根据以上的立场,我总觉得我国史实较为重要而已。我之所

---

① 在这个时代,英国底天才作家中仅有德莱登(Dryden)是受了法国思想底影响,但这在他底戏剧中色彩最为明显,而这些作品底全部现在都给人们当然地忘却了。他底伟大的著作,尤其是他底除了朱未那尔(Juvenal)以外超出于一切竞争者之上的奇异的谐诗是绝对的含有国家色彩,且以我个人底评骘,其在英国文学标准方面,成就仅亚于莎士比亚而已。在德莱登作品里头,表面上无疑地含有不少的法国色彩,不过没有什么法国底思想,而我们估量外来影响底真实的积量却须重乎思想方面了。司各脱爵士(Sir Walter Scott)曾那般过分地说:"曾否有一个法国字融会于德莱登底作品中实还是一个疑问。"(见司各脱著《德莱登生平》第八册第五二三页,一八〇八年版)这话实不愧为一个勇敢的确定。

② 能够保持英国文学底独立性和增加它底价值的第二种环境是没有其他强国有我们底文士那般少和政府发生关系及得到它底酬劳的。至于说这本来是正确的政策和那所谓保护文学适足以摧残之等等的论据都在本书第十一章《路易十四底制度》一章中说到。同时,我要把一个有学问的——不如说有思想的——作家几句话征引在下面:"凡懂得英国典章制度的人必不可遗漏了那由英国思想界底向上的力量所促进的那一种持久的工作底性质底观点。文学一向是随它自己去发展的,奥兰治(William of Orange)不懂得它,安尼(Anne)不去理会它,乔治一世不懂得英文,二世懂得也不多。"(见班克落夫〔Bancroft〕著《美国革命史》〔History of the American Revolution〕第二册第四八页)

以选集了英国文化进步来作一个专门的研究,不过因为它少受外来动力底影响,因此,我们能够更清楚地在文化底进步中看到社会正常的进行,及人类命运所被支配的那些伟大定律底自由运用。

经过法国与英国相关连的价值底比较以后,似乎不必再去研究其他国家底历史了。当然还有两个国家我们可以稍为一说的,大体上言之,我是指德国和美国。说到德国人,自十八世纪以来,确实地他们曾经产生了举全世界之数犹不足与比伦的那么多的幽深的思想家。但我们以前所对于法国底反对点以之加于德国则更为适合了。因为保护政策之在德国一向比在法国为尤强有力。就算是德国最贤明的政府也是时常对人民加以干涉的,决不任他们自由自在地下去,时常注意到他们底兴趣,即使日常生活最普遍的事件也强加干涉。除此以外,德国底文学虽然现今在欧洲占了最高的位置,但我们以后可以看到,德国文学实渊源于足以促成法国大革命底伟大的怀疑运动。在十八世纪中叶以前,德国人中除了著名的如开普勒及来布尼兹(Leibniz)数人外,实在没有真价值的文学,而且德国人第一次所接受的文学刺激是源于和法国知识界接触及受那卓越的法国人底影响。这些法国人在斐迪礼大王时代群聚于一向所认为科学及哲学所麕集的大本营——柏林。从这点便发生几个重要的情形,我现在只能简单地加以说明而已。德国底思想自从受了法国思想底影响而骤然蓬勃起来,它底进展是畸形的,因此,其活动之急骤溢乎德国社会通俗之所需。结果,我们在欧洲再找不到一个国家在思想最高超者及最低者之间有那么广阔的鸿沟存在。德国哲学家底深谙能使其占有文明世界之最高位置。德国人民不管他们底政府如何留心他们底教育,他们总比英、法二国人民来得更迷信、更偏见、更不适合于领导他们自己。① 以上两阶

---

① 一般人对于德国所创立的国家教育制度底意见可以在开伊(Kay)底《欧洲人民底社会情形及教育》(Social Condition and Education of the People of Europe)一书第二册第一——三四四页看得到。开伊和大多数的文人一样,过于看重文字技能底利益,而忽略了书本和学校力量所不及的那种无权享受公民和政治权利的人民底教育功能。将来说到和法国有关的保护精神史时,我再讨论这题目(见本书第九、第十章)。现在我必须反对开伊所述的强迫教育底结果——这是一个可亲而聪慧的作家所描写的一个令人意悦的图画,但对于他底不正确,我有限可靠的证据,我所述的只有两点:第一,一个彰明较着的事实就是,德国人虽然受了这种教育,却不适合于参加政事,并且对于政府之实际及行政方面不发生兴趣;第二,对于研究这题目的也显出一个事实,即是普遍的迷信程度在普鲁士——德国教育程度最高的一部分——较英国为尤甚,在普鲁士,人对于迷信之固执性也较英国为大。

级之分离是那种不自然的刺激的当然结果。这种刺激乃在一世纪以前刺激了其中一阶级，因而困扰社会底正常分配者。因此，在德国，其最高的思想已超越其国底普通进步，所以在两阶级间便没有了同情心，现在也没有方法可使这两派人有接触。他们底伟大的著作家无与于国家，而仅为个人间的研究而已。他们确是特出的有学问的听众，写出有学问的文字，将国语制造为术语，流利而有力，但难解而曲折，充满了复杂而倒置的句法，他们本国较低下的阶级听了是完全不明白的。① 从这点便产生了德国文学最显著的特殊点。因为既然离开了普通的读者，它便与一般的意见隔绝了。因此，它表现了研究的勇敢性，追寻真理的卤莽心，而不顾一切传统的意见，这几点使它能够获得最高的赞美了；但反过来说，同样的情形发生了实际知识底贫弱，及对于实质及自然兴趣的漠视。这两点是德国文学所应受的指摘了。当然的，所有这些都已加阔了原有的隔阂，并且增加了德国伟大思想家与愚昧的一般人底距离，这般人虽直接在他们之下，但仍旧没有受到他们底知识底影响，而且不因他们天才者底蓬勃的光焰而活跃起来。

另一方面，在美国，我们看见一种恰是相反的文化。我们从来没有看过一个国家，像美国这样缺少最有学问者及最愚昧者的一种现象。在德国，思想家及一般实事求是的人是完全分离的，但在美国，他们便完全混合在一起了。德国每年间皆有新的发现，新的哲学及推广知识范围的新方法，而在美国，这些研究几乎全被忽略了。自从爱德华（Jonathan Edwards）底时代以来，从未曾有伟大的形上学家出现过；对于自然科

---

① 关于这一点，兰格（Laing）——一个最富力量的游历家而曾发表对于欧洲社会之考察的著作者——说得很好："德国之哲学或文艺方面的著作家，其所欲表达之公众对象远较我们底公众读者为尤富于智慧及受教育……在我们底文学里，最无名和最不通达的形上学或哲学的作家视一般人底思想程度尤见低劣，只需粗解文字和普通的理解力即可。……结果，德国文学底社会影响力只限于一狭小的团体内。它对于低级的人底思想毫无影响，即使对于有职业的中等阶级也如此，因为他们没有机会或余闲去深究他们伟大的作家底才能底最高点。公众的读者必须费去许多时间以获得知识，感觉性和悟力才能追随得上一般作家底思想。社会经济家也曾发现在德国有一般水平线之下的异常愚拙、思想迟钝和无知识的大众，而在他们之上的人却发现着迅速的进步，学问与天才。"（见兰格《旅行者底摘录》第一集第二六六—二六七页）他又在第三集第八册第一二页里说："这两种阶级用不同的语句来表示语意或思想。受教育的德国人底语言——即德国文言——不是一般人底语言，也不是中等阶级及其以上的如商人、店主或农人底语言。"

学方面很少注意,并除了法律学以外,①像德国所不断工作的那些大的题材从来没有甚么成就。美国底知识底积量是异常的少,但已分布于各阶级,德国底知识底积量甚丰足,却只限于一个阶级而止。这两种文化方式那一个来得有利益,这问题我们现在无须去决定。我们仅须知道,德国在知识分布一点是非常地失败了,但美国,知识积聚底失败也同样地严重罢!文化既然受知识之积聚和分布之支配,显然一个国家如果它在单一方面有过分的发展,而忽略了其他一方,那么,这国家便难作一个完好的规范。美国和德国既然在文化底两种要素中皆失了平衡性,当然便发生大而相反的恶果,这恶果恐怕不易补救的,而且除非有了补救,否则终为两国进步之障害,虽然一方面的努力尚不失为暂时的利益。

我已经非常简单,但仍希望公平地——当然并无故意的偏袒——试估评世界四个领袖国家底历史底相互的价值。至关于这些国家自身的真伟大,恕我不参末议了,因为每一国家都以为自己是高于一切的。但除非我所叙的事实能够被人家驳倒,否则当然英国底历史在哲学家眼光看来,比任何国家为有价值,因为他能够在英国清楚地看到知识底积聚及分布的并行兼进,因为英国底知识很少受外来的动力底影响,因为它是不论好坏方面极少受那些有权力但常是无能的人——主持公共事业者——底干涉。

因了以上所述的观点,而并非由于爱国的动机,我才特拟为英国写一部历史,且拟以现在已甚丰富的材料,尽量应用,力求详尽完美。但以上已经说过,仅靠研究一个国家底历史实在不易找寻社会底定律,所以我所写这一部书实所以免除这大题材所包含的困难。在最前的几章,我已指出这题材底范围,同时并将它固定在一个最广大的基础上。

---

① 这种例外的原因,我将在本书第二册中加以研讨,但在这里可以很有趣地指出,当一七七五年那样早的时候,柏克(Burke)已惊骇着美国人从事于法律研究者之多。他说:"恐怕世界上没有一国,法律曾这般普遍地给人研究,业律者底本身也这般众多而滋荣,在许多省份内,法律研究占首要的地位。派到国会去的代表大多数是律师。但许多读律的人——大多数都读的——只求得些皮毛。一个有名的书业商曾告诉我,在他所有的生意中,没有像法律书籍之能得到恒久的热烈欢迎及售售到美洲南部、西印度群岛之多的了。殖民地底人民也竟能自行付印。我听说他们在美国售出之布拉克斯同之诠释(Blackstone's Commentaries),其册数几与英国相埒。"在这种情形之下,后来的肯德(Kent)和斯托利底著作,当然是自然的结果。

因为既有这见解,所以我将文化分为两大部:欧洲部分,人比自然为强有力;欧洲以外部分,那里便是自然比人来得强有力了。这使我得到一个结论:即国家之进步从大众自由而言,除了欧洲以外,别处地方不会发源出来的,所以只有在欧洲,我们能研究其真文化之蔚兴,及人类思想之所以克服自然的力量而已。思想定律之超过自然定律既视为欧洲史之基奠,第二步便要将思想定律分化为道德及知识定律,而证明知识定律在推进人类进步上有优异的影响。这种综论,若认历史为一种科学,那么,在我看来这便是历史底最重要的开端。因为要将这综论和英国特殊历史发生关系,那么,我们现在只需确定知识进化底条件。除非这些条件已确定了,否则每个民族底编年史给了不同的作家照他们个人的原则,将史实错误地及偶然地缀拾起来,一定只能以经验的方式来表现而已。

　　这本书其余的部分便完全是要把我所提要的计划来完成——即是研究各国历史中之知识底特殊点,这特殊点,若仅靠我国史是找不到充分的材料的。譬如说在德国,知识底积聚比英国来得快得多,因此,知识积聚底定律在德国史研究起来比较来得方便,而然后可以演绎地将定律应用于英国史。同样的,美国人在知识底分布上比我们做得较为完成,所以我主张用此种分布的定律以解释几部分的英国文化现象。这种分布定律在美国文化中,最容易见到它底活动,而且也比较地容易发现出来。又法国既然是保护精神表现的最有力的一个文明国家,我们可以研究法国这种明显的趋向以循索我国这种精神底隐没的趋向。因着这种见解,我因为要例示这种保护原则,所以我要叙述法国史以表明这种原则对于一个聪明而有能力的民族所发生的损害。并且在法国大革命,这种伟大的事件怎样是那保护精神底一个反动,同时这种反动其根据既来自英国,于此便可看到一个国家底知识怎样影响及于他国,而且我们对于那最重要地支配着欧洲事件的思想交换得到一些结论。这点对于国际间思想底定律给予了不少光明。同这点相关的以下还有两章专门述及"保护精神底历史"的,并且研究到英、法两国这种精神孰为紧张。但法国底民族自十七世纪初期以来已明显地越出了迷信的范围了,不管他们底政府如何费力,他们是非常厌恶宗教底权力,所以虽然他们底历史在政府底方式上还保有保护底原则,但在宗教方面我们着实找不到甚么证据,在我国这种证据也不见得多的。因此,我主张参看一下西班牙史,因为在那里我们可以循索那宗教阶级时常要文饰过恶的保守性底结果。西班牙底教会在最早时期已占有很大的权力,而教士对于人民和政府底影响比其他国家为甚,所以在西班牙,要研究宗教发展定律及这种发展影响于国家事业底状态实在来得方便。

支配国家知识进步底另一因素即国内最有才能的人一向所采用的研究方法,而所采用的方法,非"归纳方式"即"演绎方式"。两种方式各属于不同的文化方式,又常附有不同的思想风格,尤以关于宗教及科学方面为然。这些差异点是这般重要,除非他们底定律已被发现,否则我们不能说已明了过去事件底历史真际。现在这两种差异的极端,无疑地是德国和美国了。德国人是非常能用演绎方式,而美国则独擅归纳方式之运用。但德国和美国在许多方面俱是很背驰的,我想还是拿两个相类似的国家以研究演绎及归纳的精神底运用为较有效,因为两国底相同点愈大,则我们愈易于循索一个单个的分歧点底结果,而分歧点底定律将更为显著了。这种研究底机会可以在苏格兰及英格兰史相比较而得。这里有两个民族,边界相邻,言语相同,文字相仿,兴趣并趋而胶结。但在最近三四十年间苏格兰底知识完全是属于演绎方式的,较英格兰之属于归纳方式为尤甚,为确断不移的事实,此后我将充分地加以详尽的证明。英国人思想上的归纳倾向及我们对此倾向所紧系的迷信的尊敬,曾经被很少数有才能的人所注意而表示遗憾。① 反之,在苏格兰,尤以在十八世纪间,大的思想家除了极少数的例外以外,都喜欢采取演绎的方式。演绎方式底特点当其应用于未经成熟的知识流派时,即增加假定的数目而从此假定再向下搜集事实,遗弃了归纳研究所特有的迟缓而忍耐的上进之路。这种用幻想及先入为主的结论以紧握真理的希望,常可以走到那伟大的发现的路上去,没有人既受正当的教育以后会否认它底伟大的价值的。但当普遍地应用这方式时,便有了极大的危险,恐怕完全基于经验上的均等性底观察便会被忽略了,恐怕

---

① 尤其是科尔利治和密尔。但除了对于密尔在论理方面的精深著作表示极度尊敬外,我敢说他过于将归纳的精神归因于培根底影响,而太不注意于产生培根哲学的其他种种情形——此种情形乃助成培根哲学者。

有思想的人要变成不耐于小而较接近的综论——这种综论,以归纳的方法来说,是必须先于那较广而较高深的综论的。当这种不忍耐果然发生,便产生一种严重的祸害。因为这种较低下的综论造成了只凭空想及现实思想所共有的中立的基础,在这基础上它们能够相遇合的。如果没有这种基础,那么,这种遇合便不可能。在这种情形下,于是科学阶级中人便对于常人凭经验所下的定律似乎也难加以解说的推论表示了不合理的轻视。同时在现实阶级中,对于那般广阔而堂皇的空想每不理会到,而这种空想之中段及其开始的步骤在他们眼光里头也看不到的。在苏格兰,这种结果是非常的奇特,并且在某几方面中和我们在德国所发生的一样。因为两个国家其知识阶级久已以其研究之勇敢及能脱离偏见底羁绊著名,而且大多数的民众也同等地因其迷信之多及其偏见之坚强而著称。在苏格兰,这点比较德国更来得惊人,因为几个尚未甚经人研究的原因,苏格兰在实际上非但是努力而能绸缪于未雨,并且异常的精明。但这点在比较高的生活阶段中,对他们并无补助;同时既并没有一个国家有苏格兰那般多的创作,好研究的及革新的学问,也没有一个同等文明的国家似苏格兰那般具有流连于中世纪底精神,许多可哂的事仍然在保守,而宗教不宽恕的旧感情底活动也是那般容易被引起的。

在空想与现实两阶级间所生的这种分歧点——当然是敌对的——是苏格兰史最重要的事实,并且一半是演绎方法占优势的原因及其结果。因此,这种由上向下既然反对了由下向上的归纳方式,于是遂忽略了那低下的综论。惟有这种综论是两种阶级皆能明了,及皆能在这一点上互表同情的。这种由培根所广布的归纳方法使这低下而较接近的真理得到较高的地位,虽然这点常使英国知识阶级过于求实利,但总可以使他们从那孤立的地位解救出来。但在苏格兰,这种孤立性几乎是十分完全,而演绎方法差不多是普遍的了。充分的证据将在本书第二册中搜集,但我不能令这题材搁起来而不加以例示,所以我将简单地叙述在苏格兰底文学达到最灿烂之点的那三世代中所发生的主要例证。

在这时期几乎占有了一个世纪,且有了一种在人类思想年史中造成可惊的现象的趋势。第一个大的征象,即是由格拉斯哥大学(University of Glasgow)西姆生教授(Prof. Simson)所开始,并由爱丁堡大学斯丢阿特教授(Prof. Stewart)所继承的一种运动。这些有能力的人,费了很大的力量要恢复纯粹的希腊几何学,并轻视代数或符号底分析。因此,在他们或其门徒中发生了爱好那最精细的解答方法,而对那由代数得来的较容易而较不甚精密的解答方法便轻视了。到这里,我们很清楚地看到这种方法之孤立及其性质之深奥,这种方法轻忽了那普通了解所能遽下判断的方法,并且它底进行与其说是从实际以至于理想,不如说是从理想以至于实际了。同时,在其研究范围中,同样的精神由哈彻松(Hutcheson)表现于另一种研究中。他虽然是生长在爱尔兰,但在格拉斯哥受教育,以后并在那里掌教的。在他著名的道德及审美学研究上,他以由不明显的原则得来的演绎理解代替了由明显事实得来的归纳理解,他不顾知觉所给直接及实际的暗示,并相信用某种定律底假设的断定,他能够由先定原则然后搜集事实以得这种定律,而非先由事实之搜集得之。① 他底哲学对于形上学家发生极大的影响,他底由上向下的工作方法,即是从抽象以至具体,被其他一个更伟大的苏格兰人即那著名的斯密斯所采用了。斯密斯如何爱好这种演绎方法底研究,可在他底《道德情感论》(Theory of Moral Sentiments)这本书看出来,同样的又可在《论语言》(Essay on Language)一文及在他《天文史》(History of Astronomy)各段中看出来。② 在《天文史》中,他以普通的见解试为证明天文发现之进程必是如何的,而不先确定它原有的进程是怎样的。又《国家底财富》一书完全采用了演绎法,因为斯密斯在这书里不由财富底现象及统计底叙述以综论财富底定律,而从人类底自私之现象得之,因此将一组底思想原则演绎地应用于经济

---

① 马金托什爵士对于哈彻松曾说:"关于他,我可以说他偏喜于人类天性中增加许多最后的和原始的原则。在苏格兰第二次对于形上学之思考消逝其热烈性以前,这种偏好是苏格兰学派特有的现象。"

② 他底《论语言》在一八二二年并入《道德情感论》里,共二册,亚诺尔特(Dr. Arnold)很轻视这种研究方法。他说:"试将语言现象表明为 a priori 者,我以为不甚聪明。"(亚诺尔特《杂著》第三八五页)这一点将引起了冗长的讨论,诚非这短篇所能包含。但我觉得,这些 a priori 底推论之对于语言家却如假设之对于归纳法底自然哲学家,若果如此,则它们是非常重要了,因为没有真的有结果的实验可以做出来,除非先有明断的假设。没有这样的一个假设,人将在黑暗中摸索数世纪,堆积着许多事实而得不到知识。

事实的全组。① 这本伟大的著作所举的例示没有一部分是真确的论据，它们是随意念而起的，假然没有这些例示，这种工作虽然比较地没那般有兴趣，或没那般地发生影响，但以科学的眼光看来，是同等地有价值的。其他一例，休谟底著作，除了他底形上学方面的论文以外，完全皆属于演绎的。他底深奥的经济的研究，在主要点上皆是先入为主，并且他写这本书可以不必熟悉贸易及金融之详情，而照归纳方法说来，以上的详情却极须先事综合一下。② 他又在他底《宗教自然发达史》（*Natural History of Religion*）里头试尝单用反省而不用证据对于宗教意见底原始作一个纯凭思考的研究。③ 同样地在英国史里，他并不先搜集事实然后下推论，开始他便说：英国人民与政府之关系必跟着某种的顺序而然，但他忽略了不顾那与他那种假设相反的事实。④ 这些不同的著作家虽然在他们底原则，和在他们底题材方面有些异趋，但在方法一层，他们都是同意的，这就是说，他们大家同意了研究真理与其

---

① 密尔和雷依（Rae）对于政治经济家所必采用的方法曾作最深切的研究。（见密尔底《政治经济未决问题底论文》〔*Essays on Unsettled Questions of Political Economy*〕一八四四年出版，第一二〇——六四页，及雷依底《政治经济新原理》〔*New Principles of Political Economy*〕第三二八——三五一页，一八三四年出版）雷依在他底名著里反对阿丹·斯密斯以为他越出了培根哲学所用的方法，因此使他底推论失去了价值，如果用归纳法来研究他底问题，那结果必不如此。但密尔用极大的理解力来证明政治经济只有靠演绎的方法才能成为一种科学。他在第一四三页里说政治经济完全是一种抽象的科学，它底方法就是 a priori 的方法。又在第一四六页里说 a posteriori 的方法是完全无效的。关于这一点，我可以加上一些意见，政治经济之柱石的现代的地租论并非综合经济的事实而成立，乃是用几何学家底方法由上而下理解而得的。当然，反对地租论者常以为地租论是与事实相反，但完全不明哲学的方法而坚持该理论到底是错的。
② 最近发现一可堪注意的例示，表明休谟很巧妙地应用具全新的方法。可参阅柏吞氏《生活及其与休谟底通信》（Burton's *Life and Correspence with Hume*）第二册第四八六页，在那里面，我们可以考见当休谟读毕《国家底财富》后，即观察到斯密斯视"地租为价格之一成分"的错误，故在现在意义上说来似乎休谟是第一个有这种大发见的，虽然李嘉图证明这点是很有功。
③ 他所引用的历史事实只能作为例证罢了，凡读过休谟底哲学著作内的《宗教自然发达史》，没有不看到这一点。我可以说，在这部名著内所持的见解与孔德《实验哲学》内所说的宗教阶段颇有相似之点。因为休谟所说的多神教底早期形式即是孔德所说的拜物教，他们都相信一神教乃是后来兴起的一个较后而复杂的抽象。他说这是人类思想所采取的途径，且是很可能而又曾被格罗特底精密的研究所确定。（阅格罗特著《希腊史》第一册第四六二——四九七页、第五册第二二页）可是大多数早期名作家却持反对及较普遍的意见，即是一神教本产生于偶像崇拜之前，现代人大都维持此说，休挨尔博士亦很肯定地表示同样的主张。（见《布利治窝忒论文》〔*Bridgewater Treatise*〕）
④ 这就是说，他视历史事实不过是表明某几种普通而不用事实证明的原则，所以像什罗瑟（M. Schlosser）说得好："历史之在休谟眼底仅是一种附属的事业，不过是用以介绍其哲学底一种方法而已。"当时还没有发现所谓社会及政治底变迁底原理，无怪休谟对于这种方法之应用尚属幼稚了。但不能说这种方法是不忠实的，因为他底历史目的不是在证明结论，而侧重于表明，故他自以为选择例证时并无失差。我现在不过是解明他底见解，诚非有意维护他，且我深以为在这方面，他是极端错误的。

用向上方法不如用向下的方法。这种特点之社会的重要性,我将在下一册研究之,在那里,我要尝试确定它怎样影响国家底文化,并造成那和这相反的,比较来得实际的英国文学底奇特的不同点。同时,我再加一句——以后还待证明的——演绎的方法非但给卓越的苏格兰采用了,且给福开森(Ferguson)引用于他底仅凭思考而成的《公民社会史》(History of Civil Society);又被引用于密尔底立法研究,马金托什引用于他底法律学底研究,哈顿(Hutton)引用于地理学研究,布拉克(Black)及雷斯利(Leslie)引用于热力调整学,罕忒(Hunter)及窝刻(Alexander Walker)、培尔(Charles Bell)引用于生理学,及卡楞(Cullen)于病理学,布郎及卡利(Currie)于医学中。

这便是我想在此书中加以申述的一个方法底大纲,我且因此希望能得到几个具有永固价值的结果。因为在那些原则最发展的国家里头,研究各种不同的原则,那么,这些原则之定律将比在那些原则不甚明显的国家研究起来来得容易见得出。既然英国底文化其途径比较其他国家为顺序,及不受困扰,那么,在写它底历史的时候,尤须用我所提议的几种方法。什么使英国史那般有价值呢?这就是,没有一个地方,其国家之进步无论在好或恶的方面曾这般地少受干涉。但我们底文化因这种关系保全在较自然及健康的状态中,只此一点的事实已经使我们义务上应该要观察其他社会流病较多的国家来研究我们所难免的流病。文化之安定及其永久性必须要看它底文化分子相结合的规律性,并靠这些分子活动的融合性。如果有一个分子太过于活动,那么,全部的组合便会发生危险了。因此,虽然分子组成的定律我们能够在一个分子组合最完全的地方确定之,但当我们能够找到分子本身最活动的地方,那么,我们必须搜寻每一单个分子底定律。于是我一方面选择英国史,因为在英国史里面各种原则底融合性是维持得最长久,一方面又因为那个原故,想着最好分别研究各原则最占势力的国家,并且在那国家里头,其全部底组织底平均性曾因着反常的发展而致扰乱的。

有了这些戒心以后,我们即可以移去了许多对于历史研究仍旧存在的困难。但在踏入了当前广阔的园地以前,最好清理几个初步的论点——这些我们未曾注意过的,但其讨论可以免除某几种或须提出的反对。现在我所示的题材就是宗教、文学及政治三个最重要的题目，在许多人的意见里头以为是人类事件底主要的推动者。这种意见全是错误的，我现在便要加以证明了。但这种意见既是那般广布及那般容易地给人深信，所以我们必须对它有些了解，并要研究这三种大的力量对于文化进步所施的影响的真性质。

现在，第一点，若果一个民族随他们自己去发展，那么，很明显的，他们底宗教、文学、政治，不是他们文化底因素，而是文化底结果。由某种社会情形之下，必自然地随着产生某种结果。这些结果当然无疑地要为外来的动力所调和；但如果不是这样，那么，一向是习于理解及怀疑的一个高深文化的民族，决不会得保留一种常与理智及宗教挑战的宗教。有许多例可以表明国家改变它们底宗教，但进步的国家却没有自动地去采用一个退步的宗教，而退化的国家也不会改良它底宗教的。一种好的宗教当然和文化能和谐，但不良的宗教便和文化极不和谐了。除非有了外来的干涉，否则一个民族非等到他们底理智把他们宗教之不良点启示了出来，便不会发现他们底宗教之不美善；但如果他们底理智是不活动的，知识是固定的，那么，便永久不会发现宗教之不良了。一个国家继续了向日的愚昧，常会保持他们底旧的宗教。一个很愚昧的民族，会趋向于一种充满了神怪的宗教。这宗教夸大了许多的神，并且将每一种发生的事都纳于那些神底直接权力之下。在另一方，一种民族，他们底知识使他们成为证据的较好判断者，而且他们是能惯于担当艰苦的工作——这就是指能"惯习于怀疑"——则需要一种少神怪，少冲突及不甚迷信的宗教。但难道你便说前一种宗教之不良会形成愚昧，而后一种宗教之良好是否养成了他们底知识呢？你是否要说当两个事件前后相接时，前一事是"果"，而后一事是"因"呢？人们对于生活之普通事件，并非用这种理解方法的。我便不明白，为甚么关于历史的过去事件，要这般去理解呢？

其实，在某一时期所流行的一种宗教，便是那时期底显著的征象。当这些宗教意见已深植了根基，无疑地会影响到人底行为，但在它底种根以前，必先有知识的变化。我们可以想得到这种种子必会很快地入了不毛的岩石里，有如一个平和而合理的宗教一定要在愚昧而凶暴的野蛮人中间建设起来。这点已有了许多的实验，且常得到了同样的结果。有高迈的意志及充满了恳切而误用热情的人，而每欲尝试要继传他们底宗教在野蛮国家底人民中，用一种努力而不停止的活动时常给人家一些恩惠或礼物，他们在许多情形中便劝服了野蛮社会从事于基督教底事业。不过凡以教士底胜利的报告和许多的旅行者所供给的连续的证据作比较的话，便会发现这种布道事业非但名不符实，抑且愚昧的民族只采用了新宗教的虚仪而忽略了宗教底本身。他们仅接受了外表，他们给他们底小孩行浸礼，他们可以受圣餐，他们可以到教堂礼拜等作表面工夫而已。所有那些，他们都可以做，但他们离开基督之远有如他们当时跪于偶像之前的时候一样。一种宗教底礼仪及其形式乃是表面的东西，这些一切立刻可以看得到，也是立刻可以学得到，并且容易给不能深入教义的人所模仿的。只有较深入的及内心的改变，才能含永久性，而这些野蛮人久已沉溺于兽性的愚昧中，永不会体会到这一点。移去了这些愚昧，宗教才能渗入。只有这条途径，方能获得最后的胜利。经过仔细地研究野蛮民族底历史及状态以后，我极自信地说：没有一个好例可以表明有任何民族能永久地信从基督教，除了极少例里，教士是很有知识，同时是很诚敬地使野蛮人能熟悉思维的习惯，激起其智慧以预备接受宗教底教义——这教义如果不因刺激，从来不会使野蛮人明了的。

　　就是这样，将一切事件在大的范围看来，人类底宗教是他们底改进的结果，而非改进的原因。但如果在小的范围，或在短的特殊时期中，实际上看来，便时常会有扰乱这种普通秩序的情形发生，而显然违反其自然的进程了。但这点扰乱常序的情形与其他例一样，只能因个人底特殊点而发生。这种人给了支配人类动作的一种次要定律所左右，是能够用他们底天才及能力以干预支配广义社会那些较大的定律底运用。因为有些情形还没清楚，时时便有伟大的思想家为一种单独的目的，穷其毕生之力以从事预测人类底进步，而产生一种宗教或哲学，于是自然的效果便能因此而发生。但假如我们在历史方面看来，我们将要清楚地看到虽然新的意见底创始是属于个人的，但其意见所产生的结果必须视所继传的民族之情形如何而定。如果一种宗教或哲学，其进步之速非那国家所能接受,那么,暂时不会有甚么效用,但必须等候时机,直待这民族底思想已充分地成熟才能接受。关于这点,有许多证据,为大多数读者所常遇见者。世间每有为一种科学及信条而殉身,人受訾骂或竟至于死,因为他们比他们同时代的人所知为多,且因社会之进步未足以接收真理。照普通情形而言,等到几个时代既过去了,于是来了一个时期,这种真理遂被视为平常的事实了;过后,又入了其他的时期,那么,以前所视为寻常的真理,到了这时,即被认为必然的,而最庸愚的人也以为是绝对不可否认的了。这些情形之发生,即表现了人底思想在知识积聚及分布上已能自由地抒发他们自己底意见。但假如用一种勉强的力量及人为的方法,这同一的社会在知识发展上便要受到阻碍,于是这种真理无论怎般重要,也不会给他们接受了。但为什么有些真理,在一个时候既被反对,却在其他时期复会给人们接收的呢?真理是永恒不变的,而最后的承认,必是社会有了变迁,遂使他们能接受那以前所轻视的理论。确实的,历史竟充满了证据,证明高深原理传入于最愚昧的民族中的完全无效。因此,一神主义传入古代希伯来人中,许多世纪还不发生甚么影响。这种民族还没有离开了野蛮的本色,所以他们不能提高他们底思想以接受那般高深的观念。像所有的野蛮人一样,他们追求那能为他们底轻信上供给不绝的神奇的宗教,这种宗教不把神当作单独的神灵,增加了许多的神,竟至充满了每一块田地,群聚于每一个树林中。这便是愚昧的,当然的结果的偶像崇拜,这便是希伯来人永久信赖的。他们非但有严厉及不断的责罚,且在每一机会中,都舍弃了他们退化的思想所不能接受的纯粹一神论而重堕于他们较易明了的迷信中——崇拜金牛和尊敬铜蛇。现在,在这个时代,他们久已没有这种举动了。何故呢?并非是他们底宗教情感较易唤起,或他们底宗教恐惧常被激动。且从此,他们不信奉他们旧有的联念,他们已永久忘失了那些能左右人们底观念。他们不再被那些有时激起恐惧或感谢心底情绪所影响。他们不再明证白天里的云柱,或黑夜中的火柱的存在;他们不再看见西奈(Sinai)所赐予的法律,亦不听见由荷恩(Horeb)轰然而来的雷声。在这伟大的显现的前面,他们底心里常有偶像之存在,当遇有机会时,这种显现便实际上成了他们底偶像了。他们之所以如此，因为他们是在野蛮的状态中，而偶像崇拜是当然的产物了。但何以他们变换了观点呢？那不过因希伯来人像其他民族一样，当文化进步时，即开始将他们底宗教抽象化及精美化了，并且看轻了旧日的多神的崇拜，而渐渐提高了他们底思想以接受这"独一的伟大造物"底观念。在早期，这种观念是没有法子可使他们有这种印象的。

一个民族底意见和知识之关系有那般地密切，因此，以一国而言，其知识之活动必在宗教改善之前。假如我们再需要这种重要的真理的一些举例，我们可以在基督教传布以后在欧洲所碰到的事件中找出来。罗马人——除了极少的例外——是愚昧及野蛮的民族，最凶暴、淫佚而残虐。这种民族，多神教是当然的信条了，我们读史看到他们实行偶像崇拜，而只有几个伟大思想家敢对这点表示轻视的。及至基督教传入以后，发觉他们不能了悟它底神圣及可赞许的教义。以后当欧洲充满了新的殖民——即侵略者——较罗马人尤为野蛮，输入了一种迷信刚刚适合了罗马底情形。因这两种的原因，所以基督教现在便需做它底工作了。结果是非常明显的，因为当新的宗教似乎可以向前而获得欧洲最文明地带的崇拜时，即刻发觉在实际上并没发生任何影响，即刻发觉社会尚在早期时代，迷信还是不可避免。在这早期社会里头，人们如果不采用一种迷信方式，即要采用其他一种了。基督教播扬那简单的教义，宣传简单的崇拜是没用的。人底思想太过于退化，未能接收这伟大的步骤，并且需要较复杂的方式和信仰。以后情形如何，研究宗教史的人自会明白。欧洲底迷信非但没有减少，抑且转入新的途径。新的宗教给旧的愚昧所腐化了，偶像底崇拜接着便是圣哲底崇拜，母神（Cybele）底崇拜代替了圣母的崇拜，①异教底礼仪在基督教会里建立起来，不但偶像崇拜为可笑的事，即教义一点也同样急速地增加，并加入而活动于新宗教精神里。直等到几个时代过了以后，基督教表现了那般奇异而可怕的形式，以至最佳良的本来面目也失掉，并且最早时期最可爱的容貌也全部毁坏了。

几世纪以后，基督教渐渐地由腐败里浮现出来。许多的那种腐败，

---

① 这可以拿事实为之表明，就是三月二十五日，现在称为通告节以敬礼圣母马利亚者，在异教时代则称为海拉里亚（Hilaria）用以敬献于母神的。

现在即使许多文明国家还未能洗刷了去。① 即改良的开端也确然地不可能,直等到欧洲底知识在某种程度下从昏沉的状态醒觉起来,才有可能。人底知识渐慢地前进,使他们对于以前他们所赞美的迷信表示愤怒,其愤怒之如何加厉——在十六世纪爆发为大的史事即所谓宗教改革——成为近代史最富兴味的题材。但为现在的目的起见,我们只需记得一个可纪念而重要的事实,就是基督教在欧洲地域建立了,以后数世纪,未曾收得它底自然之果,因为它所传入的一种民族因其愚昧,遂酿成了迷信,而又因其迷信,便不会倾向于接受基督教原始的纯洁的制度。

的确,在每一页的历史里我们可以碰到宗教教义对于一种民族发生影响的新证据之少,除非在先有一种知识文化。新教所发生的影响和天主教相比对于这方面供给了一个有趣的例示。天主教对于新教的关系便大似黑暗时代对于十六世纪一样。在黑暗时代,人是轻信的、愚昧的,所以他们产生一种宗教需要较大的信仰,对于知识的需要反不甚重要。在十六世纪,他们底轻信及愚昧虽尚占有相当地位,但很急速地便减少了,所以因此必须要组织一种宗教以适合于他们底改变的情形的,即一种宗教合乎自由研究。这种宗教较少神奇,及圣哲传说与偶像,其礼仪较少而不繁复,它不鼓励忏悔、节食、自首、独身及一向普遍的其他一切苦行。这些皆由于新教之建立而起。新教是一种崇拜的方式,因能适合于当时底时代,故有非常疾锐的进步了。若果这种伟大的运动进行无阻,那么,在几世纪中或者能够推翻旧的迷信而建立一种较简单而不甚繁杂的信条,这种进行底速度当然和各国底知识活动成了正比例。但不幸欧洲政府干预和他们无关的事件而以保护人民底宗教兴趣为他们底责任,并且和天主教教士发生谅解,在许多例里头他们强逼停止这种异教底播传,因此障害了时代底自然的进展。这种干涉在各例里本来是怀着好意的,乃全因管理者昧于自己权力发挥底限度,于是其结果便不敢恭维了。差不多在一百五十年间,欧洲饱受了宗教战

---

① 在每一基督教区内,大量异教之仍然存在可以作为一论据以反对边沁对于宗教及语言变迁之智巧底分野。他以为,一个宗教底变化常较一种语言底变化来得急骤一些。(见边沁著《埃及》第一册第三五八—三五九页)

争、宗教流血及宗教压迫底痛苦。这些事件，如果他们能够明白一种大的真理便不会发生了，即使政府对于人民底意见是没有利害关系，最低限度，政府没有权力干涉他们所采纳的崇拜方式。但这原则以前是不知道的，不加注意的，直等到十七世纪中叶，大的宗教斗争才结束了，并且各国皆安于他们底公共信条。这种信条，其重要点从来没有改变过的，二百年以来再没有一个国家因宗教而战争了，同时所有信仰天主教之各大国及信仰新教的国家仍能保持其信仰不改。

从这点便发生，在欧洲几个国家里头宗教底进展，不依自然的程序，而被逼着入于不自然的途径里。照自然的顺序，最文明的国家应该都是信重新教，而最不文明的国家也应保持着天主教的。按例证底平均数来说，这确是真实的情形。所以许多人误以为所有现代底开明现象完全是受了新教底影响，而他们忽略了一重要的事实，即除非开明的现象已经开始，否则新教是完全不需要的。但虽然按事情底常规，这种宗教改革底进步可以作先于这进步的知识底测度及表征，可是在许多情形中，政府及教会底权力时常是阻止及扰乱宗教底自然进展。经过"威斯特发里亚条约"（Treaty of Westphalia）将欧洲底政治关系固定了以后，神学方面底斗争的爱好心差不多全隐没了，人再不想到值得去发起一个宗教革命，并牺牲他们底生命以推翻其国底信条。同时，政府本身也特别不喜欢革命，所以便促成了这种静止的情形。很自然的，以我看起来，他们很聪明地不发生大的变化，而任他们底本国底宗教制度保留其原有的状态，这就是说新教及天主教各自保留他们底原状。因此，现在，无论那一国家，其所信的国教，并不是该国底现在文化之的确的标准，因为固定其宗教的一切环境早便发生，而其宗教之建立不过乃以前一种动力底继续而已。

我以上所讲的是欧洲宗教建立底原始。但在它们实际的结果里，我也可以找到几个很可借鉴的结果。因为有许多国家，它们底国教非自然地产生，而为几个有力的个人底权力发挥的结果，那么，我们便会发现在这些国里其信条不会产生那我们以为必然的结果，这结果照理讲来，是应该产生的。譬如说，天主教比较新教来得迷信，来得不容纳异见，但并不是拿前一种信条为国教的国家一定比较后一种信条的国家来得迷信及不纳异见。其实，法国非但很能像最文明国家底新教徒同样地摆脱了那些可憎的风习，并且更能超过于几个信仰新教的民族，如苏格兰人、瑞典人等。受高等教育的人姑且不论，但在教士及一般人中，我们一定要承认苏格兰人比法国人迷信较深、较固执，及对于其他的宗教比较的更为轻视。又在瑞典——这是欧洲信重新教最早的国家①——非偶然的，而是习惯上有不纳异见及压迫的精神，这在一个天主教国家是一件不名誉的事，从一个以宗教信仰基于自断的权力的民族而发生这种情形当然是不名誉的了。②

这些情形——很容易用比较广阔的归纳法来证明的——表明，当无论那种民族因特殊或偶然的原故相信一种超越于其本身的宗教，即不会发生合理的结果。③ 新教之所以优越于旧教者，在其能减少迷信，容纳异见，及限制宗教权力。但欧洲底经验告诉我们，当新教一传入劣等民族中，其优越点便失了影踪了。苏格兰人及瑞典人——或再可加入瑞士底数县——是比较没有法国那般文明，所以比较的迷信。既然这样，那么，虽然有比法国更良好的宗教也是无益的。在三个世纪以前，因着某种情形——这久已成为过去的——采用了一种信条，这信条因习惯底力量和传统底影响使他们不得不紧握住的，实在对于他们没有好处。凡曾游历苏格兰而充分地注意到其人民观念及其意见者，凡能深究苏格兰神道学及读苏格兰刻尔克人历史及苏格兰会议及异教裁判所

---

① 路德底教义在一五一九年始传布于瑞典，一五二七年宗教改革底原理始由威士脱勒斯（Westeraas）省底省议会正式采用，这件事使华刹（Gustavus Vasa）能攫取教会底财产。

② 关于一八三八年底这些情形，可以参阅兰格著《瑞典》（一八三九年伦敦版）第八册内的几个奇特的及可耻的记载，兰格虽然本身是个新教徒，可是真实地说，在信奉新教的瑞典国内"有天主教所似的法律，为路德派之国家教会所行施，其严厉不下于罗马天主教会之于西班牙及葡萄牙。"（阅兰格著《瑞典》第三二四页）在十七世纪时，这种法律被瑞典教会所颁布，且为政府所赞助，而申明说："如果有瑞典人民改易其宗教者，必被逐出王国以外，而失去其自身及其子孙底遗产授受权……如有介绍其他宗教教师于本国者，须罚款或逐出境外。"（见《柏吞日记》第三册第三八七页，一八二八年出版）关于这点，还可以说，直至一七八一年罗马天主教才能宣传其宗教于瑞典。

③ 我们可以在崇拜基督教至数世纪之久的亚比西尼亚人中看到好的例，因为从未对于他们底智慧方面下过启发的工夫，故他们觉得基督教对于他们似嫌其太过于单纯，所以便把基督教腐化了，故迄今未见有丝毫的进步。布卢斯对于他们底叙述是人人皆晓的了；又一游历者，在一八三九年游历该国时有一绝妙的评语："没有比这不快乐的国家底形式上的基督教更为腐败了。它和犹太教、回教、偶像崇拜都混合起来，成为不足以神益心灵的仪式和迷信。"（见《地理学社杂志》第十册第四八八页克拉夫底《游安科巴日记》〔Kraff's *Journey at Ankobar, in Journal of Geographical Society*〕）

之进行方法者,将明了这个国家受其宗教之实益是如何之少,且在不纳异见的精神及宗教改革底新进向之间其鸿沟是怎样地广阔。反之,凡以法国作同样的研究者将发现一个不自由的宗教附有了自由的见解,并且一个充满了迷信的信条而被一个迷信成分较少的民族信从着。

简单的事实,便是法国人所信的宗教其程度实较他们本身为低微,而苏格兰人底宗教反较其本身程度为高越。法国底自由是不适于天主教的,有如苏格兰底固执是不适于新教的一样。在这些及同样的情形中,信条底特质便被其人民底特质所克胜了,国家底信仰在重要点上完全失其效用。因为这是信仰不与那国家底文化相融合的原故。假如把文化归属于信条之下,你说是多么不适宜呢?政府尝试要保护宗教,那岂不是更甚于愚蠢,而况这种宗教如果适合于人民,便无所用其保护,反之,保护也有甚好处呢!

假如读者已经摸索到以上论据底精神,便将不需要把第二个扰乱的因素——即文学——加以同等精细的分析。很明显的,在上所说关于一个民族底宗教,在大体讲起来,也适于他们底文学的。文学,①当在一个从容的状态中不过是记录一个国家底知识的方式,也即是传播知识的工具罢了。在这一点上,有如我们在其他情形中所想的一样,各个人当然可以大踏步地前进,并且可以远迈于他们时代底水平线上。但如果他们之进行超过了某一点,那么,他们底现在的效用便会减少;如果他们再走前一步,则其效用便至于毁坏了。② 当知识阶级和现实阶级之间底分隔太大,那么,前一阶级固然不会占势力,而后一阶级也是没有多大益处。这便是古代所遭遇的事情,那时,人民愚昧的偶像崇拜和哲学家精密的系统之间底距离是完全不能通过的,③而这便是希

---

① 我用文学这字,并非和科学相对的,乃是用在较广泛的意义上,包括笔载的每一事物——"将文学这个名辞用在它最原始的意义上,即应用文字去记载事实或意见。"(见牟尔著《希腊文学史》〔Mure's *History of the Literature of Greece*〕第四册第五○页)

② 对于历史意见方面研究很有名的哈密尔顿爵士说:"在比例上,若一个作者底思想超乎当时的时代性,那他底著作也曾失了人家注意的。"(见哈密尔顿著《哲学底讨论》〔*Discussions on Philosophy*〕第一八六页)又关于艺术方面,累诺尔兹(Sir Joshua Reynolds)也说:"现在和未来可以视为两个对敌者,得势于其一,必可料到将被弃于其他之一时代。"

③ 知识方面底独占权也是这样,并如尼安德很恰当地称为"古代底贵族精神"。(见尼著《教会史》第一册第四○及九七页,又第二册第三一页)凡对于民主主义一辞不慎于用的作者,往往忽略了这一点,他们忘记了在同一时代内政治上的民主主义也许很普遍,可是思想上的民主主义却很少见。

腊人及罗马人何以不能保持其短时期所曾拥有的文化底主要原因了。同样的程序现在在德国进行着,在德国,有许多有价值的文学做成了奥秘的系统,这系统在本国本身找不到共同之点,所以对于本国底文化不产生甚么影响了。其实,虽然欧洲从它底文学接受了大的利益,但这并不是由于文学底创造而来,乃是由它所保存而来的。知识必先得到了,才记载下来,书底唯一的用处须视作一个仓库,在那里面,知识底宝藏很安稳地存储和可以很方便地找出来的。文学在其本身不过是一件很小的事,其价值不过是一军械局,在里面,保贮着人类思想底兵器,待需要时,兵器便可在里面找寻出来。凡要舍本逐末,凡希望保护军械局而遗弃其兵器的,凡要毁坏其宝藏,因以改良其宝藏底仓库的,都是不足取的理解者。

这却是一般人所容易这般做的,而我尤以在治文学的人底语气中,听到了不少必须保护及报偿文学的话,却极少听到文学必须有自由与果敢的主张,因为缺少了后两点则虽最璀灿的文学也整个地没价值了。确是有一种普遍的趋势,不去夸大知识底利益——因为那是不可能的——而会误解了那知识所因以存在之物。真的知识,即所有文化持以根据的知识,完全包含一种事物与观念彼此的关系及其各自底关系的认识,换句话说,即认识自然定律及思想定律。如果所有的定律都已被人家明了时,人类底知识圈于是才能完成;在知识未完成之前,文学底价值要视乎它对于定律底认识及定律因以发现的材料底相通的程度如何而定。教育事业即是要促进这个大运动,及增加人们原有的知识来源,藉以增进人们底完美性及才具。按此目的,将文学当作一种副的力量来看,是非常有用的。但若把它当作教育中之一种目的,便会颠倒了事件底秩序,而把目的屈服于方法之下了。因为如此,我们常会发现到所谓受过高深教育的人,其知识底进步,真因了他们教育底活动而致于退步。我们常常发现他们给偏见所牵累,他们底进修使其偏见更来得固执而不会减少。因文学既是人类思想底仓库,非但是充满了知识,并也充满了可稽考的事。所以,由文学所得的利益并不十分靠文学底本身,而须靠研究文学的技巧及选择文学的判断力而定。这些是成功的初步条件,如果不履行这些条件,则一国书籍底数目和其价值就变为无甚重要了。即使在文化进步底阶段中,也常常有一种倾向赞许古时偏见所袒护的文学部分,而不赞许那反对他们底部分。在这种趋向甚强有力的例里,一种伟大的学术底唯一结果是要供给回护旧的错误及坚持旧的迷信的材料。在我们底时候,这种例子实在不少,我们时常遇到那些人,其淹博每反为其愚昧所驱使,所读阅的愈多,而所知也愈狭。在有些社会情形中,这种倾向是很普遍的,于是文学底流弊也比它底利益来得大了。譬如,从第六世纪至第十世纪之间,在欧洲没有三几个人敢自动的去思考的,就是这几个人也不得不用隐昧及奥秘的文字以隐蔽其意见。社会底其余的部分在这四世纪里,深深地埋没在最低下的愚昧中。在这种情形之下,少数的阅读者将他们底研究限于鼓励及坚强其迷信于其著作中,有如圣贤底传说、长老底说经是。从这些来源里,他们取出了当时神道学所完全包含的说谎而粗莽的寓言。① 这些谫陋的故事很广阔地流传出来,一时并视为不能摇动的及最重要的真理。这些文学愈成为大众读物,则其故事更为人所深信了,换句话说,其传播愈广,其愚昧愈甚。我并不疑惑的,如果在第七、八世纪——这种文学流传最盛时期中最坏的部分②——文字失传了,人不能阅读所喜爱的书籍时,则欧洲以后的进步恐怕比它本来更来得快呢。因为当知识进步时,它底主要的敌人即是文学所荣育出来的"轻信",并非因较良好的书籍之缺乏,而是对于这种书籍之爱好心消灭了。当时有希腊及罗马底文学,而这些文学,修道士非但保藏了,并时加浏览及抄写的。但对于读者有何裨益呢?他们既不能认识古代著作家底才能,不能欣赏到他们底作风底美丽,只有震骇着他们研究底果敢而已。初次给他们底著作底强烈的光辉所中,这班可怜的读者已头昏目眩,不知所可了。他们翻阅到异教底著作者底一页书,莫不呆立瞠目,惊奇着当日作者取道之危险,而且时常怕会吸啜了古代作家底意见,而致他们自身也

---

① 这种文学底统计,将证明是个很新奇的研究题目。我相信没有人以为值得把它们统计起来,但基佐(M. Guizot)计算,菩兰教徒集传(Bollandist Collection)中含有二万五千个圣贤底生活。(见基佐著《法国文化史》〔*Histoire de la Civilization en France*〕第二册第三二〇页)据说,仅于柏屈克哲人(Saint Patrick)在佐塞林(Joceline)以前已有六十六个作传者了。(见李维虚著《爱尔兰底古代》〔Ledwich's *Antiquities of Ireland*〕第六二页)
② 格索在《法国文化史》第二册第一七一、一七二页里以为看起来,第七世纪底情形较第八世纪为尤恶劣,但对于二者之间的别择去取是很难的。

蒙了极大的过恶呢。结果,他们十分情愿地抛却古代伟大的杰作,而代之以劣等的丛著,这些书籍蒙惑了他们底鉴别力,增加了他们底轻信心,坚固了他们底错误,并将每一种的迷信以文字表达之,因此,延长了欧洲底愚昧性,延续了它底影响,使到长远的后代底理解力亦为所蒙惑。

那么看来,所重要者,乃是某种民族对于其所阅读的文学倾好在那一方,而不在其所有文学底性质如何。我们之所谓"黑暗时代"里,有一种文学,在里面可以找到有价值的材料,但没有人知道怎去利用这些材料。在相当长久的时期内,拉丁文字本是一种土语,假如有人愿意的话,他们或会研究过这些伟大的拉丁著作家,但如果这样,那么,他们必须生活在一种和现在所生活的社会状态迥然相异的社会状态中。他们似其他民族一样,文学底评价以其时代底普通标准而定。照他们底标准,五金底渣滓比真金为尤可贵,所以他们委弃了真金而遂储藏了渣滓。在小的范围里,以前所遇到的事现在也是一样。每一种文学固然都包含了一些真理,而同时也存在了不少谬见,文学所产生的效果如何,完全视能将真理从谬见分辨出来的技巧如何而定,新的观念、新的发现对于将来之能否占有重要性,是不必加以夸说的,但除非这些观念和发现被人家接受及采纳了,否则便不会发生影响,因此也不会有甚么好处。没有一种文学能对于人民会发生利益,除非它发现了这些人民已在开始要接受它底状态中。在这方面讲起来,文学和宗教底意见是相类似的。假如一国底宗教及文学不适合于国家底需要,那么,它们便变为没用的了,因为文学将被忽略而宗教将被毁坏。在这种情况下,最有用的书也没有人研究,最纯粹的教义都被轻忽。这些著作给人忘记,而信仰即给异教所腐化了。

我所指的另一种意见,即以为欧洲底文化全由于各政府所表现的能力及由于立法方面通过的法规对于减少社会底罪恶之有效而来。凡研究过纯净的史料的人对于这种观点必定觉得太过分,很难用适宜的严正态度来斥驳它。的确的,在所有已经宣布过的社会底理论里,没有一种似它那般完全不可维持的,没有一种似它在各观点上那般不完全的。第一点,我们很明白一个国家底统治者以普通情形而言本来是那国底公民，他们本来给那国文学所陶养而成，给那国传统观念所育化，并吸收那国底偏见。这些人最好也不过是时代底产物，而绝非时代底创造者。他们底计画是社会进步底结果，非社会进步底原因。这一点非但可以用思考的论据来证明，并且可以用实际的考虑来解释，这种考虑每一个读史者都能证实。没有一种伟大的政治改进，没有一种伟大的宗教革新在立法方面或执行方面是由任何国之统治者之所创始。这种步骤的最初的提议者当然是勇敢而有才能的思想家，他们认定这些恶俗而加以反对，指出了补救的方法。但他们底意见虽提出了许久，即最贤明的政府也继续着把持那些恶俗而反对补救的方法。以后如果情形较优，外来的压迫既那般坚强，政府不得不放手，于是改革完成之后，人民必会赞美他们底统治者之明察，因为一切都是他们所举办。这种便是政治改进的途径，凡研究各国底法律及其以前之知识进步者必能明了。

充足而确实的证据，我现在就要提出了，但为要举例起见，我现在可以连带地讲到"谷物法"（Corn-Law）底废除，无疑的，这法律在现世纪里头是英国史中最显著的事实。其废除之合理及其需要，是现在每一个有充分的知识的人所共同承认，问题在于这法律怎样提出的。少读本国史底英国人便会说：其真因乃是国会底明察，其他眼光较远的人会把这原因归功于"反谷物法同盟会"底活动及其对于政府所施的压迫，但能够仔细循索这大问题继续经过的各阶段者，将要发觉政府立法机关及那同盟会是一种具有最大权力而却不善于运用的工具，它们不过是一世纪以前关于这种题材的公共意见进行中的代表而已。这种大运动底步骤，姑待以后再加以研究，现在只需讲在十八世纪中叶以后，商业保护政策之可哂已经给政治经济学者充分地说明了，使明白他们底论据的人，都承认了这点，并且能够通晓和这些论据有关系的证据。从这时候起，取消谷物法不是政党底问题，不是利益底问题，而不过是知识底问题。凡明了到这些事实的人，即反对这法律，而不明了者即会赞许了它。所以很清楚的，凡知识分布达到某一点时，那么，法律必会倾废了。同盟会底事功在帮助知识之传布，而国会底事功即在向知识屈服了。但我们可以确定，同盟会及立法机关底人员极其量也不过稍为促进知识进步所形成的必然趋势。如果他们生活在早一个世纪，他们便无所表现其事功,因为时代尚未曾为他们底工作而成熟。他们是一种运动底产物,而这种运动在他们有生以前早已开始的了,他们极其量只能实施前人所垂教的东西,并且把他们从先觉所得到的教训高声地复述一遍而已。因为不能故意说——即使他们也不能故意说——在他们底候补人席上所传播及广布及于全国的主义会含有甚么新颖的意义在。这些发现早已存在,并且逐渐中还在工作着,侵入于旧的错误里,并且在各方面造成了许多新教徒。我们时代底宗教改革者蜂涌于这川流中,他们助进那不能再加拒绝的趋势。他们所服务的,我们不能便视为轻小而可妒忌的一种赞许。他们所遇到的反对仍是很大,并且我们常要记得虽然自由贸易底原理建立起来差不多已有一世纪了,其连续的论据,坚固有如数学真理所根据的一样,但到了后来,还是很有力地给人家反对,这一点便是政治知识退化及政治立法者之无能。经过最大的困难,国会才被引诱地允许人民所决定的要求,而这种要求底需要早已被有能力的人在三个世纪以来证明了。

我所以选择这个例,因为和它相关的事实既不容争辩,而且在我们底记忆里也是很新鲜的。因为这个事件在当时并没有隐蔽,而且后代应该知道这种伟大的议案,除了"改革议案"以外,算是英国国会所通过的最重要的一件案件,也是同"改革议案"一样地受着外力底压迫而由立法机关底强逼而通过。这件议案并非由心悦诚服的答允,却因逼于恐惧而在不得不然之中认许了,这种议案是由那些毕其一生之力以反对而现在所忽然提倡的政治家所施行。这便是这些事件底经过了,并且这也是所有的改进底历史,所有那些改进底历史其重要很可认为现代立法史底重要的时期。

除此以外,还有其他情形值得那些著作家底注意,他们将欧洲文化之大部归源于欧洲政府所创始的那些政策。这种情形就是,凡是每一个大而已生效力的改革都每是毁弃旧的成规而非创始新的施设。立法里头所有新的有价值的改良都是毁坏以前的立法而来的议案,所通过的最良的法律皆是以前法律底复现。在刚才所提过的"谷物法"例里,事实即是将旧的法律重新施行而任贸易自由地发展。当大的改革成功时,其唯一的结果是把事件恢复原状一似立法者未曾干预过一样。同样的看法亦可应用于其他欧洲立法底主要改进上,即宗教压迫底减少。这无疑地是一种大的愉快,虽然不幸,即在最文明的国家现在尚未臻完美之境。但显然的这种让步不过是这样:立法者重头走他们原来的途径,而解除了他们自己底工作。如果我们考究最人道最开明的政府底政策,那么,便会发觉这便是他们所寻求的途径了。现在立法底目的及其趋向即系恢复事件自然的轨道,在这自然的轨道中,他们曾给旧日的立法的愚昧所驱逐出来。这便是现代最大工作之一,如果立法者善于处理,他们当然便值得人类底感激。但虽然我们可以因此感激各个立法人员,不过对于立法者那一阶级我们却无所事其感激。因为,在立法当中,最有价值的改进既然都是毁坏以前立法的工作的,那么,这显然不是他们底功劳了。文化底进步也很清楚地不能归功于那些在重要的事情上曾经贻祸不浅的人,他们底继承者被人视为施惠者,不过因为他们反变了政策而将事物恢复其原状,假如政治家任凭他们走社会所需要的路程,他们也便会仍旧生活在那种原来的状态中。确然的,统治阶级所干涉之限度及其干涉所产生的祸害是那般明显,使得有思想的人很惊奇地以为在这反复的障碍中,文化如何能进步呢!在几个欧洲国家里面,这些障碍在事实上证明是不易免除的,而国家底进步也到这里便停止了。即使在英国,因为由于几种原因——这些原因我现在将要说——其较高等的人有几世纪虽较其他地方底同等等级的人权力为小的也都会令社会受到相当的弊害。这些弊害虽然较其他国家所遭遇者为较轻,但其严重性已足使在人类思想史中造成悲惨的一章了。将这些弊害总集起来,便可以写成一部英国立法史。因为可以广阔地说,除了关于秩序之维持,罪恶之责罚底某几种必须的议决案以外,几乎每一样所作的事都是错的。那么,只要将这些不容争辩的明显的事实看来,我们可以确定所有最重要的事业每因立法者之援助而逆生效果。

在现代文化底附属事业中,没有比贸易底时机更重要的了,贸易底分布恐怕对于增加人类底安适及快乐比任何其他的动力底影响为大。但每一个关于贸易方面立法最多的欧洲政府,其所施行的主要目的似乎即在压制贸易而摧残商人。不令国家底工业走它自己底途径,而将无限的规例缚束工业,所有的规例,其原意都是不错,而结果乃发生极严重的遗害。这些既然做得那般过分,于是在最近二十年来,英国因以著名的商业改革完全都是在解脱这种有害而闯莽的立法。从前对于商业方面所议决的法律至今尚有效力者,是很可以给我们惊奇地加以深思,并不需夸大地说,欧洲底商业立法史表现出每一个可能的谋画以摧残商业。的确的,一个研究这问题的权威者最近说,假如私运之风消歇了,那么,贸易或致不能立足,因为自来已受着不断的干涉了。这种说法,无论其是否怎样似是而非,但凡知道贸易曾经怎样地式微,及反对贸易之阻碍是如何地强有力的,那就必不会反对这种理论了。在每一刻钟,每一时间,政府底暴腕总可看得到。进口有税则,出口也有税则,对那衰落的贸易加以津贴,对于获利的贸易又重税以摧残之,禁止这种工业,而又鼓励那种工业;有种商业品禁其兴旺,因为在殖民地里头已蔚盛了,还有其他的物品可以任其兴旺,可以买收,但禁止其再卖出,又其他第三种物品可以卖买,但不准其出口。于是我们又发现调整工资的法律,调整价格的法律,调整利益的法律,调整利息的法律。一种最令人恼恨的海关底设施附着一种复杂的所谓按情形而变动的计算表——用那悖理的智巧的方法,其税则在同样物品上常有改变,令到没有人能在事前预估其所纳的税率。在这种不确定的税则外——其本身即是所有商业的大祸根——还加着了实施的严厉性,这是出产者及消费者都觉得到的。这种杂税既是那般地繁重,以至加倍及常至四倍其出产品底原价。有种制度建立起来,并严厉地施行,干涉市场,干涉工厂,干涉其所用的机器,而竟致于干涉到店户。城镇中也都有抽国产税的人员在那里严伺着,又海口里蜂涌着货物装卸监视员,他们底唯一的职务是要侦察国内工业之每一次的起落,每一个包裹都要经检查,每一件物品都要抽税,这种可笑的事可以任他们做到什么田地,而这事之所以雷厉风行完全是保护政策为之作祟。他们似乎说,金钱之公认地积聚起来及人民受不方便的痛苦,并不是为政府底用度而实为人民底利益,换句话说,工业阶段之被剥削或可令工业兴旺起来。

这些便是欧洲商业所受到欧洲底立法者底父慈母爱般的恩泽的利益。但是弊害还隐没在后面,因为这已经很可怕的经济底弊害还不似这种制度在道德方面所产生的弊害为烈。第一个不可避免的结果是在欧洲底每一部发生无数及强有力的武装私运团体，这些人靠着触犯他们底愚昧的统治者所设置的法律以为生。这些瞥不畏死而习于犯法的人沾污了周围的居民，在和平的乡村里引入了以前他们所想不到的恶行，使举国庐舍为墟，凡他们所到之处，他们便把酗酒、偷窃、淫佚传播下来，令到他们底同伴者都沾染了粗鄙的败德事，这些败德事是流浪者及目无法纪者底生活上自然的习惯。① 因此而生的无量数的罪恶应直接归咎于惹起此种事件的欧洲政府。这些犯罪事件是由法律而来的，现在这些法律已经废止了，于是罪过也匿迹了。但我们仍不能说，文化底事业是因这种政策而得到前进。我们也不能说，这种制度给予我们甚么利益，这种制度引起了新的犯罪阶级以后，到底还是向后转了，并且虽然罪恶给它停止，不过也是毁坏他们以前所创始的步伐。

不必说的，这些话并不影响到每一个组织完好的政府对于宗教所施的真服务。在所有的国家里头，责罚罪犯权及组织法律权必须有所付托，否则这国家便成多头的行政状态了。但历史家对于每一政府不得不予以指摘者，因为那政府超过了它原有的权责，而每一部都酿成无量数的遗害。发挥权力的爱好是一种普遍的现象，没有一个阶级，既获得权力之后，而能避免滥用的。要维持秩序，扶助弱小，对于公共健康操取某种设施，皆是每一政府对于文化事业所能做的唯一事业。这些服务，有异常重大的价值，没有人能加以否认的，但不能说文化及人类之进步乃因此而促进。所有这些服务也不过予进步以机会罢了，进步底本身必须别有所赖。这种立法上的健全的看法，更可以因以下的事实而益明显，即是知识传布更广，而经验之增加使每一代的人更能了解生活底复杂关系，还有同等多的人坚持着要废去这种保护法律，这些法律之制定曾被政治家视为政治眼光的极大的胜利者。

所以当看到欧洲政府底力量对于文化方面的赞助即在其最成功的

---

① 下面的叙述是近如一八二四年之英、法底社会情形，由艰难的工作而后得到的材料："当这事在英国海岸上进行的时候，对岸底贩私者更努力、更冒险、更大规模地用欺骗和造谣的计划把英国底羊毛品偷漏许多关卡而私运于各镇市。在这两个国家里面便隐伏着和这些事件相关的道德解体的现象。在这种舞弊的计画中，欺骗和造谣是主要的成分，附带着的是狂饮，轻视所有为这种舞弊而设的法律，诚实的商业因此萎靡不振，而谋杀案却又充满着各处。"（见马提奴著《三十年和平中之英国史》〔Martineau, History of England during Thirty Years Peace〕第一册第三四一页，共八册，一八四九年出版）

第五章　宗教、文学及政治底影响

时候也完全是属于相反的；又当看到这些力量更甚于相反时，便是有害的——因此，所有凡以欧洲之进步归功于其统治者之明察的念头，实在显然都是错误了。这种推论非但基于上述的论据，而且是根据每一页历史里头所倍积的事实。因为既然没有一个政府能够知道其本身权力底限度，结果，则政府令它底人民受到不少的损害，而这损害之起因却本是始于良好的动机的。这种保护政策对于损害贸易的影响，刚才已经说过了，除此以外，还有许多其他的例可举。如此，在许多世纪内，每一政府都以为鼓励宗教底真理及阻遏宗教底错误为其义不容辞的责任。这一点所产的祸弊真是无穷，只需指出两种主要的结果就够了，即是虚伪和滥誓的增加。虚伪的增加乃是由于迫人公认某几种特殊意见，否则则予以种种惩罚的必然结果。个人底应付方法姑置不论，可是大多数人对于永常的引诱是很难拒绝的。当引诱来到而用一种尊荣及报偿的方式以表达其引诱的时候，他们时常预备去公认这种占优势的意见而废弃——当然不是废弃他们底信仰——人所共见的信仰底外表，凡采这种步骤的人便是一个虚伪者了，凡一个鼓励这种步骤的政府即是虚伪的煽惑者及虚伪人的创造者。所以我们可以说，当一个政府以某种利害为饵以引诱人民信赖其政策时，它有如一个恶魔，拿世界上美丽的东西卑辞厚礼地去引诱人们变换他们底崇拜及否认他们底信仰。同时妄誓之增加也附着虚伪的增加而来。因为立法者明白看到从这样而来的新教徒是不可靠的，于是用非常的预防方法以对付这种危机，并且强逼人民一再发誓以坚定其信仰，因此以保护旧教条而反对新的信徒。这种对于他人动机之怀疑，在各方面发生了各种的誓愿。在英国就算是学校里的学生也须被逼着地对于许多事发誓——这些事情他也不大明白的，就算思想比较地成熟得多的人也没法决定。假如他将来做了议员也必会因宗教而发誓，在每一个政治阶段里，他也必要重新发誓一次，其誓辞之严正和其职务之微细适成相反。每一件事都要做一个对于神底严正的誓文，于是——我们可以想到的——誓愿在最初本视为当然的事，到了后来便仅退化而为一种仪式了。既容易于发誓，也容易于破约。最有眼光的英国社会观察者——还有许多不同性质的及持反对意见的观察者——大家都同意于以下一点：即在英国习惯上实施的及政府直接创造的滥誓,是这般地普遍以至成为国家腐化的渊源,减少人类证辞底价值,而摇动了人类对他们同类自然的信义。[①] 这种公开的恶行及这种更属危险的隐藏的腐败被基督教统治者底愚昧的干涉所栽植于社会中者,实在是一个沉痛的题材。但在分析文化底因素时,我对这点实不能忽略过去。

将这种研究再事伸引,而表明立法者怎样在其尝试要保护某几种特殊事业,并坚持某几种特殊原则时,非但失败,并发生了和他们原意适见相反的结果是很容易的事。我们已经看到,他们底法律本来要祖护工业的,而反损害了工业;他们底法律原要祖护宗教的,也反而增加了虚伪;他们底法律原要保持诚信的,也反因而鼓励了滥誓。同样地,几乎每一个国家都打算防止重利,而使利息减低,结果却变了增加重利而提高利息。因为既然没有一种禁制——无论如何严厉执行——不能毁坏了求与供底当然关系,于是当有些要借款而其他人要借出时,两方都愿找一个方法以躲开了干涉他们彼此权利的法律。假如两方都能自由处置他们自己底交易,那么,重利便要视贷金底情形而定,譬如抵押品底数目,及偿还的日期。但其自由的措施已给政府底干涉所复杂化了。既然有些人不服从法律,时常要受到危险之威胁,于是重利者非常合理地反对贷出,除非他能得到因其受法律限制底补偿。这种补偿只能取之于借款者,于是他在事实上必须付双重的利息:一种为贷金之受到危险而付的,他种则为补偿法律之危险而付的。这便是欧洲底立法机关所常自置俎上的情形,议决要取缔重利,乃反而增加其猖獗;它颁布那些法律,而那法律每因人民之被逼的需要而不得不干犯。同时,以整个情形看来,这种干犯的责罚倒反落在取款人底身上——即落在政府所祖护的阶级上了。

以同样干预的精神,以同样的错误的保护观念,伟大的基督教政府曾经做出其他更生损害的事情出来。他们用了强劲及不断的力量以摧残出版的自由,而阻止人民对于政治及宗教之最重要的问题表白他们底意见。在几乎每一国家里头,它们得到教会底帮助,曾经组织一个大

[①] 惠特利(Whately)大主教说:"如果发誓的习尚废除了——而保留假作证见的刑罚(是我们担保方面的重要部分)——我相信大体上证辞当必较为可靠。"(见惠特利著《修辞学要旨》〔Elements of Rhetoric〕第八册第四七页,一八五〇年出版)

的文字检查制度,它底主要目的是要废除每一个公民发表意见底绝对的权利。在少数的国家里,他们曾经停止了这些极端的步骤,它们没有那般暴虐,但同等都是不合理的。即使他们不是公开地禁止知识自由传布,也已尽力阻止知识底传布了。他们在所有的知识工具上,在所有传播知识方法上,譬如报纸、书籍及政治的杂志等等,他们课税之重,即使他们是愚民政策底提倡者也不会做到这般地步。的确的,看到他们在事实上的成功,我们可以着重地说,他们抽税简直抽到人类思想的税了。他们使人类思想也付纳杂税,凡愿意把他底意见传达于他人,而尽其力量以增加我们知识底存储,必先要倾尽他底金钱于皇室底财库。这便是因教训他底同类而获得的一种责罚。这便是政府对于文学的勒索,接受了这种勒索以后便赐给他恩赦了,并答应不再加苛求了。而最难容忍的便是这些和同样地勒索之及于每一种的努力——无论在身体或精神方面的。这真是可怕了,知识被阻碍,而一切忠实的工作,沉耐的思想,以及高深的天才底进程皆蒙障害,以至他们低微的收入之大部都没入官家,而去增加了颠顶而愚昧的皇庭底豪侈,助长少数有权力的人底任性以及时常不绝供给他们以压迫人民一切思想的方法。

这些及以前关于政治立法对于欧洲社会所发生的影响的叙述,并非可疑及假设的推论,而为每一读史的人都可以自行证明的。确实的,有几种在英国仍属有效,而在其他国里头还可以见其全部充分地施行着。假如把它们放在一起,便会做成一个可怕的积聚,使我们惊异在这些积聚底前面,文化那里会有它进步底分儿呢!在这种情形之下,而文化竟然进步了,这是人类底非常能力底存在之确实证明,并且证实一种信心:即是当立法减少,人类底思想少了一种障害时,那么,进步将会增加速率地继续迈进了。如果立法对于进步是有功劳,或者希望除开解除前人障碍底那种利益以外,从以后的立法者获得利益的话,便是可笑的事,也是所有健全理解上的笑柄了。这点便是现代所要求于立法者的了,而且我们必须记得,前一代所乞求的恩典即是下一代所要求的权利。当权利固执地被拒绝的时候,那么,以下任一件事件便会发生了:不是这国家日趋衰落,便是人民起来反抗了。如果政府坚持着,而人民即在两难之中。他们要服从的话,便会损害他们底国家;如果他们反叛，那国家底损失更大了。在东方古帝国里，他们平常的方法是屈服，在欧洲底帝国里却是反抗。因此，在现代史中，作乱及反抗的记载占据了极多的篇幅，而且那些不过是旧事底重现——压迫者及被压迫者往复的斗争。但如果我们要否认，有一个国家其致命的危机几世纪以来很成功地已经避免了的话，是不公平的。在欧洲的一个国家——也只是一个——其人民那般强有力，而政府底力量那般薄弱，其立法史整个讲起来除了一些反常的事以外，即是一部渐缓而永常的让步史，其中的改革——或许会不顾争议而拒绝的——已因恐惧而屈服了。同时，因为民主意见底不断的增加，使得在我们底时候，保护政策及私有特权，一一都被废除了，直等到旧的组织虽然还负着空名，却已失了原来的力量，我们再也不用疑惑它们最后的命运是如何了。也用不到我们再说：在这个国家里面，其立法者较任何国为多，不过皆是民意底代表及公仆，基此之故，其进步比任何地方为纯正，既无扰乱，亦无革命。世界皆因此而明白伟大的真理，即是民族兴旺的一个主要条件便是他们底统治者占有很小的权力，而施行得很宽大，一方也不必把他们自己提高而为国家事业底最高判断者，或断定他们自己有权力以打消那些以国家付托他们的人底愿望。

第六章　历史文学底起源

史底起源及中世纪历史文学底性质。

我已将普通所公认的促进文化进步底昭著情势加以研讨,以供读者之参阅;我又曾证明,这种情势本非文化之原因,穷其究竟,亦不过文化之结果而已,且宗教、文学及法律虽然无疑地可以改变人类底情状,但它们受文化之影响却更甚。确实的,我们很清楚地看到,即在它们最灿烂的时候,也不过是一种副的作用罢了。因为无论它们外表的影响是如何有利,它们底本身究是前于它们底变化底产物,而它们所生的结果也将因它们所从事的社会底变异而改变其形态。

经不断的分析后,我们现在研究的范围已渐趋精约,直至我们能寻得理由,相信欧洲文化之发长全由于知识之进步,而知识之进步则全恃人类知识发现真理之数量及其分布之广泛而定。在支持这种意见方面,我仅能举出建立其强有力的可能性之普通的论据,若欲确定此可能性,则必须以最广大的意义来领会历史。因此,我当竭其所知以详述最重要的特殊事实来证明思考上的结论,但在前章我已简单地把研究的方法说明了。除此以外,我又觉得我所列举的原则还可就我未经提及而于现题很有密切关系的方法来试验。这就是参合人类史底进步底研究,和历史底本身的进步底研究。用这种方法,在社会动态方面可以得到极大的光明。因为在人类默察过去及预计现在之两种途径中必常有其联系之点,而这两种观点在事实上是同一思想习惯中的各种不同的方式,因此,在每一个时代中,彼此都表现着某种同情和类似点。且又可以发见这种我所谓历史的历史将建立两个有相当价值的主要事实:第一事实即是在最近三世纪以来,历史家——视为一种阶级——曾对于人类知识表示一种永常增进的敬视,及对于以前缚束人类思想的那些无数策划表示厌恶;第二事实就是在同时期中,他们表示一种继续滋荣的趋势,即遗弃以前所视为非常重要的事件,而倾好于人民情状及知识传布等问题。这两种事实将在本章里得到确定的证实,且必须承认,它们底存在与我所陈述的原则是相符合的。如果能够确定,当社会改进时,历史文学常趋向于某一已规定的方向,那么,便会产生一强有力的或然性,显然地接近那些见解的真理。确实的,就是这种或然性能使任何特殊科学底学者以必须认识其所研究的科学的历史视为要著。因为常有一种动听的臆说,以为当普遍的知识进步时,其任何一部分,如果有适宜的人去研究,也是进步的,即使其结果过于貌小,不致受人注意。因此,我们在继续的时代里必须去观察历史家怎样变易其立脚点,我们可以发觉在长时期里这种变易时常指着一个同一的方向,而且实在讲起来,这变易不过是人类底智慧基于不断的努力来拥护他们自己底权利,并且渐渐从久已阻碍其动作的固执的偏见里头所解放了出来的动态底一部分而已。

因为基于这种见解,我们现在似乎应该当我们考察欧洲各大国底不同文化底分歧点时,也应该把每一个国家怎样写出它底历史底方法来说一下。用这种材料的时候,我完全根据于一种愿望,这就是要列举一种民族底实在情状和其过去的意识底密切的关系,并且因为要留心着这种关联,所以我便不视历史底文学为独立的题材,而视为造成每一个民族底知识史底一部分。现在这本书即要观察到法国大革命以前底文化底主要的特质,因此,我们同时要述及法国历史家及其对于其自己底知识部门所介绍的明显的改进。这些改进对于当时的社会底情状底关系是非常的显特的,并且我们应当对此更加以注意;而在第二册中,其他主要国家底文化及其历史文学亦当以同样的态度来研究。但在我们探讨这些不同的题材以前,我似乎觉到将欧洲底历史起源作一个初步的研究是很有趣的,因为它能供给那些还不甚明了史实人们,并且亦可以使读者明白:历史进步底历程之极度困难,而且现在还在发展未臻完美的情态中。欧洲底远古底材料早便已湮没了,但我们现在所搜集到的关于野蛮民族底广泛的材料,倒可以供给我们为可用的资料,因为在他们之间有许多情形是相同的。极端的愚昧的意识,实在无间于今古及地域,除非自然之在各地有互异之处,才会改变了人们底意识。所以我现在并不疑惑地要应用经验丰茂的旅行家所搜集的证据,并且要从这些证据里推测我们找不到直接资料的当时欧洲思想。这种结论当然是属于想象方面,但在最近一千年之内,可以不适应这种结论,因为每一个大国,在九世纪以来,它们都已有自己底编年史家,而法国人从第六世纪以降也已有不断的记载了。在这章里我要列举在十六世纪以前最大的欧洲权威者在习惯上是怎样写他们底历史。至于在十七世纪及十八世纪之间的全部改进将要按各个进步的国家以项类分述。历史在改进以前,其藐小既然不过像整个错误里头的细胞,那么,我在第一步要考察历史底普遍的腐化底原因,并且要指出历史之所以失其原态的步骤,以至在几世纪里面,欧洲没有一个人能够用批评的态度以研究过去的事实,以至能够把当时的事实正确地去记载。

在远古民族进化历程中及其未有文字以前,他们觉得需要一种在和平时候可以恃为消遣而战时可以刺激勇气的资料。歌谣的发明便是应付这种需要了,这种歌谣造成所有历史知识底基础,而歌谣之各种抒表格调都是在世界上最粗鄙的种族里面找出来。这些歌谣大部分被一种阶级的人所歌诵,而这些人底专业就是要保存这些口碑。的确,对于过去的好奇心是那般自然,各个国度中很少没有歌人的。今试举一些例示,这些流行口碑的保存者非但在欧洲,即在中国本部,西藏及鞑靼,以至印度、辛德、俾路支、西亚、黑海群岛、埃及西部、南北美及太平洋群岛亦所在多有。

在这些国家里头,很迟才有文字,当时因为除了口碑以外,没法去保存他们底历史,于是便选择一个最好的方式以帮助他们底记忆,我因此相信可以发现到最初步的知识常常包含韵文和诗。[①] 韵文、诗在野

---

① 这是一个新奇的证明,证明对于野蛮民族史研究上的疏忽,以至作者常认韵文为比较后起的作品,即使是平刻吞在一七九九年致函与兰格的时候也说:"韵文一直至第九世纪时方才发现于欧洲。"(见平刻吞著《文学通信集》〔Literary Correspondence〕第二册第九二页)事实上,非但古希腊人和罗马人已经知道用韵文,即在平刻吞所说的年日以前,便早已为盎格罗·撒克逊人、爱尔兰人、威士人以至不列颠人所应用了。

蛮人是觉得最悦耳不过,所以他们能够传于其子若孙,而一些也没有错漏。① 错漏底保障更能增加歌谣底价值。这些歌谣,其效用不仅限于娱乐,且一跃而尊为不成文法律的权威了。② 歌谣里头所含的暗示即是解决部落间争端及划定领域的最满意的证据,所以我可以发见歌谣底传授者及创作者给人家认为所有争端底公断人,因为他们也常司领主祭的职务而又给人们视为可以从他们而获得灵感,所以我们当中常有"诗底来源是神圣的"的观念,说不定也是导源于此。③ 这些歌谣当然因各民族底风俗性情及当地底气候而异其风格。在南方,它们表现着热情、淫佚的格调;在北方,则显著着悲酷和战斗底性质。但无论其分歧点怎样,所有的产品皆有一点是相同的,它们非但建筑在真确上,即使在诗底润饰上也能保持其真确于不坠。人们既常反复背诵他们所听到的歌,而又视权威的歌人为解决最后纷争底裁判者,故他们对于事实的正确的活跃兴趣使他们不易有错误。

这是历史所必须经过的各阶段里头之最早及最简单者。但在时间底过程中,除非受了不良的环境底干涉外,社会总是进步的,而在社会改进中,却有一点最关重要:这就是说,文字底发明这仅在数百年的短期中必已把民族传说底本质完全改变了。照我所知,这种改变的发生从未给人说过,所以我试要循索其详细改变之迹也是很有趣之举。

第一点——或可以说是最明显的考虑,是文字底发明可使民族底知识含有永久性,而因此减少了口碑——这便是无文字民族底全部知识——底效用。因此,一个国家进步了,口碑底影响即减失其效力,而口碑底本身也成为不可靠的了。而且在这种情形下,口碑底保存者也失了他们底声价。在一个完全无文字的民族中,歌人是史实底主要储

---

① 这样获得的习惯久已保存着它必需的地位。在许多世纪里面,诗的爱好心是这样的普遍,以致韵文底著作几乎包括全部的民众,且更达至欧洲;这种显示想象的优越性的习作是伟大的印度文化底特色,至于这种文化在理解的立场上却不见得十分高明。
② 挨利斯(Ellis),一个南海群岛底传教士,关于该地底居民,他说:"他们底传统的诗歌是他们用以解决历史上的纷争底标准及权威谁属之纷争者。"当怀疑发生时,"因为他们没有当时所要应用的文字记载,故彼此以口碑底传说以相互攻讦,这样就不可避免地使两方卷入于长期及固执的辩论中了"。(见挨利斯著《多神教之研究》〔Polynesian Researches〕第一册第二〇二—二〇三页)
③ 诗底灵感常因其自然之流露而表现出来,而且无疑的,我们对于伟大诗人之崇拜,其中一原因,不外是他能尽量因其个人之意向以倾情流露其思想。又我相信可以发现凡在知识为歌人——这些歌人或是牧师或是史家——所把持的社会中以诗为神道的艺术这一种观念必最盛行。(见库臧著《哲学史》第二集第一册第一三五—一三六页)

藏所,而他们底酋长底名誉及财产皆靠着这种史实。但当这民族有了文字以后,他们实不愿将名誉财产付托于巡游的歌人底记忆了。于是用新获得的技术把这种史实保存于固定的及物质的方式里。这情形既发生作用以后,民族口碑传述者之重要性便合理地减少。他们渐沉沦而为一种劣等的阶级,因为既失了以前的声价,便不会再产生那获得以前那般盛誉的超越的人才。所以我们明白虽然没有文字决不致产生重要的知识,但文字之发明也对于历史上的口碑确有两种明显的加害:第一减弱了口碑底价值,第二减失了那以保存史实为专业的阶级的人数。

抑有甚者,文字非但减少了口碑底真实量,抑且直接助成说谎的传播。这就是受了所谓积聚原则(Principle of Accumulation)——所有信仰系统皆基于此原则——底影响。比如在古代许多残酷的大盗也有几个叫做"赫叩利斯"(Hercules)一名,这些大盗如果他们所犯的罪恶是顺利而巨大的,那么,他们死后必被人崇拜为英雄。① 这种名称其起源何自,至今还未有确定,但恐怕起初是给一个人的,其后与其成功相同的也享受同一的名称了。这种同一的名字的广泛的采用在野蛮民族里头是十分自然的事。② 假使一个国家底口碑传流在本土及不与其他发生关系时,便不会发生什么混乱。但当口碑用文字来固定了以后,于是口碑之集成者给同样的名字濛混以后,便搜集所有分布的事实而将那些积聚的功积集合在一个人底身上,以致把历史底地位降为怪异的神话了。③ 同样的在欧洲底北部,用了文字以后,萨克索(Saxo Grammaticus)便写了著名的拉格那(Ragnar Lodbrok)底私生活了。这个北欧底伟大的武士曾威震英伦,不料以后在偶然间或文字中给人家认为是一百年前日德兰(Jutland)底王子了。这种偶合,如果任一个地方皆能保存其明白而独立的拉格那叙述,那混乱便不会发生。但有了文字的资料以后,人遂能够集合各种不同的事实底连串,因此,将两

---

① 发罗(Varro)曾指出四十四个这些无赖之徒而称之为赫叩利斯。(参阅斯密斯底《传记及神话》〔Smith's *Biography and Mythology*〕第二册第四〇一页共八册,一八四六年出版)
② 我以为名字混用的习惯当先于较进步社会中之人底统合现象而存在。如果这种议论是普遍的、真实的,那么,我可以说,它对于名目论及实体论之争辩史上更会放一异彩。
③ 在埃及,从前那里曾有五十三个城市是用着同一名称的,因这一点便使我们对于"错误"之所由滋长得到一个概念了。

个真实混合而成了一个错误。以上的事实便是这样发生的。这位轻信的萨克索把两个拉格那底不同的事实混合在一起,而归属于他心意中的英雄。因此,将欧洲底古代史最有趣的一部分隐蔽了。

北欧底编年史也供给一个关于这种错误底显著的例。芬(Finns)族里头有一种种族叫做关斯(Quæns)族占据了波的尼亚(Bothnia)湾东海岸许多地方,其国家名为关兰(Quænland)。但这名称便发生了一种传说,以为波罗的海底北部有一个阿美松(Amazons)底国家。这一点很容易根据本土底知识而加以纠正的,但因为文字底应用使得这种流言即刻固定了,而这种民族之存在,在有些欧洲古代史里面已经绝对的给它们确定。又如芬兰底古都阿波(Abo),后来被称为土枯(Turku),它在瑞典文底训释是有"市场"的含义。阿丹(Adam of Bremen)因为碰巧要研究波罗的海沿岸底国家,①于是便给土枯的名称所误引,以为芬兰曾有过土耳其人底足迹。②

此外尚有许多其他的例表明就是名称也足以濛混了古代史家,并发生了完全错误的关联,而这错误或者可以在当地证实的,但因为文字底作用,把这些名字传布到很远的国家去了,因此便没法证明其矛盾之点。在同样的情形里,我还可以在英国史上再举一例。理查一世——是我们王子中之最野蛮者——当时人私号之为"狮子"。此私号之所由生,乃因其人之大无畏及其性情暴虐之故。③ 因此,遂有人说,他有狮子底心肠,勇士底称呼非但和他底名字结了不解缘,而且竟然产生一无数作者争相传说的故事,以为他曾在单独的比武中手刃一狮。名与故事互为因果与参证,复搀合了其他的假托,遂使中世纪底历史充斥了虚伪的事实。

欧洲历史底腐败现象除非文字之引用所形成之一原因外,尚有其他一因素相助为虐。文字之应用大都搀和着基督教底知识,这种新的

---

① 忒纳(Sharon Torner)称他为"波罗的海底斯特拉宝(Strabo)"。(见脱著《英国史》第四册第三〇页)中世纪底大多数地理学家所有关于北欧底知识未尝不是由他得来的。
② "芬兰人之称该城为土枯,是基于瑞典脱尔(Torg)——市场——这个字一音之转而来。这字底发音使阿丹误信以为芬兰为土耳其人旧游地。"(见库利〔Cooley〕著《海外及内地发见史》〔History of Maritime and Inland Discovery〕第一册第二一页,一八三〇年伦敦出版)
③ 他底十字军底历史家曾谓他之所以被人称为雄狮,是因为他从不宽恕罪犯之故而得名。但此外却有几个埃及古帝王乃"因其曾有英雄的事业底表现而接受了雄狮的名称者"。

宗教不但毁灭了许多纯真的口碑，而且混入许多寺院底稗史，使其余仅存的口碑都失却本来的面目。这种情形的普遍性很可以拿来当一新奇的题材来研究，但举一二个例，恐怕已足使读者感到满意了。

在北方诸大国之古代史中，我们很少有绝对确实的证据，但有北欧诗人底几首叙述他们祖宗或同时代人底功绩底诗歌尚保存着，且不管这些诗歌以后如何给人加入搀杂的分子，精确的批评家却认为确含真实和历史的事实的。而在第九和第十世纪中，基督教底传教士辗转而越过波罗的海，将他们底宗教知识介绍给北欧底居民，①不多时，史底资源，就因此而受了毒害。在十一世纪末叶时，有一个基督教牧师叫做珊墨（Sæmund Sigfussen）的，将北欧流行而未入史册的史事编合一书名为《长爱特》（Elder Edda），他又很自满地将一契合的基督教圣诗加入他底编纂里。② 一百年以后，又有第二次集成的北欧史，因时间长久的关系，其影响更为明显。在第二集内——即《幼爱特》——含有不露痕迹的希腊、犹太及基督教各种寓言底混合体，我们是第一次在北欧底年史中遇着脱劳埃传下的广泛混合的杜撰的事实。③

如果我们转视世界其他部分以求例示，则我们将发现许多组例的事实以证实上面的见解。我们将发觉宗教未曾变易过的国家，其历史较宗教曾有改易的国家为真实可靠而有联系。在印度，今仍被人崇信的婆罗门教，其建立时期甚为悠久，因此，该教底起源早已湮没不可考了。④ 结果使印度编年史从未受过新迷信的腐化作用，而印度人所保有的历史口碑遂较任何亚洲民族来得古远。同样的，中国人曾保持其神怪的宗教垂二千年之久，故在中国，虽然文化不能与印度侪于同列，

---

① 第一个传教士是爱宝（Ebbo），时约在八百二十二年前，继起的是安斯却尔（Anschar），他在后把他底事业远播于瑞典。可是这种步骤进行得很慢，直至十一世纪末叶，基督教才坚固地建立在北欧。常有人以为有几个在爱尔兰底丹麦人在爱伐一世（Ivar Ⅰ.）时代已是基督徒了，但这是李维虚仅恃一个铜币的凭证而弄出来的错误，其实这个铜币本属于爱伐二世时代者。
② 惠吞（Wheaton）说珊墨"不过仅因加入了他自己所作的一首关于含有道德及倾向基督的歌，于是遂得参加于腐化异教的团体里去了。"（见《北欧人民史》第六〇页）
③ 这些穿插既是这样地多，无疑地，使早期的德国考古家都相信《爱特》一书是北欧僧侣底伪作品——这些近似伪作的著述，牟勒（Müller）曾在四十年前予以痛斥。
④ 关于这一点可由精于东方文字及语言学者之相反的叙论而予以证实，他们对于婆罗门教之原始都各有其特出的假说。我们可以说，没有婆罗门教，那就说不到有印度之存在。至关于印度底真历史除非对于支配宗教意识的滋长的定律能作更进一步的综合研究外，似无从下一真确的判断。

但其历史却可溯源以至于公元前数世纪而绝无间断。又如波斯人,其知识之进展固远迈于中国人,但关于他们古代王朝底早期政事,①未有确实的记载。我以为唯一的理由,就是波斯受到《可兰经》之传布后,立即给回教徒所征服,这些回教徒完全抑止了原有的拜火教,因以中断了波斯口碑底川流。②故除了珊大伐斯他(Zendavesta)底神怪谈外,我们找不到有任何价值的波斯史底道地的权威,直至十一世纪,才出现《夏纳姆》(Shah Nameh)一书。在这本书中,佛独西(Ferdousi)将波斯相继信仰的这两种宗教很神异地联合在一起。③如果以后没有那些已被发现的碑碣、铭刻和铜币来作参考,那么,恐怕我们势必至于信托希腊著作家对于亚洲这个重要的王国底简陋而不正确的史料了。④

即使在更野蛮的民族中,我们也能发见和以上同样原则的作用。据人种学者所知道,马来亚·玻里内西亚种族(Malayo-Polynesian Race)充满了大小无数的群岛,由马达加斯加岛(Madagascar)直伸展至二千里以内的美洲西海岸。⑤这些距离很散漫的人民,其原始的宗教是多神教,其最纯粹的一种形式好久还保存在菲列宾群岛中。⑥但在十五世纪时,许多玻里内西亚民族都改信回教了,⑦于是在这些民族

---

① "从亚历山大之死以至萨萨尼(Sassanian)朝代之建立者巴佩金(Ardeshir Babegan)止——占有五世纪之久的时期——的波斯史简直是空白。"(见屈劳埃著《对于领导者的初步讨论》〔Troyer's *Preliminary Discourse to the Dabistan*〕第一册第五五、五六页,共八册,一八四三年版)
② 关于回教和古波斯史底敌视,可参看格罗特著《希腊史》第一册第六二三页。即在现世纪的现在,波斯底最良好的教育还包含着阿拉伯文法摘要、逻辑学、司法、预言家底口碑及高丽记载等等的研究。(见肯内提著《波斯文学》〔*Persian Literature*, in Transac. of Bombay Society〕第二册第六二页)同样的,回教徒也忽略了印度史,且无疑地曾毁坏了它乃至乱加窜改,但他们从未能把持印度有似把持波斯一样,且他们不能改换其本来的宗教。可是,他们一向的影响是不好的,而且挨不芬斯同曾在《印度史》第四六八页里说,直至十六世纪止,没有一个例可以表示曾精研印度文学的。
③ 有一个很高的权威者以为波斯楔形文字铭刻将使我们得到在《夏纳姆》内所包含的神话和口碑底年日底真确统系。(见劳林松〔Rawlinson〕著《巴比仑及亚述底铭刻》〔*Inscriptions of Assyria and Babylonia*〕载《亚洲学社杂志》第十二册第四四六页)
④ 关于希腊人之对于波斯史的盲目,可以参阅肯内提所著论文载于《邦比学社会报》第二册第一一九、一二七一一二九、一三六页。的确的,这个有学问的作者说,他怀疑看"没有一个希腊底著作者曾从波斯本部——就是说从幼发拉斯河以东之地得到他底材料"。
⑤ 就是说到依斯德岛(Easter Island),这似乎是最远的界线了。
⑥ 讲塔加罗格语(Tagala Language)的地方也是这样,洪保德(William Humboldt)说,那地方算是马来亚群岛中波伦西尼岛中底一切宗教形式上之最称完整者。
⑦ 见马斯顿(Marsden)著《苏门答腊史》(*History of Sumatra*)第二八一页。得图(De Thou)以为爪哇人直至十六世纪才变为回教徒。(见《宇宙史》〔*Hist. Univ.*〕第十三册第五九页)但现在已经发现他们之改变他们底宗教至少还早一个世纪,而旧教在一四七八年才最后废除的。

中也发生了以上我所说的其他国家同样的作用。这新侵入的回教改变了当地普遍的民族思想而因此腐化了当地历史底纯粹性。在印度群岛（Indian Archipelago）中，以爪哇底文化程度为最高。① 但现代爪哇人不但已经遗忘了他们历史上的口碑，而且在他们绵延的帝王系统表内插入了许多回教圣徒底名字。② 可是在另一方面，在相近仍保存着原始宗教的巴里岛（Bali Island）中，我们发现爪哇底传说还给岛人记忆着和怀念着。③

关于在半开化的民族中，新宗教之建立将如何影响于该地早期史之正确性，实在不用多举例证。我只需说明，由以上的情形，基督教底牧师怎样把信奉该教的各个欧洲民族底年史隐殁了，而且进而破坏毁灭了高卢人、威尔士人、爱尔兰人、④ 盎格罗·撒克逊人以及北欧民族、芬族或竟至冰岛人底口碑。

除以上的情形外，尚有其他方面亦趋于同一的方向。由于某种原故——此后我将要解明的——欧洲底文学，在罗马帝国最后一次解体后，即完全为久被尊为人类之主要导师的教士所支配。差不多在数世纪中，很不易遇到一个能书写的普通人，当然更不易遇到一个能创作的人了。文学既被一个单独的阶级所把持，故表现着一种只适宜于它底新主人的特殊点。⑤ 至于教士，以一团体而言，常以文学是他们传布信仰的工具，而并非用以鼓励研究精神者，故在他们底著作中，有表现着他们职业上惯有之精神者实不足怪。故我曾说：文学在许多时代中并无泽惠于社

---

① 洪保得在他底名著《关于"加威"语言》（Ueber die Kawi Sprache，一八三六年柏林出版）里对于爪哇文化曾作长篇的研究。由最近出版的几个中国早期著作里的证据，我们很可以相信印度殖民地在耶稣宝天后第一世纪时伸展于爪哇。
② 即在西利伯岛，在回教侵入以前，年日是很确实地被保全着，大可与这点相比较。（见克劳福〔Crawford〕著《印度群岛史》第二册第二九七页）
③ 的确的，爪哇人似乎没有方法可以获得卡威（Krwi）古代底口碑，这除非由巴里底土人学得来。参阅《亚洲研究》（Asiatic Researches）第十三册第一六二页（一八二〇年加尔喀塔出版）内巴里岛一文的摘引。拉夫尔斯（Sir Stamford Raffles）爵士说："我们必须完全在巴里找到了古代爪哇人底情状底例证。"（见《爪哇史》第一册第四〇〇页）
④ 这种对于威尔士及爱尔兰歌人所传下的口碑底损害，曾在普利查德博士有价值的著作《人类自然史》内提过。（第三册第一八四页共八本，一八四一年版）
⑤ 对于这快乐时代常存留恋的崇敬的陶林（Dowling）说："作家几乎普遍地是神道学家，文学简直就是宗教底一种活动，有样研究的事物都是以崇拜宗教的原故而研究，故写史者即是写神道史者。"（见陶林著《神道史之批评的研究概论》〔Introduction to the Critical Study of Ecclesiastical History〕第五六页，一八三八年出版，共八册）这本是具有相当才能的著作，但不过因对于某一种活动团体发生了兴趣，而遂为一般人视为一种宣言罢了。

会，且更增加人之妄信而摧残之，因此反截止了知识底进步。的确的，那时人对于虚伪是这样地合乎口味，几乎什么都觉得可信的了。没有一样事物会逃过了他们底贪望和轻信的耳朵。预言史、奇异的事物、鬼魅、奇怪的恶兆、天上可怖的显示及最漫长而最不连贯的各种荒诞不经的事物都仔细地被反复传遍或彼此抄诵，视为人类知识底至宝。欧洲能从这种情形中自救出来，实可说是人类底非常能力底一个铁证，因为没有一个社会在进步上曾比它遇到更多的阻碍。但是很明显的，在这种情形解放以前，普遍的思想上的妄信和松懈，实使人不适合于研究的习惯及不能从事于过去事件的精切研究，或竟不能对于周围的事实作一正确的记载。

故如果凭藉以上的述说，我们可以说，除了几个附属的原因外，有三大因素破坏了欧洲中古史。第一因素是文字之骤然引用及其后之各地口碑之混合，这种口碑分开来都是真实的，合起来就是假的了；第二因素是宗教底改变，这方面起有两种作用，非但绝止了原有的口碑，且令其互相混合；第三因素——可说是最有力的一个因素——就是历史之被某一阶级的人所把持，他们底职业令他们容易妄信，且历史既是他们权威造成的基础，故又设法增加一般人底妄信程度。

因这些因素底作用，欧洲史在这时期之被破坏，至我们不能再觅得相等程度的时期。老实说，没有历史倒不觉得什么不方便，最不幸是，人类对于真实之不存感觉到不满足，而造谣些虚伪来代替。在无数这种例示里面，有其他一种方式是值得注意的，因为它们可以证实当时写史的那些阶级的明显的特性——即好古心。我例示着关于各种民族起源底假托事实，在所有这些民族中，中世纪底精神都是非常显见的。每种民族都相信他们是从脱劳埃围攻时之祖先所传接下来，这种信念几保持着数世纪之久，而没有人曾发生过疑问。他们所争议的问题仅是关于这灿耀的宗系底传世的详细过去情形而已。关于这点，倒有许多不同的意见，譬如——劣弱的国家姑不具论——说法国人是从凡人皆知的黑克托(Hector)底儿子佛兰克斯(Francus)传下来的；又如说英国人是从伊尼阿(Aeneas)底儿子勃鲁脱斯(Brutus)传下来的。①

---

① 据一般人底意见以为勃鲁脱斯或勃鲁脱(Brute)乃是依尼阿底儿子，但有些史家却坚持说是他底曾孙。

第六章 历史文学底起源　153

　　至关于各地方底历史文学底原始，中世纪底大史家底意见却都有相通的地方。他们对于写史方面或叙述伟人底生活史等等，常喜欢溯源于很古的时代；又当叙述关于某题材之事迹时，亦常不断地追源到诺亚(Noah)离开大船的时候，或竟至亚当经过天门的时候。① 有时他们指示的古代事物或不多，可是所取的史料底范围却非常的奇异。他们说法国京城底名字是根源于普赖阿姆(Priam)底儿子巴黎而来的，因为当脱劳埃被推翻时，他正逃到今法国京城的原故。他们又说都尔(Tours)地方是因为曾是脱罗纳斯(Turonus)——一个脱劳埃族人——底葬地而得名，同时，脱劳埃城确是脱劳埃人建造的，因为可以在它们底字原上清楚地推证出来。又确认努连堡(Nuremberg)是因尼禄(Nero)而得名。耶鲁撒冷是因琪泼斯(Jebus)王——他是中世纪一个声誉隆盛的人，但后来的史家对于他底存在问题，已无法证明了。而见称恒伯河(River of Humber)一名之由来，是因匈奴(Huns)底王曾在该河溺毙之故。有人以为高卢人底名源于高勒菲亚(Galathia)——杰菲脱(Japhet)底一个女裔，但有人又以为是由于杰菲脱底儿子高末尔(Gomer)而来者。普鲁士底名亦基于奥格斯脱(Augustus)底儿子普鲁塞斯(Prussus)而生，这倒显然近乎近代的了。但西利西亚是得名于预言家依利西亚(Elisha)——西利西亚当然是由他传下来的，至于祖利克(Zurich)城呢，虽然建立的确实日子还在争论中，但无论如何，总是亚伯拉罕时已有了建造。② 杰普塞人(Gipsies)也似乎是直接由阿伯拉罕和塞拉(Sarah)蕃衍下来的苗裔。③ 萨拉森人(Saracens)底血统比较驳杂不纯，因为他们不过是从塞拉传下来——至于如何传下来却没有说到，但或因她底再婚，或因她和埃及人私通而得到的结晶。无论如何，苏格兰人确是埃及人底遗裔，因苏格兰这个字导源于苏格她(Scota)，苏格

---

① 在《一〇八九年至一四八三年底伦敦年史之摘记》一书中(参看该书第一八三——一八七页)有一谱系将伦敦主教史非但追源至于勃鲁斯之由脱劳埃迁徙出来一事，且一直说到诺亚和亚当。
② 一六〇八年科尔雅特(Coryat)在祖利克地方的时候听到淹博的霍斯并(Hospinian)对他说，他们底城是建造于阿伯拉罕底时代者。(科尔雅特著《肤浅的见识》〔Crudities〕第一册内《与读者的信》一篇)我常举我最近所得的例证以为在欧洲思想史内，最重要的是要知道中世纪之精神在各国内究竟活动到多少时候。
③ 他们是阿伯拉罕和塞拉底"合法的子孙"。(见蒙替儿著《各国法兰西人史》〔Monteil's *Histoire des Français des divers Etats*〕第五册第一九页)

她是埃及王底女儿,而苏格兰一名为她所赐予。① 关于几种同样的事件,中世纪供给我们同等有价值的资料。最家喻户晓的是那不勒斯(Naples)城是建在鸡卵上面;②圣·迈克尔(St. Michael)团则是天使长亲自设置的,他是第一个武士,而事实上,武士制也就渊源于此。③至关于鞑靼人(Tartars),那便当然是从地狱(Tartarus)而来,据几个神道学者说,上面所说的地狱是低等的地狱,但有几位又说,这便是地狱底本身。④ 但无论如何说法,鞑靼人底诞生地是本于下面的事实,无可争议,而这事实可拿许多表现鞑靼人所施的致命的和神秘的影响底事情来证明。土耳其人又和鞑靼人相同,很明显的,自从十字架落入土耳其人手中以后,所有的基督教徒子孙比以前少了十个牙齿,这是一个普遍的灾害,似乎没有法子可图补救。

对于基督徒之早期史,中世纪底大著作家都是特别的好奇,他们将记忆中的史事保留下来,否则我们将完全茫然无所知了。在夫拉萨特(Froissart)之后,十四世纪之最负盛名的史家当然是韦斯敏斯德底玛太(Mathew of Wesminister)了,他底名字至少有许多读者是知道的。这个卓越的人转移他底眼光于犹大(Judas)底历史,因为他想发现那造成一个谲诈的叛教者的环境是怎样的。他研究的范围似乎很广阔,但研究的主要结果却是当犹大婴孩时即被其父母遗弃于斯加里奥斯(Scarioth)岛中,那时他即名为犹大·伊斯加里奥脱(Judas Iscariot)。这个史家又说犹大长成以后,在犯了许多罪恶以外,又杀了他底父亲而

---

① 在十四世纪底初叶,这件事曾笔之于书,送达与教皇,视为彰著的史实:"他们是从埃及公主苏格兰她而来的,她移居于爱尔兰后,其子孙即用武力从勃鲁脱底后代手中强行夺取了不列颠底北部地方。"(参阅林加德著《英国史》〔Lingard's History of England〕第二册第一八七页)

② 来特(Wright)在《邪术志异》(Narratives of Sorcery)第一册第一一五页里说:"那不勒斯城之建于鸡卵上,及该城之运命亦系于鸡卵上之说,似乎是中世纪时常流行的传说。"

③ "圣·迈克尔团"(Order of St. Michael)在法国说是为迈克尔天使长底嫡系所有的,据法国考古家底明断以为迈克尔天使长乃是世界底最初的武士,他在天国中也创立了最早的武士团。(见密尔著《武士制史》〔History of Chivalry〕第一册第三六三—三六四页)

④ 普利查德底《自然史》第四册第二七八页里以为鞑靼一名之源于"地狱"一字乃始于圣·鲁易斯(St. Louis),但我似乎觉得在他以前已有这些字发现了,可是我现在已不能将原文重述出来。最早的出现我记得是在一二四一年,那时圣·鲁易斯不过二十六岁。自十三世纪以来,这个问题即引起英国神道者底注意,而负重望的神道家惠斯吞(Whiston)曾说:"我最后著名的发现,或可说是由佛莱却尔博士(Dr. Giles Fletcher)那著名的发现而重新获得注意者,乃是鞑靼即以色列之十种种族之说——这十种种族曾久为人探索而不可得者。"(见《惠斯吞之生活及著作传记》〔Memoirs of the Life and Writings of William Whiston〕第五七五页)

妻了他底母亲。在另一部分犹大史中,复举出一事实为研究神圣罗马教皇之遗风者之好资料。关于亲吻教皇底足趾底习俗,曾有许多疑问发生,就是神道学家对此礼仪也未免有所怀疑。但这个困难点已被玛太解决了,他解明了这习俗底始原。他说以前本来是吻教皇底手的,但在八世纪之末期,有一个淫荡的女人当献礼于教皇时,非仅吻之,且表露其热烈之情。那时的教皇——他底名字是黎奥(Leo)——见到这种危险性,因而斩去其手以消除所蒙上的玷污。此后,大家留意吻教皇底足趾以代替吻手之习。又玛太恐怕有人疑惑这件事底正确性,故又坚决地告诉我们,这个五六百年前所割去的手现在尚保全于罗马,且确是一种奇迹,因这手还能保持其原形于勒脱兰(Lateran)中而不腐烂。有些读者也许对于藏手之勒脱兰本身有所询问,故该史家又于其他一大著作中考查勒脱兰之意义而追源于尼禄皇。因为据说有一次这个基督教信仰底邪恶压迫者曾吐出一个满沾血渍的青蛙,他相信这是他自己的后代,因此把它关在地穴里以至有好久的时间。在拉丁文里"勒单脱"(Latente)底字有"藏"义,而"兰拿"(Rana)底意思是"青蛙",所以把二字连接起来即为勒脱兰一字底原始,事实上,勒脱兰即建立于发现青蛙的所在地。

和以上同样的观点很多,真可以连篇累牍地写出来,在这些黑暗时代中——或可说是相信时代中——都被人们虔信而不置疑。那些时代当然是宗教事业底黄金时代,因人们底轻信心达至如此高度,似乎可以保险教士们有一个长期和普遍的领治权。至于以后教会情景之如何渐形衰落,及人类理性之如何开始反叛,将在本章底后段叙述,在那里,我将循索现世及怀疑精神——为欧洲文化之始原——的兴起。但在本章结束以前,不妨将中古时期所持的意见多举几个例证,为着这个原故,我也要选择两个最普遍而影响最大和最被人深信的历史事实。

我所选的史事,就是关于亚塔尔(Arthur)和查利曼(Charlemagne)的,这些包含教会中显达的人物,且因是名家所作,故甚为人所敬视。关于查利曼底历史见脱炳(Turpin)底编年史,而脱炳所以著作的意趣是因他是查利曼皇底朋友,战争时的伴侣,李姆斯(Rheims)地方底大主教。从这部史内的几段看起来,颇有理由可以证明是十二世纪初叶底作品,①但在中古时代,人们不善于认识这些事情,因此也没有人为这史底真确性而去争辩。确实的,盖仅藉李姆斯底大主教这个名称固已足号召的能事了。同时,我们发现,在一一二二年时,这本史曾得教皇正式的赞许,又十三世纪时一个最负盛名的作家是路易九世底王子底师傅菩未(Vincent de Beauvais)曾称该史为有价值的著作,而视为查利曼时代之一主要的权威。

这本书这般普遍地给人诵读,而又受经验丰富的批评者底赞可,必定可以拿来作为测验那些时代底知识和意识的一个正确标准。关于这一点,现在可以稍加叙述,以便使我们明白历史改进之绝端滞缓性,以及其前进时渺不可即的步伐,直至十八世纪时,方有伟大的思想家为之树植以新的生命。

由脱炳底编年史里,我们得知查利曼之侵略西班牙是受了圣·约翰底兄弟圣·詹姆士(St. James)底惠恩。这个门徒既是攻击西班牙之主动者,乃采用了可以达到成功之目的的方策。当查利曼围攻潘泼卢那(Pamplona)城时,那城曾极力顽抗,但当侵入者共同祷告之际,城墙骤然坍塌下来。自此以后,查利曼王即能迅速地把全城臣服了,几把所有的回教徒竟数归化,而建造无数的教堂。可是魔鬼底手段是无穷尽的,在敌人那方忽然出现一巨人,叫作番纳克脱(Fenacute),是从古歌利亚(Goliath of Old)而来者。这个番纳克脱是基督教徒,从未遇过的最可怕的敌人。他能力敌四十人,他底脸有一肘之长,而手臂和腿则长达四肘,整个人复有二十肘之高。查利曼差遣最有才能的武士去抵御他,但瞬息遂为巨人所败,那巨人底手指竟有他们三个手掌那般长,可知他底力量是怎样的大了。这些基督徒都吓得惊惶失措,二十个精选的武士犹不足以抵御之,没有一个能从战场上回来的,番纳克脱便把他挟在臂中俘虏而去。后来,名闻遐迩的奥兰多(Orlando)上前和他作殊死战。一个灿烂的争斗开始了,这个基督徒看看不能如他所期望的得到胜利,于是就和他底敌人作一神学上的讨论。用这方法,这个异

---

① 忒纳在《英国史》第七册第二五六——二六八页里拟证明开力克斯脱斯二世(Calixtus Ⅱ)所书,他底论据虽然博通和精巧,惟患在失实。窝吞(Warton)则以为是一一一○年所成。(见《英国诗史》第一册第一二八页)

教徒很容易地失败了，奥兰多乃乘辩论胜利之余进逼他底敌人，用剑扑击而重创了他。自此之后，回教徒底最后一线希望才消灭了，基督教军队最后得到胜利，查利曼乃将西班牙裂土分封于这次有功的勇武诸臣。

关于亚塔尔底历史，中世纪也有同样确实的史料。以前也曾有许多关于这个有名的王底叙述，[①]但它们各个的价值尚未有定评时，这个题材忽然被十二世纪早期蒙穆斯（Monmouth）地方底大主教名哲夫利（Geoffrey）者所注意。这个名人在公元后一一四七年将他研究的结果印行一本书名《英国人史》。[②] 在这本书里，他把整个问题用一种广泛的看法，非但叙述亚塔尔底生活，且追考此伟大征服者之所由造成的环境。至关于亚塔尔底行为一点，该史家独幸能获得牛津大主教窝尔忒（Walter）所收集的适当的资料。窝尔忒是哲夫利底朋友，对于史底研究也含有极大的兴趣的。所以这部著作就是两个大主教底合作品，这本书之值得重视，非仅为这个原故，也因它是中世纪出品中之最普遍者。

这本伟大历史底前部分都是述说蒙穆斯大主教所研究的亚塔尔接位以前的英国情形。这点，我们反不十分重视，虽然也不妨提到，这大主教曾确定说自脱劳埃之虏掠一役后，亚斯堪尼斯（Ascanius）因逃亡而得一子，即勃鲁脱斯底父亲。当时的英国曾挤满了巨人，可是都被勃鲁脱斯所杀，事定，乃建造伦敦，锐意图治，并以其名建国号曰"不列颠"。这个大主教继续又说勃鲁脱斯以后的几代君王，大多数都是因其才能之高迈卓越著名，而其中也有几个是因当时怪异事件之发生而成名的。即如，在李伐罗（Rivallo）统治时代，有三天不绝地天雨血；又当木尔维特斯（Morvidus）在位时，海岸边忽为可怕的海怪所扰，它损害了许多人民以后，并把国王也吞噬了。

蒙穆斯大主教所述的这些事件即是他所研究的结果，但在以后说到亚塔尔时，却得其友人牛津大主教之相助。这两个大主教告诉他们底读

---

① 但这个威尔士人归咎于歧尔达斯（Gildas）将其历史"付于海中"。（见巴尔格累夫著《英国底盎格罗·撒克逊共和国》〔Palgrave's *Anglo-Saxon Commonwealth, England*〕第一册第四五三页）精勤的忒纳曾搜集许多关于亚塔尔的证据，说到亚塔尔底存在问题，他当然是没有疑问的。的确的，在《英国史》第二九二页他曾叙述在十二世纪时亚塔尔遗体之发现一事。（见《英国史》第一册第二八二一二九六页）
② 在忒纳《英国史》第七册第二六九、二七〇页里说，这书在一一二八年出现，但来忒似证明真实的年份乃是一一四七年。（见《英国文学传记》〔*Biog. Brit. Lit.*〕第二册第一四四页）

者说：亚塔尔王是因着著名的男巫墨林（Merlin）之魔术而生存。他们将各点叙述得非常详尽，以这两个人格高崇的历史家而有这样的写作不得谓非怪事。据云亚塔尔后天的活动并不辱没了他超人底本原，他底力量是所向无敌的。他曾杀戮了许多萨克逊人，他侵略那威，远征高卢，而奠都于巴黎，并准备去威服所有欧洲底征服者。他曾单独和二巨人交战而并杀之。其中一巨人住于圣·迈克尔山（Mount of St. Michael），是全国底恐怖，除了几个预备要生剥活吞的俘虏外，曾经残杀所有和他对敌的兵士，但他到底做了亚塔尔神勇之下的牺牲品；至于其他一巨人，叫李索（Ritho）的，更为可怖了。因为李索还不愿和人类作平庸的斗争，故他所穿的衣服完全是被他所杀的帝王底须髭所制的。

这些叙说，就是十二世纪时的所谓历史了，况且这些并不是无名的作者底作品，而是出于教会中最荣誉的人底手笔，并为当时环境所助成的成功品。它底保证者是蒙穆斯大主教和牛津大主教，它之所由作是要敬献于格罗斯忒伯爵（Earl of Gloucester）亨利第一（Henry I.）底儿子罗柏特（Robert）者，而它又这般给人重视为英国文学之重要贡献，故其中主要的作者即因而得升充亚萨（Asaph）地方底主教——据说这是对于他研究英国年史成功底一种加奖。这样备受赞美的一部书拿来测量那时代当然不是一个坏的标准。确实的，当时人赞美它的情感是这样地普遍，以至几世纪中对于它底真确性底评论竟找不出两三个例来。① 名史家阿菲利德（Alfred of Beverley）曾把它作一拉丁文摘要印行出来，又因欲使其更为普遍，故复由拉雅蒙（Layamon）译为英文，② 给盖马尔（Gaimar）和瓦斯（Wace）先后译成盎格罗·诺曼（Anglo-Norman）文。

---

① 来特说："在这本书印行一世纪间，作家常将其采纳于《英国史》内，几个世纪中只有一二人具有指摘其真确性的胆识。"（见来著《英国文学传记》第二册第一四六页）又挨利斯关于浮吉尔（Polydore Vergil）——十六世纪早期底作家——曾说："因排斥哲夫利那本历史，浮吉尔一时曾给人视为没有理性的人，这就是当时的偏见。"（见挨著《浮吉尔底英国史》〔Polydore Vergil's English History〕第一册第一〇页，一八四六年出版）十七世纪时——在欧洲第一个怀疑的世纪——人们才开始对于这些事展开其眼光，譬如，波义耳曾将关于赫叩利底斯底"无稽之穿插及英国亚塔尔帝底功业集为一书而分述之"。（见《波义耳论著》第四册第四二五页）

② 据来特说这是由瓦斯处转译而来，但可以更准确地说与其说拉雅蒙翻译那本书，不如说他是因哲夫利底无稽而建立其著作的根基的，因他不过把瓦斯布卢特（Brut）一书之一万五千行引伸而为三万二千行的他自己的胡说罢了。我不能证明拉雅蒙这部著作在语言学上具有伟大的价值，因这部书印行以后，这个成功的作者曾对于英国语言史之研究作一重要的贡献，但以拉雅蒙而论，我们只能对于当时视彼为装饰品的一时代，暗里失笑而已。

这些都是热心的人，焦急地要将这书包含的重要的实情尽量地广布于世界之故。

在中世纪时，历史之如何编纂，似乎不用再加证明了，因为上面底例证不是随便摘录的，乃是由才高望重的作家之所选择，这些很可以显示当时欧洲底知识和判断力了。在十四、五世纪时才第一次显现些微隐约的变迁，①但这种改进要到十六世纪末叶或竟至十七世纪初叶才有明显的轮廓。这种有趣的变动底主要的步骤将在本书底其他一部分加以追考，那时，我将表明虽然在十七世纪时这种进步是确在进行的，但对于历史未曾有一广泛的见解，除非直至十八世纪之中叶，那时历史先有法国伟大的思想家加以研究，继之者有一二苏格兰人，其后数年复有德国学者参加。这种史底改革是和既与史相契合而又影响于欧洲各主要国底社会关系底其他的知识变迁相联系的。但在未述写到本书底其他部分时，我们只需说，在十六世纪末叶以前，非但没有历史底写作，且在当时的社会情形中实不会有一部历史底著作。欧洲底知识实未成熟使其能成功地应用于本事件之研究。因我们并不以早期史家之拙劣为由于天赋才能之缺乏，人类智慧底平均率恐怕常是相同的，不过社会对于他们所施的压力常有变异罢了。因此，前代底社会普通的情形竟逼迫最有才能的作家去相信最幼稚的悖理的事情，直至这种情形改变了，历史方有存在的可能性，因为找到了一个人知道去述说，删削或相信最重要的事物。

结果，历史即使被有卓越才能的人如马基雅弗利（Machiavelli）和菩丹（Bodin）所研究，他们也不过将它来当作政治理论底载运工具，在他们底著作里，我们找不到他们一些尝试要将历史作一广泛的研究，足以概括所有的社会现象。这一点也可用以评定科明（Comines），他虽然较拙于马基雅弗利和菩丹，也不失为一精确的观察者，且对于各人物的评论实具鲜有的聪慧，但这都是由于他自己的智慧所使然。那时的时代却令他迷信，和对于历史较广义的目的方面所见不广，他底浅见可以在他对于伟大知识运动懵然无所知的这一点上彰著地显示出来。这

---

① 在这种变动里面，夫拉萨特是最早的一个例，他既是第一个对于事情发生怀疑见解的人，那么，在他以前的史家都是神道学者。在西班牙也是这样，我们考见在十四世纪时，历史家中已开始有政治精神了。

种运动在当时很疾迅地倾翻了中世纪底封建组织,对于这一方面,他从不提及,却将他底注意力着重于那些琐屑的政治阴谋,以为这便是历史底内涵了。① 至关于他底迷信一点,多举例证乃不啻虚费时间,因没有一个人生在十五世纪而其思想能不受普遍的妄信所熏陶者。他虽然和政治家、外交家都有私谊,又有充分的机会可以看到很有希望的事,往往都因主持者底无能而归失败,但他在各重要点上却将这些失败不纳入真的原因而视为神底直接干涉。十五世纪时这种思想底倾向既这般明显和不可遏止,以致使这个卓著的政治家自信地说:战争之失败不是因为军械不足,不是因为出征时期之失算,也不是因为将兵者之无能,乃因其人民或君主之无道,遂致造物者设法责罚他们的。科明说:战争是个极大的神秘,因为上帝既用以达到他底愿望,故他有时将胜利赐予一方而有时又赐给其他一方。因此,一国内之扰乱亦本出于神底意向,这些扰乱永不会发生,除非那国底君王在其繁荣以后,忘记了繁荣所由来的源流。

欲将政治学变为神道学底支派底种种尝试,②是当时特有的现象。如果这些尝试是由于有能力的人或对于公共生活有经验者所主持,则当更为有趣了。当这种观念不出于僧人在他底修道院内的提议,而出于一个长于处理公共事情的著名政治家底主张,我们实易料想到,远逊于他的那些人底平均知识程度是怎样的了。这是很明显的——我们不能在他们那里希冀什么,在欧洲能从它已陷入的迷信中解脱出来,和击断那阻止其未来进步的可悲的羁索以前,还须经过许多阶段呢。

虽然尚须经过许多的步骤,但无疑的这种变动一直不断地向前迈进,即使在科明著作的时候都已经有了这种伟大及确定的变迁底清楚的象征。但这些象征不过是正欲变动的表示,约在科明逝世后一百余

---

① 关于这一点,亚诺尔特说得很真实:"科明底自传(Memoirs)之特点,即是完全不明白当时的伟大的知识运动,中世纪底钟已经响了,而科明除了他所已培育的意见,并没包含着其他任何的观念,他描写当时的事情、人物和他们底关系,似乎这些都将继续以至于无数世纪。"(见亚诺尔特《现代史演讲集》〔Lectures on Modern History〕第一一八页)关于这点,我还可以说当科明提到下层阶级的时候,他总是表示极度的轻视。
② 林加德博士在《英国史》第一册第三五七页里说:"从主宰底信条中,我们底虔诚的祖先曾下一粗率而容易的推论,以为'成功就是神底意志底表现,于是反抗胜利的征服者当然即是违反上天底判决'。这曾风行一时的意见之最后的痕迹,即是对战神求援的表现——这种表现,现在已经渐渐失其效用力了。"

年,这种进步才显现其全部的结果。因为,虽然新教改革是这种进步底结果,可是有一个时候曾经违反这种进步而鼓励有才能的人去讨论不及人类理性的问题,而因此使他们不能够对于文化底普遍目的尽其力量。我们便发见在十六世纪末叶以上,真的成就是不多。在十六世纪时——可在以后两章中看得到——英国及法国,对于神学底热诚便开始渐渐消灭了,于是乎为纯净的哲学开辟了光明的大道,这种哲学培根和笛卡儿是代表者,但说不到是创造者。这个时期是属于十七世纪,并且我们在里头可以找到欧洲知识复兴底年日,有似乎我们在十八世纪可以指出它底社会复兴年日一般。但在十六世纪底大部分里头,妄信仍旧是普遍的,因为它不但影响到一般的阶级,即使受高等教育者也不能免。关于这一点,可以举出许多的证明,现在为简明起见,我只举出两个例,这两个例底本身由其对于不似受骗的人底影响看来是特别引人注意的。

在十五世纪末叶十六世纪初期,司多福(Stoeffler)是一位卓著的天文学者,他在杜平根(Tübingen)地方任算术教员,这位有名的人对于天文有很大的贡献,也是指出朱理安(Julian)日历——那时底人惯于采用这种日历以为计算日子底工具——底错误底救补方法的第一人,但他底能力和知识到底有限,还不能抵御那个时代底思潮。在一五二四年,他发表了几个可笑的计算底结论——这是他研究了很久了——他并确定当时底那年世界将被巨大底洪水所摧泛。这种宣布经这般有名的人这样确定地说出,以致发生很活跃、很普遍的惊惶。洪水将要到临的消息很快地传播出来,欧洲于是充满了恐慌。因为要避免初次的震惧,在海边或河边居住的人皆弃其屋舍遁去,其他的人还以为这种办法不过是暂时的,乃又采用其他更为有效的办法。有人提议,第一步应由查理士五世派人考察全国,而将离水较远的地方加以标记,以为避难处所,这是御林军某将领底主张,那时他驻扎在佛劳伦斯(Florence),因为他有这主张,于是当时也有一本著作专述之。但人底思想还不适合于这种精细的方法,且水能浸漫的高度也属难定,说不定它会达到最高的山顶。种种计划方在莫衷一是中,那灾祸底日子却渐近了,却还没有比较好的方法之决定以图避免。如果我们要将所有的避祸提议载述起来，那便尽数十纸也难以毕罄。但此中有一个提议似乎值得注意，因为当时人已用了极大的热心来进行，又这种提议在那时候也是时代底特色。当时有名阿理儿（Auriol）教士者，为土鲁斯（Toulouse）大学教会法规底教师，他底脑中萦绕了许多避免宇宙间底灾祸的办法。到了后来，他想到最实际还是仿效诺亚在同样危险里头所采用而成功的方法。这种意见还没十分给人们明了便去实行了。土鲁斯底居民大家都帮忙他，诺亚避难式的船立刻建造起来，希望至少有几部分的人种可以得到保全，在水退了及陆地再行现出以后，继续他们底种族重新在世界上繁荣起来。

  这种惊恐经过了七十年以后，其他事件又发生了。这桩事曾经有一个时候使到欧洲某一个主要国家中之著名的人也受到了相当的烦扰。时在十六世纪底末叶，西利西亚地方有一个小孩忽然在牙床内发现了一只金齿，这种报告引起了可怕的激动。但其后这谣言经过考查以后，一般人认为非常确凿，没法可以遮瞒了众人底耳目，于是奇迹立刻传遍了德国，他们视为神秘的预兆，多数人都焦急着这预兆底意义。传布这消息的第一人是何斯博士（Dr. Horst），在一五九五年这位有名的物理学家发表其研究的结果，这是说：当这小孩出生的时候，正是太阳和土星在黄道十二宫上相碰，所以这件事实虽然属于超自然的，但也没有什么可惊奇的了。金齿即是黄金时代底预兆，在那时，国皇将要把土耳其人逐出基督徒领域以外，并于以建立一个皇国底基础以至于数十年之久。何斯说：这一说已经给丹尼挨尔在他底名著底第二章里很清楚地暗示出来了——就是这位预言者在那里曾提到一个黄金人首的塑像。

第七章　由十六世纪至十八世纪的英国思想

自十六世纪中叶至十八世纪末叶间之英国思想史大纲。

托生在十九世纪中叶的一般读者对于何以在他们诞生以前之三百年中一般人底思想会像前章所述的那般愚昧一点必觉得难以明白，而且更难明白的是，非唯具有普通教育程度的人是在这种黑暗当中，即使有相当才能而在每一方面都是时代底先锋者也如此。这种读者也许因证据之确凿不可争辩而感到满足，也许能证实我所提出的论述而认为无可置疑，但他看到何以会有那种社会对于这样可怜的悖理的事情还会恭维为端严而重要的真理，并以为可以组成欧洲知识底普通库藏之主要部分这一点，仍然觉得费解。

但如再加研究以后，这种当然发生的疑惑自可消除了。苟按之事实，则反觉不以此等悖理之事之能获信为可异，而转怪人之不信了。因为在那时候一如以前时代，每一事物都只有片断的了解，不但在历史文学上，即在各种文学，各种题材上——在科学、宗教、立法上——其前定的原则乃是盲目及不犹疑的妄信。对于十七世纪以前的欧洲史愈加以研究，则这种事实愈能得到健全的证实。偶然间常会有一二伟大的人物起来，对于这种普遍的信仰发生怀疑，他对于三十尺高的巨人，有翅翼能飞的龙，和空中飞行的军队之存在曾布展了他底疑云，他以为星相学也许是一种欺骗，魔术也许是一种骗人的事业，他有时竟提出溺毙所有的巫人及摧灭所有的异教为合理之举。无疑的，的确曾有少数这样的人，但他们是终于被人轻视为空想家，为惰性的幻想家，不稔于实际的生活，谬然以其自己的理由违反了前代人底智慧者。他们托生在这种社会情状下，决不能留下什么永久的印象。固然，他们还须为自己打算，为自己的安全着想，因为直至十六世纪之后半期止，几乎没有一个国家，其人民能公开地表示其对于同时代人底信仰底怀疑，而不受到极大的生命危险。

除非怀疑运动开始，否则进步是决无可能。因为我们很清楚地看到，文化之进步完全有赖于人类知识上之获得及其分布地域之广大如何而定。如果人们对于其所保有的知识表示踌躇满志，则决无意于增加其知识量。如果完全相信其意见之正确，则亦决不愿费时费力去研究其信仰底基础是否稳固。他们对于与他们前人不同的见解常常表示惊奇或恐惧，当他们在这种的思想情态中，是决不会接受与其原来结论相扞格的真理。

因为以上的原因，虽然新知识之获得是社会进步中之每一步的必需的前导，可是这种知识之获得以前必需有爱好研究和爱好怀疑的精神，因为没有怀疑便没有研究心，没有研究心也就没有知识。知识并非是一个惰性和被动的原理，来去不由我们自主，它却是必须有待于找寻而后被获得的，它是极大的努力底产品，是伟大的牺牲底结果。如果说人将为其已经了然的问题去努力，去牺牲，岂非笑话！凡不感觉黑暗者，决不会去找寻光明。假如我们对于某一点已得其真确，则对于那一点决不会再事研究，因为研究不再有用，或许反有危险。在研究开始之前，怀疑必须先事活动。这里，怀疑的动作就变成所有进步底创始者，或必须底前题。这里，就有所谓怀疑主义，即其名称对于愚昧者也是深恶痛绝的，因为它扰乱他们那懒惰而自以为满意的思想，因为它妨碍他们底活跃的迷信，因为它增加了研究所得的疲倦，又因为它竟引起缓滞的理解力去询问事情是否是普通所设想的一样，或他们自动受训而信仰的事物是否真实的。

我们对于这个伟大的怀疑主义底原理研究愈深，则对于其在欧洲文化进步上所演的广大的部分愈看得明显。把本章所要充分证明的概括起来，我们可以说：我们是从怀疑主义里得到那种研究精神，那种精神在过去之两世纪中曾渐渐侵入于每一题材之可能范围内，曾改造实用及思维知识之每一部分，曾减削权利阶级底权威，而将自由置于更坚固的基础上,曾谴责帝王底专制政治,曾约束贵族底傲慢,且曾减少教士底偏见。总之,就是那种精神补救了往昔的三个基本的错误:那些错误使人民对于政治太过深信,对于科学太过妄信,对于宗教太不容纳异见。

将怀疑精神所引起的影响作这般急速的概论,恐怕对于不明了这样广泛的研究的读者要感到惊奇。但这种原理之重要性,在其出发点上是这样的大,我打算在这一篇概论中将欧洲文化所有之特著方式作一研究而证明之。这种研究将引伸而为一种明显的结论,就是,没有一件事情曾广泛地影响及于各国,有如其怀疑精神底久长(Duration)、总量(Amount)及分布(Diffusion)。在西班牙,其教会因异教徒裁判所底辅助,曾时常强有力地责罚怀疑派作家,非但阻止怀疑意见底存在,且灭绝其传布。怀疑精神被这种方法消灭后,知识在几世纪间几乎在静止和固定的状态中,而文化乃知识底结果,也变为固定了。但在英国和法国——我们现在将知道是怀疑主义最先出现及传布最广的国家——结果就完全不同了,且好研究的心既受鼓励,永恒进步的知识乃因以发生,这就是英、法两国所因以隆盛之本。在这本书底余部,我将循索英、法两国这种主义底历史,研讨其所表现之各种方式,及这些方式之如何影响于其国家事业。在研究之顺序上,我要先述英国,因按以上所述的理由,它底文化必较法国为合乎常轨,因此,虽有许多缺点,总比其伟大的邻国所能蕴育而成的文化来得近乎自然。但因英国文化底详细情形将包含在我这部著作底主干部分中,故我现在在概论内只留一章以为讨论,且仅由怀疑主义运动底直接结果一点上来察看我国国史,至于那些不甚广泛而仍属很有价值的支节事情则留备以后的讨论了。又因宗教自由空气之发长亦富有重要性,故我将先述其出现于十六世纪时的英国底情况,我更将指出其他连带发生的事件也是在同一进步中的一部分,且在各方面的确也表现了同一的原理在发长。

对于宗教自由史加以精细的研讨后,可证明在每一实行自由政策的基督教国内,其自由政策之采用完全是由于非僧侣阶级底权威强迫教士而行者。[①] 在现代,宗教自由在神权高于政权的国家仍旧对此不

---

① 在二百年以前,威廉泰姆培尔爵士曾说,荷兰底教士权力较其他国家为小,因此信教异常自由。(见《泰姆培尔丛著》第一册第一五七——一六二页《联邦之观察》〔*Observations upon the United Provinces*〕)

甚明了,这是许多世纪中的普通情形,故在欧洲早期史中不能发现这样聪明而仁慈的意见底些微痕迹,实不足为奇。但在伊利莎白女王登极之际,我国平均分为两派敌对的教义,而女王在某一时期曾运用其惊人的能力筹谋这二种敌对权力底平衡而不致生固定的偏重。这是欧洲政府能摆脱宗教权威底活动参预而处置宗教事件的第一例,结果仍未完全给人明了的自由主义在数年中竟向前推动,而致使这样野蛮的一个时代,真确地感到惊愕。① 不幸,没有多时,各种环境——以后我将有适当的时候加以叙述——使伊利莎白改变了这种政策,这种政策她竭尽思虑恐怕也会认为是一种危险的实验,而当时这国家底知识也未到采行此种政策的成熟期。但虽然她允许新教徒对于旧教徒任意施其仇恨的对待策,可是在他们以后所造成的残酷景象中,却有一件事值得注意。有许多人无疑地都是仅为了信仰而被处罚,但没有人敢说他们底宗教即是他们得到处罚的原因。② 最野蛮的责罚加到他们底身上,但他们被人告诉说:如果他们能放弃某几种据说有害于国家安全的主义,③那么,也许可以避免责罚。可是没有一个旧教徒能废弃这些主义而不同时放弃其宗教者,因这些主义都是他们宗教内的主要部分。仅这一件事——用狡猾的手段以行施宗教压迫——已足表明时代所造成的大进步了。最重要的一点当然是迷信者之变为伪信者,教士们因欲灵魂得救而焚毙人类,却不得不借助于他们所认为不关重要的谋虑来

---

① "在她朝代之最初十一年中,没有一个旧教徒曾单为宗教底原故而被控告的。"(见尼尔著《清净教徒史》〔Neal's Hist. of the Puritans〕第一册第四四四页)

② 波巴姆(Popham)裁判长在一六〇六年对于虐待旧教徒所作的无礼辩护兹姑不具引,只述引伊利莎白女王后的两个直接继位者底话罢。詹姆士一世说:"照我所知,事实是引人深忆的——最近宾天的女王从未为宗教之故而责罚任何罗马教徒。"(见《詹姆士王之著作》〔Works of King James〕对折本第二五二页,一六一六年伦敦出版)又查理士一世说:"我听说伊利莎白女王或我父亲都从未公布任何牧师在那时单为宗教之故而受刑罚。"(见《国会史》第二册第七一三页)

③ 这是一五八三年在《英国裁判之执行》(The Execution of Justice in England)一书中所树立的曲辩,据云这书是勃莱(Burleigh)所作。(见哈拉姆底《宪法史》〔Hallam's Const. Hist.〕第一册第一四六页及第一四七页);又萨麦斯的《短篇论文集》第一册第一八九至二〇八页里说:"有许多人,他们称为殉教者。"(见第一九五页),又在第二〇二页,作者攻击那些称"为叛逆向处死者谓为宗教的殉道者"的不当。同样的,现在一班反对解放旧教徒的人觉得他们不得不放弃旧的神学立场而以政治上的论据来辩护对于旧教的迫害。挨尔顿勋爵(Lord Eldon)——一个反对宗教自由党中的有力领袖——一八一〇年在上议院演说中曾说:"反对旧教之法律是为反对承认外国优越性之一种信仰在政治上的危险而设立,不是为反对该宗教抽象思想而设立的。"(见脱维斯著《挨尔顿之生活》〔Life of Eldon〕第一册第四三五页)

掩饰他们底暴虐。①

当时进行的这种变迁的显著证据，可以在伊利莎白时代英国出现的两本最重要的神学著作内找出来。呼克尔（Hooker）底《教会制度》（*Ecclesiastical Polity*）在十六世纪末叶出版，②且仍被认为我国教会中最伟大的堡垒。如果我们将这部著作和比它还早三十年的朱挨尔（Jewel）所著的《为英国教会申辩》（*Apology for the Church of England*）一书相比较，③则我们将因这两位卓著的作家所采用的不同的方法而惊异。呼克尔和朱挨尔都是有学问和有天才者，他们对于《圣经》、早期宗教作家和教会会议都很熟稔。他们都为保护英国教会底明显目的而著作，而两人对于神学辩论方面的普通战具也都是善于运用的，但他们底类似点也就止于此。他们底这些固然很相同，而他们底著作却完全二致。在那三十年中，英国底思想曾造成极大的进步，在朱挨尔时代认为完全满意的论据，在呼克尔时代未必得人信赖。朱挨尔底著作充满了由早期宗教作家和教会会议所得来的引语，凡他们不与《圣经》相抵触的述说，他都视为绝对的证据。呼克尔虽然对于教会表示尊敬，却不着重早期宗教作家，他并显然以为他底读者决不会对于他们底无根据的意见加以注意。朱挨尔谆谆然以信仰之重要为教诲，呼克尔却坚持着理性底运用；④朱挨尔用他所有的才能来搜集古代底断语和

---

① 修威尔（Mr. Sewell）似乎在他著的（一八四四年出版）《基督教政论》（*Christian Politics*）第八册第二七七页里也有这种改变的见解。一个有才能的作者曾对于十七世纪时英国教会反对她敌对者底迫害这样说："这是各国教士所有的陈旧的假托，在他们恳求政府设立刑法以反对他们称为异教徒或分离论者及催促官吏切实执行以后，即将所有的非诚诸政柄，在这方面被告将无法请求原宥，可是这种人现在不是为宗教而是为违反法律而处死的了。"（见《萨麦斯短篇论文集》第十二册第五三四页）

② 在任何方面看来都是重要的，前四本书于一五九四年出版。（见渥兹渥斯〔Wordsworth〕著《教会传记》〔*Ecclesiast. Biog.*〕第三册第五〇页中窝尔吞〔Walton〕著《呼克尔之生活》）第六本书据说是不真确的；至于第七、第八两本也有疑问，但哈拉姆以为它们确是正本。（见《欧洲文学》第二册第二四、二五页）

③ 朱挨尔著的《申辩》是在一五六一年或一五六二年出版的。这部著作，《圣经》和福克司著的《殉教者》（*Martyrs*）在伊利莎白朝时曾命令所有各教区之教堂中均需具备此书以供人民诵读。（见《奥布利底信札》〔*Aubrey's Letters*〕第二册第四二页）

④ "因此，断定我们动作的最自然的方法就是理智底判决，以断定及定下什么应该做的。"（见《呼克尔丛著》第一册第九九页中《教会制度》第一本第八节）他要求他底反对者"不要强求每种动作合乎《圣经》中的知识——我们势易从这里推论的——有如他们找寻各种圣律来实施一样；不如承认——真实是如此——以理智律来规定这种动作之为善。"（见《呼克尔丛著》第一册第一五一页第二本第一节）"因为，人如被权威所束缚或领导，失了自决的判断力，虽然有相反的理由亦不接受而只像野兽般追随着兽群中在前领导之兽一样，则他们将不知所向亦将（转下页）

决定其所含的意义,呼克尔则引用古人之语来表明他自己的论据,而他之所以出此却不因敬视其权威而然。譬如,呼克尔和朱挨尔都说君主有权干预教会底事情。但朱挨尔以为当他指出摩西、约书亚(Joshua)、台维斯和苏罗门底执行这种权利,即已证明了君主能有这种权利了。反之,呼克尔以为这种权利之存在不是因为古代即有,却因其施行之有利之故,而且因为强迫非教会中人去服从教会所定的法律是不公平的。① 这两个伟大的作者用同样的相反的精神来维护他们自己的教会。朱挨尔像他那时代所有的其他作家一样,运用了他底记忆力超越了他底理性,并且他想集合了《圣经》中所有的题材及注释者所加上去的意见来解决全部的争论;而生当莎士比亚及培根时代的呼克尔却感觉到不能不取一远较广泛的见解,他底卫护教会并非藉口于传统观念,也非凭依注释者,更非为着神底启示,他却以为敌派之要求权利须看他们能否适应当时社会迫切的需求,及能否顺利地适应他们自己于平常生活底普通目的而定。②

无待乎深究便可看到这两个作者所代表的变迁的重大。凡神学上

———————

(接上页)不管所向何处了,这是无理性的表现。又,这些人底权威如反对或超越了理智而尚能流行于人们中,则决非我们所能信仰的。许多学者——让他们永不要这样伟大和尊敬——都不得不屈服于理智了。"(见第一册一八二、一八三页第二本第七节)在第二册第二三页第五本第八节中他说,即使"教会底言论"也给他们认为远不如理智了。再又在第二二六页里说:"神道学是什么,不过是神圣事物底科学罢了? 没有自然方面底理论和理智底帮助,有那种科学能成功的呢?"他还很愤怒地责问那些坚持信仰至尊的人,"我们能使没有理智的信仰在人们底眼前显得合理吗?"(见第一册第二三〇页)

① 他说虽然教士在支配教会底事件方面被人们认为较教外人来得适合,但这在实际上对于他们毫无神益,"不以为我们精神上的牧师和主教远较从事于其他职业的人为适合实是不自然的,但当各种智慧已尽其所能为教会计划了法律以后,却是公众的允诺给予教士这些法律底方式及实力,如果没有这种允诺,这些法律亦不过像医生对于病人的建议,任病人底采纳与否罢了。"(见《教会制度》第三册第三〇三页第八本第七节)他又在第三二六页里说:"除非已经证明基督耶稣底几个特殊的教律曾永久地将制定教会法律的权付与教士,否则我们将坚持最合公道和理智的意见,就是,没有一个教会底法律能不得教士以及教外人底允诺——但最少的就是最高权力底允诺——而得在一个基督教的共和国家里建立的。"

② 这个广大的见解可以概括《教会制度》底全部,我只能稍引几段精华作为例证,却不能说是证据。证据,凡每个有能力的读者都能在该书中一目了然的。"确实的,宗教底仪式愈古愈好,但却不是绝对的确而无例外的。所谓真确,也须视是否各时代的情形和最初建立那些仪式和教义时的情形相同。"(见第一册第三六页)"我们所谓完美的东西,就是自制定后无须有所增益的。"(见第一册第一九页)"因为一样东西不复有用,则其继续引用亦必是多余的。"关于上帝底法律,他也大胆地说:"不论创造者底权威如何,凡所创造之最终目的不能一定者,皆有改变之可能。"(见第一册第二三六页)"所以,上帝所命定的而又定为继续以达某项目的的法律,当其因人和时间底关系以致失却达到某项目的之效力时,可以不顾而停止其继续性。"(见第一册第二三八页)在第二四〇页有:"故我底结论是,上帝为教会底制之法律制作者,或他曾将这些法律规定于《圣经》中等之说法,都不足以论定所有教会必须永久保守这些法律而不改变。"

的意见被旧的独断的方法所维护时,如果我们要攻击它,那便没有不给人诬捏为异教徒的。但当它一旦为人类理智所维护,则其支持力将转成异常薄弱。因为在这样情形中,不确定的因素就可以搀加进去了。我们或许可以辩说,每一宗教派别底论据都是同样地有力,我们不能确定我们底教义底真实性,除非我们已审知别派底教义是怎样。按照旧的神学上的原理,可以很容易地指摘其最野蛮的压迫。如果一个人知道唯一的真的宗教就是他所信的宗教,如果他也知道因与他底宗教上意见底歧异而被处死的人是判定了要永久灭亡的——他若知道以上两点都是无丝毫疑义的话,那么,他必定会很公平地辩说,刑罚肉体来救灵魂使超生者得到将来的救援是一件慈悲的事,虽然他们所用的补救方法竟严厉得有如绞刑或焚刑。[1] 但如果同样一个人,被人教导以为宗教上的问题是理智和信仰所同时解决的,他每不免有一种反想,觉得意志最坚强的人底理智也不是没有谬误的,因为理智竟能使最有才能的人采取最背驰的结论。当这种观念传布于一民族中,那便会对于他们底行为发生影响了。没有一个具有普通常识和忠实的人敢因他人底宗教关系而引用最严厉的法律,当他知道也许他底意见是错误的,而被责罚者底反是正当的;又当发现了宗教问题开始离开信仰底判决而服从于理智的判决时,压迫便变成了最深刻的一种犯罪行为。十七世纪时的英国就是这样。神学愈变得理智化,乃愈不为人所深信,因此也愈显得仁惠。在霍克出版其伟大的著作后十七年,有两个人因持异端而为英国底主教公开地焚死。[2] 但这是将灭绝的迷信底最后残喘,从这个可纪念的日子以后,英国底泥土从未被一个因宗教教义而遭横死的人底血所染污。[3]

这样,我们已看到怀疑主义底兴起,它在自然哲学上常是科学底创始,在宗教上常是宗教自由底起头。固然无疑地,在上两种情形中思想家可以运用他天才底伟大力量从这个定律底作用里解放出来。

---

[1] 关于这一点,马特利大主教曾有很好的论述。(可阅他著的《从人类天性中所发见的罗马旧教底谬误》〔*Errors of Romanism traced to their origin in Human Nature*〕一书第二三七、二三八页)
[2] 他们底名字是雷该特(Legat)和怀特门(Wightman),是在一六一一年罹难的。
[3] 为尊荣堪塞雷(Chancery)法庭之故,我们必须提及,在十六世纪末叶、十七世纪初期时,这个法庭曾施其权力反对英国教会得以迫害异己者底那些残暴的法律。

但在民族底进步中,这种解放是不可能的。当人将彗星底运动归原于上帝底手指底作用的时候,当他们相信日蚀、月蚀是神表示震怒底一种方式时,他们决不敢冒大不韪而作预测超自然现象底亵渎之说。在他们敢研究这些神秘现象底原因以前,他们必须相信,或竟怀疑这些现象底本身是能由人类思想来解明。同样的,除非人能稍容许他自己的理智来接近他底宗教,否则他们从不会明白何以必须有许多不同的教义,或是何以人能信仰其他的教义而不致于冒极大和极不可饶恕的罪呢?①

假如我们继续循索英国一般意见底进步,我们将看到以上这些述说底全部表现。一种普遍的研究,怀疑以及反抗的精神开始占据着人们底思想。在自然哲学中,这种精神辅助他们——来得似乎很屹突——舍弃古代底桎梏,产生不建筑在旧的观念上而在个人观察和个人实验上的科学;在政治学上,这种精神刺激他们起来反抗政府,而必然地将他们底帝王带到断头台上;在宗教上,这种精神立出盈千的派别,各个宣布或常过誉他们个人判断力底功能。② 这种大变动底详细情形组成了英国史中最有趣的部分。但在未能预知我此后之一切叙述以前,我现在拟只举一例,这个例从它底情形看起来,实是那时代底特色。契林渥斯(Chillingworth)底名著《新教》(*Religion of Protestants*),普通每认为宗教改革者用以攻击罗马教会的最好的维护工具。③ 这书在一

---

① "所以,非难任何人因其不尊敬我们所尊敬的而缺乏恭敬之心,则不是不适切,就是徒事混扰。这种事实——既是真实的——实不用责难,而且应该尊敬,因为要尊敬所有的人和所有的事物,实在是绝对错误。对于不配接受尊敬的而我给于过分的尊敬,实非美德,非但不能称为和善懦弱的表示,且简直是愚笨和罪恶。如果说他对于真正应加以尊敬的而不尊敬之,以至失了正当的尊敬心,则整个问题须重加讨论,因为我们称为神圣的,他却视为偶像。譬如,我们以为对的,我们必须俯伏下来崇拜,但如果他们认为对的,他们未见得应该抽下来而毁坏之。"(见亚诺尔特著《现代史演讲集》第二一○、二一一页)以亚诺尔特底才能,他底伟大的影响,他底职业、他底履历以及他所演讲的那大学底性质等等来看,我们必须承认这是一著名的章节,值得那些要研究现代英国思想底趋向的人底注意的。

② 在十七世纪中叶异教之急速增加是非常明显的,而且因鼓励独立思想的习惯性很能助进了英国底文化。在一六四六至一六四七年之间的二月里,波义耳从伦敦发表说:"在这里可以公平地说,没有几天没有酝酿着或宣示着新的意见。而且,有几种意见变化得这样快,一天内被人重视为一种思想,一二日后即弃如敝屣了。如果有人失去了他底宗教,让他到伦敦去重觅罢,我担保他一定能找到。我几乎可以说,如果有人信一种宗教,让他也来这里,他也将会遗弃了的。"(见《波义耳丛著》第一册第二○及二一页内柏赤〔Birch〕写《波义耳之生活》〔*Life of Boyle*〕)

③ 姑不计逊劣的人对于契林渥斯底意见,只说曼斯非尔德勋爵(Lord Mansfield)罢,他说他是个"理论的完全模范者"。(见蒲脱勒著《回忆录》〔*Butler's Reminiscences*〕第一册第一二六页)

第七章　由十六世纪至十八世纪的英国思想　171

六三七年出版,以这个作者底地位来看,我们意料中必以为可以找到与当时时代精神相同的固执性底充分表现。契林渥斯最近舍弃了他现在正拟加以攻击的教义,因此,我们意料他必不会免除了叛教者所特有的独断的自然倾向。此外,他是劳德(Laud)——在他们记忆里,他还是主教中的一个最鄙贱、①最残酷和最狭隘的人——底信徒和亲密的朋友。他也是牛津大学底研究员,而且是那里底一个常驻人员,那里固常被人视为迷信底避匿所,而且至今还保存着这个不容嫉妒的名称。②如果我们翻开在这种庇护之下所写的著作,我们必难相信这本书会在二十六年前曾因与教会意见不合而公开的被判焚刑而死的两个人底同时代、同一国中出现。这的确是现在正在进行的伟大变动底巨大能力底最显著的证明,它底力量乃须在绝对相反而难能的观察底情况中察觉出来,而劳德底朋友,牛津底一个学员乃在严正的神学论中写出完全足以倾覆奴化欧洲数百年之神学原理。

在这伟大的著作里,所有关于宗教方面的权力完全公开地被藐视。呼克尔固曾倡议将教士底裁判移为理智的裁判,但他也曾谨慎地加以说明以为个人的理智必须附从教会,因为我们可以在大的教会会议里和教会传说底伟大声中发现出来。③但契林渥斯却不管这些事,他将不承认有这些保留的条件可以限制个人判断力底神圣权利,他非但远胜呼克尔以至忽视早期宗教作家,且竟敢轻视教会会议。④虽然他著述的目的在乎解决基督教会所分裂的两派派别底纷争,可是他从不引那纷争所由起的教会会议为权威。⑤他底强有力的精密的智慧透入了

----

① 劳德底人格现在是尽人皆知的了,他底可憎厌的残暴被当代的人这样地痛恨,以致定罪以后,许多人关闭店门,直至行刑以后方肯贸易。这是窝尔吞亲眼看见而述说的。(见渥兹渥斯著《教会传记》第四册窝尔吞著《桑得松之生活》〔Walton's Life of Sanderson, in Wordsworth's Eccles. Boig.〕)
② 一个现代的作家非常简单地表示契林渥斯是从牛津得到他底自由主义,"就是这个大学育成了契林渥斯高的智力和宗教自由的主义"。(见菩尔斯〔Bowles〕著《开恩主教之生活》〔Life of Bishop Ken〕第一册第二一页)
③ 呼尔克对于教会会议底过分的尊敬曾被哈拉姆所注意。(见《宪法史》第一册第二一三页)
④ 读到早期基督教著作时,他轻鄙地称为不足道。(见契林渥斯著《新教徒底宗教》〔Religion of Protestants〕第三六六页)即使对于奥古斯丁,其中最能干的一个,契林渥斯也不示谦逊。可参阅他在第一九六、三三三、三七六页所说的;至关于神父一般的权威,可阅第二五二、三四六页)。契林渥斯曾很痛快地说,教士,当他们"袒护他们,便称他们为神父,但当他们反对他们的时候,则又称他们为小孩"。(见《卡拉密底生活》〔Calamy's Life〕第一册第二五三页)
⑤ 观察教士们对于这些事件的互异纷歧,就可证明神学家底迟缓的进步。在其他的探讨范围中,我们找不到像这样的固执地坚决追随于最近二世纪来所有思想家都反对的理论。

每个问题底深处,而轻视那种常会扰乱人类思想的辩论。在讨论旧教和新教所争论的各点时,他不问所要讨论的教义是否合乎早期教会底原义,他只问这些教义是否合乎人类底理性,而且他毫无犹疑地说:无论这些教义底真确性怎样,如果有人觉得是不合于他底理解力的,他决没有义务要必须相信它们。他也决不容许信仰可以代替权威,就是这一个神学家所拥护的主义也被契林渥斯压置于人类至尊无上的理智之下了。① 他说理智给我们以知识,而信仰只给我们以信条,信条仅是知识底一部分,故究不逮知识也。我们是必须用理智而不是用信仰来分辨宗教底问题,我们只有靠理智才能分别出真与假来。最后,他严正地告诉读者,在宗教事情中,没有一个人可以从不完全的假定里定下强有力的结论,或依据简陋的证据来保持他不确实的叙述。他说更不应希望人类用必然的信仰去相信他们不能用正确的论据来证明的事物,因以污辱他们底理智。②

没有一个具有普通反省力的人会忽视了这些意见底明显趋势的。但是更须知道的是,在文化进程中,人类思想在达到这样超绝的见解以前所必须经行的过程。宗教改革毁坏了教会底专断后,当然的就减弱了对于教会传统观念的尊敬心。可是旧观念底力量还是很大,使我国人很久还尊敬他们久已减失钦仰心的东西。这就是朱挨尔虽然承认《圣经》底无上权威,有时反因《圣经》底沉静和含糊,而急于附会以前的教会,他以为什么困难都可以因其决定而解决。所以他只用他底理智来确定《圣经》和传统观念底差异,但当《圣经》和传统观念不相冲突的时候,他就对于传统观念表示现在所谓的迷信的敬服了。三十年以后

---

① 他确曾企图将这个同样的学说应用于天主教徒,如果能实行,倒确能停止了争论。他倒有些不公平地说:"你承认你底教会,因为你想你有理由这样做,因此最后所有皆为你或新教徒自己的理智所解决。"(见《新教徒底宗教》第一三四页)
② "上帝只希望我们相信前提所应得的推论,我们信仰的力量须和妄信底动机相平均或成为比例。"(见《新教徒底宗教》第六六页)"至于我,我确知上帝曾给我们以理智来分别真理与虚伪,凡不知利用这一点而不知所以然地妄信事物者,我可以说他是偶然相信而并无选择的,我只恐怕上帝将不接受这些愚笨人底牺牲。"(见第一三三页)"上帝底精神,如果他愿意的话,可以申展无量——即超乎一定证据之外的一定的固执性,但无论上帝和人都不勉强我们过分赞同某一前提所应得的推论,建造一个确定的信仰于易于轻信及不可靠的动机上,有如将一个伟大的宏阔的大厦安于力不足支持的基础上。"(见第一四九页)"因为信仰不是知识,有如信三等于四的错误,但是信仰却是包括于知识之内的,所以知者即信而或过之,但信而至多次者即是不知——而且如果他仅茫然而信则他将永久不曾知道。"(第四一二页)

呼克尔出来了，他更进一步提出那也许会使朱挨尔退缩的主义，减少了许多那以后将要完全为契林渥斯所毁坏的事物。这三个伟大的人物即代表了他们各自所生活的三个继续的世代的三个明显时期。在朱挨尔，理智是——如果我可以这样说——制度底上层机构，但权威却是上层机构底基础；在呼克尔，则权威不过是上层机构，理智始是基础；①但在契林渥斯——他底著作是未来怒潮底先驱——权威完全消灭，宗教全部的组织却以人类那毫无援助的理智如何去解释万能的上帝底判决一点为基础。

　　契林渥斯这种伟大底著作卓著的成功必曾助进了这个大的变动，而这本书底本身也就是变动中的一个证据。② 它成为反对国教的一个确定的拥护论，因此证明了同时代人所眼见的英国教会分裂之为正当。它底基本原理被十七世纪中影响最大的作家如黑尔斯（Hales）、奥文（Owen）、泰罗（Taylor）、柏内特（Burnet）、提罗特松（Tillotson）、陆克（Locke），还有那谨慎和时代典型者泰姆培尔等所采用，他们都坚持着个人判断力底权威，好像造成一种法庭而没有人有权力可以干涉。从这样的情形中所推想的结论便很清楚。如果真理之最后测验是属于个人判断力，又如果没有人能坚持常常矛盾的人类判断力能永久不谬误的话，那么，在宗教真理上也必然地没有确定的标准了。这是一件不幸的事，且我坚信是一个不正确的结论，但这是一个国家未完成其伟大的容纳异见的工作以前的必然情状，就是在我国和我们底时代也还未曾达到成功的地步哩！人们在开始容纳异见以前必须先学习怀疑，在他们尊敬反对者底意见以前，③必须先认识自己的意见底谬误之处。这个伟大的过程在任何国家内，离开其完成的时候尚远，而欧洲底思想方

---

① 朱挨尔和呼克尔之敌对是这样的明显，以致呼克尔底几个反对者竟引述朱挨尔底《申辩》来反对呼克尔。渥兹渥斯称之为"怪事"，但非如此可更怪了。
② 麦稣克斯（Des Maizeaux）说："他底书受到了普遍的欢迎，不到五个月，加印两次，恐怕从未有讨论的著作曾这样地盛行过——这本书底畅销——尤其是一本对折本的讨论书籍——颇可以证明作者能切中时代的嗜好。"（见《契林渥斯之生活》第二二〇、二二一页）
③ 在惠特利著《基督教信仰之危机》（Dangers to Christian Faith）一书第一八八至一九八页中有一明白的叙述——现在普遍接受的——反对为宗教底意见而压迫人们。但其中最有力的论据都是完全根据于适应情势的，这在宗教信仰强烈的时代也许会遇到反对的。只有几个关于宗教自由底神学方面的困难曾在科尔利治底《文学遗录》（Lit. Remains）第一册第三一二至三一五页里谈及；又在另一本书（《朋友》〔The Friend〕第一册第七三页）里提到当时实在的情形，即"这同样的冷淡使宗教自由这样容易地成为我们底德性"。

赤裸裸地从以前的妄信中及傲慢自信的信仰中浮现出来,也还仍旧在一个半途的或可说是不确定的阶段中。当这个阶段快要逝去的,当我们知道完全以人格和行为估量人们,而不以神学底专断为重时,我们才能用纯粹超绝的思想过程来组成我们宗教底意见,这种思想过程底暗示曾在每个时代表现于一二个天才思想家身上。凡研究现代文明进步者必明了这就是现在各种事情急速进行中的方向。在三个世纪的短期中,旧神学精神非但被迫着从它建立悠久的尊贵地位上降下来,并且要废弃它在前进的知识前所欲恃为屏蔽的根据,它所有最爱好的权利要求都被迫着渐渐地放弃了。虽然在英国最近曾对于某种宗教讨论给予暂时的显著地位,但在讨论中的各种情状已表现着时代性的变迁。在一世纪前也许能引起全国狂热的辩论,现在大部分受教育者对此都冷淡下来了。现代社会之愈见复杂,以及其事业之日益繁多,往往分引了思想而不容其专注于较闲阶级所视为必然的重要问题。此外,科学底积量远较前代为多,而又暗示着这样超越的兴趣,以致我们所有的伟大思想家都以其全部时间专心于此,而不以仅骛空想的信仰以自相烦扰。结果,通常所认为最重要的问题现在都被舍弃而由较庸劣的人去研究,他们摹仿那些真正伟大的圣哲——他们底著作在我们早期文学中占着荣显的地位——底热心而没有影响的力量。这些骚扰的论战,当然以其狂烈的呼声引起了教会底注意,可是绝未对于庞大的英国知识界遗留下丝毫的印象,而且国内绝对的大多数都显著地反对现在试欲重建的遁世与绝欲的宗教,原因是那种情形下时代已经过去了。神学底事业久已失去它底至尊无上的地位,国家底政事再也不凭教会底见解而处置了。① 在英国这种进行较任何地方为急速,故其变化非常明显。我们在每一部门都连续着有几个伟大的和有力的思想家,他们对于国家都有极尊荣的贡献而得到人类底赞美。可是在一百多年中,我们在辩论的神学范围内却不曾产生过一种创作。因为一百多年中对于这个问题底冷淡既是这般明显,以致对于这神圣事业底巨大容量上价值绝无增加,而这种事业反而每一代在思想阶级中失去

---

① 一个熟悉欧洲各大国社会情形的作者说:"教会权力无论在国家或个人的政治、经济事件方面,或在内阁及家庭范围以内都不再成为活动的分子了,一个新的要素——文学底权力——已经代替了它支配世界底地位了。"(见兰格著《丹麦》〔Denmark〕第八二页,一八五二年出版)

了它以前的兴趣。①

以上这些都不过是无数迹象内的几个例，凡不被不完全的教育底偏见所蒙蔽的人，都能看得出的。有一大部分的教士——有些是由于野心底冲动，但大部分我相信是由于天良底动机——想阻止现在正当每一方集中于我们底怀疑主义。现在已是这些居心良好——虽然是错误的——的人应察觉他们自己所努力的谬误的时候了。他们所认为惊异的正是由怀疑主义达到容纳异见地步的中间阶段。较高的思想程序已走过这个阶段而正要达到人类种族宗教史之最后的方式了。但大多数的人以及几个普通认为受教育者现在不过正达入以怀疑主义为思想机构底早期时代罢了。② 故自这种急速发展的精神激动了我们底觉悟以后，我们应用全力来鼓励

---

① "现代在英国底教士——主教、教授、主教堂之有俸牧师——不是神道学家了，他们是论理学家，精于数学的化学家、历史家、希腊诗底拙劣评释者。"（见巴刻一八四八年《批评杂著》〔Theodore Parker's *Critical and Miscellaneous Writings*〕第三〇二页）在第三三页，这个高的权威者又说："可是在现世纪中，有那一种用英文写的关于神学方面的学问是有价值的，而在时代上留一深刻的印象的呢？《布利治窝忒论文》及培利之新版——我们实耻于承认——算是最佳的作品了。"威廉·哈密尔登爵士曾注意到（见《哲学讨论》第六九九页，一八五二年出版）"英国神学底衰落"，虽然他似乎不明其原因。华德牧师说："不论我们如何地悲伤，我们不能不惊奇着专制神学底衰落和倾覆。"（见《一个基督教教会底理想》〔*Ideal of a Christian Church*〕第四〇五页）可再阅《哲夫利斯勋爵底论文》第四册第三三七页："我们想，窝柏吞是我们伟大神道家之最后一个……卡德渥斯（Cudworths）和巴罗士、呼克尔、泰罗等信徒底日子已经是过去的了。"巴尔博士（Dr. Parr）是窝柏吞以后唯一能以其渊博的学问恢复其地位的人，但他常常不自觉地为时代精神所牵制而不愿这样做。因此，我们发现他对马其大主教（Archbishop Magee）这样写着："至于我，早已决定不再争辩的神学中占着活动的部分了。"（见《巴尔丛著》〔*Parr's Works*〕第七册第一一页）同样的，自十八世纪早期以来，几乎没有人曾仔细地阅读早期基督教之著作，除非为历史或世俗的目的。最初的忽略是在十七世纪中叶，那时引用此等著作于讲经的习俗开始废止，此后就立即被人轻视。陶林牧师在《教会史之研究》（*Study of Ecclesiast. History*）第一九五页里说："在一七四〇年去世的华德兰是我们最后的一个伟大的教父的学者。"关于这一点，我可以加说，在华德兰去世后九年，神学专业之明显的衰落先后打击了窝柏吞和格罗斯忒，以至窝柏吞写给佐尔丁的信中似乎很愤怒地说："什么东西都可在我们底教区中做一个教士了。"以后在牛津曾有人企图补救这种倾向，但这样的企图既被一般文物之进展所反对，已具且必然地无所施其伎俩了。的确，最近这些努力底失败是这样地明显，就是从事于这一方面之最活动的分子也很坦白地承认，在知识方面，他这方的人实毫无贡献，并且他还表示极大的痛心说："这究令人沮丧而不愿言，但主要的，或可说是唯一的英国作家而能有资格被称为教会底史家者只非基督徒之歧蓬而已。"（见纽迈〔Newman〕著《基督教教义之发展》〔*Development of Christian Doctrine*〕第五页）

② 一个有才能的友人告诉我，有一部分人将误会这种意思，还有一部分人则并非不了解而却故意地曲解其意。现在不如作我所说的怀疑主义明加解释罢。所谓怀疑主义，我仅指不轻于信仰，所以怀疑愈深，即表明陈说证明之困难愈甚，或换句话说，就是理论规则及证据定律之应用愈为广泛复杂。这种犹豫的感觉和省慎的判断在思想之每一部门，都占着人类思想所经历的各种知识革命中的前端，要不然就不会有进步，不会有变化，不会有文化了。在物理学中，它是科学底必须的前驱；在政治学中，它是自由底前锋；在神学中，它是宗教自由底先锋。这是怀疑主义底三种主要方式。因此很清楚的，在宗教方面，怀疑主义者在无神论及正教之间取一折衷之道，而反对两方底极端，因为他看到两方都是不能证明的。

那裨益及于全人类——虽对于少数人不利——的主义,因为只有它才能将宗教底拘泥性有效地毁坏了。我们也不必惊奇,在这种事业完成以前必须先受到相当的痛苦。① 如果一个时代底信仰过强,则适足以促成另一个时代不信仰的自然反应。这实由于我们本性底缺陷所致,我们是被进步的定律迫着要经过普通人认为民族衰落及民族耻辱底怀疑主义及思想痛苦的机运,但这些不过是炼金时必须要经过的火力罢了。譬如一个担负着重重迷信的可怜的香客是必须奋斗的经过失望的陷阱和死亡的山谷,才能达到那个闪耀着黄金和珠宝的光荣的城,看到这城的第一瞬,已足补偿他蕴积了许久的所有的辛劳和恐惧了。

在十七世纪底百年中,怀疑主义和宗教自由主义底两重运动继续着向前进行,虽然这种进步曾常被伊利莎白以后的两位承继者所阻绝,这两位嗣君在任何事件上都和那个伟大的女王底开明政策相反,他们竭尽了力量来摧残他们所不能明了的时代趋向,但尚幸他们所欲灭绝的时代精神却达到了非常的高度以致竟藐视了他们底支配。同时,英国思想更因着这种争论——指分裂英国思想为二部分者——而加速其进行。在伊利莎白朝代时,大敌对不过是教会及其反对者、正教及异教徒之间的事,但在詹姆士和查礼士时代,神学便转入政治底漩涡了。它不再是教条和教义底争斗,而是维护王冕者及主持国会者间底争斗了。人类底思想就这样地专注于真正重要的事件,而轻忽了那曾占据他们先祖底注意的较逊劣的事业。② 及后,当公共的事情已达到危险的时候,这君主底恶劣的命运——最后

---

① 一个渊博的史家所说的关于苏格拉底底方法对于几个希腊人底思想底影响实可用来表明现在欧洲大部地方所经过的情形:"苏格拉底底论辩法,清除了思想上空想的知识底迷雾,暴露了真的愚暗,即产生了直接的影响,有如地雷之轰动。这种对于愚暗之新感觉也是出乎意料之外的,痛苦的和屈辱的——是怀疑不安而却混合着从未经验过的对于真理之内心的要求和追逐的一个时期。这种除非思想上能根本除去虚伪的知识底幻觉而后方能开始的智力促进,苏格拉底视为非但是未来进步的指针和先锋,且是未来进步之不可免的情况。"(见格罗特之《希腊史》第八册第六一四、六一五页,一八五一年出版)

② 亚诺尔特博士深察这种变迁,他说:"最使我们惊奇的就是,在伊利莎白时代所谓教士与教士间之争论,现在却变为君主与国会间之政治大斗争。"(见《近代史讲集》第二三二页)平常的编辑如阿利松爵士及其他则完全误解这种运动(见其《欧洲史》第一册第五一页)。这是一个少有的错误,因为当时代的人已有几个认识了这种斗争在政治上的重要性了。即使是克林威尔,虽然他必须奋力对付困难,也在一六五五年明白地表示这次战争底本源并非为的宗教。詹姆士一世也见到清净教徒对于国家的危险较对于教会为尤甚,"他们和我们在宗教上的差异还不如在他们底政策及类似事物之混合方式上之不同为甚,他们永久不满意于现在的政府,(转下页)

对于王室反为有利的——对于教会里的人却最生损害。的确,没有疑问的,查理士之薨及其当时的情景对于教会权威底全部制度实是一大打击,至今尚未能复原。这个君主底横死曾激动了人民底同情,因此增强了王族底势力而促进了王室底恢复。但仅是这个渐得权力的大党派底名称在宗教底意义上,已足暗示着人民思想底变化。英国之被自称为独立教派的教友(Independents)所管理不是一件轻微的事情,这些人在这种称呼之下非但要剥夺了教士底权利,且对于教士于数世纪以来所积渐而生的礼式和教条表示着无限的轻视。[①] 这些独立教派底教友确还没有常展拓他们底教义底结果至最大限度,[②]可是要这些教义被国家底宪法所承认却是一桩很重要的事。此外,很重要的,就是这些清净教徒底狂惑较迷信为尤甚,[③]他们对于政治底真正原理是这般暗昧,简直要用刑法来处置私德,以为不道德可以藉立法而遏止。[④] 不过虽有这种大错误,他们却常常反对他们自己教士底攻击,旧的教会制度底毁坏虽则未免过于急速,但必曾产生了许多有益的结果。当以上这些事件所赖以成功的大党派完全失势以后,进步仍然向着同一方向进行。王室恢复以后,教会也虽回复了从前的旧观,可是显然已失了它原有的权力了。[⑤] 同时,这个新君主因了他底轻浮而不由理智之故,轻视所有的神

(接上页)永久不耐于屈服于优越之下,这使他们底教派在任何励精图治的国家之下都会觉得不堪忍受的。"(见《国会史》第一册第九八二页《詹姆士一世之演说》〔*Speech of James I., in Parl. Hist.*〕)又可参阅《萨麦斯短篇论文集》第九册第五七二页所说的关于笛福(De Foe)底观察:"王和国会转而争执着关于民权的事情……王和英国国会意见上最大纷歧不是关于宗教的,而是关于民事方面的。"

① 下议院在一六四六年对于"教士会议"之要求,其攻击之努力实是这个占优势的政党不容教会侵权之决心的许多证明之一。

② 可是主教索特(Bishop Short)在他著的《英国教会史》一八四七年出版第八册第四五二、四五八页里说——当然是真实的——克林威尔对于教会的敌视不是神学的而是政治的。主教肯内特(Bishop Kennet)也作同样的评述。

③ 没有一个人不是这样想,而能明了清净教徒底真历史的。在现在这部书里要讨论这样广大一个问题是不可能了,故我必须留在这部著作底后部叙述,那时对于英国历史将特别加以讨论。现在我可以说,狂惑和迷信之区别已被惠特利在他著的《从人类天性中所发现的罗马旧教底谬误》一书中第九四页很清楚地说明——但非分析——了。

④ 在一六五〇年第二次偶像崇拜为重罪而不利于教士,但王朝复兴以后,查理士二世及其友人觉得这个法律不甚方便,于是也就废止了。

⑤ 可阅一个教外人著的《开恩底生活》(*Life of Ken, By a Layman*),一八五四年出版,第一册第五一页。在第一二九页这个作者又忧虑地说,"教会已恢复了许多现实的权利,但并非精神上的统治力"。主教底权力已因"高级教廷(Court of High Commission)之毁坏而减少了"。(见索特著《英国教会史》第五九五页)

学争论,并以其所谓哲学的冷淡来对付宗教的问题。[1] 他底朝臣跟着他底榜样,惟恐不能惟妙惟肖。其结果,凡是英国文学之最肤浅的读者恐怕也都知道罢！包围着这位君主的人都不够资格来解决这些疑难的问题,他们却想用蛮横而不可救药的欺诳的侮辱表现,来巩固他们底疑惑堡垒。几乎找不到例外,查理士所宠信的作家们都极尽其卑鄙的方策来藐视他们毫不了解的宗教。这种不虔敬的滑稽事件对于时代性当然不会遗留丝毫印象。不过倒也值得注意,因为它们就是一般趋向中的腐败及夸大的代表。它们是不信仰精神及反抗权威——这是十七世纪时有名的英国人底特色——中的几个不健全的结晶。就因为这一点,遂使陆克改变了他底哲学而信一神教。也就因为这一点,使牛顿成为索星尼派(Socinian),迫密尔顿(Milton)成为教会底一个大敌人,这件事非但把这个诗人成为反叛者,而且故图诬陷,硬要玷污这个不幸的人,说他是阿利阿教徒。总而言之,他们对于传统的见解具同一的轻侮心,同样地要坚决摈绝这些约束。最初是被培根把这种精神引入于哲学,以后给克林威尔(Cromwell)施之于政治,而同在十七世纪又给契林渥斯、奥文、黑尔斯实施于神学上,用于形上学者则有霍布斯(Hobbes)、格兰微(Glanvil),用于政治理论者复有哈林顿(Harrington)、悉德尼(Sydney)和陆克。

现在正在摆脱古代迷信的英国知识界,[2]其进步上更又得到自然

----

[1] 巴金干(Buckingham)和哈利法克斯(Halifax)恐怕是最熟稔于查理士二世的两个人,他们俩都说他是一个信自然神教者。他后来之皈依旧教恰和路易十四后半世之益增虔诚相类似。在以上两种情形中,迷信都成为极尽最卑下、最甘于下流的快乐底一个疲惫而不满足的放荡者底自然退避所。

[2] 最显著的一个例,可以在巫术旧观念之毁坏里看出来。以教育阶级而论,我们思想之重要革命是在王朝复兴和革命之间的时期内发生的,就是说,在一六六〇年大部分受教育的人仍旧相信巫术,而在一六八八年大部分人都不相信了。黑尔男爵领袖(Chief-Baron Hale)在一六六五年曾表示旧的正教观念,他在审判两个为巫术而犯罪的妇人的时候,对陪审官说:"我并不疑惑,确是有所谓'女巫'的,因为第一《圣经》曾这样地确认有这种事实,第二所有国家底聪慧制定了法律来反对这种人,这就是他们确信有这种罪恶的一个论据。"(见卡姆培尔著《裁判长之生活》第一册第五六五、五六六页)这种理论是不可抵御的,于是这两个女巫被缢死了,但公共思想底转变且开始影响审判官,自这个男爵领袖底这种惨黯的显示以后,这种情景就渐渐鲜见了,虽然卡姆培尔勋爵还误以为这是"英国对于蛊惑之罪底最后的处死刑底处决"。而且一六八二年还有三个人在挨克塞忒(Exeter)为巫术而处决哩。可阅哈钦松在一七二〇年出版《关于巫术之历史论文》第五六、五七页,哈钦松说:"我想这是在英国最后被缢死的三个人。"但如果有人能信毕尔博士所说的,则在一七〇五年还有两个女巫在诺坦普吞(Northampton)被缢死,在一七一二年还有五个女巫在同个地方受同样的判决。(见《巴尔丛著》第一册第一八二页,[转下页]

第七章　由十六世纪至十八世纪的英国思想

科学之努力所表现的非常热心的帮助。这和所有的伟大社会运动一样，是可以很清楚地追循其进行的程序的。它一部分是时代正在继续增长的不妄信底趋势底原因，一部分也是它底效果。知识阶级底怀疑主义使他们对于无所根据的旧有的意见表示不满意，这种不满就产生了一种希望，要确定这些旧观念究能用实在事物来证明或驳斥至何程度。这种精神之勃长可以在当时一个有名的文人底著作里找到显著的例证。当内战隐伏，查理士王被杀的前三年，布朗爵士（Sir Thomas Browne）印行了他最负时誉的著作《普通一般错误的研究》（*Inquiries into Vulgar and Common Errors*）。① 这部淹博的作品已能预测现在研究者所探讨得的许多结果，但它之所以显著就是因为它在英国是对于当时流行的自然界之迷信观念有一个最有系统最精密的猛烈攻击。更有趣的就是各种情形显然表明，作者原是个博学的天才者，可是他对于一般信仰所发生的怀疑却是受时代底压力而然。

大约在一六三三年，当王位仍旧是一个迷信的君主占据着，当英国底教会仍旧施展它底大权的时候，当人们仍不断地为宗教底意见而受刑罚的时候——同时这位布朗爵士写他底《美提契王朝时的宗教》（*Religio Medici*）一书，②在这本书内我们可以找到后来他所写的各点，可是就缺少了怀疑。的确的，在《美提契王朝时的宗教》一书内所表现的妄信必曾得到当时握权的那般妄信人底同情。所有当时定为公共教条中的偏见，布朗没有一点敢予以否认。他宣布他底信仰在哲学家底基石上，在鬼怪卫护的天使和纹相之学上。他非但专断地确定巫人底

［接上页］共八册，一八二八年出版）这是更可耻了，因为我此后将从当时的文学证明，在当时教育阶级中，对于女巫存在之不相信几乎成为普遍化了，而旧的迷信却仍为法庭及教会所维护者。韦斯利，他底势力合所有的主教都不及的，曾说："真确的，一般英国人，而且大部欧洲有学问的人都视女巫及妖异之说为老妇人底假托的故事。我颇为此而扼腕……废弃巫术事实上就等于废弃《圣经》……但我不能对所有的大不列颠信自然神教者抛弃了巫术存在之说，除非直至我抛弃了对于所有的神圣和世俗的历史底信任。"但是所有这些都归无效，每一年都减弱了旧的信仰。在一七三六年在韦斯利记录了这些意见以前一世代，反对巫术的法律是取消了，在另一迷信底痕迹又在英国法律书中涂抹了。更有趣的，就是在西班牙竟迟至一七八一年焚毙了一个女巫。（见提克诺著《西班牙文学史》〔*Hist. of Spanish Literature*〕第三册第二三八页）

① 初版是印行于一六四六年印行。（见《布朗爵士丛著》〔*Works of Sir Thomas Browne*〕第二册第一六三页）
② 确实的日子不知道，但威尔金（Mr. Wilkin）谓是"写于一六三三年和一六三五年之间"。（见《布朗丛著》中《美提契朝之宗教》〔*Religio Medici*〕底引言）

真确,而且他说凡否认巫人底存在者,非仅是反上帝者,而且是无神论者。① 他很慎重地告诉我们,他以为他底诞生不是由于孕生,乃是由于受过洗礼而来的,因未受洗礼以前,他还不能算是生存。② 他在这些聪慧之上更说了任何问题愈能确定,则他愈愿认为真确;但如确不能确定时,则他必因此原故而预备去相信它。③

以上是布朗爵士在他贡献于世的两本大著作的第一本中的意见。但在《普通之错误的研究》一书中,却表现着完全不同的精神,如果没有确实的证据,我们几难相信是同一个人的作品。事实就是社会及思想的大革命在这两部著作前后所经过的十二年中已经完成了,教会底倾覆和英王底被弑不过是其中较小的事情罢了。我们从文学、私人通信及当时的公共行动中即可看到,当时最有思想的人也难逃避一般人所中的毒害的影响。无怪布朗一个较逊于其时代的作家,要受到他们也无能力抵抗的运动的影响了。如果他独能不受怀疑精神的影响,那倒反为觉得可异了,因为这种精神,久被武断地抑制,已迸裂了所有的索缚,而立刻扫除一切强欲阻碍其进途的制度了。

就是从这一点看起来,这两部著作的比较观是非常有趣而确又很重要的。在他后一部著作中,我们不再听见有因不可能而信仰的事了,我们却知道有"真理的两大柱石,经验与坚实的理智"。我们又被告诉,错误之最大原因就是固信权威(adherence unto authority),第二就是忽略研究(neglect of inquiry),而实觉可异的第三原因乃是妄信。所有这些和旧的神学精神是不很符合的。故我们不必惊奇,布朗不只暴露教士的无数谬误,且述说一般错误以后,复简约地说:"还有许多错误,我们把它们归入神学范围内,那恐怕便失去历来争论底立场了。"

这两部著作的不同点,实是十七世纪中叶在实际及思想生活各方面都可觉察出来的大的变动底、速度底绝好测量标准。培根逝世以后,

---

① "至于我,总是相信,且现在知道,是有女巫这类人的。凡对于她们之存在抱怀疑者,非但否认有她们,而且还否认有鬼神,这些人当然邪恶的,属于一种——不是不信教者——无神论者。"(见前书第二册第四三、四四页)
② "我确从这里计算我底诞生。"(见前书第二册第六四页)
③ 见《布朗丛著》第二册第一三、一四页《美提契朝之宗教》第九节,惜过于冗长不易节录。这是"我想这是不成的",原是滔良笑林之一(Tertullian's absurdities),曾一度被阿该尔公爵(Duke of Argyle)在上议院引为"古代宗教之规律"。(见《国会史》第六册第八〇二页)

波义耳当然是最显著的英国人中的一个,与他同时代的人相较,可说只在牛顿之下,虽然在思想创作方面他当然是远逊于牛顿。关于他在知识上的贡献,我们立刻不能看到,但可以说,他是对于色和热间的关系作准确实验的第一人。因此,他非但确定了几个很重要的事实,并且为光学及热学之混合研究上下一基础,这种混合研究虽然还未完成,但也不过只待伟大的哲学家找出一广大的综合性足以包括之,而将这两种科学混合在一个系统下研究罢了。对于我们现在有的液体静力学,波义耳之功较任何其他英人为大。① 他是那个精美的富于有价值的效果的定律底原始发现者,照那定律讲起来,气体底压力是随其密度而生变化。② 据近代一个有名的自然学家的意见,波义耳是开始化学研究的人,直至一世纪以后,这种研究继续滋长而使拉发西挨(Lavoisier)及其同时代人固定化学底真正基础,第一次使它在自然科学中得一适当的地位。

这种发现之应用于人类享受方面,尤其是在所谓文化底物质兴趣上,将在这部著作底另一部分循索之,现在所欲述说的,是这种发现如何与我所描写的变动相融合的情形。波义耳在他全部的自然研究中,常常坚持两个基本的原理:就是,单个实验的重要及古代相传的事实的不重要。③ 这就是研究他底方法的两个大枢纽,这些见解是他从培根那里接受下来的,也是最近二世纪以来对于人类知识有所贡献的人所持的见解。先怀疑,④ 而研究,再后才讲到发现,这几乎是我们伟大的学者普遍所采用的方法程序。波义耳对于这一点感觉是如此地强

---

① 休挨尔博士(Dr. Whewell)在《布利治窝忒论文》第二六六页里说得好,波义耳和巴斯卡尔之于静力学有如伽利略(Galileo)之于力学及哥白尼(Copernicus)、开普勒及牛顿之于天文学。
② 这是波义耳发见于一六五〇年,而一六七六年马咯特(Mariotte)为之证实。
③ 这种古代权威之轻视常常现于他底著作中,故很难在许多段落中找到可选的引录。我将从中选出我以为最明显而且确是非常特著的一段。在他著的《由自然中所得之寻常观念的自由探讨》(Free Inquiry into the Vulgarly received Notion of Nature)一书中,他说:"我之惯于评判意见有如评判钱币一样,当我接到一钱币时,我对于钱币上之文字的考虑不若我对于钱币制成之成分的考虑为甚。至于这钱币是否在数年以前或数世纪以前所铸造的,或只是昨天新由造币厂出来的,于我都无甚关系。"(见《波义耳丛著》第四册第三五九页)在其他著作中,他对于中世纪之烦琐学者及文官之轻视不下于陆克。
④ 在他著《实验论文之考虑》(Considerations Touching Experimental Essays)中,他说"恐怕你要惊奇,菲劳菲勒斯(Phrophilus),我几乎在以下每一论文中都这样地不确定而常用'恐怕'、'似乎'、'不是不可能'及其他的表语,好像我喜欢在意见之真实中证明疑惑出来",等等。(见《波义耳丛著》第一册第一九七页)的确,他这种精神在每一处都可看见。因此,他著的《水晶论文》——以当时的知识程度来看,这本著作是显著的出品——称为"关于盐底奇异形(转下页)

烈,虽然他是一个卓著的宗教家,他却称他最普遍的科学著作为《怀疑的化学家》(*The Sceptical Chemist*),意思是暗示着,除非人对于当时的化学怀疑,否则不能令那横在他们面前的事业有所进展。我们更能发觉这破坏旧观念的名著是在一六六一年,查礼士第二接位的后一年出版的,在他底朝代中,不妄信的传布力确是快得很,因为非但在知识界里是如此,就是王室底亲信及贵族中也一样。在当时社会情形下,这种倾向确被认为是忤逆和退化的现象。但这种变动必不是平常的力量的一种变动,因为在这样早的时期中已能深深侵入王宫底隐蔽处而激动了朝臣底思想,他们是一班惰弱者,因为习性轻浮的原故,在普通情形之下,常易趋向迷信而信仰前人所遗与他们的智慧。

这种趋向在每种事物里都可以看到,每种事物都显著一种继续增长的决心,将旧的观念附属于新研究之下。恰当波义耳从事于他底工作的时候,查理士二世组织了那个王家学社(Royal Society),其所公布的目的即是要以直接的实验来增加知识。这里值得说明的就是,第一次赐予这个有名的组织底敕书,宣布这个学社底目的就是反对超自然底知识而广展自然底知识。①

我们很容易可以幻想到这些事情对于那些绝对赞美古代事物的人是如何地恐惧和厌恶!他们完全被崇古的观念所占据着,是决不会重视现在或希望未来的。这些对于人类底大阻碍在十七世纪时所演部分恰和它们在现代所演的一样,即是弃绝各种新奇的事物而因此也反对种种的改进。两派人中所产生的仇恨底竞争及首次对于有明显的进步的观念底组织——王家学社——底敌视占据了我们历史上最开明的部分。关于这点,我将另给以相当的叙述。现在只需说,那反应的一派人,虽然由绝对多数的教士们所导领着,却完全在人们意料中失败了,因为他们底敌方几乎占有全国所有的知识,而且更受到朝廷底帮助得以积极前进。这种进步在事实上是这样地急速,竟将从事于教会事业

(接上页)状底怀疑及实验"。(见《波义耳丛著》第二册第四八八页)故恒保得称他为"审慎而怀疑的波义耳",不是没有理由。(见洪保德著《有秩序的宇宙》〔*Cosmos*〕第二册第七三〇页)

① 柏里斯博士(Dr. Paris)说:"皇家学社宪章中说该社是为推进自然科学而设。'自然'这个辞语底原意我想很少人能知晓。在这个学社建立的时期,巫术及占卜底技艺还是很普遍地提倡者,故'自然'这个字在当时就用为与'超自然'相对的意义。"(见《得维爵士之生活》〔*Life of Sir H. Davy*〕一八三一年出版,第二册第一七八页)

底几个最有才能的人也同化了。他们的知识欲是这样地强烈,远非他们营育滋长的旧习俗所能移动。但这不过是例外的情形,普通讲起来,在查理士第二朝代时,自然科学和神学精神底敌对竟令全体教士联合以反抗科学,极力设法使去失了信用,却是无疑的。我们对于他们之要探取这种途径也不必表示惊奇。他们所要制止的那研究及实验的精神,非但对于他们底偏见方面是违抗的,并且对于他们权力方面也有损害。因为第一,研究自然科学底惯例,教人需要绝对正确的证明,这一点教士发觉在他们自己的研究部门中感觉到无法应付;第二,自然知识底增进开了思想底新园地,更局部转移了人们对于家教问题的注意力。这两种的结果当然只限于少数对于科学研究发生兴趣的人,但我们可以观察到这些研究的最后效果必会概括着更大的面积,这可以说是它们底较次的影响。至于这种影响之作用是很值得我们底注意,因为明白了这一点就可以解说在迷信与知识中所常存在的明显敌对的原因。

  这是很明显的,一个对于自然定律完全愚昧的国家必将周围所环绕着的自然现象归原于超自然的因素。① 但当自然科学开始其工作时,立刻就发生了大的变化。每一种新的发现,确定了支配某一事件的定律后,即褫除了该事件以前所包围着的神秘性。② 好异心是比较上减低了;又当一种科学,其进步使擅长该学者能预言其所研究之事物

---

① 最近这种趋势被孔德在他著的《实验哲学》中解释得非常明白,他对于人类思想之最初阶段底结论处处为我们对于野蛮民族所知道的所证实,而又为——他已确实证明了的——自然科学史所证实。在他所援引之事实以外,我可以说,地质学史所具有的证据和他在其他部门所搜集的颇为类似。这种超自然的因果关系的信仰之如何成为一般的观念,可以在科姆(Combe)所叙说的一种情况中看出来。他说在十八世纪中叶的时候,爱丁堡之西麻一乡村是这样地不合卫生,"以致每到春天,农夫和他们底佃户就多染着热病和疟疾"。在这些病源未曾发现以前,"这些病魔底缠绵都视为上天所使",但经过相当时期以后,土地干竭了,疟疾也就消灭了,于是居民方才明白他们所信为超自然之力者,实完全是自然底,而其原因乃由于土地而非神底干预。(见科姆著《人底体构》〔Constitution of Man〕第一五六页,一八四七年爱丁堡出版)
② 我所说外表之神秘者因它并不减少了真的神秘性,但这点也并不影响于我所说的真确,因大部分的人从不细辩定律与原因的差异。的确,这种差异是这样地被忽略,以至在科学书籍中亦常不见提及。人们所知道的,就是他们以前所相信的直接由神所统治而改变的事件,现在非但能为人所预测,而且还被人类底干预所改变。培利和其他人想从定律以求原因一点来解决这个神秘性的企图当然是徒然无效的,因为在理智的眼中这种解决和问题底本身是一样地不能了解,而自然神学家底论据,只以论据一点而论,是必须依凭理智。有如纽迈很确地说:"一个无因而存在于永久之中的上帝实和一个无因而存在于永久之中的世界一样地不可了解。我们不能因其不可了解而反对后一个理论,因为任何可能的理论都是一样的。"(见纽迈著《灵魂之自然史》〔Natural History of the Soul〕第三六页,一八四九年出版)这个结论之(转下页)

时,即可立使该事物退出超自然之权限而被置于自然力权威之下。自然哲学底职务就是以预知的眼光来解明外界的现象,每一被人承认的新的成功的预知即可使系合幻想与玄妙渺茫的世界的一个连锁分裂。因此,如果没有其他的原因,一个国家的迷信必常和它对于自然知识底分布量上成为绝对的正比例。这一点有时可以人类底普通经验来证实。如果我们拿各种阶段的社会作比较,那么,我们将发现,他们底迷信必与其所接触之自然现象之曾否以自然定律来解明一点成为正比例。水手们底妄信已属尽人皆知的事实,而且每种文学里都包含许多关于他们底迷信以及他们对于这些迷信的固执性。这一点很可以用我所说的原则而加以解明。当气象学尚未成为一种科学,当支配风和暴风雨的定律尚未发现的时候,当然最易蒙到危险的人们是最迷信底一种阶级了。① 在另一方面兵士生活在较服从人底原质上,而又不像水手之难免于蔑视科学计算的那些危险。故在兵士方面很少引诱使他们将事物归原于超自然底干预,并且普遍地都可看得出,以一团体而言,他们确没有水手那样迷信。又如果我们拿农人和工匠来比较,我们将看见同一原则的运用。对于土地耕种者,其最重要的环境就是天气,假如天气不适宜,他们所有的计划也就要完全失败了。但科学还未发现雨底定律,人们现在在任何相当时期中尚不能够预测雨底下降,故乡中的居民只有相信雨是超自然底作用底结果,而我们仍可以在教堂中看见祈祷晴雨的奇观,这一种迷信在未来的时代将显出和我们前人对于彗星和日月蚀一样地幼稚。现在我们已经明白决定彗星和日月蚀底运动底定律,当我们能预测它们底出现时,我们就不再学前人那样祷告

(接上页)真确,无意中为旧的辩护方法所证实,这方法是休挨尔在《布利治窝忒论文》第二六二至二六五页中所立定的。因为这个有才能的作家所说的是关于具有大权力的人大概都易有空想的宗教见解,这种见解渐渐就占据着我们。康德恐怕是十八世纪一个最深思想的人了,他很清楚地看到,从外界所推论的论据没有一个能证明一个第一原因的存在(The Existence of a First Cause)。

① 安道开特斯(Andokides)被告于雅典法庭之前的时候说:"不,审判官长,告发和审判底危险是人类的(human),但在海上所遇的危险却是神圣的。"(见格罗特著《希腊史》第十一册第二五二页)又据说捕鲸业底危险曾激起了盎格罗·撒克逊人底迷信。挨尔曼提到贝加尔湖(Lake of Baikal)航行之危险时说:"在伊尔库次克(Irkutsk)有一种谚语说只有在秋天的贝加尔湖上人才知道从心中发出祷告。"(见挨尔曼著《西比利亚之旅行》〔Travels in Siberia〕第二册第一八六页)

了。但适因我们对于雨底现象底研究未有成功,^①故我们只可退而求助于神,以补救由我们底惰怠所酿成的科学的缺陷,而我们更不觉得羞耻地在公共教堂中利用宗教的仪式如一件外衣似地将来掩饰我们应该坦白承认的愚昧。^②农人就这样将他所看见的最重要的现象归源于超自然的作用,没有疑问的,这就是那些迷信感觉中的一个原因,乡村居民就因这点不幸与城市居民不同了。但工匠——确可说是每一个从事于城市职业者——底职业,其成功完全受其自己的能力来支配,而与混乱耕种者底幻想底不可解释的事件没有联系。他用他底机智把原料制造物品显然比较原料所由出的人少受到不能统制的事件底影响。无论晴雨,他底工作得到同样的成功,而习知完全去倚赖他自己底能力和他自己手臂底技巧。水手所应付的是较不固定的成分,故自然地较兵士为迷信;同样地,农人较工匠为迷信,因为他时常并严烈地受到愚昧使有些人们认为无常及有些人们认为越自然的事情底影响。

如将以上这些说明申述下来,很容易表明工业底进步在增加国家财富以外,曾因激发人们对于他们自己的才能的信心,^③对于文化尽了极大的义务,并因产生了新的职业种类,转移了常易引起迷信的景物。现在因限于篇幅不能将这一点再加探讨,可是以上的例证已足表明神学精神之必须因爱好实验科学之欲望而减低了,这种实验科学是查理

---

① 但所有的最高的权威者都以为这种愚昧是不能持久的,我们现在在自然科学中所常成就的进步自然就使我们明了了这些现象。譬如,雷斯利爵士说:"但这是不能争辩的,所有在我们大气中之本体中所起的变化——无论是如何地反复无常或不合规则——总不脱有固定之原理底必然结果,恐怕和那些支配太阳系的旋转的原理一样地简单。如果我们解释这个错综复杂的迷乱,我们也许能循索每个明显的原因底活动,而由此推论及它们混合运用的最后结果。有了这种集合之事实以后,我们也许很能确定预测未来的一个时期的天气情状有如我们现在计算日蚀和月蚀或预言行星之会合一样。"(见雷斯利著《自然哲学》〔Natural Philosophy〕第四〇五页)

② 愚昧和虔诚之间的关系是这样地明显,许多国家都各奉气候之神来作他们底祷告。有些国家不奉这些神的,于是就将天气底变化归因于巫术或其他超自然之力。至于在和我们相近的社会情状里,我们发现九世纪时基督教国家都姑以风和雹为出于巫蛊之作(见尼安得著《教会史》第六册第一一八、一三九页),这种观念直传至十六世纪而为路德(Luther)所认为(见摩利著《至诚之圣传》〔Maury, Legendes Pieuses〕第一八、一九页);最后只在七年以前,当斯文本(Swinburne)在西班牙的时候,他看见教士们将禁止歌剧之演奏,因为他们将"天旱之患归因于是了这种邪恶游艺之影响"。(见斯文本著《西班牙之游历》〔Travels Through Spain〕)

③ 以此为观点,波尔忒把相反的农业和工业的趋势在《农业统计》一文之末作一审慎的对照。(见《统计学社杂志》〔Journal of the Statistic Society〕第二册第二九五、二九六页)

士二世时之主要特点之一。①

现在我已将所得的见解,即我们应该重新用一种眼光来看那个被误解底、时期底真性质底见解,公布于读者之前。那些不以知识进展来评判事件——它们不过是知识进展中的一部分——的政治作家将在查理士二世一代中找到许多绝无可取而只可诅咒的事情。他们必将谴责,我已超越了历史所限的狭隘范围。但除了采取这途径以外,我真不知怎样能明了这表面充满了可耻的矛盾的一个时期。如果我们将查理士时底政治性质和在这种政治下所和平获得的伟大事业作一比较,这种困难将更为明显。在因果上讲起来,从来没有像这样的缺少明显的关联,假如我们只看到统治者底个人及其对外的政策,我们必以为查理士二世底一代是英国史中最黯淡的时期。在另一方面,假如我们把观察仅限于当代所通过的法律和所建立的原理,我们将必须承认这个朝代实是我国年史中最光荣的一个时代。在政治及道德上讲起来,这个政府中实蕴藏着所有的混乱、软弱及罪恶的成分。查理士底本身就是一个卑鄙而无精神的酒色之徒,缺乏了一个基督徒的德行,且几乎没有人底情感。他底大臣除了克拉林敦(Clarendon)——他底品行是他所深恶者——以外,没有一个具有一种政治家底德行的,且几乎都私受法国国王底津贴。税的担负是增加了,而王国底安全只有日见动摇。城镇底宪章被迫取消,使我们底地方权利受到威胁。封锁国库使我们国家底信用也毁坏了。②虽然花费了大宗的款项来维持我们陆海军底力量,我们仍旧觉得毫无抵抗的能力,一旦战事——久已预伏着的——爆发,我们似乎立刻觉得惊奇。这就是当时政府底可怜的情形,荷兰底海军非但能环绕着我们沿海岸线庆祝胜利,且竟直驶泰晤士河上,攻击我们底兵工厂,焚烧我们底船只,并侮辱英国底都会。③但是在查理士二

---

① 的确,在英国没有一个时期,物理实验曾像这样地风行一时,这不过值得视为是该世纪底表征罢了,因为查理士二世及其贵族并不会,且不曾对于我们底知识有任何的增益,而且他们对于科学的这种奖励,与其说是促进科学,不如说是退化了。
② 这种无耻的盗劫所造成的恐慌曾被笛福所描写过。(见威尔逊著《笛福之生活》〔Wilson's Life of De Foe〕第一册第五二页)
③ 《彼普斯日记》(Pepys' Diary)第三册第二四二至二六四页中有关于那时伦敦人所感觉的恐怖。彼普斯本人埋藏了他底金子。(见第二六一页及三七六至三七九页)挨未林(Evelyn)在《日记》第二册第二八七页里说:"这种惊恐是这样地大,以致使城村皆陷于恐慌、惊吓与恐怖之中,这种情形我希望永不再看见,每人都遁逸而不知所向。"

世这个朝代中,所采取的正当的步骤比较自我们占据不列颠土地后的十二个世纪中的任何一同等的时期来得多,却是一件可无疑议的事实。英王于无意识中所维持的这种知识运动底力量在数年中产生了许多改革,改换了社会底外观。① 这个国家一向所遇到的两个大阻碍,就是精神和土地底两种压制,亦即教会底专制和贵族底专制。当时拟设法来补救这种害处,并非用减轻的方法,却是用直接攻击作恶的那些阶级底权力底方法。有一种法律通过了取消使主教及其代表者能恃以焚毙不同宗教的人底著名的敕令。教士被剥夺了自行征税的特权,被迫着服从普通立法所定的课税额。又有一种法律通过禁止任何主教或教会法庭采用发誓的形式,以免教会得有权力强迫一个可疑的人自认其罪恶。至关于贵族,在查理士二世时,上议院经过一次激烈斗争后,不得不放弃其对于民事诉讼方面所要求的司法权,因此永久损失了伸展他们自己势力底重要原素。② 就是在这一朝代中,人民完全按代表而赋税的权利才规定了,下议院从此就有全权议决预算及支配税捐,只待贵族院底通过罢了。这些就是用以钳制教士及贵族底权力底尝试。但同时还产生了其他同样重要的事情。自毁坏了那可恶的供给粮食及先买权底特权后,便限制了王室烦扰其顽强的人民底权力。"出庭状法令"(Habeas Corpus Act)通过了后,凡英国人民底自由有如法律上所订的一样的确实,如果他被告犯罪,法律担保他不致于被系于狱中——当时的常情是这样的——而乃是受一公平而迅速的审判。通过了欺骗及诬誓之罪的条例后,私有财产从此得到了向所未闻的安全了。消除了普通的诘责后,使专制底无限的机能停止了作用,这种专制底机能是有权力和不法的人常用以倾覆他底政治仇敌的。③ 限制出版自由的那些法

---

① 最重要的这些改革都时常是违反统治阶级底真正愿心而进行的。查理士二世和詹姆士二世常说到出庭状底法令,以为"政府决不能和这样一个法律同存在"。(达尔利姆普尔〔Dalrymple〕著《大不列颠及爱尔兰记》(*Mem. of Great Britain and Irland*)第二册第一〇四页)歧尔福德勋爵(Lord Keeper Guilford)且还反对军役土地保有权之废止,他底兄弟说:"他想废止军役土地保有权,实对于英国人民之自由是一个绝望的损害。"(见《北部人底生活》〔*Lives of the Norths*〕第二册第八二页)这些就是大国被统治的人。
② 这就是一六六九年关于斯金纳(Skinner)底著名的讨论底出发点,哈拉姆说:"从这时候起,贵族只有默然地放弃了民事诉讼方面所要求的司法权。"(见《宪法史》第二册第一八四页)
③ 卡姆塔尔勋爵说:"一六六七年的争斗永久绝止了通常的诘责。"(见《枢要之生活》第三册第二四九页)

律废止了以后,却为那大的"公报"(Public Press)立下了根基,这较任何因素为重的"公报"在人民中传布着他们自己权能中的知识,而因此在几不可置信的范围内帮助着英国文化底进步。① 最后还毁坏了我们底诺曼征服者所建树的那些封建附属的制度——如"军役之土地保有权"(military tenures)、"警护的法庭"(court of wards)、"割让的罚锾"(fines for alienation)、"为军役而籍没婚姻权"(the right of forfeiture for marriage by reason of tenure)……以及其他许多有害的诡谲的事情,它们底名称在近代人听起来不过徒觉得其为粗野的胡说,而在当时的人却视为真正严重的祸害。②

这些就是查理士二世在位时所做的事,如果我们想到他底懦弱无能,朝臣底惰逸放纵,大臣底寡廉鲜耻,以及一切内忧外患;如果我们想到除此以外,还有两种最可惨的天灾——一种是减弱社会各种阶级底人民及蔓延其纷扰于王国各处的大瘟疫,一种是增加疫疠后的死亡率,瞬息毁坏了那些工业本身恃以兴盛的工业建设的大水灾——如果我们将这些事情放在一起,那怎样能把这样明显的矛盾点互相融合呢?在这样巨大的灾祸之下,怎样能蔚成这样惊人的进步呢?在这种环境之下,这样的人如何能达到这样的改进呢?这些是我们底政治方面的编纂者所不能解答的问题,因为他们过于注意个人的特点而忽略了个人生活着的那时代底时代性。这样的作家并没有观察到,凡文明国家底历史即是它底知识进展史,国君、当政者以至立法者大都是阻碍这种进展的,因为无论其权力如何大,至多不过是当时时代精神底附属的及无能为力的代表。因为他们非但不能支配国人思想底运动,而且他们自己本身反是运动中的一部分,而在人类进步底眼光中看起来,他们就像是在小戏台上趾高气扬,大打大擂的傀儡一样;可是在他们之外,环绕他

---

① 印刷业最初为皇帝布告所支配,渐为审理叛乱罪之法庭(Star Chamber)所管,最后则为长期国会(Long Parliament)所支配。审理叛乱罪之法庭底法令曾被视为当时法令底范畴及基础的,但这个法令已在一六七九年被废止,而未在查理士二世朝代时复施。
② 在我所见的历史中,关于这次大革命扫除封建制度的旧观念和语风方面叙述得最详细的,可算是哈利斯(Harris)著的《斯图亚特皇族之生活》一书。(见第四册第三六九至三七八页)但哈利斯虽然是个动力的搜集者,但不是一个有能力的人,而且并不明白变迁——明显而直接的实际结果不过是其中最小的部分罢了——底真性质。其实,不过是国家立法形式上承认中世纪是已经过去而必须开始一个更现代而革新的政策罢了。此后我将详细研究并表明这不过是革命运动底表征而已。

们的左右而为其所不能明了的各种意见和原理都蜂涌起来，成为人类一切事件整个途径的最后支配的力量。

事实上，在查理士二世时代时，这样明显的立法不改革不过是那运动中的一部分罢了，这个运动虽然可以追源于较早的一个时期，但其明显的作用却只有三个世纪。这些重要的改进是现在包围我们底神学、科学及政治三大部门的那大胆、怀疑、探究及改革底精神底结果。关于习俗、权威及专断的那些旧原理已渐渐减弱其影响力，当时主持这种原理的那阶级底势力也因而退消了。当社会上特殊阶级底人底权力衰落以后，一般人民底权力当然增大了。向来掩没了国家事业的迷信一旦消灭，则国家底真事业可以观察出来。我相信这就是我们底问题——这就是说像这样的改革怎能在这般不良及从多方面看来皆认为腐化的朝代中产生——底真正的解决。这些改革当然全是那时代底知识进步底结果，国君底恶德非但不能障阻改革底成功，抑且确实助进了它们底进展。除了那些拥塞于朝廷上的贫而无耻的人之外，举国之士莫不轻视这一个嗜酒、纵淫、伪善、无耻、寡情、在道德上不足与最鄙贱的人民并肩的独夫——国君。以这样一个人而能攘窃大位至二十五年之久，那得不令那常因其忠君之切而牺牲个人私益的元元之民减弱了对于他的忠爱之心。从这一点看来，因他底人格之堕落，正足以反应了民族自由思想底发长。① 可是利益还不止此。查理士因其个人行为之极端放纵，对于一切牵掣的事情转生憎恨，因此他不喜因着职业上的关系而行为较为检点的那一阶级。结果非因政策之开明而因他个人之任性放纵之故常常厌恶教士，非但不增加他们底权力，反时常公开地表示轻视。② 他

---

① 哈拉姆曾有很伟大的一段章节写英国朝廷之失德对于英国文化之推进："可是我们倒应深深感激克利夫兰德(Cleveland)底公爵夫人白勃拉(Barbara)、扑资茅斯(Portsmouth)、公爵夫人路易痧(Louisa)和挨拉诺·杰夫人(Mrs. Eleanor Gywn)。我们亦感谢梅伊斯(Mays)、基利格卢(Killigrews)、启弗因乞斯(Chiffinches)和格拉蒙(Grammonts)等人。他们在废除对于王国底愚笨的忠诚方面曾参加着有力的部分。他们使我们底前人免于审判叛乱罪的法庭和高级法庭，他们站在他们底地位上努力反对常备军和腐败，他们推进了英国自由底伟大和最后的保障——即是驱逐斯图亚特皇朝。"(见哈拉姆之《宪法史》第二册第五〇页)

② 柏内特告诉我们，在一六六七年这个王竟在会议案上表示反对主教，并且说，这些教士们"什么都不曾想，只想获得好的俸禄和珍惜之奉"。(见《我们底时代》〔*Own Time*〕第一册第四四八页)在另一处，第四册第四二页彼普斯写着："且我相信，不论他们愿意与否，僧侣政体不久即将动摇，依我所知，王对于他们不悦而且攻击这种政体。"挨未林和彼普斯谈话时曾对于查理士这种行动表示惋惜，"一个主教将永不要被他看见，有如法国君王所常有的情形一样"。(《彼普斯》第三册第二〇一页)挨未林仁慈地将这点归因于"教士底疏忽"，但历史教训我们，教士(转下页)

底最亲信的幸臣用着粗陋而放任的嘲谑语来取笑他们,而这种谐谑还占据了当时文学底一个位置,而且在他底幸臣底眼光中看来,这还可以列为人类智巧之最高标准。他们底话固不足代表教会,但那样的文字及当时所受到的欢迎确是一部分的征象可供我们研究当时底时代性。大多数的读者也许还可以看到许多例证,但我只需举一个例,这个例因与一个卓著的哲学家有关,故更觉有趣。在十七世纪时,教士们最危险的一个对敌当然是霍布斯,当时底一个精敏的论理学家,也是一个简洁的作家,在不列颠形上学者中地位仅逊于柏克利而已。这个深奥的思想家发表了几种很不利于教会的理论,而且直接反对教会权威中的重要原理。当然他便给教士们所痛恨,他底主义被宣布为最有害的言论,他被诬为有意倾覆国家宗教及败坏民族道德的人。在他生前及死后数年中凡信仰这种言论者,皆被人辱称为"霍布斯底朋党"。这个教士方面底明显的仇敌却反受查理士底欢迎。他在登极以前已学习了霍布斯底许多原理,在复辟以后,他对于这个著作家表示了所谓诋丑的尊敬。他维护他,他好像故示荣宠般把他底像片挂在"白殿"中的私室里,他并且对这反对教会政制的一个极厉害而未之前闻的人给以恩俸。

　　如果我们再对于查理士所委派的教会人员一点上略事考查,那么,更会找到同样的证据。在他朝代时,教会底最高地位时常给予一般无能力或不忠实的人们去充任。若说查理士有意借此来降低主教监督地位底声价,却似乎有些过分,但这是确实的,如果他确采取这一步骤,那么,他必按着这个途径以完成他底目的。我们说得并没有过分,在他一生中,英国底主要教长一概都是无能或不忠实,他们不能对其信仰加以维护,或者就算他们自己所公开宣扬的主义也并无确切的信心。英国国教事业底保护力之脆弱于斯为极,抑亦前所未闻者也。查理士所指派的第一个康忒培利(Canterbury)底大主教就是查克松(Juxon),他底缺点已为众目之所彰见,且其为人就是他底友辈也都认为他底才具之

(接上页)从来不会忽略君王,除非君王先忽略他们。李厉斯佩爵士(Sir John Reresby)曾将他和查理士二世关于僧侣底谈话作一引人注意底叙述,在其中将查理士二世对于僧侣的感觉写得非常明显。(见李厉斯佩著《游历与报告》(Travels and Memoirs)第二三八页)

不逮，只有拿他底良心底忠实来补偿了。① 他死以后，查理士委前任伦敦主教的舍尔顿(Sheldon)继续他底位置，他非但因他底极端的不纳异见失却一般人底信用，并且他非常地不顾他底地位底尊严，常常在他自己的屋里布置着仿效长老会教友底讲道仪式来娱乐他底同伴。舍尔顿死后，查理士派桑克罗夫特(Sancroft)继主教的后任，他底迷信底幻像暴露了人们对于他不胜任的轻视，以故，他之被人轻视恰如舍尔顿之被人痛恨初无二致。而以下的教会诸人也是在同样的腐化情形之下，约克地方底三个大主教在查理士二世朝代时是佛鲁温(Frewen)、斯腾(Stearn)和陶宾(Dolben)，他们既是那般无能的人，以至虽然拥了高位，却完全给人们忘记了，千个读者中几乎没有一个听到他们底名字的。

委派这样的人去做大主教的确非常可异，尤其是因为这样的委派是不需要的，当时既没有朝廷中的阴谋强迫着查理士去任用他们，更不是没有适当的人选。其原因似乎是查理士不愿将教会底重要地位赐给任何其能力足以增加教会权力恢复教会以前的卓越的优势的人。在他登位时，两个最有能力的教士当然是泰罗和巴罗(Isaac Barrow)。两个人都是以忠诚著称的，他们都是纯洁无瑕的人，其所遗留的令誉在英国言语一日未被遗忘即一日永不会消灭。但泰罗虽然和王妹结了婚，却受到意外的苛待，自被放逐至爱尔兰底一个主教辖境以后，即度其后半生于当时视为野蛮的区域中。② 至于巴罗在天才方面恐怕较优于泰罗，③也只有骇视着最无能的人在教会中得到最高的任务，而他自己反不为人所注意，非但他底家庭因王室之故而受到极大的痛苦，他自己也没有得到任何的升迁，直至他逝世之前五年才由国王赐他主持剑桥特林尼提学院(Trinity College)底职务。

现在更无须再说明如何这些事实必致令教会底权力减削，而促进

---

① 柏内特大主教在他退休的时候说到他："因为他从来不是一个伟大的教士，故现在给予养老金而令其退职。"(见《我们的时代》第一册第三〇三页)
② 科尔利治说："查理士对于泰罗的忽略恐怕泰罗底德行是其中最重要的原因。"(见《文学遗著》第三册第二〇八页)
③ 所谓超越当然是指理解力和他研究范围之广，所以一个可敬的权威者说他是牛顿爵士伟大的前驱，英国讲坛上的荣耀。(见迟兹渥斯底《教会传记》第四册第三四四页)

了查理士二世时代很明显的那个伟大运动了。① 同时,还有许多其他情形与普通的反抗性具同样的反抗古代所遗传的权威的力量者在这个发凡的大纲里也无法加以述说,这须有待于次册底研究了。因为那时可以有较长的篇幅将所有的证据提出讨论,这般长的讨论在现在这本引论中是无论如何不足以包括的。以上所说已足表明英国思想底进行而使读者得到一个线索,以明了自十七世纪以来所丛集于我们的一切较复杂的事件了。

查理士二世逝世前数年,教士曾努力重新提倡那些忍耐服从及神圣权力的教义来恢复他们向日的力量,这些教义当然是很有利于迷信之滋长。但当英国底知识正蓬勃蔚兴而足以抗拒这种专断的主义时,这种无效的尝试反足以增加人民团体利益及教士阶级利益间底敌视而已。他们这种尚未全告失败,忽值查理士薨逝,而嗣君却是一个最愿恢复旧教教会要重新设立那公开压服人类理性的有害制度的一个君王。这种变化若就其最后的结果而言,可说是我国最侥幸的一件事。英国底教士虽然和詹姆士(James)宗教信仰各异,却常对他表示敬仰,而同时詹姆士对于教士们的敬视也是他们所最引为快慰的。当时他们很焦急地愿意他底爱护热诚应对英国教会而发,不应浪费在罗马教会身上,他们也感觉到如果他底虔诚能转移到新的途径,②那么,对于他们底圣职必能增加许多利益。他们也深晓他必须为他底利益关系才能废弃他底宗教信仰,他们也想到这样暴虐而卑劣的人是最为自己的利益着想的。③ 结果在他一生最关紧要的时候,教士们为他尽了极卖力而极顺利的义务,他们非但用全力以推翻那个拒绝他继位的议案,且当那议案被否决以后他们竟上呈查理士

---

① 马考利(Mr. Macaulay)所说关于教士在查理士二世朝代时所受的轻视是完全正确的,而且从我所搜集的证据看来,我知道这个非常有能力的作家——关于他巨大的研究很少人能胜任评判之责的——并无言过其实,倒反有不尽之处。有几方面,我敢证我是和马考利有不同之点,但我不得不对于他底毫不疲乏的精勤,整理材料底完美的技巧,和激励他全部工作底自由底高尚爱好表示我赞美。这几点性质将永久辟除那些弱小的诽谤者底谗言而存——这些人,在知识及能力方面看起来都不配批评他的。

② 康忒培利大主教,在一六七八年拟企图劝诱詹姆士改信宗教,在他写给文彻斯忒(Winchester)主教的信里,他曾说到关于他成功底"快乐的结果"。

③ 在一六八二年高级教会印行的一个反对驱逐议案的册子里,詹姆士底案件曾提出讨论过,但其中坚持着詹姆士必须忍受为一个旧教徒。

庆贺这个结果。当詹姆士真正登位以后,他们仍旧示好于他。是否因他们仍旧希望他大彻大悟,或因急于压迫违反国教者,因而忽略了对于他们教会本身底危机也难确定,不过历史上的事实显然就是新教执政者和一个罗马教底君主曾有一时保持着密切的契合。① 这种契合所形成的可怕的罪恶是太显著了,但尤值得注意的是分解王与教会间的党合底情势,其争执点即王拟对于宗教实行相当的自由。以前的著名的试用法及法人法(Test and Corporation Acts)曾规定凡受政府任用的人皆须被迫按英国教会底仪式接受圣典,否则应受重罚。詹姆士底触犯过失就是他所发出我们现在所谓的赦罪宣言(Declaration of Indulgence),在表面上他宣布他要停止以上那些法律底执行。② 从这时候起,这两大党派底地位是完全变换了。这些主教很清楚地看到他所欲废除的法律正是对于他们自己底权力最有利的,因此,依他们底意见来看是一个基督教国家宪法中之最重要的部分。当詹姆士帮忙他们压迫用不同方式来崇拜上帝的异教徒时,③他们曾很愿意地和他合作。这种契合能维持下去,于是他们对于他们认为不重要的事件,遂不加以注意。当王积极预备希望将自由的政府变为一个极端专制的王国的时候,他们静默着观望。④ 他们看见哲夫利斯(Jeffreys)和刻尔克(Kirke)酷待他们底同胞,他们看见牢狱里挤满了囚犯,断头台上流满了血。他们觉得非常快乐当王国中最贤良、最有才能的人们很野蛮地被惨杀,巴克斯忒(Baxter)应该关在牢狱里,何伊(Howe)应该遭放逐。他们很安然地看着那些不堪入目的暴虐残杀,因为被牺牲者都是英国教会底反对者。虽然人们底思想都充满了恐惧和憎恶,主教们却毫无怨言。他们积极保持他们底忠

---

① 在詹姆士二世登位的时候,"全英底教团震动着歌颂之声,充满了许多用有力语辞来表现的陈述,和永不携贰的忠悃的誓言谄媚着他"。(见尼尔著《清净教徒史》第五册第二页)
② 一六八七年三月十八日詹姆士王对枢密院宣示他决定以他底权力"赐他所有的人民以信仰底全部自由。在四月四日就宣布值得纪念的宗教自由宣言。"(见马考利著《英国史》)
③ 在一六八五年之秋季,教士和政府极尽恶毒来迫害违反国教者,据说教会团体常利用教会法庭来勒索不从国教者底金钱。
④ 依军事部底记载来看,詹姆士在登位的那年已有近二万之数的常备军了。马金托什著《革命》(Revolution)一书,第三、七七、六八八页:"约计二万人之有训练的军队第一次在这个岛太平无事的时候设置起来。"因为这不免要激起极大的惊恐,所以王特宣布其数实未超过一万五千人。(见克拉克编纂之《詹姆士二世底生活》(Life of James II.)第二册第五二、五七页)

心于不替,并坚持对上帝有谦卑屈服的必需。① 但当詹姆士建议反对对于教会的仇敌施行压迫时,又当他宣布要破坏主教久为己党把持的那职位及荣誉的专权时,这些事情发生的时候,宗教执政者立刻感到这个国家受到这样专制的一个君主底强暴的危险。他竟干预了诺亚避难之舟,庙宇底保护者都攘臂而起了。他们怎样能饶恕这个不许他们刑罚他们底敌人的君王呢?他们怎样能拥护一个宠幸违反国教者的君王呢?他们立刻决定应行采取的行动,且几乎一致地拒绝服从命令他们在教堂中宣读的那宗教宽赦的谕旨。② 其行动还不止此,他们竟至求助于一般反对国教最激烈的人,而在几星期以前,他们还很严厉地压迫他们呢,现在却用甘言来拉拢他们曾欲置之死地的异教者。③ 最明达的违反国教者当然远非此等意外的亲昵所可欺惑,但他们对于罗马教的深恨,对于王室以后的政策的恐惧,超过了其他一切的顾虑,因此就产生了从未再现的国教教士和违反国教者底单独的联合。这个联合受民意底拥护立即倾覆了王座,而因此产生了英国史中一桩重要的史实。

这次牺牲了詹姆士王冠的大革命,其近因是因为他下了宗教自由的谕旨及教士对于一个基督教君皇下这样谬妄的法令的愤怒。当然若无其他原因,单是这件事决不足以酿成这样大的变动。不过这件事无疑地是一个直接的原因,因为它是王和英国教会的分离,及英国教会和违反国教者的联盟的原因。这是一个永不能忘记的事实。我们从难忘却,英国教会第一次,且只此一次,和英王交恶的时候,亦即当王宣布他

---

① "从这个和前一个朝代底教士们底行为看起来,很清楚的,如果王是个英国教会公认的新教徒,或是一个安静而服从的旧教徒,并无任何宗教的热心——一意对付国事,而对于教会底财产具相当的尊重——他也许能任情掠劫其他新教徒,践踏国家底自由而不会遇到反抗的危险。"(见威尔逊底《笛福底生活》第一册第一三六页)或像福克司所说:"因此,在詹姆士能满足于其政治上之绝端的权力而不利用其权威以反对教会时,事情就平顺而容易了。"(见福克司著《詹姆士二世》第一六五页)
② 达奥来(D'Oyly)说:"总而言之,猜想起来,全部教士,以一万人来计算,不到二百个是服从那王底请求的。"(见《桑克罗夫特底生活》〔Life of Sancroft〕第一六四页)"在伦敦城以外,只有七个,而全英国却不到二百人。"(见柏内特《我们底时代》第三册第二一八页)一六八八年五月二十日星期日,克拉林敦勋爵写:"我在圣·詹姆士教堂里,当晚我听说在城市和自由区域里一共只有四个教堂宣读这个宣言。"(见《克拉林敦底通信》第二册第一七二、一七三页)"当这种行为明显了以后,人人都知道当教会能指挥君王则拥护之,若不得任其施行强迫宗教,则立刻反叛了。"(见马金托什著《一六八八年底革命》〔Revolution of 1688〕第二五五页)
③ 他们最初去结合违反国教者,是当詹姆士王所偏护的"信仰底自由"的宣言将公布,而牛津底议事录适表明坚决废弃教会所专占的职位的时候,"教士们同时恳求违反国教者站在他们底一边,援助教会,而且应许当他们一旦得权时就优厚地报酬一番"。(见尼尔著《清净教徒史》第五册第二九页)

宗教自由的意志而对于国教以外的宗教稍示保护的时候。① 当时所发出的赦罪宣言自属不合法，且被人视为含有一种阴诈的用意。不过在昔同样不合法、同样阴诈，或尤为专制的宣言固曾由英王发出而未尝激怒教士。② 这些事情都值得我们参证思考的。这些对于得有机会稍能转移——当然称不起是指导——公共意见的进行的人是极有价值的教训。至于一般人民，他们是不能过于夸张一六八八年的革命对于他们和我们大众的恩泽的。但是让他们注意，他们底感谢并没有搀入迷信的成分，让他们赞美民族自由的庄严的大厦，它屹立在欧洲好像水中的灯塔一样，但不要让他们以为他们应感谢那些因要实现自己的私利及期求那久欲达到的宗教权力之团结而促成这次革命的人。

斯图亚特家（House of Stuart）之放逐所给予英国文化之充分的动力此际恐难观察出来。在其最直接的结果中，我们可以论述的是王族特权的限制，宗教自由所采的重要步骤，③ 司法行政上的明显而永久的改进，出版检查之最后废除，及未曾引人注意的那些重大的金融事业的迅速的发长，这些金融事业我们此后可以看到曾极度减削了迷信阶级底偏见。④ 这些

---

① 这是一个直接的原因，曾被拥护当时的康忒培利大主教并作传记的人毫不羞耻地——以身为教会团体之主脑——承认，"王在一六八八年五月四日在枢密院中所宣布的命令，即指令所有大主教及主教将信仰底自由底宣言分送与其辖境内之教士，并嘱在全国教堂中公开宣读，使康忒培利大主教不能再忍耐地要宣布反对王现在正不快乐地执行的劝谕了"。（见达奥来著《桑克罗夫特底生活》第一五一页）

② 有几个作家曾企图为教士辩护，因为他们以为公布这样一种的宣言是不合法的。但这种辩护和他们底默从的主义显然矛盾，而且和他们底前例及决议都相反。泰罗在他著的 Ductor Dubitantium——这是他们权威之作——里说："一个真实的君主底不合法的布告和敕令，教士可以在他们底几种训令里印示出来。"（见希柏〔Heber〕著《泰罗底生活》〔Life of Taylor〕第二八六页）希柏又说："我希望我没有发见泰罗这样说过，我又感谢上天这个主义没有被英国教士在一六八七年采纳。"但为什么在一六八七年不采纳这种主义呢？是因为一六八七年王攻击了教士所享有的专利，于是教士忘记了他们底主义，而企图打败他们底敌人。使这种改变的动机更来得显著的，就是在一六八一年康忒培利大主教还指使教士诵读查理士二世所公布的宣言哩，而且在祈祷式修正稿里也对于礼拜规程加入这一项。

③ 宗教自由案是在一六八九年通过的。违反国教的史家曾有一副本，一班违反国教者称为他们底大宪章。旧教徒底史家也同样承认，威廉三世底朝代是"他们开始享受宗教自由的一个时代"。（见蒲脱勒著《旧教徒底言行录》〔Memoirs of the Catholics〕第三册第一二二、一三九页）蒲脱勒所说的不是指新教违反国教者而言，乃是指旧教徒而言，所以现在我们有两派的教团都承认这时期的重要，有如哈拉姆很真实地说，就是一七〇〇年逼迫威廉的那可耻的行为也是掩饰而行的。（见《宪法史》第二册第三三二、三三三页）

④ 库克（Mr. Cooke）曾注意到这金钱阶级在十八世纪早期的显著勃兴，（见《政党史》〔History of Party〕第二册第一、一四八页）但他仅说，这个结果将增强民权党底力量。虽然这无疑地是真确的，但其最后的结果——此后我将指出——都远较任何政治或经济的效果来得重要。直至一六九四年英国银行才设立起来，而这个大的组织最初就遇到赞崇古代的人底热烈反对，这些人想，银行一定毫无用处，因为他们底祖先并不需要银行。

就是威廉三世(William Ⅲ.)朝代时底主要特色,这是个常常被诋丑而不引人注意的朝代,①但如果对于当时的困难点细加考量,我们确实可以说它是任何国历史所载的朝代中之最成功最伟大的一个朝代。但这些题材倒应于次册中讨论,我们现在只需循索关于这次革命对于教会权力所发生的影响罢了。

教士们刚驱逐了詹姆士,他们底大多数人中对于他们这次的行动即有悔意。的确的,即在他被逐以前,已有许多事件令他们怀疑他们所采取的政策了。在事变前之数星期他允诺继位之际,还对于英国教会政体表示积极的尊敬。约克地方底大主教职位曾空虚着很久,一般人以为王或想位置上一个旧教徒或者竟想夺取税收,不料詹姆士现在竟起用了蓝泼勒夫(Lamplugh),一个出名的忠实教士和教会权益的热心保护者,来充斯职令教士们非常的欢乐。刚在这件事以前,他又曾取消伦敦主教停止行使职权的命令。对于一般主教们他曾允诺他们许多未来的好处,据说有几个竟被请参加他底密议,同时他还取消那限制教士权力因而激怒教士们底教会律令。除此以外,还有其他的情势令他们焦虑的。当时谣传,又一般人相信威廉不是教会事业底一个大的赞美者,他既是个倾向于宗教自由的人,与其说他会增加英国教会底政权,②不如说只有倾向于减少。又大家知道他是偏袒新教徒的,这些新教徒是英国教会很有理由地认为是它最激烈的敌人。③且当威廉仅因策略的关系,取消了苏格兰主教统治权的时候,就显然他是要弃绝神圣

---

① 赞美他的人也常常误认了他。譬如,一个在世的作家告诉我们,"以许多不同的眼光来看,英国对于这次革命所应感谢的当然很大,但尤应感谢的,就是它迎入一个君主,善于抑制无意识的重征税则,这是自由社会中的一定的特性,因此就产生一个能将人民底活动和能力转入最好的轨道的政府,同时又因此可以维持他们底独立"。(见阿利松著《欧洲史》第七册第五页)这我猜想是对于威廉三世从未曾有的偏袒的颂扬了。

② 在一六八七年底十一月,据说他愿意违反国教者"有尽量行使他们底宗教底完全自由"和免除"刑法底严酷待遇"。(见《萨麦斯短篇论文集》第九册第一八四页)这是我所发见的,威廉希冀剥夺教会责罚不从国教者底权底最初的明显表示,但当他到达英国以后,他底意向更明显了。在一六八八和一六八九年间的正月里,教会底友好者埋怨说:"他给予违反国教者底亲善表示太使英国教会忌嫉了。"(见《克拉林敦通信》第二册第二三八页)

③ 李厉斯佩爵士,一个留心的观察者说,"这个君主到达以后,似乎对于长老会徒较国教徒为尤偏袒,这使教士们都非常震惊。"(见李厉斯佩底《游历及报告》第三七五页)又可参阅第三九九页及第四〇五页:"教会里的人很痛恨这个荷兰人,而且他们宁愿变成天主教徒而不愿接受长老会徒。"可比阅《挨末林底日记》第三册第二八一页:"这些长老会徒,我们底新统治者。"

权利主义,而预备给英国教会权威所根据的那些意见一个大的攻击了。①

当这些事情扰惑了一般人思想的时候,人们的目光自然地转向于那班主教,他们虽然已失了从前的权力,但仍旧还被大部分人民敬祝为国家宗教底保护者。但在这个重要的关头上,他们是这样地给野心和偏见所蒙蔽,他们竟采取了一种最足以损害名誉的途径。他们忽然取消了他们自己是主动的那个政治运动,他们这时候的行为恰可证实以上所述的他们底动机。如果他们是被解脱国家专制政体的愿望所感移而助成革命,那么,他们必将很热诚地欢迎这个伟大的人,他降临曾使那个暴君震慑而出走的。如果他们爱国家甚于爱教团的话,他们必会这样办,但是他们恰走了相反的路,因为他们视他们一个阶级底些微的幸福,其重要甚于人民底整个团体,他们宁愿国家受到压迫而不愿教会屈服下来。只几星期以前,当他们在教堂中宣读宗教自由底谕旨时,差不多全体的主教和教士一致以坚毅的精神来反抗他们底君主,而且有七个地位最具势力的主教也因同样的原故,愿意冒险受国家法庭底公开审判。他们曾宣示其采取这种勇敢的途径,并非因为他们不赞同自由,而是为着他们深恨专制。但当威廉来到英国,詹姆士像贼一样地夜遁而去国的时候,同是这一班从事教会职业的人却极力反对这个不经战阵仅得其降临已足将英国从奴隶制度的恐吓中拯救出来的伟大的人物。我们将不容易在近代史中找到这样矛盾的一个例,或者,让我们说,这样自私自利不顾危险的野心,这种改辕易辙的事这般公然演出来而不可掩饰,其目的又是这样的明显,于是他们底丑恶完全暴露于全国。他们朝秦暮楚,不过是数星期之内的事。第一个背信的就是康忒培利大主教,他曾因急于保留他职位,允诺迎候威廉。但当他看见情形不对,就取消他底诺言而不承认一个对于神圣教团表示冷淡的君王。他在盛怒之下竟严斥为威廉和玛利(Mary)作祷告的他底牧师,虽然威

---

① 柏内特说及一六八九年的教士:"这个王被他们所怀疑,因为他对于违反国教者表示好意,但主要原因却是为他废除苏格兰底主教统治制和允诺在那里建立长老会。"(见《我们底时代》第四册第五〇页)关于英国国教对于苏格兰主教统治制之废除所表示的愤怒,可阅《萨麦斯短篇论文集》第九册第五一〇、五一六页中一当代的短篇论文,在那篇文中表示恐惧威廉将在英国采取同样的步骤。这作者很公平地在第五一六页说:"因为如果我们放弃了苏格兰底主教统治制,那么,我们必也不得不屈从废弃英国底主教统治制了,那时我们将完全无根据了。"

廉和玛利曾得到全国底同意,而王冠也是由全国议会所通过的庄严正大的决议奉送给他们的。① 当全国最高之主教这般地行动,而他同僚在他们命运受到同样危机的时候,也免不了走同样的途径。当时非但康忒培利大主教拒绝举行忠顺的誓礼,就是巴斯(Bath)和韦尔斯(Wells)主教、彻斯忒(Chester)主教、契彻斯德(Chichester)主教、伊里(Ely)主教、格罗斯忒主教、诺利治(Norwich)主教、彼得堡(Peterborough)主教和武斯忒(Worcester)主教皆如此。至关于较低级的教士底表示,我们底史料还不正确,但据说约有六百个教士都效法他们底上级教士,不承认他们国家所选举的国君。② 这个扰乱党派中的其他分子不愿用这样激烈的手段,深恐因此丧失了威廉也许为他们保留的生计。他们于是采取了较平稳而尤为不光荣的反对方法,用了这种方法他们能困迫政府而不致于损害他们自己,又能得到信奉正教的名誉而不致引起殉道的痛苦。

所有这些事情对于整个国家的调整上所产生的影响是很容易看得出来的。问题现在已缩小成为各个平常人都立刻能明了的争论了。在一方面有绝对多数的教士,③在另一方面有英国所有的知识和她所有的最可贵的事业。两方底对立这样地厉害而不致于引起内战,实可表明人民继续增长的知识已经减少了教会职业底权威,且这种对敌非但是无谓的,并且对于引起这种对敌的那阶级反为有害。④ 因为现在可

---

① 可阅达奥来著《桑克罗夫特底生活》第二五九页,他底牧师窝吞底叙述,那里说这大主教是非常忿怒并且告诉他,"他以后必须拒绝为这新王和他底王后作祷告,或在他底礼拜堂中尽任何职务。"又诺利治主教也宣布"他不为威廉王和玛利王后祈祷"。(见《克拉林敦通信》第二册第二六三页)这种态度在高级教会教士中是很普遍的,若公共的祈祷呈与这个王和王后,就被这班不输诚的人称为"不道德的祈祷",而这句话也就变成专门和公认的名辞了。(见一个教外人著《开恩底生活》第二册第六四八、六五○页)
② 内恩论文(Nairne's Papers)中提起,在一六九三年,"有六百个牧师没有发誓"。(《马克斐松原稿》〔MacPherson's Orig. Papers〕)
③ 威廉在教士中所有的朋友就是以后所称的那些低级教士,而且据说在一六八九年仅占全体教士的十分之一,"如果我们估计他们占全体牧师十分之一,恐怕我们所计逾于他们底数量"。(见马考利《英国史》第三册第七四页)
④ 教士们在威廉入主英国以后的行为对于教会底损害,其最早的暗示可以在《挨未林日记》第三册第二七三页里看出来——这是很精巧的一段,征指"公众的惊疑","康忒培利大主教及其他底行为"。对于爱护教会的挨未林,这是个不愉快的问题,但其他的问题比较没有这个来得谨严,而且尤其是在国会中,人人都肆无忌惮地表示凡不偏袒的观察者所必有的情绪。当王座尚属空虚的时候,波勒克斯番(Pollexfen)在一六八八至一六八九年间之正月的有名的辩论会里说:"有些教士想这样,有些教士又想那样,我想他们绝不知道他们应该想怎样。"(转下页)

第七章　由十六世纪至十八世纪的英国思想

以看到,教士只有在人民敬视他们的时候,他们方关切人民。这些不顾国家利害的愤怒的人底暴动很清楚地证明,他们以前倾全力以攻击詹姆士的热烈纯系出于自私自利。① 他们继续希望詹姆士回国,用阴谋联络他,有时竟和他通讯息。虽然他们很明白他底复出将会引起内战,而且他这样地被人普遍地怀恨,当然不敢露面于英国,除非受到国外或具敌对力量的军队底保护。②

但在这焦急的时候,教会为其自身所引起的危害尚不止此。当这班主教拒绝对于这新政府举行誓礼的时候,他们都被免职,而且威廉并不迟疑地用法律的权力驱逐了康忒培利底大主教和他五个同僚。这些主教在受辱伤感之余群筹非常活动的方策,他们大声疾呼久已日渐削落的教会权力现在已臻绝境了。③ 他们否认立法有权通过反对他们底法律,他们否认王室有权将那个法律施诸实行。④ 他们非但继续自称为主教,并设法延续他们底暴动所产生的宗教分裂。康忒培利大主教,当他坚持着这样称呼的时候,将他幻想的权利正式抛弃而赐于劳合(Lloyd)。劳合那时虽被威廉驱逐解职,还仍旧以为他自己是诺利治底主教。这些教士底扰乱的计划那时通知了詹姆士,他很愿意拥护他们在英国教会中建立一永久的采邑的计划。这些反叛主教和这个伪君底合谋的结果,就是派出许多人自行组织一个真的教会辖境,并且受每

(接上页)(见《国会史》第五册第五五页)在二月,美那德(Maynard),在国会中最占势力的一员,很愤怒地说:"我想,教士们底心神是昏乱了;我又相信,如果他们得志,我们恐怕很少,或竟没有一个再会留在这里了。"(见前书第五册第一二九页)教士们本身也很痛苦地感觉到这普遍的敌忾,其中有一个在一六九四年写着以下的话:"英国底人民,当主教最得信仰的时候,他们是这样非常地被我们所摄迷而不敢不崇拜我们,现在——我愿我能说——却对于我们冷淡而漠视了。"(见《萨麦斯短篇论文集》第九册第五二五页)

① 柏内特这样地称呼他们:"这些愤怒的人曾在教会中煽起了这个火焰。"(见《我们底时代》第五册第一七页)
② 高级教会教团确在他们底出版物中明白说明,如果詹姆士不被迎回,则他必恃国外的军队以图复辟。柏特说,当他们听见一六九七年的和平,他们"惊慌"了。(见《我们底时代》第四册第三六一、三六二页)在路易十四去世的时候,卡拉密也同样的评述:"这非常混扰了詹姆士二世底党员底筹谋而毁坏了他们底计划。"(见《他自己的生活》(Life of Himself)第二册第三二二页)
③ 一六九三年桑克罗夫特在临终弥留时,"还为几因革命而毁灭的多难的教会而祷告"。
④ 开恩虽然被剥夺了职位,却从不承认政治权力能有剥夺的权利,而且人人都知道他故意地保留他底头衔。(见菩尔斯《开恩底生活》第二册第二二五页)同样的,劳合在一七〇三年还签着"威灵·诺利治"等字样。(见一个教外人著《开恩底生活》第二册第七二〇页)虽然法律上被褫职以后,他之不能再为诺利治底主教,有如他不是中国底皇帝一样。又被达奥来所发表的桑克罗夫特底信札中也签着"教会委员康忒培利"。(见《桑克罗夫特底生活》第三〇五页)

个赞成教权高于政权的人尊敬。① 这种滑稽的主教底幻想继位继续了一百多年,因欲分离教士对于政府的诚服心,反而因此减小了教会底权力。② 有时竟发生两个主教同时被派于一个地方的奇观,一个是由宗教权力所派,另一个乃是政治权力所派的。认教会高于政府的人当然依附于这些伪的主教,同时威廉所委派的却为视现实利益重于教会理论的那个迅速扩大的党派所承认。③

以上就是在十七世纪末期扩大国家利益及宗教利益之间久存着的裂痕的几件事情。④ 还有其他的情势也相当地增大了这种离异。许多英国的教士,虽然留恋着詹姆士,却还不愿激怒政府,或冒险失了他们生计。为避免这种结果及调和其良心和利益计,他们把拥有权力的王和己所隶属的王作一个假设的分别来自慰。⑤ 结果,他们口上是对与威廉立忠诚的誓言,心里则对詹姆士表示尊敬;当他们在教堂中为一个王祷告,不得不又在他们底私室中为另一个王祷告,这种可鄙的遁辞使大部分的教士立刻成为隐匿的叛徒。⑥ 据一个同时代的主教说,这些

---

① 詹姆士和威廉间的斗争实完全是教会利益和政治利益间的冲突,这早在一六八九年已经可以看出来,那时我们从柏内特——与其说他是一个牧师,不如说他是一位政治家——里知道"教会,就是像詹姆士二世底政党所说的教会,在那里他们可以很平安地隐匿他们自己"。(见《我们底时代》第四册第五七页)陶维尔很公正地说:"被褫职的主教底继任者在宗教观点上看起来,是分立论者;又如果他们假施权威以为是充实有力的,那么,他们将推翻教会之成为一个社会。"按照教会底原则,威廉所派的主教当然是侵犯者,他们底侵犯行为既只有按照政治原则原则被认为合法,那么,侵犯行为底成功就等于政治原则曾制伏教会底原则而得到胜利。因此,一六八八年叛变底根本意义就是政治地位之超越于教会,恰如一六四二年之叛变底根本意义是民众之超越于君王。
② 卡拉密关于因这次革命底原故,在教会中所起的纷争有一很富于趣味的叙述。(见《我们底时代》第一册第三二八至三三〇页,第二册第三三八、三五七、三五八页)的确,他们底情感是这样地破裂,势至必需为他们分立两派名目,于是在一七〇〇年及一七〇二年之间我们第一次听见高级教会及低级教会底名称。
③ 其他那一方面底意见曾很适切地写在一六九一年的一封信上:"如果被褫职的主教被认为合法的主教,那么,在他辖境内的教士和人民是必须承认他的了,于是所有主教由新任的大主教里得其权力及与之共精神上之生活者皆是分离论者,而和分离派底主教共精神上之生活的教士,其本人亦是分离论者,于是现在在法律上所建立的英国整个的教会将皆是分离论者了。"(见一个教外人著《开恩底生活》第二册第五九九页)
④ 马洪勋爵(Lord Mahon)曾注意到他所谓的因一六八八年的革命而起的"教会与政府间底不自然的疏远",以及因这次革命而渐灭削的教会权力。(见《英国史》第二册第二四五页)
⑤ 这就是从前所谓"正规的及法定的"荒谬之处,好像任何人都能够保留人民不容其占据的王座。
⑥ 一七一五年雷斯利,其中最具才能的一个,因此说到他们底地位:"你们现在是被迫着处于两难之境——发誓或不发誓,如果你们发誓,则残杀了你们底灵魂,如果你们不发誓,则将因失了你们底面包而残杀了你们底身体。"(见《萨麦斯短篇论文集》第一册第六八六页)这种两难之境底结果就是我们所能预料的,一个高级教会底作家在威廉三世时夺称教士们所举行的誓言对于政府并没有什么保障的,"政府并没有在这些誓言里得到任何的保障"。(见《萨麦斯短篇论文集》第五册第三四四页)惠斯吞也在他底《自传》第三〇页里说:"但我很记得,大部分的那些学院和(转下页)

人所犯的诡辞的罪更助成了怀疑主义,他对于这主义的进行是非常感觉痛伤的。①

当十八世纪前进的时候,伟大的自由运动也迅速地进行着。从前教会最主要的权力之源就是教士会议,在会议中,教士以一团体的关系,能够很用显赫的态度反对任何对于教会不利的事件,并且还有机会——他们一意地利用着——计划有利于教权的方策。②但在时代的进步中,他们这一种的武器也被拿走了。革命后数年教士会议普遍地被人轻视,③一七一七年英王下令停止这个著名的会议,很确当地认为国家无须再用着它。④自从这时候起,英国教会底这个大会议从未因考虑其本身事件而得招集之允许,只有前几年在一个微弱政府默许之下,才许重新招集。可是当时国风底变迁是这样地明显,这个原很可畏的团体却也不能保留它从前的一线势力,它底议决再也不令人恐惧,它底讨论再也不引人研究,国家底事业继续不顾数世纪前各政治家认为非常重要的那些事业而进行着。⑤

的确的,革命以后,最肤浅的观察者都很明白时势底趋向。国中才能之士再也不群集于教会中,大家都喜欢能力容易得到报酬的实在的事业。同时,这个大运动的一个自然的结果就是教士看到他们所常占

(接上页)教士团当时对于政府所发的誓言,若说不是违反他们底教训,我总觉得是不由于衷的。"这是在一六九三年;在一七一〇年,我们又发现:"现在的情势使我们相信,雅各党教士亦同样地依此方法举行任何誓言,藉以获得说教的地盘,为尽其宗教的义务,来狂声宣布其世袭的权利,即伪君ىسوقى伪尊称。"(见《萨麦斯短篇论文集》第一二册第六四一页)这种假托的方法或竟可以说,这种行为可恃的事实立即传布了开去;八年以后,当时的大法官,即负时誉的库柏勋爵(Lord Cowper)在上议院里说:"陛下亦有土地之最好的部分及所有的贸易的利益,至于教士,他将不表示意见——但是很明显的,大多数的民众都曾受了他们底毒害,而这种毒害至今还未完全消灭哩。"(见《国会史》第七册第五四一页)

① "这许多人对于这样圣神的一件事底渎辞简直没有强固现代正盛行着的无神论。"(见柏内特著《我们底时代》第三册第三八一页)我诚不用说,那时对于怀疑主义和无神论常混淆不明,虽然这两样事情非但不同而且还是矛盾的。
② 在这些计划里面,必须特别提出非难所有引起自由研究的书底实施,在这方面看起来,教士们实为害不浅。
③ 在一七〇四年柏内特议及教士会议,"因为对于它们不甚重视,故对于它们的反对也不甚厉害。"(见《我们底时代》第五册第一三八页)一七〇〇年关于康忒培利地方底上下教士会议起了争论,这无疑更助增了这些漠视的情感了。
④ 蒲脱勒说,最后的闭会是在一七二〇年,照我所发见的其他的权威作品都写的是一七一七年。(见《回忆录》第二册第九五页)
⑤ 一七二七年克雷吞牧师(Rev. Thomas Clayton)写的一封信是值得阅读的,因为他表明教士对于这问题底感觉。他说:"这个时代明显的堕落的一个原因就是因为教士会议底禁绝,而大胆和不虔敬的书籍得以公开流行而不受公共的非难。"

有的权力及有薪俸的职位都渐渐从他们手中丧失了。非但在黑暗时代,即近在十五世纪时,他们仍旧霸占着全国最荣尊及最优的职位。①在十六世纪时,反对他们的潮流急转直下,以致自十七世纪以来没有一个教会中人能上跻首相之位;②并且自十八世纪以来,没有一个曾接受到任何外交上的委任,或主持国家的任何重要职司。③ 非但在政府的行政方面有这种倾向,反过来我们在国会之上下议院也发现同样的趋势。在我们历史中的早期和野蛮时代,上议院底半数是贵族,其余半数则属于宗教方面的人物。④ 在十八世纪开始时,宗教方面人物非但不能在上议院维持半数,反减削为八分之一,到十九世纪中叶则竟降为十四分之一了,⑤这就是教会权力减少——现代文化所必需的——一个显著的例。同样的,教士们已有五十余年不能得到为人民作代表的职位了,下议院在一八〇一年就正式取消了教士参与民政的职位,在从前就是最高傲、最享有独权的会议也认许教士参与政事的。在上议院里,主教仍旧保留着他们底位置,但是他们权力不稳固到处显现着,人民思想进步常常暗示着不久贵族也会效法下议院使立法规定取消上议院的宗教分子,因为他们底习惯、特性和习俗都显然不适合

---

① 忒纳在描写十五世纪时英国底情形时曾说:"在亨利六世及以后的朝代中,教士们当着政府底大臣、掌玺大臣、内阁顾问、御金库长、各国使节、出席国会及赴苏格兰之代表、御议长、皇族著作底检阅者、大臣、纪录底保管者、表册主管长,而且还是王和格罗斯公爵底御医。"(见忒纳著《英国史》第六册第一三二页)关于他们巨额的财富,可参阅挨克尔斯吞著《英国掌故》第一四六页:"在十四世纪早期,据估计王国之土地几盖半皆在教士底手中。"
② 一六二五年林康主教(Bishop of Lincoln)威廉(William)被解保管国玺之职。卡姆培尔公爵说:"这是教会底人之能任英国国玺大臣之最后一次,虽然有些地方赞称为中古时代的习俗,但我却以为这种试验恐怕不会立即恢复的。"(见《枢要底生活》第二册第四九二页)
③ 蒙克(Monk)说:"布利斯托尔主教(Bishop of Bristol)约翰・鲁宾逊博士(Dr. John Robinson)是御玺大臣及《攸特累克特条约》(Treaty of Utrecht)底全权大臣,而且是英国教会中人能执政府最高职位的最后一人。"(见《本特利底生活》*Life of Bentley* 第一册第二二二页)一七一二年,一个高级教会底作家曾对于"逐出教会权力于政府"底努力表示不满。(见《萨麦斯短篇论文集》第一三册第二一一页)
④ 亨利三世及其后一朝,"大主教、主教、僧长、修道院院长及教会中人的数目大多和政治上的贵族及男爵底数目相并,而且常反远超此数"。(见巴利〔Parry〕著《英国国会及会议》〔*Parliaments and Councils of England*〕第一七页,一八三九年伦敦出版)关于这点,巴利曾举了好几个例,其中最明显的就是,"在亨利三世底第四十九年,被召于国会的有一百二十个主教,而教外的勋爵只二十三人",这当然是一绝对的例外。
⑤ 据一八五四年陶德(Dod)地方底报告,所发见上议院包括有四百三十六个议员,其中有三十个议员是属于教会方面的。

第七章　由十六世纪至十八世纪的英国思想　203

于应付政治生活中的危急事件。①

当迷信的机构因其内部的衰坏而动摇，曾喧吓一时的教会权威不得不让知识底进步占先的时候，忽然发生一桩事情，这桩事情虽然是意料之中的事，但也不免令当时对于这事含有兴趣的人感觉惊奇。我所指的当然就是很适宜的继政治革命而来的宗教革命。因詹姆士被逐而得到势力的违反国会者，从未忘记英国教会在执权时对于他们常常所施行的残暴刑罚，他们觉得他们应该巩固他们前线的时候已经到了，②且在那时他们还得到新的挑拨的机会。我们伟大的王威廉三世薨逝后，嗣君乃是一个愚暗的女子，她对于教士的敬爱在较迷信的时代或许会使她做出危险的结果来。③ 就是在当代也已经发生了一时的反应了，她在朝时对于教会的顺从真是威廉所不屑为的。新的压迫方法计划出来，新法律通过了来反抗不从英国教会底教义和训练的新教徒。④ 但安娜（Anne）逝世以后，违反国教者立刻重振了，他们希望死灰复燃，⑤人数续加，且不顾教士底反对重新恢复不利于他们的

---

① 一个很精明的观察者在当时曾痛惜地表示，教士之被逐出于下议院即主教被逐出于上议院的自然的预兆。在讨论关于"阻止教会中人加入众议院底议案"时，瑟尔罗勋爵（Lord Thurlow）"提起主教们在当时的保有权，而且说，如果这个议案剥夺了下级教士底选举权，则它竟或会动摇对立的那一院底教士议员底权利。虽然他知道这些可尊敬的主教以占有男爵品位底权利而言，是被认为政治上贵族议员的。"（见《国会史》第三五册第一五四二页）
② 现在要确定十七世纪时英国教会迫害违反国教者底极高的限度是不可能的，但据说惠特（Jeremy White）曾计算在一六六〇至一六八八年之间曾有六千个受难者，其中有五千余人是死于狱中的。（见菩格〔Bogue〕和本内特〔Bennett〕合著的《违反国教者史料》〔Hist. of the Dissenters〕第一册第一〇八页）的确，哈乌得（Harwood）在一七六二年在众议院里很明白地说："我们底目的是要将所有违反国教的人带入新教教会，凡不愿加入这教会底人将不会得到安逸。"（见《国会史》第四册第五三〇页）
③ 除马尔巴罗公爵夫人为教训后代的原故而保存的信札以外，我们还可以在达尔利姆普尔著《大不列颠及爱尔兰记》中所发表的信札内找到估计安娜底能力几种资料。刚在宗教自由底宣言公布了以后，安娜在一封信里写着："这是我们，全英国教会，所有的一个可忧虑的现象。所有的独立派门徒，现在可以任所欲为。每个人都能自由实施其宗教，其目的当然在于倾覆我们，这我相信，对于所有的不偏心的评判者是非常明白的。"（见达尔利姆普尔著《大不列颠及爱尔兰记》第二册第一七三页第五本之附录）
④ 可阅哈拉姆著《宪法史》第二册第三九六、三九七页。哈拉姆说："不容疑惑，如果这个王后底生命再为保守党之政府保留几年，则宗教自由底每一痕迹都将被抹去。"在一八四一年伦敦出版的《弗农通信》（Vernon Correspond）第三册第二二八页里说，在安娜接位以后，就有"排斥违反国教者底选举投票权"的提议，而且我们从勃纳里知道，如果安娜反对违反国教者底热烈表示较其原来的更甚，则教士们将更喜悦。（见《我们底时代》第五册第一〇八、一三六、一三七、二一八页）
⑤ 埃维迷《浸信会教徒史》（Ivimey's History of the Baptists）谓安娜之死是"违反国教者祷告之结果"。

法律。① 当他们这样地占优势,而又对于最近所受的创伤余痛未已的时候,当然两党底大斗争是不可避免的。② 因为那时英国教士底积极的专制完全毁坏了人们对他们的尊敬情感,这种尊敬的情感即在仇敌之中也还常留连着的,如果这种情感还存在的话,这次的斗争恐怕不会发生。但这种自制的动机现在已被人轻视了。这些违反国教者被不断的压迫所激怒,已决定乘教会权力衰败之际利用他们底机会。③ 在教会强固的时候,他们曾抵抗它,现在在它式微的时候,当然不见得会饶过它。一个大的宗教体系在十八世纪时的两个著名的人——一个是第一流的神学辩论家惠特非尔德(Whitefield),④另一个是第一流的神学政治家韦斯利(Wesley)——名下组织了起来。⑤ 它对于英国教会的关系,就好像英国教会对于罗马底教会的关系一样。这就是隔二百年后在我国所发生的第二次宗教改革。十八世纪时的威士莱信徒对于主教好像十六世纪时的宗教改革者之对于罗马教皇。⑥ 当然英国教会底违反者没有罗马教会违反者底卓越,他们立刻失了他们从前的知识力量。自从他们伟大的领袖逝世以后,他们没有产生过一个创造的天才者,自克拉克(Adam Clarke)以后,他们中也没有一个名闻全欧的学者。这种思想底穷乏恐怕不是由于他们底教派底特殊情况使然,而基于宗教精神衰落的原故。这种精神之衰落使他们和其

---

① 其中两种最恶劣的,即"反对临时信奉国教令及限制教育令在一七一九年的会议中取消了"。(见哈拉姆《宪法史》第二册第三九八页)反对临时信奉国教令底取消曾被约克及康式培利大主教所极力反对(见菩格及本内特底《违反国教者史料》第三册第一三二页),但他们底反对是徒然的。当伦敦主教在一七二六年想设法收回宗教自由案的时候,他就为检事长姚克(Yorke)所阻止了。
② 在十七世纪末叶,违反国教者之开始组织会社及宗教会议曾激起极大之注意。
③ 《萨麦斯短篇论文集》第一二册第六八四页里说,在查理士二世朝代时,"这种恶劣的待遇酿成违反国教者对于教会迫害底极大怨恨"。
④ 如果感动力是评判一个演说家底最适当的测验,我们可以断言惠特非尔特是十二使徒以来之最大的演说家。他第一次的布道是在一七三六年,户外传道开始于一七三九年。在他三十四年的传道事业中所传播的一万八千次讲道,对于各阶级,无论受教育与不受教育者,曾产生了极惊人的影响。
⑤ 关于他,麦考莱曾说:"他在政治上的天才并不亚于黎塞留(Richelieu)。"他这句话底语辞是这样地着力,凡曾比观韦斯利底成功和困难者皆不会视为过甚其辞。
⑥ 在一七三九年,韦斯利才第一次公开地反抗教会和拒绝服从要他离去主教管辖区的布利斯托尔主教底命令,同年他开始户外布道。

敌派都减少了吸引的力量。① 虽然如此,他们对于英国教会所予的损害却远非人们所能设想,我且以为和十六世纪之新教徒对于罗马之教义及习俗所施的损害不相上下。英国教会教友减少之确实的数目今姑不计,②就是新教徒党派能不受政府反对而成立这一点已是对于英国教会有危害的一个先例,我仍从当时的历史中已知道有许多赞成新教党之成立者都是这样想的。③ 此外,韦斯利教徒底组织是这样地优越于他们底先进清教徒,故他们立刻变成英国教会底敌派所赖以为重振的中心,其尤主要者是他们办事步骤的有秩序、有准则和公开,使他们和别的教派分别出来,同时兴起而为敌对教派底一个坚固的组织,努力减少人们对于英国国教团所酿成的迷信而独享的尊敬。④

这些事情虽然很有趣,也不过是那大的进程中的单个阶段,宗教权

---

① 他们坦白地承认:"宗教冷淡的情绪是增强违反国教这一主义底又一危害。"(见菩格及本内特合著《违反国教者史料》第四册第三二〇页)在纽迈著《基督教教义之发展》一书第三九、四三页,有关于韦斯利主义衰落底叙述。纽迈似乎将衰落底原因归因于韦斯利信徒已达于"以规则代替了热诚的地步一事实"。(见第四三页)这或者是真实的,但我们仍以为较广泛的原因总是那些较实际的原因。

② 窝尔波尔以鄙夷的态度提到十八世纪中叶监理会教派底传布(见《窝尔波尔信札》第二册第二六六、二七二页);而卡来尔(Carlisle)在一七七五年对上议院说:"监理会教派一天一天的得势,尤其是在工业城市里。"(见《国会史》第一八册第六三四页)过后,似乎威灵吞公爵(Duke Wellington)写给埃尔顿勋爵的一封信里说大概在一八〇八年的时候,这教派竟在军队中宣传改教。(见脱维斯著《埃尔顿底生活》第二册第三五页)这些叙述虽然确实,却也有些空泛,但我们还有其他关于宗教分裂的急速增长的更确实的证据。据说在威廉三世箱箧中所发现而后来被达尔利姆普尔所发表的一张公文(见《大不列颠及爱尔兰记》第二册第二篇第一章之副录第四〇页)说:"在英国,信奉国教及不从国教的人底比率是二十二又五分之四对一。威廉薨后之八十四年,违反国教者——以前只占二十三分之一——现在竟计有全社会底四分之一部。"(见《兰达夫主教窝宗底生活》〔Life of Watson, Bishop of Llandaff〕第一册第二四六页中窝宗于一七八六年致罗德兰公爵〔Duke of Rutland〕底信)从这时起,这个运动就没有间断过,而最近政府公布的报告显露一惊人的事实,即一八五一年三月三十一日星期日英国教会底教徒参与礼拜的仅超过另设崇拜处所的那些独立教会派底会员、浸礼信徒及监理会教徒等底半数。(参阅《统计杂志》第一八册第一五一页底户口调查表)假如这种衰落的速度继续下去,确要使英国教会不能再受她敌人底攻击而生存于未来的一世纪。

③ 惠斯利信徒由教士中——大半都是县长——所受到的迫害表明,如果这种残暴的行为不为政府所阻,则其患害将不知伊于胡底。惠斯利本人也曾详细记载——骚西以为不宜叙说的——他和他底信徒所受的教士们底侮辱及诽谤。格罗斯莱(Grosley)在一七六五年游历英国时说及惠特非尔德,"这已确立的宗教底牧师们极力地破坏这个新的传道者,他们布道反对他,对人民诳说他是个宗教底狂妄者、一个幻想者等等。结果,他们底反对他是这样地胜利,以致使他在每一地方,当对公众开口的时候,就被人用石投击。"(见格罗斯莱著《伦敦之行》〔Tour to London〕第一册第三五六页,一七七二年伦敦出版)

④ 菩格及本内特合著的《违反国教者史料》第三册第一六五、一六六页里很审慎地观察到,惠斯利主义以井然有序的性质浸溶于分裂英国国教的事业中而助进了分裂之势,这些性质相当地近乎教会底训练。但这些作家对于惠斯利太过苛刻了,虽然无疑的,他是个非常野心(转下页)

力因以减削,国人因以获得宗教自由——虽然不完全,却较任何民族为优越——罢了。在这大变动的无数表征中,有两点是特殊重要的。其一就是神学先和道德学分离,其次是和政治学底分离。它和道德学底分离是发生于十七世纪底末期,和政治学底分离则表现在十八世纪之中叶。这两种大的改变都开始于教士中人,这就是旧教会精神衰落底一个绝好的例证。彼得堡地方主教卡姆柏兰德(Cumberland)即是第一个尝试要不假助神学而建立一道德学体系的人。① 格罗斯忒地方主教窝柏吞(Warburton)是第一个人以为政府必须为应急需的目的而重视宗教,而不应因其为神底启示遂加以着重。政府之偏袒于某一种教义亦不应因视其较为真实而定,却应完全以其普遍的效用为目标。② 这些并不是以后的研究者所不能施诸实行的空泛原理。卡姆柏兰德底思想被休谟所发扬光大,③以后立即为培利(Paley)施于实际行为,④为边沁和密尔应用于法理学;⑤同时窝柏吞底思想传布得尤为迅速,曾影响于我们底立法政策,这非但为进步的思想家所承认,就算是普通人——

(接上页)的人,而且过于喜欢揽权。在他事业底早期,他开始专注于较清净教徒所企图的更高的目的,而他对于清净教徒底努力——尤其是在十六世纪时——似有几分轻视。譬如,在一六四七年,只在他日反抗教会后八年,他在他底日志里对于那些"圣神的忏悔者底懦弱"(即伊利莎白清净教徒)表示惊异,"他们大都费了这样多的时间与力量于白法衣及僧帽底争论,或跪在圣餐之下而已!"(见《日志》〔Journals〕第二四九页,一七四七年三月十三日出版)这样的奋斗必不会满足惠斯利底卓越的头脑的,从浸渍于他巨帙的《日志》里的精神及为管理他教派所立的审慎而远见的设施看起来,很显然的,这个伟大的分离论者具有较任何以前人为大的见解,并且他希望组织一制度足以抗衡已确立的教会。

① 哈拉姆说,卡姆柏兰德"似乎是第一个基督教作家,想设法有系统地建立脱离宗教而独立的道德权利底原则。"(见《欧洲文学》第三册第三九〇页)以神学为道德底基础所常遇的危险现在是大家都深知的,但没有一个作家曾像孔德这样清楚地指出。

② 这点可以在他称为《教会与政府之联合》(The Alliance Between Church and State)一书中找到,这本书据赫德(Hurd)说是在一七三六年出现,并且可以猜想曾引起了极大的诽谤。(见一七九四年出版《窝柏吞底生活》〔Life of Warburton〕第一三页)至关于这本书所生的影响,我将俟有机会时加以探讨。

③ 卡姆柏兰德和休谟间的关系包含在纯属现世的策划里面,照这策划,他们两个都研讨着伦理学。在其他方面,他们底结论显有极大的差异,但如果反神学的方法被认为有力,则当然休谟处理这问题的方法于前提上较他底任何前进者为重要了。就是这一点使休谟成为卡姆柏兰德底继续者,虽然侥幸的,是非但他较卡姆柏兰德出生迟半世纪,而且还具有较富于理解力的头脑。

④ 培利底道德系统,既本质上是属于实利主义,也就完成了一研究范围的革命;又他底工作是用极大的能力作成的,故对于正预算要接受它底工作这一时代发生了巨大的影响。他底《道德及政治哲学》(Moral and Political Philosophy)出版于一七八五年,一七八六年这本书即成为剑桥大学底标准读本,至一八〇五年它已经经过十五次的复版了。

⑤ 这两个卓越的人底著作组成了同一策划底各部分,凡曾研究过他们所属的学派底历史者无不深知;至关于他们彼此在智力方面的关系,我最好只有介绍密尔本人写的一封很引人注意的信。(见菩林〔Bowring〕编纂《边沁丛书》〔Bentham's Works〕第一〇册第四八一、四八二页)

如果他们生活在五十年前,对于这些意见一定会惊骇却步的——也这般想。①

在英国,神学就是这样最后和伦理学及政治学两大部门分离了。可是因为这种重要的变化,起初不甚实际而完全属于知识的性质的,故在许多年中其作用只限于少数人,尚未能产生我们所能预料的完全结果。但还有许多为任何深通的人都知道的趋向于同一方向底其他环境产生了更直接——虽然缺乏永久性——的影响。这些我将在本书他册中详为讨论,并揭出彼此间的联系性,现在我只能指出其主要的大纲。其中最卓著的是:惠斯吞、克拉克和华德兰(Waterland)所激起的"大雅利安族(Great Arian)之讨论"之分布怀疑于各阶级间;关于教会训练方面能道人所未道的"班哥讨论"(Bangoian controversy)之使教会底权力受到威胁;②布拉克本(Blackburne)关于忏悔室底伟大著作之几形成忏悔室本身之溃裂;③休谟、卡姆培尔、陶格勒斯(Douglas)对于密德尔吞(Middleton)教会和陶维尔(Dodwell)等关于奇迹的讨论之大为发挥;教士们可笑行为之暴露——这是达利(Daillé)和巴培拉克(Barbeyrac)所开始,继之者为开夫(Cave)、密德尔吞和佐尔丁(Jortin);歧蓬在第十五及第十六章中的重要而颠扑不破的叙述,得维斯(Davis)、齐尔新(Chelsum)、惠推克尔(Whitaker)和窝宗(Watson)等片面的攻击对于这两章所反增的力量。④ 其他较不重要的事件姑不

---

① 试用法令底取消,旧教徒底被允入国会,及赞许容纳犹太人底情绪之继续增进都是这个伟大运动底主要征象。
② 蒲脱勒显然欢乐地注意及这个名辞的辩论陷英国国教于衰落的地步的影响。(见《旧教徒言行录》第三册第一八二——一八四页又第三四七—一三五〇页)
③ 对于教条及信条之订定攻击最力的《牧师忏悔之室》一书是在一七六六年出版的,据当代一个批评家说:"这书激起了普遍的研究精神。"结果在一七七二年布拉克本和其他英国教会底教士组织了一个会社,其主要目的就是要废弃所有宗教上信条底订定。反对教条的请求书立刻草就,为二百名教士共同签名而呈于下议院。在继着的一个激动的辩论会上,美累提斯爵士(Sir William Meredith)说:"英国教会底三十九条教条是在独立研究精神和自由的扩大的观念还在幼稚的时代造成者。"(见《国会史》第一七册第二四六页)他又在第二四七页里说:"有几条教条是绝对的不可通解,而且确是矛盾和可笑。"泽曼勋爵(Lord George Germain)说:"以我所见,此中有几条是不可通晓,又有几条是自相矛盾的。"(见第二六五页)骚勃莱(Sawbridge)宣布这些教条是"惊人的荒谬",骚脱尔(Salter)以为它们是"极荒谬之能事,而不容辩护的了";邓宁(Dunning)以为它们是"显然的滑稽"。(见第二九四页)
④ 歧蓬著《衰微与倾覆》一书现在曾受两世纪的热诚和无所顾忌的反对者所嫉妒地详密审查,但我现在只表明适切的评判者底一般意见,即每一次的审查都增加了这书底新的声价。因反对他那有名的第十五、十六两章,所有的辩论方法都用尽了,但唯一的结果却是这个史(转下页)

计及，这个世纪在波尔松(Porson)和屈拉佛斯(Travis)对于《天堂人证》(*Heavenly Witnesses*)一书之讨论底混乱中闭幕了，这种讨论引起了很大的注意，继着就有地质学底大发现，非但摩西宇宙创始说之迷信受到反驳，且其正确性亦视为不可能了。① 这些汹涌澎湃而来的事情摇撼了人们底信仰，移动了他们底妄信，且在公共思想上产生了只有研究当时纯粹历史的人视为有价值的效果。可是这些事态在其普通的意义上都不容易明了，除非将这大进步中的其他密切有关的情形亦加以相当的研讨。

因为在当时非但在思想家底中间起了极大的变化，就算在人民中间也是如此。怀疑主义底勃兴和继长刺激了人民底好奇心，而教育底普遍则更从而促进之。故我们发现十八世纪之主要特点及其和以前的世纪之分别就是知识不开的人民对于知识之渴望。在这个伟大的世纪里才初次建立学校，②为低级的教士团在他们惟一有暇的一天——星期日——得以读书阅报。③ 那时在我们国内也才第一次有流通的图书馆，④也是那

（接上页）家底名誉永不磨灭，而他底仇敌底攻击却完全被遗忘了。歧蓬底著作存在，但谁还对于反对他底文章感到一点兴趣呢？

① 对于地质学的怀疑性在十八世纪最后三十年方第一次清楚地表现出来。以前，地质学家和神学家大致相联系，但因公共意见底继续增长的胆量，现在使他们不顾以前所接受的教义，组织了独立的研究。以这一点而论，哈顿底研究工作影响最大，他底著作，来挨尔爵士说，含有"最早的以完全自然动力底关系来解明地壳以前的变动"的企图。(见来挨尔著《地质学原理》第五○页)建立这种方法，当然就是要分解和神学家的联合，但这变化底较早的征象是在一七七三年，就是哈顿写这本书之前十五年，可阅窝宗著《他自己的生活》(*Life of Himself*)第一册第四○二页，那里面说，"自由思想家"攻击"摩西式计算世界底时代，尤其是在布利唐(Brydone)底《旅经西西里及马尔泰》(*Travels Through Sicily and Malta*)一书出版以来"。按朗特斯(Loundes)说，布利唐底书是在一七七三年出版的（见《编纂者教本》〔*Bibliographer's Manual*〕第一册第二七九页）；一七八四年琼斯爵士注意到这些研究底趋向，可阅他所著《希腊意大利及印度神底讨论》(*Discourse on the Gods of Greece, Italy and India*)，在里面，他惋惜地说，他生活在"一个时代，那时聪慧及善良的人倾向于怀疑摩西对于原始世界之解述的真确性"。自此以后，地质学底进步是这样地迅速，摩西著作底历史价值都被所有的有识者以及教士们本身所弃绝了。

② 通常以为主日学校是在一七八一年创始于累克斯(Raikes)，但虽然他似乎是第一个人组织得稍具规模者，可是开始建立的当然是林齐(Lindsey)，他在一七六五年或较胜之。

③ 罕特(Hunt)底《新闻史》(*Hist. of Newspapers*)第一册第二七三页里所提到的日曜日新闻报并没有早于一七八五年克拉布(Crabbe)所说的；但一七九九年培尔格累夫勋爵(Lord Belgrave)在下议院里说，这些新闻报"大概在一七八○年"出现的。一七九九年威尔柏福斯(Wilberforce)拟设法颁布法律以禁止之。（见《国会史》第三四册第一○○六页）

④ 当一七二五年佛兰克林(Franklin)到伦敦的时候，在这首都里简直没有一个流通图书馆。在一六九七年伦敦底唯一近乎公共性质的图书馆就是在西杭大学(Sion College)里属于伦敦教士的图书馆。（见挨利斯著《文人书牍》〔*Letters of Literary Men*〕第二四五页）最早的流通图书馆底确实日子我还不能确定，但据骚西说在伦敦最早设立的是十八世纪中叶时番考式(Samuel Fancourt)所设立的一个。哈顿说："我是第一个在一七五一年在伯明罕(Birmingham)开设一个流通图书馆的人。"（见《他自己的生活》第二七九页）

时，印刷术才不仅限于伦敦，而得普遍地通行于各村镇。① 也是在十八世纪才有系统地努力于写出明易而不专门的科学文章，使科学普遍化，使它底普通原理容易明了，②同时百科全书底发明复将科学上的结果冶于一炉。又那时我们才初次见到文学定期刊物，因了这种定期刊物，大部分的职业阶级都赖以获得知识，虽然简陋，总也较以前的愚昧为胜一筹。③ 购书会社之组织也渐普遍了，而且在这世纪底末叶时，我们还听见在工业界中有读书会底组织。这种热烈的好奇心在知识底每一部门都显现着。在十八世纪中叶时，商人中还兴起了辩论会底组织，继着就有一更大胆的改革，因当一七六九年，在英国招集了初度的公共集会，首次拟启发英国人对于他们政治权利的观念。④ 同时，人民也开始研究法庭上的诉讼事件，而法庭亦将司法消息公告于日报中。⑤ 略前

---

① 一七四六年吉安忒(Gent)——一个有名的印刷家，书写他自己的生活。在这本珍奇的著作里，他说，在一七一四年，"除了在当时的伦敦以外，英国没有几个印刷者，我可确定在那时，彻斯忒、利物浦、曼彻斯特、肯达尔(Kendal)和利兹(Leeds)都也没有像现在大部这样地繁多。"(见《吉安忒底生活》〔Life of Thomas Gent〕第二〇、二一页)这种情形之如何补救是史家底一个最重要的研究。在这个注释里面，我只能稍举几个例表示各区域底情形。在罗彻斯忒(Rochester)第一个印刷所为菲雪(Fisher)所建立，他死于一七八六年；在惠特俾(Whitby)最早的印刷所建立于一七七〇年，而格林(Richard Greene)——他死于一七九三年——"是第一个带印刷机到利池非尔(Lichfield)去的人。"在安娜朝时代，伯明罕没有一个书贾，但在一七四九年，我们发见一个印刷者在那里开办(见《赫尔信札》〔Hull's Letters〕第一册第九二页，一七七八年伦敦出版)；一七七四年在佛尔刻克(Falkirk)也有一个印刷者。(见《国会史》第一七册第一〇九页)在其他地方这个运动是比较迟缓些，据说约在一七八〇年时，"简直没有一个书贾在康瓦尔(Cornwall)"。(见德琉之子著《德琉底生活》〔Life of Samuel Drew, by his son〕第四〇、四一页，一八三四年出版)
② 得左格李斯(Desaguliers)和希尔(Hill)是最初专从事于普及物理真理的两个作家。在乔治一世朝代开始时，得左格李斯是"第一个在伦敦讲关于实验哲学的讲演的人"。(见骚西著《平凡的书》第三编，一八五〇年出版，第七七页)至于希尔，据说是创始以丛书式来印行通俗科学著作的人，这种方法是这样地适合于那爱好研究的时代，如果我们相信好来斯·窝尔波尔底话，他曾"赚十五金币一星期"。十八世纪底后半叶对于自然科学书籍底要求很迅速地增加，在乔治二世朝代之早期，普利斯特利(Priestley)就用通俗式写关于自然的题材，哥德斯密(Goldsmith)也差不多走着同一方向；而彭南特(Pennant)——他最早的著作是在一七六六年出现——是第一个在不列颠用通俗及有趣的风格写自然历史的人。乔治二世时，出版界开始鼓励对于化学作最初步的工作。
③ 十七世纪末期，在英国第一次企图创立文学杂志，但评论报——以我们现在所知的，一种批评的出版物，所谓评论报者——在乔治二世登位以前还是没有人知道的，可是在他朝代底中叶时，这些报乃开始增加。
④ "一七六九年底夏季可以定为英国公共集会底最初建立时期。"(见阿尔培马尔〔Albemarle〕著《洛金罕人》〔Men of Rockingham〕第二册第九三页)"公共集会……人民可以从其中表示他们新获得的权力的感觉……不能很清楚地溯源于一七六九年以上，但现在却变为(即一七七〇年)日常所见的事了。"(见库克著《党政史》第三册第一八七页)
⑤ 最有趣的审判在乔治二世朝代末期初次在报章上公布出来。

于此,政治新闻报也应运而生,①且曾因发表辩论权一点和两院起了极大的斗争,结果两院虽然得到王底帮助,却终于完全失败,于是人民才能研究国家立法事件,而因以稍能明了国家底大政。② 这个胜利方完成以后,又有一种大的政治主义之传播所谓"个人言论自由"而产生的新激动,③这种主义当早已传布,其种子或可追源于十七世纪末期,那时个人主义底真观念才开始种根而发扬。④ 最后这问题由十八世纪在人民对于那些严正的宗教问题之裁夺下才开一空前讨论的创例,虽然现在已普遍地承认在人民底蓬勃发长的知识一点上来看,这些事情是必须给他们与闻的。⑤

和以上有关的,就是在文学底格式和写作上也有同样的变迁。我们底大著作家以前所习用的严厉而迂腐的作法,现在已不合于那渴求知识不安于蒙蔽的猛烈而爱好研究的新进者了。因此,在十八世纪底早期,我们底近古作家所善于应用的有力而笨重的语法及累赘复杂的

---

① 在一六九六年唯一的报章就是周刊,而最初的日报是在安娜朝代时出现的。至一七一〇年,它们不仅仅记载消息,且开始参加"政治问题底讨论"(见哈拉姆著《宪法史》第二册第四四三页);又因这种变迁的前几年,政论小册子售价便宜,故关于这方面的研究,其传布性底伟大运动已显然逼于眉睫了。在安娜去世后之二十年中,这个革命也就完成,于是报章在世界史中开始成为公共意见的代表。据我所知,这个新权力在国会中所受到的最早的注意是在一七三八年丹弗斯(Danvers)底演说中。这次演说很值得摘录,因为一方面它表明一个时期,另一方面它是表示丹弗斯所属的那一扰乱的阶级底特性。这个著名的立法者说:"但我相信,大不列颠底人民现在被一种从未在任何世代或国家所听闻过的——以最高权威而论——权力所统治。这种权力,并不包含在君主底绝对的意志之内,不在国会底意向之内,不在军队底力量之内,不在教士底影响之内,这也不是妇女操纵,但是这是报章底统治。我们周报内所充满的材料所得到的人民底敬视较国会底决议案还重要,而任何一个率尔写作的记者底意见对于民众力量较王国中最好的政治家底意见都来得厉害。"(见《国会史》第一〇册第四四八页)
② 这个大的争斗在一七七一年及一七七二年中告了一个结束。那时,如卡姆培尔勋爵说:"刊登国会辩论权是坚固地确定了。"(见卡姆培尔著《枢要底生活》第五册第五一一页,第六册第九〇页)乔治三世常常固执、错误,极力反对民权底伸展。一七七一年,他致函诺尔斯勋爵(Lord North):"刊登国会辩论于报章这个奇怪而不法的方法极须禁止。但上议院岂非一个最好的法庭去审判这种恶徒的吗?因为它既能科罪,既能禁囚,又有够足力量去担负拥护这个有利的政策而避免谴责。"
③ 约翰·罗素勋爵(Lord John Russell)在他著的《英国宪法史》(*History of English Constitution*)里说:"哲布博士(Dr. Jebb)及以后的卡特赖特(Cartwright)宣传着个人代表的理论。"但这似乎是错误,因为这个理论据说是一七七六年时卡特赖特初次发表的。
④ 关于这一点,我有一有趣的辞语上的评释——即我们有理由可以相信"独立"这个字以现代的意义来说,在十八世纪早期以前尚未发见于我们底语言中。
⑤ 惠特利大主教说:"在上一世纪底末叶以前,无论在攻击我们底宗教方面,或拥护宗教攻击底证据方面都并没有以民众的方式举行的。在两方面,学者(或那些自认为学者的)似乎都同意于这一点——即人民大众是服从优于他们的人底决议的,他们不应且亦不能于这问题运用他们自己的思想。"

句子无论其怎般美丽,至此遂骤然给人轻视,而新兴者乃是一种较轻妙而简单的风格,因为较易明了,故颇合于时代底需要。①

知识传布方法之继续地简单化,自然便提高了文人底独立性,而增大了文学研究底勇敢性。凡书籍因文字艰深或因民众无普通好奇心的原故而缺少读者的时候,那么,作家必须依靠着公共团体或富而有爵位的人底赐顾了。人既常喜阿谀其所依附的人,则我们伟大的著作家也不免常曲附他们保护者底偏见而滥用他们底才能。结果是,文学非但不能摇动古代底迷信和激起新的研究思想,且常表现着文学附有的胆怯而谄媚的态度。但现在的情形大不同了,那些奴性而可耻的奉献,②那卑鄙而屈服的精神,那对于地位和门第的不断的崇拜,那威权和利禄底永常纷扰,崇古贱新的心理——所有这些情态都渐渐消失了;而著作家因为要倚靠着民众底顾盼的原故,本着他们从来未曾尝试过的勇气,开始把他们底新同盟底要求提倡起来了。③

从这些事情中于是产生了非常重要的结果。因为知识之简单独立与普遍的原故,④自然地就使我说的那些大的争论在十八世纪时较在任何以前的世纪为普遍。那时知道神学和政治学常会起纷争,一面是

---

① 科尔利治(《文学遗著》第一册第二三〇页等)曾对于英国文体有所评述,而且很公平地说:"革命以后,国家底精神较以前愈更商业化,一个通博的团体,或所谓牧师者已渐渐消灭,普通的文学开始通行于一般民众之间。"(见第二三八页)他继着为这种变迁表示痛心;关于这一点,我是和他不同意的,可再阅《朋友》一书第一册第一九页,在那里他将现代的文体与十七世纪底伟大作家底那"庄严的进程和困难的演变"作一对照。事实是,这个运动不过是社会各阶级互相混合接近的趋势中的一部分罢了,这种趋势在十八世纪时开始清楚地被看出,它不但影响于作家底文风,而且还影响于他们底社会习惯。休谟说在前一时代学者和世界太过隔膜了,但在他底时候,他们渐渐较易于"接谈"。(见休谟著《哲学丛著》〔Hume's Philosophical Works〕第四册第五三九、五四〇页)继着约翰生(Johnson)、歧蓬和巴尔摆子以反对,但因与时代精神相违反,故不久即云烟似地消失了。

② 这种卑躬屈节大都是得到很好的酬报,当然这种酬报远迈于其所值。在十六、十七及十八世纪早期,金钱常常奉送给这些作家以买他们底献身。当然,恭维愈烈,则须钱愈多了。十八世纪中叶就是这种乞怜情状底转机。

③ 当布隆(Le Blanc)在乔治二世朝代之中叶访问英国的时候,作家依附个人保护的风气开始湮灭,而预约印书的方法亦已普遍了。柏克在一七五〇年到伦敦时表示惊奇地说:"第一流的作家既已落于反复无常的民众保护之下,但这些不良的现象姑不计及,文学确已进步至一高深的程度。"(见普赖厄〔Prior〕著《柏克底生活》〔Life of Burke〕第二一页)这种继长增高的独立性,我们也可以从一七六二年一个众望所属的作家直接攻击为民众服务之"社会人"的事实里看出来,以前以作家是只敢指出他们所攻击的大人物底名字之第一字母的。(见马洪著《英国史》第五册第一九页)

④ 在英国,书籍数量底激增开始在十八世纪之后半叶,尤其是在一七五六年以后。关于这点,我可以加述,在一七五三年及一七九二年之间报章底销售也倍见增加起来了。

天才和博学,另一面是信奉正教和传统观念。又知道讨论之点非仅限于各种特殊的妄信事件,且及于与人类兴趣及幸福有关的那些普通原理底真实性。以前仅限于少数人底争论,现在开始广布远被,暗示着国家底思想赖以兴起的怀疑。结果,研究的精神之活动和普遍与年递增,改革的希望永常地策进着,如果事情任着自然的途径走,那么,十八世纪必不会悄然地过去,而没有在教会或政府中发生确切而有利的变迁。可是在那世纪中叶以后,不幸在政治上发生了一连串错综复杂的事件,障阻了事情底进行,结果产生了极大的危机,这个危机如发生在其他的民族中,其结局会不是自由底丧失,便是政府底解体。这个刚复原而不幸的反动——英国实际上所受到的——从未受到它应得的注意,的确的,它既是那般少人知道,简直没有一个历史家曾对于我刚才所举述的那伟大知识运动和这反动之间底对立加以研讨。因为这个原故和充实本章底内容底目的起见,我拟考察这种对立的最重要的期间而尽我能力指出其彼此底关系。按照这本书底格式来说,这样的研究当然是非常粗略的,因为它主要的目的就是为那些普通的原理立一基础,没有那基础,历史将仅成为实际观察底堆积,没有联系且因此陷于不关重要了。又我们必须注意的是,现在所要讨论的情形都是关于政治的而非社会的,故易于下错误的结论。这一部分是因为一个民族底历史材料较为广泛,较为间接,故不像政治史之易于改窜;一部分是因为一种小团体底人如重臣及君王等底行为常是反复无常的,这就是说比较上不若大团体如社会或民族之受明显的定律底支配。① 现在姑以此点为前提,仅以政治的眼光来试考英国史中之反动及退步的时期。

自从安娜女王薨逝以后,其继位者是两个非英国籍而习惯不同的君王,一个能讲英国语,但他对此并不十分重视,一个则简直不能说,②

---

① 少数量的明显反复性及无规律性都是由于不重要及常常尚未发现的定律底运用所产生的扰乱而起。在大数量里,这些扰乱常相平均抵消,我以为这就是由平均数内所得的正确性底主要基础。如果我们将所有的现象都归原于它们所属的定律,那么,我们可以永不用平均数。当然,"反复无常"这个辞,严格讲起来是不正确的,不过是我们愚昧的一种测算罢了。
② 乔治二世底缺点,就在他底英语发音之不流利,但乔治一世非但不能发不正确的英语,且只能和他底大臣罗白脱·窝尔波尔爵士(Sir Robert Walpole)以拉丁语接谈。法国朝廷见此情形,不禁深喜,一七一四年底十二月,曼特农夫人(Madame de Maintenon)致函厄赛斯公主(Princess des Ursins)说:"人说那新王讨厌他底臣子们而他底臣子们也讨厌那新王,望上帝将一切安置好吧。"(见《曼特农书牍》〔Lettres Inédites de Maintenon〕第三册第一五七页)

第七章　由十六世纪至十八世纪的英国思想　213

他们在位约五十年,这时期应视为最侥幸的一件事。乔治三世(George Ⅲ.)以前的两个君王都是这样地黯懦而不谙民情,①故无论其性情之如何专断总不必患其能组织政党以伸张王族特权底范围。②因为他们是外国人,所以对于英国底教会从未给以多大的同情,足以帮助教士们恢复他们所愿望的原有的权力。此外教吏团底难驭而不忠诚的行为必也减少了君王对他们底眷爱心,他们原也因此而失却了人民底爱戴的。③

这些情形,其本身虽琐屑而浮浅,但实际上却非常重要,因为它们能使国家底研究精神得以进展,如果君王和教会一旦联合起来,那么,他们必致设法制止这种精神之发长了。虽然如此,也还常有制止的情形发生,但这究属罕见,而且也缺乏政治和宗教威权相联合的双重力量。的确,当时的情势非常良好,旧的保守政党(Old Tory faction)为人民所压制,为君王所遗弃,于是几在四十余年间未能在政府内有所活动。④ 同时,我们以后可以看到在立法方面也有相当的进步,那时的法律书籍包含着许多的证据可以证明这个曾管领全英的强有力的政党底衰落。

但一自乔治二世逝世以后,当时政治底情形就立刻改变了,而君王

---

① 一七一五年雷斯利写信说到乔治一世,"他对于你是个陌生人,完全不明你底语言、你底法律、风俗和宪法"。(见《萨麦斯短篇论文集》第一三册第七〇三页)
② 最近出版的《赫维勋爵者传记》(Lord Hervey's Memoirs)对于乔治二世底性格颇多发见,这是一本很珍奇的著作,完全证实我们由其他方法所得到的关于这个王对于英国政治之蒙昧。的确,这个君王什么都不顾,只顾兵士与女人,而他最高的野心就是要造成一个大将军与成功的淫逸者。除赫维勋爵底证明以外,我们从其他方面的权威确实知道,乔治二世既被轻视,又被厌恶,而且被观察者以及他自己的大臣轻蔑地谈到他底人格。至关于王权底衰落,很重要地应加以说明,自乔治一世接位以来,我们底君主没有一个是被许参加国家枢要政事之筹商的。
③ 英国教会通常对于一二两乔治政府底恶感是公开地表现着,而且是这样地坚持不屈,以致成为英国历史上的主要事实。一七二二年,阿武柏利主教(Bishop Atterbury)被捕,因为发觉他和伪君(即詹姆士二世)联合作叛。在他被捕以后,教会立刻为他祷告。马洪勋爵说:"假托以为他受着痛风症之苦,全伦敦及韦斯敏斯德之教会公开地为他祷告。"(见马洪著《英国史》第二册第三八页)牛津大学里——教士在那面久占优势的——他们是这样地努力灌输他们底主义,以致引起了老彼特底忿怒,他在一七五四年的国会演说里谴责那大学,以为它"从事多年不断的叛逆——从未曾有这样一个学校"。这种情形底直接的结果非常显著。因为政府和违反国教者既同被教会所反对,自然也就联合起来:违反国教者用他们所有的势力来反抗那"伪君",而政府则保护他们以免于教会底迫害。
④ "一七六二年是这两政党史底一个可纪念的时期,因为它证明高位与薪俸独占的毁坏,这些高位与薪俸曾被民主党占有四十五年之久。"(见库克《政党史》第二册第四〇六页)菩林布卢克勋爵(Lord Bolingbroke)很清楚地预知乔治一世接位以后所发生的结果。安娜刚去世,他就致函罗彻斯忒主教:"但最使我深感忧虑的就是,我清楚地看到保守党已经消灭了。"(见《马克菲松原稿》第二册第六五一页)

底欲望也常和人民底利益发生相冲突的现象。最不幸的就是那肤浅的观察者常视乔治三世底登极为最侥幸的一件事。这个新王是生长于英国的,其英国语之纯熟和他说本国语初无二致。① 又据说他视汉诺威(Hanover)——即德国——如异国,视该国底事业为附属的。同时,斯图亚特家底最后希望已经毁灭了,②那已退位的君王——指詹姆士——本人在意大利很沮丧地留恋着,不久也就死了;而他底儿子,一个邪恶的奴隶——这似乎是他家底遗传性——却虚度他一生于不屑怜惜而不名誉的灰暗中。③

这些表面似乎很顺利的情势必然地就包含着非常有害的结果。因为王座争夺的障碍既已移去,那王就得以壮胆一意孤行,否则他也许不敢尝试的。所有我们以为那次革命能毁灭的那些关于王权底扩张主义都立刻复活了。教士们都抛弃了他们对于那现在无希望的伪君的想头,而对汉诺威家表示热心有如他们从前对于斯图亚特家所表示的一样。教堂底讲坛上都响应着称美新王的声音,赞美他底私德、他底虔诚,尤其是他对于英国教会之克尽厥职。结果是在这两者之间建立了自查礼士一世以来未曾有的密切联合。④ 在王底眷顾之下,这旧的保守政党迅速地重振旗鼓,而且立刻夺取他们敌党治理国政的地位。乔治三世个人极力地帮助这反动的运动,因为他既专制,又复迷信,同样地急于要伸张特权而巩固教会。任何自由的意见,任何近乎改

---

① 格罗斯莱在乔治三世即位之后五年游历英国时,说起英国人民知道王能说英语而无"外国的声调"后所产生的大的影响。(见格罗斯莱《伦敦之行》第二册第一〇六页)谁都知道,王在第一次演讲时曾自夸为不列颠人,可是一般人不甚知道这个光荣是在政府方面的,"是怎样一件光荣的事",上议院对王说:"这是怎样光荣的一件事加到大不列颠底名上,当你,陛下,乐于视为荣耀!"(见《国会史》第一五册第九八六页)

② 乔治三世之即位,普通定为英国雅各党消灭之时期。好来斯·窝尔波尔说,据说这新王第一次朝议时"利池非尔伯爵、巴哥特爵士(Sir Walter Bagot)和主要的雅各政党皆进了法庭"。(见窝尔波尔著《乔治三世传记》第一册第一四页)只三年以前,雅各党徒曾非常活动,一七五七年李格佩(Rigby)还致书培德福公爵(Duke of Bedford)说:"福克司在文左(Windsor)之选举是很有疑问的。雅各党曾捐集了五千镑之数用以反对他而以达什乌爵士(Sir James Dashwood)为首。"(见《培德福通信》〔Bedford Correspond〕第二册第二六一页)

③ 查礼士·斯图亚特是这样地天赋愚蠢,直至二十五岁还未能书写,且完全不能拼字。一七六六年,他父亲死后,这个自称为英王的卑劣的角色即奔走罗马而沉湎于酒。一七七九年,斯文本在佛罗伦萨看到他,他是常常每夜陶然大醉地留恋于歌剧院。(见斯文本著《欧洲宫廷》〔Courts of Europe〕第一册第二五三至二五五页)一七八七年,他死的前一年他还继续着这种堕落的生活哩。

④ 乔治三世对于教会仪式所常露示的尊敬,与其前几代的君主底漠然的态度显然相反,这种变化使一般教士暗自深喜。

革的事端,以至仅是研究两字之提及,这个狭隘而愚暗的君王底眼底也是疾首痛心的。他没有知识、没有鉴别力,对于科学简直未加一顾,对于艺术毫无感觉,教育从未在这个天资低下的脑质上加以开导。① 他完全不谙别国底历史或情况,也不知它们地理上的地位,至对于其辖下的人民,他也未见得有较为广大的认识。在现在所有的丰富的证据中——即包括私人通讯、私人谈话和公共行动的记录等——找不到一线的证明,可以证实他知道一些统治国家者所应知道的事情;或认识在他底地位上应负的一切责任,他所知道的只是些普通政事底呆板工作,恐怕在他王国中之最小的办公室中的最微末的书记先生也能克尽厥职的。

这样一个君王,他所采取的途径是很易察料的。他在王座底周围,聚拥着一个大政党,他们紧抱着古代传统观念而常以阻碍时代底进步为能事。他在位六年除彼特(Pitt)以外,从不愿引用一个大才的人,没有一个大臣底名字在内政或外交上占有相当的地位。就是彼特也是因为忘记了他有名的父亲底教训,抛弃了那些自幼熏染而恃以进身的自由主义,才得维持其地位的。因为乔治三世痛恨改革的观念的原故,彼特非但抛弃他从前认为绝对必需的意见,②并且不犹疑地把他从前曾合作以达自由主义目的的政党处死。③ 因为乔治三世视奴隶制是前人底智慧所赐的最好的旧风俗的原故,彼特就不敢用他底权力废除这个制度,只可让他底继续者光荣地去毁坏乔治三世所坚持保存的不名誉的贸易。④ 因为乔治三世厌恶法国人之故——他对于法人的认识和他对于卡姆乞卡人(Kamtchatka)或西藏

---

① 乔治三世失学实甚,成年以后,他从来不想补救这种缺点,却甘于一生处于可怜的愚暗中。
② 在一七八二年提议国会改革案时,他曾宣布"这是必需的"。一七八四年他曾提到"国会改革之必需"。有人说他以后因当时情形的不顺利,故放弃了改革的动机,其实这是不正确的。反之,他在一八〇〇年一次演说里说:"关于这问题,先生,我想我应表白我深藏的思想,我应宣布我最坚决的意见,即虽然时候是合于这些试验,可是任何——即使最轻微的——在这样一个宪法中的改变都必须被认为一种祸害。"很奇的,在一七八三年这样早,培利似乎已怀疑彼特的公认拥护改革的真诚了。
③ 一七九四年格累(Grey)在下议院嘲笑他这一点说:"威廉·彼特,当年的改革者,是现在的压迫者,是的,也是改革者底压迫者。"卡姆培尔勋爵也说:"他以后还想绞毙几个继续为此而奋斗的改革同志。"(见《裁判长》〔Chief-Justices〕第二册第五四四页)
④ 这就是这个王偏护奴隶贩卖的热心,在一七七〇年"他亲自发出一训令命令这个官吏(即弗基尼阿〔Virginia〕官吏)大违其初愿地不赞同以任何理由禁止或阻碍奴隶进口的法律。"(见班克落夫著《美洲革命》〔American Revolution〕第三册第四五六页)所以,像班克落夫在第(转下页)

人的认识不相上下——彼特不惜违反他自己的判断力,和法国开战,这一战使英国大蒙损害,而英国人民乃因此担负了后代难以偿还的国债。① 虽然如此,在彼特逝世之前几年,当他表示爱尔兰人应得的一些权利和决定加以承认的时候,乔治就停了他底职守,而且所称为王底朋友的那些人都对于他表示愤怒,②以为他不应该有违反这样仁爱而温良的君王底建议。当这个伟大的人决定要恢复他底权力底时候——对于他名誉上不幸的一件事——也只有承认他底谬误收回成命然后才能复职,因此就开了一个自由国家底重臣为君主底偏见而抛弃其主张的恶例。

因为不能找到许多像彼特这样有才能而甘于屈服的重臣,所以无怪乎高的职位常常都充满着著名的"长者"。③ 的确的,这个王对于每种伟大和高尚的设施都似乎有一种天然的厌恶。在乔治二世朝代时,老彼特曾为其自身博得世界的荣誉,曾为英国博得空前的光彩,但他是一个公共权利底公认朋友,曾极力反对王朝底专制,因此他为乔治三世所深恨,其深恨之程度简直可以比之疯狂。④ 福克斯(Fox)是十八世纪底一个最大的政治家,他最明了与我国利益相关的各国底国情。⑤ 除富有这种鲜见而重要的知识以外,他还有一种令政治上的敌人都赞美

(接上页)四六九页里忿怒地说,当法院已决定"任何奴隶一踏入英国国境,即可得自由的时候,英王却站在人道主义底中途而甘为殖民地奴隶贩卖之支柱"。彼特在这件事上的反复的行为使任何忠实的人都难于宽恕他。

① 学识丰富的作家——在其他方面,意见都不相同的——皆承认彼特固愿保守和平,他所以急急和法国开战者都是受了朝廷底影响之故。

② 单是这个政党及这个名称的存在,在政治的观点上,已可表明英国在这时期正在撤销革命时所建立的主义了。

③ 政府人员能力底衰微,柏克在一七七〇年视为这个新制度底自然结果。可参照《现代人不满底考虑》(Thoughts on the Present Discontents)(见《柏克丛著》第一册第一四九页)及《国会史》第一六册第八七九页他对于乔治三世最初九年中的退步惊人的概述。"因此,最后的问题不是谁能胜任公共的事业而是谁愿担任去做。有才具及正直之士将不愿接受他们不容自下判断及不容表显他们底心底纯正的职业"。一七八〇年当这种祸害更形明显的时候,这个评论者在他对于布利斯托尔选民的名演说中直接痛击这一点,他说:"现在,是朝廷企图要减削它底官吏底权责。"(见《柏克丛著》第一册第二五七页)

④ 布卢安勋爵(Lord Brougham)曾发表乔治三世对待查塔姆勋爵之他自己所谓"纯属野蛮的恶感"底惊人的证据。(见《政治家分论》〔Sketches of Statesmen〕第一册第二二、三三页)的确,这个王在这个伟大朝臣底葬仪时还表现着他底恶感。

⑤ 布卢安(见《政治家分论》第一册第二一九页)说:"这倒是个疑问,在任何时代中,曾否有政治家像他这样地明于与他本国相往来而须维持关系的各国底各种兴趣及确实的地位。"

的那温和谦恭的性情。① 但他也是政治和宗教自由底一个坚强的拥护者,他也是这样地为乔治三世所痛恨,以至乔治亲手将他底名字在私人顾问名单上除去,而且宣布宁愿退位而不愿他参与政事。

当在君王和其重臣中有这样的不幸的变化的时候,立法方面也有同样不幸的变化发生。在乔治三世朝代以前,以自由主义和议员底一般成就而言,上议院确优越于下议院。固然两院皆盛行着一种精神若以现代较大的标准衡之实为狭隘而迷信的。但在贵族议员中这种感觉还被教育的作用所调节,使他们较下议院中的乡愿或愚昧的猎户式绅士优越得多。因为他们知识之卓越,自然地策励他们底思想较所谓人民底代表——即下院议员——为通达而自由。结果旧的保守精神在上院渐渐削弱而留存于下院,在革命后之六十余年中,高级教会党和斯图亚特家底朋党曾在下院组成了危险的联盟。② 譬如,对于汉诺威王朝贡献最大的——也可说对于英国之自由贡献最大的——两个人就是萨麦斯(Somers)和窝尔波尔(Walpole)。他们两个皆以自由主义著称,却两个都因上院底出力而得到安全。萨麦斯在十八世纪早期就得到贵族底保护,而免除了下院对他的侮辱的刑罚。四十年以后,下院因要置窝尔波尔于死地,就通过了一个议案减轻了反对窝尔波尔的人应付的罚款,因以鼓励他们反对的行为。这种野蛮的政策在下院毫无困难地通过了,但在上院却是二对一的完全否决。那分离议决案(The Schism Act),教会教友用以苛害违反国教者的也同样地在下院受到绝对多数的通过,可是在上院票数就几乎相等了。虽然这个议案是通过了,但曾加以修正,使内中暴虐的条款稍为和缓。

上院对于下院底这种超越性在乔治二世朝代时大体上坚固地维持着,大臣们不急于在上院中巩固高级会党底势力,而王底自身也很少有关于这方面的新政,故相信他实也不喜欢增加他们底分子。

直至乔治三世才滥用他底特权,完全改变了上院底性质,因此立下

---

① 柏克在法国革命以后还说,福克司底性情是"最率直、坦白、开放和仁慈,不喜极端,即使对于一种过失亦能和平宽恕地过去,不存一点怨恨在他底整个性情中"。(见《国会史》第二八册第三五六页中一七九〇年对军队评述的演说)
② 一七二五年,华吞公爵(Duke of Wharton)写给"伪君"的一封信中,除提到关及下院之议事日程外,又加说:"在上议院中我们底人数是这样少,任何行动都不见重要的了。"(见马洪《英国史》第二册附录第二三页)

了以后贵族常蹈覆辙的不名誉的根基。他底新政很多都是空前的；他底目的显然就是要压制当时盛行的自由精神而以上院为拒绝民众愿望及制止改革进步的机关。这种政策之完全成功是各个英国史底读者都深知的，看他所升擢的那些人底资格就可知他是必臻成功的了。那些人一共包括两种阶级：一种是乡愿，他们所以显著的就是他们底财富和他们赖财富而获得的投票权；①还有一种就是律师，他们之能得到立法上的官缺，一部分是他们底专业使然，但大部分却因为他们热烈地压制民众底自由而偏袒王族特权的原故。

凡一查乔治三世所升擢的新的贵族名单，必不以吾言为过分。我们可以找到许多对于公共事业非常有功而不得不给以报酬的人，但除了几个强迫乔治三世承认的贵族以外，其余的——当然是绝大多数——都是非常偏狭而鄙吝的人，这点实使整个议院被人轻视的唯一原因。②没有伟大的思想家，没有伟大的作家，没有伟大的演说家，没有伟大的政治家，没有一个真正高尚的人——可以在乔治三世所造就的贵族中找出来。国内的主要利益也没有在这个奇怪的组织中占有相当的地位。那些从事于银行事业和商业的人在英国重要人物中占据着很高的地位，自十七世纪末叶以来他们底势力迅速地增长，同时，他们底智力清楚而有系统的习惯和对于事情的普通知识，都使他们优越于重振上院势力的那些阶级。但在乔治三世朝代时，对这方面的要求是不甚注意的，而且对于这个问题维持其权威的柏克也曾说，从来没有一个时候商业方面的人之升擢而为贵族的是这样的少。③

---

① 这是太明显而不能否认的了，一八〇〇年尼科尔斯（Nicholls）在下议院中嘲骂政府"将贵族爵位赐予——或拔擢至较高的贵族爵位——任何能在国会中得一定数目之议员席而得选者"。（见《国会史》第三五册第七六二页）
② 当时曾有人预言，在彼特秉权时所造成的许多新贵族的结果将减低上议院底声价，但他们底言论虽如此愤慨，却为不愿完全与朝廷破裂的愿望所阻止。其他地位较能独立或绝不顾将来进阶之机会者，则颇能在国会中言前人所未言。譬如，罗勒（Rolle）宣布"在现在首相权力中所造成的贵族简直不配做他底仆人"。（见《国会史》第二七册第一一九八页）在国会以外，轻视的感觉也同样地厉害。
③ 在他一七九一年所写的《法国事件底考虑》（Thoughts on French Affairs）一文中，他说："在《英国史》中，从来没有一个时候，有这样少的贵族是出于商界或出于新由经商而起的家族的。"（见《柏克丛著》第一册第五六六页）的确，以拉克萨尔爵士（Sir Nathaniel Wraxall）说起来，唯一的例就是乔治三世破格升斯密斯银行家为卡林吞勋爵（Lord Carrington）。（见《巴苏卡斯自传》〔Pasthumous Memoirs〕第一册第六六、六七页，一八三六年伦敦出版）拉克萨尔是个无足轻重的名作家，也许不止此一例，但当然是很少的，我却不能记得是谁了。

第七章　由十六世纪至十八世纪的英国思想　219

如果要将这个时期英国政治上的退化表征聚集起来,真是恒河沙数,这是一种较重要的退化,因为它违背时代的精神,因为它不顾那伟大社会的和知识的进步而起来。至这种进步如何必然地停止了这种政治的反动,而强迫它退回至原来的阶段,将在这部著作底其他部分研讨;但有一样事情我不能不稍加述说,因为它供给我们一个关于公共事情底倾向底最有趣的例证,而同时也表现着终身专注于英国政治学实施底一个最伟大的人及最伟大的思想家——培根除外——底性格。

如果我们遗漏了柏克(Edmund Burke)底名字,这一个乔治三世朝代底简略记述更显得残缺不全。对于这个非常人物的研究,非但包括政治研讨底全部,[1]并且遍及于许多与政治学似绝无关联,而其实乃其重要之附属学问等题材中。因为在平常较通达的脑中,每一支派的知识都能启迪引发着其他最不相关的知识流派。对于他这样的颂扬是出于一个精明的评判者,[2]可以从他著作中的片断文字和当代名人底意见里证实出来。[3]当他对于法律哲学的洞察明见受到了律师底颂扬的时候,[4]他对于艺术全部范围及理论的认识也赢得艺术家底赞美,[5]这是两种常常被视为——虽然是错误的——不相容的学问兼备于一身的奇特的例。同时,我们由精确的证据知道,他虽然在忙碌的政治生涯中,也曾对于言语底历史和系统研究作极大的努力。这是个大的题材,

---

[1] 尼科尔斯,他认识他的,说:"柏克底政治知识几乎可以视为一本百科全书,凡和他接近的都能从他底库中得到教训。"(见尼科尔斯著《回忆》〔Recollections〕第一册第二〇页)
[2] "他天才横溢非可指喻,他无上的幻想曾使整个自然供奉于他,曾搜集造物之每一景象,学术之每一流派以成大富。"(见《荷尔丛著》〔Works of Robert Hall〕第一九六页,一八四六年伦敦出版)威尔柏福斯也这样说到他,"他进国会很迟,因为有时间积集知识之大成。他引举例证的范围很广,好像神仙宠爱的寓言中的人物,当他开口时,宝珠和钻石都从他口中落下来"。(见《威尔柏福斯底生活》第一册第一五九页)
[3] 瑟尔罗勋爵,据说曾宣布,柏克底名誉将较彼特和福克司为尤能永存,这我以为现在每一适当的批评家都这样想的。(见蒲脱勒《回忆录》第一册第一六九页)但给予柏克最高崇的赞誉者乃是较瑟尔罗为尤伟大的人。一七九〇年,福克斯在下议院里说:"如果他从书中所习得的,科学中所获得的,以及世界及其事件教训他的所有的知识列为一项,又将他从他这个正直可敬的朋友的教训及谈话中所得的进步列为另一项,则他将不知应取那一方了。"(见《国会史》第二八册第三六六页)
[4] 卡姆培尔勋爵说:"柏克——一个富于哲学思想的政治家——深深浸染着科学的法学原理。"(见《裁判长底生活》第二册第四四三页)
[5] 巴莱(Barry)在他著名的《给予文艺耽嗜学社的一封信》(Letter to the Dilettanti Society)里对于柏克底改变美术之学为政治学底追求表示惋惜,因为他具有可赞美的扩大及浩瀚的智力,能怀纳全部的艺术,古代的及现代的,本国的以及外国的。(见《巴莱丛著》〔Barry's Works〕第二册第五三八页,一八〇九年出版)《一七九八年年鉴》(Annual Register)第三二九页二版里说,累诺尔兹"视柏克为他所知的最好的图画评判者"。

在最近三十年才成为人类思想研究底重要资料，但在广义上讲起来，它底真意义只有在少数孤独的思想家身上开始微露曙光。尤为显特的就是当阿丹·斯密斯到伦敦来，满载着使他大名永不消灭的发现的时候，他惊奇地发觉，柏克已预知那些使斯密斯费多年的焦急和无间的工作所得来的成熟的结论。①

除这些与社会哲学底根基有关的大研究以外，柏克还对于自然科学有相当的认识，并且还知道一些关于机械工艺方面的呆板工作。所有这些都在他脑中溶冶于一炉，且随时可用以应付一切，并不似普通的政治家底知识之片断而无用，而却是一个天才者不惧枯燥无味的研讨而混合成的博通的知识。这确是柏克底特点，在他底手中是不会有荒芜之地的。他底智慧是这样地有力量和丰富，以至在每一方面都结着果实，而且对于最小的题材都能力放光华，表明它们与普通原则的关系及其在人类事件的大计划中所必须参与的部分。

但我以为柏克个性中之尤为显特者是他运用他非常的才艺时之唯一的严肃性。在他一生最得意的时期中，他底政治原理并非空想而却是实际的。这实在可觉得奇怪，因为各种关系都可以引诱他采取相反的途径。他所有的资料之丰富可以使他较当时任何政治家易于作综合的结论，而他底思想习惯又特别近于作广泛的观察。常常，确可说凡有机会，他都发展他底才能有如一个创作的和思维式的思想家。但一旦当他踏到政治论点的时候，他就改变了他底方法。当论涉到关于财富之积聚及分配的问题，他以为可以根据几个简单的原则，建立一个对于国家底商业和经济利益有效用的演绎法的科学。可是他就止于此了，因为他知道，除了这个单独的例外，政治学每一部门都纯粹是根据经验的，而且似乎将永久是这样。所以，他深深地认识了那个伟大的主义——这个主义即在现代也常常被忘却的——即是立法底目的不在真理而必须在乎它能适合于势情与否。当他观察到我们知识底实在的情形的时候，他不得不承认所有的政治原理都是由于以有限的事实作急速的归纳论而后成立的。因此，聪明的人当他想增加事实来巩固那些

---

① 阿丹·斯密斯告诉柏克："在他们讨论政治经济问题以后，他是唯一未经交换意见而对于这些问题具有同样见解者。"（见俾塞脱（Bisset）著《柏克底生活》〔Life of Burke〕第二册第四二九页）

原理时,应该重新改正那归纳论,而且与其牺牲了实际设施来迁就原理,不如改变了原理以便改良设施。或换句话说,他以为政治原理最好也不过是人类理性底产物,而政治设施却和人类天性、人类情感发生关系,理性不过是天性和情感中的一部分而已。① 因为这个原故,一个政治家底专业就是去计划可以达到某几种目的底方法,而让国家底一般主张来决定那些目的应是什么,至于他自己的行为也不当照他自己的主义而孤行,因为他既是为人民而立法,故应以人民底愿望为中心而服从人民底主张。②

就是此种见解和倡议这些见解底非常能力使柏克底出现成为我们政治史中的一个可纪念的时期。③ 无疑地,在他以前我们也有其他的政治家否认普通原理在政治学中的效用,但是他们底反对是基于由愚暗而发生的乐观的猜度,而且他们反对一切他们未曾深研的理论。柏克之反对这些理论却是因为明了了它们。最显得他有能力的一点就是,他无论情势怎样地引诱他去依靠他自己的概念,可是他总拒绝这种引诱,虽然他富于各种的政治知识,他总凭着事件底进行来组成他底意见。

---

① "政治学不应以人类理知而应以人类本性为依据,理知不过是政治底一部分,且甚极重要的部分。"(见《柏克丛著》第一册第一一三页《最近国家情形之观察》〔Observations on a Late State of the Nation〕)因此,他常常所见到的哲学及政治学通则上底分别,就是哲学底通则应是坚定不可动摇的,而政治学的通则必须是可变动的。因此在他名著《现代不满底原因底考虑》内,他说:"对于公民智慧及政治智慧不能下一界线,它们是不能下确实定义的东西。"(见第一册第一三六页)

② 一七八〇年,他明白地告诉下议院"人民是主人,他们不过是广大的及整个的表明他们底需要罢了。我们是专门的艺术家,我们是技巧的工人,将他们愿望构成完美的方式而得以配合器具以致用。他们是受害者,他们告诉我们疾病底象征,但我们知道病底确实根源及如何根据技艺底法则而下对症之方。这将怎样地令人震惊,如果我们因欲躲避我们底责任及欺骗我们底雇主——我们当然的主人——而利用我们底技艺为非作恶以摧残他们适所希冀的东西呢?"(见《柏克丛著》第一册第二五四页)一七七七年,在他致布利斯托尔州长信中有(见其《丛著》第一册第二一六页)"事实上是要追随,并非压迫公共的倾向,对于社会的一般意识予以方针、形式、专门的润饰以及特殊的制裁方是立法底真正目的"。在他《关于国会年限的一封信》(Letter on the Duration of Parliament)(见第二册第四三〇页)有"的确要令人恐怖,如果国内的任何权力能拒绝这个同一的愿望,或大部及坚决的人民底愿望,人民在选择一种目的时也许会被蒙混,但我从未见到他们所选择的目的会这样地有害,致使任何存在之人类力量得以反抗之。"现在只再举一个例,但是个很确实的例,他在一七七二年当演讲谷类底进口与出口底一个议案时说:"这一次我赞成现在这个议案,并非赞成这个政策底本身,却是因为我想,服从时代的精神是聪慧的。人民愿意如此,不容他们底代表说'不'字的。但我却不能不提出异议反对拥护这个议案的普通政治原理,因为我以为它们是绝端危险。"(见《国会史》第一七册第四八〇页)

③ 柏克底深奥的见解对于下议院所产生的影响很少人能充分明白,可是曾为海伊博士(Dr. Hay)——他曾听过他一次伟大的演讲——所描述,他说他底演讲好像是一种新政治哲学。(见《柏克底通信》第一册第一〇三页)

他认识政治底目的不在保存特殊的法典,不在宣传特殊的主义,而在于大多数人民底快乐。最重要的是他坚持要服从公共的愿望,这一点,在他以前的政治家没有一个曾注意过,而自他以后大多的政治家中也大多把这点忘记了。我们底国家确实还充满着许多柏克所高声反对的那些平常的政治家,他们是柔脆而肤浅的人,费了他们微弱的力量来反对改革底进步,可是到底发觉自己被迫着要屈服,于是当他们已竭尽了他们微弱的计划的诡计而因迟缓卑陋的让步种下了将来不忠的种子的时候,就转过来诅咒阻挠他们的那个时代。他们忧伤着人类底退化,悲哀着民众精神底衰落,他们为一种人民底命运而哭泣,这种人民是这样地轻忽了他们祖宗底聪慧,以致擅行更改无数世纪以来法今所丛集的宪法。

凡曾研究过乔治三世底朝代的人都很易明白,有像柏克这样的一个人来反对这些可怜的迷妄是一种极大的利益,这些迷妄对于许多世纪都是致命伤,而也曾不止一次的几乎毁坏了我们自己的世纪。① 他们也明白以这个王底意见看来,这个伟大的政治家至多也不过是个善于辞令的演说家,有类于福克司或查塔姆(Chatham),三个都是正直坦白的人,不过不安全、不可靠,十分不适合于重用,更不能予以这样的尊荣,以之参加王室底会议。事实上,柏克三十年中都从事于公共事业,从来未曾在内阁得到一席地位,②唯一的一个机会——他还只是占着一个附属的位置——就是在很短促的一个时期内,当政治底波动迫着这个由自由内阁所产生的委任的时候。

的确的,柏克在公共事业中所参与的部分,实足使一个以为凡古代的都是好的、已成的局面都是对的,忘怀了憎恶之念。③ 因为他既是这

---

① 柏克对于那普通的议论——即以为若干特殊风俗之在一个国家既能盛行日久,那么,那些风俗必是善良的风俗——曾施以不断的攻击。关于这一点,在他对于检事长在职务上的检阅新闻权的演讲中,可找到一个极好的例。在那篇演说里,他譬喻这种推论者有如斯克利布利斯(Scriblerus)底父亲"重视锈蚀及腐败之物,这些东西乃堆积为铜壶盖镶于一个英雄底盾上"。他又说:"但,先生,据说这种权力存在的时候,就是专制政体最兴盛的时候。但是,这两种东西不能如因果相关似地彼此生存着吗?岂不是一个人当用槲木制的杖的时候,身体较以后用竹杖时为康健,而却像《督伊德教教徒》(Druids)一样不知道在槲木中有一种隐藏着的效力,而槲杖和康健乃是因果底关系吗?"(见《国会史》第一六册第一一九〇、一一九一页)
② 这,有如库克真实的说,是贵族式偏见之一例,但可以确定,由乔治三世底一个暗示也许就可以补救这个可耻的忽略。(见库克著《政党史》第三册第二七七、二七八页)
③ 这很容易想象得到,乔治三世必曾为这些意见而恼恨,"我不赞同那些反对扰乱民众静态的君子,凡有弊害的时候,我愿有嚣闹的舆论。中夜底火警虽骚扰你底清梦,但它却可使你(转下页)

第七章　由十六世纪至十八世纪的英国思想　223

般地超越于他底同时代人,以致现代所有的大计划,大多是他所预知而热烈地辩护着的。他非但攻击阻止那些可笑的占先着及居奇的法律,①而且在自由贸易的建议上,痛击所有其他一切的禁令。② 他拥护在他生时曾严受拒绝的那些旧教徒底正当要求,可是在他死后许多年,这些要求才都被认为保持这个王国的唯一方法。他拥护违反国教者底请求,就是他们要想免除为英国教会底利益而必须受的限制。在政治底其他方面,他也具有同样的这种精神。他反对那些对付破产者而设的苛刻的法律,这些法律在乔治三世底时代还玷污着我们底法典。他又力竭声嘶地要减轻刑法,刑法底加重实是这个不良的朝代底最恶劣的现象。他愿意废除征募终身兵役的旧方法,这是个野蛮而失策的设施,数年以后,英国底立法也渐渐能看到这点。他攻击奴隶贩卖,这是个古代底习俗,而为这个君王所愿保留为不列颠宪法之一部者。他驳斥——但因时代的偏见底原故,不能推翻——法官所施的危险的权力,他们在罪犯者反诉时,将陪审员底权力仅限于形式上将判决书公告而已,因此将真的判决权攫在自己的手里而使他们自己成为那些不幸而置于他们法庭下的人底判决者。③ 而且——有许多人并不以为是他底才能——他是经济改革者之人丛中的第一个为我们深深蒙到恩泽的。④ 他不顾当前所有的困难,在国会中通过了许多议案,有几个无用的职位都因此完全废除了,就是仅在一个主计官长底官府里已经为国

(接上页)免于烧死在床上。呼喊和叫嚣虽惊动了这州郡,但却可保存这省底所有的财产"。(见《国会史》第一七册第五四页,柏克于一七七一年对于毁谤文底压迫的演讲)

① 他提议取消这些法律。就是查塔姆勋爵也在一七六六年发表一宣言反对那些垄断商业者及居奇而售者,而很得着马洪勋爵底赞美,他说:"查塔姆勋爵以特殊的能力而奋斗"。(见马洪《英国史》第五册第一六六页)其后三十余年,且在柏克死后,那时的裁判长肯云勋爵(Lord Kenyon)颂扬这些不合理的法律。(见霍兰〔Holland〕著《民主党传记》〔Mem. of the Whig Party〕第一册第一六七页)

② "那种自由在商业制度上,我相信,总有一天被采纳的。"(见《柏克丛著》第一册第二二三页)在他写给部尔格(Burgh)的信中(见前书第二册第四〇九页)有"但我特别注意的就是要在这些岛上的所有港口确定了建于公正之上及利益公众的自由贸易的原则,但主要的却是至高之权的获得"。

③ 柏克底论据在二十余年以前已能预知福克司底有名的毁谤议案(Libel Bill),这个议案直至一七九二年才通过,虽然在一七五二年陪审官已开始不顾审判官而依据案情之曲直退回普通判决书。

④ 法尔(Farr)在《统计学社杂志》第一二册第一〇三——一二五页中之关于文官职之统计的那篇有价值的论文称柏克"是国会中最先驱而最有才具的经济改革家"。(见第一〇四页)其实,最先驱一辞他膺之诚无愧色。他在国会中首倡减少政府经费支出的普通而有系统的计划,其时他对于这计划的初次演讲实可算他所有的论著中的最佳作。

家每年节省了二万五千镑了。

单是这些事情已足够表明一个曾夸说他将不损分毫地把政府传给他底继承者的君王底愤恨。可是还有其他的情形使他底感觉更受痛伤。他对于压迫美国人底坚决心是这般地明显,以致当战争真的爆发时,就被称为"王底战争",而且凡反对战争者都被视为王底私敌。① 可是在这一点,有如在所有其他问题一样,柏克底行为不是像乔治三世似的被传统观念和原理等所支配,而是被普通适合于情势的大的见解所支配着。柏克为这一项不名誉的争斗考虑其意见的时候,拒绝以关于两方权利的论据来作向导。② 他并不讨论母国是否有权利征收她底殖民地底税,或殖民地是否有权利可以自己统治税则。这样的论点,他都让给那些假托按原理而行,其实是屈服于偏见的政治家去讨论。③ 至关于他自己的部分,他是安于将所值和所得作一比较的。柏克就以为,考虑到我们美洲殖民地底权力,考虑到他们和我们相距之辽远,考虑到法国给予他们的助力底可能性,施行权力压迫这一件事是不适当的,所以谈到权利的问题,实是无用。因此他底反对征税于英国,不是因为未有前例的原故,乃是因为不适合于情势之故。自然的,他也就同样地反对"波士顿港议案"和那个禁止与美国交通的可耻的议案,这个议案实在可称为自绝生路及苛暴的政策,而为这君王希望用以压制殖民地和挫伤那些他深为痛恨的贵族底精神者。④

---

① 一七七八年洛金罕勋爵在上议院,"不称这为战争,国会底战争,或人民底战争,却称为这王底战争,他陛下所喜欢的战争"。(见《国会史》第一九册第八五七页)尼科尔斯(见《回忆》第一册第三五页)说:"这次战争被视为王个人底战争,拥护这次的战争者称为王底朋友,而那些愿意国家停止战争及重新考虑继续争斗之适当与否的人却被污辱为不忠者。"

② "我现在并非要辨别权利,更非企图要指出其范围。我并不加入这些形上学上底区别的漩涡,我并且恶闻这些名称"。(见《柏克丛著》第一册第一七三页中关于一七七四年征税美洲的演讲)在一七七五年他说:"但我底考虑是狭窄的,完全限于政策上的问题。"(见第一册第一九二页)在一八三页里又说:"我们之对付美洲,不应依据权利上的抽象观念,更不应依据政治上的几个普通原理,在我们现在的情势中所采取的政策,我以为不见得较显然的轻浮为胜。"在他一七六九年所写的最早的一本政治小册上,他说反对美洲者底论据"是终结的结论,这是对于权利而言,但对于政策及实施方面则适极相反。"(见第一册第一一二页)

③ 一七六六年,乔治三世写信给洛金罕勋爵说:"道尔菩特(Talbot)对于印花税案的态度之合理恰如我所希冀的一样,坚持我们宣布我们底权利,但情愿取消!"(见阿尔培马尔著《洛金罕》第一册第二七一、二七二页)换句话说,宁愿以抽象的权利名义触怒美洲人民,但审慎地放弃这种权利所能产生的利益。

④ 乔治三世对于美洲人的深恨是他这样一种人所应有的结果,故在争斗确实迫近的时候,他虽常常表示仇恨的态度,却没有人能指斥他。但真正不名誉的乃是战争以后,当他在必须抑制情感的时候,他却仍表现这种仇恨。一七八六年哲斐松(Jefferson)和阿丹斯(Adams)因公(转下页)

像柏克这样一个人，其对于政治方面所贡献的能力是这样地大，而三十年中未能得到君王底重视或酬劳，实是那个时代底一个明显的特殊现象。可是乔治三世也是一个喜欢拔擢谦卑和恭顺者的君王，他底朝代确是才具庸劣者底得势的黄金时代，一个小人得志、贤者被摈的一个时代。那时像阿丁吞（Addington）这样的人却给人捧为政治家，而坤提（Beattie）也被视为哲学家而获得恩俸，而且在公共生活的各方面，升迁的先决条件是能颂扬古代底偏见和拥护既形成的恶俗。

对于这个卓著的英国政治家底轻忽实在是非常的好教训。但以下所叙述的情形，虽然绝端可痛，却更含深长的意味而值得一般惯于研究伟大人物底智力特殊现象的人底注意。

因为隔了这样久的时间，当他底最近支的亲属都已死去的时候，在他最后的数年中，他曾堕入于完全幻觉的状态里。这点我们不能矫作否认，当法国大革命爆发时，他底脑力已经在不断的工作底重压之下消退了，那能再受得了这样空前的、可怖的、恐吓的结果蔓延得这样广大的事件底深思焦虑呢。当那次大革命时的罪恶非但不见减少而只是继续增加的时候，柏克底情感才最后支配了他底理智，那时情感与理智失了均衡，他底伟大的智力底均衡受到了骚动。在这个时候起，他对于当前的痛苦底同情心是这样地紧张，他完全忘记了这种痛苦所由产生的专制。他底思想曾经是这样地坚固，这样地不受偏见和冲动底摇动，现在却在转变千万人脑筋的事件底重压之下而昏乱了。① 凡将他最近的著作和其出版的年日作一比较观者，都能窥见他这种可惨的变迁是由于其爱子被夺后积郁所致的。这件事他迄自放不开，就是这点已足够毁灭一个理智的严肃性曾为爱底热烈而得到调和平衡的人底理解力了。我们的确永久不能忘记一个独子死亡后给予他的那些伤怀的和剧烈的暗示，这个儿子是他灵魂上的安慰，是他心中的骄傲，他曾妄想将他底不可磨灭的名字遗传给他的。我们永不能忘记这个高尚的老人在惆怅着他底无量的哀愁的时候底那种悲凉的印象。"我生活在一个颠

（接上页）务到英国，按例觐见英王，故出现于英廷。但乔治三世是这样地不顾其地位应有之普通礼貌，对待这两个名人以显著的无礼，虽然他们那时是来到他宫廷内对他示敬的。

① 所有大的革命，在其进行时，总有一直接增加精神病的趋向，而且恐怕还会在以后继续至相当时期；但在这方面，有如其他方面一样，由法国革命所酿成的这种牺牲者底数目总是占第一位。

倒的世界上。应该继我而生的,却反先我而去。应该做我的后代的,却反站在祖先底地位……狂风暴雨已经掠我而过,我倒在地上有如那些枯老的槲木,而最近的大风雨又复摧残着我。我所有的尊荣完全被夺去了,我被连根拔去而被倒灭在地球上。"

如果试将这一幅面幕揭开而循索这个强大的脑力底衰退情形,恐怕未免是过分的好奇了。① 的确,在这样的事情中,大多数的证据都消灭了,因为最有机会看见伟大人物底弱点的人,却并不是最爱叙述这些弱点的人。确实的就是,他这种改变是恰在法国大革命爆发后才首次发现,这是因他底儿子底死亡所积郁而致的,而这种现象变本加厉地直至他死的一天为止。② 在他所著对于《法国革命的反省》(Reflections on the French Revolution)、《联盟国政策底要述》(Remarks on the Policy of the Allies)、《给挨利俄特的信札》(Letter to Elliot)、《给一个高贵的贵族的信》(Letter to a Noble Lord)和《关于弑君的和平的信札》(Letters on a Regicide Peace)等书中,我们可以看到一种连续增长及最后成为不能制止的激烈表现。单为痛恨法国革命这一件事,他不惜牺牲了他旧的相识和亲爱的朋友。福克司,人人都知道,常常视柏克为良师,曾从他口中亲领到许多政治知识上的教训。③ 在柏克这方面呢,也充分地认识他底朋友底能力,而因他底亲热的性情和没有人能拒绝的那些引人的态度爱着他。可是现在,这两个人底长期亲密却并没有丝毫的私争搀杂于其间而很剧烈地破坏了。④ 因为福克司不肯抛弃他们从前一向共同怀蓄的对于公共自由的爱心,故柏克公开地,并且在国会上宣布他们间底友谊从此断绝,因为这个原故他将永不再和一个帮助法国人民的人接谈。同时,的确就是这件事发生的那一晚,向以礼

---

① 这种表明其有疾病的这些激剧的爆发性底最早而确实的例可在一七八九年二月时的摄政议案辩论里看出来,那时希尔爵士粗率正直地当面指出柏克底疯狂。(见《国会史》第二七册第一二四九页)
② 他底儿子死于一七九四年八月,他最激剧的著作是在一七九七年六月——他儿子及他自己去世之间的一个时期——所写的。
③ "这个门徒,是以自认为门徒而骄傲的。"(见布卢安著《政治家》〔Statesmen〕第一册第二一八页)一七九一年福克司说柏克"曾将他所知的政治学都教给他"。(见《国会史》第二九册第三七九页)
④ 这是在一七六六年开始的,那时福克司只十七岁。

貌著名的柏克却不慌不忙地又侮辱了其他一个用马车护送他回家的朋友。① 在疯狂的激动的情状中,他坚持着要在大雨倾注的半夜里由马车上立即下来,因为,他说,他不能再忍耐和一个"法国人的革命主义的友人"坐在一起。

有人猜度他这种疯狂的敌视完全是对于法国人的罪恶部分而发的,这却未必真实。在那个时代,或在任何时代,都不易找到两个较空多塞(Condorcet)和拉法夷脱(La Fayette)来得更活泼,更热心好施的了。而且空多塞是那时一个最有深刻思想的人,在天才者尚被我们尊敬的时候,他是永不会被我们忘记的。拉法夷脱在能力方面,当然较逊于空多塞,但他是华盛顿底亲密朋友,而以华盛顿为模范而且曾随从着为美国争自由者。② 他底正直诚实是无瑕可谪,他底性格表现着一种义侠而高尚的特点,当柏克未受刺激时,对他也应第一个加以赞美的。可是这两个人都是那个可恨的国家底人民而且曾极尽辛劳地为国争自由。因了这个原故,柏克宣布空多塞是犯了"不虔敬的诡辩"的罪,是一个狂热的无神论者,一个狂暴的民主共和党,能"做出最卑陋、最厉害、最确定的罪恶来"。③ 至于拉法夷脱,当有人想减轻他由普鲁士政府所受到的苛虐的待遇的时候,柏克非但反对下议院有这种建议,而且还要乘机极力侮辱这个当时尚徘徊于地牢中的不幸的俘虏。④ 他对于这个问题是变成这样地不近人情,以致他对于这个被折磨的有血气的人只可名之为凶徒。柏克说:"我决不屈辱我底人格为这样一个可怕的凶徒作请求。"⑤

---

① 这一点常被人用以与约翰生底钝直相比较,这两个人是当时的健谈者。
② 这是一个政治反对者底最忠实的证言,他说,在会议解散以后,"拉法夷脱效法华盛顿底行为,他曾将华盛顿底行为做他底模范。"(见卡桑雅克〔Cassagnac〕著《法国革命》〔Révolution Française〕第三册第三七〇、三七一页)
③ "空多塞(虽然不是像革命以前他所自称为的侯爵)和布利索(Brissot)是另一种出身,另一种习尚和另一种职业的人,但在每一原理、每一倾向,无论对于最低、最高及最确定之罪恶方面却都是相等的。"(见《柏克丛著》第一册第五七九页《法国事件底考虑》)
④ "辗转于马格德堡(Magdeburg)地窟中,高压惨刑之下。"(见培尔善〔Belsham〕著《大不列颠史》〔Hist. of Great Britain〕第九册第一五一页)
⑤ 这很难令人相信,这种言语会加到像拉法夷脱这样的人底身上,但我是从《国会史》第三一册第五一页及《阿多夫》(Adolphus)第五册第五九三页里看到的。唯一差异点就是在《阿多夫》中的语辞是"我不会降低我底仁爱",但在《国会史》中则是"我不会乱施我底仁爱"。但两个作家都同意于柏克所用的"可怖的恶棍"的名称。

至于法国本身呢，乃是个"食人肉的堡垒"，是"暗杀的共和国"，是一个"地狱"，它底政府包含着"最龌龊、最卑鄙、最机诈、最奸滑的人"，它底国民议会完全是"恶汉"，它底人民像亚美松强悍的女族和食人肉的"巴黎男子底联合军"，他们是"一个谋杀者的民族"，他们是"人类之最卑贱者"，他们是"谋杀的无神论者"，他们是"乌合的盗党"，他们是"人类中的一批极下流的无赖"，他们是"一群不顾死活的劫掠者、谋杀者、暴君和无神论者"。对于这样一个国家作一线的让步以谋保持和平，即无异献牺牲者"于亵辱的弑君的台上"，即使与之商议一点，也已似乎是将我们底恶疾的痛楚表露于"法兰西共和国底每个骄傲的仆役的门前，在那里，朝野之狗也不屑来舐的"。当我们底使节确是在巴黎的时候，他们"有这种光荣在那个弑君的诡卑的朝廷上恭敬地伺候着过他们底朝晨"，我们呢，却被人诟骂为委"一个王国底贵族到世间卑贱的人民中间去"。法国在欧洲再也没有地位了，它已经在地图上被抹去了，它底名字也应该被忘记。那么，为什么我们底人要到那里游历呢？为什么我们底小孩要学它底言语呢？为什么我们要使我们使节底道德受到危险呢？从这样一个地方回来以后，他们免不了要腐化了他们底主义，而希图反叛他们底本国的。①

从以前的柏克这样一个人说出这些话来，确是很可悲的一件事，但以下的更能清楚地表明他底思想联系和组织是改变得怎样厉害。以他底人格并不逊于其智力的人曾极力设法阻止北美独立之战，但在他最后的几年却刻意要挑拨起一个新的战争，这个战争若与北美独立之战比较起来，那北美独立之战实是渺乎其小的了。凡人在平心静气的时

---

① 在他死的前一年所出版的关于《一个弑君的和平底书信》中，他说："那些使节也许很容易地可以回来作忠贞之臣，有如他们受命出国的时候一样，但他们能够从那堕落的居所回来永做忠诚的人民，或真心爱护他们底主人，或真心附从他们国家底宪法、宗教或法律吗？现在有一极大的危机，就是凡欢笑走入这个魔窟者皆将变成愁郁及严重的叛党，而且这将在他们底一生中继续下去。"(见《柏克丛著》第二册第二八二页）在这本书底第三八一页，他又说："难道为这个利益的原故，我们开展和平和亲善底通常关系吗？难道为这原故，我们年青的男女以旅行来造就他们自己吗？难道为这个原故，我们要费了金钱和麻烦去牙牙学语地学习法国文吗？……让大家都记得，没有一个年青的人能到欧洲底任何部分去而不在途中经过这个恶毒的传染病的地方的，同时社会上比较不活动者将因这种旅行而堕落，儿童将在这些学校中深受毒害，我们底商业也将永沦不振。没有一个工厂设在法国而能不变为一圈纯粹的法国激烈党人。像这种所述的年青人底意念将为他们在宗教上、道德上及政治上的所得的污毒所染，而他们将在短期间将这种毒害分布于全国。"

候,都会很愿意地承认一国所集中的意见就是一国所处之情势之不可避免的结果。但现在柏克想用武力来改变这种意见。在法国开始革命的时候,他就坚持英国有权利和必需的要强迫法国改变她底主义,①后来,他还责备那些同盟国底君主为什么不对于这个伟大的民族赐以他们所应组织的政府。② 这就是在他健全的智力中所显现的破坏情形,为反对法国的这一原因,他曾牺牲了一切对于公正、怜悯和适应情势等的考虑。他好像觉得最和缓的一种方式的战争还不足以泄忿,于是他想造成一种近乎十字军式的战争,这种方式的战争,知识底进步早已将它舍弃的了。在他大声宣布这种斗争是属于宗教的、非政治的时候,他又重新恢复许多偏见用以造成新的罪恶。③ 他又宣布谓这次战争底目的是报仇和防御并重,我们必不能停止我们底军队,除非完全毁灭了引起这次革命的那些人。④ 而且这样,他还认为未足,他又坚持谓这个战争——所有战争里面之最可怖的——开端以后,必不会轻忽地了结。虽然这个战争以复仇和宗教为进行的目标,而文明人底力量也因着十字军底热烈情绪以为鼓励,可是这个战争仍不应率尔地休战,它必须要耐久,它必须含有永久性。柏克在燃烧着的愤恨中说,这个战争必须延续为一个长期的战争,"我很着重地这样说,并且愿望这个战争必须是个长期的战争"。⑤

这必须是一种强迫一个伟大民族改变他们底政制的战争,这必须

---

① 他在一七九三年出版的《少数人底行为底观察》(Observations on the Conduct of the Minority)里说:"在四年中他曾愿意对于法国激烈党人及其主义开战。"(见《柏克丛著》第一册第六一一页)
② "因为,第一,同盟王国因承认与法国内政毫无关系而致对其反法的举动很有损害。"(见《现在情势之考虑底项目》〔Heads for Consideration on the Present State of Affairs〕,书于一七九二年十一月,在《柏克丛著》第一册第五八三页)他知道这不仅是毁坏一个政党的问题这一点,可以以下可察的情形中看出来,就是在一七九一年一月当他致函屈利佛尔(Trevor)谈到战争时还说:"法国固然是衰弱、分裂及紊乱,但上帝知道,当这些东西都被实施以后,这些侵略者是否不会发现他们底事业不是要协助一个政党,而是征服一个王国。"(见《柏克底通信》第三册第一八四页)
③ "我们不能——如果我们将会——欺骗我们自己关于这个可怕的争斗底真实的情形,这是一次宗教的战争。"(见《柏克丛著》第一册第六〇〇页《同盟国底政策底评述》〔Remarks on the Policy of the Allies〕)
④ 一七九四年他告诉下议院"这个战争必不能只限于妨碍法国底目无法纪及野蛮的权力底无效的企图,却必须直接指向于其能达到的唯一合理的目的,就是完全毁坏使这种权力发生的这班亡命的群众。"(见《国会史》第三一册第四二七页)
⑤ 见《柏克丛著》第二册第二九一页中《关于一个弑君的和平底书信》。在这可怖的句中——恐怕是英国政治家所永未曾写的最可怖的句子——斜书的字不是我写而是原文中所有的。

是一种以责罚为目的的战争,这也必须是一种宗教的战争,最后这必须是一次长期的战争。曾否有人愿意将这样蔓延广阔,追究不舍而又延续不断的灾难来困苦人类呢?如果从一个神志清明的人发出这样暴虐,这样轻率而又这样的精微的意见,或者竟会使最不著名的政治家永不朽灭,因为它们将在他底名字上堆积着永不消灭的丑恶。因为我们那里能——即使在最愚暗、最凶暴的政客中——找到像这样的意见呢?然而这些意见却是从一个几年前曾著称为英国唯一的卓越的政治哲学家口中道出来。至于我们呢,只有伤悲着晚节之不全。但除此点以外谁更不应对他再作求全之毁。我们对于这个重大的颓丧,应加以尊重的深长的思维,但其颓丧之不可思议却没有一个人擅敢指摘出来,除非具有我们文坛大师的文笔的人才能告诉我们如何对付一种病态的思想,如何拔除深种于记忆中的忧痛和如何消灭创伤于脑中的苦恼了。

撇开了这样痛心的一个问题不谈,也真令人感觉到松快,虽然我们现在降而要谈到英国朝廷中的渺小而断断较量的政治。确实的,我们最有名的这个政治家所经验的待遇史实在可以描写出当时的那个君主底特色。当柏克将他底生命寄托在大的公共事业上,努力改革我们底财政、改良我们底法律和启迪我们商业政策的时候——当他本人给这些事情占据着的时候,这个君主很冷淡地和厌恶地对待他。[①] 但当这个大的政治家堕落为一个狂怒的咆哮者,当他为疾病所扰将他底残年专注于煽动欧洲两大国作殊死战,并宣布他将为这个野蛮的目的牺牲所有的任何重要的政治主张的时候——于是他底大的能力才开始在这个君主底脑中微露曙光。以前没有一个人敢在王宫中稍事宣传他底才能,可是现在他底思想能力连续迅速地颓丧下来,以致与王族底智力不相上下,于是现在他才第一次得到王底宠爱的阳光底温馨。现在他是与王同心一德的了。他死前约二年的时候,由乔治三世底温旨赐他两种数量可观的恩俸,[②]这个君主还想拔擢他加入贵族团里,以使贵族院

---

① 在明显其智力顶点的那些宏伟的演辞中,勃尔克说:"我知道英国底地图有如贵族们或任何人一样,我又知道我所采取的方针不是人们赞许之道。"(见《国会史》第一七册第一二六九页)
② "据说这是由于这个王底特别的爱心。"(见普赖厄著《柏克底生活》(Life of Burke)第四八九页)普赖厄估计这些恩俸每年达三·七〇〇镑,但如果我们相信尼科尔斯的话,数目且(转下页)

可以因这样一个伟大的顾问底帮助而得到裨益哩。

关于柏克个性底论涉已超出了我预定的范围了,但我希望不要视此为不重要,因为除本问题固有的兴趣以外,还可以表明乔治三世对于伟大人物的感觉如何及在他朝代时被认为必需维护的意见是什么。在这部著作的续篇里,我将研讨这种意见整个的对于国家底兴替有何影响,但在这本书里只需拿一二个无庸置辩的、更显著的例证来指出其中的关键就是了。

在这些主要而显著的事件中,北美独立之战是最早的一件,而且曾完全占据了英国政治家底注意几致数年之久。在乔治二世朝代时,曾有人提议对于殖民地征税以增加岁入,北美人民在国会中既完全没有代表,这件事简直就是对其全部人民征税,而不问其是否同意。这个公开劫掠的计划却被当时这个具干才而稳健的执政者所反对,这种提议既普通被认为不能实行,于是遂告失败,而且似乎确不能激起任何注意。① 但乔治二世时的政府所认为滥用权力的事件却热烈地受到乔治三世时的政府底欢迎。因为这个新王以有着崇视权威的观念和未受到良好的教育的原故,完全不明世情,以为征收北美人底税则来裨益英国人实是一件得意的政策。所以当旧的提议复活之际,很得到他底承诺。当北美人表示要反抗这个可恶的不公平的时候,他却更坚持他底意见,以为必须约制他们顽强的意志才对。我们对于北美愤激情感爆发的迅速也不必表示惊疑。的确,当一方面看到革命后第一次复活于英国王廷中的专制主义,一方面看到殖民地人民底独立精神——两方底冲突是绝对不可避免的,唯一的问题仅是这次斗争将采取何种方式及胜利将趋于那一方罢了。②

(接上页)更大:"柏克被赐以两种恩俸值四〇·〇〇〇镑。"(见尼科尔斯著《回忆》第一册第一三六页)柏克是六十五岁,如以当时计算的表来看,三·七〇〇镑一年不会达四〇·〇〇〇镑之数。普赖尼之说在一七九四年曾被槐西(Wansey)所证实。

① "曾有人对于罗波脱·窝尔波尔爵士提议征收美洲底税来增加收入,但这个大臣,他底眼光超乎暂时的利益之外的,却宣布须比较他大胆的人才敢出此一策。"(窝尔波尔著《乔治三世》第二册第七〇页)

② 我想,我们必须承认双方底破裂是不可避免的,但我们不是必须相信好来斯·尔波尔底叙述,他说,在一七五四年他已预测到美洲底叛变了。(见《乔治二世传记》第一册第三九七页)窝尔波尔虽然是一个社会外观底精明的观察者,但不是具有这种见解的人,除非——这也是很不可能的——他曾听见他父亲表示过这种意见。罗波脱·窝尔波尔爵士也许曾说到关于殖民地爱好自由之心底增加,但他决不会预测乔治三世政府底专断的行动将育成这种爱好自由之心的。

在英国政府这一方，这事当然绝无耽搁。乔治三世接位后五年，就有一议案提出于国会，征收北美人民底税则，当时的政治已完全改变了旧观，故绝无困难地通过了这个政策。若在乔治二世朝代时，那里有一个大臣擅敢有这般的提议，以前果有此举完受反对无疑了，现在政府中最有力的政党却都联合着表示赞成。这个王，苟有机会，就会表示殷勤于教士辈——自从安娜女王死后，他们是早已不惯的了。因此，他确知他得到他们底拥护，而他们呢，也非常热心地尽力帮助他压迫殖民地。① 贵族，除少数主要的自由党以外，逢迎着王底意旨，且视征税于北美为减少他们自己贡赋的一种方法。② 至于乔治三世，他对于这个问题的感觉是尽人皆知，③而且那较急进的政党因乔治二世底逝世而失去其权力的尚未恢复其元气，故也不必恐惧在内阁方面对于该议案之通过会发生什么障害。谁都知道这个王座是被一个君主占据着，他唯一的目的，就是使大臣们绝对服从他而苟有机会，他总引用那些懦弱、柔顺而毫不犹疑地服从他底愿望的人。④

一切的情势既然如此，以后随着发生的结果也就可想而知。读者都深知的那些详细情形现在不必细述，只需简单地说明，在这种情状之下，前一个朝代底聪明而自制的政策已视为无足轻重，而国家议会却在一班粗暴而愚暗的人指导之下，他们立刻就给这国家带来了极大的灾

---

① 当时的信札包含教士剧烈反对美洲人的确凿证据。一七七七年柏克还写信给福克司这样说："保守党的确普遍都想，他们底权力及地位包含在美洲事件底成功中。教士们对于这事是非常的热心，至于这些与他们当然的头脑——王——合为一体而为教士所鼓励的保守党究是什么，只有你自己更为明白而已。"（见《柏克丛著》第二册第三九〇页）
② "这些跋扈的贵族想牺牲美洲以减少地税。"（见班克落夫著《美国革命史》第二册第四一四页）商人，在另一方面，却反对这些残暴的行动。
③ 当时都相信——不是不可能的——是王本身表示对美洲征税，这建议首先即为格林维尔（Grenville）所反对。这也许仅是一种谣言，但很和我们对于乔治三世所知道的相符合。总之，他对于这个问题的所有的感觉是不必置疑的。他确实曾力劝诺尔斯勋爵参与对美国争斗，并且引诱这个大臣出征，以至明知成功之必无希望而尚不休。在美洲，这王底意见是人所共知的。一七七五年哲斐松由菲列得尔菲亚通信说："我们被告诉说——而且每一样事件都证明——他是最残酷的敌人。"（见哲斐松著《通信》第一册第一五三页）又一七八二年佛兰克林致函李文斯东（Livingston）说："这个王最深恨我们。"（见《佛兰克林之生活》〔Life of Franklin〕第二，一二六页）
④ 像阿尔培马尔勋爵所说的，"一个需要大臣们不做国家底公仆，而做君主底私仆的朝廷"。（见阿尔培马尔著《洛金罕传记》第一册第二四八页）同样的，柏克也在一七六七年写："他陛下并不十分高兴，他需要一个软弱无能而富倚赖性的内阁，而且最好这种情形能继续下去。"（见《柏克底通信》第一册第一三三页）十年以后，查塔姆勋爵公开地讥骂这个王有这种可耻的特性，"这样，这个曾一度显过光荣的帝国的政府所委托的不是有才能的人，而是柔顺的人。"

难,而且的确在几年中这个帝国就分解了。因为想不征求全部的人民底同意而强征税则,故冒险作一种作战无方,失败的——而尤甚者竟作那些文明国家所耻为的残暴的战争以制裁北美。此外,巨额的贸易因而几乎极度减缩,各种商业皆牵入混乱的漩涡中,①我们在欧洲失了面子,②且平增了一万四千万镑的军费的负担,③而我们还丧失了最有价值的殖民地为举世所未曾有者。

这就是乔治三世底政策底第一个结果。惟其流祸尚未已也。欲为这次野蛮的战争文过饰非,乃不得不制造一些辩护的意见,而遁辞所穷又适足以作茧自缚。因为欲拥护自己这次对北美自由的摧残践踏的举措,就立下了许多原则,但如果这些原则施诸实行,英国人民底自由恐怕得首先被毁坏了。非但在朝廷中,而且在国会底两院以及主教的裁判席上,各教会党派的教堂讲坛上都宣传着这最有害的主张——这些原则是不适合于一个君权有限的国家的,当然决不相容的了。这种反动之至若何程度,读者很少能知道,因为关于这方面的证据完全须在国会的辩论里,神学方面的文学里,尤其是在当时的布道讲经中找出来,可是这些,现在的人都不甚加以研究。但现在既不必预测关于这部著作的另一部分的事情,也就只需说,这种危机是这般地迫近,以致使公众自由最有力的拥护者,都相信每样事情都在危险中。如果北美人被克服了,那么,第二步必要袭击到英国底自由,而试在母国建立一专制的政府有如其将树立于殖民地中的一样了。④

至这些恐惧是否有些过分,却是一个相当难解决的问题,但将那个

---

① 在曼彻斯特,"在那城中的职工,十分之九是因美洲乱事而被辞退的"。这是一七六六年一个不下于康卫(Conway)的权威作家所说的话。(见马洪著《英国史》第五册第一三五页)
② 就是阿多夫在他保守党史里也说,在一七八二年"大不列颠所持的理由似乎已降至最低的地位,失败及一般对其措置失当的意见几使欧陆诸自私强国羞于拥护"。(见《乔治三世本纪》第三册第三九一、三九二页)
③ 沁克雷爵士(Sir John Sinclair)在他所著《税收史》(Hist. of Revenue)第二册第一一四页里说是一三九一七一·八七六镑。
④ "哲布博士一个有才具的评论家以为美洲之战必是决定两国自由的战争。"(见迪思内著《哲布之生活》〔Disney, Life of Jebb〕第九二页)所以查塔姆勋爵也在一七七七年写说:"可怜的英国将踏入自杀之途了。"(见《格林维尔论文》〔Grenville Papers〕第四册第五七三页)同年,柏克说到关于以武力统治该殖民地的事,"在美洲建立这样的势力将完全颠覆我们底经济(虽然是一定的影响),于我们倒算是最小的事情。它将成为毁灭我们这里的自由的适合的有力的及确定的发动机。"(见《柏克丛书》第二册第三九九页)因此,福克司竟情愿美洲人得胜。(见约翰罗素著《福克司传记》〔Mem. of Fox〕第一册第一四三页)因为这个原故,有几个作家确曾诬他为缺少爱国心的。

时代和史家不甚采用的那些史料作一精密的研究以后,我深觉凡真确认识那时代的人将最先承认,虽然所惧的危险也许有些过虑,但究比近人所信的为更严重。总之,政情底一般现状的确被视为激起大的惊恐的,而且在许多年中,王权继续地伸长,直至不能在英国底许多世纪中找到同样的例。英国教会曾尽量施展它底力量来偏袒王所欲强行的专制主义。而且的确,上议院因新加入许多持同样见解的人而渐渐确定地改变其性质;凡遇着有适合的机会的时候,总将高级的司法官缺或教会的官缺赐予那些袒护王室特权的人,这些都是不能否认的事实。我想,综合看起来,北美独立之战确是英国史中的最大关键,如果殖民地底人民被击败,那么,我们底自由在某一时期也必将受到相当的危机。我们是被北美人民从危机中拯救了出来,他们以英雄的精神抵抗王室底军队,无论在那一次都得到胜利,最后与母国分裂而开始奔赴他们惊人的前程,不到八十年,他们已达到了无可媲美的兴盛。这一点应使我们深感兴味,因为可以表明一个孤立无助的自由民族能发展至何程度。

七年以后,这个大斗争已经成功地结束了,北美人民——为人类底利益起见是可喜的——最后获得了独立了,其他一个国家却又起来反抗它底统治者。法国革命底原因史将在这本书的其他部分叙述,现在我们只需略述其因英国政府底政策所产生的影响罢了。谁都知道在法国这种运动是非常急速的,那些腐败而致于完全不适用的旧制度很快地被毁坏了,而人民因受了数世纪的压迫几成疯狂,以致施行着最可憎恶的暴虐行为,将玷污他们所奋斗的高尚的动机的罪恶来摧残了他们底胜利辰光。

这一切虽甚可怕,却是事情之自然趋势,这仍旧是专制激起了报复,报复使人民盲目于一切结果,而只知纵情餍足其报复的情绪底一段故事。如果在这些情势之下,而法国能不受他人干涉,则这一次的革命将如其他的一切革命一样会立刻平静下去,而组织一个适合于实际情况的政府。至于将是怎样一种方式的政府,却不能说,但这是一个问题,对于其他的国家是没有丝毫的关系的。无论它必须是寡头政治,或专制的君主政体,或共和政体,都只待法国自己去决定,当然不用任何的国家替她去着想。而且在这样困难的一个问题上,法国更不会屈服听命于一个常常是她仇敌而又常是对她苛酷而胜利的敌人的国家了。

但是这些显而易见的考虑,却未得乔治三世和一班权势阶级的人底注意。一个大的民族起来反抗他们底压迫者这一件事,扰乱了占着高位的人底良心。前几年用来反对北美人的那同样的恶情绪、恶言语,现在转用以对付法国人。当然很清楚的,同样的结果亦必随与俱来。①只因法国欲废弃君主政体而代以共和政体,故不惜将驻法使节召回,而违反了健全政治底一切正常轨则。这是公开破裂坚决表示的第一步,而所以采取这一步者,不是因为法国对英国有什么损害,只不过因为法国底政制和政府有了变迁而已。数月以后,法国人步英国人前一世纪底后尘,②将他们底王置于公共审判之下,决其罪于不赦,而且是在他自己向日的京城中处以枭首之刑。我们必须承认,这种行为是无用的、暴虐的,而且是非常失策的。但显然,凡主张这种苛刑者只需对上帝和他们底国家负责;若由其他任何国来的近乎恐吓的干预,都必将引起法国底爱国精神,使所有的政党团结在一起,而易使国家犯到一种在其他情形之下也许会后悔而现在却因耻于屈服于外力的压迫而不甘自认的罪恶。

在英国,一旦法王底不幸消息到达以后,政府不待解释,不问未来有否保障,立即视路易之死为对其本身的一种妄逆行为而迫切地命令法侨立刻离开国境。③这样就轻率地引起了那延长二十年之久,牺牲数百万生命,使整个欧洲大起混乱的战争。其尤甚者,这种战争把在十八世经后期为进步所迫而不得不采纳的那些改革,却在这时停滞不前达一世纪之久,因此阻止了文化底进步。

---

① 一七九二年,因此在战事前,兰司陶勋爵(Lord Lansdowne)——一个能超越于普遍的腐化的极少数贵族中的一员——说:"现在这个事例令他回忆这个国家以前对付美洲之战的行动。以前加于美洲人的那些同样的辱骂及贬黜的语辞,现在又用来对于这个国民会议——同样的结果也许会随着来。"(见《国会史》第三〇册第一五五页)

② 刚在革命以前,罗勃脱·圣·文孙特(Robert de Saint-Vincent)审慎而适切地说:"英人曾废了七个君主,而弑了第八个。"(见《马雷特·丢·班传记》〔Mem. of Mallet du Pan〕第一册第一四六页);又据阿利松著《欧洲》(第二册第一九九、二九六、三一五页)中说,一七九二年路易"已预知会踏查理士一世底运命。"

③ 培尔善《大不列颠史》第八册第五二五页)以为——恐怕是有理由的——在路易之死以前,英国政府已倾向于开战,但似乎直至一七九三年一月二十四日巧佛林(Chauvelin)才确实被命离英的,而这是由于"英国朝臣得悉法王被刑后的结果"。(见汤兰〔Tomline〕著《彼特》第二册第五九九页)故普通人总以为路易之遭刑是两国仇恨之近因,这似乎是对的。

这个最可恨、最不公平、最凶暴的英国所惹起对他国的空前的战争,其对于欧洲所产生的结果将在以后叙述,①现在我只简括地把它对于英国社会所发生的主要影响加以说明而已。

这个流血的斗争之所以异于前此之一切征战,而其狰狞可怖之所特著者,其着重点是它完全是个意见冲突的战争——这个战争底进行,其目的不在夺取土地而在要阻绝现在欧洲主要国家所特著的任何改革底冀望。②故当战争开始时,英国政治即须尽双重的责任:它必须毁灭国外的一个共和国,同时必须阻止本国底改进。第一个责任之实现就是浪费英国底血和财库,直至使举国穷愁,整个的国家陷于破产为止。关于第二个责任的执行,他们就想制定许多法律来制止政治问题底自由讨论和压绝每年勃长的研究精神。这些法律是这样地包罗万象,是这样地合乎他们底目的,如果民族底力量不足以阻止其适宜的施行,则它们必将毁灭大众自由底每一痕迹,或竟引起了一般的叛乱。的确的,在数年中这种危险是这样的显著,据几个权威者底意见,什么都不能防止它,只有我们英国底陪审官底无畏精神。他们以仇视式的判决,反对政府底步骤拒绝执行王所倡议而为胆怯屈服的立法者所心诺的法律。③

我们如果考虑那些已实施的,那阻碍我们两个最重要的制度——即出版自由和公共集会权——的步骤,我们便可得到关于这次危机底范围底一些观念。这两个制度在政治的立场上看起来,是两个最足以

---

① 布卢安勋爵说到这次的战争似乎很有见解:"现存的最年轻的人将不能避免这彰著的政治罪恶所产生的致命的影响。"(见《政治家分论》第一册第七九页)但乔治三世对于这次战争是这般地热诚袒护,当威尔柏福斯为战争的原因与彼特分裂而在下议院建议对这问题设法修正时,王为表示其憎恶态度起见,竟于下一次威尔柏福斯上朝时不与招呼。(见《威尔柏福斯底生活》第二册第一〇、七二页)
② 一七九三年及以后,反对及拥护政府之两方皆说对法之战是直接反对其主义及意见,而主要目的之一就是要阻碍民主政体之进展。
③ 卡姆培尔勋爵说如果这些法律在一七九四年曾施诸实行,"则唯一的避免为奴隶的机会恐怕只有内战"。(见《枢要底生活》第一册第四四九页)可再比阅布卢安底《政治家》第一册第二三七页,第二册第六三、六四页关于我们在"一七九三至一八〇一年间之几乎没有战胜希望的争斗中……所得以逃避的压迫及专制之权力"。这两个作家对于欧斯金(Erskine)影响于陪审官底成功的努力,表示极大的应得的尊敬。的确,陪审官底精神是这样地坚决,以至在一七九四年在审判图克案件时,他们只商议八分钟即下释放的判决。(见斯提文斯著《图克传记》〔Stephens, Mem. of Horne Tooke〕第二册第一四七页)人民完全和牺牲者表示同情。当哈尔提底审讯尚未判决之时,裁判长司各脱(Scott)当离开法庭的时候常常为民众所包围,有一个时候,他底性命也发生危险。

使我们判别于其他欧洲人民的特殊点。在这两种制度能保持完善而能常不畏惧地应用着的时候,即常能有力地防止政府底职权上之越俎——这一点是不能过于妒嫉似的加以防范的,因即最自由的国家也常不免于此。除此以外,这两个制度还含有其他最高统系的利益。它们因鼓励政治底讨论而增加了国家政治事业方面底知识量,它们也因激起大部分人民底尽量发展他们底才能——这些才能在另一种情势之下也许会不得施展,但因了这两种制度却能增加其活动而有裨补于其他社会底利益——以增加国家底总力量。

但在我们现在所考虑的这个时期,却以为人民底势力最好减低,因此,他们以为人民常以习用来训练他们底才能这一件事是不适宜的。假如要详述十八世纪末期时,英国政府对于每一种自由讨论所施的痛苦的恶害,必将超出这本书底范围以外,我只能约略地指出像对于阿丹(Adams)、蓬尼(Bonney)、克罗斯菲尔(Crossfield)、夫罗斯特(Frost)、基拉尔(Gerald)、哈尔提(Hardy)、荷尔特(Holt)、荷得逊(Hodson)、荷尔克罗夫特(Holcroft)、乔斯(Joyce)、基德(Kidd)、蓝伯(Lambert)、马加禄特(Margarot)、马丁(Martin)、牟尔(Muir)、巴麦(Palmer)、培理(Perry)、斯开文(Skirving)、斯丹拿(Stannard)、西华尔(Thelwall)、图克(Tooke)、韦克菲儿(Wakefield)、华得儿(Wardell)、卫因得保森(Winterbotham)等人底证明的诉状及证明的惩罚,所有这些人都被起诉,许多都被判罚款、监禁或流徙,因为他们自由发表意见,因为他们用我们现在在公共集会中的演讲者及报章上的作者所随便应用的文字。

可是因为在几件案件里面,陪审官曾拒绝判罚犯这种罪的人,于是就决定采取更确定的政策。在一七九五年,通过了一种法律,其目的显然就是要永久停止一切关于政治上或宗教上的公共讨论。因了这个法律,所有的公共集会都被禁止,除非在前五天登报声明。① 在这声明里应注明集会底目的、时间和地址。因为要将整个的事情置于政府监察

---

① "至少五天"(见《统计学社杂志》第三六册第八章第一节《乔治三世》)这是对于"以考虑或预备任何请求书、申诉、抗议或宣言或其他对于王、两院或国会中任何一院的呈文等为目的,或以改变教会及国家所已建立的事情为目的,或以筹商在教会及国家中之不满情况为目的,及假托为名以招集会议者而施的"。唯一的例外就是长官、官吏以及伟大的陪审官底大多数所召集的会议。

之下，故命令非但这个登载的声明应得屋主底签字应许，而且原稿必须保存为保安官吏之随时调查，因为他也许需要一个底稿。这是一种很显著的恐吓，在那时候，是很容易明白的。① 又制定，除这些预防方法以外，任何一个保安官吏都能强迫解散集会，如果他以为发言人所用言语有侮辱王或政府的嫌疑，同时他有权逮捕他认为有违反行为的人。解散公共集会和逮捕其领袖的人底权，就这样轻轻地赐予一个普通的官吏，而绝无预防其滥用权力的设施。换句话说，就是将禁止公共讨论重要问题的权授予一个王所委派而随意可以更动的官吏底手中。又如果该集会只包含有十二个或其以上之人数，而在命令散会后一小时尚聚集不散者——在这种情状中，则须处以死刑，虽然也只有十二个人不服从一个不负责的官吏底专制命令。②

在一七九九年，又有一种法律通过，禁止利用任何空旷田野或地方作为演讲或辩论的场所，除非先从官吏处得到应用该地的执照。又制定，所有的流通图书馆和所有的研究场所都须受同样的限制，任何人未得合法当局底应许，不得在自己家屋内出贷任何种类的报章、小册或书籍。在这种书店开张以前，必须在两个保安官吏处得到一张执照，可是这张执照且须按年更换而又随时可以取消。③ 如有未得官吏允许而出借书籍，或在住所中容许关于任何一种问题的演讲或辩论，则必须为犯了这一种重大的罪受每日一百镑的罚款，任何人曾帮助他管理讨论事件或供给书本者则各罪须科罚二十镑。至于占有这样有害的住所的那屋主，非但须受籍没财产的罚款，而且被宣布因是一个不法房屋的屋主而须另受惩罚。④

---

① 在报章上插入这段声明的人"将妥慎保存这个声明及根据……而且还要将那真的底稿（如果需要的话）送与那人所住的地方、镇市或城邑或州郡以及那报所印行的地方底保安官吏，而他底本人也要这样"。（见《统计学社杂志》第三六册第八章第一节《乔治三世》）
② 这个法令说："此应判以重罪而不得享有教士底维护待遇，违律者将判以死刑，亦不得享有教士底维护待遇。"（见《统计学社杂志》第三六册第八章第六节《乔治三世》）
③ "这张执照既有效时期只有一年而不能延长，或只注明不到一年的时期，但此这张执照，保安官吏有权撤消及宣布无效……那时这样的执照将停止，从此以后完全无效。"（见《统计学社杂志》第三九册第七九章第一八节《乔治三世》）
④ 这种事情是这样地不可深信，那么，我必须再摘录原来那个法令底句子："每一房屋、居室或地方，开设以用为读书及披阅报章以及一切杂志之集合地方而藉以征收每一阅者底金钱者（如未按例看当局之许可者）须视为一不法的房屋"；而开设那房屋的人将"按不法的房屋法律以科罚"。（见《统计学社杂志》第三九册第七九章第一五节《乔治三世》）人类思想之最弱的部分之被发见没有能像在立法史中所见到的那般洞若观火的了。

第七章　由十六世纪至十八世纪的英国思想　239

在现代人听来,必觉非常骇异,怎么一个公共研究场所底屋主非但须受重大的罚款,还要依不法房屋底屋主底条例而受罚,而且这些加害于他都因为他未得当地长官底应许而开设店铺呢?但这虽然显得奇怪,却并非矛盾,因为这就是将人们底行动以及意见置于行政部直接统制之下的通常政策之一部分。现在第一次通过的这些法律对于禁止报章是这样地严厉,对于作家的处罚是这样地无怜悯心,用意显然是要铲除能发表独立言论的一切公共作家。① 这些和其他此后将叙述的同样性质的政策激起了这样大的惊恐,照几个精明的观察者底意见,以为社会一般情况已趋于绝境或无可挽回的了。在十八世纪末叶,一班自由运动之同情者底感到未来的绝端失望是很可以看得出来,而且在他们私人通讯中形成了一种特色。② 虽然比较上很少人敢公开地表示这种意见,但是福克司,他底大无畏精神使他不顾一切危险,公开地说出如果言论和出版能自由,则必有所以阻止政府底越权之道。因为这个再次重任国务员而最后又重登台的名政治家曾在一七九五年以他国会上的地位毫不迟疑地说,如果这些及其他可耻的法律确实通过,则人民对于政府底不得已的反抗乃不过仅是个应否再加审慎的问题罢了。如果人民觉得他们自己的力量足以对付这个冲突则对于其统治者所用以消

---

① 罕特在第二八四页里说:"在这些完全对付出版方面的法律以外,还有其他的法令专为抑制公共意见底自由发展而设。"一七九三年卡利博士写:"政府对于全英国底印刷者、出版者等等所施的迫害令你觉得大可惊异,而这些都是为若干月以前为那些违犯者而施的。"《曼彻斯特导报》(Manchester Herald)底印刷者曾为那报上的记载有七种不同的诉讼而去告发他,六种不同的起诉告发他售卖六种关于班因(Paine)的报——这都在班因审判案以前所发生。这个印刷者是富有资财的人,据说拥有二〇·〇〇〇镑的家产,但这种种的诉讼将令他荡产倾家了,因为这些诉讼都是有意对付他的。"(见《卡利底生活》〔Currie's Life〕第一册第一八五、一八六页)
② 一七九三年,卡利博士在提及政府企图毁灭出版自由以后,又说:"至于我,我已预测到混乱的事情,而且看到这个国家从来未曾有过这样的危机。"(见《卡利自传》〔Currie's Mem.〕第一册第一八六页)一七九五年福克司写:"我觉得现在没有选择了,除非人民绝对放弃自由,或在现在时候,相当冒险作一有力的奋斗。我承认,我对于事情是抱悲观的;而且我相信,在几年之中这个政府将变成完全的专制,或这个混乱将造成一种性质几乎似专制本身一样不受欢迎。"(见约翰罗素著《福克司传记》第三册第一二四、一二五页)同年,雷因博士(Dr. Raine)写:"秉权者底有害的行为久已使这个国家不安于温厚及和平者底居住,他们现在的举动使我们底地位震动,我们底期望可怖。"(见《巴尔丛著》第七册第五三三页,可再阅第五三〇页)一七九六年,兰达夫主教写:"袭击宪法的疾病(是王底影响)是不可救药的,重的药剂也许可以试用,但其有效与否是可疑的,而且我绝不愿意它们试用。"(见《窝宗底生活》第二册第三六、三七页)又在一七九九年普利斯特利恐惧着革命底发生,但同时以为"决没有和平和逐渐改革的希望了"。(见《普利斯特利传记》第一册第一九八、一九九页)

灭他们底自由底那些专制设施而出于抗拒的行动是正当的。①

可是什么都不能中止政府所急于要行的事情。这些大臣,因在两院中占据了大多数,既很能实行他们底政策来对人民挑战,而人民也就用尽各种方法来反对,只差真实的暴动罢了。② 又因为这些新法律底目的在抑止研究的精神和阻止社会进步所不可少的改革,故自然地就产生一些趋于同样目的的方法。若说英国在数年中完全在专制恐怖的统治之下却并非过分之辞。③ 自当时的大臣们将政党底争执转变而为无法律保障的斗争,牢狱中即满挤着他们底政治敌人而且在幽禁的时期中,予以可耻的凌辱。④ 如果一个人被认为改革者,则他将常有被捕的危险,又如果他躲避了,那么就要严密访查,即他底私信也须受邮局底检阅。在这样的事情中,绝不容有所迟疑,就是家庭中也逃不了侦察。没有一个政府底敌人能在自己家中避免窃听者底谗言和仆人底谈论。不和睦竟被引入了家庭底中心,而形成父母与子女间底分裂。⑤ 非但竭尽心力地压迫报章底言论,而且售书者常常这样地被惩罚,以致

---

① 在这个可纪念的宣言里,福克司说:"他有权希望,并且意料,这些绝对取消'权利议案'(Bill of Rights)及将我们底有限君主政体变为绝对的专制政体,而根本破坏我们宪法底议案不会被国会反对大多数人民底宣示的意见而施诸实行。如果大臣们以其在国会两院中所占有的腐化势力,竟至违反国家大多数的明白的意见遂决定通过这些议案,而这些议案却又被他们努力地勒令执行,又如果人民以服从的问题来征求他底意见,则他将告诉他们,现在不再是道德上的义务或责任问题,而是审慎与否的问题。当然反抗是绝对正当的,唯一的问题就是这种反抗是否审慎考虑过而已。"(见《国会史》第三二册第三八三页)关于这一点,文达姆(Windham)评说,而福克司也不否认,"这意思很明白的,就是这个有理而可尊敬的人将劝人民,在他们足够力量的时候,拒绝这个法律的执行"。而对于这一点,射利丹(Sheridan)及格累都立刻同意的。(见第三八五至第三八七页)
② "在年纪最老的人底记忆里从来没有显现过对于内阁底政策有这样多的坚决的敌对像现在这个时候一样(就是一七九五年)。公众对于这件事是这样地发生兴趣,以至各个人,非但上等的人,即那些从事普通职业的人,都费了相当的时间及事务来参加全国无数的集会,专以反抗内阁这种企图为目的者。"(见《国会史》第三二册第三八一页中注释)就是这个时候,福克司作就我在前个注释中所摘录的宣言。
③ 那时候称为"恐怖的时代",的确这是对于每个政府底反对者而言的。
④ "这个秘密监禁的恶制度,在这个制度之下,现在彼特和敦达斯(Dundas)将所有的监狱充满了国会改革者,这些人没有被控也被禁于地牢中,且出庭状取消又已夺取其上诉之希望。"(见库克著《政党史》第三册第四四七页)
⑤ 一七九三年,罗斯柯(Roscoe)写:"每个人都被利用来监视他自己的兄弟。"(见《罗斯柯底生活》〔Life of Roscoe〕第一册第一二七页)可参阅福克司所述的所谓政府所做的是,"非但将每个人建立成为一个查究者,且成为一个批评者、间谍及告发者——使父子兄弟互相仇对,在这样的情形中,而你却希望维持国家底安静吗!"(见《国会史》第三〇册第二一页,可再阅第三〇册第一五二九页)而在科尔利治著的《传记文学》(Biog. Lit.)第一册第一九二页里也有谈到关于一七九三年及其后之"秘密诋毁"范围之广的一段显著的文字。

他们简直不敢印行法院所反对的作家底著作。① 的确的，凡反对政府者皆被宣布为国家底敌人。② 政治团体公共集会很严厉地被禁止了。各个民众底领袖都有身体上的危险，各个公众集会，都受恐吓或为军队所驱散。在十七世纪中最恶劣的一个时期所用的可恨手段竟重实行了。招雇侦探，贿赂作证者，以欺诈的手段选定陪审员。咖啡馆、旅馆以及俱乐部都充满了政府底暗探，专以报告一切普通谈话为事。如果用了这种方法还未能得到任何证据，那么，尚可用另一种方法以故实其罪——这种方法是尽量的采用的。因为"出庭状法令"既久搁置而不行，王就有不问究竟而无限制幽禁任何反对内阁的人了，至于他们底罪，却无庸加以证明。③

这就是在十八世纪末叶时，英国底统治者在保护国家宪法的托辞之下，压迫应受宪法利益的人民的方法了。他们所造成的患害还不止此。他们抑止民意之进步的企图都和那畸形的外交政策底统系有着密切关系，我们因此被牵累以至要担负无可比量的债务。因要付债务上的利息和供给一个浪费的和毫无打算的行政机关底经费，遂致各工业品和原料品都要征收税则。在大多数情形中这些税赋降到大部人民身上，因此他们就处于一单独挣扎的地位。因为上层阶级非但拒绝其余人民所急迫要求的改革，而且反强迫国家设法防范之——这些防范因上层阶级的拒绝人民之要求而被认为必需的。政府就这样地减削人民底自由，浪费他们工业底出产以防抑为他们知识之勃长所迫成的民意。

在这些情状之下，无怪乎几个精明的观察者要对于英国底自由表

---

① 当时为图克所著的伟大的言语学著作（The Diversions of Purley）找寻一个印刷者还发生了相当的困难。(见斯提文斯著《图克传记》第二册第三四五至三四八页)一七九八年，福克司写信给卡特赖特说："反对韦克菲儿底出版者的决心，我看起来就是决心反对出版自由。的确，从这件事发生以后，那里有一个审慎的商人胆敢设法出版大臣们不喜悦的东西呢？"（《卡特赖特底生活》[Life of Cartwright]第一册第二四八页)
② 凡反对奴隶贩卖者则被称为法国过激党及"大臣们底敌人"，而卓著的卡利博士亦被宣布为法国过激党人及"他底国家底敌人"，因为他抗议英国政府在一八〇〇年允许虐待法国底囚犯。
③ 一七九四年福克司在演讲关于停止实施出庭状法令的时候说："凡自由谈论这次战争及由中心表示厌恶这次战争者，也许've，及将要落于大臣们手中。生活在这种政府之下，及处于叛乱的情状中，他自认，将这两种祸害比较起来，那他们要想补救的祸害还不及补救本身所造成的祸害之为烈。"（见《国会史》第三一册第五〇九页)一八〇〇年，霍兰勋爵在上议院里说："在战争底七年中，出庭状倒有五次被停止实施，而大多数因此状之停止实施而被监禁的，却很少受到审判，且只有一人是证明有罪。"(见第三四册第一四八六页)

示绝望,而深信数年之中一个专制的政府必会很坚固地建立起来了。即使是我们,在半世纪以后才看到这些事情而能稍持镇静观点者和有机会多得知识、多获经验者也必须承认这种危机,以政治底立场来看,恰较自查理士一世朝代以来的任何时期为显著。但那时,即使到现在还忽略的,就是政治事件不过是一个大国底历史中许多部分中之一部分而已。在我们现在正在考虑的这个时期,政治的运动无疑地是较其他数世纪中为尤可虞。可是在另一方面,知识底运动,照我所看见的,也非常顺利,而其影响也很迅速地传布开来。因此,国家底政治趋着一个方向,其知识则又趋于另一方向。政治要我们开倒车,而知识却推动我们前进。这样,强加到我们身上的那些专制主义多少受到了些抵偿的影响,虽然不能绝止它们所给予的重大痛苦,可是这种痛苦的影响就更能增进人民要求改革这种痛苦弊害所由发生的制度的决心。因为当他们感觉到这些弊害的时候,其所得的知识就使他们看到补救的方法。知道主持政事的人都是专制的,可是他们也知道使他们能得到这样权威的制度底本身也必是错误的。这就坚定了他们底不满意,而以决定改变新制度使他们底意见底呼声能上达于国家议会为正当。[①]这种决定心,不用说,愈来愈坚强,直至最后遂产生那些已经使本世纪显著的、予民众以新的旨趣的和改变英国国会之机构的伟大的立法改革。

于是在十八世纪底后期,英国底知识底增加及传布和当时所发生的政治事件就直接相敌对了。这种敌对的范围和性质,我曾在这个复杂问题和这本书底限制范围以内很清楚地表明了。我们已经看到,以整个的国家看起来,一般事情的明白倾向就是在减削教会、贵族及君主底权威而使人民大量施展其权力。但如果不以整个国家来看,而仅注意到政治历史方面,那么,我们就发觉乔治三世底个人的特性及令他得以荣登王座的那时的情势,使他得以阻止这伟大的进步,而最后因以产生一种危险的反动。尚幸他和他底拥护者所欲摧残的自由主义在他朝代以前,早已这样地占势力和传布广远,以致非但反抗这种政治反动,

---

[①] 对于十八世纪后期的事情底一个留心的观察者曾表白一些话,是在十九世纪初期渐对于现存之腐败不发生兴趣的那些平易而富于理解力的人所深信的:"无节制的课税——乔治三世朝代时底那些不需要的战争底结果——是我们现在穷困的原因,而这无节制的税却是充满着不以保护人民底财产为怀的那下议院所招致而来。"(见尼科尔斯著《回忆》第一册第二一三页)

而且似乎反因这种抗争而更获得新的力量。这种斗争是非常热烈而有一时曾极度地紧张,这是不能否认的。但是自由思想底力量既是这样大,故一旦深入人民底脑中,则无论加以任何苦难,无论如何惩罚其袒护者都不能扑灭了,而且绝无法以阻止其继续增长。凡势能颠覆自由原理的主义都受到这个君主个人底袒护,为政府所公开宣布,且为最有权力的阶级所热烈拥护;同时,与这些主义相符合的法律均已见诸明文而实际上亦施于法庭。但凡此种种究其实都无成效,没有几年,这一代渐成过去,而改进的时代因以蔚兴,专制制度也就倾覆了。在其他国度中——即使是完全自由的——也是一样,每个制度都必须要倾覆,如果它违反民意底进行和容纳反对时代精神的言论及制度。在这样的斗争下,其最后的结果大可预决矣。因为一个专制政府底力量只靠着少数的人,无论这些人底才具如何纵横,及其既逝,其后继者大率器识平庸而已。但公共意见底力量却不受这些因果关系的牵制,它不为死亡率底定律所影响,它底命运并非起伏无定,它并非靠着少数人底生命为之支撑,却是受着广泛的、普通的因素底支配。这些因素因为包含广泛的原故,一时颇难察其端绪,但在较长的时期内,就可以看出它们较其他所有的考虑都重要,而且将国君及政客等所用的那些颠倒秩序及任意处置一伟大而文明的民族的诡计显得非常渺小。

这些博大而普通的真理,凡富于历史知识而能对于近代社会之性质及情形时加反省者都将无所疑问的。可是在我们所考虑的这个时期中,这些真理完全被我们底政治统治者所忽略,他们非但以为自己能够压抑民意底勃长,而且还完全误认了政府底真正目的。在那时候,一般人以为政府是为少数人而设,大多数人却是必须卑屈地服从那少数人底愿望。又以为立法权应常为少数特殊阶级所独享,国家底大部分人对于这些法律毫无顾问的权利,只有绝对的服从,[①]一个聪明的政府底责任就是要阻止人民为知识底分布所启迪而使之服从。[②] 以上这些观

---

① 荷尔斯利主教(Bishop Horsley),现存情势之极大拥护者,于一七九五年在上议院说他"不知道任何国底民众,除服从以外,于法律究有什么关系"。(见库克《政党史》第三册第四三五页)
② 科柏恩勋爵(Lord Cockburn)说:"如果在六十或五十,或竟四十年以前,有一原理为秉权之全部政党所敬重为不可争辩者,则若要民众服从该法律,民众之愚昧是必需的。"(见《哲夫利斯底生活》(*Life of Jeffreys*)第一册第六七、六八页,一八五二年出版)其中一论据则是"广布教育将倍增其欺骗之犯罪"。(见波尔忒著《国家底进步》第三册第二○五页)

念和建立于这些观念之上的立法统系,会在半世纪之内这样完全地消逝,而即使才能普通的人都不再附和之。

我们确要认为是一个显特的情形,其尤奇者,就是这个大的变迁并非受外来的事件或本国人民底骤然反叛的影响而起,乃是受无形的道德力量——这就是公共意见被压抑下的潜伏势力——底影响。我常以为这是英国文化底自然的或可说康健的进行底确实证明。这是一个任何国家未曾表现过的弹性的而又沉着的精神的证明。没有一个国家能逃避这样一个危机,除非须经过一次得不偿失的革命。事实就是我所试要研究讨论的自十六世纪以来的英国一切事情底起伏,在人民中间传布着一种人民自有的知识,及应用这些知识的熟练及独立性,当然不能说是完全无缺,可是仍较任何欧洲大国所有的为胜一筹。此外还有其他此后将叙述的情形,曾远在十一世纪时开始影响我们底国民性,予以坚决的勇敢性,而同时赐以造成英国人思想底、特色底远谋深虑和沉毅审慎的习惯。所以我们爱好自由的心常为审慎精神所调和,缓和其暴烈性而不致损害其力量。这种精神曾不止一次地教训我国人去忍受相当的压迫而不冒险地起来反抗他们底压迫者。它曾教他们停止他们底手,它曾教他们蓄积他们底力量,直至一旦能所向无敌地发出来。十八世纪末叶英国得以平安过去的就靠着这种伟大而有价值的习惯。如果那时人民起来反叛,那么,他们或将大受牵累,至这种拼死一决之结果如何,诚无人能说了。尚幸他们还能安然稍待,他们愿意稍俟以察事情的爆发。这种高尚的行为使他们底后代收获报酬。经过几年以后,政治底危机日渐黯淡,人民重新回复他们从前的权利。因为虽然这些权利曾暂时中止,但使他们最后得到胜利的那种精神继续存在而不至被毁灭。没有人会发生疑惑,如果那些恶劣的日子竟延长了,他们底先祖在查理士一世朝代时所激动的那同样的精神也许会重新爆发出来,社会或将要受到令人不敢设想的革命的骚动。可是在这时候,一切都避免了,虽然骚乱在各处不时发生,政府底方策常常引起最严重的一种仇恨,①但是人民整个地看起来,仍旧坚持到底,忍耐地聚蓄他们底力

---

① 阿利松爵士在他著《历史》第四册第二一三页中曾提起"不满底精神在一七九六年是如何地广布遍及",最怪者,是人民能隐忍待机。但这是一个问题,非他这样的作家所能计及的。

量直至一个较光明的时期。那时一个新的政党会为他们底利益而在国内组织起来，而且还会在国会里很成功地提倡他们底利益。

这个伟大而有利的反动在现世纪底早期已经开始了,但和它相关的各种情形是这样极端的复杂和这样地不甚惹人研究,以至我在本书内就算要写一个单简的总纲也不可能。现在只需说,普通所必须知道的,这个运动曾迅速地继续了几及五十年。凡所举措,都足以增加了人民底势力。一次一次地曾予权力主要保管者的那些阶级以重大的打击。改革方案(The Reform Bill)、旧教徒底解放(The Emancipation of Catholics)、谷法之取消(The Repeal of the Corn-Laws),这三者都被认为现代最大的政治成功。这三种大方案每种都曾压服一个有权力的政党。参政权之推广曾减少世袭爵位底势力和破坏地主们所久长劫持下议院的大的寡头政治。保护制度之废除更又减弱了封建的贵族政治。同时,教会底教团所主倡的那些迷信先因试用法人法令之取消,后因旧教徒在立法上的被承认而受到极厉害的打击,这些步骤都被据理地认为对于英国教会底利益有害的设施的先例。① 这些及其他现在显然不可避免的议案曾由社会之特殊党派中夺取——而且将继续地夺取——权力而赐予人民底全体。的确,民主思想之迅速进步是现代没有人敢否认的一件事实。胆怯而愚暗的人对于这个运动是惊奇的,但确有这样一种运动并已为全世界所周知。现在没有人敢说抑制人民或反抗他们公共愿望的话了。极其量也不过说,是应设法使人民明白他们自己的真利益和启发公共的意见,但每个人都承认,一旦公共意见形成,则再也不能抵抗的了。关于这一点,大家底意见都是相同的,而政治家皆已服从这种逐渐取代其他权力的新权力,假如他们生当六十年前也许会首先起来否认这种权威,讥笑这种要求,或可能的话消灭这种自由呢。

---

① 柏哲斯主教(Bishop Burgess)在写给马尔旁勋爵(Melbourne)的信中,曾深深埋怨旧教底解放乃是"英国立法之纯粹的新教性质之消灭"。(见哈福特〔Harford〕著《柏哲斯底生活》〔Life of Burgess〕第五〇六页)无疑的,这个主教很对的估计到他自己一派底危险;至关于法人及试用法令,则另一个主教说:"很公平地被视为英国宪法之最坚固的堡垒。"(见汤兰著《彼特底生活》第二册第六〇四页)这种感觉既如此强烈,故在一七八七年的一个主教会议里,只有两个会员愿意取消这些压迫的法律。挨尔顿勋爵,他是至死卫护教会的,宣布取消这些法令的议案乃是"革命式的议案"。(见脱维斯著《挨尔顿底生活》第二册第二〇二页)

这就是分别我们现代的民众和生活在乔治三世所要永保不灭的坏的制度之下的民众的大鸿沟。很明显的,这种大的进步,与其说是成功于民众之改造,不如说是成功于旧制度之破坏。又很明显的,这种制度之所以消灭,就因为它不适合于时代的原故。换句话说,就是因为一个进步的民族将永不能饶恕一个不进步的政府。至于我们底立法者,虽到极紧急的时光,还会因慑于这种革新的观念底恐怖而拒绝每一种改革,直至人民底呼声高至足以慑服之,而强迫其许诺一切非在这种压力之下决不愿承认者。这一件事实不过是个历史的事件罢了。

　　这些事情应该作为我们政治统治者底一个教训,也应该用以减轻立法者底专断,并且教训他们,他们最好的方策也不过是适应情势而留待后人去删改的一种东西。如果这样的考虑能阻遏那些肤浅的人底自信心,停止他们底烦言倒是很好的。这些人一得到政权,就以为他们势必要保障某几种制度和抱某几种的意见。其实他们应清楚地明白他们底职务并不在预测未来事件底进行而先为这些远的偶然的事故准备。在小的事情,这样做当然不会有危险的,虽然照每一国家法律底变迁也很能证明这样做也未必有利,但关于一个民族底命运底那些广大而基本的方策,则这种预测其弊漏视无用为尤甚——这是非常有损害的。以现在的知识程度来看,政治学非但不能称为科学,而且是各种学术中之最落后者,故立法者唯一的康庄大道就是应认他底职业有包含采纳暂时的方策以适应暂时的情势的可能性。① 他底责任就是追随时代,绝不用他设法去领导。他应该满足于研究周围一切经过的事情,应该按照当代的真确的进步改易他底计划,不应仅以前人所遗传下来的观念为定。因为他可以相信,社会底变动现在走得这样的快,一代所需要的东西绝不能用为推算测量其他一代所需要的衡准。人们为他们自己的进步所驱策,已对古人之所谓聪慧的无谓之谈渐生厌倦,而遂解脱了那些陈腐而无生气之说底束缚,永不使为他们之累了。

---

① 琉伊斯爵士(Sir C. Lewis),虽然在他淹博的著作中曾过称政治家所有的智机,但他也承认他们是很少能预测他们底政策底结果如何的。(见琉伊斯著《观察及理解政治之方法》〔The Method of Observation and Reasoning in Politics〕第二册第三六〇至三六二页,一八五二年出版)

下编 概 述

第八章　自十六世纪中叶至路易十四秉政间之法国思想史

因为考虑的英国思想这些伟大的变迁不禁使我旁涉于其他的讨论，这种讨论不特与上册通论底论旨发生关系，且为事实上应有之认识。关于这方面——与其他方面初无二致——在社会组织之研究及人体之研究间有一明了的类似点。因此，我们曾发现，欲得疾病之原理诚不如先求康健原理之为愈，而所有完美的病理学底基础亦必先由观察普通之生活机能而得，外此并无特殊方法。我相信我们能同样地发现，欲求伟大的社会之真理则必须先研究社会之能否按其定律而进展，及统治当局之能否减少与其时代精神之敌对态度等情状而定，①职此

---

① 正常现象之研究是否须在反常现象之研究之前这一个问题是非常重要的，但这在通史及比较史里都紊乱无序而不得一贯。因这个前题未得解决，以致使史之编纂未能得一公认的原则，历史家并不按照适合乎我们知识之确实急需的科学方法，而惟采用合乎他们自己底急需的经验方法。每将各国置于前列，有时以它们底篇幅，有时因它们时代之久远，有时以它们地理上的地位，有时以它们底财富，有时以它们底宗教，有时以它们文字之灿烂，有时以历史家本人搜集材料之简易而定先后。所有这些都是不自然的考虑，而以哲学的眼光来看，显然先列的地位应由历史家给予那些历史较易于综合的国家。关于这方面，就是按照由简单而趋于复杂的科学方法。这一点使我们得到一结论，就是人类底研究有如自然的研究一样，先列的问题变为误入歧途的问题，民族愈入歧途——即愈被混扰——则在各国历史之安排程序方面必须置于较下的地位。科尔利治（见《文学遗著》第一册第三二六页及其他著作中）似乎以为其顺序应和我所述的相反，而心和身底定律都能由病理学所集合的论据综合而成的。我不愿表示过分绝对地反对如科尔利治这样精湛的思想家，但我不能不说他底见解是和巨量的证据相矛盾的，因为和不甚受外来原因之影响的现象有关的那些研究支系曾较和深受外来原因之影响的现象有关的那些研究支系先成立为科学。譬如，有机界为无机界所扰动较无机界为有机界所扰动为尤甚。故我们发见，无机科学之研究常常先于有机科学之研究，而现在乃远较有机科学为进步。同样地，人类生理学较人类病理学为远古，而当植物界之生理学自十七世纪后半叶以来已非常成功地进行着时，植物界之病理学还未能称为存在，因它底定律未有能被综合的，而植物之病理解剖学从未曾有大规模的有系统的研究。故看起来，各世纪，各种科学都不知不觉毫无成效地注意于反常的现象，直待对于正常的研究有了相当的进步而后已。这种结论可以为无数的权威者所证实，他们和科尔利治不同，是主张生理学是病理学的基础，及疾病底定律不是由疾病所呈现的现象而成立，乃是由康健所呈现的现象而成立的。换句话说，病理学应用演绎法（转下页）

之故,欲明了法国的情势必须先以英国为借鉴。欲明了前一国之弊病之如何由于其愚昧之统治者之夸耀所激怒而成,则必须先明了后一国之所以健全是如何因少受干涉及多得自由以继续其自然之进步而来。故我们由研究英国思想之正常情形而得之启悟,颇能使我们应付自如地将我们底原则应用于法国社会之特殊情状,此种情状之作用曾使最宝贵文化事业在十八世纪末叶时陷于危险。

在法国,一段很长的史实——我此后将叙说的——在很早的一个时期即已给予教士以一种权力,较英国教士所拥有者为尤大。这种情形底结果在某一个时期是确实有利益的,因为教会可以因而限制一个野蛮时代底不法,并予弱者与被压迫者以保障。但当法国人的知识进步了,那些曾努力遏抑其野蛮情绪之宗教权威即开始暴烈地抑止他们底天才者而阻碍其发展。这个同样的教会权力在愚昧的时代是一种专有的利益,而在一个开明的时代却变为一严重的祸害了。这事底证明不久便显露了。因为当宗教改革爆发时英国之教会已非常微弱,以致不禁一击即几陷全部于倾覆,其经济收入为英王所攫取,[①]其官缺于权力及财富锐激地减削以后,便转落于新的人物底身上,这些人因任期之不确定,教义之时代革新,便失去了久经支持这种教会职业的规例底保障。这一点,我们已经看到,是一个不断的进步底开端,在这个进步中底每一阶级,宗教的精神总失了他相当的势力。反过来,在法国教士是这样地有权力,以至他们能阻止宗教改革,而为他们自己保存英国教友所无法以获得的那些独享的利益。

这是法国及英国文化第二种明显分歧的开始,[②]当然其分歧之起源是很早的,不过现在才初次产生了显著的结果。这两个国家在初期都曾大受教会底恩泽,教会是常表示其预备保护人民而反对君王及贵

(接上页)而非归纳法来研究,至于病理解剖学则可以证明科学的结论,而永不能成为创造科学本身的方法。另一方面可以确定这种见解的正确性者乃是神经系之病理的研究虽然不计其数,可是绝少成功,其理由显然是因对于正常状态之初步知识尚未十分进步的原故。

① 这种情形哈利斯曾表示明显的愉快来叙述及大胆地提及的。(见《斯图亚特王族底生活》〔Lives of the Stuarts〕第三册第三〇〇页)

② 这是我要在下章解明的,由保护精神底影响而起的第一个分歧点。

族底压迫的。但当社会进步了,在这两个国家里都发生一种自卫的功能。当十六世纪早期,或竟可说在十五世纪时,已很迫切需要减少宗教的权威,这种权威因武断了人们底意见曾阻碍了他们知识底进步。职此之故,新教非但不是它敌人所称为的偶然因素底作用,却完全是一正常的运动,是欧洲思想需要之合法的表现。当然,宗教改革之成功并非由于要肃清教会的愿望,乃是由于要减轻其压力的愿望;而且可以大概地说,这种改革凡属文明国家大都已采纳,除非在有些国家内,其以前的史实已在民间及统治者间增加了教会团体底势力。不幸法国就是这样的情形,教士非但压倒新教徒而得到胜利,且因击败这种危险的敌对而反于某一时期获得新的权力。

  所有这种情形底结果,即在法国,凡事都较英国含有神学的意味。在英国,则宗教精神十六世纪中叶已呈消沉之气,以至国外的知识界人亦震惊于这种特点。[1] 这个国家,在十字军的时候,曾牺牲无数生命以冀树植基督教之标准于亚洲中心者,现在对于其本国君主底宗教亦几置之漠然。[2] 亨利八世曾以其个人的意志整理国家底教条和固定教会底仪式书,如果人民对于宗教是热心的,那他对于这一点必办不到。因为他没有方法可以强迫人民服从,他没有常备军,即使他自己个人的羽林军实力亦感不足,恐不禁伦敦战士式之艺徒暴动之一击。[3] 他死以后,爱德华(Edward)践祚,因为他是一个新教徒,不再继续他父亲的工作;数年以后,玛利(Mary)继位,因为她是一个罗马教女皇,于是也就停止了她兄弟底工作;至她之继承者乃是伊利莎白,在她统治之下,另一大变迁又复动摇了这已建立的信仰。[4] 人民底冷淡使这些大的变迁

---

[1] 英国人对于神学争论的淡漠及改变他们宗教之容易,使许多国外人非难他们底反复无常。在十六世纪中叶游历英国的波林(Perlin)说:"这些人民是堕落者,是礼貌和学问的彻底仇敌,因为他们不知道他们应属于上帝抑属于魔鬼。这点圣保罗曾在许多人民中谴责,谓不要被种种空言所勾引,只需对于你们底信仰有恒而能坚持罢了。"(见《古物仓库》〔*Antiquarian Repertory*〕第四册第五页,一八〇九年出版)
[2] 据说在英国,第一次对于私人财产征收赋税是在一一六六年,而其目的乃是为十字军出征。沁克雷著《岁人史》(Sinclair's *History of the Revenue*)第一册第八八页:"如果不是因合乎这样普遍的一个目的,恐怕不会这样使人容易服从。"
[3] 亨利三世在某一时候曾有五十个马队,但因为耗费的缘故,不久即被废去,而他唯一的保卫只是"五十个卫士队及王室内的普通小役。"(见哈拉姆著《宪法史》第一册第四六页)这些卫士队是"一四八五年亨利七世所组成的"。(见格罗斯著《古兵》第一册第一六七页)
[4] 陆克在他所著《关于宗教自由的第一封信》(First Letter on Toleration)内,曾对于这些急速的变迁作讥刺的及——我以为——恼恨的叙述。(见《陆克丛著》第五册第二七页)

不受丝毫严重的危机而得以成功。① 可是在法国则不然,仅以宗教作幌子瞬息即可招集数千人以赴战场。在英国,我们底内战完全与宗教无关的,大都是为更换朝代,或要求增加自由而战。但是法国在十六世纪时惨绝人寰的那些尤为可怖的战争,乃无一不是在基督教名义之下领导着的,就是几个大族的政治斗争亦被卷入于旧教及新教之殊死战的漩涡中了。

这种差异点在两国底思想上所产生的影响是很明显的。英国人因集中其能力于伟大的宗教以外的事情,故在十六世纪末叶能产生一种永不磨灭的文学。但法国人在同一期间内,却无只字之传,这在文学上之陵夷,宁非今日欧洲之损失?抑有甚者,法国底文化植基较为悠久,国家之物质资源开发亦早,其地理上之地位使其成为欧洲思想之中心,且在其文学已有相当成熟之某一时期,我们底祖宗还只是一群粗鄙的野蛮人呢。

简单地说来,就是以上是无数例证之一,告诉我们,没有一个国家能在其宗教权力鼎盛的时候,一跃而跻于卓越的地位的。因为宗教阶级占优势,则必然使该等阶级所喜研究之题材亦占优势。凡当宗教职业非常占势力的时候,宗教文学将异常丰富,而所谓世俗的文学也必意外地衰微。因此,法国人底思想以几全为宗教争论所占据的原故,无暇再从事于英国正开始着手的那些伟大的研究;② 而且我们立刻可以看到,在法国和英国思想进步之间,几存有整个世纪之间隔,就因在他们怀疑主义之进步间亦存有同样的间隔。关于神学方面的文学,当然很迅速地增加起来,③ 但直至十七世纪法国才产生伟大的世俗文学,其于英国则早已于十六世纪未开幕以前出现了。

这就是法国教会权力之伸延超于社会情势所需要之时期的一个自然的结果。但这不过是知识方面的结果而已,至于道德及体质方面的结果则尤为严重。当人们底思想为宗教争斗所激动时,决难希冀其维

---

① 但虽然玛利很容易地实行改换宗教,可是当时反宗教精神非常激烈,不容他恢复教会底财产。"在玛利朝代时,她底国会照样地对于宗教上的事情是这样的谀媚,于是固执地坚护着教会底土地。"(见哈拉姆著《宪法史》第一册第七页)
② 恰是同样的,在亚历山大城底宗教争论,也损害了知识底趣味。
③ 见蒙替儿(Monteil)著《各政体之法国史》(*Hist. des divers Etats*)第六册第一三六页。的确,神学精神包围着剧院,而各教派门徒在剧台上彼此以教义相讥嘲。

持仁爱之格言,此种格言,神学的信徒是常视如异径的。当新教徒及旧教徒彼此相杀戮时,①任何一教派都不会容纳其对敌者底意见。在十六世纪之际,两教派间固常订有条约,但不久又趋破裂,②而且除伊·霍彼得(l'Hôpital)以外,宗教自由这个简单的观念似乎未曾印入当代的任何政治家底脑中。他曾介绍过这个观念,但以他超绝的能力及无瑕的正直都未能奋起反对流行的偏见,因此以后他就退守闲居而未曾完成他任何高尚的策划。

在法国史中,这个时期底主要事件确很令人感觉到表现着神学精神底优势的痛苦。它表现在普遍之决心,要将政治的活动附属于宗教意见之下。它表现在翁布瓦斯之乱(The Conspiracy of Amboise)及霸西会议(The Conference of Poissy)中,它更表现于迷信所必然发生的那些叛乱罪恶中,如瓦西(Vassy)及圣·巴托罗缪(St. Bartholomew)之杀害,及鲍屈洛(Poltrot)之杀求伊斯(Guise)、克雷门特(Clement)之弑亨利三世。这些是宗教迷信精神底自然的结果,它们是得权时即置异己者于死地的那种精神的结果。而这种精神,在现在失势时,还继续武断那些最神秘的问题,干预人心最神圣的原理,及以可怜的迷信蒙蔽那些没有人敢谬然着手的那庄严的问题,因为这些问题底观点可以因人而异,因为这些问题横梗于隔离在有限与无限之不可知之区域中,又因为这些问题是人和上帝间底秘密与约束。

这些愁惨的日子在普通情势中将在法国延长至多久,恐怕是我们现在无法解答的一个问题。虽然即经验知识之进步,按已指出之程序而言,无疑地必亦足以拯拔上国于式微的地位。尚幸发生了我们应自满于称为偶然之遭遇,而其实乃一重大变迁之开端的一件事。一五八九年,亨利四世登法国之王座。这个远较十六世纪以来的列宗为英明

---

① 法国新教徒底罪犯虽然在腓利彻著《法国新教徒史》第一三八至一四三页中不甚提及,但其可憎无异于旧教徒之罪犯,且以两教派之人数及权力而言,其罪犯之数量亦相当地超过。

② 见马布利(Mably)著《法国历史之观察》(*Observations sur l'history de France*)第三册第一四九页。单在查理士九世一朝中,已有五次这种宗教战争的发生,而每一种都是以条约来结束的。

的伟大的王,轻视他前人所视为非常重要的那些神学争论。① 以前法国底君王每为教会底保护人所固有的虔敬所激动,曾尽施其权威以维持那神圣职业的利益。佛兰息斯一世(Francis Ⅰ.)说,如果他底右手是一异教徒,那么就把它砍断了也不稍顾惜。亨利二世他更热心了,曾命令审判官吏进行反对新教,且公开地宣布他将"以消灭异教徒为其主要之事业"。② 查理士九世企图于举行圣·巴托罗缪祭典时一网打尽新教徒以拯救教会。亨利三世曾允诺"牺牲其性命以反对异教",因为他说:"他认为死于倾覆异教诚不愧为无上光荣的死。"③

这些就是在十六世纪时欧洲最古的君主专制国底首脑所表示的意见。可是亨利四世底果断的慧识并不予这些感觉以丝毫的同情。为适应他当时的政潮起见,他曾两次改变宗教,当他发现宗教之改变能确定其国家之稳定时,他毫不犹豫地竟改换他底宗教以至第三次。他既对于自己底信条表示如此冷淡,当然不能对于他人民底信条表示多大的迷信。于是我们发现自基督教成为法国国教以来,他是政府首次公布宗教自由法令底起草人。只在他庄严地弃绝新教后之五年,他颁布那著名的南特敕令(Edict of Nantes),④这以一个旧教政府而赐予异教徒以公平的享有公民及宗教的权利实为空前之举,这也无疑是法国文化史中最重要的一件事。以这件事底本身而言,不过是这个王底开明主义底一个证据,但当我们看到它普遍的成功,及其后宗教战争之停止,我们即不能观察到这实是人民自身所参与之大运动中的一部分。凡首肯我所锐志建立之原理的人,当会想到这宗教自由底伟大步骤是附有着怀疑主义的精神的,没有这种精神即无所谓宗教自由了。事实确是如此,很容易可以拿法国开始踏入十六世纪末叶时之过渡情状底研究来证明的。

---

① 这却非过甚其辞,就是最高的赞誉亦未见得是虚赐。至于对他的内政,意见都是一致的,而弗拉桑(Flassan)对于其外交事件之处置曾赞不绝口。(见弗拉桑著《法国外交史》〔History de la Diplomatie France〕第二册第一九一、一九二、二九四至二九七页,第三册第二四三页)
② 朗开(M. Ranke)在《法国内战》(Civil Wars in France)第一册第二四〇、二四一页里说,他(指亨利二世)曾对"国会及司法裁判所发出通告,要求他们以极严厉手段反对路德教徒,而审判官亦被通告不得违反这些命令,否则须受处罚。在这通告里,他明白地宣布,当他和西班牙的和约成立时,他即决定以消灭新教为其主要之任务"。
③ 这是在一五八八年他对布尔瓦之社会阶级(Estates of Blois)说的。
④ 南特敕令在一五九八年发出,废绝新教是在一五九三年。

拉培雷(Rabelais)底著作固常被人视为法国语文中之宗教怀疑主义底代表作,但我对于这个名人底著作有了充分的认识以后,总觉得盛名难副。他确对于教士表示极大的不敬,且利用机会充分地嘲笑他们,可是他所攻击的常是他们底恶德,而不是这些恶德所由来的那狭隘而不宽恕的精神。他没有在一个例中表显任何与怀疑主义相一致的事物,①他也似乎没有注意到,法国教士之可耻的生活费实乃一种制度之不可避免的结果,这种制度虽属腐败,却仍常显示着力量与生气。的确,他所享得的物望,其本身已是一种确定的重要事实。因凡明了十六世纪早期时法国人之情状者,没有能相信这样浸渍于迷信的一种人民会欢迎时常攻击迷信的一个作家。

但经验底扩充,及因以增广的知识,正为法国思想底伟大变迁开一途径。刚在英国所发生的程序,现在开始在法国进行,而在两国中,事情的顺序恰是相同的。怀疑的精神以前只限于偶然的孤独思想家,现在渐渐呈现一较开展的方式,起初在国家文学中找到了吐泄的机会,渐则影响到实行政治家底行为。在法国怀疑主义及宗教自由之间有密切的关系这一点,非但为使我们推论这种关系之必然时常存在的那些普通论据所证明,且亦因南特敕令宣布以前的几年,出现一用法文写作的怀疑主义者的一件事而确定。蒙坦(Montaigne)底论文集是在一五八八年出版的,②这非但在法国文学且在法国底文化中造成了一个时期。撇开这些个人底特点不谈——这并不如普通所设想的这样重要——我们将发觉拉培雷与蒙坦之不同点,即一五四五年及一五八八年之不同点底测量,③有如我所阐明的呼克尔与朱埃尔及呼克尔与契林渥斯间的关系一样。因统治所有这些关系的定律,即等于进步的怀疑主义底定律。拉培雷之对于神学的拥护者的关系,亦与蒙坦之对于神学本身之关系同。拉培雷之著作不过是直接对付教士者,而蒙坦底著作却直

---

① 他对于萨姆松(Samson)坚强信仰之戏谑及对于摩西法律之讥笑,并不与其著作之其他部分相联系,而有表示属于一贯的见解的意思。凡喜推测他人之著述中隐含别有所指之意义的批评家,每视拉培雷为专注于最高之目的而希图造成最广大之社会及宗教改革者。这一点,我非常怀疑,总之,我找不到一些证据。我不能不以为拉培雷之所以得此名誉者,大部皆由于其文笔之隐晦不明。
② 前两册于一五八〇年出版,第三册则于一五八八年刊行。
③ 拉培雷所著《蓬塔格律挨尔》(Pantagruel)之第一版,在书面上并无时日之注明,惟我们知道第三册书是在一五四五年出版,第四册则在一五四六年。

接反对教士所由产生的那制度底本身。① 在外表上，蒙坦似和常人无二致，以普通的文字表现着他自然的思想，但内心却蕴藏着高尚及勇往的研究精神。虽然他缺乏最高天才者的那种宏富的理解力，可是他却含有其他性质为伟大的思想家所不可少者。他非常审慎，但亦非常勇敢。他是审慎的，因他不因前人底遗训而致相信怪诞的东西；他是勇敢，因他绝不畏惧专断的愚昧者——这些人是专喜谴责因知识而怀疑的人的。这些特殊点在任何一世纪都会使蒙坦成为一个重要的人，于是在十六世纪他便成为要人了。同时，他那种流丽而富于情趣的风格增加他著作底销售力，②而使其敢于公诸社会的意见得以普遍。

这是降至十六世纪末叶时公开在法国显现的那种怀疑主义底第一次公开的宣示。在三世纪中，这种精神以继续增长的活动继续它底途程，而发展为与英国所遭遇者相同的情态。这个伟大程序底所有阶级，不必都加以叙述，我现在所要研讨的不过是其中之最重要者而已。

蒙坦底论文发表以后没有几年，法国复有他书出版，这部著作在现在读者很少，但在十七世纪时却负有重名。这就是沙龙（Charron）底有名的《智慧论》(Treatise on Wisdom)。在这部著作中，我们第一次发现不因神学底帮助而以现代语来建立一道德学系统的企图。使这本书在有几方面较蒙坦所著者尤为可怖之处乃在其文笔之严肃。沙龙显然深印着他所负使命之重大，而他所以能尊荣地别于同时代之著作家者，乃在他文字及情感之特殊的纯洁性。他底著作几乎是当代最动人

---

① 哈拉姆说他底怀疑主义"并不表现于宗教"。(见《欧洲文学》第二册第二九页)但如我们以与教义相连关的普通的意义来谈宗教，则显然从蒙坦底文字里看来，他是一个怀疑者，且是一个绝不畏缩者。他确简直说所有的宗教的意见都是风俗的结果，"真的，除了我们国土底惯例，公意的观念与例子外，我们没有旁的'理知'与'真实'的标准了，因其常是完善的信仰，完善的新政，一切事物完善的惯例也。"(见《蒙坦论文集》〔Essais de Montaigne〕第一二一页，第一册第三〇章)当然，他就主张宗教上的错误并不能视为犯罪。(见第五三页)事实似乎是，当蒙坦抽象地承认宗教真理底存在时，却不免怀疑于我们知道宗教真理的可能性。就是说，他怀疑，在这样纷杂的宗教意见中，如何有方法可以确定那一种意见是正确的。他对于奇迹之观察表明了他思想底性质，而他对于预兆的见解曾为彼内尔(Pinel)在他精心之作《精神错乱》(Aliénation Mentale)一书第二五六页中所引用。
② 斯丢阿特底思想方式是和蒙坦迥然不同的，而也称他为"这个最有情趣的作家"。(见斯丢阿特著《思想哲学》第一册第四六八页)

而雅驯的文笔。虽然他曾由蒙坦里假借无数的例证,[1]但他能留意地避免其他情趣的作家所常有的越矩尖刻的地方。除此以外,沙龙底著作呈现出一种有系统的完备,永不会不引人注意。在创作力方面,有些地方他是较逊于蒙坦,但他幸而生于蒙坦之后而且无疑他已达到一个崇高的地位为蒙坦所不能至者。以他在知识上之登峰造极的地位,他勇敢地尝试去列举智慧底原理及此等原理作用时之条件。在他这样建立的设计中,他完全删略了神学方面的武断之说,而且毫不隐匿地怒骂一般人所普遍接受的结论。他警惕他底国人,他们底宗教不过是他们出身及教育底偶然的结果,如果他们生长在一回教国中,则他们将是回教底坚诚的信仰者,有如他信仰基督教一样。因为这个原故,他坚持他们以教义之异同来困扰他们自己之可笑,因他看到,这种异同乃是他们无法支配的那些环境底结果。他又说这些不同的宗教,都每每宣布它们自己底一种为真正的宗教,且皆各自基于超自然的假托,如神秘、奇迹及预言家等等。这都是人们忘记他们自己是这种信仰的奴隶,而这种信仰乃是所有真实知识之极大障碍——惟有采纳伟大而广阔的见解方易破除,以视所有国家无不同样热烈地坚持其所由陶育的教义诚可知也。[2] 沙龙说,如果我们深加观察,则我们将看到,每种大的宗教都是建立于其前一宗教之上的,即如犹太人底宗教乃是基于埃及人底宗教,基督教是犹太教底结果,而由后二者则自然地产生了回教。故这个伟大的作家又说,我们应超乎一切彼此仇视的教派底托辞之上,而不为未来刑罚之恐惧所侵袭,不为未来快乐之希望所诱惑,惟一意满足于能履行生活之责任的实际的宗教,而且不为任何特殊教条所支配,我们将努力使灵魂归附于其本身,而因其本身默思之努力以赞美造物——万物之最高因素——不可言喻之伟大。

这些就是在一六〇一年第一次用他们自己底文字写作而呈于法国

---

[1] 沙龙受惠于蒙坦是非常巨大的,但许多作家所说的也未免过甚。在最重要的题材上,沙龙较蒙坦为勇敢而深刻,虽然现在读他底著作的人很少,而他系统之唯一尚可称为完全的叙述乃在顿内曼(Tennemann)著《哲学史》(Gesch. der Philosophie)一书第九册第四五八至四八七页中。

[2] 因此,他反对改变宗教,而站在哲学底立场上以为宗教既被正道的定律所支配,则其变化必起因于前事之变化而常常——若任其自然之变化——合乎现存的情状。

人民之前的意见。① 它们所代表的怀疑及入世的精神继续增加,当十七世纪迈步前进时,宗教狂底衰退不惟不只限于几个孤独的思想家,且在平常的政治家中亦渐成为普通的事情。② 那些教士感觉这种危险,想政府出来阻止这种研究底进步,③而教皇本人,在对于亨利作一正式的规劝时,曾恳求亨利以迫害异教徒来补救这种祸殃,他以为这许多祸害都是由于异教徒而来的。但是王坚决拒绝他这种要求。他看到,如果他能平均这两教派底力量,使之彼此反对以减弱教会的权力,则将产生极大的利益。因此他虽然是个旧教徒,他底政策却反左袒较弱一教党的新教徒。他赐给许多金钱来维持他们底牧师及修理他们底教堂,他放逐他们最危险的敌人耶稣会徒(Jesuits),④而且他还常常有两个改革教会的代表,他们底职务就是报告给他一切违犯他所宣布的偏袒他们宗教底敕令底事情。

因此在法国和在英国一样,宗教自由总是在怀疑主义之后,从这怀疑主义中即产生亨利四世底合乎人道及开明的政策。不幸这个主动这些事情的伟大的君主成为他曾努力抑制的宗教狂的牺牲者,但他死后所发生的情状,表示他底死对于那时代是怎样一个大的激动。

在一六一〇年,亨利四世被弑以后,政府即入于王后之手,她是在她儿子路易十三未成年时主政的。当时她思想底趋势很明显,因她虽然是一个软弱而迷信的妇人,却不敢施行一世纪以前视为宗教真诚之必然证明的宗教迫害。当然这不是普通能力的一种运动,能在十七世纪早期强迫一个美提契家(House of Medici)底公主——一个于牧师环绕中育成而惯于以牧师底赞美为最高的人间的目的的这样一个愚暗及迷信的旧教徒——去实施宗教自由。

可是这倒是确实情形。这个女后保留亨利四世所用的大臣,且

---

① 《智慧》(De La Sagesse)底第一版是一六〇一年在波尔多出版的,于一六〇四年及一六〇七年又继续在巴黎重版两次。
② 西思蒙第(见《法国史》〔History des Francais〕第二二册第八六页)及拉法累(Lavallée)(见《法国史》第三册第八四页)曾注意到十七世纪早期宗教热心之减退,而在摩尔内(Duplessis Mornay)底通信中也能找到珍贵的证据。
③ 教士竟至于非难沙龙底伟大著作,但未能使之禁绝流行。
④ 亨利四世在一五九四年放逐了耶稣会徒,但以后他又复许他们重新在法国居住。不过他们之被召回完全是因亨利四世畏惧他们底狡诡的原故,这是绝不容置疑的(见格利瓜尔〔Grégoire〕著《听忏悔教士之历史》〔History des Confesseurs〕第三一六页),且亨利显然讨厌及畏惧他们。

宣布她于事事都将仿效亨利四世。她第一个公布的法令即宣布南特敕令必须丝毫不受破坏地被保存着,因为她说:"经验告诉我们底前人,暴力非但不能诱人回返于旧教教会,且更令人局促不前。"他对于这一点是非常焦虑,以致当一六一四年路易在名义上成年以后,他政府底第一道谕旨即再复确定南特敕令。一六一五年,她使这个王——他仍在她保护之下——发出一宣言,将以前所有偏袒新教徒的设施公开地确定了。以同一用意,她在一六一一年拟升擢著名的得图为国会之议长,以后正式宣布他是异教徒,教皇方得以阻挠他认为不虔敬的计划。

这种种事情底转变并不是不引起僧侣团袒护者底惊恐。最热烈的那些教士哗然非难这个女后底政策,有个伟大的历史家曾说,在路易十三时代,当这种惊恐为宗教权力底活动侵略所分布于欧洲的时候,法国是第一个国家胆敢反对他们。圣使公开地对后埋怨她偏袒异教徒的行为,并且他焦急地希望压止那重大玷污真正信仰者底良心的新教徒的著作。但这些及其他同样的意见,不复若以前的受人敬听,国家底事情继续以纯粹的政治眼光来主持,这是亨利四世底政策所公然恃为基础的。

这就是法国政府当时的政策。这个政府在没有多少年以前,还以为一个君主底最大责任,乃在刑罚异教徒及消灭异教。如今这种继续的改进不过乃一般智力进展的结果是很显然的,非但可以从它成功方面看出来,且可从摄政的王后及这个王底性质方面显出来。凡曾读当代之传记者,没有能否认玛利·得·美提契(Mary de Medici)及路易十三和他们以前的王一样地迷信。因此,很显然,这种对于神学偏见的忽略,并非由于他们自己个人才具,乃是由于国家不绝进步着的知识及时代的压力,这种时代的压力以其进步之速,竟推动着那些自信为时代之统治者。

但这些谋虑虽然富有压力,却只能稍微减削当时献身于公共事业台上的一个著名的人底功绩。在路易十三最后十八年中,法国完全为黎塞留所统治,他是极少数以其个人的人格影响于他们国家命运的政治家之一。这个伟大的统治者在政治手段的知识方面而言恐怕未有人能超过他的,除了在我们的时代曾扰乱欧洲的那神奇的天才者外。但在一重要的观点上,黎塞留却超越于拿破仑。拿破仑底一生是注全力于压迫人类底自由,而他不可匹敌的才能却尽消耗于挣扎以反对一个伟大时代底趋势;黎塞留也是一个专制者,但他底专制采取一较高尚的途向。他对于他自己那时代的精神表现拿破仑所永未有的公正的尊重。在某一大的目的上,当然他是失败的。他拟毁坏法国贵族社会底权力的企图是完全失败了,①因为经过久长的历史,这个骄傲阶级底权威已深深种根于一般人底脑中,必须另一世纪底努力才足以拔除其旧有的势力。但虽然黎塞留不能减少法国贵族在社会及道德方面的势力,他却剥夺他们底政治权利,他严厉地惩罚他们底罪恶,至少在一时期中曾遏止了他们以前的放肆。② 无奈这个有才能的政治家底影响都因为没有当时时代底拥护以至甚为微弱,这些抑制的举动迈往虽极猛烈,还不足以产生永久的结果。他死以后,法国底贵族——我们现在将看到的——很快地就恢复了原有的势力,而且在夫隆德(Fronde)之战争中将这个伟大的争斗降而为世族对敌的竞争。直至十八世纪末叶时,法国方最后从那权力阶级底夸张势力里解救了出来,这个阶级底自私心曾滞留人民于奴隶的地位——因远久的影响,他们现在还未能恢复过来——而久长地阻碍了文化底进步。

虽然黎塞留在这方面失败了,但他在其他方面却得到显著的成功。这因为他广大而富于理解力的见解,和我所叙述的怀疑倾向是相和合的原故。因为这个显著的人,虽然是一个主教和教皇内阁阁员,可是从未容许他职业上的权利使他抛弃国家更高的权利。他知道——那常常被忘却的——人民底统治者必须完全以政治标准来计划事情,不应注

---

① 在阿利松《欧洲史》第一册第一〇一至一〇四页及其他许多书中所表示的公共意见,以为拉培雷确曾破坏了他们底势力,但这种错误是由于不明政治势力及社会势力底关系而起的。所谓一个阶级底政治权力者不过是其真正权力底朕兆及表示,仅攻击第一种势力本来是无用,除非你亦能减弱后一种势力。贵族底真正权力乃是社会的,无论利什卢及路易十四都不能损其毫末。这种权力继续不受摇动,直至十八世纪中叶,法国思想才起而反对之、倾覆之及最后产生了法国革命。

② 至少在一六二四年时,利什卢似曾计划屈辱贵族,可阅他《自传》第二册第三四〇页中的一段特殊的文字。在斯文本(Swinburne)底《欧洲宫廷》第二册第六三至六五页中有一奇异的传说,这传说虽然也许是假的,但至少表明法国贵族在利什卢死后一世纪中对于利什卢底恐惧及痛恨。

意任何教派底要求,或任何意见底传布,除非有关于人类现在或实际的幸福。结果,在他主政的时候,我们看见最高权威为一个不设法增加宗教阶级底权利的牧师所指挥的奇异的景象。他确是对待他们有如当时所称为无可比拟的严厉。听忏悔之御用牧师因职务之重要常受到相当的敬视,他们常被视为无瑕的虔诚的人,他们一向占有巨大的势力,即使最有权力的政治家也因他们地位之高崇应对他们表示敬重。① 但黎塞留对于他自己的职业上的技巧深为明了,以至不会对于君主之良心底保持者表示多大的尊敬。科桑(Caussin),路易十三底听忏悔牧师,似乎也依着他底前人的榜样拟将他自己的政治观念,灌输于忏悔的王底脑中。② 黎塞留听到这个消息立刻就撤了他底职,并且还放逐了他,因他很轻鄙地说,"这个小神父科桑"不应干预政府的事,因为"他本来是那些清白的宗教生活中培植出来的一人"。继科桑的是有名望的赛尔蒙(Sirmond),但黎塞留等他严正地承诺永不干预国事后,才让这个新的听忏悔之牧师开始他底职务。

在另外一个更为重要的时机,黎塞留表示着同样的精神。法国教士当时占有巨大的财富,他们享受私自征税的权利,但很吝啬地不肯纳付他们认为不需要的国家赋税。为反对新教徒起见,他们倒很起劲地集款助战,因为他们相信消灭异教是他们底责任。但他们觉得以税收糜费于非宗教的事业是没有理由的,他们以保护宗教经费者自居,而以他们祖先之虔诚所集得之财富落于教外之政治家之手中,为污渎神灵的一件事。黎塞留对于这些犹疑的态度认为利己者之狡计,于是他便对于教士与国家之关系另具一种见解。他非但不以教会之利益为高于国家底利益,且以"国家之名誉为最重要"定为政策之金科玉律。他对于这个原则是这样地毅然而无所畏惧地执行,于是在曼特(Mantes)地方招集一次教士大会,强迫他们捐助政府六百万法郎之巨数。当有几

---

① 许多法国君主对于僧侣具有一种强烈的自然的爱心,但我所发现的这种爱的最鲜见的例乃是得·图所述的关于亨利三世所表示的。

② 关于科桑底完全叙述是在拉·法苏(Le Vassor)所著的《路易十三史》(Hist. De Louis XIII.)第九册第二八七至二九九页中,可是关于这本书格利瓜尔从未提及。因我以后当常引用拉·法苏底意见,故我可以说他远较普通所设想者为正确,而且他曾受大多数法国作家底不公平待遇。在作家中他是不孚众望的,因为他对于路易十四之攻击未曾少休故也。西思蒙第(见《法国史》第二二册第一八八、一八九页)对于他所著《路易十三史》颇多誉辞,即我在披阅之际亦有同感也。

个最高大主教对于此举表示不满时,他简直不顾毅然执行,且出乎教会意料之外地放逐四个主教及图卢斯(Toulouse)与松斯(Sens)两个地方各两个大主教。

假若上述的事情发生于五十年前,则对于胆敢出此之大臣必遭受致命之伤。而黎塞留于实行是等政策时,却为正欲轻视其古代教师之时代精神所襄助。因此种普遍之趋向现非惟于文学及政治上,且于普通法庭之判决案件上渐呈明显之态度。圣使愤怒地怨责法国审判官吏对于教会中人所表显之仇敌行为,他说,和其他许多可耻的事情一样,有几个教士在宗教人格方面未受任何指摘而先被缢死。在其他时候,一般人底继长增高的轻鄙心更趋激烈。波尔多(Bourdeaux)大主教苏迪斯(Sourdis)曾两次被辱打,第一次被得挨培纳公爵(Dukl d'Epernon)后被维特累(Maréchal de Vitry)所殴。黎塞留一向都用严厉手段对付贵族的,故似乎亦不急于惩办这种可惊的暴行。这个大主教非但不得人底同情,且数年以后被黎塞留强制命令其退驻他原来之主教管辖区内,但他对于这种情势非常惊惧,于是逃逸至卡逢特拉斯(Carpentras)受庇于教皇。这是在一六四一年发生的事,九年以前教会曾遭遇到更大的污辱。因在一六三二年兰圭多克(Languedoc)地方曾发生了严重扰乱,黎塞留并不畏惧地撤办几个主教及攫取其他几个主教底教堂财产,以应付困难。①

教士底忿怒是很容易可以猜想到的。这种不断的损害,即使为一教外人所主持亦难以忍受,何况乃出诸孕养于宗教职业中的人,反戈相向,无怪要倍增他们底痛恨了。这一点加重了他们的罪孽,因为这似乎在侮辱之上还加上一层叛逆之罪。这不是外来的战斗,乃是内部的背义。这是轻蔑主教统治制的一个主教,侮辱教会的一个教皇内阁阁员。② 但一般人底倾向如此,使教士不敢公开攻击,但他们利用党人,分布可恶的诽言来损害这个伟大的大臣。他们说他是不贞的,他曾犯

---

① 新教徒对于阿尔俾(Alby)及南姆主教之惩罚异常引为欣慰,这些主教"朝臣皆视为大敌"。(见本诺司脱〔Benoist〕著《南特敕令史》〔History de l'Edit de Nantes〕第二册第五二八、五二九页)
② 适在他逝世后所发表的一短叙中,作者愤怒地说:"一个红衣主教而竟至于摧残教会。"

公开淫佚之罪,他曾和他自己的侄女发生暧昧。① 他们宣布他没有宗教,他不过是名义上的旧教徒,他是呼格诺教派底教长,他是无神论者底主脑,更甚者他们控他拟建立分派于法国教会中,尚幸国人思想能为这种诡计所蒙蔽的时代已经过去了。但这种种的告发仍值得纪录,以其能表明当时一般情势之趋向,及宗教阶级眼见其权力之缰绳由其手中脱落之痛恨。这一切事情都是这样地昭彰,因此在最后一次反对黎塞留的内战中——距他去世前二年——谋叛者在他们底宣言中,明白说出他们其中一目的,乃在恢复教士及贵族以前所享受的尊敬。

我们愈研究黎塞留一生的事业,则此种敌对行为愈为明显。每件事证明他知道在旧的宗教的政府政策及新的现世的政策之间正进行着一大斗争,他是决定消灭旧的方策而维持新的一种。我们非但在内政上,且在外交政策上亦找到他对于神学事业之空前的轻视。奥地利家(House of Austria)尤其是它西班牙底一系,久已为所有虔诚的人及教会之忠实同盟所敬重,它被视为异教底打击,它反异教徒的行动曾为它在教会史中争得盛名。② 故当法国政府在查理士九世朝代时深思熟虑地预备毁灭新教徒时,法国即自然与西班牙及罗马建立密切的关系,这三个强国非但是以政治上的利害之相关切来坚固地结合着,且凭着宗教契合之力量相维持的。这个神学上的联盟后来被亨利四世个人及时代之增长的淡漠所破坏,但在路易十三未成年时,摄政母后曾相当地恢复这个联盟,而又曾设法恢复该联盟持为根据之迷信的偏见。以她全部感觉而言,她是个热心的旧教徒,她很热烈地依附西班牙,她又很得计地使他儿子——少君——和西班牙公主结婚,而将她底女儿配于西班牙皇子。③

一般希冀,当黎塞留——罗马教会底大主教——主政时,必将重新建立他所属的宗教所切盼的关系,④但他底行为却不被这些见解所支

---

① 关于他姪女底这种污辱的告发,教士们认为最有力的一种告发;在其他许多例中,都是红衣主教发隆基(De Valencay)以极恶的态度来控告利什卢。
② 在十六世纪末叶,"教会之长子"乃是西班牙王之公认及最合适的名称。(见得·图著《世界史》〔Hist. Univ.〕第一一册第二八〇页。)
③ 这一件事她认为是政策上之极擅手腕者。
④ 在一六五六年这样迟的时候,法国教士还想"促进与西班牙的和好而遏止法国底异教徒"。(见一六五六年培尔〔Pell〕致瑟尔卢〔Thurloe〕函,载于罕安〔Vaughan〕著《克林威尔摄政者》〔Protectorate of Cromwell〕第一册第四三六页,共八册,一八三九年出版)

配,他底目的不在偏袒一教派底意见,乃在促进国家底事业。他底条约、外交及与国外联盟政策等都不是着力于反对教会底敌人,乃在反对法国底敌人。以此为新的活动标准,黎塞留采取极大的步骤使欧洲政治学底全部系统成为现世化,因如此他乃将人类底神学事业附属于他们实际的事业里。在他以前,法国底统治者因欲惩罚其信仰新教之人民,曾不惜恳求西班牙旧教军队底帮助,他们只按旧的意见行事,以为政府主要之责任乃在抑止异教。这种恶毒的主义第一次就被黎塞留公开地否认。在一六一七年他还未获权的时候,他曾在给予一个外交官吏的训令——现在还存在——中立下一原则,以为在国事中,没有一个旧教徒应偏好一西班牙人过于法国新教徒。在社会进步中,此种认国家之权利超于我们信条之上的意见,在我们看来固属当然的事情,但在当时却是一件惊人的奇事。① 但黎塞留并不畏惧地尽量将此矛盾之论推展至广泛的范围。旧教教会正直地认它底利益是和奥地利家相系结的,但黎塞留在被邀赴会议时,即决定屈辱奥地利家底两系。为要达此目的,他公开地拥护他自己宗教底最剧烈的敌人,他襄助路德教徒反对德皇,他帮助喀尔文教徒反对西班牙王。在他秉政十八年中,他积极推进这正当的政策。当菲力泼(Philip)图谋压迫荷兰新教徒时,他就和他们联合,最初供给他们大量的金钱,后又劝诱法王与那些教会认为他应以反叛的异教徒来惩罚的人签订一密切联盟的条约。② 同样的,当德皇企图将德国新教徒之良心克服于旧教徒信仰时,黎塞留出任为他们底保护者,他开始就谋图拯救他们底领袖巴拉泰恩(Palatine),③因为没有达到目的,他就主张他们和考斯道夫·阿多夫(Gustavus Adolphus)——宗教改革者所产生的最有能力的军事领

---

① 即在亨利四世朝代时法国新教徒也不给人家当作法国人看待,"罗马旧教底专断教义不认他们为法国人,而视为异国人,且直视为敌人,也受着这般待遇"。(见腓利彻著《法国新教徒史》第二一六页)
② 得·累斯曾叙述一奇异的例证表明宗教团体对于这个条约的感觉。他说在利什卢死后曾一度执政的菩未主教(Bishop of Beauvais)当他始政之际,即限荷兰人自决于一途——即放弃他们底宗教或则与法国解除盟约。
③ 一六二六年他企图和荷兰伯国联盟。(见西思蒙第著《法国史》第二二册第五七六页)西思蒙第似乎不十分能确定他这个建议的诚意,但这一点我以为是毫无可疑的,因由他自传中看来,在一六二四年他已见到荷兰底恢复力了。(见《利什卢自传》第二册第四〇五页;又在一六二五年,可阅第四六八页)

袖——联合,他犹以为未足。考斯道夫死后,他见新教徒失去了他们伟大的领袖,于是更努力地卫护他们。他为他们而在各国朝廷中私订通约,他为他们而与各国磋商,结果他为保护他们起见,组织了一公共的同盟会反对宗教上所有的考虑。这个开欧洲国际政体之重要先例的联盟,非但是黎塞留和他自己宗教底两个最有权力的敌人所组合,且为西思蒙第(Sismondi)从该联盟的宗旨着想有力地称为"新教徒之联合"——他说是法、英、荷三国新教徒之联合。

单是这些事情将使黎塞留底主政成为欧洲文化史中之一伟大时期。因为他底政治开了一个著名信仰旧教的政治家有系统地轻视宗教利益,而于内政外交上之全部计划中表示这种漠视的先例。固然在较早一时期,于意大利各州邦之小统治者中亦可找到这种例,但即使在那里,这样的企图从未成功,也未曾继续至多少时间,更未曾大规模地施行,以达国际先例底尊严。黎塞留之特殊的荣耀即在他底外交政策并非偶然,而是一贯不变地按着政治的考量而行的。我不信在他执权之长期间中,我们能发现他关切神学事业之丝毫证明,这种事业之推进是久已被视为最重要的事情。他毅然将教会附属于国家组织之下,将此附属之原则以伟大的能力及一定的成功推行于广大的范围内,于是立下了纯粹现世政体底基础。自他死后,所有欧洲最超卓的外交家都以增强此原则为目的的,结果乃是一最有利的变迁。这次变迁已曾酝酿许久,不过到了他才得首次完成。因介绍了这个制度以后,宗教战争是永久停止了,除去了这个和平的障碍以后,和平底机会是增加了。① 同时,为神学及政治之最后分离辟下大道以备后人完竟厥功。在任何方面都较黎塞留为逊劣的人以后都能继续黎塞留底工作而不感困难,可见当时对于这方面是曾采取如何伟大的一个步骤了。他去世后不到二年,威斯特发里亚会议(Congress of Westphalia)召集举行。该会议之各会员完成了这著名的和约,这和约之所以显著乃在其为欧洲之主要国家调整其彼此冲突利益之首次合力的企图。在这重要的条约内,宗

---

① 这种变化大可以比较格鲁喜阿斯(Grotius)及发泰尔(Vattel)的著作来表明。这两个知名之士仍为人敬重,视为国际法律之最有权威的阐释者,但在他们间有一重要之不同点,即发泰尔之著作后于格鲁喜阿斯逾一世之久,而那时利什卢所实施之现世主义已深入于普通政治家底思想了。

教的利益是完全被忽略，而这些相冲突的国家并不设法彼此分割，却大胆地牺牲教会来补偿它们自己，绝不犹疑地攫夺教会的税收及裁撤几个主教管辖区。自这次严重侮辱以后——此成为欧洲公法之先例——宗教权力永未恢复。一个很有才能的权威者曾说，从这个时期起，外交家在他们职务上都忽略宗教的利益，而喜提倡关于各该国之商业及殖民的事情。[1] 这个观察之真实可因那三十年战争——亦因为这条约而停战的（乃是最后一次的大宗教战争）——这个有趣的事实而更确定。[2] 在两世纪以内，没有一个民族以为值得去扰动邻国底信仰以危及自己底安全。这当然不过是迷信得以减少，欧洲文化得以保全的那现世运动中的一部分。这问题兹姑不付讨论，我现在拟先表明，黎塞留对于法国新教教会之政策与其对于法国旧教教会之政策如此的相依附，所以在两方面，他以知识进步之协助——在他那时代是最显著的——乃能与人们正用无限困难浸润而入的偏见相奋斗。

　　黎塞留之对待法国新教徒无疑地可说是他政策中之最尊荣的一部，在这方面有如其他之自由政策一样，是受着以前事件底影响的。他底政治举措和亨利四世及摄政母后合观起来，呈现着宗教自由底最尊贵的一个景象，远较任何欧洲旧教国所见的为完全。当在其他基督教国家中，人们因与已承认之教士底意见不同而被迫害时，法国却拒绝追随一般的榜样而保护教会急于惩罚的那些异教徒。的确，他们非但被保护而且有才能者皆公开地获得报酬。除委派他们以文官官缺以外，有些还升擢至高的军事职位，欧洲惊奇地看着法王底军队被信仰异教的军官所统率。卢翁（Rohan）、雷提歧挨（Lesdiguières）、沙提云（Chatillon）、拉福尔斯（La Force）、柏纳·怀恩曼（Bernard de Weimar）是路易十三所用的最著名的几个军事领袖，这些都是新教徒，还有几个年青而挺发的如加西杭（Gassion）、朗左（Rantzau）、索姆堡（Schomberg）及丢楞（Turenne）。现在他们是没有什么不能达到目的。

---

[1] 罘安博士说："这也是现代欧洲史底一主要事实，即因一六四八年的威斯特发利亚条约，殖民地及商业的问题开始渐渐取宗教问题之地位而代之——这原是媾和的最大目的。"（见《克林威尔摄政者》第一册第一〇四页）蒲脱勒（Charles Butler）说这个条约"相当地减少了宗教对于政治的影响。"（见蒲脱勒著《回忆录》第一册第一八一页）

[2] 三十年战争是一个宗教的争斗，这一个事实成为教会团体用以反对利什卢的控告的基础。

在半世纪以前,也许会因他们信仰异教而被处死的。适在路易十三接位以前,雷提歧挨,法国新教徒中之最有才能的将军,被任为法国之元帅。① 十四年以后,同是这个尊贵的地位给予了两个其他的新教徒,即沙提云及拉福尔斯,前一个据说是分离教派之最具势力者。这两个委派都是在一六二二年。一六三四年绪利(Sully)底升擢更引起惊人的诽谤,他底异教色彩最为鲜明,也得接受法国元帅的职位。这是出于黎塞留底主意,且这非常怒犯了教会底朋友,但这个大政治家对于他们的嚣嚷是如此之不注意,以至于内战结束后更采取同样受人憎厌的步骤。卢翁公爵是国家教会所有敌人中之最活动的一个,而被新教徒视为他们一党之最主要的支柱。他曾以武力来偏袒他们,而且因拒绝舍弃他底宗教以及战争失败的原因被逐于法国。但黎塞留认识他底能力,却不甚注意他底意见,于是他将他从放逐中招回,派他和瑞士交涉事件,又给他以法王军队司令之名义,派以外交任务。②

这些就是使这种新的情状,特为显著的趋势。不用说这些大的变迁必是非常有利,因有此变迁,人被鼓励着视国家为首要,信仰旧教之兵士亦被养成不计旧的争论而服从异教之统帅,听候驱策以获胜利。此外,各不同教义之教授混合于同一会集及在同一奋斗旗帜之下的组织并合,必更能协助以解除思想之固执,因一方将神学之争论并于普通及现世之目的中,一方面对各教派表明他们底宗教对敌者并非完全缺乏人类道德者,他们也具有几分人底品质,而且将所有异教之错误并合起来,或可成为一个优良而富于力量的公民底智能。

但当法国久被困扰的可厌恨的仇怨在黎塞留政策之下已渐消退时,旧教徒底偏见固已明白地减少,而新教徒底偏见反在某一时候更形活动起来。这确是这样的情感之固执倔强的有力证明。这确是当新教徒受到优越的待遇时,在同一国家同一时期内表现着的最大的骚乱。在这方面与其他情形相同,主要的原因乃在于情势——现我将说明

---

① 照一个当代的人说,他接受这个职位并非由于请求而得的,"他不在场,也没有询问过这件事"。(见马罗衣《自传》〔Mém. de Fontenay Mareuil〕第一册第七〇页)一六二二年,就是李斯迪盖尔底副官也是新教徒,"他底副官,重视一切的呼格诺教派者(Huguenots)"。(见同书第一册第五三八页)这些自传对于政治及军事事件是非常有价值的,同时这些作家曾在他所描写的事物中占据着特殊的地位。

② 卢翁底骤获幸运是发生于一六三二年及一六三五年之间的各时期。

的——使其获得暂时权势之一阶级的势力使然。因神学精神之消沉曾在新教徒间发生一显著而自然的结果。法国政府所继续表现之宗教自由,对于他们底领袖尽量开放他们以前永不能获得的机会与利禄。在所有职位皆不容新教贵族担任时,自然他们就以较大的热诚以拥护唯一承认其人格的教派。但当他们底原理一旦被承认,政府不计他们底宗教而惟以其才能为任用之标准时,则每一教派皆将搀入一种不和谐的新成分。宗教改革者底领袖不能不对于聘用他们的政府表示感谢之情绪或兴趣,着重现世目的的影响既固强了,则宗教束缚底影响必会减弱。两个相对的感觉决不能在同一时候及同一思想中并占优势的。人底见解愈展拓则对于其见解所包含之细目愈不固执。爱国乃迷信之矫正物,我们愈爱国则愈不着重我们底教派。于是在文化进程中,智慧底范围开广了,它底眼界放宽了,它底容纳性倍增了;其研究范围既已增大,则对于其已认为理解之事物的固执成分当然减弱,直至以后乃开始观察到广阔无垠的环境必然地也会产生无量数的意见。一种教条对于某一人是适宜的及自然的,也许对于另一人是不宜的及不自然的,我们不用干预宗教信心底进程,我们应满足于反省自己,探察自己底内心,清涤自己底灵魂,抑止不良的情绪以及消灭神学争论之直接原因及其影响之傲慢及不恕赦的精神。

就在十七世纪的前半叶法国人在这方面采取了一种非常的步骤,不幸因此而产生之利益却附带着很严重的障碍。自现世的目的侵入于新教徒领袖中后,即产生了两种有相当重要性的结果。第一种结果就是有许多新教徒转移其宗教信仰。在南特赦令以前,他们常遭压迫,信徒则反因此激增。但在亨利四世及路易十三之宗教自由政策下,他们不绝地递减。[1] 这当然是现世精神增长之自然结果,这种精神在每一国中皆曾缓和宗教的仇恨的。因此种精神之活动,社会及政治观念开始重要于人们思想久被禁锢之神学观念。当现世之束缚增加力量时,

---

[1] 人口虽然增加,新教徒和旧教徒比起来,却绝对地减少。在一五九八年他们有七百六十个教会,而一六一九年则递减为七百个。(斯美德利〔Smedley〕著《法国改革宗教史》〔*History of the Reformed Religion in France*〕第三册第四六、一四五页)得·图在他著《历史》之序言里说新教徒在受到激烈反对的时候增加了人数,但"在太平之际,人数及金钱来源都减少了"。(第一册第三二〇页)

则当然于对敌之教派中产生了同化底趋势。当旧教徒非但人数众多,且在每方面都较其敌对为占势力时,他们即收获这种运动底利益而渐渐吸取许多以前的敌人于他们底一边。这种变迁开端于新教教派底几个领袖,故这有趣的事实能使我所述小教派之被吸于较大教派之原因更为明显,这不是较下愚的新教徒先废止他们底领袖,乃是他们底领袖遗弃了他们底信徒。这因为比群众教育程度较高的各领袖对于怀疑主义的运动更易感应,因此先立下一榜样,对于一般人所沉迷的宗教争论表示冷淡的原故。当这种冷淡达到某一点时,路易十三所建议的修好政策即变为不可抵御,特别是信仰新教之贵族,在政治引诱之下,开始疏远他们自己底教派,而与以爵禄为饵的政府相结合。

这当然不能规定这个重要变迁所发生的确实时期,[①]但我们可以确定地说,在路易十三朝代很早的时候,许多信仰新教的贵族即已毫不重视他们底宗教,而其余则不再感觉他们以前所表示的兴趣了。的确有几个最卓著的新教徒曾公开地废弃他们底教条,并加入他们以前曾见而惊走,及认为罪人与巴比仑娼妓组合的教会。雷提歧挨公爵,名位在所有信仰新教诸将军之上,也改信旧教,且因改奉宗教而得授为藩将。特利毛维尔公爵(Duke de la Tremouille)亦走向同一途径,美勒雷公爵(Duke de la Meilleraye)、部利翁公爵(Duke de Bouillon)及后数年蒙托稣侯爵(Marquis de Montausier)亦皆如此。这些荣显的贵族乃是宗教改革会中之最有权力的会员,但他们并无悔恨地脱离了,牺牲他们从前的联系而偏袒国家所宣示的意见。其他仍和法国新教徒保持外表上之关系的有爵位的人也有同一趋势,我们发觉,他们对于那些若生长于五十年前必致牺牲其生命的事情表示冷淡。自认为新教徒的部利翁将军不愿改易他底宗教,但他底行为表示他是以宗教事业附属于政治目的的。[②] 法国史家关于绪利公爵及沙提云侯爵亦有与上相同的叙述,他们两个虽然都是改革教会底会徒,但都对于以前曾视为非常重

[①] 朗开曾注意到法国信仰新教之贵族之如何脱离了教团的关系,但他似乎并未注意到他视为骤然变节的远因。
[②] "将政治放在宗教底前面"(见西思蒙著《法国史》第二二册第二六四页),这是亨利・鲍龙。许多作家都以他和斐礼特里・鲍龙相混淆,他们两个都是公爵,不过那做父亲的及未曾真正改变其宗教的亨利乃是元帅。

要的神学兴趣表现着显著的淡漠。① 结果当一六二一年新教徒预备内战以反对政府时,发觉在所有他们底大领袖中,只有卢翁及其兄弟苏俾斯(Soubise)是预备牺牲其性命以维持其宗教的。②

因此,法国政府之宗教自由政策最先发生的巨大结果即是夺取了新教徒从前所依赖的领袖底维护,而且在某几个例中,竟将他们领袖底同情心转向于旧教教会。但我所述的其他一个结果则尤为重要。高级的新教徒底增长的冷淡,将他们教派的管理权都交与教士之手。这个被教外领袖所遗弃的机关当然就为宗教领袖所夺取。因在每一教派中,教士以一团体而言每以不容纳异见著称的,故这种变迁在残剩的新教徒中即引入了一种暴戾的气氛,并不亚于十六世纪最暴虐之时代。因此,以一种特殊而又完全自然的联合关系,公认以个人判断底权利为根基的新教徒,却于十七世纪之早期较那些将宗教植基于不可变更的教会教义之上的旧教徒,为尤不易容纳异见。

这是许多例中之一,实足表明那尽凭臆想之作家信新教必较旧教为宽大一点见地之肤浅。具此观念者若能费些时间直接研究欧洲史料,则必将明了每一教派之宽大性并不完全凭恃其所公布的教义,而须视其教派所处之情势及诸僧侣所占之权力如何而定。新教大部分是较旧教为能容纳异见,实因当时产生新教之事迹曾同时增进了智慧底活动而因此减少教士底权力的原故。但凡曾读过喀尔文教士之著作者或特殊研究其历史者,必知道在十六及十七世纪时流行着一种迫害反对者的愿望曾在他们之间燃烧得非常热烈,有如所有旧教徒在他们天主教辖境中最厉害的时期所有的情形一样。这是实在的事情,凡研究当时之原有文件者,必能了然无疑的。即当此际,在苏格兰新教徒底下级教团中,其迷信、固执及缺少真正宗教之慈爱都较法国旧教徒之下级

---

① 绪利仅以政治上的理由劝诱亨利四世成为旧教徒,而且谣诼很盛的——我相信是没甚根据——说他本人也拟采取同一的途径。(可阅绪利著《帝国经济学》〔*Economics Royales*〕第二册第八一页,第七册第三六二、三六三页)
② 在所有的领袖中,唯卢翁公爵及其兄苏俾斯公爵表示"拟倾覆其全部资产以从事于宗教之新战争"。(见腓利彻著《法国新教徒史》第二四一页)关于这一点,腓利彻和平常一样地并无取材于其他作家,但卢翁本人曾说"在一六二六年第二次战争中卢翁及苏俾斯为法国之宗教倾其家"。(见《卢翁自传》第一册第二七八页)卢翁对于其自己宗教之热忱认为非常有价值,虽然从《马罗衣议事录》第一册第四一八页及大诺司脱著《南特敕令史》第二册第一七三页中之几段文字看来,我们对于他之是否像普通一般人所设想的那样头脑简单,却未免要发生怀疑。

教团为甚。不过在新教神学中能找到一个不容纳异见的章节,而在旧教神学中则很容易可以找到二十个例。事实乃是,人底动作不是被教义、书本及礼拜规程所支配,而是为当代人底意见及习惯,那时代的一般精神及执权阶级底品性所支配的。这似乎是宗教原理及宗教实施之差异底由来。宗教实施,神学家曾痛斥为障碍物及恶害者;宗教原理既以教训及专断之形式保存于书中,则必为一永久的证据,故欲改为则无有不公然被诬为反复无常及异端者。但每一宗教之实际部分,其道德、政治及社会各方面之工作包罗着许多异趣的事业和必须经过许多极繁复变动的机构,故绝不能将一定之形式以固定之,它们即在最严密的制度中也能在极大的范围里由个人自由处置,且因不载明文,故缺少了教义得以永久保全之审慎性。① 所以被每一种民族公认为其国家信条之宗教教义,并不能作为那种民族文化底标准,而其宗教实施在另一方面却如此之富于弹性及适合社会之需要,故反成为测量时代精神之最良标准。

因为以上的情形,我们看到那首倡个人判断权的法国新教徒在许多年中曾对于其敌对者所实施之判断较旧教徒其态度为尤严酷一点,更无所事其骇异,虽然旧教徒对于教会虔信诚笃照例应是迷信而以不纳异见为其天赋的传统观念。② 于是旧教徒在理论上较新教徒为固执,新教徒在实际上乃较旧教徒为固执。新教徒继续坚持旧教徒所一向否认的个人判断权,但事实上每一教派所行的都和其教义相反,且似乎含有敌对方面的教义的意义。这种变迁底原因是很简单的。在法国人中我们现在所见的神学精神正在衰落下去,而教士势力之衰微——

---

① 罗马教会常常看到这一点,因此以前及现在继续对于德行方面非常变动而于教义则绝不改变,这就是她主持政事之极大机巧的一个明显证明。(见布兰科·魏得著《反对旧教之证据》〔Evidence against Catholicism〕第四八页)又《柏尔丛著》(Parr's Works)中第七册第四五四、四五五页也曾对于这种特点作一不利的及不公平的评论。这种特点虽然在罗马教会中特别来得显著,但也不仅限于此,凡正常组织成之每一教派都可以找到这种特点的。陆克在他《宗教自由之信集》中曾说,教士自然地对于反对错误较反对恶德为尤热诚,(见《陆克丛著》第五册第六、七、一四一页)而他们对于教义之倾好较道德真理为甚,也曾为孔德所提及,(见《法律专论》〔Traité de Législat〕第一册第二四五页)康德(Kant)在他比较"道德与宗教"时亦曾提及此点。(见《康德丛书》第五册第三二一页中《习惯的纯正哲学》〔Die Metaphysik der Sitten〕一篇)

② 布兰科·魏得苛刻地说:"真诚的罗马旧教徒不会本着良心容纳异见。"(见《反对旧教之证据》第六页)他当然是错误的,因为这不是真诚的问题而是固执的问题,一个真诚的罗马旧教徒也许能够且常常是本着良心容纳异见的,一个固执的罗马旧教徒则永不会如此。

时势上所必趋的——则又附加着宗教自由意义之广布。但在法国新教徒中,这种局部减少之神学精神却产生了不同的结果。因它形成领袖之变换,而此等领袖将管理权抛弃给教士,因此遂增加了教士底权力而引起一反应以及恢复产生此反应的那些不恕赦的情感。这似乎表明不为政府所保护的宗教是往往较被保护的宗教为尤表现大的能力及大的生机。在社会进步中,神学精神最初在教育程度最高的阶级里衰退,而政府随而——如在英国底情形一样——统治教士以使教会成为国家底附属品,因此以现世的目的混入教会中以减弱宗教底成分。但当政府不想这样做的时候,则上级阶级所放弃之权力缰柄乃为教士所攫夺,于是造成一种情势,以十七世纪时之法国新教徒及现代之爱尔兰旧教徒为最好的例证。在这种情形中,常常被政府所容纳的宗教将最能维持其生机,虽然未完全被承认,因诸教士被国家所忽视则必紧系于其权力所由生之人民。① 反之,为国家所偏袒及宠信的宗教,则其教士与平民之间不会有这样的密切。教士将同时应付政府及人民,政治眼光、应付现实环境之考虑以及升擢之希望等等,将使宗教精神现实化,而按我所述的程序推进了宗教自由底进行。②

这些大部分能解答爱尔兰旧教徒之现在的迷信底综合点,亦可用以解答法国以前新教徒的迷信。在两种情形中,政府都不屑管理异教的宗教,而将最高之权旁落于教士之手。这些教士激动人们底固执性,并煽动他们去痛恨他们底反对者。关于在爱尔兰所发生的这种结果,我们那些以非常的爽直宣布爱尔兰为他们最大的困难的政治家都知道的。至于在法国所发生的结果则是我现在所拟确定的。

法国政府底修好态度曾为政府拉拢了几个最卓著的法国新教徒,又因分解了其他新教徒底仇意,故使其教派之领袖权落于——我们已见到的——那些逊劣的人底手中。这些人就在他们新的地位中表现他

---

① 我们也能在英国很清楚地看到这一点。在英国违反国教的教士对于听众的影响常常较国教的教士对于他们底听众的影响为大。这一点最为不偏袒的观察者所注意的,而且我们现在有统计上的证明,"大部的信仰新教之违反国教者对于参加宗教的崇拜较教会中人为尤勤勉"。
② 至于在英国的这种情形,布隆(Le Blanc)在他所著《一个法国人底文学》(Lettres d'un Francais)第一册第二六七、二六八页中曾有很尖刻的评述,这可以和霍兰勋爵(Lord Holland)所著《民权党议事录》(Mém. of the Whig Party)第二册第二五三页相比阅,在这议事录中,他以为在旧教徒完全解散的情状里,对于"世界上之尊荣及利益的适宜性将会减少宗教热诚的狂热"。

们教团之特殊的不宽赦态度。我现在不预备将当时所发生的这种可憎的仇恨底史实写出来,我只是指出几种证据表明他们彼此有增无已的痛恨,而且我还要指出使宗教争论底这种愤怒的情感转变成非常激烈以致最后酿成内战的几种阶段。这种内战,若非因旧教徒较前为和缓,则必致又成为十六世纪时之可怖的流血战争的。法国新教徒既被那些因职业性质而认异教为最大罪恶的人们所治理,故自然即发生一种传道及劝人改信宗教的精神,使他们倾向于干涉旧教徒底宗教,而援例以改正他们的错误为名,重又恢复知识之进步渐能消灭的那些仇恨。又当在这种假托之下,这些恶感飞跃地增长时,新教徒立刻就知道去蔑视那使他们获得自由的伟大南特敕令,他们混入于危险争斗底漩涡中,他们底目的不是要保护他们底宗教,而是要减弱他们曾因以获得宗教自由——时代之偏见曾勉强承认的——的那一教派底宗教。

南特敕令曾订明新教徒得享受完全的宗教自由,他们继续占有这种权利直至路易十四为止。在这种权利中还附加了几种除了法国以外没有一个旧教政府,会在那时赐予异教人民的权益。但这些还不能餍足新教士底欲望。他们不以能自由行施他们底宗教为满足,除非他们还能妨害其他人底宗教。他们第一步就是要政府限制法国旧教徒久已崇敬为国家信仰之表记的那些宗教仪式底施行。因为这个原故,在亨利四世崩逝以后,他们立即在索睦尔(Saumur)地方招集一个大的会议,在这会议里,他们正式要求不许旧教徒的游行队通行于新教徒所占据的任何镇市、乡邑或堡垒。因政府并不表示赞助这种可恶的要求,于是这些不纳异见的门徒便擅自施行法律。他们非但攻击任何途中所遇到的旧教徒行伍,而且还对于诸神父单独加以侮辱,以及阻止他们为疾病者举行圣礼。如果一个旧教教士为埋葬死者而服务时,新教徒也必同时参与,妨碍葬礼底举行,嘲弄仪式,而且喧哗嘈杂以压倒神父底声音,藉以使教会底祈祷不为人所闻见。他们也不常只限于这几种对付的方法。因为有几个镇市被强行置于他们管理之下,故他们更能放肆地实施他们底权威。在罗舍尔地方(La Rochelle)——以重要而言,是这王国中之第二个大城市——他们简直不容许旧教徒在这城中有一个教会可以行法国数世纪以来认为主要宗教且现在仍是法国大部人民底宗教底仪礼。但这不过是新教教士希望践踏他们同胞底权利的一部分举动罢了。一六一九年，他们在劳登（Loudon）常会里命令在所有新教镇市里不准一个耶稣会徒或一个主教所委的任何教会人员布道。在另一次会议里，他们禁止新教徒参与一个旧教牧师所主持的洗礼及婚丧典礼的仪式。他们似乎割绝所有和好底希望一样，非但竭力反对两教派间的互婚——每一基督教国家都曾因此和缓了宗教上的仇恨的——而且公开宣布他们将拒绝对于那些子女与信仰旧教家庭联婚的父母行圣礼。现在不必多举不需要的证据，只有一件事是值得叙说的，因为它是上举各例底那种精神底绝好证据。当路易十三于一六二○年巡幸霸胡（Pan）的时候，新教徒非但忿然以一异教的君王对待之，且不给他一个教堂或一个场所，使一个法国君主得在他自己底国土中表示他信为未来得救所必需的虔诚。

这就是法国新教徒受了他们新领袖底影响，对待这个不敢迫害他们的第一个旧教政府的方法，这是第一个许诺他们有自由行施宗教之权及进用许多新教徒于信托的及尊荣的官职中的政府。[①] 所有以上这些情形不过是他们行为中的一片段而已。他们以人数及才智来说，是法国民族中之最少数者，但却要求大部人民所遗弃的权力，且拒绝将他们自己所享受的宗教自由转让于他人。有几个曾加入于他们教派中的，现在已经脱离关系而回到旧教教会了。但因为行使了这种当然的权利，他们被新教教士剧烈地侮辱，极其诽谤与辱骂之能事。[②] 凡反对他们底权威的人，没有一种对待的方法是可以认为太严厉的。一六一二年，菲利厄（Ferrier）——一个当时享有相当名誉的人——因不服从他们底命令被召审判于他们底宗教会议上。他主要的罪就是对于教会底集会曾表示了轻鄙的意思，此外当然还加了许多关于他道德行为上的诬告，这种诬告是神学家时常用以污辱反对者的人格的。[③] 读宗教

---

① 一六二五年，豪挨尔（Howell）写，新教徒曾题"没良心的国王，没惧怕的城市"一句于蒙托蓬（Montauban）底门上。(见《豪挨尔信集》《Howell's Letters》第一七八页)
② 他们被称为撕拾罗马教之唾余物的狗，有时被称为辗转于偶像崇拜之泥泞中的猪。(见奎克〔Quick〕著《高卢宗教会议》〔Synodicon in Gallia〕第一册第三八五、三九八页)
③ 很清楚的，在第一次的控告中并没有提及菲利厄底不道德。(见奎克著《宗教会议》第一册第三六二页)而在第二次控告时(见第四四九页)该会议即在其他事件中加责其"曾非常放肆地辱骂及讽刺地讥笑宗教集会"。

史的人都深切知道这样性质的诉讼而不会感觉到重要,但在这件事中,被告乃为他底压迫者、敌人及审判者所审判,其结果如何当然很易预测。一六一三年菲利厄被逐出教会,且公开宣布于尼姆(Nimes)教堂。在这判决文中——现在还存有原文——他被教士宣布为"一个恶徒、一个怙恶不悛的、顽梗的及无法无天的人"。他们说,于是我们"以耶稣基督圣主之名及权力,圣灵底行为及教会底权威逐出他于信仰者底社会以外,这也许可以将他送达于魔鬼之域"。

也许可以将他送达于魔鬼之域!这是法国一隅的少许教士以为他们能以此使一个胆敢轻视他们权威的一个人痛苦的一种惩罚。在我们现在的时候,这种的咒逐或许只会引起嘲笑,①但在十七世纪早期,这种公开的宣布已足任何一个被反对的人受致命伤了。凡其研究足以使其深明宗教精神者都能很容易地相信,在那时代这种逐出教会的恐吓并不只是一种死的文字。为教士所激动的人民将起来反对菲利厄,攻打他底家庭,毁坏他底财产,抢劫他底家庭,并高声要求这个"不忠的犹大"应交付与他们。这个不快乐的人以极大的困难才得逃出,但虽然他在中夜飞逸得以保全性命,可是他不得不永久离开了他底故乡,因为他不敢回到他曾激怒一教派的地方的原故。

在其他以及与政府普通职能一点有关的事情方面,新教徒也同样地表示这种精神。他们是人民中的一小部分,但他们想支配王底行政及用恐吓的手段使所有的法令都有利于他们。他们不容许政府决定国家应承认那一种教会会议,他们还不许王得以自择配偶。一六一五年,他们毫不为意地大队集合于格累诺布尔(Grenoble)及尼姆。格累诺布尔地方底代表坚持政府应拒绝承认脱伦脱(Trent)会议,前二处集会都号令新教徒应阻止路易十三和一个西班牙公主结婚。② 他们还以同样的权利干涉民事及军事机关底处分权。亨利四世刚死以后,他们就在索睦尔地方底一个集会上坚持绪利必须复职,他们以为他前此之被

---

① 神学家对于逐出教会的观念可以在巴麦有趣味的《教会论文》一书第一册第六四至六七页,及第二册第二九九、三〇〇页中看出来,但这个动人的作家底意见应与发泰尔在《人权》(Le Droit des Gens)第一册第一七七、一七八页中的愤怒言论相对照。在英国十七世纪末年时,对于逐出教会之恐惧已为人所轻鄙了。
② 结果,那王不得不遣一有力的警卫保护他底新妇以反对他那信仰新教的人民。

撤职为不公允。一六一九年,在劳登地方的另一个集会宣布巴黎国会中之某一新教枢要大员必须撤职因其个人改奉旧教之故。以同一理由,他们又要求罢免封特累斯(Fontrailles)之勒克图耳(Lectoure)地方长官职守,因他也是采取非常的步骤,离弃了他底教派而转信了国家所规定的教条。

　　因欲助进这种举动底成功及增加宗教仇恨的原故,主要的新教教士写作了许多著述。这些著述表示着无可比拟的恶感,凡曾探讨十七世纪前半叶法国新教徒所写的小册子或阅读如沙密尔(Chamier)、德勒兰库尔(Drelincourt)、谟兰(Moulin)、汤姆孙(Thomson)及维尼尔(Vignier)等煞费苦心及正式的论文者,都能充分地明了他们对待他们底旧教同胞的紧张的仇恨。为简略起见,我现在只稍涉政治事件底大略,这恐怕已够足表明一切。许多新教徒曾参加一六一五年空台(Condé)所发起的叛乱,①虽然他们很容易地被遏止了,但似乎总想另起新军。培阿尔(Béarn)那个地方——他们在那边的人数非常众多——当亨利四世在朝时还曾拒绝容纳旧教。② 法国底史家说:"他们疯狂的教士宣布说,允许民众迷信是一种罪恶。"这条仁慈的格言,他们实施了好几年,以之攫夺旧教教士底财产而用以维持他们自己的教会。所以当新教徒在法王领土中之一部得施行其宗教时,他们在另一部领土中却不许旧教徒施行旧教徒底宗教。真是没有一个政府能容忍这种异常的事情的,一六一八年政府命令新教徒应交还掠夺品及恢复旧教徒从前的所有物。但改革教士对于这样渎神的提议非常震惊,于是举行公共斋戒及激动人民反抗,以威迫莅临霸胡地方希望为两对敌教派调整彼此之要求的王室要员,使之不得不立即离去。

　　为新教徒底热诚这样所激起的叛乱,立刻就被平定下来,但按他们最有才能的领袖卢翁底自认,则这次叛乱实是他们恶运底开始。事情

---

① 见巴臧(Bazin)著《路易十三底历史》(*Hist. de Louis XIII.*)第一册第三八一页。西思蒙第(见《法国史》第二二册第三四九页)说,他们对于这次叛乱是没有充足的理由的,而且他们底权利自南特敕令颁布以来的确未曾减削,且反为他底所增广了。
② 腓利彻在一六一七年说到关于下那发尔(Lower Navarre)及培阿尔:"四分之三的人口,有些说十分之九,是属于改革教会的。"(见《法国新教徒史》第二三七页)这或者是过分的计算,但我们由得·图里知道在一五六六年他们在培阿尔曾占据了大多数,"在那里新教徒较旧教徒为多"。

已经决裂了,问题底决定就在法国应以最近新定的宗教自由主义治理呢,还是应按照一个专断的教派——这个教派公开提倡个人判决权,但事实上却使所有的个人判断成为不可能——底格言而治理呢?

在培阿尔地方发生的战争还未停止,新教徒即决定在法国西部努力再谋起事。这个新斗争底地点是在罗舍尔地方。这个地方是欧洲最强固的要塞,且完全在新教徒底手中。① 他们一半因他们自己的工业,一半因仿效海盗生活以致巨富。一六二〇年十二月他们在这个自信为不能摇动的城中举行一个大的会议,所有他们宗教方面的主要人物由法国各部群拥而来。这立刻显出他们底教派现在是由倾向于激烈政策的人所统治。他们那些伟大的偏于现在主义的领袖,我们知道,已渐渐脱离了他们,在这个时候,只存有两个较为有能力的人,即卢翁和摩尔内(Mornay)。他们两个都看到他们底举动的不合情势,故希望这个会议能和平地解散了。但教士底权威是不可抵御的,以他们底祷告及劝诱,很容易地就得到当时毫无教育的大部人民底同情。在他们影响之下,这个会议就采取了使内战成为不可避免的途径。他们第一个议案就是立刻吞没所有属于旧教教会底财产的法令。于是他们铸造一个大的印章,在这印章底权力之下,他们命令人民须为保护宗教起见武装起来及缴纳赋税。最后他们订定规程及组织他们称为法国及培阿尔改革教会的机关,因要使他们底宗教司法权得以顺利施行,乃将法国分为八个圆形区域,每一区域置一独立的军长,但每一军长皆佐以教士一人,因各部的行政都是对其母体的宗教会议负责的。

这是法国新教徒底宗教首领所表现的方式及其莫大的权威,这些人都是本性及能力使其成为微小及卑鄙的,虽然暂时占有重要的地位,但他们底名字永不会留传于史上。这些人极其量也只配胜任主持乡村讲坛的牧师,现在乃盗取法国政权,征收法国人民之赋税,攫夺财产及儿戏干戈,这些举动都不过为要宣传一种全国认为厌恶及有害的异教底信条而已。

对于这种不适当的要求,当然法国政府除放弃它底职权或率军抵

---

① 他们第一个教会是在一五五六年建立的,(见朗开著《法国内战》第一册第三六〇页)但在查理士九世朝代时,大多数的居民都是新教徒了。

抗以外别无所择。① 无论一般观念如何地认旧教徒为必然的不容纳异见者,但在十七世纪早期时他们确在法国表现一种宽恕精神及基督教底仁慈,这是新教徒所不能埋没的。自南特敕令以至罗舍尔会议之二十二年中,政府虽受着不断的激怒的事情,但从未攻击过新教徒,他们也没有企图毁坏他们必然认为异教,及他们祖宗认定为每一基督教政治家皆应负责消灭的那一种教派底权利。

现在所爆发的战争延长了七年而且没有间断,只是在蒙特彼利厄(Montpelier)及罗舍尔有过短期的休止,但都不曾十分严格地保持着。这两教派底见解及意志的不同是和统治这两教派的两阶级底不同适相符合的。新教徒大都为教士所影响,故其目的专注于宗教统治。旧教徒为政治家所领导,故目的在于现世的利益。于是在法国,一切情势完全将这两大教派底最初倾向改变了,以至呈现为旧教徒代表了现世主义,新教徒却代表了神学主义的离奇的变态。从前因要减少教士底权力及迷信兴趣而得以存在的教派,现在反成为教士权力及迷信兴趣底拥护者,他们于是反被一向以增加教士权力及迷信兴趣而成功的一派所攻击了。如果旧教徒胜利,则宗教权力将减弱下去;如新教徒胜利,则宗教权力,也必强固起来。关于这件事,以新教徒而论,我刚才曾凭新教徒底行动及其宗教会议上的言论举了一个丰富的证明。至于为旧教徒所主持的那相反的现世主义,非但可以从亨利四世及路易十三朝代时之正当政策里看出来,而且还可以从另一个值得注意的情况中显出来。因为他们底动机是这样地明显而予教会以如此的侮辱,故宗教最大保护者教皇以为他义应斥责他们对于神学事业的轻视。这他以为是一种昭彰及不可饶恕的罪。一六二二年,适在新旧教徒斗争开始的后一年,他抗议法国政府之公然无礼的反对异教徒之不以压制异教为目的,而只存了为国家获得每个虔诚人都视为次要的那些现世主义的利益的观念。

如果在这个时候,新教徒占优势,则法国底损失将非常巨大,或永

---

① 就是摩斯海姆(Mosheim)——一个新教徒自然偏袒于呼格诺教派者——也说他们曾建立"国家中之国家",而且他将一六二一年的战争归罪于他们统治者底暴虐。(见摩斯海姆著《宗教史》〔Ecclesiastical History〕第二册第二三七、二三八页)

不能恢复。因凡认识法国喀尔文教徒底性情及人格者没有一个不能确定,喀尔文教徒如获得法国政权,则必将恢复他们现在亦已在可能范围内极力设法施行的那些宗教压迫。由他们底著作及会议上的议决案,我们都能找到那种每一时代之宗教立法所特著的干涉及不宽赦的精神。当然,这种精神就是神学立法者常常所发出的基本臆说底自然结果。教士养成即认他们最高的责任乃是保全信仰底纯洁以反对异教底侵入。所以,一旦得权,则必将他们职业中所积集的习惯引用于政治。因久已习视宗教底错误为一种罪恶,故现在自然地就企图使之成为刑法上的罪。所有欧洲国家在其蒙昧时代都曾一度被教士所统治,故我们在法律册籍中都能找到为知识之进步所逐渐消逝的那些权力底迹象。我们发现占优势的教条底宣言者颁布法律以反对其他教条底宣言者,这些法律有时是焚烧他们,有时放逐他们,有时褫夺其公民权利,有时只褫夺其政治权利。这些都是压迫过程中的不同步骤,观察这些步骤,我们即能在每一国度量其宗教精神底力量。同时,这种压迫政策恃以维持的理论通常就产生了一个相同性质而有些不同的另一种政策。因法律权既伸展至干涉意见及行为的程度,则立法底基础即很危险地扩大了范围,每个人底个性及独立性都被侵犯,又复鼓励颁布那些唐突及恼人的条例。这些条例他们以为可以对于道德加以辅助,有如其他一类法律之对于宗教所辅助者一样。在主张实行德行及维持社会纯洁的假托之下,人们在他们最普通的事业里,最平常的生活际遇里,以及他们所喜穿的衣服都受到了困扰。凡曾细读教士所著之著作,基督教会议之教规,宗教法律之各种统系以及早期教士之布道者必皆知道以上这些都是实情。确是,所有这些都是这样地自然,故喀尔文派教士曾为日内瓦政府,克朗麦主教(Bishop Cranmer)及其助手曾为英国政府草订了根据于同一精神的条例,同时有一确实相类的趋势也许可以在清净教徒或以后的监理会教徒底立法中看出来。所以法国新教士在他们自己教派中特具权力者当然要施行同样的训练,这是没有什么希奇的,现在只需稍举几个例。他们禁止任何人到戏院以及观看票友底串戏。他们视跳舞为邪恶的娱乐,故非但严格禁止,且令嘱所有跳舞教师皆须受宗教权力底警告,以冀这种非基督教的职业立即废止。如警告无效,则这些继续执拗的跳舞教师必须被逐出教。关于其他同等重要的事件,教士亦以同样虔诚的审慎以行之。在他们某一宗教会议里,他们命令所有人应禁绝穿着华丽的衣服及应适度的修整发髻。① 在另一宗教会议中,他们禁止妇人涂抹脂粉,并且宣布如此后有继续涂抹者,则将不许她接受圣礼。至对于他们自己的教士——即全体基督教徒之训师及领导——则规范更为严谨。只有教授《圣经》之教师才许教授希伯来文,因希伯来文乃是一种神圣的方言,不能被凡俗的作家所沾污的。但包含所有哲学及几乎所有之古代智慧的希腊文字却被弃置一旁而不许教授。② 又因要使人们思想不脱离宗教事物,故化学之研究亦同被禁止,这种仅属于人世间的追求是不能与神圣职业底性质相比拟的。③ 但除了这些审虑的办法以外,还恐怕知识会潜入新教徒底中间去,故又用其他方法先事防患于未然。这些教士完全忘记了他们教派所由立基的个人判断权,因急于要防止一般人误入歧途,故禁止一切人不得教会应许——换句话说,即不得教士本人底允许——不得擅自印行或出版著作。当他们用这些方法毁坏了自由研究底可能性及尽力抑止所有真知识之获得时,他们更进而反对从他们底政策所由发生的另一种情况。因有几个新教徒,见在这种制度之下绝不能有利地教育他们底子女,故将他们底子女送到几个有名的旧教学院里去。那时只有在这些学院里才能得到善良的教育。但教士知道了这种实情以后,立刻将这些犯罪的父母逐出教会,以阻碍此种情形之发生;此外还下令禁止聘任任何公认旧教的家庭教师。这就是法国新教徒被他们宗教主脑所监督及保护的情形。即使是极小的事情也不会逃了这些大立法者底注意。他们命令,没有一个人可以赴跳舞会或化装跳舞会;没有一个基督徒可以看魔术家底戏法,有名的酒杯游戏,或木人戏;也不能看摩利斯化装舞(Morris-Dances)。这些娱乐都应为地方长官所禁止,因其激

---

① "男女两性皆必须将发髻修理整齐。"(见同书第一册第一一九页)
② 阿利是(Alez)地方底宗教会议在一六二〇年说:"一个大臣可以同时为神学及希伯来文的教授,但不宜再教希腊文,因为他大部的业务将为解说异教及污渎神明的作家所占据,除非将他从政府中辞退了出来。"(见奎克底《宗教会议》第二册第五七页)三年以后,沙龙通之宗教会议(The Synod of Charenton)完全禁止教授希腊文之职业,以为是"浮泛而少利益"。(见同书第二册第一一五页)
③ 圣·美克松(St. Maixant)底宗教会议在一六〇九年命令"所有讨论会及宗教会议皆宜监视研究化学的那些大臣,且宜严重责备及非难他们"。(见同书第一册第三一四页)

动好奇心,耗费金钱及虚度光阴。① 另一件可注意的事就是洗礼时所赐的名字。一个小孩可以有两个基督教名字,虽然只有一个是可取的。② 对于这些名字的选择是要非常留心注意,它们应从《圣经》中选择出来,但不能取"浸礼会徒"或"天使"等名字,任何儿童亦不能接受从前异教徒所用过的名字。当儿童长大时,他们尚须服从其他许多的条例。教士宣言,信仰者必不能让他们底头发蓄长,恐因此易沉溺于"淫荡鬈发"之奢侈中。③ 他们底衣服应避免为"世界之最新之款式",他们底衣服不应饰有绦缨,他们底手套不应是丝或缎制的,他们应节制穿鲸骨箍撑开之内裙,他们应留意于太宽大的袖子。④

未曾研究过宗教立法史者恐将惊奇地发觉,何以严肃的人及达到审慎年龄及聚集于神圣会议的人会表示这样一种苛细及稚气的精神,他们会表现这样卑鄙和愚笨的痴呆。但凡对人类事件作一广泛的观察者将不致于责备立法者有如责备制度本身——立法者亦是其中之一部分——之甚。至于人们本身,不过是随着同类而行动罢了。他们只是追随着他们所由教育而成的传统观念。因职业性质的关系,他们一向习惯于抱负某几种见解,故当他们一旦得势则自然将这些见解施诸实行,于是他们将在讲坛上所布说的格言转植于法律中。所以,当我们读到宗教权威所立下的那些干涉、查究及扰人的条例时,我们应记得这些条例不过是宗教精神底当然结果;而欲补救这种不平及阻止此等事底发生,并非仅徒然努力于改变该阶级所由来的趋向即可,却是须将该阶级限制于一定的范围内,及预早忌嫉地防止其侵占,设法减少其势力,最后如果社会之进步确需此伟大之步骤时,则可剥夺其政治及立法之权力。这种权力虽已渐渐由其手中脱去,可是在最文明之国家内现仍容其相当地保留着。

----

① "所有信仰基督教之官吏皆受规劝,不必为此等事所苦,因其既引起愚笨的好奇心,又复縻费金钱而虚度光阴。"(见同上一书第一册第一九四页)
② 这是神学家很难解决的一个问题,但最后索睦尔(Saumur)宗教会议决肯定:"在同一章的第十三节,泼克都(Poictou)代表要求可否在洗礼的时候,赐儿童以两个名字?"关于这一点的回答是:"这是没有什么关系的,不过家长被规劝,宜注意于基督教底简单化。"(同书第一册第一七八页)
③ 我是引用一六二六年卡斯特尔宗教会议(Synod of Castres)底言语。(见同书第二册第一四七页)
④ 西班牙教士在这个世纪的早期也同样地企图规定妇女底衣服。

现姑不作这些普通的考虑，总之，可以承认我确曾搜集充足的证据以表明新教徒获得权势时法国所将遭受的命运。在我将事实引伸以后，没有一个人将会疑惑，如不幸新教徒获得权势，则亨利四世及路易十三之自由及开明——以时代而论——的政策必会被破坏而对那惨暗的严酷的且为每一时代每一国家底宗教权力之自然结果的那种制度退避三舍了。故将问题置于适当的方式上，我们与其说在对敌教条之间有一种战争，不如说是在对敌阶级之间有一种战争。这倒不是旧教及新教间的竞争，乃是非专业旧教者及新教教士的竞争。这是现世利益及神学利益的争斗——现代精神及过去精神的争斗。现在的问题底出发点就是，法国应受政治权力抑宗教权力底管理——她应受非宗教的政治家底广大见解统治呢，还是受好乱及不纳异见的诸教士底狭隘观点来统治呢？

新教徒既处于为攻击教派底有利地位，及又为他们对敌者所不知的宗教热情所激发，故在普通情形之下，也许能达到他们冒险的尝试底目的，或总可以将争斗延长至于无限期间。但法国尚幸于一六二四年时，即战争开始后三年，黎塞留断定了政府底方针。他曾任母后之私人顾问有好几年，每建议宗教整个自由之必需。秉政以后，他继续着原有的政策，而且谋与新教徒妥协。他自己一教派底那些教士要求他消灭了异教徒，他们仍以为异教徒底存在将会贻羞法国的。但黎塞留只以现世为目的，故拒绝加剧争斗，以免成为宗教战争。他曾决定惩罚叛乱，但不刑罚异教。即使在战争激烈的时候，他也不取消那赐予新教徒以宗教崇拜之充分自由的那些宗教自由法令。又当一六二六年他们表示悔恨或可说是恐惧以后，他公开地确定了南特敕令及赐他们以和平，虽然据他说他将因此受那些"得非常热烈之旧教徒名称者"底疑虑。数月以后，战争又复爆发，于是黎塞留才决定了有名的罗舍尔之围困。这一次围困，如果成功，确对于法国新教徒是一种确定的打击。他所以采取这冒险的一步，完全是根据于现世的考虑，非但可以从他以前的政策底一般精神中看出来，且也可以从他以后的行为证明出来。至关于这次有名的围困底详情，历史并不注意，因这些事情除对于军事读者以外并无价值。只需说，一六二八年罗舍尔失陷，感到解围之无望，而被教士所引诱以继续反抗的,及因此而冒极可怕的辛劳的新教徒不得不为审慎起见而最后降服。① 这个镇市底利益是取消了,而它底长官也更换了,但主持这些事情的那伟大的宰相仍拒绝要求去施行宗教迫害。他赐给新教徒以宗教自由,是他以前曾贡献给他们的,他又正式允许他们可以自由施行仪式以事崇拜。但他们是非常地昏迷,却反因为他同样恢复旧教底仪式,因此给征服者以和被征服者同样的自由,他们就对这宽赦的态度表示不满,他们不能忍受他们的眼睛须被罗马教之仪式所刺激。他们是如此地激愤填膺,于是次年在法国底另一部分又复起事。可是因为他们底主力现在既被剥夺,故很容易就被扑灭。他们在政党的立场上既全被毁坏,于是在宗教的立场上,黎塞留仍以从前的同样态度对待他们。对于一般新教徒,他确定了传教及举行他们信条之其他仪式的权利。对于他们底领袖,卢翁,赐以恩赦,数年以后,又委他以重要的公共职务。从此以后,这个教派底希望已绝止了,他们不再起事,我们也不再见提起他们,直至许久以后,当路易十四野蛮地压迫他们的时候。但黎塞留很慎思熟虑地阻止了这些所有的宗教压迫的事件,自从平定了本国底叛乱以后,他就专注于外交政策底大计划——这以前我都已叙述过的——在这计划里他很清楚地表示他反对新教徒底举动,并非因仇恨他们底教义而起的。因为他在国内所攻击的那一教派,他反在国外拥护他们。他所以要抑制新教徒者,因为他们是扰乱国家的一种骚动的政党,并要压制其他不合于他们的那些意见底实施的原故。但他并不负起十字军底名字来反对他们底新教,他倒如我所述的在其他国中鼓励着他们,虽然他是个旧教教会底主教,他却毫不犹疑地以条约、金钱、军力来帮助新教徒反对奥地利家,维持路德教派徒以反对德王,并扶持喀尔文派教徒以反对西班牙王。

我已试将法国路易十三朝代时——尤其是黎塞留主政底一个时代——底事件,作一简单及清楚——我相信——的概述。但这些事情,虽然如此重要,不过是现在表现于国家思想之各支系中的那较大进展的一个单独的情状罢了。它们不过是那要破坏人们偏见及迷信的那勇

---

① 马罗衣,他是亲眼看见这种情形的,说被围困者有时啖食他们自己底子女,而埋葬的地方都戒备着,以免尸体被掘而复为他人之食料。(见《马罗衣自传》第二册第一一九页)

敢及怀疑精神底政治表现。因黎塞留底政府是成功的，也是进步的，没有一个政府能合有这二种情形，除非它底政策和时代底感觉及情形相谐合。这种行政虽然助进了进步，却不是进步底原因，而是进步底方策及象征。进步底原因所在当不止此，是被时代底一般倾向所支配的。各世代之可察见的各种不同倾向既根据于知识之不同，则显然我们只有对于知识之量及性质取一较广的观念才能明了那些倾向底作用。故欲明白路易十三朝代时底伟大进步底真性质，我必须将关于那些较高较重要的事实底几个证据置于读者之前。这些事实史家每易于疏忽，但没有了它们，过去的研究不过是一无用而琐屑的追求，历史本身将成为无结果的一种学问，这种无结果的学问是不值得对于它努力探求的。

确是可以看得出，当黎塞留以非常的勇敢，现世化了法国政治底全部系统及不顾古代兴趣而丝毫不以最古的传统观念为念时，却有一较他犹为伟大者在一较高的部门中追求着和他恰相类似的途径，这个人——如果我可表明我底意见——是法国所曾产生的许多超卓思想家中的最精博的一个。我所说的是笛卡儿（Réne Descartes），关于他至少我们可以说，他曾引起较任何人为确定的一个革命。我们现在不涉及他物理方面底发现，因为在这本书里，我并不循索科学底进步，除非在那需要表明国家思想习惯之新转机的时期中。但我可以提示读者，他是将代数应用于几何第一个成功的人，[1]他指出正弦底重要定律，[2]在光学工具极端不完备的时代，他已发现眼球中之结晶体使光入于眼

---

[1] 托马（Thomas）说："这种方法是笛卡儿所发明的，这是将代数应用于几何学中。"（见《笛卡儿之著作》〔in Euvres de Descartes〕第一册第三二页）在最高的意义上，这一点是非常真实的，因为虽然维挨他（Vieta）及其他十六世纪中之二三个人曾预测到这一步，但我们对于应用代数于几何曲线之可能性的高超发现却宜完全感谢笛卡儿，他无疑地是第一个将代数的公式来表明那些曲线的。

[2] 海亘史（Huygens）和佛喜阿斯（Isaac Vossius）之说，笛卡儿在公布其发现之前曾见过斯尼尔（Snell）的论文，实无直接的证据可以证明，以我所知，至少没有一个科学历史家能提出任何的证据。但人类大都对于伟大人物之轻视是这样地强烈，而企图加以抄袭的罪名的愿望又是如此普遍，故这种本身不可靠，而只依据于两个忌妒的敌对者底证明的攻击，非但为现代的作家所恢复，而且即在我们底时代还被称为确定而显著的事实！这种诬罪的浅薄根据曾为第毛林（M. Bordas Demoulin）在他有价值的著作《笛卡儿底哲学》（Le Cartésianisme，巴黎出版，一八四三年）第二册第九至十二页中揭发了出来；至于这个问题的其他方面，我很抱歉地请参阅部卢斯脱爵士（Sir D. Brewster）在《不列颠会社第二报告》（Second Report of British Association）第三〇九、三一〇页中所发表的《光学底进步》（Progress of Optics），及休挨尔博士著《归纳科学史》（History of the inductive Sceinces）第二册第三七九、五〇二、五〇三页。

的变化。① 他使人注意于大气重量所形成的结果,他又考察出虹霓底原因。② 这种奇特现象,在平常人的眼中,仍把它和一些神学上的迷信相联系的。同时,又好像是冶众美于一炉,他非但被认为是当代的第一个几何学家,且凭其文笔之清了及博人赞赏的精确,他成为法国散文创立者之一。虽然他常常从事于人类思想之性质底高尚的研究——这永不会不使人惊奇地研究着,我几乎可以说永不会不令人敬畏地读着——他却将这些研究和他对于动物体构之久经努力的实验混合起来,令他升擢以跻当时解剖学中之最高地位。哈维(Harvey)对于血液循环底伟大发现曾被大多数的当代人所忽略,③但这立刻为笛卡儿所承认,且使之成为他人类研究中心理之部分的基础。他也采取了阿塞

---

① 使这点尤为可注意者乃在笛卡儿死后许久,眼球中之结晶体尚为人所忽略,而且在一百余年中亦无人企图去确定其密切的机构以完成笛卡儿底见解。的确,据说(见汤姆孙著〔Thomson〕《动物化学》〔Animal Chemistry〕第五一二页)眼球中之结晶体及两汁液才第一次在一八〇二年被分析。可参阅西门(Simon)著《动物化学》第二册第四一九、四二一页。亨雷(Henle)著《解剖论》(Traité, d'Anatomic)第一册第三五七页,雷培勒雪(Lepelletier)著《医科生理学》(Physiologie médicale)第三册第一六〇页;美俄(Mayo)著《人类生理学》(Human Physiology)第二七九页;布兰维尔(Blainville)著《比较生理学》(Physiol. Comparée)第三册第三二五至三二八页。上面所指的分析,没有一种是在十九世纪以前的。我所以涉及这一点,一部分是对于我们知识史的贡献,一部分是欲证明人们追随笛卡儿及完成其见解之迟缓。因布兰维尔很公平地说,在我们能彻底地将睛珠拆光的光学定律化为通则以前,我们必须先明白睛珠的化学定律,所以事实上柏齐利阿斯(Berzelins)对于眼底研究实是补充笛卡儿底研究的。按动物界底阶段而定的眼结晶体之限制论及眼结晶体之进化与视觉之全部加强的关系似乎很少人研究,但格兰(Grant)博士(《比较解剖学》〔Comparative Anatomy〕第二五二页)以为有几种轮虫也是有睛珠的;至于睛珠底根源,我见牟勒在所著《生理学》第一册第四五〇页中有一奇异的叙述,以为哺乳动物底睛珠取去以后,曾由其胚素——即囊——重复生长出来。(如果这一点是可靠的,那么可以用以反对什凡〔Schwann〕底意见,他在一八四七年出版之《显微镜之研究》〔Microscopical Researches〕第八七、八八页中以为睛珠底生活质素是植物,而不是"睛珠囊底分泌物"。)至于睛珠存在于水螅水母类中的可能性,可阅赖麦·琼斯(Rymer Jones)著一八五五年出版《动物界》(Animal Kingdom)第九六页"视之为眼球结晶体或脊柱动物之耳中的石灰质硬块"。
② 可是显然以不公正对待笛卡儿的休挨尔博士也承认他是"解释虹霓的真正作家"。
③ 休挨尔博士(见《归纳科学史》第三册第四四〇页)说:"大部分立刻为其国人所接受,但在国外则遇到相当的反对。"他说这句话是没有根据的,但我们倒要明白是谁告诉休挨尔博士这种发现便立刻为人所接受。其实在英国既未遇到迅速的接受,而且在许多年中几乎普遍的被否认。哈维曾确实地告诉奥布利因他血液循环一书之出版,使他底业务大受影响,他被人信为颠狂者,被"所有的医师"所反对。(见《奥布利底信集及生活》〔Aubrey's Letters and Lives〕第二册第三八三页)威利斯博士(Dr. Willis)说:"哈维底见解在最初即几乎受到普遍的反对。"(见西顿那姆社(Sydenham Society)于一八四八年出版之《哈维丛著》中《哈维底生活》(Life of Harvey)挨利俄特松博士(Dr. Elliotson)说:"他底直接报酬就是普遍的讥笑与侮辱及业务之大见减削。"(见《人类生理学》〔Human Physiology〕第一九四页)布卢塞(Broussais)说:"哈维狂喜地告诉他血液循环的发明。"(见《医学理论之考察》〔Examen des Doctrines Médicales〕第一册第七页)又威廉泰姆培尔爵士(Sir William Temple)是后于哈维一代的人,他当然在该发明之后数年出世的,但在他著作里所提起的关于这个发明的语气,实可表明那时就是受教育的人,也未曾普遍地接受他底发明。

利(Aselli)底乳糜管的发现,这个发现最初非但不令人相信,且先充满着讥笑。①

这些事情也许足以使笛卡儿在物理工作部分所受到的那些不去研究他著作的人或既研究而不能认识其才具者底攻击得以消除,但笛卡儿底荣耀及其对于时代的影响却并不凭依这些。以上所论姑不计及,他仍是所谓现代哲学底首创者。他是形上学底伟大系统及方法底创始人,虽然形上学是有许多错误,但无疑地曾给欧洲思想以特异的冲动及传给欧洲思想一种活动,曾有效地利用于不同性质之其他目的。此外更进则对于纪念笛卡儿我们还受有另一种恩惠。他之所以能得后世人底景念,不在于他底建设而在于他底破坏。他底生活就是反对偏见及人类传统观念底一个伟大及成功的奋斗。其伟大处固在创造,而他底尤伟大处,实是破坏。在这方面,他是路德底真正承继者,他底工作是路德遗规适当的增补,他完成了那伟大德国改革者未竟之志,他和哲学旧系统底关系恰如路德对于宗教底旧系统底关系一样,他是欧洲思想底伟大改革者及解放者。故视自然定律之最大成功的发现重于这个伟大革新者及传统观念之扰乱者,即有如我们视知识重于自由,及信科学重于信赖自由一般。我们当然应感谢那些卓越的思想家,给我们以现在所有的那大部的自然真理。但应让我们为那些毫不犹疑于攻击及毁坏根深蒂固的偏见底更伟大的人保留我们充分的尊敬,这些人因移去了传统观念底压力,曾清涤了我们知识底源泉,及以除去了阻绝进步的障碍以后,获得了未来的进步。

我不会对于笛卡儿底哲学作一详细的探讨,或者也未必有人希望我如此。这种哲学至少在英国是很少人加以研究,故亦常受攻击。但他必须予以叙述,使之表明其与黎塞留反神学政策之相同及使我们充分看到路易十四接位以前所发生的大运动。这样,我们将能体察到这伟大的宰相底大胆的革新怎样会获得成功,而被整个国家底思想中的同样的革新所依伴着及推动着。这又可证明每个国家底政治史,都可以因其智力之进步来表明的。

一六三七年,当黎塞留底权力达到最高度的时候,笛卡儿发表了那

---

① 就是哈维也至终否认之。

伟大的著述，这是他久经深思之作，也是第一次法国思想新趋势之公开宣示。他称这本著作为《方法》。的确，这方法是和普通所称的神学绝端的背道而驰。它非但远非神学的，而且是侧重的及整个的是心理学的。神学方法是根据过去纪录，传统观念及古代言论，而笛卡儿底方法乃完全根据于每人自己思想运用中之意识（Consciousness）。他恐怕有人会误会这意义，故又在以后的著作里，以清丽绝伦的文笔大加辨释。因为他主要的目的，就是要将他所提出的见解普通化。所以笛卡儿说："我宁愿写法文而不写拉丁文，因为我相信，应用简单及固有的理性的人对于我底意见，将较那些仅信古书者能更作公平的评论。"他对于这点既坚持，故在他第一部著作之开始即警惕读者注意于过去事情找寻知识之普通错误；他又告诉他们"凡人对于过去之习尚过分觉得新奇者，则他们自己之时代底习尚等等必甚模糊"。

这新的哲学既不用旧的方法在过去的纪录中找寻真理，故它底要素即在断绝所有过去的联系，又因以破坏之工作开始知识之获得，故先破坏然后方能建设。笛卡儿说，当我开始真理之追求时，我觉得最好的方法即是弃绝我在此时以前所接受之每样事物及除去我旧的意见，以使我得以另立新意见之基础。相信用此方法我将较仅建造于旧的根基上而以我幼时所习不问其是否真实之原理支持我自己为尤易成就生活之伟大计划。"所以我要自由地及热诚地专注于全部破坏我所有的旧意见"。因为我们如果要知道现有范围的全部真理，则我们先必须越出于我们底偏见之外及决定弃绝我们曾知道的那些事物，除非我们把它们重新考查过。所以我们必须从我们自己本身的旧意见将我们驱逐出来，却并非将它们逐出于传统观念之外。我们对于不甚清楚的问题，必不可遽下判断，因为虽然这样一种判断也许是正确，但只能算是偶然的，并没有足以依据的坚固基础。但我们底态度既非如此冷静，故我们底记忆中是充满了偏见。我们对于文字之注意尤甚于事物，因做了形式之奴隶，故有许多人"深信他们是合理的信奉宗教的，但事实上却是固执及迷信，这些人以为自己是完全的，因为他们常到教堂里去，常祷告，常蓄头发，常斋戒，常布施。这些就是以为他们是上帝底朋友，并非上帝所憎恶的人。这些人在热诚伪托之下，以□倾陷城市、弑杀君主、灭亡国家等大罪来满足他们的情绪，而他们所有这些都是对待那些意见不易迁换的人而作的"。

这是法国最后一次宗教战争结束后数年这个伟大的教师对他国人所说的聪慧的言语。这些见解和同时契林渥斯所发见者之相同点必会使读者感到震动，但却不应激起惊奇，因为这些见解实是正确的个人判断及人类理性之独立性得以坚固地建立起来的一种社会情状中的自然产物。如果我们作更进一步的研究，则我们更能发觉英、法之间的相同点底更进步的证明。两国底进步是这样地相类似，故蒙坦和笛卡儿所有的关系就如呼克尔和契林渥斯的关系一样；至关于时间之相差及意见之相差也相同，呼克尔底思想本质上是怀疑的，但他底天才为时代之偏见所限制，以至不能广察个人判断之高崇的权威，而只有求决于宗教会议及宗教古传底一般言论了，这些障碍于三十年后一旦遂为契林渥斯清除了。同样的，蒙坦也像呼克尔一样的怀疑，但也像他一样，生活在怀疑精神尚属幼稚及人们思想仍战栗于教会权威之前的一个时代。所以当然不足希奇，就是对其时代贡献颇大的蒙坦对于人类才能之能自谋解决伟大之真理一点，亦必处于犹疑不决之途，于凝自观望之际，他于是常表露着不信赖人类才能的一种方式。这种缺点和这种不完全不过是社会进展之疲缓，及即使具极伟大之思想家在某一定点之外，亦不能超越于其同时代人之一种证明罢了。但因知识之前进不懈，这种缺陷终究得以补救，有如呼克尔之后一世便产生了契林渥斯一样的，在蒙坦之后一世即又产生了笛卡儿。契林渥斯和笛卡儿两个都以敢于怀疑著称，但他们底怀疑都不是指向于反对人类底智慧而是反对求决于权威及传统观念。人们一向都以为没有权威及传统观念，智慧是不能很安妥地进行。这就是契林渥斯底情形，我们是已经知道的。笛卡儿之同此情形则更为明显，因为这个深潜的思想家非但相信人底思想能以自己的力量铲除了古代的意见，且能不以新的助力建造起一个新的及坚固的系统来代替已推翻的那一系统。

就是这对于人类智力之非常的信仰是笛卡儿显著的特色，而使他底哲学具有特殊的超越点，以别于其他的哲学系统。他既然不以为外界底知识重于真理底发现,故他立下一个基本的原理,以为我们必须先要不理会这样的知识,[1]第一步就是先要将我们自己和自然底诱惑相分离及弃绝呈现于我们感觉的证据。因笛卡儿说,除思想以外,没有一样事物是确实的;又除由我们意识之运用而必然发生的事物以外,也绝无所谓真理。我们对于我们底灵体毫无所知,只有视它为思想之本质,而且我们容易相信灵体会休止存在,但不易相信灵体会停止思想。至于人底本身,是什么呢,还不是思想底化身吗?因为组成一个人的不是他底骨干,不是他底肉体,也不是他底血——这些是他体质中的无关紧要及障碍的东西,但这个人本身即是思想。这个不可见的我,存在之究竟的事实,生命之神秘就是"我是一个思想的东西"。故这就是我们知识之开始及基础,每一个人底思想就是我们所能分析的最后的成分,这是每一疑惑的最高判断者,这是所有智慧底出发点。

笛卡儿说,我们本乎此立场,才发生了对于神底存在的认识。因为我们对于他底存在的信仰就是他存在的一个不可推翻的证明,否则这个信仰从何而来呢?既然没有一样东西可以从"没有"而产生,没有一个果是没有因的,那么我们对于上帝的观念亦必有个来源,而这个来源,无论我们称为什么,总就是上帝。于是他底存在的最后证明就是我们对于他的观念。所以与其说我们知道我们自己因为我们相信上帝,不如说我们相信上帝因为我们相信我们自己。这就是事物底常规及前提。每个人底思想已足证明上帝底存在,而且这也是我们底唯一的证明。故人类之智慧,其尊严及超崇有如此,就是这个万物之尊也出乎其中,有如出乎其唯一之本源一样。因此我们底宗教不应由他人传授而来,而须出自我们自己,这不是由古代事物里所能假借的,乃须由每个人之思想而发现,这不是传习的,而是个人的。就因为这个大的真理被

---

[1] 按照笛卡儿底意见,这种外界的知识应弃置不顾,并非否认之。在他著作里我们找不到否认外界存在的例证。乔勃脱(Mr. Jobert)所引用的他底句子(见一八四九年伦敦出版《哲学新系统》〔New System of Philosophy〕第二册第一六一、一六二页)也完全未能辩明这个富于创作能力的作家,他是将普通意义底确定和笛卡儿学说所称的确定相混乱了。有些人以为他底"我思想,故我存在"是二段论法,于是不加深究地反对这个大哲学家,而诬称他是无明证而假定为是。这种的评论家忽视了论理学程序与心理学程序的分异点,因此,他们没有看到这个名句是一个精神上的事实的描述,而不是分断的三段论法的叙述。研究笛卡儿哲学者应当将这两种程序分别清楚而记得每种程序其本身都有特殊的一种证据种类的,或总之,他必须记得这是笛卡儿底意见。

忽略了,才发生了不虔敬。如果每个人都能满足于他自己思想所暗示给他的上帝的观念,那么,他将得到关于神底本质的真知识。但当他并不以此为限,而必和他人之观念混合时,则他自己的观念将变成错杂混乱,彼此矛盾,其组合既如此混乱,他只有常常以否认被"教而信"的那上帝——当然不是上帝——底存在便了事。

这些主义必曾遗害于旧神学是很明显的一件事。在接受这些主义的人底思想里,这些主义非但对于普通的教义——譬如变体——是致命伤,而且还直接反对其他同样不可抵拒及更危险的意见。因笛卡儿既建立了一种反对所有权威而唯人类理智是视的哲学,当然势必至于废弃最后原因底研究——这是一个时代较古而自然的迷信,德国哲学家一向为之阻碍前进——此后我们将看到的——而现在虽然松弛却还紧系于人之思想的。① 同时废除了古人底形上学以后,他更减弱了当时过分的崇古之心。在其他更重要的事情里,他也表现着同样的精神而达到同样的成功。他对于亚里士多德底影响,或可说是专制,攻击得如此厉害。虽然那哲学家底意见和基督教神学是非常密切地混合着,终久其权威完全为笛卡儿所推翻。那些经院学派底偏见也一起消灭了,关于这方面的偏见当然亚里士多德是不须负责的,但在他底大名底护翼之下,这些偏见曾在几世纪中迷惑了人底理解力及阻止了他们知识底进步。②

这就是这位欧洲伟大人物对于文化的主要贡献。他和黎塞留的相同点既非常明显且直如出一人,同样不顾旧观念,同样轻鄙神学兴趣,同样漠视传统观念,同样决定重现在轻过去。总之,同样主要的现在精

---

① 譬如,休挨尔博士说,我们必须弃却无机科学中的最后原因,但必须承认他们于有机科学中;换句话,这不过是说,我们对于有机界所知道的较无机界为少,及因我们知道得少,故所信者多;在这方面和其他方面一样,科学愈少则迷信愈大。(见休挨尔著一八四七年出版《归纳科学之哲学》(*Philos. of the Inductive Sciences*)第一册第六二〇、六二七、六二八页;及他著《归纳科学史》第三册第四三〇、四三一页)如果这个问题需要凭依权威而解决,则尽可求断于倍根及笛卡儿,两个在十七世纪是哲学方法的最大作家,及孔德,曾被少数精研其实验哲学者认为我们时代的伟大者。这些深奥而广博的思想家曾都拒绝最后原因的研究。我们早已清楚地看到,最后原因实是神学对于科学权利的侵犯。

② 布朗博士在一八三八年爱丁堡出版之《思想哲学》(*Philosophy of the Mind*)第一七二页中称笛卡儿"这个著名的反叛者,他推翻了亚里士多德底权威"等等。这不用说是指视亚里士多德为不可摇动的一种习惯而言,和对于亚里士多德——恐怕是古代思想家中之最伟大者——个人的一种尊敬是很不相同的。

神可以从笛卡儿底著作里及黎塞留底行为里看出来。前一个是对于哲学,后一个是对于政治。但当我们承认了这两个卓越的人底才能时,我们应该记得他们底成功非仅是他们自己能力底结果,而且是当时一般时代性底结果。他们工作底本身是靠着他们自己,他们工作之被接受却靠着他们同时代的人。如果他们生活在一较迷信的时代,他们底见解或许会被轻忽,或注意了而却咒骂为渎神的新奇之事。在十五世纪或十六世纪早期,笛卡儿和黎塞留底天才也许会缺少对于他们工作上所必需的材料,他们广泛的智力在那种社会情形里也许不会有所做作,他们将不会唤起人底同情心,他们这种善行也许永得不到报酬。如果在这种情形中,他们所得到的惩罚只是冷淡,则对于他们已算好了。如果他们不若其他著名的思想家因妄图阻止人类轻信之潮流而受罚锾则已算很好。如果教会不因此而怒吼——黎塞留不因此而被视为叛逆者而处死,笛卡儿不因此而被认为异教徒而焚毙——则已幸甚了。

的确,这两个人在公众眼目中占有这样显著的地位及着重对于迷信兴趣非常厌恶的见解,而能生活着不受严重的危险及以后能够善终这一事实——且只此一事,即可为法国在五十年中所造就的进步底一个确实的证明这个大民族底偏见,[1]其废弃有如此之迅速,于是完全与神学传统观念相反,及对于宗教权力全部计划有大害的意见遂为笛卡儿所提倡,为黎塞留所实行而未遇任何危险。现在很清楚地可以看到,这两个时代底先进者已能毫无危险的公开宣传半世纪以前一个平常人在其私室秘谈都要认为危险的意见。

他们所以能发表这种意见而不遭遇到危险的原因是不难明白的。这些原因可以在怀疑精神之分布中找出来。在法国和英国,宗教自由都是以怀疑精神为先导的。因为限于篇幅的原故,关于这方面无需详细细述。总之,在这个时候,法国底文学一般是以自由及大胆研究著称的,这除英国以外,在欧洲找不出其他的例来。听受蒙坦及沙龙之教训的一世代已面目全非,而后起的一个世代当然是他们底学生的一个世

---

[1] 笛卡儿因游历克利斯提阿尼阿(Christina)死于瑞典,故严格地说,这书是有错误的。但这点并无碍于论据,因笛卡儿底著作既在法国热烈地受到欢迎,而并不受禁止,则我们必可设想,他如仍留于本国,他本人或将能平安地过去。焚毙一个异教徒当较禁绝一书为尤厉害,法国教士既未能实行后者,当然不会处以以前一种举动。

代，但这些学生早已后来居上,青胜于蓝了。结果在路易十四听政以前的三四十年中,①没有一个著名的法国人不同有此普遍的感觉——没有一个不攻击一些古教义及推翻几个旧意见的基础。这种大无畏的精神是那时候有才具的作家底特色。最可注意者,这种运动底传布是如此其迅速,以至通常将最后受其影响的那些社会部分,也包括在这种运动中。这种为所有研究及所有真实改进底必然先驱的怀疑精神,是起源于社会中之最富于思想及最有知识的部分的,当然也就被其他部分所反对:为贵族所反对,因它危害及于他们底兴趣;为不受教育者所反对,因它攻击他们底偏见。这就是最高及最低阶级的人不适合于领导一个文明国家的政府底理由:因为这两种阶级的人——除了例外不计——大多总是厌恶一个进步的国家在情势上所必需的那些改革。但法国在十七世纪中叶以前,就是这两种阶级也开始参与这种大的进步,所以,非但在思想界中,就是在愚昧及轻浮的人中,也可以看到这种研究及不易轻信的倾向。这种倾向无论如何地被反对,至少具有一种特点,就是,没有这种倾向即不会有宗教自由及自由那些主义之建立。那些主义只有经过无限的困难及对于偏见——其根深蒂固之固执性几使其被认为人类思想本质之一部——作无数的殊死战方为人所承认。②

无疑在这些环境中,笛卡儿底思想和黎塞留底行为当然要遇到极大的成功。笛卡儿底系统发生了巨大的影响,而且几透入于知识之每一支流。③黎塞留底政策之运行既已广植基础,故后继者便能坦然曹随了,而且一般人也并没有异趋的举动,直至路易十四时才有一种勉强的及不自然的反动,这反动在某一时期曾对于公民自由及宗教自由是大有妨害的。这种反动底历史以及法国革命以相反的动力之如何预伏着进行,皆将于这本书的以下章幅里叙述之。现在我们再重新探讨当路易十四执政以前在法国所发生的事情底线索。

---

① 这是指一六六一年,当路易十四第一次把握政权的时候。
② 不妄信的激增是这样地显著,以致产生了"一六二三年左右,在巴黎有五万多名无神派"的可笑的陈述。(见巴耶〔Baillet〕著一七二二年巴黎出版《博学者底见解》〔Jugemens des Savans〕第一册第一八五页)巴耶绝无困难地反对这荒谬的叙说,(这在科尔利治底《文学遗著》第一册三○五页也有提及,但对于两个不同的时期显然有混乱的地方)但在路易十三朝代及路易十四未成年时,怀疑主义在上等阶级及朝臣中底传布是有许多明证的。
③ 关于笛卡儿底影响实可成篇牍地写出来,这种影响非但可以在和他哲学有直接关系的题材中看出来,且在和他哲学显然很远的题材中也能发现出来。

黎塞留逝世以后几个月，路易十三也崩逝了，于是路易十四接位。他那时还是一个小孩，在许多年中对于公共事件并没有什么影响。在他未成年时，政府在名义上为母后垂帘，但事实上乃是马萨朗（Mazarin）在那里主政。他底才具是每一点都逊劣于黎塞留的，但他曾挹受黎塞留底精神，及能够尽其能力采用了那个伟大政治家底政策。他因一部分受了他前任者底模范底影响，一部分受了他自己的性格及时代精神底影响，并没有表示要压迫新教徒或扰动他们那时所有的任何权利的愿望。① 他第一个法令就是确定了南特敕令，②而且在垂死以前，还容许新教徒复得举行因他们自己的暴动而被停止的那些宗教会议。③ 在黎塞留之死至路易十四执政时之间，经过了几达二十五年的一个时期，在这时期中，马萨朗，除了少数的间断外，常为国家之主持者。而在那全部的时期中，我未能找出一个法国人为宗教而受惩罚的例证。的确，这个新政府非但不保护教会来压迫异教，且对于宗教事业表示冷淡，这现在且变为法国政策的确定方针了。黎塞留，我们已经看到，曾采取了胆大的步骤将新教徒置于政府军之最高位置。他之所以出此一着都是根据于一个简单的原则，就是，一个政治家底第一责任就是应为其国家底利益尽力引用贤者而不问其神学的意见如何。关于这一点，他知道没有一个政府曾注意到的。但路易十三个人的感觉常和他伟大的首相底开明政策相径庭，故他视他对于旧日偏见轻忽至此一点颇为恼怒，信仰旧教的兵士为异教徒所统率这个观念惊动了他底虔诚，而且有一个富有学识的当代人告诉我们，他决定停止了对于教会的这种污辱，且决定新教徒以后不得膺法国将帅之任。如果他那时还未宾天，是否他能达到这个目的是个疑问，④但所能确定者乃他尸骨未寒，而元帅的职位便赐予新教将军中之最有能力的丢楞的。⑤ 翌年，另一个新教徒叫做加西杭的也得同跻高位，于是形成一特殊的现象，即大

---

① 在腓利彻著《法国新教徒史》第二九二页中曾怨恨地承认他没有迫害新教徒。
② 一六四三年他确定了南特敕令。
③ 一六五九年招集了劳登宗教会议（The Synod of Loudun），这个会底会长说："我们已有十五年没有国家承认的宗教会议了。"（见奎克著《在高卢的宗教会议》第二册第五一七页）
④ 他对于他所犯的罪是如此的不安，以致在他崩逝以前，他请求这个信新教的元帅改信他们底教义。
⑤ 路易十三崩逝于一六四三年五月，丢楞即于九月被任为元帅。

的旧教国底最高军权为两个人所柄执,他们底宗教是教会永不倦于訾咒的。① 马萨朗也同样地仅为适应政治底情势起见,和克林威尔成立一密切的联盟。克林威尔是一个篡位者,在神道家底眼光中,他是被视为永沦地狱之人,因他为反叛、异教及弑君三种罪恶所沾污的原故。② 而且黎塞留这个学生底最后一个议案乃是签订庇里尼条约(Treaty of the Pyrenees),因这条约,宗教的利益是很严重地减削了,而这个仍被认为教会之首脑者也受到绝大的损害。

但在马萨朗主政期内最显著之事为夫隆德之剧烈内战的爆发。在这战争中,人民拟将他们已在文学及宗教中所表现的那种不服从的精神采用于政治。在这里我们不能不注意到这次的斗争和同时在英国所发生的相同点。这当然不能说两件史实都是彼此符合,但它们底相类点无疑地是非常明显的。在两国中,内战都是那时思想上的或可说是文学上的怀疑主义底第一次普遍的表现。在两国中,不轻信的运动先起,随后即生叛乱,而教士底屈服总是在君主底屈服以前,因黎塞留之对于法国即如伊利莎白之对于旧教教会。在两国中,那时都兴起了一种文化底产品即自由的出版物。这种出版物以发表无数及无畏的著作——这明显了当代的活动——表露了它底自由。③ 在两国中,这种争斗都成为退步与进步的争斗,坚持传统观念及希求革新者间的争斗;同时在两国中,这种竞争都外表上呈现为王与国会底战争,王代表了过去底机构,而国会则是现在底代表。不用提那些次等的相同点,关于这两件大事还有一点很重要的相符合点,就是这两个战争都是着重现实,并非为宣传宗教的愿望而起,乃是为获得公民底自由而起的。关于英国叛乱之现世方面的性质,我已经提过了,凡曾研究过其原来之证据者当然必能明了。在法国,我们非但能找到同样的结果,而且怀疑思想家

---

① 西思蒙第(见《法国史》第二四册第六五页)以为加西杭底委任是在一六四四年,按孟格勒(Montglat)于《自传》第一册第四三七页中则写的是一六四三年之末。
② 这个联盟特别触怒了教皇,(见朗开著《教王》(die Päpste)第三册第一五八页,可比阅罕安著《克林威尔》第一册第三四三页、第二册第一二四页)而以克拉林敦底语辞来定,在英国底正教团体也为此而激怒了。(见克拉林敦底《叛乱史》第六九九、七〇〇页)
③ 在英国,长期国会继续了审理叛乱罪之法庭底发给执照权,(见布拉克斯同著《关于英国法律之注释》第四册第一五二页)但从当时的文学看来,显然这种权力在相当的时期中,事实上是搁置不行的。两派都在报章上彼此攻击,而且据说在内战爆发及皇朝复兴之间,曾有三万至五万的小册子印行出来。

底主义已经产生了它们自然的结果,并且因在教育阶级中传布开来的原故,非但影响了——它们常是如此的——接受这些主义的人,更还影响了反对它们的人。的确,最卓越的人对于一代的普遍意见都会发生怀疑这一个事实至少总会使嘲笑怀疑的那些信仰受到扰动的。① 在这样的情形中,没有一个人可以平安地过去,最坚固的信仰都易稍变为不安定,那些外表保持信奉正教者常不自觉地摇动了,他们不能完全抵抗思想优越者底影响,更不能常避免一种不快的疑虑,即凡能力及愚昧相比较,大概总是能力对而愚昧错误的。

法国就是如此。在这个国家里,与其他国家当无二致,当神学信念减弱的时候,神学的仇恨也就消灭。以前宗教是战争的原因,也是战争得以进行的藉口。于是有一个时候,宗教不再为战争的原因,但社会底进步是这样的迟缓,宗教仍被人利用为战争的藉口。最后来到夫隆德人底伟大日子,那时宗教既非战争的原因也非宗教底借口,②在那时期可以看到第一次在法国,人类公然为人底目的而热烈地争斗,是一种人们要增加自由而非为进行一种意见而起的战争。使这次变化更为显著的乃是主领这次叛乱者乃是教皇之内阁阁员得累斯(de Retz),他是个非常有才能的人,但他对于他底职业的鄙视是人所尽知的。关于他,有个大史家曾说:"他是法国第一个主持内战而不以宗教为藉口的主教。"

于是我们可以看到,继亨利四世登极后的七十年中,法国思想,其所取之进展途径显然和在英国所发生者相同。我们曾看到,在两国中,人们底思想,按其发长之自然情状,曾先对于久所深信者发生怀疑,然后容纳久被痛恨的意见。这并不是偶然的及反复无定的一种结合是很明显的,因非但可以从普通的论据及两国的相同点证明出来,且可从另一富有兴味的情形看出来。这就是,非但在宗教自由底增大方面,其两国事件之顺序——即彼此之比例——是相同的,且关于文学及科学之

---

① 斯丢阿特说:"没有再比封特涅尔(Fontenelle)底观察为公正的了,他说:'相信世上已公认的一种学说系统的人数丝毫无助于其系统之可信性,但怀疑这种学说系统的人数却有减削其可信性的趋势。'"(见《思想哲学》第一册第三五七页)
② 就是一般人民也说,一个人至死都是一个新教徒是无关重要的,但如果他是一个马萨朗党人,则他必受天罚。(见《勒耐自传》〔Lenet's Memaires〕第一册第四三四页)

发展也如此。两国底知识进步和它们宗教势力底衰落,其比例是相同的,虽然这种比例是表现于不同的时期中。我们较法国人能较早的抛弃迷信,因为先进的原故,故我们能先于那大民族产生了现世的文学。凡不畏麻烦而将英、法两国人之思想发长作一比观者,皆将看见我们在各重要之部门都是占先的,这并不是说才能,乃是说时间的顺序。在散文、诗歌以及各高超知识之支流中,比较起来,我们几乎都较法国人为早熟一世纪,而且按年月来算在倍根和笛卡儿、呼克尔和巴斯卡尔(Pascal)、①莎士比亚和高乃依(Corneille)、本仲松(Ben Jonson)和摩利挨(Molière)、哈维和培魁脱(Pecquet)之间也具有同样的比例。这些卓越的人都在其本国毫无假借地享有盛名,若之互为比较或将引起恶感。但我们现在所要说的,乃是在那些研究同一种学问的人中,伟大的英国人在每个例证里都是先进于伟大的法国人许多年的。他们这种相差的现象在各门主要的研究题材中非常有规律,故决不能视为偶然。现代的英国人既然很少敢臆断我们在本质上优越于法国人,则显然必有一种显著的特殊点,使这两国因相异而所产生之差异点并非在于其知识,而在于其知识出现之时期者。这种特殊点无需十分深究即可发现。因虽法国人较英国人为迟缓,但当进展很完美地开始以后,其成功之前提则在两民族中若合符节。故很清楚的,按归纳法理解之最普通的原则,则进展之迟后必源于成功之前提之迟后的原故。法国人所知不多者正因其自信过甚。他们底进步被有害于所有的知识底那些感觉的流行所阻碍,因既以古代事物为智慧之主要仓库,则他们必轻视现在以求赞美过去。这些感觉破坏了人们底前途,遏抑了他们底希望,挫折了他们底好奇心,沮丧了他们底力量,损坏了他们底判断,而且在屈辱他们底理性底伪托之下,希冀将他们重新沉沦于甚于中夜的黑暗中,在这里只有他们底理性才能使他们拯救出来。

存在英、法之间的类似点确是非常显著,且以我们所研讨的来说,似乎它们底相同在各部分都很完全无缺。总而言之,我们可以说,两国在怀疑主义,在知识、文学及宗教自由方面都是取同一进展的顺序。两

---

① 胡克及巴斯卡尔可以很合宜地同视为两国最神圣的神学作家,因为菩维挨(Bossuet)逊于巴斯卡尔,而泰罗则逊于胡克。

国都同时同一目的及有许多方面在同一种情形之下发生了内战。两国底叛乱都是先胜利而后失败的,叛乱压伏以后,两国底政府都几乎同时完全恢复其势力,查理士二世在一六六〇年,路易十四则在一六六一年。① 但它们底相同点也就止于此了。从这时起,两国就开始分途异趣,②这种差异继续至一世纪之久,直至以后英国则繁昌兴茂,法国则产生了较世界任何国都更为残暴、更为完全及更为破坏的革命。这两大文明国底命运的差异是如此的明显,故其差异之原因即成为欲深解欧洲史者所必需知,而同时对于不直接有关系的事件亦有助增了解之效。此外,这种全凭科学兴趣的研究将有高强的实际上的价值。它将表明——人们似乎现在才开始明白的——在政治上,当确定的原理尚未发现的时候,成功之先决条件乃是妥协、交换条件、便宜主义及让步。它将表明,如果以古代的明训来应付新的危机则就是最有才能的统治者亦将惨厉地失败的。它将表明知识与自由之间及增进的文化和前进的民主主义之间的密切关系。它将表明一个进步的国家需要一个进步的政体。在相当限度之内,改革是安全之主要基础,没有一种组织能抵抗一个社会底变化及运动,除非它能修复它底机构及开广它底进途;而且即以唯物的观点来说,没有一个国家,当其人民不克积渐地伸展他们底权力,不增大他们底利益,不参与国家底机能,而能蔚繁昌而致郅治的。

英国底平静及其不趋于内战者都可以归因于他们对于这些伟大真理底认识,③而凡忽略了这些真理者则其国家必陷于悲惨的灾难中。所以在这方面,我们就觉得很有兴趣地要确定,为什么我们所比较的这两国在这些真理方面,其所采取的观点是如此地极端相反,而在其他事情——即意见方面——却又如此相似。或换句话说,我们必须要研究为什么法国人在知识、怀疑主义及宗教自由方面和英国人都趋于同一

---

① 马萨朗,直至一六六一年死后,对于路易曾有完全的支配权。马萨朗刚去世以后,那王执政时之妄自尊大的态度曾为当时在场的布利恩(Brienne)所叙述。(见《布利恩自传》〔*Mém. de Brienne*〕第二册第一五四至一五八页)
② 关于这一点,我底意思是这种分歧点在第一次对于每个观察者变为非常清楚,但分歧底原始却将如我于下章所述的,起源甚早。
③ 这就是说,这些真理底实际上的承认,理论上它们仍被无数的政治家所否认。但他们仍却帮助着这些真理之诸神实行,非常希望每种发明都将是一种永久的发明,而且引诱人们改革,藉口说,因每种变化,我们正回复到英国古宪法底精神。

途径,而于政治方面却截然停止呢？为什么他们底思想曾产生了这些伟大的事情还不知自由为何物,而且虽有夫隆德人之英武的努力还会落于路易十四专制之下而永不愿反抗呢？最后灵与肉都成为奴隶了,他们还对于一个极渺小的英国人都要唾弃为不能容忍的束缚的情状表示骄傲。

这种差异底原因可以在保守精神中找出来。这种精神是这样的危险而且又是这样地似是而非,故成为文化进步之最严重的阻碍。这确可称为一种祸害的精神,在法国却常常较在英国者远为坚固。在法国,这种精神确至现在还产生着最有害的结果。这——我以后将说明——和对于集中底爱好有密切的关系。在他们政府之组织及文字之精神中都具有此种现象。就是这一点使他们保存他们底贸易所久被困扰的那些限制及保留我国已毁弃的专制制度。就是这一点使他们干预生产者及消耗者间的自然关系,强行制造许多在另一情形中决不会生产及因保守成规以致绝不合需要的制造品,扰乱工业之正常进展及在保护本国工人底名义下,转移了自然发展的有利途径而至减少了劳工底生产。

当保守主义引用于贸易的时候,以上那些就是不可避免的结果。若引用于政治,则将组成所谓世袭的政府,其最高之权乃付托于君主或少数有权阶级。若引用于神学,则将产生一个强有力的教会及人数众多的教士团,这些教士将被视为宗教底必然保护人,而对于他们底每种反对都将视为公共道德底侮辱。这些可以说是保守底特征,在很早的一个时期,它已在法国表现得较在英国为尤清楚。我现在并不欲穷究其原,不过于下章我将循索至一时期足以表明这两国在这方面所存有之差异点罢了。

第九章　保护精神史及其在英法两国之比较

当五世纪之末期，罗马帝国迸裂时，普通都知道，继着有一时期的愚昧及罪恶，那时即使贤能之士也不免浸溺于势力宏大的迷信中。在这些时期——诚不愧为黑暗时期——中，教士底地位是最崇高的，他们统治着最专制的君王底良心，他们被尊为博学的人，因为惟有他们能阅读书写，因为他们是欧洲科学当时所含的无用的观念的主要保管人，又因为他们保存了圣哲底稗史及教士底生活，据一般所信，神圣智慧的教训可以很容易地从这些稗史及生活中搜集起来。

这就是欧洲思想在几近五百年间的退化，在这时期，人们底妄信程度已达到在愚昧史中更无可比拟的高度。但最后人类理性——即在最腐败的社会中亦不能消灭的神圣火星——开始表现它底权力及驱散它所包围着的迷雾。各种情形——似乎不应在此多赘——使这种驱散力在各不同时期发生于各国。但概括讲起来，它是发生于第十及第十一世纪，而在第十二世纪时，现在称为文明的国家没有不开始接到这种光明了。

就是从这点起，在欧洲国家中才产生了这第一次的大分歧。在这个时期以前，他们底迷信既是这样大而普遍，测量他们相对的黑暗程度是无效的。他们降落至这样低的地位，在早期时，教士底权威在许多方面的确是一种利益，因它在人民及统治者之间造成一种界限，而且是那时对于知识追求的唯一阶级。但当这伟大的运动发生了，当人类理性开始反叛了，教士底地位就骤然改变了。当理论站在他们一边的时候，他们对于理论是亲善的。当他们是知识底唯一保护者，他们就热诚地促进知识的事业。现在可是知识已从他们底手中脱落下来了,它已经渐渐为教外人所占有,它渐渐变为危险,它必须回复到它原来的区域中,于是天主教刑禁锢、拷问、焚戮及其他教会无效地企图阻碍反对它的那种潮流底方策都变为普遍了。① 从那时起,在这两大派之间——提倡研究者及提倡信仰者——就有继续增长的争斗。这种争斗无论其如何地掩饰,在怎样的方式之下,根本上常是相同的而且代表着理智及信仰,怀疑及轻信,进步及保守,希望未来者及攀系过去者底相对的兴趣。

于是这就是现代文化底伟大出发点。从理性开始拥护——虽然很微弱——它底最高权时起,每个民族底改进都全凭他们对于理性原则的服从,及将他们全部的行动适合于理性标准的成功。故欲明白英、法两国底最初分歧点,我们必须在思想之伟大叛变第一次清楚地明显时所发生之情形中去找寻。

如果现在我们以这种研究观点去考察欧洲史,我们将发见适在这时期发生了封建制度。这是个大规划的政治制度,虽然笨拙而不完备,却适合于这样的政治制度所由产生的粗野民族底需要。② 这个政制和宗教精神衰落的关系是很明显的。因为自民法成立以来,封建制度是欧洲第一个大的现世方策,这是第一个广大的企图,曾在四百余年中不按宗教情势而以政治情势来组织社会,其全部组织底基础就是土地底占有及某几种军事及经济事业底成就。

这无疑地,是欧洲文化一个伟大的步骤,因它立下一个大的公共政

---

① 十一世纪早期时教士第一次开始有系统地以惩罚那些企图自由思想者为遏止独立研究的手段。当知识向前进步,研究与信仰底对立更为显著,教会加倍它们压迫的力量而在十二世纪末叶教皇第一次正式召集教外的权力以刑罚异教徒。最早陈述惩罚异教徒之天主教裁判所之宪法乃为亚力山大四世所定者。一二二二年在牛津集合之宗教会议,结果使一个改易宗教者惨被焚戮,林加德在《英国史》第二册第一四八页中说,"我相信是英国以宗教的原故处人以死刑的第一例。"

② 巴尔格累夫爵士说:"一般最有力的权威者都承认,约在十一世纪时,食邑或采地底名称都是由寺禄而来的。"(见《英吉利共和国》第二册二六页)而罗柏特松(Robertson)以为在一○○八年以前并无封建这个字。(见《欧洲情势》〔State of Europe〕注八,《罗柏特松丛著》第三九三页)但按基佐则"第一次,即八八四年,发见于查理士·格鲁士(Charles le Gros)著的一部法典上。"(见《法国文化史》第三册二三八页)这是个新奇的问题,倒不十分重要;因无论这个字底来源如何,这件事最早不会且不能发生于十世纪以前,因社会之极度混乱使这样强迫的一种制度成为不可能的。基佐在另一部著作中很对地说:"只是在第十世纪,社会底关系和能力才有些固定。"(见《法国史论》〔Essais sur l'Hist. de France〕第二三九页)

体的第一个例,其中宗教阶级毫无公认的地位,①以后就随着有封建政制及教会间的争斗,这曾为几个作家所注意,但其原始则颇为人所忽略。不过我们现在所要注意者,即自封建制度成立后保护精神岂止未被破坏及减弱,抑且呈出一种新的方式,它不是宗教的而变为政治的,人们不再景向教会而去趋附贵族。因为这大运动底自然结果——或可说是其中一部分——使土地之极大占有者组织而成为世袭的贵族政治。② 在第十世纪,我们第一次发现氏姓(surnames),③至第十一世纪,大多数的大职位已变为几个大家族底世袭职位,而在十二世纪时,纹章及其他宗谱纹章底式样都发明了。这些宗谱纹章底式样在长时期内助长着贵族的观念而被其后代重视为门第高崇的表征。在许多世纪中,其他的尊贵都视为附属的了。

这就是欧洲贵族政治——以这个名词的普通意义而言——底起源。以其权力底固结,封建政制乃在社会组织底关系下继着教会而起,④而贵族因变为世袭乃渐渐取代了教士在政府中的地位及其一般权力,在他们中教士独身生活的相对原理现在是很坚固地建立了。⑤所以很明显的,研究现代保护精神底原始,大部分即成为贵族权力底原始研究,因为这种权力就是保护精神表现底代表及外廓。这,我们以后将看到是和十六世纪底大宗教反叛有些相关的,其成功大部分凭依和它相反的保护精神底衰弱。但这点可留为以后讨论,我现在将循索几种情形,这些情形使法国之贵族政治较英国为尤有权力,及因此使法国人惯于较约束及较长期的服从,及灌输于他们一种较我国为尤甚的尊

---

① 按,第四至第十世纪之社会及政治的组织,教士是一超然分离的阶级,他们可以免负"国家底担负",而不被迫于军役,除非他们自动以为应负此责。但在封建制度之下,这种豁免权已没有了,而于服役方面,没有一个阶级是可以例外的。"自封建政治成立以后,我们找不到宗教食邑有任何种的豁免权。"(见哈拉姆著《中世纪之欧洲之补注》〔*Supplement Notes to Europe during the Middle Ages*〕第一二〇页)
② 土地占有之变为世袭的,始于九世纪后期,发明于法国查礼士秃者(Charles the Bald)八七七年之法典。
③ 氏姓之始源于十世纪,乃是那些最有力的权威者所说的。
④ 在我国,有一个事实可以拿来证明教外人之最早的侵入,即在十二世纪以前,我们在英国找不到国玺为"一个教外人所执管"的例证。(见卡姆培尔著《枢要底生活》第一册第六一页)
⑤ 独身生活,以其假定的制欲倾向来说,在很早的时期就提倡了,而在有些国家中亦已实行,不过对于它最初之普遍及坚定之赞许运动乃发生于十一世纪中叶,在这时候以前,它不过是常被反对的一种空想主义罢了。

敬的精神。

适在十一世纪中叶以后抑为贵族政治方兴未艾时,英国为诺曼提公爵(Duke of Normandy)所征服,他自然就将他自己本国的政体引用于英国。但在他底时候,发生了一种变化,适合他所处的新环境。他既是在外国中的一个半由佣兵而组成的有力的军队底将军,是很能实施在法国所惯行的那些封建习尚的。那些大的诺曼提贵族被摈而入于敌对的民众中有如陌路人一样,当然乐于在保障他们底安全的任何条件下接受该王所赐予他们的土地。关于这一点,威廉自喜予以利用。因以利于王的条件而赐予男爵采邑,他就阻止男爵占有在法国所施行的权力,若不是为上述的一个原故,他们也许会在英国施行的。结果,我们最占势力的贵族都服从法律,或可说都受王底权力底制裁。① 这种情形已渐普遍,威廉刚去世以前,还要强迫所有的地主对他尽领主底忠悃,这样就完全忽视了每个臣属都各有其主的封建制度底特性了。

但在法国,事情底趋势就颇不同。在这国里,大的贵族大都因时间的久远而占据了土地,并非受封的。这是一种古传的风尚赐予了他们这种权利,加以王底微弱,于是就使他们能在他们自己的领土中施行一个独立君主底权能了。即使他们在菲力泼·奥格斯脱(Philip Augustus)之下受到第一次大的打击,但在他朝代时及以后很长的时期中,他们曾把握着英国所不曾有的权力。现在只需举两个例:造币权昔常认为统治权底一种固有性,但在英国就是最权高的贵族也永不容许有这种权利。② 在法国则不然,凡能离君王而独立的人都能自行施行这种权力,且直至十六世纪时方见废除;另一种的同性质的权力就是所谓私战权。因这种权利,贵族皆容许彼此相互征伐,以迫害他们底私仇而扰乱了国家底和平。在英国,贵族底力量从不能公开地获得这种权利,虽然事实上,他们每有不义之战。但在法国就变成现行法律底一部分,在封建制度中既已见诸明文,又明白地为路易十四及菲力泼(Philip the Fair)所承认——两个有相当能力的君王曾尽他们底权力

---

① 减削贵族权力之同样的政策,后又为亨利二世所采用,他毁坏了男爵的堡垒。(见忒纳著《英国史》第四册第二二三页)
② "在英国,没有一个人民能不受王底盖印及监督而得铸银之权,这是封建贵族在这国家内所常受到的节制底明显证明。"(见哈拉姆著《中世纪》第一册第一五四页)

剥夺贵族底庞大权威。

由英、法两国贵族权力之相异就随着发生了许多极重要的结果。在我国,贵族既微弱不足与君主抗衡,及被迫自卫而与人民相结合。① 被诺曼提公爵征服后一百年,诺曼人及撒克逊人混合了起来,两方人因欲维持他们底公共权利联合起来和王反抗。② 约翰被迫而屈服的大宪章(Magna Charta)对于贵族含有让步的意义,但其最重要的条款乃是偏袒所有"自由人底阶级"的。③ 在半世纪内,新的争斗爆发了,男爵再与人民联合而又再产生了同样的结果——公共权益底伸张每次都是这种联盟的条件及结果。同样的,当雷斯忒伯爵(Earl of Leicester)谋叛反对亨利三世时,他发觉他自己一党势力太弱不足以抵抗这个王,所以他就委身于人民。我们之有下议院须归功于他,因为他在一二六四年第一次发给令状与各城市及各自治市邑,因此,召集公民及自治市邑之公民参加一向完全为教士及贵族所组成的国会。④

英国贵族既因微弱而被迫依恃人民,自然人民就渐次浸染了独立的风气及高尚的行为。我们公民及政治上之规定其实就是这种独立风气及高尚行为底结果而非其原因。这个岛中的居民一向所著称的坚定及冒险的精神也不得不归因于此,而绝非由于任何种族底奇异的特性使然的。就是这一点使我们遏止了所有的压迫手段,而几世纪维持着

---

① 巴尔格雷夫爵士曾评述这个诺曼提征服者所产生的结果,但他忽略了这一点最重要的结果。(见所著《英吉利共和国之兴起及其进步》〔Rise and Progress of the English Commonwealth〕第一册第五一至五五页)
② 关于种族混合这个普通问题,我们有两个明显的证据:(一)至十二世纪末叶时,由诺曼人及撒克逊人之混合而产生了一种新的言语,而所谓真正的英国文学实始于十三世纪之初期;(二)在十三世纪消逝以前,衣服底区别——在那种社会情状中将最不易废除的区别——已不再为人注意,而诺曼及撒克逊衣服之明显的特质之点亦已消失了。
③ "所有自由人之阶级皆能获得平等的公民权乃是这个宪章底特殊色彩。"(见哈拉姆著《中世纪》第二册第一〇八页)
④ "他被尊为这个国家政府代表制的创始人。"(见卡姆倍尔著《裁判长》第一册第六一页)有些作家(譬如,可阅达尔利姆普尔著《封建财产史》〔Hist. of Feudal Property〕第三三二页)以为自治市邑之公民是在亨利三世朝代以前招集的。但此说非但没有证据,且其本身亦不确实,因在稍早的一个时期中,公民虽然很迅速地获得权力,但其重要尚未足以产生这一种步骤。最有力的权威现在对于下议院底原始都同意于这节中所述的时代。将这一点追源于国会(Wittenagemot)实和在"以誓言证人为无罪"之制度中去找陪审官底原始同为可笑,这两种都是在十七世纪——且在十八世纪中的最受人深信的错误。至关于起源于国会一点,现在这种观念仍在好古学家中依恋不舍;但关于以"立誓言证明人无罪"者为陪审官之起源,则即使他们取消了他们从前的意见,现在也都知道以陪审官来审判这一制度是在这个征服者以后很久才产生的。在我们历史中很少有像某几种作家对于我们野蛮的盎格罗·撒克逊祖宗底制度表示赞美这样不合理的。

其他国家未曾获得的自由。就是这一点，扶植着及拥护着那些大的地方特权，虽然这未免有时利害互见，但至少有无上的功能，使自由人习于行使权力，使公民自治其城市，及使独立之观念得以保持其活跃的方式，培护个人之趣味及爱好而得永存。

但在这种环境中，在英国所养成的自治习惯，在法国乃为相反的环境所忽略了。那些法国大贵族既权力过大而不需要人民底扶助，于是就不愿意设法与人民联合。结果，社会分成许多不同的方式及名称，其实乃只分为两种阶级——上等及下等、保护者及被保护者。只需看现状况的凶暴，就不会过分地说在法国封建制度之下每个人不是专制者便是奴隶。的确，在许多例中，这两种性质同时混合于一人身上。因在我国所极力阻止实行的附庸制度在法国是几乎很普遍的。因了这种制度，大的贵族就能以获得领主忠义及其他服务为条件，而将土地赐予某几种人，而这几种人又复将土地重分，即是以同样的条件将土地给予其他一种人，这一种人又能有权将土地分赐予其他人而至于无穷，①这样就造成一长的附庸连锁而将服从——如现状所示——组织于一种制度中。可是在英国这种处置是如此地不适合于一般情状，其能否确实施行尚是疑问。总之，在爱德华一世时，最后就为法律家所称为 Quia Emptores 的法典所绝止了。

因此在这样早的时期，英、法两国就有这样大的分歧点了。当十四世纪封建制度在两国中迅疾地崩溃时，这种分歧的结果更为明显。因在英国保护主义既甚微弱，人民便相当地习于自治，他们能够立刻把持那些大的组织，如换了法国人民底服从性来办理，或许会变为非常不合适的。我们底地方特权、我们小地主底权利及出版者底安全是十四世纪至十七世纪英国自由底三大重要的保障。② 在法国这种保障是不可能的。其真正的分划，乃是贵族及非贵族，并无中间之一阶级，所有的

---

① "原始对于附庸制度是没有限制的。"（见布卢安著《政治哲学》第一册第二七九页）
② 曾一度为最重要之阶级的英国小地主之衰落史是个很有趣味的题目，而我对于这个题目曾收集了相当的材料，现在我只需说，它底衰微于十七世纪后半期，开始明白地显现出来，而在十八世纪之早期为工商阶级之急速增长的权力所完成。失了势力以后，他们底人数自然减少了，于是他们就组入于另一种团体中，这种团体中人的思想习惯不甚偏执，故很能适合于那时代社会所呈之新情势。我所以提及此者，因有几个作家对于小地主之几蹈覆亡的情形颇为表示扼腕，岂知他们底消灭并非由于任何暴烈的革命或专制权力底伸展所致的，而不过是一般情形之进步，使社会舍弃了它所不再需要的东西的结果。

人都被迫而入于两种阶级中。法国人从无我们小地主之权利,出版者亦不得法律之承认。虽然他们企图将市组织引用于他们底国家,可是所有的力量都是无效的,因为他们仿效了自由底形式而缺少了自由所获得的那种勇敢及坚定的精神。他们确是有了自由底印象及标题,但他们缺乏将这些印象灼炽而成生命的一种神圣的热情。其他一切他们都具备,自由底外表及工具都在那里,特许状赐予了他们底城镇,地方官吏也有了特权,但这些都是无用的,因人底独立不是律师底蜡封及羊皮纸文书所能保存。这些东西都不过是外表而已,它们利用着自由,它们是自由底衣饰及妆奁,和平及安静时代底一袭华服。但当不祥的日子驾临及专制开始侵入时,自由将不为那些表彰旧行为及大的特许状的人所保留,而为那些曾浸渍于独立之习惯,最习于自动之思想及行动,最不顾上层阶级常常预备赐予——其实在许多世纪中毫无所用其庇护的——欺诈的保护的人所保存。

于是在法国就遇到这种情形。除了少数的例外,市镇都最先受到惊动,公民都失了他们底地方特权,这些特权因不是根据民族性而获得的,故就不能被保存了。同样的,我国底权力因受民主运动底力量底影响,自然地就入于下议院之手,这议院底权力虽然遇到偶然的阻碍,但一向都以减削立法中的贵族权而继续增大的。在法国,其应付这种情势的唯一组织就是法国革命前之国会(States-General),但其影响非常微弱,而据该国历史家之意见,简直未能称为一种组织的。的确,当时的法国人是这样地深印着保护的观念,及此观念所含的附属的意义,他们是很少倾向于维持在他们宪法中可称为公共分子唯一代表的一个组织。结果,在十四世纪时英国人底自由已安然获得了,此后他们唯一的目的就是要增广他们所已获得的了。但在同一世纪内,法国底保护精神呈现着一种新的方式,贵族底权力大部分都为君王所代取,于是就开始着权力集中的倾向,先后为路易十四及拿破仑所推动而成为法国人民底祸根。因着这种倾向的原故,优越及服从的封建观念长期地生存于适合于它们底野蛮时代中。这些观念,似乎确因死灰复燃的关系获得了新的力量。在法国每样事件都须归属于一个普通的中心,所有重要的改进及所有改良人民物质状况的计划都必须得到政府底核准,地方权力都被认为不足以担任这种艰巨的工作。因要防止逊劣的地方官吏滥用权力,故并不将权力交给他们。独立司法底实施几乎是不知晓的。每件事必须由中枢主持。一般人相信政府对于每样事既能见得到,且能深知,更能处置得当。因要实行这种可怕的专断,曾计划一名实相符的组织。整个国家充满了一群的官吏,①他们在职教政治底规律中及世袭的顺序上造成了现在不再是领土的而是个人的封建主义底最良的表征。事实上,国家全部的事情都是以个人不能知道自己的兴趣及不合于领导自己的一种设想而管理的。政府底感觉既如此地含有保护的意味,及对于人民底幸福是如此地热诚,于是将最稀少的及最普通的生活活动都并入于司法底范围中。因欲使法国人免于作不谨慎的遗嘱,故曾限制了遗产赠予权。又恐怕人民错误地馈赠了遗产,故完全阻止了人们遗传其大部产业。因以为警厅可以保护社会底秩序,故命令凡没有护照者不得旅行。而当人们真正旅行时,则又每处遇着同样的干涉空气,假托是保护个人,其实乃反束缚了人底自由。在其他事件中,法国人又将这种主义更严重地施行着。他们是这样地焦急保护社会以避免犯罪者,故当一个犯罪者被置于法庭底犯罪席上时,就呈现着一种景象——这并非铺张之辞——如英国对此定不能须臾容忍的。那里坐着一个大的审判该犯罪者的刑事长官,考察这个犯人以求确定他被假定的罪,又再三地考察他,并非尽一个审判官底责任而是尽一个检查官底能事,而且尽力使用其司法地方底权威,所有他职业上的诡谲,所有的经验及所有实际上获得的熟练以攻击这个不快乐的人。这恐怕是法国思想倾向所表现的最可骇人的例子了,因为它为拒绝权力底目的预设了一合适的组织,因为它将不公正的观念搀入于公正的行政中而使之变为不名誉,又因为它损害了那和平及平静的性情——这在官吏成为左袒者,及审判官成为党人的制度之下是绝对不能维持的。但这点虽然如此有害也还不过是一较大的范围中之一部。因为在发现罪

---

① 为政府所聘以困扰人民的法国文官底数目——绝难置信的——据说在现世纪之各不同时期中有十三万八千至八十万之数。(见托克维尔〔Tocqueville〕著《民主国》〔de la Démocratie〕第一册第二二〇页;阿利松著《欧洲》第一四册第一二七、一四〇页;开依著《人民底状况》〔Condition of the People〕第一册第二七二页;兰格著《注释》〔Notes〕第二册第一八五页)兰格著述于一八五〇年,他说:"在路易·菲力泼(Louis-Philippe)被驱逐时法国底文官据说有八十万七千零三十个。"

犯者底方法以外，还增加了防止罪犯的相类方法。因此人民在普通的娱乐中也被侦察着而审慎地监督着。因恐怕他们以一时的轻举妄动而彼此损害，于是采用一个父亲用以保卫其儿女的那种谨慎方法。在赛会、戏院、音乐会及其他公共休息地方都常有兵士加入，他们是被遣以防止不良行为、无谓的挤拥、粗鄙言辞及交相诟骂等等事情底发生的。政府底警备尚不止此，就是儿童教育也拿来放在国家底管理之下而不为教师及父亲底决断所支配。① 其全部政策既如此推动有力，以致法国人在成年时永未得脱离干预，而在儿童时亦永不能任其自然而发展。② 同时又很合理地以为成人于这样受监护的时期中是不能合适地决断其食料的，政府乃也为此而规定方法。它底侦察的眼睛追随着屠夫上屠场，跟踪着烘面包者到灶炉旁边。用它护卫的手检验过所有的肉类，惟恐其腐臭不洁，面包也须受检查，惟恐其分量不足。总之，不用多举例证，每个人多深知的，在法国，可以说，似其他保护精神颇为活动的国家一样，政府曾建立了最厉害的专断权。这种专断权根究着人们底事业及秘密，追察着他们日常的职业，以微小而干预的态度困扰着他们，最甚者莫如减弱他们对于自己的责任心，这样就剥夺了他们大多数人所接受的所谓唯一的真教育——即常准备应付未来意外事件的必需及与艰困的生活作战的习惯。

  以上所有的结果就是，法国虽然是一伟大而光荣的民族——为血气充盛、趾高气扬、知识丰富及较任何欧洲民族为尤能免于迷信之压迫的一种民族——却常发觉其不合于行使政治的权力。即当他们占有这种权力的时候，也永不能将自由与恒久贯串起来。这两种成分常不是此缺即彼乏。他们曾有自由的政府，但不稳固。他们曾有稳固的政府，但不自由。他们固具有大无畏的性情，他们曾反叛，而且无疑地将继续

---

① "法国底政府有权管理国内的所有教育，除了那些为教士教育而设的大学——这称为 Seminarius——及其附属机关。"（见《统计社杂志》第六册第三〇四页中〈一八四三年法国高等教育情形之报告〉〔Report on the State of Superior Education in France in 1843〕）在拿破仑柄权时代所采的方针可阅阿利松著《欧洲》第八册第二〇三页："这个帝国底整个教育几乎都有效地置于政府之指导及约束之下。"
② "对于学生之监督非常注意，儿童永不能任其自由乃是法国教育之基本原理。"（见《统计社杂志》第五册第二〇页，《一八四二年法国普通教育之报告》〔Report on General Education in France in 1842〕）

反叛这样恶劣的情状,但不用预言家说,至少在几世纪中,这种努力必不能成功的。因为人们永不会自由,除非他们被教育着去自由。但这种教育不是在学校里所能发现或书本中所能获得的,它是包含在自训、自赖及自治当中。在英国,这三种性质是世代相传的——这些传统的习惯,我们在幼小时即已深深浸染着而以之支配着我们底生活行为。法国人底旧观念都指向着另一方向,遇到极小的困难,他们就要请求政府底扶助。我们所行的是竞争,而他们乃是垄断。我们私人团体所能实行的,他们乃以公共议会行之。他们打算开一运河或筑一铁路,而不得不请求政府底帮助。他们是人民仰求于统治者,我们是统治者仰求于人民。他们,行政机关是社会所由放其光灿的中心。① 我们,社会是主动者,而行政机关仅是工具。结果底相异是和进行程序底相异相符合的。我们以长时期的公民权利底训练,故能适合于行使政治权力。他们忽略了这种训练,以为他们能立刻开始运用这种权力。我们常表示决定拥护自由,而且当时机合适时,尚拟推广之,我们是以熟稔于这种问题的人底适度及严肃的态度而行的。但常被视为儿童的法国人,对于政事也是幼稚。当他们将这重大的事件以愉快及活泼的精神——这种精神粉饰着他们的精妙文学——表示着出来的时候,无疑地对于某些事件要失败。这些事件成功的一个条件乃是人们要很早即习于依赖自己的能力,而在政治争斗中欲尝试其机巧之前,他们底方法必须受公民生活之奋斗所永不会不给予的初步训练。

以上这些是我们预测欧洲两大国之未定命运的必须考虑。但我们现在所关系的倒是要注意英、法两国之相对趋向如何长久地继续表现于他们贵族底情形及待遇中,如何从这一点自然地产生了由夫隆德人所领导的战争及长期国会所进行的战争底明显相异点。

当十四世纪法国君主底权力很迅速地扩张时,贵族底政治势力当然是相当地减少了。但他们底权力是非常根深蒂固的,虽然有了以上

---

① 一个大权威者于三十年前所注意的"不能自由这种错误,是现代法国教育底特征",我们必须以之归因于这种保护及集中精神底活动。(见迈尔〔Meyer〕著《制定》的《法庭制度》〔Instit. Judic〕第四册第五三六页)也是这点精神在文学及科学里使他们赞许专门学校(Academies)底设立,恐怕也是同一主义使他们底陪审官吏爱好编纂法典。所有这些都是不顾信托一般情势之进步及对于个人之未得援助的结论表示过分轻视的明证。

第九章 保护精神史及其在英法两国之比较 309

的不利情形,可是人民永不能从他们底管理中解放了自己。① 贵族对于君主的关系却几乎仍如旧观。在英国,奴隶制度——或易名之为农奴制——很快地减削,而在十六世纪乃完全消灭。② 在法国,这种制度多留滞至二百年之久,以后方为法国大革命所破坏,这革命以非常严厉的手段处置了那些以不合法而攫取权力的人。又直至最后的七十年,法国底贵族都被豁免了那些榨逼人民的烦重税则。按躯干之高矮而赋役都是重的苛税,但完全落在出身卑贱的人底身上,因法国底贵族既然是一崇高而勇武的种族,如对他们征收和被他们轻视为劣种人一样的锐利,那么,他们必得认为对于他们显耀的出身是一种侮辱了。③ 每样事件确是都转向于培植这种普遍的轻蔑态度。每样事件都计划着屈辱此一阶级而提高另一阶级的地位。为贵族们预留着教会中最高的职位,及军事上之重要地位。入军队中任为军官的特权完全为他们所有,而他们又独能占有凭时效而得入武士团之权利。同时,因欲避免互相混杂之可能性,对于最琐屑的事情也加以同等的警防,而对于两阶级底娱乐亦设法加以分别。尤甚者,在法国许多地方,置一马房及鸽箱亦完全须视人底品级而定,凡法国人无论其如何豪富苟非贵族皆不能养鸽,因为这种消遣被视为过于高尚而不适合于平民的。

以上这些状况都可以作为他们所处的这种社会的有力证据,当我们将这些状况和英国底相反情形相对比,则其重要性将更为明显了。

因为在英国,这些及其他同样的区别都不曾发生过。我们小地主、出版者及自由公民所代表的精神之激昂,实不容那些保护及专断的主义之存在,这些主义是以贵族为政治的保护者,教士为宗教底保护者。

---

① 马布利对于十六世纪法国贵族之专制曾收集了几个可惊的证据。(见《法国史之观察》第三册第一五四、一五五、三五二至三六二页)在十八世纪时情形似乎较佳,但服从仍旧非常厉害,而人民都穷困被虐待而可怜。
② 挨克尔斯吞在《英国古代》(*English Antiq.*)第一三八页里说,在一四五〇年"农奴制度几乎已成为过去";而按松吞说:"约在一五五〇年著述的托马斯·斯密斯(Sir Thomas Smith)曾说他从未遇着任何私人或家庭中的奴隶,而所曾发现的农奴或隶属于土地的奴隶是这样地少,几乎不值得再为提及。"(见《人口过剩》〔*Over-Population*〕第一八二页)哈拉姆不能在一五七四年以后找到"农奴制度存在之明白的证据",(见《中世纪》第二册第三一二页)可是如果我底记忆力不欺骗我的话,我曾在詹姆士一世朝代中找到证据,但我不能回忆那一段了。
③ 这种感觉是这样的根深蒂固,即在一七八九年,革命爆发的那一年,还以为贵族"应允付同等税则"乃是极大的让步。可阅《哲斐松通信》(*Jefferson's Corresp.*)第二册第四六二、四六三页中哲斐松致杰挨(Jay)函,一七八九年五月九日发于巴黎。

我们两个伟大民族行动——即十六世纪之宗教改革及十七世纪之反叛——实须归功于个人独立性所造成之成功的反抗。但在研究这些事件的阶级以前,我愿指出另一点见解以表明英、法两国早期及根本的差异点。

十一世纪时产生了著名的武士制度,①这种制度之对于礼貌的关系就如封建制度之对于政治关系一样。这种关系之清楚明显,非但可以拿当代人底证据来证明,且也可由两种普通的理由中看出来。第一,武士制是这样地贵族化,除出身高贵者之外,是没有一个人能受武士底称号的。而武士所必须受的初步教育,乃在贵族所指定的学校中,或男爵自己的堡垒中办理的。② 第二,这完全是保守而非改革的制度,它具有补救随时所发生的某几种压迫的见解,这一点和改革精神相反,因改革精神既是补救而非掩饰的,故直接攻击弊害的根源,屈辱弊害所由起的那一阶级,而将注意力由单独的情形,转移于一般的原因。但武士制非惟不如此,而且事实上乃是贵族及宗教方式之保护精神的混合体。③ 因为在贵族既引用了个人而永不能馈赠遗产及爵号的武士制的主义,遂使宗教底独身主义和贵族底世袭门第的主义相联合。④ 从这联合就产生了极重要的结果。这就是欧洲那些半贵族、半宗教化的团体如泰姆普拉武士团(The Knights of Templars)、⑤圣詹士武士团(The Knights of St. James)、圣约翰武士团(The Knights of St. John)、圣迈克尔武士团(The Knights of St. Michael)等底起源,这些组织曾在社会上造成许多大害,它们底团员以兵士底放荡鼓动着僧侣底迷信而合有两种恶劣的行为。其自然的结果,乃是大量的高尚武士都严肃地

---

① 基佐对于武士制拟溯源至一较早的时期,(见《法国文化》第三册第三四九至三五四页)但他似乎在失败的,虽然该制度底原因是当然很容易发现的。有几个作家以为其起源于北欧,有些则以为起源于阿拉伯。
② "在这国内,有几个地方,学校是由贵族所设置的,但大多数都是由他们自己的堡垒所办的。"(见密尔著《武士制度史》〔Hist. of Chivalry〕第一册第三一页)
③ 武士气格及宗教仪式底混合常被归因于十字军,但有极好的证据证明其起源较早,而且必发生于十一世纪之后半期。
④ 这对于贵族的影响,密尔言之未免过甚,而他在另一方面又没有注意到,这不世袭的成分是如何地有利于宗教精神。(见密尔著《武士制度史》第一册第一五、三八九页,又第二册第一六九页。这本著作之佳处在于事实底集合,但以透彻而言则毫无用处。)
⑤ "所有军事及大多数宗教团体,其起源都完全是贵族化的。"(见密尔著《武士制度史》第一册第三三六页)

宣誓"保护教会"，这是一个预示恶兆的语辞，其意义是读宗教史者所深知的。① 这就是武士制，联合着独身生活及出身高贵的两种相对主义而变为该两主义所属的两阶级底精神底化身。故无论这种制度对于礼貌是如何地有利益，②可是无疑的，它曾极力地将人们滞留于幼年时代而致延长他们底襁褓时期阻止了社会底进步。③

据上所述，显然无论我们从武士制底远近趋势看来，它底力量及期限即是保护精神之优势的一种测量。如以此种眼光以比较英、法两国，则我们将发见这两国早期分歧点之新证明。比武风俗——武士制之最初公开表现——是始源于法国。④ 最伟大及唯一的两个大武士制之描述者乃是如汪维尔（Joinville）和夫拉萨特（Froissart），两个都是法国人。常被视为武士制之最后代表的那个著名武士巴维（Bayard），后来和佛兰息斯一世搏斗而被杀的乃是法国人，直至他死后四十年之久比武风俗才最后在法国废除了，最后一次乃是在一五六〇年举行的。⑤

但在英国因保护精神远不如法国之甚，故我们发见武士制——法国武士制之苗裔——底影响很小。这是的确的情形。我国对于武士的尊敬及他们在社会上与其他阶级区别的显著地位从未如在法国的这样大。⑥ 人们愈自由，他们对于这些事情的仅有的尊敬也愈减少了。在

---

① 见密尔《武士制度史》第一册第一四八、三三三页。约在一一二七年圣·柏那（St. Bernard）写一论文赞许泰姆普拉团，在这篇文中"他颂扬这个团体以为是僧侣生活及武士气格的混合体……他描述这个团底宗旨谓为给军事团体及武士团以严重的基督指导，及战争可以改变为上帝也许赞许的一种东西"。（见尼安得著《教会史》第七册第三五八页）关于这一点，我们可以附说在十三世纪早期时，一个武士的同盟组织成了后来与黑衣僧派（The Dominican order）相并合而称为基督底民团（The Militia of Christ）。
② 有几个作家以为武士制度有使态度变为温和及增加妇女势力之功。当时的确有这种趋势，我想是无可争辩的，但这曾言之过甚。而一个对于这问题博览颇深的作家说："古代对于战争俘虏之严厉的待遇，很有力地表明我们祖宗底凶暴及野蛮的态度，就是对于品位高崇的妇女亦如此，虽然据说在武士制度时代对于女子是尊敬的。"（见格罗斯著《古兵》第二册第一一四页）
③ 哈拉姆说："对于武士团底性质底第三种遣责乃是它扩大社会各不同阶级底分野及确定出身高贵的贵族精神使大多数人类陷于不公平的屈辱中。"（见《中世纪》第二册第四六四页）
④ 比武习俗是在斯提文（Stephen）朝代时第一次传入于英国的。（见林加德著《英国》第二册第二七页）
⑤ 哈拉姆说，比武习俗因亨利二世之死"在法国不再继续通行；但按密尔著《武士制度史》第二册第二二六页，则是种习俗之实行尚延至次年，待另一予以最后打击的事件发生时，然后比武乃永久消逝"。（见《中世纪》第二册第四七〇页）
⑥ 哈拉姆说，武士和其他阶级比较起来，"其所受之称号较为尊贵。在英国，这种区别却没有像法国这样厉害"。（见《中世纪》第二册第四六七页）在法国所给予武士的极大尊敬曾为丹尼埃尔（Daniel）所注意。（见《法国军队》〔Milice Francaise〕第一册第一二八、一二九页）赫得（Herder）说，武士制度在法国较在其他任何国为盛行。（见《历史上之观念》〔Ideen Zur Geschichte〕第四册第二六六、二六七页）西思蒙也如此说。（见《法国史》第四册第一九八页）

十三世纪时,即在自由市之公民第一次回到国会的时代,武士制底主要表征已大受轻视,于是通过了一条法律勉强某几种人接受武士称号,这在其他国家是认为最高之奢望的。① 十四世纪时即随着发生另一打击,这打击完全剥夺了武士制度底军事性质。在爱德华三世时产生了这种习俗将武士底称号授予法庭中的审判官,因此将尚武的尊称变为文官的尊荣了。② 最后在十五世纪末叶以前,尚武制度底精神在法国仍旧很高时,在我国已经消灭,而且这种有害的制度在他们自己中间也变为一种嘲笑的资料。③ 关于这些,还可以附述两种值得观察的情形。第一种情形就是,虽然法国人有许多可赞美的性质,但他们对于个人之虚荣心常较英国人为更显著,④这一种特性一半可说是那些武士制度底相沿习俗。这些习俗就是他们临时的共和政体都无法破坏,而且使他们非常重视外表上的荣显。这我非但指的是衣服及仪礼,还有奖章、丝带、勋章及十字架等等,我们,比较傲慢的一种民族是从来不重视的。另一种情形就是,决斗最初在法国就较在英国来得普遍,又我们底决斗风俗是原始于武士制度,故这两国在这方面的差异就是我们必须视为他们民族倾向之连续证据中的一个关节。⑤

---

① 一三〇七年的军队法令恐就是第一次对于武士制轻视的表示。但我们有绝对的证据,证明在亨利三世朝时,确有强迫入武士团的事件,或至少拒绝此命令者将科以罚款之罪。利特尔吞勋爵(Lord Lyttelton)显然不解地说:"这的确是和原来的原则分歧的,因为人都不能不以为是一极大的矛盾,如何君主本身都视为光荣的一种荣衔会致于强迫人去接受!"

② 在密尔《武士制度史》第二册第一五四页里说:"法庭之审判官于爱德华三世时第一次受武士之封号。"

③ 密尔(《武士制度史》第二册第九九、一〇〇页)曾印行了一段关于哀悼武士制度之毁坏的选录,是在爱德华四世时写的,但他忽略了一个更特殊的例。这是个普通的短歌,写于十五世纪中叶,而被名为托顿那姆之比武(Turnament of Tottenham),在这篇短歌中,对于武士制底愚行大作讥嘲。按忒纳底意则说"武士制底古书籍在亨利六世时已为人所弃置一旁了"。(见《英国史》第六册第三六三页)

④ 这不仅是公共的意见,而是根据于有力及公正的评论者所供给的大量证据的。爱迭孙(Addison)是个宽厚而有才的评判者,而又是常常居于法国人中间的,他称他们是"世界上最慕虚荣之民族"。(见欧金〔Aikin〕著《爱迭孙底生活》〔Life of Addison〕第一册第九〇页中致豪夫主教函〔Letter to Bishop Hough〕)拿破仑说:"虚荣心是法国人底统治原则。"(阿利松著《欧洲史》第六册第二五页)

⑤ 武士制度及决斗的关系曾为几个作家评述,而在武士精神于革命后才完全毁坏的法国,我们还能在路易十六朝代时,找到关于这种关系的几个偶然的痕迹。譬如,《拉法夷脱自传》第一册第八六页中有一可珍的信,是关于一七七八年武士制与决斗的关系。在英国,我相信在十六世纪以前找不到一个私人决斗的例,而在伊利莎白朝代后半期以前也不多见;但在法国,这个风俗在十五世纪早期即已产生了,而在十六世纪时属下与上司决斗已成为很平常的事了。从这时起,法国人爱好决斗的心已变为一种热烈的情绪,直至十八世纪末叶时那次革命——或可说是促成革命的那些情势——才使之渐渐熄灭。

以上的事实不过是其外表的那些旧观念，但现在仍旧非常活跃。在法国，保护精神侵入于宗教，很足以反抗宗教改革而至少为教士们保存了自赖的习惯，使他们完成一种所谓个人判断权的学说系统，有几种最流行的习俗，都因此而灭绝了。我们又已看到，这点很快地先后因怀疑主义及宗教自由而成功了，于是预为教会附属于国家的一种见解——关于这方面，我国在欧洲各国中最卓著而无匹的——开辟了大道。这种倾向在政治上也表现着同样的结果。我们底祖先并不觉困难地屈辱了贵族而相当地减少了他们底重要性。将两大主要宗族分裂为两对敌政党底"玫瑰战争"（The Wars of Roses）助进了这个运动。在爱德华四世朝代以后，没有一个英国人，即使是最高品级的，敢激起私人的战争，这在其他各国那些贵族所仍旧用以扰乱社会安宁的。① 当内战既已消灭，这种精神就表现于亨利七世及亨利八世底政策中。这两个君主虽然专制，却极力压迫最高阶级，就是凶暴残酷的亨利八世也是人民所爱戴，因为他一代对于他们全部讲起来是确实有利的。于是，便产生了宗教改革，这既是人类思想底暴动，故完全是一种反叛的运动，因此增加了人底独立性，而于十六世纪时散布了那些伟大的政治革命种子，在十七世纪几普遍地爆发于欧洲各部。这两个革命时期之间的关系是充分有趣味的一个题材，但现在为应付这一章的目的起见，只需注意于十六世纪后半叶那些表明宗教及贵族阶级间的携手及这同样的情状如何对于前一阶级是大害，而于后一阶级亦为倾覆之原因的事件就够了。

当伊利莎白登英国皇座时，大多数的贵族都反对新教。这点我们可以从最确实的证据中看出来，即使没有这种证据，我们对于人类本性的一般认识也将令我仍怀疑着有这种情形。因为贵族社会生存的唯一条件必常常——以一团体而言——厌恶改革。这不但是因为新的变化常使他们损失多而获得少，且因为他们有些最感快意的情绪都是系恋着过去而忽略现在的。在实际生活之冲突中，他们底虚荣心有时为劣等人底臆说所困恼，常又为强者底胜利竞争所伤害。这些是屈辱的事

---

① "在英国，两个有权贵族之对阵战发生于爱德华四世时。"（见阿楞〔Allen〕著《特权》〔The Prerogative〕第一二三页）

情,在社会进步中使他们对于这些屈辱所负的责任不绝地增大。但当他们回溯已往的时候,他们在那些过去的黄金时代找到了许多安慰的泉源。在那里,他们发现了他们光荣无敌的一个时期。当他们回顾到他们底门第、纹章以至于家世的时候,当他们想到他们血统底纯洁及世代之悠久时——便感觉着一种安慰,应能很充分地偿还现在任何的不满。这种趋向是非常明显的,且曾空前地表现于每一贵族社会史中。他们底虚荣心使其相信,如其先族有曾挫败诺曼人,或曾参与第一次侵略爱尔兰战争者都可视为光荣的人物——凡沉迷于这种幻想中的人并不仅止于此,他们以大多数人都熟稔的某种思想程序,将他们底见解化为一种通则;即在与他们名誉不直接相关的事情中,他们也习于将"伟大"和"古代"联系起来,而以时间估量着价值,于是这样就将在另一种情况中也许会对于现在保留的一种赞美,转移于过去底景忆了。

这些情绪和激动教士的那些情绪之间的关系是很显著的。贵族之对于政治即如教士之对于宗教,这两种阶级既常依据着古远的言论,乃非常信恃传统的观念而极端重视已形成的风俗。两阶级都姑以为"旧"的较"新"的为好,以为从前对于政治及神学都有发现真理的方法,现在我们在这些退化的时代是不会再有的。我们还可以说,他们在行动方面的相同是随着他们在主义方面的相同与俱来,两个阶级都非常主张保护、固执,或有时可以称为保守。一般信贵族是保护国家以避革命的,教士使教会免于错误,前一种是改革者底敌人,后一种是异教徒底祸害。

在这本书里并不要研究这些主义之合理至何程度,或探讨那些以为在某几种极重要的问题上,人们是固定不易的,而在其他的问题则是常有变迁的观念之是否适当。我现在所欲指明者乃在伊利莎白时代这两个大的保守及保护的阶级之如何因那大的运动——宗教改革——灭消其势力。宗教改革虽然在十六世纪时方始完成,可是也曾为长期的知识前提所培养而成的。

无论其他人所示的偏见如何,凡公正的判断者皆当承认新教之宗教改革实是公开的反叛。的确,仅是宗教改革公然恃以为根据的个人判断力底提及，即足以补充这个事实。建立个人判断权即是向教会要求个人之判断力，这就是去增加每个人底智慧活动，这就是以教外人底意见来考验教士底意见。事实上，这是学生起来反对他们底教师，被治者起来反抗他们底统治者。虽然改革教士在迅速将他们自己组织成一僧侣政体以后，曾决然地废弃了他们开始时的那些伟大的主义，及企图树立他们自己所计划的教条及法规，但这仍不能蒙蔽我们对于宗教改革本身之功能。英国教会在伊利莎白朝代时，更有甚者，在其以后两朝时之暴虐，不过是权力常为两朝主持者所滥用而并不减少该权力所由来之运动底重要性底那种腐败的自然结果罢了。因为为旧神学底理论所压迫过的人不能忘记，英国教会是一个分裂的组织，也只能主张其本身所得以生存的个人判断力以免被认为异教，但个人判断权乃常为该教会之行动所违犯。因为这很明显，如果在宗教事情中，个人判断权是非常崇视的，那么，凡公布一教条或行一计划足以束缚该判断者，皆当被认为宗教上之大罪恶；反之，若个人判断权不崇视，则英国教会犯变节之罪，即如该教会之创立者以他们个人的判断领悟了《圣经》，于是弃绝了他们一向主张的教义，污辱那些教义为崇拜偶像，并公然反对归依那数世纪尊为旧教及罗马教皇之教会是也。

这是个很简单的更迭，的确可以置之不问，但不能磨灭之，更不会遗忘的。它所启示的伟大真理是被保存于清净教徒底著作及教训中，而又被保存于一个研究时代之特殊的思想习惯中。俟适当的时候一到，它决不会不产生它底结果，它积渐而继续地开花结实。在十七世纪以前，它底种子已经促成为一种生命，其力量之大是没有东西能抵御的。早期宗教改革者曾大声疾呼而要求的这同样的个人判断权，现在澎湃进而为反对者之致命伤。这引入于政治则推动政府，引入于宗教则倾覆教会。[①] 因为反叛及异教即是忽视传统观念及勇敢与独立精神之不同的方式而已。两种都含有新观念对于旧观念之挑战的性质，它

---

① 克拉林敦以愤怒的态度但亦非常确实地说到（一六四〇年）"一种骄傲及恶毒的厌恶反对着英国教会底规律而渐渐——这种进程是很自然的——对于国家底政府也同样的侮谩"之间的关系。（见《叛乱史》第八〇页）西班牙政府恐较任何欧洲之国家为尤明于这种关系，在一七八九年时，查理士四世底一个敕令还宣布着："凡以异教传布革命思想者，皆治以罪。"（见罗朗泰〔Llorente〕著《教刑史》〔*Hist. de l'Inquisition*〕第二册第一三〇页）

们是现代感觉及过去回忆之间的一种争斗。若没有个人判断力之实施,恐这种争斗将永不会发生。仅是这观念也不会入于人底思想中,他们也不会梦想到以他们个人底力量来管理所有大的社会都易于蹈犯的那些过失。故极自然的,这种判断力将为那两权力阶级所反对。以他们底地位,他们底兴趣,及他们思想之习惯来说,他们较任何人都偏好于怀系过去,黏附于淘汰老朽的风俗及维持曾为其祖先之智慧所尊崇的——引用他们的惯语——那些组织。

从这种眼光看来,我们能极清楚地看到,在伊利莎白接位时,英国贵族及旧教教士的密切关系。虽然有许多例外,但两阶级之大半人都反对宗教改革,因为它是根据于他们当然反对——因是旧意见底保护者——的个人判断权的。所有这些都不足惊奇,这是事实之自然顺序,谨严地和那两大社会部分相符合的。尚幸我国底王座那时为一个足以应付此种情势的君主所拥有,她非但不屈服于这两阶级,而且还利用时代之精神以侮辱他们。关于这一点,伊利莎白先后对待旧教教士及新教教士之态度成为我国史中之最有趣部分,①而对于这个伟大的女皇底朝代,我深愿详加讨论。现在只需先略涉她对于贵族的政策——这是另一阶级,其兴趣、意见及联想常常和教士团体极相同的。

当伊利莎白在即位时,发觉旧的家族都坚信着旧的宗教,她自然就诏谕那些主张时代所趋之革新人物为顾问。她选择那些不甚为旧观念所累迫而颇倾好于现代趣味的人。两倍根、两赛西尔(Cecils)、诺尔斯(Knollys)、萨德勒(Sadler)、斯密斯、卫尔辛罕(Walsingham)、塞罗马顿(Throgmorton),在她朝代中为最著名的政治家及外交家,但他们都是下议院底议员,只有一个被她拔擢为贵族。他们当然都不是因他们直接有关的阶位或他们远祖之名望而著名的,他们都是以他们伟大的能力及坚决主张旧贵族所当然反对的一种宗教而被重视于伊利莎白。而且很清楚,在旧教徒反对女皇底罪状中,他们非但辱骂她舍弃旧宗

---

① 她对待英国新教主教的一般性质曾很公平地为科利厄(Collier)所综合起来:虽然,以一从事于宗教职业的人,当然对于她之轻视教会首领表示不满的。(见科利厄著《大不列颠宗教史》〔Eccles. Hist. of Great Britain〕第七册第二五七、二五八页,一八四〇年出版于巴拉姆〔Barham〕)

教,还说她轻忽了旧贵族。①

稍明当时之历史者,即能见到这种攻击之并非虚构。无论我们对于这个事实如何解释,总不能不承认,在伊利莎白朝代时,贵族及政府之间进行着一种公开及不断的对立。一五六九年底反叛完全是贵族底变动,这是北部那些大家族起来对于他们称为这个女皇底崛起及平民化的政治的一种反动。② 伊利莎白最厉害的敌人当然是苏格兰底玛利(Mary of Scotland)。玛利底事业公开地为诺福克公爵(Duke of Norfolk)、诺森伯兰伯爵(Earl of Northumberland)、韦斯特摩兰德伯爵(Earl of Westmoreland)及阿伦得尔伯爵(Earl of Arundel)所拥护,而还有理由可以相信,她底动机曾秘密地为诺坦普吞侯爵、培姆布卢克伯爵(Earl of Pembroke)、得尔卑伯爵(Earl of Derby)、卡姆柏兰德伯爵(Earl of Cumberland)、什卢斯巴利伯爵(Earl of Shrewsbury)及萨塞克斯伯爵(Earl of Sussex)等所赞同。

这种对敌底存在不能逃过英国政府底机敏。伊利莎白之最有权力的大臣及柄政至四十年之久的塞西尔,曾以其一部分之时间研究这些大家族底家系及其物质资源,他研究这一点并不是出于无谓的好奇心,而是要增加他对于他们底统治力或如一个大史家所说,让他们知道"他

---

① 一五八八年,西克斯塔斯(Sixtus)第五对于伊利莎白之公开的攻击,其中有一项说:"她曾拒绝及排斥旧贵族而将无名的人民拔擢而致显贵。"(见蒲脱勒著《旧教徒传记》第二册第四页)教区长亦责备她引用出身微贱的大臣而说她是"特别受五个人底影响——所有都是出身低微的——即倍根、塞西尔、达德利(Dudley)、哈顿(Hatton)及卫尔辛罕"。(见蒲脱勒《旧教徒传记》第二册第三〇页)红衣主教阿楞侮辱她为"屈辱旧贵族,将卑鄙无价值的人占据了政治及宗教的尊荣位置"。(见多德〔Dodd〕《教会史》〔Church History〕第三册附录七,第四六页,一八四〇年出版于替尔尼〔Tierney〕)这个有势力的作家在所著《忠告》(Admonition)一书中说她"损害英国,因她极度鄙视及侮辱旧贵族,强迫他们退出政府、职位及尊荣的地位"。(见阿楞著《对贵族及英国爱尔兰人民之忠告》〔Admonition to the Nobility and People of England and Ireland〕第一五页)

② "对于思想明达的历史家,这次叛乱——虽然不十分为普通作家所喜悦——是一个非常重要的研究,因为是英国大家族拟以武力建立他们底权威的最后一次尝试。来特说,恐怕参与这次叛乱的主要人物都是柏西(Percies)及内维尔(Neviles)两大家族以血统及联婚而结合的。"(见来特著《伊利莎白》第一册第三四页,一八三八年出版,是一本有价值的书)但关于这个争斗的最完全的证据都包含于一八四〇年为沙普爵士(Sir C. Sharp)所出版名为《一五六九年叛乱之纪念物》(Memorials of the Rebellion of 1569)中的原文件中。这些文件很清楚地表明这次叛乱底真性质。一五六九年十一月十七日鲍厄斯爵士(Sir George Bowes)写,起事者所埋怨的即是"有某几个顾问暗下包围这个君主,致使贵族都被排斥出来"等等。(见同上一书第四二页)这个作者底注解中说,这是所有伯爵宣言中的一种告诉。对于伊利莎白底政策之如何渐趋确定的一个最珍贵的证据,恐怕就在一五六九年一月五日萨赛克斯致赛西尔的一封友好的信中,(见同上一书第一三七页)这信中有一段说:"最近几年,年青的贵族很少有被引用的。"

底眼睛是注意着他们"。① 女皇自己虽然过分地好权,却并不是一个性情暴虐者,但她似乎喜欢屈辱贵族们。对于他们,她是非常严厉地处置,简直找不出一个例可以证明她曾宽恕过他们,而且她所惩罚的那些行为中,有几种现在并不视为犯罪的。她常不容许他们具有权力,以一阶级来说,他们在她悠长而隆盛的朝代中确曾受着非常不敬的待遇。她底政策是这样明显,当公爵的等级消灭了的时候,她拒绝加以恢复。整个世纪过去了,公爵底名称不过仅是历史上的事情及古物学家所讨论的一点,于实际生活之事业中是毫无关系。② 无论她其他方面的过失如何,她对于这问题常是一致的。虽然她表示极大的焦急要在朝中引用有才能的人,但却并不注意于普通君主所大为激动的习俗上的荣显。她不重视品级上的尊严,她且不顾血统之纯粹与否。她重视人们并不因他们祖先底显赫,也不因他们家系历史之久远,更不因他们封号之庄严。这些问题她留给她退步的继位者去注意,以他们对于这些问题底理解力来论是非常合于如此的。我们伟大的女皇以另一种标准支配她底行为。因反省及研究而达至顶点的她,大而有力的智慧教她洞察事情的真象而使她明了,要使政府强盛,它底顾问必须是能力充足、德行高崇的人。如这两个条件已达目的,则贵族们尽可安享其安闲的日子,不必为国家底事情而烦扰,除少数特具才能者之外,他们因偏见之丛叠及所从事业之无价值是并不适合于与闻国事的。

伊利莎白死了以后,詹姆士及查礼士先后企图恢复贵族及教士两大保护阶级之权力。但伊利莎白底政策很可惊地为一般之时代性所拥护,故斯图华特一族无法以实行他们有害的计划。个人判断力之实施在政治及宗教方面已成为习惯,以致这两个君主不能任意抑止之。当查理士一世以不可思议的盲目及较其父王为尤甚的固执坚持采纳淘汰

---

① 见哈拉姆著《宪法史》第一册第二四一页,一个很有趣的章节。武纳说赛西尔"知道大的贵族共谋联合反对这个君主以企恢复都铎皇朝所压迫的权力于贵族中"。(见《英国史》第一二册第二三七页)
② 一五七二年公爵的等级消灭了,一直都没有恢复,直至五十年后詹姆士一世才以卑鄙的维利厄斯(Villiers)做了巴金干公爵(Duke of Buckingham)。(见布拉克同著《短篇纪事》第一册第三九七页)这显然引起了注意,因本·仲松在一六一六年所写的喜剧中曾提起"英国没有公爵这种公认的邪说"。(见一八一六年歧福德〔Gifford〕编《仲松丛著》第五册第四七页。歧福德因没有注意到一五七二年公爵等级的消灭,故曾下了一不满人意的注解。)

腐化的保护理论底最劣的方式,及图谋实施人们之增长的独立性所决定反对的那政府计划时,就不可避免地产生了那曾很适切地被称为英国的大叛乱(The Great Rebellion of England)的可纪念的冲突。[1] 这个叛乱及新教宗教改革底相类点,我已经叙说过了,现在所应注意及下章我须加以研讨者乃是我们底叛乱及当时夫隆德人之战争——在这里的几方面,二者是很相同的——在性质上有何差异而已。

---

[1] 克拉林敦很真实地称这次反叛为"任何世纪、任何国家所未曾产生过的最大及最勇敢的反叛"。(见《叛乱史》第二一六页)

第十章　法国保护精神之蔚盛亦即表明夫隆德战争之失败及夫隆德战争与同时代英国叛乱之比较

前章之目的乃是研讨保护精神之原始。由所搜集之证据以观，这种精神似于黑暗时代之末期时初次组成为一明显的永久方式。但因当时所形成之情势不同，故开始时，此种精神之在英国即较在法国者为微弱，且似乎有日渐衰弱之势；而法国，则于十四世纪之早期即呈现了新的形态而产生一种集中的运动，非唯在民事及政治的组织中明白表现出来，即在法国民族底社会及文学习惯上亦这样。以上我们对于英、法两国似已有适当的了解，现在我尚拟稍事追讨并指出此种差异之如何表明英、法两国同时所爆发之内战底差别。

在英国大叛乱之各彰著情形中，其最特著者乃这种叛乱实是阶级及政党底战争。在斗争之开始时，小地主及商人即依附于国会，①贵族及教士则包围着君主。且看以圆头党员（Roundheads）②及王党员（Cavaliers）③等名称加赠于两党，即可证明此种路人皆知的对立的性质。这等现象又可证明争端已在开始了，在此争端上，英国并非因个人之特殊利益而分裂，却因个人所属之阶级底普遍利益而分裂。

---

① "可以说在争斗最初的时候，城镇里的小地主及商人阶级大都是站在这个王底对敌方面的，就在他以军力占有的那些州郡也如此，除了少数像克林威尔、乌司特（Worcester）、刹洛波（Salop），尤其是威尔士等郡则是非常地忠顺。"（见哈拉姆《宪法史》第一册第五七八页）
② 克拉林敦勋爵以庄严的态度说："这些暴徒被责及被轻视为圆党人。"（见《叛乱史》第一三六页）这是在一六四一年，那时是最初看见这个名称。
③ 恰在一六四二年厄齐喜尔之战（Battle of Edgehill）之前，查理士对他底军队说："你们被人以愤慨的口气称为王党员。"（见《萨麦斯短篇论文集》第四册第四七八页中，查理士底演讲）战后，他骂他们谓"使普通人民都厌恶尊贵的人，而称他们为王党员。"（见梅依〔May〕著《长期国会史》〔History of the Long Parliament〕第三册第二五页）

第十章　法国保护精神之蔚盛亦即表明夫隆德战争之失败及夫隆德战争与……　321

　　但在法国叛乱史中,即无此种极大的分野之痕迹。两国之战争目的固分毫无别,唯用以达此目的之工具则显有不同。夫隆德战争又如我们底叛乱一样,是国会反抗君主的一种争斗,是冀图获得自由及筑垒以抗专制政府的一种尝试。在我们仅以政治目的的眼光来看,两国是完全平行的。但法国人之社会的及知识的经历与英国人判若天壤,故虽然动机相同,其叛乱所采取之形态则殊矣。如我们对于这种分歧点再稍加细察,则知其实与我所述的情形有关——即在英国为自由之战争附带着阶级性质的战争,而在法国则并无所谓阶级战争。结果在法国之叛乱因仅是政治的而非如我们尚有社会的因素存在,故比较上不甚占据着公共的思想。它并不附有不服从底感觉,没有这种感觉,自由常是不易获得的,它并不深入国民性中,故不能将国家从奴隶状态中——但数年后,在路易十四治理之下很急促地沦入的——拯救出来。

　　我们底伟大叛乱在外表形式上之为阶级底战争,乃是历史表面上之显著事实。最初国会确图拉拢几个贵族,①而有一时期这点确是成功的。但当争斗进行时,这种政策显然无效。在此伟大运动之自然程序中,贵族愈变而愈能尽忠于王室,②国会则愈演而愈民主化。③ 当两党已明白地决定牺牲或征服时,两党之对敌已清楚地不可掩饰,而每党对于其本身利益之观念则因竞争之尖锐化而益趋激烈。

　　在本书中,既不需将普通历史所备之记载详加赘述,则将当时之一二显著事迹略加揭发即足以使读者了然。恰在战争开始以前,挨塞克斯伯爵(Earl of Essex)受任为国会军队之将军,而培德福伯爵(Earl of Bedford)则为其副官。至招集军队之权则委诸曼彻斯特伯爵,④他在

---

① 我用"国会"这个字,是取义于当时作家所用的意义,并非取义于其法定的意义。
② 一六四二年底五月韦斯敏斯德有四十二个上议院底议员,(见哈拉姆著《宪法史》第一册第五五九页)但渐渐他们放弃了公共的目的,而且照《国会史》第三册第一二八二页所说,他们是这样地减少,以致只有五六个人到会了。
③ 这些激增的民主倾向最能清楚地在窝刻(Walker)所著的《独立史》(History of Independency)中看出来。其他的章段可以看第一册第五九页。又克拉林敦在一六四四年说:"这个激烈的政党最初欺骗人民以赴战争,再则阻碍所有的和平计划,现在乃发觉他们底工作已因尽量应用其所制成的工具之将届完成,所余者不过是新工人之毁坏的行动罢了。"(见《叛乱史》第五一四页)所谓新工人者,他以后在第六四一页中解释为"专喜高位及利益的最劣等的人民"。(见第六册,一八四六年续成)
④ 这是在爱塞克斯及培德福底委任以后,即在一六四三年。

诸显贵中是唯一遭查理士公开的嫉视者。① 可是虽有这种信任的付托，国会最初所倾向于信托的贵族仍不免要表示其阶级底腐败性。② 挨塞克斯伯爵之行为使公众了然于其奸诈，③而当伦敦之警卫委托于窝勒（Waller）时，他那般坚执地拒绝那位富于才具之官吏之相与合作，以致下议院不得不自行行使职权以引用之以拂其意。④ 至倍德福伯爵则在接受军事上的委命后，却态度突变，对那委任他的人毫无犹豫地反戈了。这个变节的贵族从韦斯敏斯德遁逸至牛津，但既发现查理士王永不会宽恕他，而并不施以恩恤若其所冀，不得已又回至伦敦，在伦敦虽然仍得安居，但却不能再得国会之信任了。

这样的例却并不能减少两党间彼此相感觉的怀疑。这立刻明显着阶级战争不可避免，而国会反抗君主的叛乱必因人民反抗贵族的叛乱而更扩大。⑤ 对于这一点，民党无论其原来之动机如何，现在无不深表同意了。一六四五年，他们制定一条法律，因这条法律，非但挨塞克斯伯爵及曼彻斯特伯爵失去了委托，且限制所有两院底议员皆不能担任军事职务。⑥ 又在王被弑之一星期后，褫夺了贵族底立法权。同时他们说上议院是"无用、危险而应废除的"这些话，他们更形诸笔墨而留为

---

① "当这个王企图逮捕这五个议员的时候，曼彻斯特——当时的金包吞勋爵（Lord Kymbolton）——是唯一为王所嫉视者。这种情势使金包吞不得不加入这个党；他自己底安全，使他和党的维系较他自己底兴趣为尤甚。"（见林加德著《英国》第六册第三二一七页）又据说挨塞克斯勋爵之所以加入大众党者，皆由于其对于王之个人怨恨所致。

② 喀莱尔（Carlyle）对于"高位的挨塞克斯族人及曼彻斯特族人之缺少观念及富有财产"曾有特殊及公正的评述。

③ 有如诺尔斯勋爵（Lord North）所云："因为挨塞克斯将军现在开始给秘密党徒看出了他底牵强态度。"（见《萨麦斯短篇论文集》第六册第五七八页中，诺尔斯一六七〇年著《长期国会之叙述》〔Narrative of Passages Relating to the Long Parliament〕。在第五八四页中这个精明的作者又说，挨塞克斯"是空前绝后的一个贵族为国会聘用于军事方面者，这立刻使他地位增高，这可以为以后时期作一警告，即不再利用高位者以得民主的权力，因他们底兴趣只是想压抑一切人而妄自尊大"。）

④ 菲力泼·窝尔维克（Philip Warwick）爵士轻鄙地称窝勒为"伦敦城底宠爱将军"。（见其自传）

⑤ 曾任克林威尔之医师的培兹博士（Dr. Bates）曾暗示这一点在初就看得出来。他说大众党将兵权授予几个贵族，并非对于贵族具有任何的尊敬。这些人他们立刻就要逐出而使之与平民相等，不过他们现在是利用以毒攻毒的方法希望夺取他们底人数而获得较大的权力。"（见培兹著《英国最近之扰乱底叙述》〔Account of the Late Troubles in England〕第一编第一七六页）诺尔斯勋爵亦猜想，在战争开始的时候，即决意要解散上议院了。除此以外，我未能得到任何早期的证据，不过在一六四四年，克林威尔坚定地说："英国决不能得到平安的日子，除非我们打倒了贵族。"（见喀莱尔著《克林威尔》第一册第二一七页）

⑥ "这是一种自制的法规"，提出于一六四四年之十二月，但因贵族议员之反对直至下年四月才实行。

可纪念的纪录。

但如果我们考量使英国叛乱成功的是那几种人,则我们或能发现更能证实这叛乱底真性质的证据。这将表明一种运动底民主性质,是律师及古物学者无效地冀图掩饰于宪法方式之下的。我们伟大之叛乱并非朝后看的人底工作结果而是朝前看的人底功绩。将这种叛乱追源于个人及暂时的原因,将这种空前的爆发归因于船费之类的论辩或关于国会特权的争论,实只能适合于某种史家底思想习惯,其眼光所见不过是一种法典底小引或一个审判官底断定。这种作家忘记了哈姆普顿底审判(The Trial of Hampden)及五议员之被指摘,实不能对于国家发生任何的影响,除非人民已整备好了,除非研究及不服从之精神已愈加激发了人们底不满,以致极小的火花,一触即有燎原之势了。

真实说起来,这叛乱乃是民主精神之爆发。这是一种运动底政治方式,有如宗教改革乃是那种运动底宗教方式一样。有如宗教改革并非为居宗教之高职位的人,亦非为大红衣主教或豪富的主教所推动,乃是为充满于低卑及附属之职位的人所推进一样,英国之叛乱乃是由下而起的一种运动,从基础上或即如有人称为社会之最下层底一种骚动。少数拥高位而趋附于公共目的的人很迅速地失势了,而他们倾覆之易及倾覆之骤实是事情转变之明征。军队既直接脱离了贵族领袖底指挥而易之以由下层阶级而来的官吏,战争底命运即转变了,王党到处失败而王遂遭人民所禁锢。在他被掳及被弑之间的时期中之两种最重要的政治事件,即是他之被乔斯(Joyce)迫而去位及强迫驱逐下议院中之认为祖王派之议员。这两种确定的步骤都是个人具有极大的感动能力及勇敢坚决之精神的人始能为,也只有他们才做得到,可是劫掳君主及异常受军队之尊敬的乔斯,不过是新近的一个普遍工作的缝衣匠;①同时普赖德陆军上校(Colonel Pride)底名字因曾清除下议院中之不良分子而得保存于历史者亦与乔斯之门第相等,因其原来之职业乃是一个运

---

① "乔斯,军中煽动者之一,是一个缝衣匠,二三年以前他还在好力斯(Hollis)家当最贱的职务。"(见克拉林敦底《叛乱史》第六一二页)"一个精明的缝衣匠。"(见德而来李〔D'Israeli〕著《查理士一世朝代之短篇纪事》〔*Commentaries on the Reign of Charles I.*〕第二册第四六六页)

货车夫。① 缝衣匠及运货车夫在那个时代,其力量已足够指挥公共事件之进程而为其自己在国中占一特殊之地位。查理士被弑后,仍表现着同一趋势。旧王国倾覆以后,称为第五度王国底人底那小而活动的党派骤然增加了重要性,而于某一时期曾施展着相当的势力。他们三个主要及最显著的党员乃是未纳儿(Venner)、塔夫纳尔(Tuffnel)和俄基(Okey)。未纳儿是领袖,却是一个酿酒者,②塔夫纳尔是副领袖而是木匠,③而俄基虽然做了陆军上校,以前却在伊斯林吞(Islington)酿造所里当最卑微的火夫之职。④

这些情形也不能算是例外。在那时期,升擢完全凭依才能,如一个人有才干的话,则无论其出身如何低贱,或以前的职业如何卑微,总能飞黄腾达。克林威尔本人便是酿酒者,⑤而他底姊丈琼斯陆军上校则曾当士绅之舆台。⑥ 提恩(Deane)是一个商人底奴仆,但他到底做了海军上将,而且是海军委员之一。⑦ 陆军上校哥菲(Goffe)曾为售卖药品、染料、树胶、油类等商人之学徒,⑧陆军少将卫莱(Whalley)曾做

---

① 拉德罗(Ludlow)(见其自传第二册第一三九页)、诺布尔(Noble)(见《克林威尔家之传记》〔Memoirs of the House of Cromwell〕第二册第四七〇页)及文斯坦利(Winstanley)(见《忠实的烈士传》〔Loyal Martyrology〕第一〇八页),都说普赖德是一个运货车夫。据克林威尔因嘲笑以前的高贵区别而以"一束柴薪"赐与以武士的尊号。(见奥姆〔Orme〕著《奥文底生活》〔Life of Owen〕第一六四页);哈利斯著《斯图亚特族人底生活》〔Life of Stuarts〕第三册第四七八页)。

② "第五君主国完全为某某未纳儿所主领,他是一个酿酒者。"(见喀莱尔著《克林威尔》第三册第二八二页)"未纳儿,一个酿酒者。"(见利斯著《克拉林敦之生活及通信》〔Life and Corresp. of Clarendon〕第二册第六二页)。

③ "次于未纳儿者乃是某某塔夫纳尔,他是住在该利英路(Gray's Inn Lane)中的一个木匠。"(见文斯坦利底《烈士传》第一二八三页)。

④ "他是伊斯林吞一个酿酒厂工人,后又在泰晤士路近来奥基(Lion Key)地方做一个蜡商。"(见《国会史》第三册第一六〇五页)。

⑤ 有几个笨拙的克林威尔之称颂者,想掩饰他是一个酿酒者底事实,但他确曾从事于这种生利的商业,是有许多证据可以证明的,而且他自己底医师培兹博士也清楚地这样说过。(见培兹著《英国之扰乱》第二册第二三八页)。

⑥ "纳翰琼斯起初是个仆人,其后做了长期国会时底一个陆军上校——与护国主姊妹结婚。"(见《国会史》第三册第一六〇〇页)"一个仆人——在时代底进程中与克林威尔底一个姊妹结婚。"(见文斯坦利著《烈士传》第一二五页)。

⑦ "提恩先生,据说曾做过伊布斯威池(Ipswich)地方一个玩具商名布吞(Button)者底仆人,又为同业中某人螟蛉子;……与波巴姆(Popham)及布雷克(Blake)同被任为海军委员而在四月(一六四九年)他成为海军上将及海上将军。"(见诺布尔著《弑君者底生活》〔Lives of the Regicides〕第一册第一七二、一七三页)文斯坦利也说:"提恩是伊布斯威池底一个仆人。"(见《烈士传》第一二一页)。

⑧ "一个名还安(Vaughan)的,是售卖药品、染料、树胶、油类等商人底学徒。"(见诺布尔著《克林威尔家》〔House of Cromwell〕第二册第五〇七页)。

第十章　法国保护精神之蔚盛亦即表明夫隆德战争之失败及夫隆德战争与……　　325

布商底学徒。①　斯基封（Skippon）是一个未受过教育的普通兵士，②乃被派为伦敦民军之司令，他升擢为守卫陆军少将，他被宣布为爱尔兰大元帅；而他又为克林威尔议会十四议员中之一。道厄（Tower）地方底两个海军上尉乃是柏克斯丹（Berkstead）和提区勃恩（Tichborne）。柏克斯丹是一个小贩，或可说是小本营生的小贩；③提区勃恩是一个亚麻布商，他非但接受道厄海军上尉之职，且成为陆军上校及一六五五年国家委员会之委员及一六五九年国议会之议员。④　其他的商界亦有同等的成功，最高的位置分配了出来，只需他们能表现绝高的才能。陆军上校哈维（Harvey）是一个绸缎商人，⑤陆军上校罗（Rowe）⑥和陆军上校文（Venn）⑦也是的。萨尔威（Salway）曾做过杂货商底学徒，但因其干练遂得升擢而为陆军少校，他充任侍臣而任王之备忘咨询之责，一六五九年国会委其为议会之议员。参加议事者又有布商蓬德（Bond）⑧及酿酒者开利（Cawley），⑨而和他们在一起的有约翰·柏纳斯（John Berners），据说曾做过私人底仆役。⑩　又科尼利阿斯·荷兰德（Cornelius Holland），人知其为仆从而以前实曾专司取灯之役。⑪　其他一时炙手可热之辈有毛绒布商柏克（Packe）、织工浦利（Pury）及缝

----

①　"是一个羊毛布商底负有义务的学徒。"（见文斯坦利底《烈士传》第一〇八页）他以后自立为布商，但没有什么成功，因为培兹博士称他为"一个命运不佳的布商"。
②　"完全不识字的。"（见克拉林敦《叛乱史》第一五二页）
③　"柏克斯丹以前是个售卖针、活字锭、及针箍的，而且为些微金钱而不惜奔走的人，但现在克林威尔重用其为伦敦堡垒之副官。"（见培兹著《英国扰乱底叙述》第二编第二二二页）
④　"荷尔斯（Holles）勋爵亦说他是一个亚麻布商。"（见《自传》第一七四页）
⑤　"爱德华·哈维最近还是一个贫苦的丝贩，现在做了陆军上将，且获得了伦敦主教底房屋及法拉姆（Fulham）底采邑。"（见窝刻著《独立史》第一编第一七〇页）"某某哈维，是一个贫苦的丝贩。"（见克拉林敦《叛乱史》第四一八页）
⑥　奥温罗"初从事于呢绒业……加入国会军队乃变为陆军上将。"（见诺布尔著《弑君者》第二册第一五〇页）
⑦　"在伦敦的一个丝贩……加入军队而升为陆军上将。"（见诺尔《弑君者》第二册第二八三页）"一个在契甫塞（Cheap-side）的失败的丝商。"（见文斯坦利著《烈士传》第一三〇页）
⑧　他是"多尔彻斯忒（Dorchester）的一个羊毛布商"，又是"一六四九及一六五一年的国务会议的一员。"（见诺尔著《弑君者》第一册第九五页）
⑨　"是契彻斯忒（Chichester）底一个酿酒者……在一六五〇至一六五一年他被委为国务会议底议员。"（见诺布尔著《弑君者》第一册第一三六页）"威廉·开利是契彻斯忒底一个酿酒者。"（见文斯坦利底《烈士传》第一三八页）
⑩　约翰·柏纳斯，"据传原是一个仆人"，乃是"一六五九年国务会议底议员"。（见诺尔著《弑君者》第一册第九〇页）
⑪　"荷兰德，一个火把童。"（见窝刻著《独立史》第三编第三七页）"他原不过是亨利·凡爵士（Sir Henry Vane）底仆人——共和国建立以后即被任为一六四九，又一六五〇年的国务会议议员。"（见诺布尔《弑君者》第一册第三五七、三五八页）

衣匠培柏尔（Pemble）。一六五三年所招集之国会至今人仍目之为培尔蓬（Barebone）底国会，因当时最活动的一个议员名字乃是培尔蓬，而他是弗里路底一个皮革贩卖者。同时，道宁（Downing）虽然是慈善机关养育成立的一个穷苦的儿童，①后为财政部底收支员而官至英国派驻海牙的代表。② 此时我们还可以说，陆军上校荷尔敦（Horton）亦为厮养出身，③陆军上校柏利（Berry）前为木商，陆军上校库柏（Cooper）则业杂货者，陆军少校罗夫尔（Rolfe）是鞋匠，陆军上校福克斯（Fox）是补锅匠，陆军上校休伊逊（Hewson）则补鞋匠也。④

　　这样的人就是英国叛乱底领袖，或说得适切些，就是这些叛乱所雇用的工具。⑤ 如果我们现在转过来看法国，那么，我们将清楚地发现这两国底感觉及性情的不同点。在这国中，旧的保护精神仍旧非常地活跃，人民因受监护，并非获得自制自赖的习惯，而伟大的事情也只有靠这两种性质才能成功。他们既久习于震慑上层阶级，故即使揭竿起义亦未易打破从前服从的观念，这种观念，我们底祖宗早便弃绝了。在英国敬视高贵人的观念常常不绝地减少，在法国却绝未灭损。因此，虽然英、法两国底叛乱同时发生，而其初又是目的相同的，乃不免有一最重要的分歧点。这就是英国底叛徒是由民众底领袖所领导，法国底叛徒却从贵族底领袖所指挥。在英国久已培养成的勇敢及坚定的习惯，使

---

① "一个慈善机关所教养成的穷苦儿童。"（见哈利斯著《斯图亚特族人之生活》第五册第二八一页）"一个出身不明及不知受何教育的人。"（克拉林敦著《他自己底生活》第一一一六页）
② 一般以为他是哈克尼（Hackney）地方一个教士底儿子，但如果是真实的，那么，恐怕是不合法的，只需看他之如何养大成人即可知了。可是他之出身于哈克尼是很有问题的，而且没有人知道谁是他底父亲。
③ 克林威尔对于这个著名的人非常重视。这个人非但自己明显是一个兵士，并按最近所发表的一封他底信看来，似乎他还补修早期教育之不足。（阅《腓尔法克斯通信》〔Fairfax Correspondence〕第四册第二二至二五、一〇八页）在英国史中从来没有一个时期像在共和国时的那样聘用许多具有天赋能力的人于公共事业中。
④ 与休依逊陆军上将颇为熟稔的拉德罗说："他曾做过鞋匠。"（拉德罗《自传》第二册第一三九页）但这是好友的一种偏袒说法，无疑，这个勇武的上将不过是一个补鞋匠而已。
⑤ 窝刻按他所目睹的说："约在一六四九年军队为陆军上将及高级官吏所统率，他们以镀金的马车、富丽的衣服及珍贵的酒宴来统治，虽然有些是带领着运货马、挂着皮带及永不知他们底父母是谁的。"（见《独立史》第二编第二四四页）《粗劣的水银》（The Mercurius Rusticus）一书（一六七四年版）说："彻姆兹福德（Chelmsford）为一个补锡匠、两个补鞋匠、两个缝衣匠、两个小贩所管理。"（见骚西著《一本平凡的书》第三部第四三〇页，一八五〇年出版）又在另一书的第四三四页里，对于剑桥每每有同样的叙述，"大多数的陆军上将及官吏都是微贱的商人、酿酒者、裁缝、铁匠、鞋匠及其他"。（见荷лиスキー《自传》第一四九页）当怀特陆克（Whitelocke）于一六五三年在瑞典的时候，某一城镇里的司法官说："他们杀害他们底君主，他们是一群裁缝匠及补鞋匠。"（见怀特陆克著《瑞典之出使》〔Swedish Embassy〕第一册第二〇五页）

第十章　法国保护精神之蔚盛亦即表明夫隆德战争之失败及夫隆德战争与……　　327

中等及下等阶级能在他们自己底阶级里面选出自己底领袖来。在法国，这种领袖是找不到的，就因为保护精神的原故，这种习惯还未培养出来。所以在我们岛上当内政及战争之处置，在屠夫、烘面包者、酿酒者、皮匠及补锅匠之下非常成功地以特殊之能力运其敏腕时，反视在法国所起的争斗乃是现着完全不同的现象。在那国中，叛乱是由地位超越的人所领导，的确是出身于历史最悠久的望族的人。当然也就表现着驾越一切的荣显，一群拥着显爵高位的人，贵族叛徒及有封号的乱党首领的高贵聚集。叛乱底人物有空台王子（Prince de Condé）、空提王子（Prince de Conti）、马西勒克王子（Prince de Marsillac）、部利翁公爵、菩福公爵（Duke de Beaufort）、隆格维尔公爵（Duke de Lonqueville）、舍夫律兹公爵（Duke de Chevreuse）、纳谟尔公爵（Duke de Nemours）、律因公爵（Duke de Luynes）、布利萨克公爵（Duke de Brissac）、得尔柏夫公爵（Duke d'Elboeuf）、康达尔公爵（Duke de Candale）、勒·特利毛维尔公爵、部兰夷侯爵（Marquis de la Boulaye）、来格侯爵（Marquis de Laigues）、那谟提挨侯爵（Marquis de Noirmoutier）、维特累侯爵、福苏斯侯爵（Marquis de Fosseuse）、西莱累侯爵（Marquis de Sillery）、得替塞克侯爵（Marquis d'Estissac）、得霍快因考脱侯爵（Marquis d'Hocquincourt）、朗苏伯爵（Count de Rantzau）及蒙屈利苏伯爵（Count de Montresor）。

以上这些就是夫隆德战争底领袖，[①]仅按他们底名单看来，已表明英、法叛乱底不同了。而且因而随着发生不同的几种结果，这种结果是值得某种史家之注意，他们因为不明了人类进化之演进所拟设法维持贵族之权力。这种权力——尚幸为人类前途之大幸——久已衰落下去，并在最近七十年间，贵族权力在文明国家中叠受重大打击，其最后的命运之日就穷迫已在意中了。

英国叛乱底主领人，其嗜好、习惯及意志既完全是平民化的，于是就在他们和人民中间造成一同情的联系而保了全个政党底结合。在法国，这种同情心非常微弱，因此其结合也非常不稳固。在每日为面包

[①] 即使是毫无成效地想组织一公共党的得·累斯也觉非利用贵族不可，虽然他富有民主主义的倾向，可是他于一六四八年却想最好是"为公益尽力搜罗人才"。（见得·约莱〔de Jely〕《自传》第三一页）

而劳作的工人农夫皆以怠懈而无价值的事渡其岁月,而这些事在自置俎上为众矢之的的那些富裕而放恣的贵族之眼底还有什么同情心可以存在呢?在这两阶级之间而讲同情心实是一件明显的笑话,而对于那些出身高贵的人则认为一种侮辱,因为他们一向是以惯常及傲慢的轻鄙心对待卑下的人的。的确,因以上叙述所及的原因,其人民不幸以至高无上的敬仰对待上层的人,但法国史底每一页都证明这种感觉是如何地不加重视及下层阶级是如何地被践踏于奴隶的地位。因此,当法国人因久已养成的依赖习惯使其不能领导自己的叛乱,而因此不得不听命于贵族之指挥时,这种依赖的需要更固定了,而养成其依赖性的奴隶制度,因此,就断绝了自由底生长,阻碍国家以内战方式所能获得的那些光荣事业。这些光荣事业在英国,我们是能够自己担任的。

确是只需读十七世纪的法国文学,即可以看到这两阶级的不合,及平民与贵族精神之合而为一党之绝无希望。当人民底目的是要从束缚中解放出来,贵族底目的乃不过要找寻新的刺激来源及从事于个人的虚荣。这种虚荣以团体而言,他们是很显著的。因这是不甚被人研究的一部分历史,故收集几个例证实是一件有趣的事,这些例证将例示法国贵族底性情及表明这个富有权力的阶级最急于获得的是那种尊荣和名望。

他们所切望的是非常不足道的一种叙述,凡曾研究世袭名望在多数人中,对于个人性质所产生的影响者即能预知之。这种名望之如何有害可以很清楚地在所有欧洲贵族史中看出来,而且著名的事实显示着,没有一个曾具有中流的才具,除非在那些国中,他们能因与平民血流混合而常得激励起来,而他们底阶级也因得到刚毅的力量——这种力量是创造自己地位者所能享有的,但不是因人成事者所可得——而强固了。因视荣显为外来的而非内在的来源,则必然地以占有外表的名望为较胜于内在力量的感觉。在这样的情形中,人类智慧底庄严及人类知识底尊贵将被视为那假的及虚伪的阶级底附属,而懦弱的人乃以此来测量他们自己的藐小。因此一切事情的真次序皆颠倒错乱了,藐小的反较伟大的为重视,而人底思想乃因依照自己底偏见所造成的才能标准而致衰退了。如以这种原因归罪于贵族底自尊,似乎这是贵族阶级所有的特性实乃是显然的错误。真实地说,如自尊一旦在贵族中树立起来,则贵族本身必致急速地灭亡了。所谓世袭名位的自尊者,在名辞上即是一种矛盾。自尊全凭自赞自赏的感觉,虚荣乃是为他人之赞赏所养成者。自尊是一种磊落及高尚的情绪,鄙屑虚荣所急切要攫得的外表名望。自尊的人在他自己思想中看到他自己尊严底来源,这他非常明白是不能以任何行动来增大或减少的,除非完全由他自己所出发的行动才可以。虚荣的人,不安定,不知足,常常追求同时代人底赞美的,必然极度重视那些外表的表征及显而易见的记号,这些无论其为装饰品或封号都能直接激动意识而因此迷惑着立刻能了解其意义的那些平民。既然最大的分别乃是,自尊注意于内心,而虚荣注意于外表,则显然当人无才具,不努力而以机会获得世袭之名位挟以自重者,实是虚荣之切实证明,且是最可鄙的一种虚荣。这证明,这种人并无真正尊严的感觉及并不知道包含伟大的究竟是什么。在这种人底思想中,将最不足道的事情视为最重要的事情有什么希奇呢?如果这种空虚的理解只是忙于带绶、星章及十字架,如果这个贵族渴望爵士之最高级勋章或那个贵族焦思要得"金色羊毛",如果这个人希望在朝廷底周围带一根杖,或那个人要在王室里当一职位,同时第三个人底野心乃是要使他女儿成为宫嫔或造成他底妻子为显妇人的话,凡此种种又有何足道呢?

我们看到了这些事情,当不应惊奇于法国贵族在十七世纪时在他们阴谋及争论中表现着一种轻浮,这虽然常有例外,却总是每一世袭贵族制度底自然特色。稍举一二例即足使读者稍明在数世纪中阻碍法国文化进步的那一占有势力的阶级底倾好及性情。

法国贵族所纷争的问题,其中最重要者乃是关于与王同座的权力。这件事是这样的被重视,比较起来,若为自由而斗争而其目标止此则未免太失色了。尤为激动贵族之思想者乃是这个大的社会问题所遇到的极端困难。按法国朝廷之古礼,公爵底夫人可以与王后同座,但如果他底名位较低,那么就是侯爵也不能有这种权利。① 一向这条例就是这

---

① 因此,公爵夫人被称为"端庄的妇人",以下的等级则称为"轻佻的妇人"。(见封特内·马利挨尔著《自传》第一册第一一一页)

样简单而公爵夫人等都非常同意的。但侯爵、伯爵及其他显要的贵族对于这种个人底区别都感觉到不安,而尽力地要为他们底妻子得到同样的尊荣。这点,公爵们奋力地反对,但不幸因着某种不甚明了的情形致使在路易十三朝代起了一种改新,将与王后同座的权力赐予部利翁家族底女子。因这个不良的先例,问题就变为非常复杂,因其他的贵族人员皆以为他们出身之纯洁并不亚于部利翁家,而他们以为部利翁家之一历史大有过甚其辞者。这种竞争于是使贵族分裂而为两对敌党派,一派想保存其特有的权利,而另一派则欲分有之。因要调协这两种对敌的托辞,曾议有各种的方策,但多不发生效力。而在马萨朗主政之时,朝廷因惧于叛乱,故表示着放弃的态度而屈服于低等贵族所热烈希望的一点。一六四八及一六四九年,摄政母后听取其顾问底主张,正式将与王同座的权利赐予三个低等贵族底著名人物,即夫莱克斯伯爵夫人(Countess de Fleix)、蓬夫人(Madame de Pons)及马西勒克公主。① 这种决定还未公布出来,贵胄的王子及国内的贵族都起了极大的恐慌。② 他们立刻招集自己阶级中的那些对于反对上述大胆之压迫含有兴趣的人员赶赴京城而组合集会,以便立刻采集方法以拥护他们旧有的权利。在另一方面,那些位卑的贵族为新近之成功所鼓动,坚持适所钦赐的特许权应提为一种先例。既然与王同座的尊荣已赐予佛亚家(The House of Foix)及夫莱克斯伯爵夫人个人,则当然也可赐予那些自能证明其先祖确有同等地位的人。极大的纷扰因此就发生了,两方都急迫地坚持他们自己的要求,以致数月以来隐伏下极大的危机,这个问题或致须以武力来解决。③ 但高级贵族虽然人数较反对者为少,可是势力较大,故这种争论最后还是有利于他们。母后将一封正式的诏书由法国底四元帅赍赴贵族底集会里,诏书里头应允把干怒法国最显贵之贵族的那些特权予以取消。同时,元帅们非但承认为此诏书作保

---

① 至关于夫莱克斯伯爵夫人及蓬夫人,可阅《摩特维尔自传》(Mém. de Motteville)第三册第一一六、三六九页按这个名家底意见(见第三册第三六七页),得·马西勒克(de Marsillac)公主之所以较卑下者,乃因其丈夫不过是一个公爵底儿子,而公爵本人则尚存焉。
② 《摩特维尔自传》关于这一点叙述非常详细(见第三册第三六七至三九三页),可知当时一般视此事之重要了。
③ 在那时,的确决定,位较低的贵族应有一反示威运动,这种行动如果实现,则必致发生内战无疑。

第十章 法国保护精神之蔚盛亦即表明夫隆德战争之失败及夫隆德战争与…… 331

证,且签订合约力允他们个人将监督其实行,可是贵族因感伤他们受到压制,故尚表示不满。因要使他们安静下去,乃将这种赔偿也像以前的损害一样地公开。故在他们和平地解散以前,政府必须颁布一件为摄政母后及四个国务大臣所签订的公文,表明赐予无特权贵族的那些恩赐已取消了,同时从前赐给马西勒克公主、蓬夫人及夫莱克斯伯爵夫人底与王同座的特权也一律取消。①

这些就是当国家为内乱所困扰,极重要的问题亟待解决——关于民族自由及改组政府的问题——的时候充满于法国贵族底思想及浪费他们底力量的问题。这样的人必是不适合于领导民众作热烈的争斗,及其与英国叛乱中之领袖是如何大的悬殊无待赘述了。当我们想到他们底领袖都是由具有上述的倾好及性情的阶级中产生出来,则夫隆德战争之失败原因更非常明白而易晓。②这种证据可以无量数地收集出来,凡是熟读十七世纪之法国人自传者皆能详之——这一类的著作大都是贵族或其附从者所写的,实可以供给许多的材料以成立一种意见。详读这些将上述的事情视为非常重要的著作,我们发现他们曾发生了极大的困难及争论关于谁能在朝中得置有臂椅,谁被召赴御宴,将谁受后之亲泽,谁应于教堂中得列首席,什么是各种人之名位的适当比率及其所站立之布应如何长短,一个贵族如要证明其确有乘坐马车以进卢夫尔(Louvre)的资格必须要有如何的一种尊严,谁在王上加冕的时候得有优先权,是否所有的公爵都是平等的,或如有人以为部利翁公爵因曾统治瑟同(Sedan)应较未曾统治任何地方的罗什孚科公爵(Duke de la Rochefoucauld)为尤高贵,③是否菩福公爵步入议会的行列应先于纳谟尔公爵或是否他应坐上位,④这些是当时的大问题。同时,似乎要极天下之滑稽,竟产生了谁应有此光荣在王御宴时递送手巾或谁应享

---

① 这个伟大争斗底最好的叙述可以在《摩特维尔自传》及《俄麦泰仑自传》(Mém. d'Omer Talon)中找出来。两个作家底意见颇为不同,可是对于这范围广大的争斗皆留有极深的印象。
② 在当时最精透的评论者得·累斯也承认夫隆德之失败并非由于人民之无常。
③ 见《勒纳自传》第一册第三七八、三七九页。勒纳,一个贵族底盛誉者,对于这些事情叙来毫无丝毫的讥讽。我不应挂漏一六五二年关于承认得卢翁之主张的可怕的争论。(见《空拉脱自传》(Mém. de Conrart)第一五一页、一五二页)又在亨利四世朝代时关于一个公爵应否先于一个大将签名的问题底争论。(见得图著《自然史》第十一册第一一页)
④ 一六五二年的这种困难在两公爵间造成一种剧烈的争斗,而以后乃以决斗来解决,结果纳谟尔公爵被杀——当时多数的作家都这样说。

受为后整衣的非常特权的那种大的误解。①

或者有人以为我絮絮叙述这样冗长无谓的区区争论,实应对读者表示歉意,可是这些现在视为可鄙的事情,却曾有一时为未必缺少理解力的人所重视。但我们要记得,这些事情的发生及其以前之所以被重视,皆是法国思想史底一部分,故它们之价值不在于其固有的尊严而在于其对于过去之某一种情状供给材料。这类的事件虽为普通的史家所忽略,但不失为历史的根本及主要资料。它们非但能揭示于我们它们所属的世代,而且以哲学的眼光看来亦殊为重要。它们是一部分的材料,我们可以用以综合那些在不同时期中表现着不同形态的大保护精神底定律,但它们所呈现的方式无论如何不同总是由尊敬感觉中发生出来的一种现象。如果我们对于尊敬本身所得以支持的基础细加考察,则必能明了这种现象在某几种社会阶段中是如何地自然了。尊敬始于惊愕及恐惧。这两种情绪无论单独或合并都是尊敬底根源,而它们所发生的情形也是很明显的。我们因为愚昧才惊愕,因为懦弱才恐惧。故很自然的,在从前当人们较现在愚昧而懦弱的时候,他们必然更注意于尊敬,更倾向于那些敬重的习惯,这些习惯在宗教则形成迷信,在政治则形成专制。在社会之普通进程中,这些弊害尚能知识之进步所补救,知识乃又立刻减少我们底愚暗及增加我人底见识。换句话说,知识使我们对于惊愕和恐惧的偏向减少而因此减少我们底尊敬感觉,同等地加强我们独立的情绪。但在法国,这种自然的趋势却为——我们已看到——相对的一种倾向所补充,所以一方面保护精神为知识之进步所减弱,一方又为我所欲追寻的那些社会及政治的环境所助长。因了保护精神底功用,每一阶级都对于其下一阶级施展大的权力,于是服从及服侍于人的全部机构完全维持着。因此人底思想常习于向上观望而不依持自己的本干,只是靠他们之策划。因此直至十八世纪,法国人底柔顺及服从的性情是著名的。因此他们也过分尊敬他人底意见,为他们国民之特性底虚荣心也就建立在这种尊敬上。② 因为虚荣及尊

---

① 据几个名作家说,在妻子能有资格可以充任整理王后底内衣时,他自己必须先是公爵,其他的名作家则以为除非一个公主在场,任何的宫婢皆有权为后整衣。
② 这和武士制度亦有关的,两种都是保护精神底象征。

敬的感觉显然都有这种相同的地方,于是使个人都以自身以外的标准来测量他底行为,而相反的,自尊及独立的感觉则将使他重视唯有他自己底思想所能供予的内心标准。结果,则当十七世纪中叶时,知识运动刺激了法国人而起叛乱,而其效果乃为社会之趋势所消灭,这种社会趋势即在争斗的热烈期中也继续保留着他们旧的服从习惯。故战争进行时,人民继续倾向于求助于贵族,而贵族则求助于王。两种阶级都直接依赖其上层的阶级,人民相信没有贵族则没有安全,贵族相信没有君主则没有尊荣。在贵族方面之有这种意见实不用非难,因为他们底显贵既由君主所赐,当然就有直接兴趣要坚持君主乃是尊荣之源泉的旧观念了。他们对于那荒谬的意见有直接的兴趣,按那种意见,尊荣的根源既被忽视,我们底注意当然就转向于一种空想的根源,因此种根源之运用人们乃相信只需君主一诺,最高的尊荣在须臾间即可赐予最卑下的人了。这还不过是自然未曾给予这种权利的创造名望的旧计划中的一部分,将一种习俗上的优势代替了真的优越性,于是要将貌小的人驾乎伟大者之上。这种计划的完全失败及当社会前进时,所有这种企图尚在进行时,受此企图之利益者必重视由此等企图所得来的一切。除非受相反的环境的阻碍,否则两派之间必因追念旧的恩遇及希冀未来的一种而起了同情心。在法国,这种自然的情感既为保护精神——这常使人依系于其上级者——所强固,无怪乎贵族在他们扰乱的时候,还切迫地找寻王底恩宠。他们既久习于视王为他们底尊荣底来源,当然就深信在王底最普通的行动中也有种隐藏着的尊严在里面,故他们底脑中即以谁应递王以手巾、谁应为王持盆及谁应为王整衣为非常重要的事情。[①] 可是,我并非为要嘲弄这些无用及放荡的人,才收集这许多关于他们的争论的证据。其实他们应视为可怜而不应被责,他们是按其本性而行,他们竟还尽量施展自然所给予他们底极微小的才能,但我们对于依托他们处理的那皇然大国应怀好意,且完全为法国民众底命运,史家才不避烦劳去研究法国贵族底历史。同时,这类的证据揭示了贵族社会底趋势以后,即将保护及贵族精神表现于最活动的方式上,关于这种精神贵族是并不知现在会到这样衰落的地步的。这种事实可视为

---

① 即在法国革命以前,这些感觉也还存在的。

一种严重疾病的象征，欧洲确是仍为这种疾病所缠扰，不过我们现在也只能见其残迹，至于其本有的毒害已经无人能想见，除非他曾研究其早期的活动，当那时因毫无羁系，以致能占优势以阻碍自由底发长，停止国家底进步及裁断人类底思想力。

　　现在实不用再细述英、法两国之如何分歧，或指出我所要述的两国内战之显然差异点。我们叛乱中的平民及卑贱出身的领袖当然不会对于困扰法国大贵族的那些事情发生同情，像克林威尔和他底助手这样的人是不甚精通于系谱底神秘或宗谱纹章底精微的，他们绝少注意到朝仪，他们更不研究先后的规则，对于这些他们都是门外汉。在另一面，他们所做的乃他们皆彻底知道有一件伟大的工作要他们去做，他们做得非常妥善。① 兴兵反对一个腐败及专制的政府，他们将不休手，除非将所有居高位者都倾覆下来，除非他们既能移去这种弊害而又同时惩罚犯此种弊害的恶人。但虽然在他们这种光荣的事业里，也无疑地要表现几种即具有最高知识的人亦不免要犯的缺点，我们却最低限度不能如此着想，而须予以真诚的尊敬，这种尊敬是给欧洲君主以第一个伟大的教训的人，及对他们宣示，他们所久已享受的无罪特权已经终止，而因反对他们底逾越，人民已有一种较以前所敢用的为更严厉及确定的补救方法了。

---

① 拉德罗在下面所表示的意见使他反抗这个君主："以我所知，王党和我们所争执的问题，即是是否王应按其自己底意志有如上帝一样的统治，以及民族为武力所支配有如牲畜一样？或是人民应以其自己所定的法律来管理而生活于他们首肯的一个政府之下？我完全相信，和王妥协对于英国人民是有危险的，而且在性质上也是不公平和弊害的。"（见《拉德罗自传》第一册第二三〇页）

第十一章 保护精神为路易十四引用于文学知识阶级及统治阶级联合所产生的影响底考察

读者现在将明白这种保护的制度,及其连属的服从观念,如何会在法国占有一种势力为英国所未之前闻者,而又造成两国之主要差异。因欲完成这种比较,乃必须考察这种精神如何影响法国之纯粹知识史以及社会及政治史。因为保护方策所根据的依赖观念养成一种信念,以为在政治及社会中所存在的附从亦应存在于文学中,而支配国家重要事业的那种保护、监督及集中的制度也应支配其知识的事业。故夫隆德战争最后推翻以后,每样事物都是要助成那唯一的知识政策。这种政策在五十年中为路易十四朝代之特色,而其对于法国文学的关系恰如封建制度对于法国政治一样。而两种情形之下都是一方表示臣服而他方予以保护及偏袒,每个文人都成为法国君王底奴隶,每本书都为得王底眷宠而作,而以能得王底保护为知识最卓越的确实证明。这种制度所产生的影响将在这章里加以叙述。造成此制度的外在原因乃是我以上所述的,及其曾在法国人底思想联系中直至十八世纪时尚萦绕不去的那些情势。路易十四底最大目的,乃是欲将这种联想激发起来而引入生活之各部门,这点他是完全成功的。因为这个原故,他朝代底历史非常具有启迪之力,因为我们可以在其中看到创见的专制例证,一种最大及包含最广的政体,一种五十年的专制统治着欧洲最文明的民族,他们非但忍受束缚而无怨恨,而且欢乐地、感激地服从于他们束缚的人。①

---

① 国外的人对于一般情形都感觉非常惊奇,尤其对于他们之甘于自处于奴隶地位,沙甫兹白利(Shaftesbury)勋爵在一七〇四至一七〇五年之间二月的一封信中极力颂扬自由,不过他却说在法国"很难有人明白这种种议论,因无论感觉如何,我总从未知道有一个自由的(转下页)

更奇者如以道德、光荣或兴趣之最低标准来测验,则路易十四一朝必须予以绝对的谴责。一种粗鄙的及无约束的放荡加着最浅陋及最下流的迷信是他私生活底特色,而对于公共事业则表现一种傲慢及有系统的不忠信,这当然引起了全欧洲底愤怒,而给法国以严厉的及警告的惩罚。至于内政方面,他和教会组成一严密的联盟,虽然他反对教皇底威权,可是他情愿让他底人民为教士底暴虐所压迫。对于教士,他除了自己施展特权以外,可以放弃一切。自执政以后,他受了他们底影响,即开始侵犯亨利四世已立下基础,以及至那时尚保存完美的宗教自由。① 因教士底鼓动,他才取消了南特赦令,宗教自由因了南特赦令已有一世纪之久与该国底法律结合为一了。② 因了教士底鼓动,恰在剥夺其人民之神圣的权利以前,他曾因要慑服新教徒,骤然任一队放荡的兵士对他们施行最可怖的残酷。以后继着的野蛮曾为可靠的作家所叙述;③而其对于国家物质利益上所产生的影响也可以从事实上看出来,因为这些宗教压迫牺牲了法国五十万最精勤的人民。这些人具有以前使其国家富饶的劳工习惯及各业的知识及经验者,都逃逸到世界底各部。这些事情劣迹昭彰绝无仅有,而且展布于历史之表面上显而可见,可是尚有人坚持赞美路易十四底时代。虽然谁都知道在他朝代时,自由底每一方都被破坏,人民为不可忍受的税则所剥削,他们数千万的爱子皆被强制编入于皇家军队,国家底资源受到空前的浪费,最厉害的专

(接上页)法国人"。(见福尔斯忒〔Forster〕编《陆克、锡德尼及沙甫兹白利底原信件》〔*Original Letters of Locke*,*Sidney and Shaftesbury*〕第二〇五页,一八三〇年出版)同年笛福对于法国贵族也有同样的详述。(见威尔逊著《笛福底生活》第二册第二〇九页)又一六九九年爱迭孙由布尔瓦来的一封信,很明显地表明法国人底退步。(见阿金著《爱迭孙之生活》第一册第八〇页)可比阅柏内特著《我们底时代史》第四册第三六五页:"法国人以空前的过分的阿谀来恭维他们的君主。"

① 弗拉桑以为第一次的宗教迫害法律,是起于一六七九年:"从一六七九年起基督教徒底势力逐渐地薄弱了。"(见《法国外交》〔*Diplomatic Francaise*〕第四册第九二页)但事实上,这些法律是一六六二年,马萨朗死后的一年开始的。一六七七年,瑟尼(Thynne)写给克拉林敦勋爵的一封信里说起"改革宗教在法国所受的可怖的迫害"(见利斯忒著《克拉林敦之生活》第三册第四四六页)而陆克于一六七五年及一六七六年游历法国时,在他日记里也说新教徒"每日丧失了他们一二特权或其他"。(见金〔King〕著《陆克底生活》〔*Life of Locke*〕第一册第一一〇页)

② 关于取消这个赦令的叙述,我们可以从所有的法国史家里找到,但并不见他们起在这件事的前二十年巴黎曾有这种的提议。

③ 可比较柏内特著的《我们底时代史》第三册第七三至七六页与《福耳特耳之著作》(*Euvres de Voltaire*)第二二册第三七七、三七八页中之《路易十四时代》(*Siècle de Louis XIV.*)一文。

第十一章　保护精神为路易十四引用于文学知识阶级及统治阶级联合所产生的影响底考察

制政体坚固地竖立了起来——虽然普遍都承认这些事实,可是现代尚有作家因迷惑于文学之灿烂,文饰了他底巨大罪恶,而饶恕了君主所造作的损害,就因在他生时产生了巴斯卡尔(Pascal)底文学、菩绪挨(Bossuet)底演辞、摩利挨(Molière)底喜剧及拉星(Racine)底悲剧。

详述君主功绩的这种方法既已这样迅速地弃置不用,我亦不必再费辞加以驳斥。但它和更普遍的一种错误,即关于王室保护国家文学之影响有关系的。这种错误文人自己首先去宣传,从他们所惯于应用的文字来看,我们也许要相信,一个王底笑脸中含有一种魔力,可以激起幸运者底智慧。这实不能轻视为君主所仍保有的毫无损害的偏袒,这非但基于误认事物真性的错误观念上,而且其实际上的结果也非常有害。它对于文学所常应保有的独立精神是有损害,而且对于君主底本身也有害,因为它加强他们通常过度的虚荣。的确,如果我们考量他们现今在诸文明国中的地位,我们得立刻看到持有这种意见的可笑。在现在之知识情状中,这种错误意见是不适合于为受教育者所持有的。

在"君权神授"的这种神学想象最后被废弃的时候,当然对于君主的尊敬也是同等地减少。以前对于他们底那种尊敬的沉迷已消灭了,而现在对于认为保护他们的那种神圣已不复觉得震惊了。故现在我们用以衡量他们底标准已很清楚,我们赞赏他们底行为,应视他们对于受权而治理的国家造福的程度如何而定,但我们必须牢记,从他们底教育环境及人民对于他们之幼稚的臣服态度来看,他们底识见必是不正确的,而他们底偏见也必厉害。[①] 因此,我们非但不能希望他们做文学的贤明保护人或时代的先进,且如他们能不固执地反对时代精神,或不企图阻碍社会底前进,我们已应表示满足了。因为除非君主能不因其处于不利的知识环境,而做一个非常明达的人,否则,他所奖饰的人必然不是最有才能者而是最令人抱恨者;同时他既拒绝保护精湛独立的思

---

① 在这方面,好像其余的例一样,文字上的尊敬远超过于文字之原义。布卢安勋爵说:"所有他们底称呼都是由神圣的来源上得来的——所有都指为神之世上代表,他们被称为 Grace、Majesty。他们名为'上帝所立的'、'上帝在世上的代理人',还有许多荒谬的及污渎神明的名称,但尚没有东方君主所称的为可笑罢了。"(见《政治哲学》第一册第四二页,一八四九年伦敦出版)的确,如果布卢安勋爵在三世纪以前写这样文字,他底耳朵必被割去无疑。

想家,当然他也会爱护一个助长旧偏见及维护旧恶习的作家。这样对文人有荣誉或金钱的颁赐,那无疑地在接受者必是乐于拜领的。但却含有一种明显的倾向,就是减弱了他们意见底勇敢性及力量,因此也就减损了他们著作底价值。把欧洲各君主所赐的文学奖金作一细表而公布,统计起来那便一目了然。如果这样做,这些及同样的奖赏所产生的弊害更和盘托出了。文学史经过精细研究以后,那么,我便可以肯断,假如一个君主曾酬劳一个前代的人,则我们必能至少找到他酬劳二十个后代的人的例。结果,在每一国里,王室底奖励制度施行愈久及愈滥,则文学底精神非但不进步还要退化。在给予奖励及接受奖励者之间形成了一种结合。因这种奖励金的制度,不自然地造成了一种贪婪的及困乏的阶级,他们因急于要得奖金职位及称号,于是真理之追求附属于利益欲望之下,而将朝廷所坚持的偏见混入于他们底著述中。因此,恩宠底表记就等于奴隶底招牌。因此,知识之获得非但不成为最高尚及尊严的一种职业,且被降辱而与普通的职业相同,其成功的机缘乃以所得之奖赏数目来衡量,最高的荣誉成为当日君主底赠物。

这种趋势,其本身即造成与主持由政府奖励文人的人底见解成背驰的局面,但此外还有更严重于是者。凡国家之能任其本身自由发展的,便很容易地能满足其国底思想需要,而产生一种合乎实际情形的文学。而且显然应以各阶级底利害为前提,其出品不能逾于实际需要,其供量不能越乎事业要求。抑有进者,为社会之安善问题设想,在知识阶级及实行阶级之间必须维持一种康健的比率,在一般理想者及实行者之间也必须保持平衡的比率。如果我们都是著作家,则我们底物质利益必受到损失;如果我们都是从事于事务者,则我们精神上的欢乐将被剥夺。在前一情形中,我们将成为饥饿的哲学家;在后一情形中,我们将成为富足的愚人。现在当很明白,按人类活动最普通的原理,这两种阶级彼此的人数应是不用人为地为社会自然之运动所调和。不过政府若自动奖励文人,则扰乱了这种运动,混乱了事物底和谐性。这可算是干涉或称为保护精神底不可避免的结果,每一国家皆曾受其重大的损害的。譬如,国家另拨一宗款项以奖励屠夫及缝衣匠,则当然这种有用的人必将超乎需要以外地增加了。如另一种款项又指拨以奖励文人阶级，而文人也超乎国家情势所需要而迅速地激增。在两种情形中都是一种不自然的刺激产生了一种不健康的活动。衣食对于身体上的需要，当然有如文学对于精神上的需要一样。那么，为什么我们要政府鼓励那些著述者较鼓励那些为我们屠羊补衣的人为尤甚呢？其实社会底知识进程在这方面恰和其物质上的进程相类似。有些时候一种勉强的供给确是要创造一种不自然的需要。但这是不自然的情状，适表明病态的活动。在健康的情形中并不是供给形成需要，而是需要产生了供给。故如以为著作家底增加必须能产生知识底分布，即有如我们以为屠夫底增加必然产生食料底分布一样，这却不是事情底自然程序。人必须先有食欲然后能下咽，他们必须先有金钱然后能购买，他们必须研究然后能阅读。推动世界的两大原则乃是财富之爱好及知识之爱好，这两种原则各自代表及支配每一文明国家所拥有的两种重要阶级。政府袒于一方则必不利于其他一方，其所给予文学者必损于财富，如此则没有不产生极大之衰败结果者。因社会之自然平衡既经破坏，社会本身必趋于混乱。文人被袒护则工商界必受压迫，视文学为首要者，对于低等阶级必加忽视。人民对自由观念亦遂漠然，他们个人受到压迫，而血汗之资没入官税。以工艺言，生活所必需者无足重轻，而点缀升平者反获奖掖。居多数者悉沦倾覆，而少数者备受奉承，居上层者事皆灿侈荣茂，而下层者率粗恶鄙陋。精美的图画，恢宏的殿宇，感人的戏剧——这些东西都可以在某一时期灿烂地产生出来，不过这将耗费国家底技巧及力量，即使为此而牺牲的那一阶级亦迅陷于衰落。诗人也许会因君王恩赐之厚继续在吟咏讴歌，可是失了独立性的人最后当然失去了他本来的面目与能力。他们底智慧，如果不剥夺于病态的朝廷气氛中，必是非常敏锐的。他们底注意力既集中于他们底主人，也就不知不觉地养成那合于趋承的奴隶习惯且其同情心的范围既已减缩，则天才之运用及活动当然也就拘局。在他们，服从是一时风派，作奴隶是一种愉快。在他们底笔底，文学立刻失了勇敢性，传统观念认为真理底基础，研究的精神失去影踪。于是那些可哀的时候到了，那时候公共意见没有出路，人类思想找不到泄孔；他们底言论既无所宣发，于是积渐沉郁而成不共戴天的怨恨；他们底情绪潜伏积集，一旦爆发则失其统制而激为革命,于是他们乃屈辱统治者底尊严而至直捣宫掖了。

凡研究路易十四之历史及其与法国革命之关系者,对于以上的真实皆能知之详审。这个君主在其长期统治时期采用了奖赐文人以大量金钱,及颁封无数单独受恩者的有害方法,因这件事已实行了有半世纪之久,而他所尽量挥霍的财富又当然是得之于其另一部分的人民,故我们不能再寻到由这种奖励所产生的结果底较佳例证了。论理,他组成了保护文学的一种制度——这现在还有人冀图恢复的——当然算是有功。对于知识一般兴趣所生之影响,我们现在将可看到,但其对于著作者本身之影响,则应当为那绝不顾及自己之尊严而常责备英国政府不应疏忽他们底职业的那些文人所特别注意。没有一个时代的文人其待遇之丰有若路易十四朝代时者,但没有一个时代的文人有如他们这样地缺乏傲气,这样地富于奴性,这样地完全不适合于完成一个知识之信徒及一个真理之宣传人底伟大事业者。即以当时最负盛誉的作家底历史而论,即可证明无论其思想力如何强大及所见闻之如何广博,总不克反抗移人之习俗。为邀君王底欢宠,他们即牺牲了那较生命尤为可贵的独立精神,他们要弃了天赋的异才,他们为了一些荣宠出卖了与生俱来的意志。那时所发生的事情也会在同样情境中复见于今日。卓越思想家能在某一时期反抗时代底压力者为数盖寡,但普遍地观看人类,社会实不能左右某一阶级,除非以某一阶级底事业为媒介。故每一种人民都应注意文人底事业,实在是与人民有关,而无与于他们底统治者。因文学是智慧底代表,是进步的;政府是秩序底代表,是固定的。在这两大的权力相背驰之际,它们将彼此纠正及反抗而人民则可左右其均势。可是如果这两种权力互相联合起来,如果政府能腐化知识阶级,而知识阶级又屈服于政府,则其不可避免之结果必是政治上的专制及文学上的奴隶性而已。这就是路易十四主持下的法国史,而我们大可确定地说,凡追随这样动人而有害的榜样的国家,其历史也不外乎此也。

路易十四底名誉是文人底诵赞所造成,但现在一般的观念都以为他那时代的卓越文学都是由他栽植而成的。如细加考察这种意见,我们将发现它和历史所充满的传统观念一样地完全缺乏真理。我们将发见两种主要的情状,证明他朝代时文学之灿烂并非由他底努力,而为其

第十一章　保护精神为路易十四引用于文学知识阶级及统治阶级联合所产生的影响底考察

前代伟大的成功,而法国之思想既未为滥赏博施所激励抑尚为其保护政策所摧残也。

（一）第一种现状即在黎塞留及马萨朗主政时对于知识最高峰之推进骤然停止作用了。一六六一年路易十四始政,迄一七一五年他底逝去时止,法国底历史说到伟大的发现底范围中,它在欧洲年史里仅留空白的几页而已。如姑且把以那时代为光荣的旧观念一点搁置不论,只平心研究事实,那么,在每一部门皆可发现创作思想家之显然缺乏,而浮滑及引人注目之作却所在多有。

人底感觉都被艺术的创作、美丽的图画、宫殿及诗所慰藉及阿谀,而绝无重要的事物横梗而渗入于人类知识之总量中。以数学及其应用于混合科学者而论,一般皆承认十七世纪时法国之最成功的研究者乃笛卡儿、巴斯卡尔、斐马（Fermat）、加孙提及麦西尼（Mersenne）。路易十四对于他们底荣誉既无培植之功,且这些卓著的人物在从事于研究时,路易尚在襁褓时代,以迄他们工作完成时路易尚未执政,故保护制度亦尚未施展其能事。笛卡儿死于一六五〇年,那时路易年仅十二。巴斯卡尔和笛卡儿一样地常被认为路易十四时之人物,但当他名满全欧之日,路易尚在保育室中与玩具为伍,脑海中并无此人之存在。他底《圆锥曲线论》脱稿于一六三九年,[①]他对于空气重量之确实的试验告成于一六四八年,[②]而他最后最伟大的研究即摆线研究却始于一六五八年,那时路易仍在马萨朗保护之下并无何种的威权。斐马是十七世纪底一个最精深的思想者,尤其是一个几何学家,在这点他只次于笛卡儿。其最重要的研究乃是关于应用纵线（Ordinates）及曲线底切线（Tangents of Curves）于几何学的无限性,而这却是成就在一六三六年或这年以前。至于加孙提及麦西尼,我们只需说加孙提死于一六五五年,在路易秉政的前六年,而麦西尼则死于一六四八年,那时这个著名的君主还只有十岁。

---

① 在《世界传记》第三三册,第五〇页中,据说他编成于"十六岁时";在四六页说,他生于一六二三年。
② 约翰·赫舍尔爵士称此为物理学上所记载的很早的——若非最早的——一个确定的例;（见《自然哲学之讨论》第二二九、二三〇页）又他想"这较以前在科学中所成就的都来得有力量,使人们确信实验证实之可靠,这种实验是尚未得完满及确定的根基的"。以这种眼光来看,这对于知识方面之增益尚是他功劳中的小部分了。

这些就是恰在路易十四之政制实行以前在法国克享盛名的人物。他们死后不多时,这个君主底保护政策即开始决定了民族思想底命运,在以后的五十年中,对于数学一门或任何应用数字的科学——除声学以外——皆无主要的发明。① 十七世纪愈前进,则其衰落愈明显,我人更能清楚地循索法国人权力之衰微及其与保护精神之关系,此种精神愈要强固,人民之能力却愈使之微弱。路易听说天文学是一种高尚的学问,于是他焦急地要想鼓励人民在法国将这种学问培植起来,以增加他底荣誉。② 因此,他毫无节制地奖赏天文学学者,建造巍峨伟丽的巴黎天文台,聘请最卓著的国外天文学家于朝中,即意大利底喀西尼(Cassini),丹麦底拉麦(Römer),及荷兰底海亘史(Huygens)亦在网罗之列。但法国本国却并没有产生一个能以其发现划成一天文科学之时期的学者。在其他国中则显见进步,尤其是牛顿,以其广大的综合,几乎改革全部物理学,而以重心定律引用于太阳系,重新改造了天文学。另一方面,法国则堕于麻痹鲁钝中,以致改换知识面目的那些惊人的发现完全被忽视,而且在一七三二年,即牛顿——永不磨灭的——发表其惊人之发现之五十五年后,法国底天文学家对于这些发现尚未能加以采用。③ 就是琐小的事情,在路易十四秉政时,法国天文学家所成就的最有价值的改进亦非创作。他们以测微器之发明归功于法国。这是一种很可赞美的工具,他们以为最初是由皮伽耳(Picard)及奥苏脱(Auzout)所设计。其实这还是由于较自由较不受保护的人民底活动所预先成就,因为测微器是在一六三九年或刚是这年以前为加斯科因(Gascoigne)所发明的,那时英国君主既无闲暇以扶植科学,且正从事于十年以后令其失去王位及生命的战争呢。④

---

① 声学方面,索未尔(Sauveur)可称为首创者。
② 在十七世纪末期的一个作家简单地说:"现在这个君主是一个有名的鼓励各种才能以造成其自己之伟大的人。"(见《奥布利信集》第二册第六二四页)
③ 牛顿底《原理》(Principia)发表于一六八七年,而一七三二年的摩柏丢伊(Maupertuis)"是法国第一个天文学家,能为重心论作一批评式的辩护者"。(见格兰特〔Grant〕著《自然天文史》〔Hist. of Physical Astronomy〕第三一,三四页)
④ 对于测微器发明之最好的叙述,可以在格兰特最近所著的《自然天文史》第四二八、四五〇至四五三页里看出来,在那里证明着,该器是加斯科因在一六三九年或较早一二年发明的。可参阅洪保德著《宇宙史》第三册第五二页,他也将这发明归功于加斯科因,不过误以为一六四〇年所发明。蒙丢克拉(Montucla)承认加斯科因底占先发明,但对于他底功劳估值太低,因显然不知道格兰特在以后所援引的证据。(见《数学史》〔Hist. des Mathémat〕第二册第五七〇、五七一页)

第十一章　保护精神为路易十四引用于文学知识阶级及统治阶级联合所产生的影响底考察　343

　　这时期在法国非但没有伟大的发现，而且就算是实际上的创造力也缺乏，这真是一件可惊的事情。在需要精微正确的研究中，其必备的复杂仪器都是国外人所造成的，本国工人实太缺乏构造技巧了。利斯忒(Lister)，一个很确当的评判家，且在十七世纪之末叶居于巴黎的，也有许多的证据证明巴黎所售的数学仪器皆不是法国人自制之品，而制自当日英侨名巴忒菲尔(Butterfield)者。① 即对于一般急需及实用之品，他们也没有较好的发明成就。对于工业制造有关之改进，既寥似晨星且多不切实际，而其制造之目的亦非图有利于民生，而是徒供有闲阶级之侈耗。真正具有价值的计划没有顾及，没有伟大的发明，而在路易十四朝代之末期对于机械及节制国家劳力、增进国家财富之计划丝毫没有成就。

　　当数学、天文学以至机械及创造工艺皆滞留于此种情状时，其他部门中亦呈现能力衰落的同样表征。在生理学、解剖学及医学中我们不能找到像法国以前那些人的同等的光荣。法国所造成的像这种的最伟大的发现乃是乳糜容纳器，这种发现据一个名家底意见以为是并不亚于哈维底血液循环。我们知识底这一主要阶级常被人指定于路易十四时代中，好像这是他宽容奖励的一种结果，可是路易究与此事有何关系实难证明，因这发现是一六四七年培开所成就的，②那时这个著名的王只有九岁。培开以后，在十七世纪的法国著名天文学家乃是利俄兰(Riolan)，他底名字则在路易十四朝代时之名人中厕于同列。但利俄兰之主要著作是写成于路易十四诞生以前，而其最后之著作乃出版于一六五二年，其本人则死于一六五七年。自此就中止了，在以后的三个朝代中，法国人对于这些伟大的问题毫无成就，他们对于这些问题的著作其论调至今不变，他们没有发现，他们似乎完全失了希望，直至十八

---

① 不论当时反对英国人的那种偏见是如何地深，巴忒菲尔为"该王及所有公侯所雇用"。(见亨宁〔Henning〕编，利斯忒著《十七世纪末期巴黎之情形》〔Account of Paris at the Close of the Seventeenth Century〕第八五页)封特涅尔说："黑宾(Hubin)是一六八七年在巴黎有名的制造者之一"，(见《封特涅尔之著作》第五册第一一三页中《阿蒙同之颂词》〔Eloge d'Amontons〕)但他忘记说他是一个英国人。关于钟表，在路易十四朝代之末期，英国制造者底优越是同样的不可比的。

② 亨雷(Henle)说，这个发现是成于一六四九年，(见《普通解剖学》〔Anatomie Générale〕第二册第一〇六页)但医学史家则指为一六四七年。(见斯普楞该尔〔Sprengel〕著《医学史》〔Hist. de la Médecine〕第四册第二〇七、四〇五页)

世纪中叶法国底知识复兴酝酿成熟为止。在医学理论及实际方面,以及与外科有关之技术一点,也有如此的情形。法国人在这方面以前曾产生过伟大的人物,为其自己争得全欧之荣誉,其著作亦仍为人所激赏。现在只需举一二个例,即在他们名医师的长名单中,斐南尔（Fernel）及朱柏尔（Joubert）是先进者；在外科方面,他们有翁布瓦斯·巴累（Ambroise Paré）,他在实用方面非但有实际的及重要的改进,[1]且更为比较骨科学底唯一创始人；他们又有巴耶和（Baillon）,他在十六世纪末期及十七世纪早期时曾以病理学和病理解剖学相联合而使病理学改换了面目。在路易十四执政之下则所有都不同了。在他之下,外科研究乍见逊色,而反视他国,其研究之进步则异常迅速。[2] 英国人在十七世纪中叶对于医学已有相当的进步,治疗术一科多赖西顿那姆（Sydenham）加以改良,而生理学一科则以格利松（Glisson）革新之功为独多。[3] 但在路易十四之时代竟无一继起者足以自豪了,没有一个是曾对于知识有特殊贡献的。在巴黎,医学实习之逊于德国、意大利及伦敦则已尽人皆知,而巴黎以外之法国各省其最著称的医师技术亦极不足道。[4] 凡此种种,法国人在这长时期中并没有什么长进,这允非过当之辞,他们在临床著述方面没有什么贡献,[5]对于治疗术、病理学、生理学及解剖学则简直绝无仅有。[6]

---

[1] 本哲明·布罗你提说:"对于人类所赐予的利益很少有较我们由安布罗兹·巴莱（Ambrose Parey）所得的恩惠为大——即对于流血的动脉应用绷带。"（见《外科之演讲》〔Lectures on Surgery〕第二一页。
[2] "十六世纪最著名的外科医生乃是翁布瓦斯·巴累⋯⋯自巴累之时直至十八世纪以降,外科在法国不甚有所进展。毛利西（Mauriceau）、萨维亚（Saviard）、培罗斯脱（Belloste）是唯一有名的法国外科医生之能与其他国家之名家并肩者。在十八世纪,法国产生了两个异常具有天才的外科医生,这就是柏提（Petit）和得左（Desault）。"（见《医学科学全书》〔Encyclop. of Medical Sciences〕第八二九、八三〇页中菩曼〔Bowman〕著《外科》〔Surgery〕)
[3] 关于西顿那姆底贡献实不用援引明证,因已经是普遍地为人所承认了,但不甚知者乃是格利松关于易受刺激方面所预测的重要见解,这些见解以后为哈勒（Haller）及哥尔脱（Gorter）所启发。
[4] 关于这一点,凡游历法国的外人皆大有怨言,我将援引一个名人底话来以为证明。一六九九年,爱迭孙由布尔瓦来书:"我利用这个地方的一个医生,他们像我们英国底马医一样的价贱,而大多数亦一样地无知识。"（见阿金著《爱迭孙底生活》第一册第七四页）
[5] 在欧洲诸大国间,法国底临床医学实居末位。
[6] 部依老（M. Bouillaud）叙述十七世纪医学情形时,并未提一个那时代的法国人。在路易十四秉权的许多年中,法国底专门学校只有一个解剖学者,而生理学的学者亦不甚知道他底名字,"窦·凡尔耐（M. du Verney）曾担任国家学会解剖医师有年,迄至一六八四年便由梅丽（M. Mery）继任他底位置了"。（见《封特理尔之著作》第六册第三九二页中《窦·凡尔耐颂辞》〔Eloge de Du Verney〕)

第十一章　保护精神为路易十四引用于文学知识阶级及统治阶级联合所产生的影响底考察

在自然科学方面，我们也发觉法国人故步自封。在动物学上，以前他们曾有过很著名的人，如培隆（Belon）及隆德勒（Rondelet）乃其中之尤卓荦者，但在路易十四之下在这种研究广阔的范围中并没有产生过一个具有创作能力的观察者。① 化学方面，雷意在路易十三朝代时曾具有极重要的见解，能预测某几种的通律，造成十八世纪法国思想之光荣。在路易十四这个腐败及无价值的一代中，所有这些都忘怀了，雷意底工作无人注意及之，且以当时漠视科学之态度如此其甚，以致波义耳之著名实验在发表后四十年法国尚无人能道及者。

与动物学有关而在思想清明的人恒视为不可分离的乃是植物学，它既占据于动物界及矿物界之中间地位，也就表明它们彼此之关系及在各不同点上指出它们底界限。它也对于营养功用及其进展之定律大有所阐明，② 又从动植物间所有的类似点来看，我们极希望其将来之进步因电力之辅助将更能令人得到广泛的生活原理，对于这方面我们知识所达到的程度互有差等，但现代科学底运动确是明显地朝这方走。以这目的为立场，植物学乃常常引起思想家底注意，而他们并不以实际上的利益为目的。他们忽略了急需的利害见解，冀望着大而最后的结果，其注意于特殊事实者皆以其能使易于获得一般真理之发现为限。这个高尚研究的第一步始于十六世纪中叶，那时的著作家不抄袭前人底著作而开始观察大自然的现象。③ 第二步在观察以外再加实验，但这尚须一百年才能达到完全真确的地步，因为对于这种研究必需的显微镜不过在一六二○年发明，这需一世纪的苦功才能使之有效于这些精细的研究。④ 可是当这种方法很快地成熟应用于植物时，植物学底进步详细看来则非常迅速，因为直至十八世纪其真际方才确实地被综合起来。但在积集此种真际之初步工作时，即表现着极大的能力。而这一似关于外界的其他研究一样，像我在这书底初段所说的理由，在查

---

① 培隆以后，法国底动物自然史毫无成绩，直至一七三四年才出现累俄牟尔（Reaumur）底伟大著作底第一部。
② 现在关于营养底最高定律通则乃是舍夫里耳（Chevreul）所定的那些。
③ 一五三○年的布仑弗尔（Brunfels）及一五四二年的富克斯（Fucks）乃两个最早观察植物界而不抄袭前人之唾余的作家。
④ 约在一六二○年，德累培尔（Drebbel）陈列显微镜于伦敦，这似乎是最早公认其功用的时期，虽然有些作者尚说是发明于十七世纪之初年或且一五九○年。

理士二世时进步得特别神速。一六六一年,亨萧(Henshaw)发现植物气管,胡克(Hooke)于一六六七年发现植物底细胞组织,这些就是造成动植物之类似的相当进展。而在数年之内,格鲁(Grew)所得的结果更大,他完成了这样精微及广泛的解剖,以致使植物解剖学成为一种独立的研究,及证明其组织实如动物一样地复杂。① 他第一部著作是在一六七〇年所写的。② 一六六六年,另一个英国人名密林吞(Millington)的,确定了两性底区别,③于是这更证明了动植物界之间的和合性及调整它们组织的统一观念。

　　这就是在查理士二世时所发生的影响。我们现在要问在同个时期,路易十四底滥施保护之下,法国做了些什么。其回答就是什么都没有:没有一种发现,没有一种理想,可以在自然科学之重要部门中造成一个时期。著名的布朗爵士之子游历巴黎时希望对于他植物方面的知识稍有增益,他想法国对科学既这样重视,学者这样受朝廷之宠爱,而且研究精神方在极度受鼓励的国家中,他是不会失望的,可是一六六五年他惊奇地发现这个大城并没有一个人能教授他所醉心的学问,而且关于这种学问的公开演讲也是可怜得极空泛及不满人意。④ 那时期的前后,法国人对于植物学并没有一篇克孚众望的论文,求其有所改进更无论了。对于这个问题底原理是这样地完全误解了,以致在路易十四朝代时唯一有名的植物学家名图恩福(Tournefort)者竟反对植物两性之发现。这种发现在其未从事于著述时已经完成,且以后尚成为利尼

---

① 汤姆孙(Thomson)说:"但我们所应感谢的,第一个尝试以解剖及细微镜之观察来确定植物构造者是那坦聂尔格累博士(Dr. Nathaniel Grew)。"(见《植物化学》〔Vegetable Chemistry〕第九五〇页)累依(Ray)《通信集》第一八八页也说到格累研究底性质是观察植物底内部以及外部,温克尔(Winckler)视他及马尔丕基(Malpighi)为十七世纪末叶对于植物生理之创见者。(见《植物学》第三八二页)
② 他底《植物解剖学》(Anatomy of Plants)第一书于一六七〇年公布于皇家学院,而出版于一六七一年。
③ "密林吞爵士于一六七六年第一次表明植物之有两性器官,后又为格鲁、马尔丕基及累依所证实。"(见贝尔福〔Balfour〕著《植物学》〔Botany〕第二三六页)以前植物底两性组织曾为几个古人由经验中得悉,但从未成立为一种科学真理。
④ 一六六五年七月他由巴黎致函他底父亲:"在这里的植物演讲不过包含植物底名称,其冷热底程度以及有时对于医学的功用,在每本植物书中,除此种叙述以外更无其他一语。"(见《布朗丛著》〔Browne's Works〕第一册第一〇八页)

阿斯系统(Linnean System)底基础。① 这表明他底才能不足以了解关于有机界之一致的那些宽大见解,可是只有这些才能给植物学以科学的价值;同时我们发现他对于植物之生理学毫无贡献,而他唯一的功能乃是做一个植物底收集者及分析者而已。② 就是他底分析也并非按植物各部之广泛的比较而定,乃是仅由花之外相所得的意见而定的,因此就失去了植物学底真伟大性,拿它降而为美丽物件的整理,且亦再例示当代的法国人之弄巧反拙及阻碍每一题材的发育,直至他们将所学适合于那愚暗及奢侈的朝廷以奉娱其耳目而止。他们仰求恩宠以得奖赏,而他们一生所从事的事业不过要邀宠于朝廷罢了。真实说起来,在切要的事情里,在需要独立思想的问题及实际利益的问题上,路易十四底一代是一个衰落的时代,这是一个悲惨、宗教不自由及压迫的时代,这是一个耻辱及无能力的时代。这点应该早就普遍地为一般所承认,如果写这时期的历史的人不怕厌烦地研究历史所必需,因之方能明了及恃之以成立的那些问题。如果能这样,路易十四底名誉早就缩小至其自然的范围内。我虽不免有不自量力之诮,但我不得不说我刚才所指出的事实实从未为人所搜集,且尚独立地留存于它们所写的科学读本中及仓库中,可是没有它们就不能研究路易十四底时代。要估量一时期底性质是不可能的,除非循索其如何进化,换句话说,就是要测量其知识推广至何程度。故写一国底历史而不注意其知识进步,即如天文学家要组成一太阳系而不顾及以光亮给予行星,吸引其维持正当地位及强迫其走入轨道的太阳一般。因为这个大的发光体,即使在天上发光并不较下面的世界底人类思想为尤高贵及有权力的一种东西。由于人类底思想——也只是此——每一国才获有知识。只有知识底进步及分布才给我们以艺术、科学、工业品、法律、意见、仪态、舒适及文化,总之,就是提高我们于野蛮地位的每样事物。至于野蛮人则因知识之欠缺,乃降而与其所饲之畜类入于同列。确是时候已经到了,凡以大国底国史编纂自任者皆应注意于支配人类命运的事物,而对于那些久已

---

① 叩维挨(Cuvier)举图恩福底见解之不如前人,以"既然他已经不顾植物底性别"为一例证。(见《科学史》第二编第四九六页)因此他主张花粉是含排泄物的。(见巴尔特尼〔Pulteney〕著《植物学底进步》〔*Progress of Botany*〕第一册第三四〇页)

② 就是他底赞颂者丢伐(Durvan)也承认这一点。(见《世界传记》第二六册第三六三页)

疲扰我们的细微及不重要的琐事，如帝王底起居注、卿士底阴谋及宫廷底放荡秘闻等皆应摒绝者也。

欲了解路易十四朝代时之历史，须凭上述的细察精研方易洞观其真际。那时期国民思想底衰颓即随着发生人民底困苦及国家底堕落，而国民思想之衰颓亦即是保护精神之结果——这是最有害的精神，其势所至无不迎风而靡的。在历史之长期进程及范围中，其最清晰易见者乃凡政府从事于保护知识事业，结果则必常保护非其方而奖赏非其人，这并非可异的一件事。学术上之各部门均须牺牲整个生命以博得其成功者，关于这一点，又乌足以语当时法国底君主及其朝士大夫呢？他们日日沉迷于所谓高贵的事业，那里还有余暇从事于这些不足道的研究呢？学术上之收获是否可以在专注于重要国务，时而写公文，时而演说，时而组织国会之政党，时而在密室中策画去破坏阴谋的政治家中找得出来吗？或者，即使路易能本其个人的判断，博施宏济以尽其奖掖之诚，尽量奖励哲学与科学，但这班位高权重的王侯是否仅需学习哲学科学为已足？——还有，他们自有其专注及困难的研究，必须懂得的宗谱纹章学底神秘，贵族等级底性质，各种爵位，装饰及封号之计较，在王之前享有各种优先权的习惯，出身高贵的特权，带绶、勋章及最高勋位底名称及权力，恩赐荣誉或任命职位的各种形式，仪式底整备，礼节底精微以及他们所有其他高贵的职务所必需的繁文缛礼呢！

仅据如上种种底叙述即可证明此种问题所包含之内容底可笑。因为除非我们相信君主们是全知全能以及绝无过失的，否则他们之奖赏之颁赐必以其个人之任性或适切之评判者底证明而定。可是没有一个人能做到登峰造极之科学底适切评判者，除非他本人是科学化的，于是知识辛劳所得之奖赏若非滥与，即必仅靠颁给奖金者个人之判断力为准则。如滥与，则奖赏制度岂非滑稽可笑！若专凭一人之眼力，而奖赏又简直是侮辱了。前者则庸懦之辈便得从工业中剥取财富，但在后一情形那些为人类之先知先觉的真天才者及著名的思想家，则为那些仅具外观的封号所愚弄，艰难困苦地以争得朝廷底鄙贱的恩宠后，他们即变为国家底乞丐。他们非但嚣嚣然争功论赏，甚且计较毫末，以求支配之平。

第十一章　保护精神为路易十四引用于文学知识阶级及统治阶级联合所产生的影响底考察

在这样的制度之下，其自然之结果初则是天才之缺乏及堕于奴性，继则是知识之退落，再次则陷国家于衰微了。世界史中曾经过了这种试验者三次，在奥古斯都、利俄十世（Leo Ⅹ.）及路易十四之时代中，采用了同样的方法，发生了同样的结果。在以上每一时代中，都是外表蔚为隆盛，而立刻随着产生骤然的倾覆。在每一例中，显赫的观念都战胜了独立性而生存；在每一例中，民族精神皆消沉于政府及文学之有害的勾结之下。因此种勾结，政治阶级浸假遂拥有非常权力，知识阶级却愈显其异常的懦弱，就因颁给者必然要接受人民底臣服，如政府常常预备奖励文学，则文学也当然将常要预备着屈服于政府。

上述三时代中以路易十四之时代为最不堪问，只有法国人民之惊人的力量才能使他们反抗——如他们以后所做的——这种不良的制度底影响。但虽然他们反抗了，其代价亦颇可观。这种争斗延长了两世纪，而以后还是以达其自然的顶点——即可怖的革命——为结束的。至这种争斗之信史，我将于本书之结论里定之。现在姑先述路易十四朝代时之第二种大特色。

（二）路易十四一代之第二种知识上的特色，在其重要性上并不减于第一种。我们已看到，国民之思想因为朝廷之保护所阻碍，其发育以致与高尚之知识研究分离，而未曾产生任何值得纪录的东西。其自然之结果，则是人们底思想因脱离了较高的造就，乃甘居下流而集中其注意于低劣的问题中，在此中主要的目的并非真理之发现，而是形式及表现之美丽底追求。因此，路易十四对于文学之保护的第一个结果即是天才范围底减少及牺牲科学于艺术，第二结果即是在艺术之本身亦立见显然退落的现象。在短期中，刺激已产生了结果，而且尚自然地发生了崩溃。整个保护及奖励制度是如此地有害，以致自那些能以其著作补救路易十四一代之缺点的著作家及艺术家逝世以后，再也找不到一个人能模仿他们底优越。那些诗人、戏剧家、画家、音乐家、雕刻家、建筑家都是毫无例外地非但生于他以前的一代，且亦在以前一较自由的政策底环境下享受其教育。当他们开始工作时，他们即能自由地伸展他们天才底活动。但数年之中，当那个时代消逝以后，保护底整个制度，其空虚也就立刻暴露了出来。在路易十四死前的二十余年中，大多数这些卓越的人已经俱作古人了,于是立刻就可看见这个伟大的君主所夸张的保护制度使这个国家处于如何可怜的一种困苦境遇里。在路易十四死的时候,法国简直没有一个作家及艺术家能为全欧所称道,这是值得我们注意的一种情况。如我们比较各类的文学,我们将发现最不受这王之影响的神圣小礼拜堂是最能持久地违反他底制度。马西云(Massillon)一半是属于后一代的,但其他的以伟大神学家也如此,菩绪挨及部尔达卢(Bourdaloue)生于一七〇四年,马斯卡隆(Mascaron)生于一七〇三年,夫雷社(Flechier)生于一七〇一年。可是因那王于晚年时尤惧干预教会底事,故我们最好在宗教以外的事情上循索他如何施行其政策,因为在这些事情上他底干涉尤为显著。本此见解则最简单的方法是先从美术史研究入手,既确定了谁是最大的艺术家以后,即当注意其逝世之年份,不过总须牢记路易十四之政府始于一六六一年而终于一七一五年也。

如将此五十四年底一个时期细加考察,我们将惊奇地发现一件显著的事实,即凡彪炳的事功都是在此五十四年之前半期发生的,而这半个世纪终结之前二十余年中,所有卓越的专家皆已卒世,继起无人,而事业率成绝响。路易十四一朝最伟大的画家六人:浦桑(Poussin)、勒绪厄(Lesueur)、克劳德·罗朗(Claude Lorraine)、勒布朗(La Brun)及二明雅尔(Mignards)。其中勒布朗死于一六九〇年,大明雅尔死于一六六八年,小明雅尔死于一六九五年,克劳德·罗朗死于一六八二年,[1]勒绪厄死于一六五五年,而浦桑在法国画派中之尤著者,亦卒于一六六五年。[2] 最伟大的建筑家二人:克劳德·培罗(Claude Perrault)及弗兰息斯·蒙萨尔(Francis Mansart),但培罗死于一六八八年,蒙萨尔死于一六六六年,而声誉较次的布隆德尔(Blondel)则死于一六八六年。最伟大的雕刻家一人:彪热(Puget),死于一六九四

---

[1] "他最精的画是约在一六四〇年至一六六〇年之间绘就的,他死于一六八二年。"(见吴能〔Wornum〕著《绘画之各时期》〔Epochs of Painting〕第三九九页,一八四七年伦敦出版)福耳特耳说他死于一六七八年。(见《福耳特耳丛著》第十九册第二〇五页中《路易十四记》)

[2] 见《世界传记》第三五册第五七九页。浦桑是巴利(Barry)底"喜爱"画家。(《柏克通信》中《巴利之信札》第一册第八八页)佐休阿累诺尔兹爵士(Sir Joshua Reynolds)似对他较法国画派中之任何人为喜爱,而呈献于拿破仑之报告中,他是希腊及意大利艺术家所提及的唯一法国画家。(见其丛书第一册第九七、第三五一、三七六页)

第十一章　保护精神为路易十四引用于文学知识阶级及统治阶级联合所产生的影响底考察　　351

年。而律利（Lulli）为法国音乐之始祖，死于一六八七年。基诺（Quinault），法国音乐之最大诗人，死于一六八八年。在这种名人努力之下，路易十四一代之美术真已登峰造极，惟在他一生之最后三十年中，其衰落即呈不可思议的迅速之势。非唯建筑及音乐如是，即绘画也不能免。绘画因更有助于个人底虚荣心，故在一个富足及专制的政府之下，其发展应更为璀璨，可是画家底天才都如此受到拘束，以致距路易十四之死尚远，而法国已不再拥有任何有价值的画家了，当其继位者登极的时候，这种美丽的艺术已在皇然大国中成广陵散了。①

　　这些都是惊人的事实，并非可以争辩的意见，而都是以不能推翻的证据为基础的一些确凿的年日。假使我们以同样的态度研讨路易十四一代之文学，则将得到同样的结论。又如果我们把那些为他底一代点缀升平的杰作制一确切的年表，我们也将发觉在他一生之最后二十五年中当他底保护政策施行最得意的时候，实在完全没有什么有价值的作品出来。换句话说，当法国人已惯于受他保护的时候，他们越不会产生伟大的事业。路易十四死于一七一五年。拉星于一六七七年作《菲德尔》（Phèdre），一六六七年作《安德罗马基》（Andromaque），一六九一年作《阿塔利》（Athalie）。摩利挨于一六六六年发表《厌世者》（Misanthrope），于一六六七年发表《伪君子》（Tartuffe），于一六六八年发表《吝啬者》（Avare）。布瓦留（Boileau）底《卢弑林》（Lutrin）写于一六七四年，他底杰作《讽世诗集》（Satires）成于一六六六年。勒封腾（La Fontaine）底《最后寓言》（Last Fables）出版于一六七八年，他底《最后故事》（Last Tales）出版于一六七一年。马尔布隆件（Malebranche）所写的《关于真理底研究》（Inquiry Respecting Truth）出版于一六七四年，勒·布律耶尔（La Bruyère）底《人性集》（Caractéres）出版于一六八七年，罗什孚科底《格言集》（Maximes）出版于一六六五年。巴斯卡尔底《地方文字之歧别》（Provincial Letters）写

---

① "当路易十五登位时，绘画于法国已降至退化的最低地位了。"（见摩尔根夫人著《法国》〔France〕第二册第三一页）巴林吞（Barrington）也说："很奇的，自路易十四在罗马及巴黎广设专校以后，法国画派并没有产生任何很重要的画家。"（见《雕刻之观察》〔Observations on the Statutes〕第三七七页）

于一六五六年,而他自己死于一六六二年。至高乃依,则其伟大的悲剧有些是在路易幼年时所编的,其他则成于路易诞生以前。① 以上这些就是路易十四时代那些杰作的发表年日。在十七世纪闭幕以前,这些永不磨灭的著作底作者多早已搁笔,且亦大都老成凋谢了;我们可以很公正地一问当时讴歌路易十四的人谁是这些人底继承者。他们底名字在那里找得到?他们底著作散到什么地方去了?现在谁在那里诵读那许多年来充塞于王庭中的那些埋没的雇佣者底著作呢?谁还听到空彼斯屈朗(Campistron)、查培拉(La Chapelle)、基内斯脱(Genest)、丢塞苏(Ducerceau)、同库尔(Dancourt)、丹乞(Danchet)、弗基阿(Vergier)、卡屈罗(Catrou)、索利厄(Chaulieu)、勒戎德尔(Legendre)、发林高尔(Valincour)、拉摩特(Lamotte)及一切久已认为法国光荣之装饰品的那些无能的作者?难道这是王庭奖励金底结果吗?这是王庭保护底果实吗?如果奖赏及保护的制度真对于文学及艺术有利益,那么为何在长期实施中还不过得到这种最藐小的收获呢?如君主底深恩厚泽一若谀谄者之所述,既如是其重要,那么为何会发生恩泽愈厚,则结果之坏愈不堪问呢?

这种绝对的贫乏也并没有其他部门底优越之处为之补偿。简单的话,就是路易十四摧残了——除了一小部分与其主张相抗争及日后推翻专制政府的人以外——法国民族底全部思想。② 距他死去的前几年,即亦当他底保护制度实施几达半世纪之久的时候,举国找不到一个政治家能开发法国底资源或一个将军克尽卫国之责。无论在民事及军事方面,事事都失了秩序。在国内只是混乱,在国外只是发生不祥的事件。法国底精神事事屈服退让。文人受了朝廷底恩俸及勋章降而为一种摇尾乞怜及伪善之辈。他们因要奉承其主人,于是反对所有的改进而尽力拥护旧的恶习。其结果则造成了腐化,奴隶性及完全丧失国权,其丧失之程度较任何欧洲之大国为甚。没有公共的自由,没有伟大的人物,没有科学,没有文学,没有艺术。在国内则是不满的人民,贪婪的

---

① 《保留克得》(*Polyeucte*)——恐怕是他最伟大的出品——成于一六四〇年,《梅檀》(*Médée*)一六三五年,《西特》(*Cid*)一六三六年,《奥拉司》(*Horace*)及《西那》(*Cinna*)都在一六三九年。
② 福耳特耳亦勉强地承认在路易朝代之后半期法国思想之衰落。(见其丛著第二十册第三一九至三二二页中《路易十四传》)弗拉桑亦称为"奇异"。(见《法国外交》第四册第四〇页)

第十一章　保护精神为路易十四引用于文学知识阶级及统治阶级联合所产生的影响底考察　353

政府及乞丐式的国库；国外则所有的边防军皆受到邻国军队底压迫，若非那些军队底彼此嫉忌及英国内阁之更迭，恐怕这个法国王国早已瓦解了。①

这就是这个大国家在路易十四朝代末期时的孤立的地位。② 在这个王晚年时所受到的不幸是这样地严重，如果我们不知道这是他自己好乱的野心，使人不能忍受的傲慢及更甚者一种攫夺及不安定的虚荣心的结果，那么定要引起我们底同情心了。这些都使他急于要将法国底所有光荣集中于他一身，于是就产了那狡猾的政策，以赠奖、尊荣及甘言来买得知识阶级底赞誉，然后令他们习于礼貌及趋炎附势，而结果则毁尽了他们底勇敢性，遏制了对于独创思想之努力，因此延迟了国家文化之进步以至于无穷。

----

① "外为败战，内为饥馑及穷困所压迫，路易只有屈服于敌人之下，而后来也只有因英国内阁之党争而得免于厄。"（见阿诺尔德著《现代史讲集》第三七页）

② 如欲证实路易十四后半期法国之沮丧及困惫者，可比丢克罗《自传》（Duclos, *Mémoires*）第一册第一一至一八页及马蒙泰尔（Marmontel）著《摄政时期史》（*Hist. de la Régence*）第七九至九九页，一八二六年巴黎出版。曼特农夫人底《未刊的文集》（*Lettres inédites de Madame de Maintenon*）第一册第二三六、二八四、三五八、三九三、四〇五、四一四、四二二、四三六、四四七、四五七、四六三页，第二册第一九、二三、三三、四六、五六页及其他许多段，完全证实这一点，并证明在十八世纪早期之巴黎，即富人阶级底财源也开始衰落，同时公私两方的信用都如此摇动，以致以任何条件皆不能借得金钱。关于一般人民，法国底作家并没有给我们一些材料，因为在那时代，他们太注意于他们伟大君主，及他们表彰的文字，以致不会对藐小的公共事件加以注意。但我却由其他方面集有一些材料以供以后之写法国史者参考。陆克于一六七六年及一六七七年游历法国，在他底日记中，他写着："因为人民穷困，法国底地租在最近几年跌落至半价。"（见金著《陆克底生活》第一册第一二九页）同时，威廉泰姆培尔说："法国底农民完全为工作之缺乏而懊丧。"（见威著《丛著》第二册，第二六八页）一六九一年由卡雷（Calais）来的一个观察者写："从这里游历到巴黎，大有机会可以看到一个暴君底野心及专制对于一个富裕及土地肥沃的国家所造成的绝对穷苦情形，那里可以看到继续增长的灾祸的征象，一种排山倒海的灾难底悲惨表记，野田失耕，村落荒凉，房屋倾圮。"（见《柏吞日记》*Burton's Diary*第四册第七九页）在一六八九年出版的一篇短论中另一个人说："我曾见法国底穷苦人民变卖他们底床而卧于草堆中，变卖他们底锅、罐、壶、钵及一切家常应用器具以供王底无怜悯心的征税员底需求。"（见《萨麦斯短篇论文集》第一〇册第二六四页）利斯于一六九八年游历巴黎说："这个城底穷困的人既如是其多，以致由强行勒索的乞丐之众，使乘车者、步行者以及街道上商店中人皆不能处理事务。"（见利斯忒《巴黎之叙述》〔*Account of Paris*〕第四六页）爱迭孙因个人之观察，颇能熟悉法国之情形者，于一七〇八年写："我们所想的和你们一样，法国已经到了它底末日了。"（见阿金著《爱迭孙底生活》第一册第二三三页）最后在一七一八年——即路易死后三年——玛利·蒙塔求（Mary Montagu）于十月十日由巴黎致函利赤（Rich）说到他一代的结果："我想没有事物再比穷困的现象为可怕的了，除非人有上帝底本领能去补救它们，而所有法国底村落都荒芜炎凉，一无所有。顷刻之间，整个的城市都出来乞食，他们饥饿可怜的脸色及褴褛不堪的衣服，使人不用故事夸言即知其情形之可惨了。"（见《玛利·蒙塔求之著作》〔*Works of Lady Mary Wortley Montagu*〕第三册第七四页，一八〇三年编）

第十二章　路易十四之死保护精神之反动及法国革命之整备

最后路易十四到底寿终正寝了。当人民皆确实知道这个老王已经到了最后的呼吸,无不欢喜欲狂。重重逼榨他们的暴政已经铲除,于是继着即发生一种反动,以其亟骤的猛烈性来说,实可算是现代史中空前的事迹。大多数的人民都沉溺于极度的放荡中来掩饰他们被武力压迫而成的虚伪,但在那时代也有几个颇具血气的青年,富有辽阔的眼光,而其自由的观念却并不在于赌室及娼寮之放荡。因专心一志地抱负着恢复法国已消失的言论自由底伟大观念,于是即转其目光于唯一实际施行自由的国家。他们决定在这个唯一的国家中找寻自由,其结果遂促成英、法两国之智士发生了联络。只需看到这种联络所发生之巨大而联琐的影响,即可知其实为十八世纪史中之最重要的史实了。

在路易十四朝代时,法国人民为国家虚荣心所激动,非常轻视英国人民底野蛮性,以他们曾常常反抗他们底统治者,在四十年中弑了一个王还以为未足,到底又赶走了一个。① 他们不信像这样纷扰的群众会

---

① 这些事件对于法国人思想之懦弱上的打击是很厉害的。淹博的索美斯(Saumaise)宣布英国人是"比较他们自己底獒犬还要来得凶野"。(见喀莱尔著《克林威尔之生活》第一册,第四四四页)另一个作家说,我们是"野蛮的反抗者",及"国王底野蛮的臣子们"。(见摩特维尔《自传》第二册第一〇五、第三六二页)巴丁(Patin)将我们比土耳其人并说我们弑了一个君主,恐怕还要缢死另一个哩。(见《巴丁文集》〔Lettres de Patin〕第一册第二六一页,第二册第五一八页,第三册第一四八页)我们驱逐了詹姆士二世以后,法国人底愤怒更不可抑制,而且温柔可亲的塞文耶夫人(Madame Sevigné)也加入一份说,威廉三世底妻子玛利最好是称之为塔利阿(Tullia):"这个王底败北使普天之下都快活王民夫人是一个塔利亚。"(见《塞文耶文集》〔Lettres de Sevigné〕第五册第一七九页)另一个有势力的法国妇人说到"英人底暴虐"。(见曼特农夫人底《未刊的文集》第一册第三〇三页;而在第一〇九页里又有:"我和民众一般地厌恶英人……实际上,我受不了那种痛苦。")我将再举两个关于这种普遍感觉底例证。一六七九年,竟有企图将"英国底药"之信用打破者(见斯普楞该尔著《医学史》第五册,第四三〇页);而在十七世纪之末叶,在巴黎反对咖啡的一个论据,就是因为英国人嗜饮咖啡。(见蒙替儿著《各国及法国史》第七册第二一六页)

具有任何值得开明人底注意的事物。我们底法律、文字及礼仪对于他们是完全不明晓的，且我疑惑当十七世纪之末叶，在法国之文学及科学界中曾否有五个人识得英国底文字。[1] 不过路易十四朝代之长期的经验，使法国人重新考虑他们许多的意见。这个朝代使他们怀疑专制政体也许有它底弊害，而一个包含亲王与主教的政府未必是文明国家最理想的一个政府。他们开始对于那奇异而粗鄙的人民表示满意与尊敬，那种人民对他们虽只有一水之隔，却似乎完全和他们不同，他们惩罚了他们底压迫者以后，却将自由与繁盛发达至一举世无匹的境界。这些感觉在革命爆发以前，已酝酿着在整个法国教育界，但其始不过只限于思想站在时代之前的几个人。在路易十四之死至革命爆发之间的两朝代，没有一个著名的法国人不游历英国或学习英语的，而大多数能说英语而同时游历英国。蒲丰（Buffon）、布利索（Brissot）、布卢松纳（Broussonnet）、空达明（Condamine）、得利尔（Delisle）、挨利得菩蒙（Elie de Beaumont）、古尔尼（Gournay）、爱尔法修（Helvétius）、朱西厄（Jussieu）、拉隆德（Lalande）、拉法夷脱、拉尔舍尔（Larcher）、雷尔李希（L'Héritier）、孟德斯鸠、摩柏丢伊（Maupertuis）、摩累雷（Morellet）、弥拉波（Mirabeau）、诺雷忒（Nollet）、累那尔（Raynal）、著名的卢翁及其更著名的妻子、卢梭、塞居尔（Ségur）、斯瓦（Suard）、福耳特耳——所有这些著名的人都群集于伦敦，其余才能较逊而亦具有相当影响的，如布累奎尼（Brequiny）、菩尔斯（Bordes）、卡隆（Calonne）、科耶（Coyer）、科梅丁（Cormatin）、丢腓（Dufay）、杜马斯脱（Dumarest）、第撒李亚（Dezallier）、法未尔（Favier）、基洛（Girod）、格罗斯莱（Grosley）、哥丹（Godin）、罕卡末尔（D'Hancarville）、亨脑（Hunauld）、查尔斯（Jars）、布隆、李厥罗（Ledru）、勒斯卡李亚（Lescallier）、林格忒（Linguet）、李修亚（Lesuire）、李蒙尼亚

---

[1] 在路易十四时代之法国人都是由他们两个本国人名蒙康斯（Monconys）及索俾尔（Sorbière）之著述里知道我们，两个人都是在英国将他们底游记出版的，但他们都不懂得英语。当普赖厄以全权大使的资格到达路易十四之宫廷时，没有一个人在巴黎知道他曾写过诗。（见《福耳特耳丛著》第二六册第一三〇页中之《关于英国人底信》）又当爱迭孙在巴黎将 *Musoe Anglicanoe* 之抄本呈于布瓦屡看时，这个法国才第一次知道我们也有卓绝的诗人："第一次见到英国天才者对于诗的一种意见。"（见阿金黍《爱迭孙底生活》第一册第六五页中提开尔〔Tickell〕底叙述）最后，据说密尔登著的《失去的天堂》（*Paradise Lost*）直至路易十四死后从未在法国听闻过，虽然这首诗是在一六六七年出版，而王是死于一七一五年的。

(Lemonnier)、勒未斯克第泡莱(Levesque de Pouilly)、蒙特哥尔非厄(Montgolfier)、摩朗(Morand)、巴塔(Patu)、霸松尼亚(Poissonier)、累维隆(Reveillon)、塞普轻斯(Septchènes)、塞尔好忒(Silhouette)、赛勒忒(Siret)、苏勒维(Soulavie)、苏雷斯(Soulès)及发尔蒙·第·布利恩(Valmont de Brienne)等皆是。

几乎所有这些人都仔细地研究我们底文字,而且大多数都能把握住我们文学底精神。其中福耳特耳尤能以其坚耐的热意潜心于新的事业而从英国获得了不少学说,以后这种学说的宣传即为他争得烜赫的名誉底张本。他是第一个人将牛顿底哲学普遍于法国,不久这种哲学即代替了笛卡儿底哲学。[①] 他将陆克底著作介绍于其国人,[②]这种著作立刻博得巨大的同情,而供给材料与康的亚克(Condillac)以完成其形上学系统,卢梭即以之完成其教育原理。此外福耳特耳是第一个法国人研究莎士比亚者,他受莎士比亚著作底影响很大,虽然以后他想减少法国对于这些著作的过分尊敬。他对于英语的知识非常精通,[③]我们能循索他由蒲脱勒及提罗特松(Tillotson)处所得到不少的进益。蒲脱勒是诗人中之最难诵读者,提罗特松是神学家中之最枯燥者。他又明了以英文写作的最精微的形上学家柏克立(Berkeley)底思考,他又非但曾读过沙甫兹白利底著作,且亦读过彻布(Chubb)、加尔斯(Garth)、孟第维尔(Mandeville)及武尔斯吞(Woolston)等底著作。孟德斯鸠底原理大都取源于我国,他研究我们底文字,他常在著作及私人谈话中表示对于英国底赞美。蒲丰懂得英语,而以翻译牛顿及黑尔斯底著作第一次出现为作家。狄德罗(Diderot)追随着同样的途径,乃是利查松小说底热烈赞美者,他有几部戏剧是由英国戏剧家中得到观念的,而尤以受利罗(Lillo)底影响最大;他由沙甫兹白利及叩林斯(Collins)里假借

---

① 此后笛卡儿底物理学日渐失去了地位,而在格黎牧《通信集》(Grimm's Correspondence)第二册第一四八页中有一封信,写明是一七五七年内巴黎发现的说:"在这里,笛卡儿底党徒只有迈朗先生(M. de Mairan)了。"
② 他永不倦于赞美陆克底著作,所以库臧说"陆克是福耳特耳底真正先师"。(见《哲学史》第二编第二册第三一一、三一二页)陆克是他请求沙特雷夫人(Madame du Châtelet)帮助的一个人。
③ 福耳特耳曾书写了许多英文信,其中当然有许多错误,不过也有许多证据可以证明他能活用我们的习惯语。

了许多论据,而他最早的出版品乃是翻译斯坦阳(Stanyan)底《希腊史》。[1] 曾游历过伦敦的爱尔法修永不倦于赞美英国人民,他所著的伟大著作《心意》(The Mind)一书,其中有许多见解是得之于孟第维尔;而他又常常指引陆克底意见为据,陆克底理论在早期时绝少法国人敢于介绍。倍根底著作以前很少人知道的,现在已译为法文,而他对于人类天赋才能的分析乃用以作为著名的百科全书的基础,这书确是十八世纪中的伟大出品。[2] 阿丹·斯密斯所著的《道德情感论》曾于三十四年中由三个不同的作家在三个不同的时期中翻译了出来。当斯密斯底《国家财富论》出来的时候,声誉隆崇的摩累雷就立刻开始译为法文,可是没有完成时,已另有译本出现于法国某短期刊物了。因《苏必斯基之生活》(Life of Sobieski)一书仍为人记忆之科也尔到英国视察,回国以后,即将《布拉克斯同之诠释》译为法文,以表示其研究之途径。布隆游历英国以后,即专为英国人写一部著作,而将休谟底《政治讨论》译为法文。何尔巴哈(Holbach)当然是巴黎自由党中之最活动的领袖,但他成篇累牍那么多的著作大部分尽都是由翻译英国作家而来的。我们的确可以大概地说,在十七世纪之末叶在最有教育的法国人中绝难找到懂得英语的人,而在十八世纪却同样地难在那阶级中找到不懂得英语者。各种不同趣味的人及事业最相反的人,都以一普通的结合相连起来,诗人、几何学家、历史家、自然学家,所有这些都似乎同意以为研究以前未费过思索的那种文学是必需的。在我遍览一般书籍的时候,我发觉非但以上所述的著名法国人知道英国文学,即是数学家如得阿兰贝尔(D'Alembert)、达而奎尔(Darquier)、丢发尔勒拉(Du val Le Roy)、朱兰(Jurain)、拉舍培尔(Lachapelle)、拉隆德、勒科西克(Le Cozic)、蒙丢克拉(Montucla)、培斯那斯(Pezenas)、普罗尼(Prony)、罗姆(Romme)及罗泽马丁(Roger Martin);解剖学家、生理学家及医学著作家,如巴泰斯(Barthèz)、比沙(Bickat)、菩尔都(Bordeu)、巴彪

---

[1] 斯坦阳底《希腊史》曾风行一时,而且在一八〇四年时,我发现巴尔博士还介绍这本书。(见《巴尔丛著》第七册第四二二页)狄德罗告诉撒母耳·罗密利爵士(Sir Samuel Romilly)说他曾收集关于查理士一世之审判的史料。(见《罗密利之生活》〔Life of Romilly〕第一册第四六页)
[2] 这就是将我们底知识分别为记忆(Memory)、理知(Reason)及幻想(Imagination)三部分,这是得·阿兰贝耳从培根里得来的。

(Barbeu)、丢部尔(Dubourg)、菩斯奎隆(Bosquillon)、部罗(Bourru)、培格得普累斯尔(Begue de Presle)、喀巴尼思(Cabanis)、得摩尔斯(Demours)、丢普兰尼尔(Duplanil)、孚开(Fouquet)、哥林(Goulin)、拉凡罗脱(Lavirotte)、拉塞斯(Lassus)、柏提拉得尔(Petit Radel)、彼内尔(Pinel)、卢(Roux)、苏伐基斯(Sauvages)及绪(Sue)；自然学家如阿尔翁(Alyon)、布勒蒙(Brémond)、布利逊(Brisson)、布卢松纳、戴利巴(Dalibard)、阿羽伊(Haüy)、勒塔彼(Latapie)、理查士、利哥(Rigaud)及罗姆第莱尔(Romé de Lisle)；史家、语言家及古物学家如巴泰尔密(Barthélemy)、彪特尔丢蒙(Butel Dumont)、得布罗斯(De Brosses)、孚舍(Foucher)、夫来勒忒(Freret)、勒舍尔、勒科克得维雷雷(Le Coq de Villeray)、密约(Millot)、塔基(Targe)、未雷(Velly)、佛尔内(Volney)及韦福(Wailly)；诗人及戏剧家如舍隆(Chéron)、科拉杜(Colardeau)、得利尔(Delille)、得斯福基斯(Desforges)、丢西(Ducis)、夫罗立安(Florian)、拉菩德(Laborde)、勒腓夫尔·得菩扶雷(Lefèvre de Beauvray)、麦西挨(Mercier)、巴塔、蓬彼纳安(Pompignan)、开坦(Quétant)、罗舍尔(Roucher)及圣安哲(Saint-Ange)；其余各种作家如巴辛纳忒(Bassinet)、菩杜(Baudeau)、彪勒吞(Beaulaton)、白诺脱、柏基尔(Bergier)、布拉维特(Blavet)、部沙(Bouchaud)、玻根维尔(Bougainville)、布律泰(Bruté)、卡斯脱拉(Castera)、昌特罗(Chantreau)、沙潘雪(Charpentier)、沙特律(Chastellux)、空坦·得俄维尔(Contant d'Orville)、得俾舍(De Bissy)、得米尼(Demeunier)、得封坦(Desfontaines)、得淮安(Devienne)、丢菩卡基(Dubocage)、丢普累(Dupré)、丢勒斯内尔(Duresnel)、爱杜斯(Eidous)、挨提恩(Éstienne)、法维尔(Favier)、夫拉微聂(Flavigny)、夫罗萨尔(Frossard)、高尔雪(Galtier)、加尔索(Garsault)、丰坦尼尔(Fontannelle)、封特内(Fontenay)、夫累姆累(Framery)、夫累斯内斯(Fresnais)、夫累维尔(Fréville)、哥达德(Goddard)、高达尔(Goudar)、归尼(Guénée)、歧雷马(Guéllemard)、歧约尔(Guyard)、尧尔特(Jault)、安培尔(Imbert)、仲考尔(Joncourt)、开拉利俄(Kéralio)、勒菩罗(Laboreau)、勒科姆(Lacombe)、拉法格

(Lafargue)、拉蒙坦(La Montagne)、隆如伊内(Lanjuinais)、拉萨尔(Lasalle)、勒斯梯雷(Lasteyrie)、勒布累同(Le Breton)、勒扣(Lécuy)、利俄拿·得·马尔柏(Léonard des Malpeines)、勒土尼亚(Letourneur)、林开特(Linquet)、罗丁(Lottin)、罗纽(Luneau)、马耶·丢克来隆(Maillet Duclairon)、曼德利隆(Mandrillon)、马尔西(Marsy)、摩特(Moet)、摩诺(Monod)、摩斯纳隆(Mosneron)、那高脱(Nagot)、培隆(Peyron)、普累伏(Prévost)、浦伊则(Puisieux)、利发尔(Rivoire)、罗平纳(Robinet)、罗泽(Roger)、卢菩(Roubaud)、萨拉维尔(Salaville)、索齐尔(Sauseuil)、塞康特脱(Secondat)、塞普舍纳斯(Septchènes)、西门(Simon)、苏雷斯(Soulès)、斯瓦·坦纳伏(Tannevot)、塞禄(Thurot)、图桑(Toussaint)、特累珊(Tressan)、特罗舍罗(Trochereau)、忒平(Turpin)、乌苏克(Ussieux)、佛基俄斯(Vaugeois)、弗拉克(Verlac)及弗劳斯(Virloys)。恰在十八世纪中叶以前从事于著作的布隆确曾说："我们已将英语置于人人已能熟娴的文字之列,我们底女子都研究它而抛弃了意大利文来研究这种富有涵养性的人民,在我们之中实在寻不到一个人不愿意学的。"

这就是法国人吸取数年以前曾予以极大轻视的一种民族底文学的热诚。事实是在这种新情形之中,他们除此以外没有其他的选择了。因为除了英国以外还有那一国底文学能满足这一班起于路易十四死后的勇敢而富于研究心的思想家呢？在他们自己国内当然也曾有雄辩之才、精美绝伦的戏剧及诗歌的伟大表现,这种种虽永未能达到卓越底最高点,可是已极尽美之精致与观叹了。但有一件不容置疑及令人沮丧的事实,即在笛卡儿死后六十年中,法国未曾有一个人敢于独立思索的,形上学者、道德家、历史家却为那不良的时代底奴隶性所熏染污渎,在两个朝代中,没有一个法国人容许自由讨论政治或宗教的问题。结果,那些最大的智者因离开了原有的范围而失了他们底力量,国民精神衰退了,思想底真正材料及营养似乎缺乏得很。那么,无怪乎十八世纪的伟大法国人要向国外去找寻本国所不能找到的营养物了；无怪他们要由本国转向于推进高深之研究,同时对于政治及宗教表现大无畏精神的英国人民而惊露其赞美了。英国人民以惩罚了他们底王和管束他们底教士而得将他们经验之宝贮藏于高尚的文学史中,这种文学永不磨灭,曾激起最辽远之种族底思想,且因移殖于美国与印度,以致将世界两极端之区域都荣盛滋长起来了。

法国为这种新的文学追求所影响的范围很广,事实上,这种现象在历史中是很少见的。就是确实参与完成革命的人也为这种时代的精神所推移,卡拉(Carra)、丢谟利挨(Dumouriez)、拉法夷脱和兰西纳斯(Lanthénas)都懂得英语,卡密尔·得谟兰(Camille Desmoulins)也是从文学中修进他底思想的。① 马拉(Marat)曾游历苏格兰和英国,他精通英语,曾用英语写两部著作,其中一部名《奴隶制度底束缚》(The Chains of Slavery)后复译为法文。弥拉波,据一个名作家说是大部由精研英国宪法而得熟娴英语,他非但翻译了窝宗底《菲力泼二世史》(History of Philip II.),且也翻译了密尔顿底某几部分书,又据说他在国民会议里将柏克演说中的几段文字作为自己的意见而发表。谟尼挨(Mounier)擅长英语及精深于我们底政治制度,理论与实际皆胜,在一部曾产生相当影响的著作里,他提议在他本国里应设立两院以平均权力如英国底制度一样。② 勒布朗(Le Brun)也由同一源流中得到同样的观念而创议同样的意见,他是谟尼挨底朋友,也像谟尼挨一样地注意于英国人民底文学及政治。布利索懂英语,他曾在伦敦研究英国制度底作用,而他自己也说他所著关于刑事的法律的论文是完全以英国立法为指南的。空多塞也建议将我们底刑事法律制度作为模范,虽然这种法律非常不完美,总也较法国的为胜。罗兰夫人(Madame Roland),其地位与能力使其成为民主党之领袖,是一个研究英国文字及文学的热心学者。她也为普遍的好奇心所移动来到我们国内,似乎表明各种阶级及不同的人都为这种精神所激励似的。奥利安公爵(Duke of Orleans)也到英国来游历,他这次游历也产生了自然的结

---

① 在他受刑以前,他所阅读的最后两个作家是杨格(Young)和赫维(Hervey)。(见拉马丁〔Lamartine〕著《吉伦特党员史》〔Hist. of Girondins〕第八册,第四五页)一七六九年,利可蓬尼夫人(Madame Riccoboni)由巴黎来信说杨格底《夜思》(Night Thoughts)在那里非常普遍;她又很公平地说:"这是一个说明法国精神之变迁状况底证明。"(见《加利克通信集》〔Garrick's Correspondence〕第二册第五六六页,一八三二年出版)

② 蒙罗西挨(Montlosier)说这种观念是由英国假借而来的,但他并没有提起谁暗示这种观念。(见《法帝国》〔Monarckie Francaise〕第二册第三四〇页)

果。一个著名的作家说:"这是在伦敦底社会里,他获得了深好自由的趣味,从那里回来,他才爱好公共的扰动,轻视他自己的地位,而和他下面的人相亲热。"

以上所述虽然似乎有些过分,但仔细研究十八世纪史的人决不会过为铺张。法国革命无疑地完全是保护及干预精神的反动,这种精神在路易十四朝代以前数世纪中已经对于全国底繁荣产生了最有害的影响,在路易十四时乃达到了顶点。此外也同等确实的,乃是这种反动之所以能达到这种力量,其刺激也完全是由英国而来。英国底文学将政治自由底教训先授予法国,然后再由法国分布于欧洲其余各国。因为这个原故,并非仅因文字上的好奇心所策动,我仔细地循索英、法人民之思想联合,这种联合虽常为人注意,但从未在其重要处予以精密的研究。推动这种大运动的各种情势将在本书底末篇叙述,现在我只专限于叙述它第一个最大的结果,即法国文人及完全统治国家那一阶级之间的绝对分裂的成立。

那些卓越的法国人,现在转其注意力于英国,即发现在英国文学、社会组织及政治中具有许多特点是他们本国所没有的。他们听到极重要的政治及宗教问题,公开大胆地讨论,其激烈非任何欧洲各处所能有者。他们听见违反国教者及教士,民权党及保守党谈论着最危险的问题而以无限的自由来处理。他们听得公共的争论,其争论的事情是没有人在法国敢讨论的。国家底秘密及教条底秘密完全公开而唐突地为公共所注视,且对于当时的法国人一定很觉得惊奇,即是他们非但发现公共的报章能有相当的自由讨论一切,且在国会范围之内,君主底行政也可任意地攻击,所选择的仆人底人格也常为人民所诽谤,尤奇者,其岁收之支配也有力地被管束。①

路易十四以后之继位者看见这些事情及见到国内的文化因上层阶级及君主底权力减少而提高了,不得不对于这种新奇而激动的现象表示惊奇。福耳特耳说:"英国是世上唯一的国家能因反抗他们底君主而减少了君主底权力。""我怎样地爱英国人民底勇敢性!我怎样地喜欢

---

① 休谟对于游历英国的几个卓著的法国人说:"最令一个外国人惊奇者,乃是我们在这一个国内所享受的绝对自由,能随便对公众发表言论,能公开地谴责君主或大臣们所采纳的政策。"(见《哲学丛著》第三册第八页)

那言必由衷的人！"布隆说，英国人愿意有一个王，只要他们不一定须服从他。孟德斯鸠说他们政治底急切目的乃是政治自由，他们所保有的自由较任何共和国为多，他们底制度事实上是一个共和国而假饰为君主国者。格罗斯莱为惊奇所激动而呼说："财产在英国是神圣的东西，法律非但能保护之以免工程师、视察员及同样性质的人民之霸占，且亦能避免君主本人之侵害。"马布利在他最著名的一部著作里说："汉诺威王族之能统治英国者，全因英国人民是自由的，而相信他们有权可以废弃君主。但如果这些君主像斯图亚特王族之要求同样的权力，及相信君权神授，那么，他们将谴责自己而承认他们占据了不是他们自己的大地。"爱而法修说在英国，人民是受尊敬的，每个公民都能参与处理国事，作者皆能对于公众开迪他们自己底利益。而布利索曾将这些事情作为其特殊之研究者竟惊呼谓："可赞美的宪法！这只能为不懂的人及其舌为奴隶制度所噤服的人所轻蔑的。"

这就是当时最卓著之法国人底意见，这些意见之多诚可积牍成帙。但我现在所要做的乃是要指出这种对于前一世纪曾深加轻视的国家的新的及骤然的赞美，其第一个重大的结果是什么。以后继着发生的事件，其重要性确是不能过夸的，因为它们使知识阶级及政治阶级之间产生了一种破裂，其中革命不过是一桩暂时的遭遇而已。

十八世纪之伟大法国人为英国之榜样所激动而爱好进步，自然即与旧而固执之精神尚甚蓬勃的那政治阶级相冲突了。这种反对是完全对于那不名誉的奴隶性的一种反动，这种奴隶性在路易十四朝代时，于文人是很显著的。如果在一争斗开始时，而能和缓地处置，其最后的结果也许会非常有利。因为如此可以使理想及实际两阶级逐渐接近，我们固已知道这种接近实是维持文化平衡性之主要点，而可以阻止任何一方获得危险的优势。但不幸贵族及教士已久习于把持权力，不能从那些伟大的作家中忍耐丝毫的反对，而又无意识地轻视那些作家为下庸的人。因此当十八世纪之显著法国人企图将英国之研究精神渗入于法国文学中时，其统治阶级即爆发而为仇恨及忌嫉，于是积渐骈发以至不可收拾形成反知识运动，而知识乃又成为法国革命之第二种主要先锋。

第十二章 路易十四之死保护精神之反动及法国革命之整备

凡仔细研究十八世纪之法国史者,皆能完全明了当时对于文学之苛刻的压迫程度,其范围至如何之广,因为这并非是偶然的一二次的压迫,而是一种长期而有系统的计划,要禁绝所有的研究而责罚所有的研究者。如将路易十四死后七十年中之著作文人列成一表,则将发现至少十中有九曾受过奴隶政府之重大损害,而大部分都曾尝过铁窗风味。的确,我所讲的都是确实的情形,我要问,五十个文人之中有否一个是完全未受损害的?固然,我对于那时代底知识尚未能称为搜集完备,但在被惩罚的作家中,我发现所有的法国人名字,其著作都能与时代共存。又在财产没收,身禁牢狱,逐出国境以及被迫取消其著作的作家中,我除发现无数较庸下的作家外,又发现菩马舍(Beaumarchais)、柏卢耶(Berruyer)、部金(Bougeant)、蒲丰、得阿兰贝耳、狄德罗、丢克罗(Duclos)、夫来勒忒、爱而法修、拉阿普(La Harpe)、林开特、马布利、马蒙泰尔、孟德斯鸠、麦西挨、摩累雷、累那尔、卢骚、斯瓦、托马斯及福耳特耳等。

仅是这一名表的诵读已足予人以教训。如说这些卓著的人都应受处罚实是显然的笑话,虽然没有直接的证据可以证明其应受处罚,因为这样即无异于说在两阶级之间已有分裂,而弱的阶级完全是错的,强的阶级完全是对的。尚幸关于这两党的功过不需凭藉思考上的论据。对于这些伟大人物的诬告还是世人共知,所受到的责罚也是无人不晓,如将这些事情都放在一起,我们即可以稍能明了这种事情能公开施行的那种社会底情形。

福耳特耳适于路易十四死后即被诬为诽谤君主,因为这种假想的忤犯,不经审问与证明,即经年被系于巴士提尔(Bastille)狱。获释后,立刻又蒙着奇辱。他所遭遇的事情及其无罪而受罚实,又充分证明当时容许此种事情发生的社会情形。福耳特耳在绪利公爵(Duke de Sully)席上为那时巴黎富而无耻的贵族得卢翁・沙菩勋爵(Chevalier de Rohan Chabot)从容地侮辱了一番。这种暴行发生于公爵官邸中,在公爵本人之前,且公然施诸公爵底宾客,却未见公爵起而干涉,不过仅以为一个穷苦的诗人因受尊敬而为拥高位的人所注意罢了。但当福耳特耳在激动的时候予以尖刻的反驳——这是他敌人所恐怖的——时,这勋爵即决定给福耳特耳以惩罚。他所采用的惩罚方法即是他这种人底特点亦即他所属那一阶级底特点。他设法使福耳特耳在巴黎之街道中为人围困,而在他底面前受到耻辱的痛打,他本人却指使着该打的数目。福耳特耳在身受刺痛的侮辱之下,要求着通常所给予的赔偿。可是这一点,并未得那高贵的攻击者之同意,他非但拒绝见福耳特耳于场上,而且还获得政府底谕令将福耳特耳禁锢于巴士提尔狱六个月,出狱后即须离去国境。

福耳特耳就是这样地第一次因诬为写诽谤文字而禁锢,因反驳加在他身上的侮辱而被公开的毒打,现在又复为攻击他的人再判入狱。禁锢后所判的驱逐出境的命令似乎立刻即取消了,因事件发生以后不久,我们又发现福耳特耳在法国预备印行他第一部历史著作《查理士十二世底生活》(Life of Charles Ⅻ.)一书。在这本书中,并没有像他以后那些著作中的攻击基督教的言辞,也简直没有对于令他受痛苦的那专制政府有丝毫的反对。法国当局最初即允其印行,因当时没有政府赐准是不能印书的,但印刷以后特准状取消了,那本历史也禁止销行了。福耳特耳底第二次尝试更有价值,故更受到剧烈的反对。在他留居于英国的时候,他嗜好研究之心为异于他本国的许多事情所激动,于是他出版一部叙述那显著的人民的书,从这种人民底文学中,他学得了许多重要的真理。他称为《哲学上的信集》(Philosophic Letters)那部著作受到了普遍的赞誉,但他不幸采纳了陆克反对固有之观念的论据,法国底统治者虽不甚明了固有观念是什么,但却疑惑陆克底学说是很危险的,又当他们在他处听得那书内容之如何新奇,他们不得不阻止这本书底宣传。他们底补救方法很简单,仅命令福耳特耳须加逮捕,他底著作须为普通的绞刑吏所焚烧。

这种不断的损害,就是较福耳特耳为尤有忍耐精神的人也要为所激怒的。① 凡谴责这个显著的人为对于现存情形施行无故之攻击的煽动者的人,必不甚明了他因不幸而生活在的那个时代。即在常被认为自然科学的中立见解,也表现着同样的专制及压迫的精神。福耳特耳除其他许多有利于法国之计划外,还愿意令其国人知道牛顿底惊人发现,这在法国人是完全懵然不知的。既有见于此,他就写就一篇关于那

---

① 福耳特耳底愤怒可以在他许多信中看出来,他又常常对他底朋友表示他愿意永久脱离他受到这样待遇的国家。

超常思想家底工作,但当局者又复干预而禁止该著作出版。的确,法国底统治者似乎感觉到他们唯一的安全即是人民底愚昧,故固执地要反对每一种的知识。有几个卓越的作家曾预备编纂一巨帙的百科全书,包含各种科学与艺术。这无疑地是由一般文人所发起的最光明的事业,但最初受到政府底阻碍,继又完全被禁绝出版。在其他时候,对于极微小的事情也表现着同样的趋势,只有它们最后结果底重大性使它们不成为笑话罢了。一七七〇年,安培尔(Imbert)翻译了克拉克底《关于西班牙的书信》(Letters on Spain),这是该国那时最佳的作品,可是这书一出即被禁止。其施行此种权力之唯一理由即因是书含有关于查理士三世酷嗜田猎的叙述,这被认为对于法王表示不敬,因路易十五本人也是一个深嗜田猎者。在这件事的前数年,法国国内因著作而著名的拉布雷脱利(La Bletterie)被选为法国专门学校底董事。但他似乎是一个詹西信徒(Jansenist),且胆敢公言朱理安皇(Emperor Julian)虽然是叛教者,却并不完全缺乏好的性质。这种忤犯在这样纯粹的一个时代是不会忽略过的,法王于是不得不令该校将拉布雷脱利摈诸他们底社会以外。拉布雷脱利之未受更重大的惩罚实是当局格外的慈悲,因夫来勒忒仅因在他一本传记里说到最早的法兰克酋长是由罗马人里得封号的而被禁于巴士提尔狱。这种同样的责罚曾有四次施于兰格雷·丢夫累那(Lenglet du Fresnoy)。[①] 在这可亲的及成功的人底案中,对于他所受的虐待简直没有丝毫的托辞,虽然有一次,他底证实的罪是对于《得图的历史》作了一个附录。

的确,我们只要打开当时所有的传记及通信集即可由各方面找到无数堆积的证据。卢骚受到了禁锢的恐吓,被逐出法国,著作公开地被焚烧。爱尔法修对于心底著名论文为王族会议命令禁绝,为普通的绞刑吏所焚,而作者则被迫写两封信,取消他自己的意见。蒲丰底几种地质学上的见解冒犯了教士,于是这个著名自然学家不得不正式取消他底学说,这学说现在都知道是完全正确的。马布利底名著《对于法国史的观察》(Observations on the History of France)一出即被禁绝,这当

---

① 他是第一次在一七二五年被系于巴士提尔狱,后又在一七四三年、一七五〇年被系,最后一次是一七五一年。

然没有什么理由，因基佐并非偏袒无政府主义或反宗教者也以为值得重新印行而用他自己的名义出版。累那尔所著的《印度群岛史》(History of Indies)被命焚毁而作者则须逮捕。隆如伊内关于约瑟二世(Joseph Ⅱ.)底名著非但倡议宗教自由，且主张废弃奴隶制度，故他底书被宣布为"煽乱的"，又被称为"对于所有服从含毁坏性的"，而被判焚毁。马尔西(Marsy)所著《培尔的分析》(The Analysis of Bayle)被禁，作者则入牢狱。林格忒所著《耶稣会徒史》(The History of the Jesuits)付之一炬，八年以后他底日记被禁，其后又三年当他仍继续著作时，他底《政治年史》列入禁书，而他自己却入了巴士提尔狱。得利塞尔•得萨尔(Delisle de Sales)因了自然哲学的著作而被判永久放逐，全部财产完全充公。① 迈(Mey)关于法国法律的论文既遭禁绝，而蓬塞夫(Boncerf)关于封建时代之法律的论文则受焚毁，菩马舍底传记也不获免，而拉阿普对方隆(Fénélon)的颂词亦难幸存。丢弗内特(Duvernet)因写索尔奔(Sorbonne)底历史——还未出版的——而被捕禁于巴士提尔狱中，那时原稿尚在他自己的手里。得罗尔姆(De Lolme)关于英国宪法的名著，一出版即下谕禁止。同遭是等禁止及阻碍之命运者尚不止此，热尔未(Gervaise)底信札禁于一七二四年，库雷耶(Courayer)底论文禁于一七二七年，蒙特哥(Montgon)底信札禁于一七三二年，马加脱(Margat)著《帖木儿史》(The History of Tamerlane)禁于一七三二年，卡都(Cartaud)著《趣味论》(The Essay on Taste)禁于一七三六年，普累伏•得•勒•詹尼斯(Prévost de la Jannès)著《多马史》(Life of Domat)禁于一七四二年，丢克罗著《路易十一史》(The History of Louis Ⅺ.)禁于一七四五年，巴热吞(Bargeton)底信札禁于一七五〇年，格鲁斯莱著《多罗意传记》(Memoirs on Troges)也于同年被禁，累鲍雷(Reboulet)著《克雷门特第十一史》(The History of Clement Ⅺ.)禁于一七五二年，热那(Génard)著《人类学校》(The School of Man)亦禁于一七五二年，加隆底《塞拉彼铁克斯》(Therapeutics)禁于一七五六年，路易斯(Louis)关

---

① 有几个有名的作家说，国会后来取消这个判决，但这个判决早已决定，而得•萨尔亦已系于狱了，虽然尚未被驱逐出境。

于世代的著名论文禁于一七五四年，如西(Jousse)之《处刑所裁判权》(Presidial Jurisdiction)于一七五五年，丰坦尼尔著《爱利西》(Ericie)于一七六八年，若曼(Jamin)底《思想》(The Thoughts)于一七六九年，脱柄著《暹逻史》(History of Siam)及托马斯著《马可奥理咯颂词》(Eloge of Marcus Aurelius)皆于一七七〇年禁止，达里格兰(Darigrand)及雷特罗(Le Trosne)所著关于财政的著作先后于一七六四及一七七九年被禁，岐勃(Guibert)之《战术论》(Essay on Military Tactics)禁于一七七二年，部克开(Boucquet)之信札禁于同年，而科克罗(Coquereau)之《提厄雷传记》(Memoirs of Terrai)则禁于一七七六年。这样任意的毁坏财产和其他法国文人所受的处分还算是仁慈的哩。譬如得福基斯(Desforges)因写文反对詹姆士(伪君)之强占英国王座，而被埋于八尺见方之地窟中至三年之久。这是一七四九年的事。一七七〇年土鲁斯大学教授奥德拉(Audra)，一个有些名声的人，出版了第一册《普通史概要》，以后这书就不能继续下去，因为立刻即被当地的大主教所责而作者则褫去教职。奥德拉因受公共的诋毁，其全部之工作为人视为敝屣，及其生活之期望完全断绝，以致不能抵抗这种大的打击，他患了中风而躺在家中二十四小时内有如僵尸。

关于压迫此种文学之进展，我所集的证据已可算是完备了。但法国革命之前因一向未受精密的研究以致误见丛生，我现在须再多举例证使十八世纪之卓著法国人所惯受的挑拨真象大白于世。

在许多卓著作家中，仅次于福耳特耳、孟德斯鸠、蒲丰及卢骚的，有狄德罗、马蒙泰尔及摩累雷。前两个作家是每个读者都知道的，摩累雷虽然比较地被人忘却，但在当时却有相当影响，而且是第一个人将那些伟大的真理普遍于法国。这些真理最近发现曾为阿丹斯密斯引用于政治经济，为培卡利阿(Beccaria)引用于法学。

有名库雷(M. Cury)者写了一首讥刺诗，讽刺多蒙特公爵(Duke d'Aumont)而将这首诗出示他底朋友马蒙泰尔，马蒙泰尔见其写得有力而几个熟友争相传诵，那公爵风闻这件事大发雷霆，坚持要查出作者底姓名。这当然要破裂了信义才能办到，故马蒙泰尔尽力写封信给公爵说明这件事固是事实,不过那首诗并没有印出,也没有拿来发表的意思,且也只有几个熟友知道。这样猜想起来,总可以满足一个法国贵族了,可是马蒙泰尔还不放心,于是又去谒见一个大臣,希望得到王底保护,但所有都没希望。真是令人难以置信,像马蒙泰尔这样名誉隆盛的人,也会在巴黎之中心为人所捕,而因不欲负其友人,致被禁于巴士提尔狱。他底迫害者对于他的仇恨是如此其深,在他出狱获得自由以后还剥夺他出版《水星》(Mercure)一书之权利,以希望其成为乞丐,因为他全部入息几乎都是靠着这本书的。

至于阿俾摩累雷(Abbé Morellet)也曾遇着同样的情形。一个穷苦的滥于出书者名巴利索(Palissot)的,曾写作一喜剧讥笑当时几个有能力的人。摩累雷乃写了一首有趣的小诗以作答复,在那小诗中,他并无损害的暗暗地提及巴利索底一个扶助者罗俾克公主。该公主对于这种臆测大为惊愕而诉之于首相,于是首相即刻命令将阿俾系于巴士提尔狱数月以示儆,其实他非但没有犯罪,且也没有指出那公主底名字。

狄德罗所受的处分还要厉害。他之所以出名者完全因他底广泛通信及其谈话之美妙,其谈话在巴黎是无匹敌的,而他又常表现于何尔匹哈(Holbach)于三十余年中常会集法国之著名思想家的餐席间。此外他又是几部有趣的著作底作者,凡研究法国文学的人都知道的,①他底独立精神和他所获得的名誉使他也受到了普通的迫害。他第一部著作就被命公开地为绞刑吏所焚毁,②这当然是当时所有最佳文学出品之共同命运,如狄德罗能仅失其财产而不致受牢狱之灾已算侥幸了。但几年以后,他又写另一部著作,在那著作里他说生而瞽者,其观念和明目者有些不同。这种说法原不是不可能的,③且也没有令人惊奇的地

---

① 又据编辑他通信集的人说,他和作家们的通信很多,这些他们都用他们底名字出版。(见《狄德罗底传记及通信》〔Mem. et Corresp, de Diderot〕第三册第一〇二页)
② 这就是一七四六年出版的《哲学思想》(Pensées Philosophiques),他底第一部创作,以前的都是英语的译本。(见《世界传记》第十一册第三一四页)丢弗纳(Duvernet)说(见《福耳特耳之生活》第二四〇页)他因写了这篇文字而被禁,但我相信这是错误的,至少我未曾见过其他地方有这样的说法,而且丢弗纳常常是不审慎的。
③ 丢高·斯丢阿特对于这个问题曾征集到几种重要证据者,曾证实狄德罗所创的几种见解。(见《思想哲学》第三册第四〇页及以下页,比阅第五七、四〇七、四三五页)从那时起,对于盲人的教育也非常注意,据说"使他们正确地思想是很难的一件工作"。(见阿利斯忒〔M'Alister〕著《盲人论》〔Essay on the Blind〕载于《统计学社杂志》第一册第三七八页)这篇文不知不觉地证实狄德罗底机智,同时也证实一个企图抑止这种研究而惩罚其作家的政府底愚昧。

方,但管理法国的人却发现其中藏着危险的意思。他们怀疑盲目是暗指他们自己,抑或因他们底固执性质而起激动乃不可知。总之,不幸的狄德罗因大胆地表明他底意见而被捕,未经审问即禁于文丝斯地窖(Dungeon of Vincennes)中。但继着即发生其自然之结果,狄德罗底著作一时普遍起来。① 他因燃愤恨之火要去反对他底迫害者,于是加重他底力量来推翻这种可怖的暴虐得以实施的制度。

现在似乎不用再述法国统治者之令人不可信的愚笨,将每个富有才能的人视为私敌及摧残全国的思想以使革命成为必需的事实。我只需补续上面的事实,再举一例以表明当时因要满足上层阶级的人,以致使私人的恋爱也受到公共的侵害。在十八世纪中叶,法国舞台有一女伶名盛提宜(Chantilly)者,她虽然为毛利斯·得萨克斯(Maurice de Saxe)所爱慕,但她却宁愿依属于更高尚的人而与法发尔(Favart),一个著名的歌者及滑稽歌剧的作家结婚。毛利斯对于她底大胆非常惊愕而求助于法王。他这种请求已够奇怪,其结果除几个东方专制国以外更无匹敌。法国政府听到这件事竟这样卑鄙地命令法发尔放弃他底妻子,而将盛提宜交付与毛利斯,压迫使之服从。

这些是令人热血沸腾而不可忍受的挑拨。谁会惊奇法国最伟大及最高尚的人对于这种政府充满着厌恶呢?我们异时异国的人听到这些事情都觉得愤怒,何况当时亲见这些事情发生的人呢?当每个人都自然感觉到恐怖,而以为自己不免是第二个牺牲者时,又当我们都记得受迫害的那些作家都是无作恶之富于才能者——当我们将他们理解能力之差和他们底巨大罪恶作一比较时,我们不但不对于扫除政府组织的革命表示惊异,且还视革命爆发之迟缓为可怪。

我常以为革命爆发之迟缓乃是历史给予我们的一个显著证据,证明已成习惯之力量及人类思想紧系于旧观念的固执性。如有根本恶绝之政府存在者,则必是十八世纪时之法国政府。如有一种社会存在,以其昭彰及积叠之弊害,而使人民疯狂以至绝望者,乃是法国之社会情形。人民因被轻蔑而奴视,沉落于赤贫之中,而又为严刻暴虐之法律以

---

① 这是一令人快乐的办法,人们底好奇心因此可以破坏了专制。(见格黎牧〔Grimm〕《通信集》第五册第四九八页)

毫无怜悯之野蛮手段所抑制。教士、贵族及君主以至高及不负责任的权力管理着全国。法国底思想轻率地被禁止活动，它底文学被干涉而焚毁，作家则被劫夺而禁锢，也没有丝毫的征象要设法补救这种弊害。上层阶级因势力之久施践踏而更增加其傲慢性的，只图享受当前的快乐，他们并不顾虑着将来，他们也不见他们受痛苦的时间已经到了。人民直至革命真正爆发时，还是处于奴隶的地位。至于文学，每年都可见一种新的力量要褫夺它余有的自由。既于一七六四年下令禁止讨论政治问题的著作，①于一七六七年使激起公共思想的著作成为大的罪犯，以及宣布凡攻击宗教及谈论财政者皆须处以死刑——既采取了这些步骤，法国统治者还在将倾覆以前，默筹着另一更广泛的策略。这确是仅见的事实，即在革命前九年，当世界上还没有权力可以拯救这个国家底组织时，法国政府是这样地不明了真的情势及深信它能抑制它自己的专制所引起的精神，于是有一官吏建议于王应尽除所有的出版者及禁绝所有的书，除非刊登于为行政官吏所办、指定及管理的报上。② 如果这可怖的提议施诸实行，确将予王以文学所能支配的所有影响，这对于国民思想之重伤却如对于国民自由之重伤一样，这或将因完全禁绝伟人发表意见，或将因使伟人成为从事附从政府所要宣传的意见者而倾覆了法国。

这并不能视为小事，仅为文人所注意者。在十八世纪时之法国，文学是最不能得自由的。在英国，如果我们伟大的作家滥用他们底才能以教诲着奴隶性的意见，其危险当然很大，因为社会之其他部分也许觉得难以逃避传染之害。但在毒害传布以前，还有时间可以禁止其进行，因为我们有那些自由的政治组织，只需提起这件事，这勇敢人民底愤怒立即会爆发起来。虽然这种组织是自由底结果，而不是自由底原因，但它们对于自由当然有反应，而且因习惯之力量，能于一时超乎自由而存在。凡一国能有政治自由者，总有许多联系的东西使人底思想即在智

---

① "当拉弗第（L'Averdy）被委为财政统监时，立即在一七六四年下一法令——这个法令按当时之宪法规定是有法律的力量的——因为这条法令，每个人皆禁止出版或受人托付而出版关于行政上的事情或政府之一般规定，否则处以刑法。这条法令使每个人不能抵抗而受罚，并不像在法庭里可以为自己辩护而受法律之裁判的。"（见什罗瑟〔Schlosser〕著《十八世纪史》〔History of the Eighteenth Century〕第二册第一六六页）

② 这就是在一七八〇年，那个检察长底暗示。

力极退步及最迷信的深渊中拯救出来,都能回忆到较好的东西。但在法国这种联系是没有的。在法国,每样事物都是为治者而不是为被治者而设的。没有自由的印刷物,没有自由的国会,也没有自由的辩论。没有公共的集会,没有公共的选举权,对于选举手续没有讨论,没有出庭状,没有陪审官吏。在国家之每一部皆被禁止的自由之声,只能从那些伟人底呼吁中听到,他们以著作来引起人民反抗。我们应该从这一点来评定那些被诬为扰乱古代组织的人底人格。他们和大部分的人民一样,很苛酷地为君主、贵族及教会所压迫,他们用他们底才能来报仇,这无疑地是他们最好的途径。无疑地反叛是反对暴虐的最后补救方法,而一个专制制度是须以革命文学来交战的。上层阶级的人应受责骂,因他们是首先发端,但我们不能谴责那些伟大的人,他们因维护自己以避压迫,却自然推翻了压迫所由生的政府。

但现在不必维护他们底行为而须先考量更重要的事情,即反对基督教运动之原始。他们被迫而处此,这是对于法国很不幸的,而这件事却成为法国革命之第三种大前因。明了了敌视基督教的原因,即能了解十八世纪时的哲学,且对于宗教权力的普通理论也能稍明一二。

这是一种值得叙述的情形,即最后推翻法国所有组织的革命文学起初之目的,乃在反对宗教之组织而非反对政治之组织。在路易十四死后,立即负盛名的那些伟大作家,努力奋斗地反对宗教的专制,至于政治上的专制乃是他们后一代所推翻的。[①] 这决不是一个康健状态的社会所走的途径,而且无疑地法国革命底罪恶及规外的暴动大半都可归因于这种特点。很显然的,凡一国家的进步是按步就班的,那么,政治底革新必和宗教底革新并行以使当人民之迷信减少时,即可增进他们底自由。在法国情形即不同,教会在四十年中不断地被攻击而政府却不受影响。结果,国家底秩序及均衡均被破坏,人底思想已惯于作最大胆的思考,而他们底行动尚为最压迫的专制政体所管束,他们自己也

[①] 这种变化底性质及其所以能发生之当时情形,将在这本书底最后一章中讨论。但为福耳特耳及其附从所领导的革命运动,其目的在于反对教会而非反对政府,是许多作家都曾说过的,有几个还说在路易十五朝代中叶以后,政府底根基开始摇动,及第一次才表现有攻击政治之腐败的趋势。

感觉到政府不容他们发展他们底才能。故当法国革命爆发时,并非是愚暗的奴隶起来反对有教育的主人,而是那些为进步的知识所熏陶而更感觉到奴隶制之令人失望的人起来扰动。这些是处在非常可怖的情状中的人,他们思想之进步远超过于他们自由之进步,而他们又非但愿意要推翻一个专制政体,且还要报仇雪恨。

当然无疑,我们必须将法国革命之最可怖的特殊现象归因于上述的情形。故如我们研究,当感觉到是一件有趣的事,即如何在英国,政治自由及宗教怀疑主义会彼此相依附前进,而在法国却发生了一个大运动,在四十年中即最有才能的人也会忽略了自由,而同时能鼓励怀疑主义,减削教会底权力而不致于增加人民底自由呢?

第一种理由大约是那些积年累月所养成的法国人民之荣耀心底传统观念底性质使然。在以前叙述保护精神的时候,我曾表明许多情形,那些情形即使法国君主获得一种威权,这种威权既使所有阶级服从于君主,又复阿谀着公共的虚荣心。故除西班牙以外,在法国之忠君感觉,深入于国民心中较欧洲之任何国为甚。① 这种精神和在英国所见之不同已经说过了,现在还可以以两国国民对于他们君主死后之名誉的感觉如何,来作更进一步的例证。在英国,除阿菲利德(Alfred)有时被称为大王外,从未因尊爱任何君主而赠以表示个人赞美之称号者,② 但法国人则用种种颂词来表彰他们底君主。现在姑举一名以为例,如有称为路易温和者(Louis the Mild)、路易哲人(Louis the Just)、路易大王等,而最无道德的一个君主则称为爱戴的路易(Louis the Beloved)。

这些事实虽然很小,但却是真正历史之最重要的材料,因为它们是当时那种国家底确切征象。③ 它们对于我们现在所讨论的问题的关系

---

① 非但西班牙底政治史,即西班牙底文学也含有西班牙人异常忠顺的悲惨证据及其所产生之恶果。
② 我们对于阿菲利德的赞美,因我们不甚知道他而更甚。提到他朝代底一个主要的作家就是阿瑟(Asser),他底著作我们有理由可以相信是不真确的,而且有几种制度一向认为阿菲利德所创者,实前于阿菲利德已存在的了。
③ 在旧政体的时候,法国底作家常常夸说,忠顺是他们国家底特色,而以反对及坚执的态度来染污英国人。"法人老是有名于各国,这是毫无问题的,其所以有名者,在用他们底爱情于他们的国土上。"(见勒布朗著《法国人底文字》第三册第五二三页)"英国人并不像人所希冀的这样爱他们底君主。"(见索俾尔著《游英记》〔Voyage to England〕第五八页)现在将所有这些(转下页)

是很明显的。因为这些事实及其所由发生的那些情形在法国人底思想中,引起了国家底荣耀及其君主个人名誉间之密切及世袭的观念。结果,法国统治者之政治行为其可避免谴责之保障非常坚固,即建立任何严厉之法律亦不可及。他们底行为为每一代传与他们继承者的偏见所保护,为时代环饰于欧洲古王国之光轮所保护。更者,为那可怜的国家虚荣心所保护,这种虚荣心使人们愿意服从于苛税及奴隶制度,以使国外的君主都为他们底君王底荣华而迷惑,外国都为他们君王胜利之伟大而慑服。

所有这些的结果即是当十八世纪之早期,法国思想已起而活动,而攻击王国之弊害的观念却永没有进入最大胆的思想家底脑中。但在君主保护之下,却有一种组织,对于忠君的观念没有这样厉害。一向都被允压迫人们底良心的教士,并没有为这些环绕着君主个人的国家观念所染,而且除了菩绪挨以外,没有一个曾努力增加法国之普遍名誉者。的确,法国教会在路易十四时代虽然也有很大的权威,可是仍旧是附属于君主而施行的,在君主保护之下,他们竟能不畏惧地反对教皇。① 故在法国,宗教权力应较政治权力先受攻击是很自然的一件事,因在专制时,它不甚有势力,又因它没有为组成每一古代组织之主要拥护力的公共传统观念所保护。

以上的讨论已足表明如何在这一方面,英、法思想所趋之途径是这样地不同了。在英国,人民思想因不甚为不分皂白的忠君偏见所困累,故能在伟大进步中之每一步将他们底怀疑与研究转向于政治与宗教,因此当他们减少他们底迷信而建立他们底自由时,即能维持国民思想之均衡性而不致有偏颇之弊;在法国,则对于王权之赞美非常巨大,故失了这种思想上的平衡性,人们底研究因不敢注于政治而转向于宗教,因而产生了一种普遍反对教会的灿烂而有力的文学,但在这些文学中

(接上页)和一本以英语写的最著名的历史中的意见相比较:"最确定而最显著者,乃是君主是为人民而立,而不是人民为君主而生的,恐怕世界上没有一种民族像英国民族在这个时代这样地具有这种君主的观念,故一旦有一个君主而不以此观念来节制他自己,那么,英国民族必将立感不安,终则对他非常不仁爱了。"(见柏纳著《我们底时代史》第六册第二二三页)当这种刚毅而爽直的章段写出来的时候,法国人还正在舐路易十四足上的尘土哩。

① 朗开以为这种转变是由于亨利四世之背教所致,(见 Die Päpste 第二册,第二五七页)但其种因甚深,实与政治利益超过宗教利益之胜利有关,亨利四世底政策不过是其中的结果罢了。

却无一语敢反对国家之巨大弊害。

还有另一种情形也推进了这种特殊的倾向。在路易十四朝代时，僧侣团中之个人人格对于他们领域之获得颇有关系。那时所有教会中的领袖都是有道德的人，而且有许多是有才能的。他们底行为虽然专制，似乎还属本于良心，而教会所产生之弊害，亦只能归源于以权力交托与教士之失策。但路易一死即发生了大的变化，教士——其原因之研究将令人厌恶的——变为异常放荡且常又失于无知识，这使他们底暴虐更令人难以容忍，因如屈服则更为不名誉了。菩绪挨、方隆、部尔达卢(Bourdaloue)、夫雷社(Flechier)及马斯卡隆(Mascaron)等底非常才能及无瑕疵之道德，究竟减少了常与盲目服从为伍的耻辱。但当杜步亚(Dubois)、拉非都(Lafiteau)、同桑(Tencin)等及其他继他们而为主教及红衣主教时，则颇难令人尊敬为公开及显著之恶行所染污的教会领袖。[①] 当教会统治者中发生了这种不幸的变化时，同时也产生了非常巨大的反应。这种反应我曾拟追索其早期之发动的。故当研究精神蓬勃增长之时，教士之人格更显得令人可鄙。在法国那时所产生的伟大作家，看见那些毫无良心的人对于他人底良心却滥施无限的权力非常愤怒。故他们从英国所假借来的那些反对宗教权力的论据，显然因了那些不适于其位的主教们而更形有力了。

这两派人继续属于敌对之地位，直至路易十四崩逝立即产生了威权与理性的大争斗，这种争斗现在还未结束，不过以现在的知识情形来说，其结果是绝无可疑的。一方面是固结的及人数众多的教士团，为数世纪以来之习惯及君主底威权所维持；另一方面则是一个小的团体，没有爵号，没有财富，也没有名誉，只是为爱好自由及公正地信托自己的能力而激励。不幸他们在最初即犯了极大的错误，因攻击教士的原故，他们连宗教也不尊敬了。他们在决定减少宗教权力时，即企图摇动基督教底基础。这对于他们自己本身以及对法国之最后影响都是一件很可遗憾的事，不过这必不能视为他们底一种罪恶。因为这是处于他们那种地位的情势所迫而出此的，他们看到当时的教士组织所给予他们

---

① 尤可鄙者，乃是在一七二三年教士集会议决一致选声名狼藉的丢霸(Dubois)为主席。丢霸是当时最著名的一个无道德的人。(见丢克罗著《路易十四及路易十五之秘史》〔*Mémoires Secrets Sur Louis XIV. et Louis XV.*〕第二册，第二六二页)

国家的可怕的恶害,但他们又听到为基督教底原故保存那种组织的原状是非常重要的。他们常受到"教士底利益即宗教底利益"的教训,这样,他们又怎能不同样地对于教士及宗教表示敌对的态度呢?因此而连带着反对着宗教当然是很苛刻的一件事,但这以普通的诚实而言,他们是无法以避免采取这一途径的。我们现在以另一种标准来判决事情,当然所采取方策是他们所不能有的。我们不会犯这种错误,因为我们知道任何一种的教士团组织和基督教利益是毫无关系的。我们知道教士是为人民而有,并非人民为教士而有。我们知道所有教会治理问题并非是宗教的问题而是政策的问题,不应以传统的武断意见来解决,而应以适合普遍情势的广大见解来解决。因为这种见解现在已为所有开明的人所承认,而在我国宗教底真理除了浮浅的思想家以外,已绝少为人所攻击了。譬如,如果我们发现我们底主教之存在及其权利与财富是对于社会之进步不利的,我们决不能因此原故而感觉要敌视基督教,因为我们应切记,主教统治制是基督教中的偶然组织而不是它绝对的要素,我们尽可以废除那组织而仍保留着宗教。同样的,如果我们发觉教士之暴虐,有如以前的法国一样,那么,在我们中所激起的反对应是对付基督教所呈现的外表方式而不应对付基督教本身。如教士能专心于他们职业的慈善责任,及减轻人们身体或精神上的痛苦,我们即当尊敬他们有如和平与慈善之牧师。但如果他们仍旧再侵犯教外人底权利——如他们再以权威的口吻来干涉国家底政治——那么,人民即当询问改造国家之宗教组织的时候有没有到临。这就是我们现在观看这些事情的态度。我们对于教士之感觉如何全须凭教士本身之行为如何而定,但与我们对于基督教之感觉是绝无关系的。我们视教士为一种团体,无论其性情如何偏向于固执及不纳异见,无论其职业所常有的一种偏狭观念是如何,它无疑地总是大而高尚的组织的一部分,因这种组织,人底态度是柔和了,痛苦减少了,而灾难也去了。在这种组织能尽其功用时,我们已很满足而容其存在了。可是如果它越出了规范,或不适合于一个进步社会底情形,那么,我们有权利与权力补救它底过失。如必需的话,我们可以移除其几部分,但我敢说我们不能干预完全独立的伟大宗教真理。这些安慰人们底心,使人们超乎其当时之性好,及给人以许多高尚的希望,以表露其自己之不道德的真理,乃是未来生活的方策及象征。

不幸,法国对于这些事情并不如此着想。该国底政府将大的特权赐予教士,视他们如神圣,惩罚一切的攻击而以异教视之,于是在国民底思想中建立了教士之利益与基督教之利益底不可分离的思想联系。结果则当争斗开始时,宗教底牧师及宗教本身都同时热烈地被攻击。凡熟知人们一向所受到的挑拨者,决不会对于以后丛集于教士们的嘲弄及虐害表示惊奇。虽然在以后立即继续而来的进攻中,基督教在某一时候受着牧师他们自己应受的命运,这一点令我们感觉遗憾的,却并不会激起我们底惊愕。基督教在法国之毁灭乃是以国家底教士团命运和国家底宗教命运系合在一起的那些意见底自然结果。如教士与基督教皆以同一根源而系合,则必同受倾覆。这如树底生命一样,在真实上只能结合毒的果实,则仅将树枝斫去是毫无效力的,是则必须一次过地用大力将其连根拔去,截绝其传染之源而保持社会之康健。

在我们谴责十八世纪信自然神教作家之前,我们必须作以上之反省,可是有些人底思想是这样地习惯于作腐败的推论,故对于这些作家作最苛酷的批评者,其行为往往即为作家作最正确之原宥。这种人拟为教士作最奢侈的要求,以谋建立为一种原理,岂知这种原理之作用适足以毁灭教士。他们恢复旧宗教威权制度之计划,完全凭恃"本于神圣"之假设。这种假设如不与基督教分离,则立刻将证实他们所热烈攻击之反基督教为正当之行为,教士权力之增大是和文化事业不相合的。故如任何宗教因增大权力之必需而立其教条者,则凡为人道而奋斗者皆应竭其全力毁坏此种教条或推翻此种宗教。如权力之增大为基督教之重要部分,则我们立刻应有所选择,因唯一的选择不是弃绝信仰,就是牺牲自由。幸而我们尚未被驱于这种窘境,我们知道这些要求,其理论既错误,施诸实行又复有害。的确的,如果这些要求施诸实行,教士也许一时获得胜利,但总不免积害成患,自蹈覆亡,有如在法国所发生之情形一样。

真实说起来,法国伟大作家之所责难的种种都是他们那时代进展之自然结果。这是一个最显著的社会定律之例证,如政府能容许宗教怀疑主义自然发长，则必能产生伟大的事业而促进文化底进步；如设法以强力压制，则一时无疑地为所抑止而终必起而危及社会之基础。在英国，我们采取了前一途径；在法国，则他们采纳了第二途径。在英国，人民对于最神圣的问题皆能自下决断，又当其轻信之减少适使其限制教士之权力时，宗教自由立刻即继着产生，而不致扰及国家底繁昌；在法国，教士底权威因一个迷信的君主而增大了，信仰篡夺了理性底地位，没有些微的怀疑可以随便听到，研究精神被遏抑直至国家濒于颠覆为止。如路易十四未曾干预国家之自然进步，法国也许会继续着进步。他死后而欲免全国智士之联合以反对教士已太迟了，但如路易十五之政府能与不能抵抗之势力修好，不企图以法律制止意见，而以改变法律来适合意见，则亦未始不能挽狂澜于未倒。如法国之统治者能不努力抑止国家底文学，而反屈从了文学所给予的暗示，及在知识进步压力之前先自退让，则最后之致命冲突也许可以避免过去，因为造成冲突的情感也许平息了下来。在这样的情形中，教会或会较早倾覆，但国家本身则可免受祸殃。在这样情形中，法国也许会获得她底自由，而不致增加她底罪恶，而该大国以其地位及富源而言，应为欧洲文化之榜样者，也许能逃免那些恐怖的大错误底大难，这些大错误是她被迫着要经过的，而她所受到的影响至今尚未复原。

我想我们必须承认，在路易十五时代之前半期如能及时让步，仍能保存法国之政治组织。改革是必需有的，且是广大而不能妥协的改革。可是对于那时期的真历史以我所知，我必无疑地可以说，如这些改革能以坦白而无怨言的精神来赐予人民，则许多事物皆能为政府必须注意的两种目的底必需而保存，即秩序底维持及罪犯底遏止。但在路易十五朝代之中叶时，或就在那时期以后，国事顿起变化，而且在数年之中，法国底精神已非常民主化，以致不能将革命延迟，如在前一代这种革命也许会完全脱避的。这种显著的变化是和其他上述的变化相连的，因为这种变化，法国底思想在那时候已将反对教会的敌忾转向于反对政府了。当此种情形一旦形成——此乃十八世纪之第二时期——其运动即庞然不可抵御。一件一件事情很迅速地继着而来，每一件都和前一件事相连，因而全部即组成一种不可抵抗的趋势。到此时政府即使能屈服于某几重要点,采纳几种方策,以管理教会,减少教士权力以及压制耶稣会徒教团也决无效了。现在王才第一次请具有改革精神的人来受咨询,这又有什么用呢?像丢哥(Turgot)和芮克(Necker)底聪明而富有自由思想的提议,在太平的日子也许会平息一般思想上的激动,现在才允许平均抽税,雪伸大冤及取消可厌的法律,又有什么用呢?即招集国会也无效了,就是这个会使人民于一百七十余年以后复得参与处理国事。所有这些补救方法都无用,因为订立和约的时期已经过去而战争的时期已到了。凡能想得出的最大度的让步也不能逃免那因以前事件所逼成的殊死斗争了,因为那个时代底方策已是汗牛充栋了。上层阶级为占有长时期之权力所兴奋,先引起了这个危机,故他们必须忍耐这个结果。现在已经没有时候慈悲,没有犹豫,没有怜悯,没有同情了。所存的唯一问题就是引起这个风云的人能否驾驭这个旋风,或他们是否势必要做这个可怖的大风暴的第一个牺牲者,在这个风暴中,非但法律、宗教与道德皆一时化为乌有,即最低的人道痕迹也被抹去,而法国底文化则非但沉溺下去,而且那时简直不可挽回地倾覆了。

要确定十八世纪第二时期之连续的变化是一桩很困难的工作,其困难点非但在于事件发生之过于迅速,而且在于其绝端的复杂性及其彼此之作用与反应之繁异。可是关于这种研究的材料是非常多的,它们包含着各阶级及各种事业所供给的史证,故我以为大可将那时代的历史按历史之真方法而重新编过,就是说按照那时代的社会及知识进展底循序而编过。故在这本书的后几章我将试将那个显著时期底法国革命底前因追寻出来,在这个时期中,人们因对于教会底腐败已松弛下来,才第一次将反感转向于政府底腐败。但在研究这点——这可区别为十八世纪之政治时期——以前,却必须按我所定的方法,先研究写作历史方法所经过之种种变化,及表明如何这些变化是因前一宗教时期之倾向而起的。这样,我们就将更容易明白引起法国革命那巨大运动底活动,因为我们看到那运动非但影响人们对于当时所经过的事情的意见,且还转变人们对于前一时代之事件的见解,这样就产生了历史文学底新学派,这种新学派之成立也可算是十八世纪之伟大思想家赐予我们的一种利益。

第十三章　自十六世纪之末叶至十八世纪之末叶之法国历史文学

我们可以很容易地猜想到,在我刚才所循索的法国思想的大运动对于写史之方法决不会不产生大的变化。人们开始用以估量他们那时候的事件处理法的勇敢精神,当然会转变他们对于前一时代底事件处理法的意见。在这方面有如在每一门的知识方面一样,第一次的改革在于承认怀疑以前所信仰的必需,而这种怀疑的感觉一旦成立即继续增长,步步毁坏那些极大的荒谬及可笑之事。这些事,我们知道,曾使最正确的历史都失了真的面目。改革的种子可以在十四世纪时看出来,虽然改革底本身直至十六世纪后半期才开始。在十七世纪时,改革似乎进行得很慢,但到十八世纪,它接到了一种骤来的力量,尤其在法国,它为那大无畏与研究的精神所推动。这种精神实为那时代的特色,且因涤除历史上之无数愚笨的行为而将历史底标准提高及赐予历史一种前人所不知的尊贵地位。历史怀疑主义之起及其分布之广,确在欧洲思想年史中造成了奇异的特点,因而令我人惊奇,如何从未有人企图对于大部现代文学所由得其有价值的特色的运动作一研究。在本章中,我希望在关于法国一方面弥补这种缺点。我又拟表明这种进步所造成的各步骤,以使我们知道了适合于历史研究的情形后,即更能安然地去研究历史未来改进之可能性。

关于这个问题,还有一个初步的考虑值得我们注意的。这就是,人们在敢于怀疑历史底事情以前,总常先怀疑宗教底事情。我们将以为在一个迷信的时代,异教徒所受到的责骂与危险或将会使研究者吓退,而引诱他们宁走平安的路,而将怀疑主义转向于文学思考上的问题,可是这绝不是人类思想所采取的途径。在社会之早期,当教士具有普遍的影响时,人人深信宗教之错误乃是不可饶恕的罪恶,故这种信仰即占据着所有人底注意,它强逼每个思想的人将他底反省及怀疑集中于神道学,而无余暇再研究他们视为较次要的问题。① 故在许多世纪中,欧洲最聪明之智士都倾他们之全力于基督教之仪式及教义。又他们对于这些事情常表现着极大的能力而在其他的问题上——尤其是历史——却显示着幼稚的轻信心,这我已举了好几个例了。

但当在社会进步中,神道学底成分开始衰退时,人们对于宗教争论的热心即有意识地减弱了。最进步的才智之士是第一个先感觉到这种宗教底淡漠,故也是他们先用研究的眼睛来细察真的事件,至于他们底前人是只有将研究的眼光专对付宗教方面底考虑的。这是每个文明国家历史中之大转机。从这个时候起,神学中之异教徒不常见②,而文学异己者却一时变为非常普通。从这个时候起,研究及怀疑精神在知识之每一部分急疾地前进,而开始其克服之伟大事业,在其中人底权力与尊严因每一次的发现增大起来,而同时他底意见大多数都受扰动,许多都被毁坏,直至在这个大而无声的革命进行中,传统观念底川流被阻止前进了,古代威权之势力被削去了,而人类思想因蒙着新的力量知道依赖自己底能力,及弃去久曾减损该运动之自由的阻碍。

将以上这些评述应用于法国史将能令我们表明该国文学中之几种有趣的现象。在全个中世纪,我或可以说直至十六世纪之末叶,法国虽然充满着许多编年史者,却没有产生一个史家,因为她未曾产生一个人怀疑于一般所信的。确是直至丢哈兰(Du Haillan)底《法国诸王史》出版时,未曾有一个人拟用批评的眼光来研究这被认为丰富的材料——这部著作在一五七六年出现,当作者功成之后不能不因感觉到成功这样伟大的事业而表示骄傲。在他呈与王的献辞中,他说:"我是所有法

---

① 形上学者之变体说曾对于教会尽了极大的义务,思想之屈附于宗教臆说就是其中一个很显著的例。
② 托克维尔说——我以为是真实的——平等观念之增进会减少人们建立新教义的趋势。(见《美国底民主主义》〔Démocratie en Amérique〕第四册第一六、一七页)总之,知识之增进是确有这种影响的,因为那些伟大的人,其思想之转变在从前能使其成为异教徒者,现在是很愿意专心于其他思想田园之革新了。如圣·奥格斯丁生于十七世纪,他也许会改良或创造自然科学。如牛顿生在十四世纪,那么他或许会组织新教,而以他底天才来扰乱教会。

国人中第一个写法国史,及以恭敬的文辞表显我们君主底伟大及尊严的第一人,因以前叙述到他们的都是些编年史中的旧废物。"他在序文中又说:"只有我能不独断与不夸大地说,我曾创为前人所未为,及他国所未见的东西,且曾给法国蒙上一件从前未曾穿过的衣服。"这些到并非是一个无名的人底无效夸言,他底著作重版了无数次,译为拉丁,又在外国翻印,他本人被视为法国之光荣而得王之宠幸赐职为财政大臣。故从他底著作里,我们对于那时历史文学之已定的标准可以得到一些观念,因此我们自然就要问他所用的材料是什么。约在六十年前,有一个意大利人名保卢斯·挨密流斯(Paulus Emilius)者曾出版了一种闲谈的编辑物说到"法国人底行动"。这本充满了不经之谈的书即被丢哈兰采用为他著名之《法国诸王史》底根基,从这本书中他毫不犹疑地抄录了挨密流斯所喜于叙述的那些无价值的故事。这件事即能使我们明白当时被人认为法国最大之史家底轻信心是如何地厉害了。但事情尚不止此,丢哈兰尚不以假借前人之最不可信者为满足,他却独出心裁编成种种奇异的史实。他底历史开始时即详细叙述一个会议,他说这个会议是著名的法拉蒙德(Pharamond)招集用以决定法国人应为君主政体或贵族制度的问题。当然究竟有法拉蒙德其人否尚是疑问,而且确实可以说,即有其人,对于他底一切也必久已湮没无闻了。[①] 但丢哈兰并不顾虑这些困难,却充分地详述这个大酋长底事情,而且似乎要攫得每个读者底轻信心,于是故意假造两个人名查拉蒙德(Charamond)及魁掘雷(Quadrek)者作为法拉蒙德会议底议员。

这就是亨利三世一朝早期时法国历史文学底情形,可是大的变迁已经迫于眉睫了。法国人在十六世纪之末叶所造就的显著的知识运动,其前是先有怀疑主义的,这主义似乎已成为知识运动之必然先锋,其先因宗教而起的怀疑精神已传布到文学中去了。在知识之每一部门都立刻感觉到这种冲动,而现在历史乃是第一种由沉落至数世纪之久

---

① 腓力比·科明(Philippe de Comines)虽然在能力方面比较西思蒙第和蒙罗西挨来得超越,不过他是生在中世纪,故没有怀疑的观念,只能简单地说:"法拉蒙德(Pharamond)在四二〇年做国王,统治了十年。"(见《科明传记》第八册第二十七章,第三册第二三二页)但得图生于一百年以后,就显然怀疑到这一点并不正确,故他又复参阅其他著作,"照我们史家说,法拉蒙德第一个戴起法国的皇冠"。(见得图著《世界史》第十册第五三〇页)

的地室中浮升出来。关于这个问题,我只需简单地将年日说出即可,因为有许多人不喜普通的推论,也许会因而反对我所建立的立论的。一五八八年第一本用法文写的怀疑的书出版了。一五九八年法国政府第一次敢施行普遍的宗教自由令。一六〇四年,得图出版了那有名的著作,曾被所有的城市认为法国人所写的第一部伟大的历史。① 又当这些事情正在经过的时候,另一个卓著的法国人——即著名的绪利——正在为他历史的著作收集材料,这部著作虽未能与得图者相并称美,但也一样地具有能力、重要与获得荣誉。我们不能不提及,这两个远非前人所能望其项背的史家却是亨利四世底信托大臣与亲密的友人。这个王是第一个为人记忆为异教徒的法王,及第一个并非以神学的论据,而是以政治策略那广大而显著的基础,来改变宗教的人。②

但怀疑精神并非仅对于这种卓著史家才表现其影响。这个运动现在已非常活动,以致在远较逊劣的人底著作中也具有这种痕迹。有两种特殊点非常可以表现早期史家之轻信心,这就是因盲目地抄袭前人,自己毫无批评的态度,以致将各种史事底年日都混乱了;其次就是没有完全的证据,或简直没有证据,就预备去相信最不可信的述说。在几年之中,这两种错误之根源都除去了,这可说是我所要循索的知识进步之唯一的证明。一五九七年,塞累斯(Serres)被委为法国国史编纂者,同年他出版了他本国底历史。在这本著作里,他坚持要必需仔细将每件事底年日记载下来,而他第一次所举的例,自那时起,即普遍地为人所仿效。凡知道以前的历史因早期作家对于这点之忽略而造成的混淆者,皆愿承认这种变化是重要的。这种革新刚刚成立,在该国继着就有另一种更重要的书出现,这就是一六二一年西庇阿·丢普雷克斯(Scipio Dupleix)所写的《法国史》。在这本书中,才第一次以事实的本身来做历史事实的证据。现在已不用再斷斷于要说明以上之进步是如

---

① 其第一册出版于一六〇四年。
② 按多俾内(D'Aubigné),该王在改变宗教的时候曾说:"我叫世人都看见,我只为了国家底需要而心服别的神学。"(见斯美德利著《法国底改革宗教》〔Reformed Religion in France〕第二册第三六二页)亨利感觉到这一点是确实的,对他底朋友表示这点意思也是可能的,但他和旧教教会须作困斗,而在他一条敕令里我们发现有"回到教堂里,他非常欢喜,他将这快乐底原因归属于全能者底宠爱和他信诚动机之祈祷"。(见得图著《世界史》第一二册第一〇五、一〇六页)

何地有效,因其教训史家要勤于搜集他们底证据及仔细考查它们。①不过我们还可以说,丢普雷克斯是第一个敢用他本国底文学发表一种哲学系统的人。其实,该系统之本身在本质上是没有什么价值的,②不过在那时候出现确是首创,且在那时候可算是用通俗语言来揭发哲学之神秘的一种异图,以此观点来看,它又是勇敢及研究精神之继续广布的明证。故在那时候,在该国,对于历史怀疑主义作第一次有系统之企图者实无庸惊奇。丢普雷克斯所著的《哲学系统》出现于一六〇二年,而在一五九九年,拉普彼利尼(La Popelinière)在巴黎出版他称为《历史底历史》(History of Histories)一书。在这本书里,他批评史家而以当代所急需的怀疑精神来研究他们底工作。这个富有才能的人又是《法人新史概论》(A Sketch of the New History of the French)底作者,在书中他正式驳斥早期史家所重视的寓言故事。若根据这种故事,则法国底王国是在特拉围困结束以后到达高卢的佛兰克斯所创立的。

若收集所有的例证,关于这种向前进行的怀疑精神之如何开始清除历史之虚伪事实是没有什么用的,我将只举我所阅读过的二三个例。一六一四年,得卢俾斯(De Rubis)在里昂出版一部关于欧洲君主国的著作,在这本著作里,他非但攻击关于佛兰克斯创始王国的那根深蒂固的信仰,而且还大胆地说,佛兰克人是从他们古代之有自由而得名的。一六二〇年,工柏维尔(Gomberville)在一篇关于历史的论文里驳斥许多关于法国人古代事物——在他以前是普遍为人所接受的——底荒谬古事。③而一六三〇年,柏塔尔(Berthault)在巴黎出版《佛兰赤·佛罗剌斯》(French Florus)一书完全推翻旧的方法,因为他立下一根本的原理说,法国人底原始必须在他们为罗马人所发现的国家内去找寻。④

但所有这些及同样的作品皆因美绪雷(Mezeray)底《法国史》而暗

---

① 我们知道古人很少有以此自扰的。(见牟尔著《希腊文学史》第四册第一九七、三〇六及三〇七页)
② 几年以前,当我看到这本书的时候,我就有这种意见,可是巴丁说:"他底法国哲学并不坏。"(见《巴丁文集》第三册第三五七页)
③ 在 Les Historiettes de Tallement des Réaux 第八册第一五—一九页里有叙述到工柏维尔底事情。这是一本新奇的书,它之与十七世纪好像布隆托姆(Brantome)一书之与十六世纪一样。关于拉培雷对于史家之惯以他们底英雄底血统追源至于诺亚之极尽讥刺,我实未应提起。
④ 柏塔尔这部著作在许多年中都检定为法国大学中的读本。(见《世界传记》第四册第三四七页)

淡失色。这部史底第一本是在一六四三年出版的,最后一本则在一六五一年。①称他为法国第一个写普通史的史家,恐怕对于他以前的作家有些不公平,②但无疑他底著作较以前任何种都来得卓越。美绪雷底文笔异常清澈及有力,有时且有相当的流利。此外,他还有两种更重要的功劳,这些就是不会因一向为人所信仰而至于相信奇怪的事物,同情于人民而不同情于他们底统治者。前一种理论在有当时有才能的法国人中是很普通的,不会激起什么注意,③但后一种则使美绪雷超乎他同时代的人而达进一重要的步骤。他是第一个法国人在他伟大的历史著作里抛弃了对于王族的迷信的尊敬,这种尊敬心曾长期地扰乱着他本国人底思想,而且还继续萦绕他们至一世纪之久。于是结果必然地使他成为第一个说,真正有价值的历史必非但是君主的历史,而且是民族的历史。因为有见于此,他就将在他以前没有人敢研究的材料编入于他底书中,他发表所有关于人民应付之税则的材料,在他们统治者之铁腕下所受到的痛苦,他们底行为,他们底安乐,以及他们所居城镇底情状。总之,凡影响于法国人民之利益以及影响于法国王国之利益者皆在记载之列,④美绪雷视此种问题较宫廷夸耀及帝王底生活为尤重要。这些是他喜欢沉迷于研究及详述的事情,当然尚未能像我们所希冀的那样详尽,不过其中含有的精神及其正确性使他能不愧为十八世纪以前法国之最伟大的史家。

在许多方面,这是写史方法中的最重要变化。如果美绪雷所创始的方法能为他底后人所完成,则我们必能有许多材料,不幸此种材料之缺乏乃为现代研究所不能补偿者。我们的确因后无继者而遗失了些东西。我们对于宫廷与营帐应该知道得较现在少些,我们对于法国王后底无双的美丽及法国君王底尊严仪态应该听闻得少些,我们还可以不必知道确定王子与贵族底系的那些证据关联,其研究能引起古物学家及宗谱纹章之官底好奇心者。但在另一方面,我们实应能考察到十

---

① 第一册出版于一六四三年,第二册出版于一六四六年,最后一本乃是出版于一六五一年。
② "法国人现在才第一次有他们底通史家美绪雷。"(见哈拉姆著《欧洲文学》第三册第二二八页)
③ 虽然并不能阻止他相信骤然的狂风雨及天空之异常表现乃是由于神之干涉底出乎常轨的事情,而这也就是政治变化底预言者。
④ 他对于这些问题之研究堪称特出,因他底材料大都为前人所未知,而且都是手抄的,即使得图也很少谈到这些,所以美绪雷可以说是没有匹敌的。

七世纪后半期之法国人民情状,而现在我们对于他们那重要时期的认识,却没有像我们知道世界上某几种野蛮民族来得正确与广泛。① 如果美绪雷底方法曾为人所仿效而加以进步中所供给的更多的材料,那么,我们非但有方法可以仔细追溯一个伟大而文明的民族底发长,而且或许能暗示或证明那些构成历史真用途的新原理。

但事实却不如此,对于知识事业之大不幸,乃是法国文化之进步到这个时期忽然受到阻碍了。适在十七世纪中叶以后,给这个民族命运以新转机的那悲惨的大变化在法国产生了。研究精神所遇到的反应及使夫隆德战争夭折而为路易十四开展前途的社会及知识情状,我已于这本书底前章描述以表明这个不幸运动所发生的影响了。现在我须指出者乃是这种退步的倾向如何反对历史文学之改进,及非但阻碍作者忠实地叙述当时所经过的情形,且亦不让他们明白以前所发生的事件。

最浮浅的法国文学研究者见到当路易执政之长时期中史家之缺乏,必会感觉到惊骇。路易个人底特性实是造成此种缺乏的大原因。他不好学,因他永不努力补救他底缺点,故他一生对于其他王子都常熟稔的东西一无所知。对于过去史事底过程事实上绝不明了,对于历史也丝毫不感觉到兴趣,除非对于他自己的功绩。在自由的民族中,君主之淡漠决不会产生有害的结果,的确,我们已经见到,在一个非常文明的国家里,没有王底奖励与保护,对于文学最为有利。但在路易十四登极时,法国人民底自由仍旧很幼稚,而独立思想之习惯的根基也树立未久,不能使他们反抗君主与教会之联合。法国人奴隶之性日深,最后堕沉下去以致在十七世纪之末叶似乎完全失了抵抗的愿望。王因为没有遇到反对,故拟对于国内之思想施展一种权力和他主持政治一样。在所有宗教与政治的问题中,研究的精神都被抑止,没有一个被允许表示不利于当时情状的意见。当王想到要奖励文学的时候,他自然以为他有权办这件事。凡受他供养的作家都不表示反对他底政策,他们接受他底薪俸,当然在义务上必须服从他底意见。当路易执政的时候,美绪

---

① 凡曾研究十七世纪之法国传记者,必感觉到传记中绝少有关于人民情状之记载,同时如塞文耶及曼特农之丰富的私人通信在这方面也不能令人满意。现在对于这方面收集材料最富者是蒙替儿底《各国史》,但综合看起来,我们必须承认我们对于许多野蛮民族底情形所知道的反较路易十四时代的法国下层阶级之情形为多。

雷还活着，不过他那伟大的著作是在这个保护及奖掖制度实施以前出版的。这个法国史家现在所受到的待遇实是一种新处理方法的榜样。他曾从王里接受每年四千法郎的恩俸，但当一六六八年他节删他著的历史时，①即受到恫吓，说他对于税则的详述将会触犯政府。但当他们发现美绪雷是非常忠实及勇敢，决不会取消其所写的文章时，立刻就决定予以威胁及取消他半数的恩俸。但当这并不能对于美绪雷生产丝毫影响时，又下一令将他另一半的恩俸也取消了。因此在这个恶劣的朝代初年时，即已立一例，惩罚以忠实来写题材的人，而这种题材却是以忠实为要素的。②

这种行为就表示着路易十四政府所产生的是怎样的一种史家了。数年以后，这个王又以另一机会表现他这种精神。方隆曾被委为路易之孙底教师，他对于那王孙起初的恶劣行为及拗执之性曾尽了不少抑制之责。但一个很简单的事情即足取消他对于王族所尽的极大义务，而且他底学生如能继为法王则他对于整个法国的功劳究非很小呢。他所写的著名小说名《泰雷马卡斯》(Telemachus)的似乎没有得他底允许就在一六九九年出版了。这个王疑惑方隆故意以想象的小说来讽刺政府底行动，就是作者极力否认这样危险的一种责备也无效。王底愤怒已不能平息下来，他将方隆逐出于朝外，永不再许这个曾为他怀疑为批评他国家行政的人在他底面前。

这个王既能仅根据于怀疑而这样地待遇这个伟大的作家——他有大主教的封号及圣贤的名誉——当然不会对于较劣的人表示温和。一六八一年，一个意大利人名阿俾・普利米 (Abbé Primi) 的，居留于巴黎，而被邀担任写一部路易十四史。这个王为永传他底名誉起见，颁赐这作者好几种的酬偿，且预约好这部著作应以意大利文书写，而立刻译为法文。但当这部历史出现时，发觉其中载着他以为不应泄露的几种

---

① 他底《编年概要》(Abrégé Chronologique) 有三大本，是在一六六八年出版的。(见《世界传记》第二八册第五一〇页) 李朗 (Le Long) 说："这本书只能以特别权利而出版，这种特别权利为美绪雷在以前获得的，但那时似乎有些困难是这些作家所未曾留意者。"(见《历史底图书目录》〔Bibliothèque Historique〕第三册第八十五页) 因巴丁在一六六四年十二月二三日由巴黎通信说："这本历史那时登在报上的。"(见《巴丁文集》第三册第五〇三页) 这本书久已定为学校读本了。
② 一六八五年在巴黎出版名为美绪雷所著历史之改订本，其实就是将忠实之叙述删去的一种改订本。哈姆普顿认识美绪雷，他曾记载他在巴黎与美绪雷会晤的一段趣史，那时这个伟大的史家悲痛着法国自由之丧失。

情形,因此路易命令这部书须禁止出版,作者底论文被搜,而作者本人则系于巴士提尔狱。①

那时对于独立思想的人确是危险的时期,那时政治或宗教的作者都是不安全的,除非他步随当时流行之思想及拥护朝廷与教会底意见。这个王贪得无餍地渴求他所谓的光荣,尽力将当代的史家降而为仅记载他自己的成功底记年史者。他命拉星和布瓦留(Boileau)写他一朝的事情,他预备给他们一种恩俸,且允给他们以必需的材料。但即是拉星与布瓦留——虽然是诗人——也知道他们不会满足他底不健全的虚荣心,故他们接受了恩俸而不编著恩俸所系的著作。有才能的人既然这样明显地不愿干预历史,王以为最好向国外找寻文学的编著者。刚才所谈到的阿俾·普利米即是这种情形,他是意大利人,一年以后又向一个英国人作同样的请求。一六八三年,柏内特游历法国,有人通知他,如他肯写一本关于法国王室事情的历史,他可以接受一种恩俸,但又叮咛他,这种历史必须要"偏袒"法王的。②

在这种情形之下,无怪乎在路易十四秉权时代的历史,以其要素而言,是疾驰地向下降了。有人想,那时代的历史文笔较为优美,但当然是愈趋愈弱而无力了。其中的文字是再三斟酌而后用的,文句很整齐地排定着,言性形容辞轻柔而和谐。因为那是一个很恭敬而诌媚的时代,充满着尊敬、责任与赞美。在那时所写的历史中,每个君主都是英雄,每个主教都是哲人,所有不合人意的真理都被禁止揭载,没有一种粗暴或不仁爱的事情可以记在史上。那些温良而顺服的言论既以一种平易而流丽的文笔表现出来,就使历史呈一种优雅的空气,具有轻妙而不牵强的步态而得受诌谀的那一阶级的欢迎。但即使如此,也只是形式修美而已,其生命则已熄灭,它所有的独立性、所有的勇敢性都没有了。最精深最艰难的知识部门——即人类活动之研究——只有弃而为

---

① 普累斯吞勋爵在一六八二年七月二二日由巴黎的通信曾叙述到这些情形,而印于达尔利姆普尔底《大不列颠及爱尔兰史》第一四一、一四二页中第一册之附录中。彼诺(Peignot)所述的,则殊不完备,他显然未见过普累斯吞勋爵底信。
② 柏内特很不在意地说:"其他的人大概以为这个王听到我是一个写史的作家曾拟约我写一部历史来偏袒他。我又听说他将赐我以恩俸,但我并不介意,虽然我曾被召见王,我却托辞不去,因为我不能有由英国大臣介绍去见这个王的尊荣。"(见柏内特著《我们底时代史》第二册第三八五页)

那些胆怯及驯服的才智之士去研究。这些人就是部兰维耶、丹尼挨尔、曼部尔（Maimbourg）、未利拉斯（Varillas）、弗托（Vertot）及其他在路易十四朝代时被信为历史家者，但他们所著的历史毫无精华可言，除了令我们爱好那赞美这些作品及这些作品是其代表的时代。

若要完全明了自美绪雷之时代直至十八世纪早期之法国历史文学之衰萎情形，则先须将其中所有的已写成的历史作一概述，因所有的历史都是浸染着同样精神的。但这样的概述必将占据很大的篇幅，故我以为能举数例足以清楚地表明那时代底趋向于读者之前者即已够足。因此目的，我将叙述两个未曾提及的史家底著作，一个是以古物学家著名的，一个是以神学家著名的。两个人都有相当学问，而其中一个无疑地是一个天才者，故他们底著作值得我们注意，因它们就是十七世纪末叶法国思想情状之象征。古物学家底名字是奥迪基（Audigier），神学家底名字是菩绪挨，从他们那里我们可以知道在路易十四一代时通常如何地观察过去的事情。

奥迪基之名著《法国人之原始》于一六七六年出版于巴黎。① 如否认作者是个辛勤而审慎的阅读者是不公平的，但他底轻信心、他底偏见、他底崇古心、他对于教会及朝廷所建立的每样事物的必需的赞美，使他底判断力在现代看起来成为不可信的东西。在英国是很少人读到他底名著，我不妨将它底主要见解概括地说一说。

这本伟大的历史说，在世界创造三四六四年以后，耶稣诞生之五九〇年以前，就是克勒特王之甥西革维斯（Sigovese）第一次被遣到德国的确实时期。和他同去的那些都是必需游历者，因德文中的Wandeln，意义是"去"，故我们就有汪达尔民族（Vandals）②这个字底来源。但法兰西（French）人远较汪达尔民族为远古。朱彼忒（Jupiter）、普卢托（Pluto）及内普丢恩（Neptune）有时被称为神的，其实就是高卢底君王。如果再向前考查则高卢底创立者加拉斯（Gallus）就是诺亚本人，因为在那时一个人常会有两个名字。至于法国人以后的历史亦和其源始同等的具有尊严性。亚历山大大王即在胜利的骄傲

---

① 在许多年中，这本书得享很大的声誉，而且在那时没有一本历史曾得李朗这样详细地谈到的。
② 其他的古物学家也用这同样荒谬的字源论。

中,亦从未敢攻击法国所遣出的侨民大月氏人。从法国这些伟大的占领者即发源了所有的欧洲神、所有的美术及所有的科学。凡能想到安琪儿(Angles)和安朱(Anjou)两字之相同点者,皆能明白英国人不过是法国人底侨民,而因为这种侥幸的出身,不列颠岛底土人才能具有这样的勇敢性及恭敬的行为。还有其他几点也被这个大批评家轻易地解决了。Salian Franks 之称是由于他们逃逸之速而来的,而布累同人(Bretons)显然是撒克逊人,就是富有独立性的苏格兰人也是法王底臣属。当然,对于法国君主底尊严是决没有过夸其辞的,且他底光荣直难令人想象得到。有人以为皇是高过法国底王,不过这是无知识的人底错误,因为皇帝底意思不过是军事上的统治者,而王底名称乃包含最高权力底功用。故真实的讲来,伟大的王路易十四实是皇帝,有如十五世纪以来的著名的法国统治者一样。人人感觉到焦急的反基督将永不会出现,除非直至法国帝国崩溃为止。奥迪基说这点是不容否认的,因为许多圣哲曾这样说,而且圣保罗(St. Paul)又曾在给帖撒罗尼人(Thessalonians)底第二封书信内清楚地预示着。

所奇者简直没有反对路易十四这个开明的时代事情发生。法国人确是为他们底君主底显赫所炫耀,而非常感觉到有兴趣地要知道他是如何地超越于所有其他的君主,如何在他以前有一长统系的皇帝而他本人在事实上也是一个皇帝。他们听到奥迪基说到反基督将临的消息,及这件重要的事情和法国王国命运的关系必感到异常的震惊。他们听到早期基督教作家底著作及给帖撒罗尼人的书信中谈到这些事情必起了敬畏之心。关于这些事情,他们很容易地就相信,因为崇拜王与尊敬教会是那个时代的两种主要的格言。服从与信仰是那时期底基本观念,在那时期美术是有一时候很兴盛地——在那时期美底知觉力虽然太过吹毛求疵,但无疑是敏锐的——在那时期最低级的欣赏与幻想是热烈地研究着——但在那时期,创始的与独立的思想是消灭了,最重要及最大的问题禁止讨论,科学几乎完全废弃了,改革与革新受人深恨,新意见被轻视,其作家被惩罚,直至最后天才埋没,全国底思想降而至于愚鲁及呆板的水平线而成为路易十四一代最后二十年中之特色。

关于这种反动的运动,我们除了菩绪挨摩即主教(Bishop of

Meaux)那件事以外,再也找不到再好的例。他底《世界史》成功及其存在,从以上的观点看起来,是非常令人警惕的。以那本书底本身来看,实在是一个伟大的天才者为一个迷信的时代所牵制的可痛的表现。但以那本书出现的时期来看,实是法国思想之可贵的征象,因为它证明将届十七世纪之末叶时,一个最卓著的人在欧洲第一流国家中能卑躬屈节地服从他底决断,能表现一种在我们底时代即最低思想的人也要羞于表现的盲目的轻信,而且他非但不受人底谩骂,还要获得普遍的与不可比拟的赞扬。菩绪挨是一个大演说家,一个完善的方言学家及大多数人易于受感动的那些空泛的高尚思想之成功的名家。所有这些才能在数年以后使他产生了反对新教的一种最可怕的著作,[①]但当他撇开这些事情而从事于写史的时候,他觉得对待这个新题材的方法还是仿效他那种职业所特著的武断的法则。他底著作就是要将历史降而为神学之女仆的一种大胆的企图,他好像以为在这些事情上怀疑与犯罪是相同的,毫无丝毫的犹疑,他就视教会所习常信仰的事物认为绝对无误。这一点使他绝对自信地谈到久已埋没的远古的事情。他知道,从开恩(Cain)谋杀他兄弟以来,确实有多少年,那时洪水泛滥全世界,那时亚伯拉罕被招以赴其使命。这些及所发生的同样事情底日子,他都能确定地指定出来,几乎令人相信必是发生于他那时代的,虽然不是他亲眼看见。[②] 其实他所根据的希伯来书籍,即关于希伯来人民底年代都不能供给有分毫价值的证据;而关于其他国家底材料,则显然更为贫乏及不满人意。[③] 但菩绪挨之历史的眼光是这样偏狭,以至对于以上的一切并不理会。发尔该特(Vulgate)一书说,这些事情是发生于某个时期的,而有好几个神圣的人,自称为教会会议者曾在十六世纪之中叶宣布发尔该特一书为确实的,而自动地将该书置于所有其他《圣经》审

---

① 这就是哈拉姆关于菩绪挨所著《新教教会变化史》的意见。(见《宪法史》第一册第四八六页)新教神学家曾拟反驳菩绪挨底议论来反对旧教,其理由即是宗教变化乃是宗教真理忠实追求之必然结果。关于这一点我完全承认,但这很容易表明,这种议论对于所有含有严格订定教条之宗教制度是一种致命伤,故同时对于新教教会和旧教教会都是一种严重的打击。
② 他说如一般所信的关于彭塔丢克(Pentateuch)和那些预言家的时日是不真实的,那么,神迹必皆被推翻,而此种著作之本身亦不能感动人了。(见《世界史》第三六〇页)即在菩绪挨底著作里也找不到较此更为粗率的叙述。
③ 的确,犹太人在所罗门(Solomon)以前并没有连续的纪年史。

定本之上。① 菩绪挨视这个神学上的意见为一种历史的定律,于是少数红衣主教及主教们底决定,在一个迷信及无批评的时代乃是早期年代学底主要权威,其正确性在一个学识不富的读者看起来,就以为是非常可赞美。②

又因菩绪挨所受的教育使他相信犹太人乃上帝所选择的人民,故他在所著《世界史》中几乎完全注意于他们,以为这个固执及无知识的种族是世界万事所归之中心。他底世界史观念摈除了那些最先达到文化之境的国家,及希伯来人恃以获得其知识的那些国家。他不甚谈到波斯人,更不谈到埃及人,他也不提到印度河及恒河之间底更伟大的氏族,他们底哲学构成阿雷桑德利阿学派(School of Alexandria)之一要素,他们聪明的推想已能预测欧洲形上学者底努力结果,而他们用本国优美的文字所表现的精深研究已起源甚古,那时为每种罪恶所染污犹太人是一种劫掠及游荡的种族,流浪于地球底表面,举起他们底手反对每个人,而每个人也举起他们底手反对他们。

当他达进更现代的一个时期时,他还容他自己为这个神学的偏见所束缚。他底见解是这样的偏狭,他竟认教会全史是天意底干预史,他并不注意教会史是如何地为外来的事件所影响,却并不和他所说的原来计划相同。③ 譬如,关于基督教中之早期变化,其最重要的事实,乃是其教义为柏拉图哲学之非洲的方式所影响曾至何程度。④ 但菩绪挨从未提到这一点,他也不暗示曾有这事情发生。他底见解只宜于视教会为一永久的奇迹,故他就将教会早期史最重要的一件事忽略了。讲

---

① 他们这样做,有如做其他的事情一样,并非为理知而是为教义。
② 神学家底特色就是常常对于什么都不知的问题能若有其事的说出来,但其中以博学的斯丢克利博士(Dr. Stukeley)为尤甚。一七三〇年,这个卓著神学家写道:"但按我关于这件事的计算,又发现上帝在十月十二日星期日,即那年秋分的一日,命令诺亚载其眷属到那避难舟里去,在现在到了那星期日的后七天(十月十九日),可怖的灾难开始降临,月亮已经过了她底第三弦了。"(见尼科尔斯著《十八世纪之解说》〔Illustrations of the Eighteenth Century〕第二册第七九二页)
③ 基督教之原来计划,按其大作家(《马太》第十章第六节、第十五章第二四节)所述,不过是要使犹太人改信其宗教,如基督底教义并未超出那愚昧的民族之外,那么,它们就不会受到哲学给予它们的那些变化了。
④ 尼安得还以为西林瑟(Cerinthus)——他底见解以能融合古时介于基督教与异教间之宗教哲学及犹太教而著名的——是从阿雷桑德利阿那里借得他底哲学系统的。(见《教会史》第二册第四二页)但这虽然未必不可靠,可是只有根据于西俄多利特(Theodoret)了。

到稍后一时期,凡明了文化之进步者都将承认教会史之大部分,都是受到由哥尔多巴(Cordova)及巴格达两大中心所放射出来的光底影响。可是这些是回教底工作,菩绪挨既认回教是一种有害的异教,当然决不会相信基督教的国家会从这样腐败的根源得到一些影响。结果他绝不谈起那远播全世界的伟大宗教,①在偶然提到那宗教底创立者时,他就轻蔑他为无耻的欺骗者,他底托辞是不值注意的。将一神的高尚真理传布于亿万崇拜者间的这个伟大的主义创立者,被菩绪挨嫉恶地轻视,因为菩绪挨忠于他底职业,不能再赞美异于他底意见。② 但当他有时谈到他自己所属一阶级中的几个无名的人时,他就无限制地传布其赞美之辞。在他底世界史计划中,穆罕默德不配参与一份,他并不受注意,但真正伟大的人,人类真正需感谢的人就是——都尔主教(Bishop of Tours)马丁(Martin)。菩绪挨说,他底无可比美的动作生前和死后都和他底名誉一起充满着全世界。其实五十个受教育的人中没有一个曾听到都尔主教马丁这个名字的。但马丁行了奇迹,而教会造成他为一个圣人,故他底主张较未能获有这种有利地位的穆罕默德为尤能引起史家底注意。于是在路易十四秉权时代的一个著名历史作家底意见中,这个亚洲所产生的及世界所曾见的最伟大的人物在每一方都较一个渺小而无知识的僧人为逊劣,而僧人最大的成功不过是建立庙宇及将其一生最富有活力的时期消耗于无用的孤独生活中,战兢于他自己懦弱及无知所造成的迷信幻想之前。

  这就是这个作家观察历史大事之狭隘精神。如果他只限于研究神学,那么,他可以表现极高的天才。他这种偏狭的见解完全是由于企图拟以他自己逊劣的研究所综合得的原理来解说人类复杂的变动,以科

---

① 约在菩绪挨写作的时候,一个很渊博的作家计算,信回教的地方超过信基督教的地方有五分之一的广大。骚西底计算非常空泛,(见《英国宗教上之惩罚》〔Vindicioe Ecclesioe Anglicanoe〕第四八页,一八二六年伦敦出版)但判定信仰回教的地方比较计算他们底人口为来得容易。关于后一点,我们发现有许多矛盾的叙述。在十九世纪时,按沙龙龙忒纳(Sharon Turner)说有八百万回教徒,(见《英国史》第三册第四八五页,一八三九年出版)按挨利俄特松博士(Dr. Elliotson)说超过一千二百二十万,(见《人类生理学》〔Human Physiology〕第一〇五五页,一八四〇年出版)而按威尔金则有一千八百八十万。(见《布朗丛著》第二册第三七页中之注释,出版于一八三五年)

② 回教大著作家常常对于神所表示的观念较基督教徒所表示者为尤高崇,《可兰经》中有许多好的章节都表示着一神的观念。至关于他们普通神学家底见解,可以参阅《孟买学社会报》第一册第一四六至一五八页中一段有趣的回教徒讲经。

第十三章　自十六世纪之末叶至十八世纪之末叶之法国历史文学　393

学的眼光看来,若我将菩绪挨底研究置于极低之地位也不为过。当然宗教底教义在许多情形中确是影响着人类的事情。但也同样确定的,乃是文化愈进步则这种影响也愈减少,而且即使这些教义在非常占势力的时候,还有其他许多动机也会支配着人类底行动。历史既然是研究这些动机底总集量,那么显然较神学为重要了,就如整个较局部为重要一样。对于这一点的忽略——除了极小的例外——即使所有的宗教作家陷于极大的错误。这使他们轻视无数宗教以外的事件,而以为一切事情是由神学所能发觉的原理所支配的。这种情形实是普通的心底定律底结果,即凡获有有利之职业者,皆易于夸大他职业底功用,以它职业上的理论来解释事件,即以职业为媒介以反射生活上的遭遇。[①]而在神学家中的这种偏见较其他任何职业中者为尤含危险性,因为只有在他们中间,许多教士所愿依赖的大胆的神权的臆说才有了保障。

　　在路易十四这样的朝代中的这些职业上的偏见,当其为神学上的教义所维持时,即足以表明菩绪挨历史著作之特色。此外他个人底特性也有关系。他是以傲慢著名的,我们常发现其傲慢性爆发出来,而对人类作普遍的轻视。同时他底惊人的口才及其必能产生的影响,似乎也令他深信他自己底力量。的确,在他几次努力的充满着天才的演讲中,我们都能想起那些高尚及愤激的言辞。古代之预言家是常用此等言辞来激动听者的。于是菩绪挨自以为站在人底普通懦弱之上,故喜欢嘲骂人们底愚笨及讥笑他们天才之横溢。每样事物都像知识之勇敢一样地要激怒他自己底优越性。[②]就是这种无限制的傲慢使他底著作显著着几种特色,就是这一点使他费尽脑力地降低及诽谤人类理解力底丰富源泉,这是不明白的人所常要轻视的。其实人类理解力是非常广大,直到现在还没有人能详究其巨大的范围。就是这种对于人类智慧的轻视,使他否认人类智慧能为其本身造成它所经过的时期(epochs),而结果使他依赖了神力干预底教义。又是这一点使他在他堂皇的辞说——这也是现代技术中的极大奇迹——中不将称颂的言语加在知识的卓越上,而加在军事成功、伟大的征服者,人类底蠹虫及破

---

① 孔德说得好,他们称这种偏见为他们底道德感觉或道德天性。(见孔德著《法制论》〔Traité de Législation〕第一册第一——六页)
② 凡熟研菩绪挨底著作及历史者实不用再需他这种奇特骄傲的证据了。

坏者底身上，这些人底一生就在发现残杀敌人底新方法及计划新法以加剧世界上的痛苦。再降下说，就是这种对于人类最宝贵事业的轻视，使他尊敬那完全不计及这些事，束缚法国人底思想，及增加菩绪挨那种团体的人底权力——菩绪挨是其中最显著的——的一个君主。

因为关于十七世纪末叶时，法国人之一般情形之证据不甚充足，故不能确定这种观念曾深入于人民思想至何种程度，但看到政府压抑国内精神的种种情形，我即想到菩绪挨底意见在他那一代必甚受人欢迎。但这与其说是一个重要的问题，不如说是一个好奇的问题，因为数年以后就呈现着那空前运动的初兆，非但法国底政治组织被毁坏，且在国民思想底每一部门都引起了更大更永久的革命。路易十四死后，在文学以及在政治、宗教、道德中，每样事物都已成熟着等候反动。现在所存的史料还非常丰富，尽可以精细地追溯这个伟大进程的每一步，但我以为在这本书底概略里只需跳过几个中间的关键，而专注于那些特殊表现时代精神的显著的例即可以了。

在法国，一个朝代就能影响于写史的方法，其中的变化必含有特殊的情形。要得此观念，最好的方法就是比阅福耳特耳和菩绪挨底著作，因为这两个作家在他们各时代中恐怕是最有才能及最有影响的法国人。我们在福耳特耳著作中所发现的第一个大改进，和菩绪挨比较起来就是对于人类思想之尊严有更深的感觉。而菩绪挨，除以上所述情形外，其著作所采的方针总阻止他发生这种感觉。他未曾研究过伟大事情因以成功的那些知识支系，但他对于圣徒及早期基督教作家底著作非常精通，这些圣徒及作家底思想却并不能令我们佩服他们底理解力。因为常常都在研究欧洲之最幼稚的文学，故菩绪挨对于人类之轻视心继续地增加，直至以后达到顶点，以致使其以后之著作非常悲痛地显著着这种感觉。但福耳特耳对于这些事情并不注意，而倾其一生于真正及有用知识之不断的积聚。他底思想是完全现代式的，轻视没有根据的名著及不顾传统思想，他专心于研究人类理性必然胜利的那些问题。他底知识愈进步，他愈赞美那些知识因以创立的大能力。因此他对于人类智慧的赞美非但不会减少，而且跟着他底进步继续增大，而他对于人道主义底爱好及对于隐没历史的偏见底厌恶也同等地强固起来。这是他思想进步中所确实经过的途径，凡研究其著作中之不同精神及其所产生之各种不同生活时期者皆能明白。

福耳特耳第一部历史著作乃是一七二八年①所写的《查理士十二世之生活》。在这个时候他底知识还是简陋，而仍旧受着前代奴隶性的观念底影响。所以他对于在武功赞颂者之中常保全着相当名誉的查理士极度表示其尊敬，虽然查理士之勋迹不过是蹂躏许多国家及杀害许多人，但我们找不到他对于以血汗来维持王家军队的不幸的人民表示同情，②也不见他可怜被这个克服瑞典以至于土耳其底大盗所压迫的那些国家。福耳特耳对于查理士的赞颂确是无限制的，他称他为世界上非常的人物，他宣布他为满聚尊荣的君主，他非但不责他不名誉地谋杀巴特库尔，③且很激动地谈到如何这个疯狂的王带领着四十个仆人却要抗拒全部的军队。④ 同样地，他说在那尔瓦一战（Battle of Narva）之后，查理士不能阻止斯德哥尔摩（Stockholm）地方铸造纪念章来庆祝这件事情，虽然福耳特耳很知道像查理士这样务虚荣的人是必会因这种久长的臣服而喜悦，而且不为他底喜悦起见也永不会制造这些纪念章了，因为谁敢没有目的地在自己底京城里冒犯一个最专制最喜报复的君主呢？

这样看起来，在写史方法方面也许不会有什么进步，⑤但就在这样早的时候，我们也发现一个大的改进。福耳特耳所著的《查理士十二世

---

① 他说他写于一七二八年。（见《福耳特耳之著作》第二二册第五页）但按雷班则"出版于一七三一年"。（见《福耳特耳之生活》第三八二页）两种说法也许都是正确的，因为福耳特耳常留存抄本而不付印。
② 阿利松爵士当然不能诬为对于军事之征服者不敬的了。关于瑞士，他说："查理士十二之使瑞士从事于长期的热烈战争，实完全枯竭了该国底资源，以至半世纪之后尚未能恢复其损失。"（见《欧洲史》第十册第五〇四页）查理士十二底几个被监禁的兵士被遣到西伯利亚去，在十八世纪之早期培尔（Bell）也在那里和他们受同样的命运。
③ 柏克并不是不公正的将巴特库尔之谋杀比之于克利斯提那（Christina）之杀摩那台斯契（Monaldeschi）。（见《柏克丛著》第一册第四一二页）
④ 有些人当很觉得有趣地听到，这个"由普尔塔伐（Pultava）之战而产生的"疯人，其异床还藏在莫斯科。（见科尔著《俄国》第二二〇页）
⑤ 就是关于地理上的详情据说也是不正确的，可比阅维尔曼（Villemain）著《十八世纪文学》（Littérature au XVIIIe Siècle）第二册第三三页和科尔著《俄国》第五〇五页。但维尔曼说这常是一定的道理，当作家只从地图中知道一个国家，于是即企图详细讲述该国底军事地理。至于文笔方面却未可赞誉，一个出名的评论家拉克勒泰尔（Lacretelle）称之为"在我国语中为记叙文最完整的模范"。（见拉克勒泰尔著《十八世纪》〔Dix-huitième Siècle〕第二册第四二页）一八四三年仍定为法国皇家学院底读本。

之生活》,虽然有许多缺点,却从来没有菩绪挨喜于谈说及在路易十四时代所流行的神力干预说。这一点实可表明十八世纪法国史学科第一个大的时期,我们在福耳特耳以后的史家中也发现同样地不用菩绪挨底写史方法。菩绪挨这种方法虽然合于神学家底目的,却对于其他的研究是一个大害,因它非但阻碍研究者所欲取的途径,且确实地限制他前进。

　　福耳特耳会在路易十四死后十三年,违反古代的治史方法而又表现于一公众的著作中,干冒着许多危险实不是一件普通的事,如果从另一件有相当趣味的事看来,尤为值得我们注意。这就是《查理士十二世之生活》一书非但代表十八世纪之第一时期,且亦代表福耳特耳本人思想之第一时期。[①] 这本书出版以后,这个伟大的人即暂时撇开历史之研究,而转其注意力于几种重要的题材：即数学、物理、法律学,牛顿之发现及陆克底思想推考。在这些题材中他观察到人类思想底能力,这种思想能力在他本国从前固早有表现,不过在路易十四权力之下久已为人所忘却了。于是他因着更多的知识及更敏锐的思想,而再回到历史之广大的研究。[②] 在他研究这个旧题材的方法中,表示着他所受到的变迁。一七五二年他关于路易十四的名著出现了,[③]这本书的名称就暗示着他思想所经过的过程。他以前所写的历史是一个君主底叙述,现在这一本是一个时代底叙述。他年轻时候的作品,他称为《查理士十二世史》(A History of Charles XII),现在这本书他名为《路易十四之时代》(The Age of Louis XIV)。以前他详述一个君主底特性,现在他考虑到一种民族底运动。的确,在那本著作底引言里,他宣布他底目的"不是描述一个人底行动而是形容人底性质"。在这一点上,他并没有言不符实。他对于菩绪挨所喜于述说的武功,写了一些概略即觉满足,而对于从前在法国史中不占地位的那些真正重要的事情,却长篇累牍地叙述出来。他有一章是写的关于商业及内政的,有一章关于财政,

---

① 由福耳特耳底通信中显然可以知道,他以后对于他给予查理士十二的赞誉有些感觉惭愧。
② 一七四一年他提到他对于历史不绝增加的爱好。
③ 布卢安勋爵在他著《福耳特耳之生活》一书中说这是在一七五一年出现的。(见《文人生活》〔Lives of Men of Letters〕第一册第一〇六页)但《世界传记》第六九章四七八页,开拉尔(Quérard)著《法国文学》第十册第三五五页,及雷班著《福耳特耳之生活》第三八二页,都说是一七五二年。

第十三章 自十六世纪之末叶至十八世纪之末叶之法国历史文学 397

有一章关于科学史,而有三章是关于艺术底进步。福耳特耳虽然不甚重视神学上的争论,可是他也知道神学上的争论常对于人类底事件发生了很大的影响,故他又另写几章关于路易十四朝代时之宗教事情。不用说像这样一种写史的方法,其优越性非但超乎菩绪挨底偏狭眼光之上,且亦非他早期所写之历史可比。不过在这本书中,我们仍发见在路易十四朝代时受过教育的法国人所不能避免的偏见。福耳特耳非但毫不需要地详述到对于历史不甚有关系的路易底娱乐及放荡,且显然表示偏袒该王而设法掩饰其应受谴责的恶行而保其令名。①

但福耳特耳底另一部著作表明这不过是他个人的感觉,却并不影响到他对于一个君主底行为在历史上应占的地位的观点。《路易十四之时代》一书出现了四年以后,他又出版另一关于民族之道德态度及特性一篇论文。② 这非但是十八世纪时的一部最伟大的书,且也仍为该题材中之最佳的作品。该书仅诵读一遍已甚有趣,③而尤可称美者乃是作者将各事实连接起来及使其彼此阐明——有时用一简单的详述,有时按其排例之顺序及地位——的一种技术。若完全视之为一种艺术的著作,当然不必赞扬过甚,而以时代的表征来看,则应很重要地说明,这本书并没有福耳特耳在年轻时代所特显的及路易十四执权时代所有作家所表现的对于王族的阿谀。在这全部长而重要的著作中,这个伟大的史家绝少谈到朝廷中的阴谋,或大臣底更换,或君王底命运,他却企图发现及暴露人类不绝经过的各种时期。他说:"我愿意写一部历史,不是战争底历史,而是社会底历史,而要确定人如何生活在他们底家庭中及

---

① 空多塞曾注意到偏袒路易十四的这种倾向。他说这是福耳特耳不能摆脱的唯一最早的偏见:"这是他青年时所保持的唯一的偏见。"(见《福耳特耳之著作》第一册第二八六页中空多塞之《福耳特耳之生活》)我们很有趣地可以看到,福耳特耳对于路易十四之早期的意见较以后在他历史中所表现的更为有利。
② 柏吞在他有趣的著作《休谟底生活与著作》〔Life and Correspondence of Hume〕第二册第一二九页里说,这是"第一次在一七五六年出版的",开位尔是个非常正确的编纂者,也给予同样的日子,(见《法国文学》第十册第三五九页)故空多塞(见《福耳特耳之生活》第一九九页)和布卢安勋爵(见《文人生活》第一册第九八页)指为一七五七年恐怕是错误的。关于名称,我将Moeurs 译为道德与仪礼,因托克维尔用 Moeurs 就等于拉丁 Mores 这个字。(见托克维尔著《美国底民主主义》第三册第五〇、八四页)
③ 肤浅的作家常惯于称福耳特耳为肤浅,不过我可以说他庶正确非但为他本国人所赞美,且亦为几个著名博通的英国作家所称誉,就是琼斯爵士在《那得沙生活》〔Life of Nader Shah〕之序言中也说福耳特耳是法国最好的史家。(见《琼斯爵士论著》第五册第五四二页,可比阅其著作第二册第一二三页中《波斯文法》〔Persian Grammar〕之序言)

他们平常所研究的艺术是什么。"他又说："我底目的在于写一部人类思想史，而并不是详述微小的琐事，我也并不注意于对于法王启衅的那些伟大君主底历史，我所要知道的乃是人类由野蛮以进于文化的各阶段。"

福耳特耳就是这样教史家将注意力集中于真正重要的事情及忽略以前历史所充满的无为的详细情形。但证明这种变化大部分是属于时代的精神所致，而并非全是作者个人的力量所致者，就是我们在孟德斯鸠及丢哥——与福耳特耳同时代的两个最卓著的人——底著作中也发现其具有同样的趋向。而这两个人所用的方法也是一样地不谈君主、朝廷与战争，而专门研究表明人类特性及文化之一般进行底各点。这种一反旧方法的风气既盛极一时，凡逊劣的史家都受其影响，就是有能力的史家也大都如此。一七五五年，马雷特出版他关于丹麦史的有趣及当时最有价值的著作，①在这本书中，他自认是这个新学派中的一个学生。他说："因为为什么历史必须仅是战争、围困、阴谋及交涉底讲述呢？为什么它仅包含一堆琐小的事实及日子而不描述一种民族底意见、风俗及倾向呢？"故一七六五年，马布利也出版他名著《法国史》底前半部，②在序言里，他怨史家"忽略了法律及风俗底原始而倾向于叙述围困及战争"。未利（Velly）及维拉累得（Villaret）也同样地在他们大部的法国史中表示遗憾，为什么史家常常叙述君主所遭遇的事情而不谈到人民，又常常忽略了一个民族的行为及特性以备研究一个人底行动。丢克罗也宣布他写的历史不是战争不是政治而是人类及其行为。所奇者，就是娴雅的挨诺（Hénault）也表示他底目的是描写法律及行为，这他称为历史底灵魂或可说是历史底本身。

于是史家开始转移他们工作底对象，而去研究路易十四时代之大史家所不屑一谈的那些与公共利益有关的题材。我实不用再说到这种见解对于十八世纪之一般精神是如何地合适及和人们底性情是如何地和谐，他们现在挣扎着要弃掉他们从前的偏见，而轻视一向普遍赞美的

---

① 马雷特虽然生长在日内瓦，却具有法国人底思想习惯，他以法语写作，而在学院呈与拿破仑之报告中，他是排在法国史家之列的。（见达西挨〔Dacier〕著《历史进步之报告》〔Rapport Sur les Progrés de L'Histoire〕第一七三页）

② 前二本出版于一七六五年，另两本出版于一七九〇年。（见《世界传记》第二六册第九、一二页）

东西。所有这些不过是准备革命这个大运动中底一部分。在革命准备的时候,摇动了古代的意见,鼓励思想上的变动及不安,而对于有权者表示不敬。有权阶级在从前是一直被认为神,现在才被最伟大最孚众望的史家所忽略。这些简直删去了他们卓著的行为,而专注意民族底幸福及大多数人民底利益。

现在再说到福耳特耳对于法国革命所发生的影响。在这桩事,无疑的,时代底趋向,因着他底自然的广泛的思想而益趋强固。这种思想力使他具有广阔的意解,而对于历史一向所限止的狭隘范围表示不满。至于说到福耳特耳其他的特质,我们可以说,他底思想无不从大处落墨。他随时在思索,随时在综合事实,所以他厌恶个人行为的研究,除非这些行为对于建立广大而永久的原理上有用。所以观察历史的习惯每注意于国家所经过的阶段,而不注意于那统治国家者底特性。在他那比较上不甚重要的著作也都表现着这种倾向,即使在他底戏剧里面在上面已经说过,他也尝试去描写时代的精神,而不着力于个人的情绪。在《马苛勿德》(Mahomet)一书,他底题材便是一种重要的宗教,在《阿尔赛尔》(Alzire)是写美国之克服,在《勃鲁特斯》(Brutus)一书是写罗马权力之形成,而在《恺撒之死》(Death of Caesar)则写罗马权力崩溃后帝国之崛兴。①

福耳特耳既以融会贯通的眼光来看事物,自然就获得了几种结果。这几种结果曾很满意地为许多作者所引用,但他们在引用时还辱骂着他。他是史家中反对普通的研究方法而拟以广大而普遍的见解来表明封建制度底原始者,因揭出封建制度在十四世纪时之衰落原因,他对于该重要制度立下了透彻的批评底基础。② 他又很深切地评论说,不法

---

① 福耳特耳才艺之卓绝可以事实表明——在文学方面是无匹敌的——他同等地是一个大史家及大戏剧作家。福尔斯忒(Forster)在他底名著《歌德斯密之生活》(Life of Goldsmith)第一册第一一九页里说:"格雷(Gray)对于福耳特耳之悲剧所表的同情,我们现在尚存的一个大作家也这样想。爱德华·部尔渥·利吞爵士(Sir Edward Bulwer Lytton)当坚持福耳特耳对于戏剧艺术的知识及引起观众注意的力量都较其本国人为优越。"

② 在十八世纪时,我可以说在一八一八年哈拉姆底《中世纪之英国》出版以前,没有以英语充分叙述封建制度的著作出现,除了罗伯孙底不计以外,不过他在这方面有如在历史之其他方面一样还是福耳特耳底学生。非但达尔利姆普尔及他一类的作家,就是布拉克斯同对于这个大的制度的眼光也这样狭窄,以致不能和当时的一般社会情形联合起来。我们有几个史家很庄重地溯源至于摩西,在摩西底法律里,他们找到了土地分封的原始。

的宗教仪式和不法的国民道德并无关系,这一点意见其后乃为空斯同(Constant)所采用。他尚有另一种观察,其中只有一部分曾为宗教史之作家所用的,也颇能启迪人们底思想。他说,罗马主教之所以能获得一种远较东方之大主教为大的权力者,未尝不因希腊思想之较为精微而然。几乎所有的异教徒皆由东方而来,而且除荷诺利阿斯一世(Honorius Ⅰ)以外,没有一个教皇曾采用教会所非难的制度。这一点使罗马教皇底权力统一而固结,远非大主教之势力所能及,于是罗马教皇之宫廷因欧洲想象力之早期迟钝而得到一部分的权力。①

若要将福耳特耳所有奇妙的言论叙述出来是不可能的一件事。他那些言论当时被人攻击视为危险的矛盾之论者,现在却已重列为绝对的真理了。他是第一个史家介绍普遍的自由贸易主义,虽然他对于这一点意见非常审慎地表达出来,不过在一本通史里,能具有此种观念则已能成为法国思想进步中的一个时期了。他是政治经济学之原理,即人口增加及食物增加之重要区别底创言人,②这一种原理数年以后即为道孙德所引用,而后来又为马尔萨斯用为他名著底基础。③ 而且他又是能够摒绝给予中世纪以那些幼稚的赞美的第一人,这些赞美是十六、十七两世纪中之早期欧洲史主要研究者——愚笨而博学的作家——所给予的。这些精勤的编纂者曾广集许多的材料,福耳特耳乃善为利用之,而因他们底助力推翻了他们自己所下的结论在他底著作中,中世纪才第一次真实地暴露出来——一个愚昧、凶暴及荒淫的时期。那个时期损害不予赔偿,罪恶不施惩罚,而迷信则任其自然传布开去。也许有人故为公正地说,福耳特耳在他所述的中世纪情形中,过趋于极端而未能认识那些真正伟大的人底功绩。那些人站在一个长时期

---

① 尼安得说在希腊教会里,异教徒比较拉丁教会为多,因为希腊人比较能思想,但他没有观察到这一点是如何地有利于教皇底权力。(见尼安得著《教会史》第二册第一九八、一九九页,第三册第一九一、四九二页,第四册第九〇页,第六册第二九三页,第八册第二五七页)
② "人口与食物增加之各种比率的观念最初是福耳特耳所表现的,而本世纪乃为我们英国政治经济学家啜其余唾而编充为巨秩。"(见兰格著《欧洲社会及政治情形之评述》第二部第四二页)
③ 人常说马尔萨斯对于人口的见解曾受惠于道孙德底著作,但这未免言之过甚,因为抄袭的罪名是常常用以反对伟大著作者。不过道孙德仍应视为马尔萨斯底先驱,如读者对于循索思想之根源感觉有趣者他可以在道孙德底《西班牙之游历》第一册第三七九、三八三页,第二册第八五、三三七、三八七至三九三页里找到几个有趣的经济评述,这又必须与克洛区底《政治经济文学》(Literature of Political Economy)第二五九、二八一至二八三页比阅。

的各端上有如孤立的灯塔，他们底光亮只有使周围的黑暗更为明显。可是姑不计意见底反动所常造成的过度夸大是怎样，他对于中世纪的眼光确是非但远较任何以前的作家为正确，且在精勤的现代古学家所编纂的著作中，也找不到对于那时期有较更公正的观念。这些古学家是一种简单而孜孜为学的人，他们崇美过去，因为他们度其一生于故纸堆中，以为他们自己富有才能，以极肤浅的学问去推考人类底事件，追溯各时期的历史，以及予各时期以应得的赞颂。

像这样的作家，福耳特耳是时常对他们作战的，而且没有一个人曾像他这样地绝少受到了他们底影响。因为曾有一个时期，即算极高的知识支系也难摆脱他们底影响底束缚，福耳特耳总算很超然的了。还有另一具有大权的阶级，这个伟大的人也能成功地减削了他们底权威。这种阶级的人就是精通古典之学者及注释者，他们从十四世纪之中叶直至十八世纪之早期皆负盛誉，而被人崇敬为欧洲之最卓著的人。他们第一次受到的攻击是在十七世纪之末叶。那时兴起了两个辩论会——我此后要叙述的——一在法国，一在英国。因了这两个组织，他们底权力受到了相当的损害，但他们两个最可怕的敌人当然无疑地就是陆克和福耳特耳了。关于陆克减少古典学派底声价所尽的巨大的义务，将在这本书底另一部分谈及，现在我只讲福耳特耳所采取的步骤。

那大古典学者所柄握的权力非但凭恃他们底才能——这是不能否认的——而且也全凭他们事业上所假设的尊严。一般深信，古史较近代史具有天然的优越性，这一点一时既视为当然，那么，自然的推论就是研究前一种史的人必较研究后一种者为更可嘉许，于是一个法国人若能撰述希腊共和国之历史者当较其写本国史时为尤能表现其高崇的思想。这一种偏见在数世纪以来已成为一种传统的观念，人们接受这种观念，因为他们是从他们父亲那里接受而来的，反对这种观念就几乎成为不孝了。结果，那少数真正能作史的作家都专心于古人底历史，或在他们出版近代史时，其写史之方法不基于近代的观念，而是基于其所爱好之事业所集合的观念而写的。一个世纪之标准和另一个世纪之标准的混乱常产生了双重的弊害。史家采用了这个方法以后，就损害了他们思想上的创作力。其更甚者,他们在他们本国底文学中,立下了一种坏的榜样。因为每一大国都有一种特殊的表现与思想而和其同情心是有很密切的关系的。引用国外的模范,无论如何好,总是要扰动了这个关系,及限制了文学底活动范围而减损了文学底价值。取此途径,文学底趣味或可上趋优雅,而文学底力量则必然减弱了。当然,文学底趣味之能趋于优雅与否还是疑问,当我们看到我们国内的著名学者以粗野的俚语这样地讹误了英国底语言,以致一个平常的人很不能辨别出他们粗率而富新趣的方言所欲掩饰的观念底真正缺乏。[1] 不过每一个值得称为一个民族的人民,总具有一种丰富的本国文学以表达其所能组成的最高观念。虽然在科学方面引用更能在国外表达其意义的文字是方便的,可是在其他的题材中,离开了本国语言是可憎的一件事;更可憎者,在活动方面引用适合于以前时代的观念及标准,而这种标准与观念,社会底进步已抛弃于后面不顾,我们也已失了真正的同情心了,虽然它们也许尚能激起早期教育之古典式的偏见而仍设法要创立病态与不自然的趣味。

因为要反对这些弊害,福耳特耳才走进战场。他攻击当时那些梦想学者底机智及嘲笑只有研究他著作的人才能欣赏。他并不是像有些人所设想的,用这些工具来代替论据,他更不会堕入错误地将嘲笑来试验真理。没有人较福耳特耳能有更密切的理解,当理解合乎他底目的的时候。但他所对付的人是不可理喻的,这些人对于古代的崇敬使他们只能有两种观念,即古的都是对的,而新的都是错的。以理论来反对这些意见当然是无效,唯一的方法就是使它们成为一种滑稽,轻视它们底作家以减削他们底影响。这就是福耳特耳所立意要做的一种工作,

---

[1] 除波尔松(Porson)一人以外,没有一个伟大的英国学者曾对于他本国语文之美丽表示欣赏的,而且许多如巴尔(在他所有著作中)及本特利(在他对于密尔顿之狂热的增版中)等曾竭尽他们底力量来腐化他们底本国语文而且不容怀疑的,受教育之女子在写作及谈话方面都能较受教育之男子为有纯净之风格者,其主要原因就因她们没有按那些古文学标准来造成她们底欣赏力。这种古文学标准之本身原是可赞美的,不过不能引用于不适于它们底社会情形中。关于这点,我们还可以说,科培特(Cobbett)——我们作家中之最精彩及最含本国语文色彩的——及欧斯金——辩才最好的大演说家——并不知道什么古文,莎士比亚也是这样。关于欣赏力之改进及古模范文之研究底假设的关系,在雷意著《社会科学之实际与理论》(*Théorie et Pratique de la Science Sociale*)一书第一册第八九至一○一页中可以找到几种值得注意的评语。

而他做得很好，①故他用讥笑来惩戒愚行而不是用以试验真理。这种惩罚的效力如此之大，非但当时的腐儒及神学家在他鞭挞之下畏缩了，即他们以后的承继者在阅读他刺骨的文字时也感觉到刺耳。他们以辱骂这个伟大的作家为报复，因他底著作在他们很似棘刺一样，而他底名字他们也毫不掩饰地视为恐怖的。

这两种阶级当然很有理由要深恨十八世纪这个最伟大的法国人。因为福耳特耳掘倒了宗教权力底基础及毁坏古典研究之超越地位较任何人皆为有力。现在不是讨论他所攻击的神学意见的时候，但关于古典主义之意见底情形，我们可以组成一种观念，当我们考虑到某几种情形，为古人之历史记载及直至福耳特耳时止，为现代学者所深信而传布于大部人民中者。

据一般人相信，在古代时马斯（Mars）曾强奸了一个处女，结果生了罗牟拉斯（Romulus）和利玛（Remus）两个人，两个人他们都拟置于死地，但尚幸这两个人因受一只雌狼及一只啄木鸟之爱护而得救，狼给他们吸乳，鸟保护他们以避虫类之害。一般人又相信罗牟拉斯和利玛当成人时决定要建造一个城市，而因联合了脱劳挨武士之后裔而得建立罗马。又相信他们两兄弟都夭折了，利玛为人谋害了，而罗牟拉斯则为他父亲带到天国中去了，他父亲是为这个原故，在暴风雨中降落。这些大学者又继续叙述以后继续的几个君主，其中最著名的是纽马（Numa），他和他妻子之唯一的交通就在一个神圣的丛林中。罗马底另一个君主就是丢勒斯·荷斯提利阿斯（Tullus Hostilius），他因为触犯了教士而死于教士底愤怒影响之下，他底死是先受瘟疫而再蒙雷电之灾。又有某塞维阿斯·塔利阿斯（Servius Tullius）者也是个王，他底伟大可因他睡于摇篮中而有火焰烧于头上之现象而预知。像这样的情形，普通生死律之不行是很小的一件事了，故我们可以确定这些愚昧的野蛮人——即早期罗马人——经过了二百四十五年而受治于七个君主之下，所有这些君主都是在壮年时选定的，一个驱逐出城，三个被弑。

---

① "我们可以从迫害他的那耶稣会徒之愤怒中判定他是如何令人惊叹地描述古人解释者底弱点及武断。这些人在学校中及学院中大放光彩，而以其各种抄袭之表彰学问获得极大的名誉。"（见什罗瑟著《十八世纪》第一册第一二〇页）在第二七〇页里什罗瑟说："只有福耳特耳这种人底机智及才能，才能对于那些罗掘及滥集的腐儒底黑暗放其新隽评语的光彩。"

以上这些是几个毫无意义的故事，那些著名学者感觉到非常的兴趣而在许多世纪中，都被认为拉丁王国年史中之必然的部分。这种轻信是这样地普遍，的确，直至为福耳特耳所破坏时只有四个作家曾敢公开地攻击它们。这几个勇敢的革新者就是克卢弗里阿斯（Cluverius）、比哩索纳斯（Perizonius）、浦莱（Pouilly）及菩福，但他们对于公共思想并没有留下了什么印象。克卢弗里阿斯和比哩索纳斯底著作是用拉丁写作，故完全是对于那一班为古代之爱好所沉迷的读者所陈述的，他们对于减少他们那一种历史的著作物当然不予听从了。浦莱和菩福用法文写，两个人都是有相当能力的人，而尤以菩福为甚，但他们底力量尚未能应用自如地以消灭强固保护着及数代中所孕育而成的偏见。

故福耳特耳对于揭去历史中之此种愚笨的观念，其所尽之义务并非是第一个攻击此种观念的人，而是第一个攻击而能收全效者；而又因他是第一个以讥笑与论据相辅引用的人，因此他非但攻击那制度，而且还减弱支持那制度者底权力。他底反语，他底机智，他辛辣而有力的讥刺，较严尊的论据更能产生效力。当然他是很充分地利用了他底天才了，因为因了天才的帮助，他推进了真理的事业而使人们免陷于根深蒂固的偏见之中。

可是不能以为福耳特耳所用以达其重要目的的唯一方法就是讽刺。对于福耳特耳及尼布尔（Niebuhr）两作家作一精细的比较以后，我很可以自信地说，尼布尔对于反对罗马早期史所引进的确实论据已早为福耳特耳所观察到了，凡不嫌厌烦而一读伟大人物所写的东西必能在他著作中找到这些论据而不致于盲目地攻击他。兹姑不作无谓之论述，只需说，尼布尔在许多创见及渰通的讨论中曾提出几种见解为后来的评论家所不满意者，但有三种原理是他历史中的基本而是不容争辩的。这就是（1）凡人民愚昧未开化时，必然有许多寓言故事交相讹传，故没有一个国家关于其原始的情形能有可靠的史料；（2）即使现在罗马人所保有的历史，也是在编入正史以前早被毁灭的了；（3）那些已形成的仪式用以纪念过去所发生之事件者，并非藉以证明过去曾发生过是种事件，而是表示相信过去曾发生过是种事件。于是当这三种原理引用于罗马史时，罗马早期史之结构即片段分裂而不完整了。最奇者,此三种原理非但亦皆曾为福耳特耳所主张,而且也清楚地以之引用于罗马史。他说没有一个国家认识它自己的来源,故所有之初期史必然皆是虚构者。他说既然罗马人曾有的史料都已在罗马城焚毁时消灭了,那么,对于以后利维(Livy)及其他编纂者所述的史是当然不能信的了。因为无数的学者都在埋头搜集关于纪念某几种事件底仪式的证据而恃这些证据来证明事件,故福耳特耳起了一种感想为当时之博通者所完全忽略,而我们现在非常了然者。他注意到他们底工作是无结果的,因为除了极小的例外以外,证据上日子较其所指之事件底日子后得多。在这些事情中于是一个节期或纪念碑底存在确是并不能证明信心所基的那件事底真实性,而却证明人们所喜于保持的信心。这个简单而重要的道理就在我们现代也常为人所不注意,而在十八世纪就普遍地为人所忽略了。故史家就能积集许多寓言为人所不加审察而深信者,却反忘记这种寓言,有如福耳特耳所说,在某一代里产生,在次一代里成立为一种史事,在第三代时受人敬视,而在第四代就建立庙宇以崇隆之矣。

我曾特别叙说历史在福耳特耳之下所受到的巨大的恩泽,因为在英国曾起了一种偏见反对他,这种偏见只有托辞于愚暗或较愚暗为更甚的东西来辩解,[①]因为以全部来看他恐怕是欧洲之最伟大的史家了。不过以十八世纪之思想习惯看来,所应表明者乃是在同时期中其他法国史家也表现着同样的理解力,故在这件事中,初无例外,我们将发现即最卓越之人所给予社会之影响也应归因于当时之时代性使然。

福耳特耳对于改良写史之旧方法其巨大的工作,曾大得同时期孟德斯鸠所出之重要著作底帮助。一七三四年这个显著的人出版了一本确可以说是第一本能找到罗马真史料的书,这又是第一本以广大而综

---

① 在这件事里,有如其他的事一样,愚昧因人底迷信而更固强了,因卡姆培尔勋爵很真实地说到福耳特耳"自法国革命以来对于这个作家的无分皂白的侮辱在英国就是正教及忠心底试验"。(见卡姆培尔著《裁判长》第二册第三三五页)确是公共思想对于反对这个伟大的人的偏见是这样地厉害,直至数年以前当布卢安勋爵发表他底生活的时候,没有一本写英语的书对于法国这个最有影响的作家有宽恕的叙述。布卢安勋爵这部著作虽则平凡,不过至少总是一部忠实的作品。又因与时代精神相融合,故也许有相当的力量。在这本书中,他说:福耳特耳"自路德时代命名以来,没有一个人在自由研究之精神,在人类思想由宗教压迫解放出来方面值得我们永久的感谢"。(见布卢安著《福耳特耳之生活》第一三二页)

合的眼光来观察古史的书。① 十四年以后,同是这个作者又出版了《法律之精神》(Spirit of Laws)一书,一部更出名的作品,不过我以为并不较前一部为佳。《法律之精神》一书之巨大的功绩当然是无可争辩,而也不会因渺小之评论家之妄图减小其价值而受到影响。这些渺小的评论家以为攫到一个伟大的人底偶然错误就可以将他降落到他们底水平线上了。这种吹毛求疵的批评并不能毁坏一个名满全欧的人,而孟德斯鸠之著作将超越所有这种攻击而存在,因为即使证据中所有的那些特殊的事实皆无根据,而其广大及含有暗示性的通论即足以保留其价值。② 但我仍旧相信在创作思想方面这一部书和前一部是相并的,虽然无疑这一部是广泛阅读以后的结果。不过我们不必比较这两部书之价值如何,现在只需注意于它们共同对于历史之真正了解有何贡献及如何这些贡献会与十八世纪之一般精神有关。

以这种眼光看来,孟德斯鸠之著作中有两种主要的特殊点:第一点就是完全反对那些个人的轶事及属于传说而孟德斯鸠以为不与史有关的那些个人琐屑的详细情形;另一特殊点就是他第一个想将人类底历史和与外界有关的那些科学联结起来。这就是孟德斯鸠所采用的两种方法底大特色,故在我们能明白他所占的地位——即历史哲学之创立者——以前,必须加以叙述。

我们已看到福耳特耳曾坚持要改良历史则必须要多注意于人民史及少注意于他们统治者之政治及军事史。我们也曾见到,这种伟大的改进和时代精神是这样的相和合,故普遍地很疾速地即为人所采纳而成为那些民主趋向——这种改进就是其中的结果——底表征。所以无怪乎在这个运动清楚地宣示以前,孟德斯鸠已走这同样的途径了,因为他像多数的大思想家一样,是知识情形底代表,是当时知识饥荒底一个满足者。

但在这方面组成孟德斯鸠之特殊点者,就是他轻视普通编纂者所

---

① 在孟德斯鸠以前,真正研究罗马史的两个伟大思想家就是马基雅弗利和维科,但马基雅弗利并没有想到孟德斯鸠底综合方法,而且他更严重的缺点就是他过于为他研究材料的实用所占据。维科底天才或者会比较孟德斯鸠广大,但决非孟德斯鸠底匹敌,因为虽然他底《新科学》对于古史含有较深奥的见解,不过它们那是真理底迹象,而不是任何一时期底有系统的研究。
② 基佐对于这一点,在评述《法之精神》(Esprit des Lois)中并不予以十分注意。(见《法国文化》第四册第三六页)

极喜于叙述的那些关于宫廷大臣及诸王之琐事,及其他关于时时显现于公共生活舞台上之少数真正卓越的人底思想习惯底事情。这就因为孟德斯鸠看到这些事情虽然很有趣味,可是也是很不重要的。他知道没有一个史家在他以前曾怀疑到,在人类事件之大进步中,个人特点是绝不足道的,故史家对于这些事情实不宜越俎代庖,而应留为它们所隶属的作传记者去整理。结果就是他非但不顾那些最有权力的诸王,而以两行文字包括六个朝代的皇帝,而且常坚持在卓越的人中也必须要将他们个人之特殊影响附属于其社会之一般影响中。有许多作家都将罗马共和国之倾覆归原于恺撒及庞培(Pompey)之野心,而尤注重于恺撒之深潜的计划。这一点,孟德斯鸠完全否认。按他底历史眼光来看,没有大的变化能够发生出来,除非其前曾积集着许多足以引起此变化的事情。我们需在这些事情中才能找到变化的原因,而在肤浅的人看来,这些前因却都是个人底工作结果,故罗马共和国并非为恺撒及庞培所倾覆而是为使恺撒及庞培成功的那些情势所倾覆。因此普通史家所叙述的史事都是完全无价值的,这些事件绝非原因,而仅是真正原因在其上发生作用的特别事件,它们可以称为历史之偶然事件,它们必须附属于最后支配国家兴亡的那些大而广泛的情形之中。

故孟德斯鸠之第一大功就在明定传记和历史之绝对的区分,而教训史家不要研究个人性质之特殊点而去研究这些特殊点在其中显现的一般社会情状。如果这个显著的人不再有什么成功,他或会因指出了社会之最深的错误泉源之如何可以平安地移去,而对社会尽了不可计量的义务。又虽然我们不幸尚未获得他底意见底丰满的利益,这都是因为他底继起者殊无才能可以达到这样高的一种通论的原故,可是我们可以确定,从他那时起即在那些的逊劣的作家中,我们也能看出渐渐也有这种高一层的眼光。这些逊劣作家因为缺乏充分的理解力就不能充分地利用这种见解。

此外孟德斯鸠对于处置历史的方法尚有另一个大的进步。他是第一个人在研究一个社会底情形及其法律的关系时,引用了自然知识底帮助,恃以确定任何一种文化底特质如何因受外界之活动而起变化。在他《法律之精神》一书中,他研究如何一种民族底民法及政治法律是自然与其地底气候土壤及食物是有关的。的确,在这一件大的事业中,他几乎是完全失败的,但这是因为当时的气象学、化学及生理学之程度都未能容许有这一种成功的原故。可是这一点也只能影响到他所获得的结论底价值,却不能影响到他底方法,又在这里有如在其他地方一样,我们看到大的思想家探索一种方法底大纲。而在那时的知识情形中,他是无法以完成而是必须留为后一代的较丰富的经验及较有力的思想源泉去解决的。故预测人类思想之进程及先得其以后之所获乃是最高思想程序底一种特权,就是这一点使孟德斯鸠底著作呈一种片段及不连续的现象,这种现象实是深刻的好思天才者引用了不易整理的材料底一种必然的结果,简单地就因为科学尚未将所有的现象化为通则的原故。所以有许多孟德斯鸠所下的推论都是很难拥护的,譬如,关于食物因增加妇女底产生力而繁殖人口的影响,及气候有改变两性出生率之影响是。在其他的情形中,我们对于野蛮民族的更深切认识可以更正他底结论,尤其是关于他所说的气候对于个人特性所产生的影响,因为我们现在有确实的证据,可以证明他所说,热的气候使人民淫荡及胆怯,冷的气候使人民重道德及勇敢是错误的。

这些比较起来,当然都是极小的缺点,因为在知识之最高的支系中,最大的困难不在发现事实而在发现确定事实之定律的真方法。[①]关于这一点,孟德斯鸠尽了一双重的义务,因他不但丰富了历史而且还强固了它底基础。他以自然研究所得的结果加入于史而使之丰富,而以史和传记分别门户以强固史底基础,于是使历史免于叙述那些常不重要及常不确实的琐事。虽然他研究自然对于个人的影响,[②]而不研究自然对于社会的影响是错误的,不过事实上,在他那时候,较复杂的研究所必需的一切材料尚未产生出来。那些材料,我已说过,就是政治经济学及统计学,政治经济学使自然动力底定律可以和财富不均的定力相联合起来,故亦可与社会上之一切混扰联合起来;而统计学可以使

---

① 关于方法之重要,可参阅我下章对于比沙的辩护一节。
② 在结果方面,他这种意见之完全无效,可以从事实上显出来,就算他写那本书之后百年,我们凭着无限的新知还绝对不能证明气候、食物及土壤对于改变个人的性格有直接的作用,虽然我相信在这本书的第二章中我曾确定气候、食物及土壤经社会及经济组织之介曾对于个人之思想有间接的作用。

第十三章　自十六世纪之末叶至十八世纪之末叶之法国历史文学　409

我们广泛地证明这些定律,及证明如何人底意志是完全为他们以前所发生的及他们所处的环境所支配的。故很自然而不可避免的,孟德斯鸠在联合人类思想定律及外界自然之定律时必遭失败。他失败,一部分是因为外界自然之科学还很幼稚,一部分是因为联合自然和人底那些知识支系还未建立。因为政治经济学是在孟德斯鸠去世后二十一年,一七七六年《国家财富论》出版以后才成为一种科学;至于统计学,它们底理论还是更新近的一种创见,因为在最近三十年中才有统系地应用于社会现象。早期的统计家不过是一群勤劳的收集家在黑暗之中摸索着,将每种事实毫无选择与方法地积集起来。他们底努力以现代收集史事的重要目的看来,当然是没有什么效用的。

《法律之精神》出版了只有两年,丢哥就发出那些著名的演说,在其中他创立了历史哲学。这一点赞美似乎有些过分,因为在他所研究的题材理论上,所有重要的地方都是和孟德斯鸠取同样的眼光,而孟德斯鸠非但生在他以前,而学问以及天才也确是胜过他。可是丢哥底功劳也是很大的,而且他是极少数中的一个,以广博的眼光来看历史,及研究历史所必需的无限的知识。在这方面他底方法和孟德斯鸠是一样的,因为这两个伟大的人在他们底计划中都摈弃普通史家所积集的那些个人琐事而不用,而将他们底注意力集中于永久影响民族命运的那些广大而普遍的原因。丢哥清楚地看到,不管人类情绪之波动所产生的万种事件之变幻如何,在这明显的混乱之中,总有一种秩序上的原理及进程上的规律性,凡能有足够的理解力把握住人类历史使之融会贯通者皆不会误视这一点。的确,丢哥以后自从事于政治生活即永无暇以完成其成功地所草就的光荣的纲要,虽然在完成他底工作方面不及孟德斯鸠,可是他们两个人底相同点是很明显的,而他们对于时代的关系也一样。他们和福耳特耳都是民主运动底不自觉的提倡者,而且他们都同样地摆脱一般史家以前对于个人底重视,及使历史不再仅以复述政治及宗教统治者之行为为事。同时,丢哥以把捉住未来进步底期望[1]及描述社会之能改进其本身之功能,增加了人民开始感觉反对专

---

[1] 这是在他经济及历史著作中所表现的最明显的信心。一八一一年马金托什写说:丢哥"自培根以来,对于社会之进步方面的见解较任何人都来得丰富"。(见《马金托什传记》第二册第一三三页)

制政府之情绪。在这种政府之前，改革似乎是绝无希望的了。这些及同样的思想现在方始出现于法国文学中者，激起了知识阶级底活动，使他们在重重压迫及刑辱之下，欢乐地预期着，使他们勇敢地负起那热烈的事业，领导人民攻击他们本国的组织，于是在法国每样事物都趋于同样的结果。每样事物都表明，强烈而恐怖的争斗即将降临，在这种争斗中，现代底精神将与过去底精神一决雌雄。在这种争斗中，最后将决定，是否法国底人民能解除他们自己的桎梏，抑或他们将更沉沦到那受耻辱的地狱中去，这黑暗的所在就算是他们政治史中之最灿烂的时期也得成为文明世界之殷鉴的。

第十四章　十八世纪中叶以后法国革命之近因

就在前一章,我曾拟确定,适在路易十四崩逝之后,是那几种情势为法国革命开前进之道。研究底结果是,法国思想为英国之榜样及模范所刺激而活动,这种刺激形成或竟是鼓动着法国政府与文人的大破裂——这种破裂更觉得明显者,乃因在路易十四朝代时,文学虽然有它暂时的灿烂,可是总是一直屈服着而且曾很密切地与政府联合,而政府呢,总是常预备给予报酬的。我们也看到,这种破裂是起于统治阶级及知识阶级之间,于是前一阶级忠于旧有之本性者开始阻碍他们觉得不惯的研究精神,故绝少例外地对于每个文人都加以迫害,故又有系统地企图将文学降格以至于作阿谀之辞,有如处于路易十四之下一样。又发现十八世纪之伟大法国人虽然常受政府之凌辱,可是总警戒着不去反对政府,而将他们底敌忾对付教会。这种明显的变异即宗教组织受攻击,而政治组织得免于难的变异,曾表明是完全自然的情势,发生于法国国家以前之史实的。我又曾拟表明那些史实是什么及它们如何发生作用。在现在这一章,我底目的要考查法国思想史之第二大时期以完成这个研究。在宗教及政府同时倾覆以前,人们是必须改变他们敌忾的方向,而以对付宗教腐败之同样的热烈来攻击政府底腐败。故现在的问题就是,这种变化进行时的情势是怎样的,及其确实产生的时期是什么时候。

附随着这个大变化的当时情势,我们现在可以看到非常复杂的,因为这些情势从未被人综合起来研究,故我在这本书底其余部分就要费相当的篇幅来述说。关于这一点,我想最实际的是说到几个法国革命底正确而确定的结果。但其他一点,即这个变化所发生的时期,非但比较上更为黯没不明,且以其性质看来,也决不会有完全的正确性可言。不过这是人类史中每一种变迁所共有的缺点。每种变化底情势常可以知道,只要证据丰富及确实,但没有证据可以使我们固定这个变化底日子。历史编纂者所常注意的不是变化,而仅是随着变化而发生的外表的结果。人类底真正历史是人心所能了悟到的动向史,而不是知觉所能看到的事件。因为这个原故,没有一个历史时期可以容有古物学家及系谱学者所主张的纪年的正确性。君主之死、战争之失败及朝代之更迭,完全都是在知觉范围以内的事情。这些事情所发生的一刹那都能为最普通的观察者所纪录下来,但其他种种革命都恃为根基的知识革命,却不能以这样简单的标准来测量。要循索人类思想底运动,必须从几方面来默察,而后将分列研究之结果调合起来。用这种方法我们可以达到某几种普通的结论,像普通计算平均数一样,其价值因所征集之例证加多而更为重大。这是一稳妥而有效的方法,非但可以从自然知识史里看出来,且也可因其事实上为经验格言之基础而确定。所有具有透彻的理解力的人都是以普通处理生活之方法为指导,科学的综合法实尚未应用上去。这种非常有价值,及其积集起来称为普通常识的经验格言,从未得一个明达的史家审慎地将它们搜集起来。

故对于综合一个民族思想之进展的真正异议不是说这些综合缺少确实性,而是缺少确切性。这就是史家和纪年史家分裂的一点。譬如,英国思想之渐变为民主化——或称为更自由——其确实有如维多利亚女皇之加冕一样。但虽然以上两种叙述都是同等确实的,后一种却更较为确切。我们能说出女皇登极底那一日子,她崩逝底那一刹那也同等确切地可以知道,当然无疑的,其他许多关于她底事情都能详细与正确地保存着。可是循索英国自由主义之发长时,我们就失了所有这种的确切性。我们能指出改革议案通过的那一年,但谁能指出改革议案最初成为需要的那一年呢?同样地犹太人之将被许加入国会,其确实有如旧教徒之已被许加入国会一样。这两种政策都是对于神学争论逐渐冷淡的必然结果,凡不愿紧闭其目者都必能了然的。但我们知道旧教徒解放议案得到王底同意的那一钟点,而没有人能知道犹太人也将得此公平待遇的那一年。两种事件都是同等确实的,但不能同等地确切。

确实与确切之区分,我曾予以相当时间的叙述,因为这似乎很少有人知道①,而且也因和我们现在所要研究的问题有密切的关系。法国思想在十八世纪中经过两个完全不同的时期的这一事实能以每一种的证据来证明,但决不能确定前一时期与后一时期相更迭的确切时候。我们力量所能到的,就是比较那时代历史所呈现的各种不同的表征,及达到一可以引导未来之研究者底相近日子。最好避免任何特殊的叙述,但引用时日似乎更能将事情清楚地表现出来,故我将以暂时的假设规定一七五〇年是形成法国革命的那些社会扰动进入其第二及政治阶段的时期。

定一七五〇年为一向反对教会的那大运动开始转向于反对政府的时期,实是许多情形皆能担保的一种推论。我们从绝好的根据中知道,进至一七五〇年,法国人开始他们关于政治经济的著名研究而在他们企图将政治经济成立为一种科学时,他们因以看到政府之干预对于国家重要利益所产生之遗害,②因此就起了一种觉悟,就是,即使关于财富之积聚方面,法国统治者所占有的权力也都是有害的,因为这将使他们以保护商业为名扰乱了个人行动底自由及阻碍商人为其自己所恰当选择的有利的商业途径。当这种重要真理底知识尚未传布开来的时候,其结果早已很快地可以在民族文学及民族思想习惯中看出来。关于财政及其他政府问题的法国著作之骤然增加,实是那时代最显著的现状。这运动传布若是之速,我们听说恰在一七五五年以后,经济学家

---

① 这有如数学家底藉口一样,他们常常以为只有在他们底研究中才能有相当的确实性。这种错误的观点有如陆克所说,恐怕是由于混乱了清楚(Clearness)与确实(Certainty)底意义所致。(见《陆克论丛》第二册第七三、七四页,及《人类理解力论文》第四册第二章第九、十节)又可阅孔德徳《实验哲学》第一册第一〇三页,在那里他说,所有的知识支系皆能综合之而成为具有同等确实性的科学,但不能有同等的确切性,"各种科学都有同等的确实性,但不能有同等的确切性"。蒙丢克拉对于这一点表示不满,(见《数学家史》〔Hist. des Mathémat〕第一册第三三页)他说数学家所能达到的这种特殊确实性之主要原因就是:"从一个清楚明白的意思里,就能推论些清楚而确定的关系。"卡德渥斯也同样地说:"在数学中的真理要素就是这种清楚的可见性及明晰性。"(见《宇宙之真正知识系》〔The true Intellectual System of Universe〕第三册第三七七页)在另一方面,康德——一个远较深着的思想家——以数学上的清楚为一种确实性之表征而非为程度上的确实性表征而得避免以上的混乱。

② 这种经济上的运动曾为阿利松在《欧洲史》第一册第一八四、一八五页中说过,但他将这运动底开始误定为起于"约在一六七一年中"。

即在民族与政府之间造成了分裂的现象。① 而福耳特耳在一七五九年怨恨着写说,轻妙文学之优美已在一般对于新研究之热烈中完全被忽略了。我们不用再追寻这个伟大变化底以后的历史,也不用循索适在革命以前那些较后的经济学家——尤其是丢哥,他们领袖中之最著名者——所产生的影响。只需说,在这个运动第一次清楚地表现出来的时候以后的二十年中,一般对于经济及财政之研究的嗜好变为非常普通,以致竟深入于一向不甚思想的那些社会中了,因为我们发觉即在上流社会底生活中,其谈话中不再是新的诗及新的戏剧,而是政治问题及与政治问题有直接关系的题材了。的确,当芮克在一七八一年出版他著名的《法国财政报告》(Report on the Finances of France)时,希望得到这本书的热诚是超乎例外的,第一日售出六千册,其要求继续增加,于是需要两架印刷机不绝地工作以满足普遍的好奇心。使此民主主义之动向更为明显者乃是,芮克在那时是王底一个宫仆,所以他底著作以其一般精神来看,曾真确地称为王本人底大臣起来要求人民反对王的一种要求。

约在一七五〇年法国思想所经过的,及我称为十八世纪之第二时期的那显著的变化,其证据可以很容易地以广察当时的文学来使之更形有力。恰在该世纪中叶之后,卢骚出版了那些雄辩滔滔的著作。这些著作产生了巨大的影响,而在其中可以很清楚地看出一个新时期的产生。因为这个有力的作家绝对不攻击基督教②——不幸这在当时是常见的事——而几乎完全奋力地反对当时社会之民间及政治底腐败。要循索这个奇异而有时错误的人对于他自己一代及后一代所产生的影响,将在这本书中占据太多的篇幅,虽然这种研究是趣味横生而深愿几个适切的史家去担任研究的。③ 不过卢骚底哲学本身只是一个更大运

---

① 同是这一七五五年,歌德斯密在巴黎,他为这种独立性之进步所震惊,竟预言法国人民能得自由,虽然不用说,他不是一个明白经济家之运动的一个人。
② 照我所记得,在他底著作中找不到这样一个例,凡根据这一点攻击他的人应援引他们所根据的章节出来,而不应仅恃空泛而普通的攻击。
③ 拿破仑对斯坦尼斯劳斯·歧拉丹(Stanislas Girardin)说到关于卢骚,"倘若没有他,法国是不会革命的"。(见霍兰著《国外回忆录》第二六一页,一八五〇年伦敦出版)这当然是一种夸大之说,不过卢骚在十八世纪后半期之影响是最大的。一七六五年,休谟从巴黎通信说:"这实不能表达或设想到这个国家对于他重视之热情……没有一个人在以前曾注意过像卢骚这样一个人,福耳特耳及其他一切人都因他减色不少。"(见柏吞著《休谟之生活》第二册第二九九页)

动中的一个单独的情形，故我现在将离开个人而去研究他参与一大部分而仍不出为附属部分的那时代底一般精神。

约在一七五〇年时，法国一个新时期底组成，可以更以三种有相当趣味的情形来表明，所有三种都是指向着同一方向的。第一种情形就是，在该世纪中叶以前，没有一个伟大的法国作家曾攻击该国底政治组织，而在那时期以后，有才能的人底攻击却源源不绝了；第二种情形就是继续攻击教会而仍拒绝干预政治的唯一卓著之法国人就是那些像福耳特耳一样已达到高寿的人，故他们从以教会为敌忾之目标的前一代吸取他们底意见；第三种情形较前二种为尤显著者，就是差不多在那时候，在政府之政策中可以看到一种变化，因为——绝少见的——王底大臣，恰在该国之思想正预备对于政府作确定之进攻时，对于教会表现第一次的公开仇恨。这三种观察前二种是每个法国文学之研究者都将承认的。总之，如果错误，它们因为确实而断定，也很容易以相反的例证来驳斥。但第三种观察因为较为近于一般性，故不容易有绝对的相反意见，故需特殊的证据来维护。我现在即将援引为证。

法国大作家既在十八世纪之中叶得以摇动了教会底基础，当然政府也就得问而强制劫夺那机能早已萎弱的一个组织了。这一件事发生于法国路易十五之下恰如在英国亨利八世时所发生者同，因为二者都是有一显著的知识运动指向于反对教士，且均恰在二王欲对教士有所举动之前进行攻击，遂使二王措置益感容易。法国政府第一次采取确定的步骤来反对教会是在一七四九年。该国对于是种事件之可以证明其为落后者，即其反对教会之步骤不过仅是一反对宗教社团的敕令——一种简单的减削宗教权力的方略，我们英国在极早以前已经采用的了。最近升擢为金库监察长的马索（Machault）乃是这个新政策底建议者，一七四九年八月，他颁布那著名的法令，这个法令禁止未得王底许可建立任何宗教的组织，很恰当地写在特许状上而在国会登记。法国这个大史家说，这些都是有效的预防方法，表明马索"非但以为教会财产底增加即教会财产底存在也是对王国是有害的"。

这在法国政府方面是一种非常的步骤，但其后所发生的事情表明其不过是更大计划中的一个开始。马索非但没有遇到阻碍，且于其颁布此法令后之明年兼任掌玺之职,因为有如拉克勒泰尔所说的,朝廷"想到税及教会财产的时机现在已经到了"。在这个时期及改革开始间的四十年中,同样的反宗教政策盛行着。在马索后继者之中,三个最有才能的是什瓦则尔(Choiseul)、芮克及丢哥,三个人都是宗教团体底强有力的对敌,而在前一代是没有一个大臣敢攻击宗教团体的。非但这些卓著的政治家即使那些逊劣的人卡隆、马尔舍布(Malesherbes)及忒雷(Terray)都视为一种政治手腕用以攻击迷信曾尊崇及教士一向保存的特权。教士们把持这种特权,一方面用以伸展他们自己底势力,一方面养成那些奢华及放荡的习惯,为十八世纪宗教团体之一种耻辱。

当这种政策采取以反对教士时,另一种重要的步骤也以同样的目的而采用了,于是现在政府开始赞许宗教自由那伟大的主义,在以前仅是这个主义底拥护已须受危险思想之惩罚了。教士之攻击及以后宗教自由之进步的关系,非但可以从事情继续发生之急速而表明,且因两种事件皆由同一方面而来的事实以表明之。宗教社团法令底作者马索也是第一个大臣表示愿意保护新教以反对旧教团底迫害者。① 关于这方面,他只有一部分成功,但因此而起的激动立刻成为不可抵抗。一七六〇年,即九年以后在法律施行方面起了显著的变化,而反对异教的法令虽然没有取消,却非常和缓地施行着。② 这个运动立刻从京城传布到王国之最远僻地方,而我们又确知,一七六二年以后,即在因落伍情形使宗教迷信常极显著的省份中也感觉到这种反动。同时,我们现在可以看到,在教会之本身产生了一极大的分裂,将教会分为两对敌派,因而减少了教会底权力。其中一派与政府表示同情,更援助政府推翻宗教教职政治。其分裂变为如此激烈,以致路易十六之政府对于宗教权势之最后打击不是由于教外人所进行,而是由于教会中之一个领袖所进行。从这个人底地位看起来,按普通情形,他必保护他现在所热烈攻击的利益。一七八七年,不过在革命底前两年,图卢斯大主教

---

① 因为新教徒底原故,他更激起旧教教士底愤怒。
② "一七六〇年之光临可证明迫害之趋势有理性地懈弛下来……教士们看到这种情形就愁眉不展;在一七六〇年之常会中,他们对王殷勤地恳请反对这个和缓的定律。"(见腓利彻著《法国新教徒史》第四二二页)

布利恩①——那时是首相——将诏令送达巴黎国会，而因为这道诏令，异教徒一向的沮丧感觉一旦都消失了。因了这个法律，新教徒遂享有旧教教士一向恃以报酬其附从者的公民权利。故自然地较为近乎正教的那一派即怨恨这种政策是一种不正当的改新，这政策将两种教派放在同一等级同一地位上，似乎是认许错误之增加，而且确是剥夺了法国教会一向引人加入教会的一种主要吸引力。可是现在所有这些考虑都不成问题了。当时的一般趋向就是这样，国会虽然在那时对于王底权力是非常倔强不服的，可是对于王底这一个法令却并不迟疑地通过了，这个大的方策就变为法律了。据说国会还表示惊奇，如何对于这个智慧所根据的原则还会发生怀疑哩。②

这些是风雨欲来之预兆，时代之表征，当时的人可以看得到的。还有其他的表征也可以使这个时代底真面目清楚地看出来。除以上所述以外，政府在十八世纪中叶以后对于宗教权力又加以一直接及致命的伤害，这就是驱逐耶稣会徒。这件事非但因其最后之影响而觉其重要，而且也是一般人之感觉的证据及一个称为"最基督化的王"能和平地成功的一个证据。③

耶稣会徒至少在他们组织起来以后的五十年中，对于文化曾尽了极大的义务，一部分因为他们将宗教以外的成分调和于他们底伟大前人——即黑袍僧侣及圣芳济教徒——底迷信见解中，一部分因为他们组织一教育制度较欧洲所见的都为优越。没有一个大学里可以找到一个更富于理解力的教育方策，而且确是没有一个地方能表现这样的才能来管理青年，或这样的眼光来深察人类思想的一般运用。我们必须公平地说，这个著名的团体，姑不计其热诚何如，及其常不合理的野心，在相当期中确是科学及文学底一个忠诚的朋友，它让它底团员有思想

----

① 休谟在数年以前对于他底观念很好。
② 一七七六年，当时身为大臣的马尔舍布(Malesherbes)愿意为新教徒得到差不多同样的权利，但是被阻而止。（见丢同〔Dutens〕著《一个休息的旅行者之回忆录》〔*Mémoires d'un voyageur qui se repose*〕第二册第五六、五八页）丢同本人也在磋商这件事。
③ 亨利二世也常指用这个名称，以便使他对于新教徒之迫害被认为正当。（见朗开著《法国之内战》第一册第二四一页）可援引为例证的君主路易十五也大谈到这个名称。（见苏拉维〔Soulavie〕著《路易十六之朝代》〔*Règne de Louis XVI*〕第一册第一五五页）法国古物学家将此名称溯源于查理曼底父亲培平(Pepin)。（见巴林吞著《法典底观察》第一六八页）

上的自由和勇敢,绝非其他僧侣团所能容许的。

可是当文化前进时,耶稣会徒有如世界所见之其他宗教政团一样开始失了势力,这倒并不完全由于他们自己的衰落,而是由于包围他们的那些人底精神底变化。一个非常适合于社会之早期组织的会社是不会适合于其社会之成年时期的。在十六世纪耶稣会徒站在时代底前面,在十八世纪他们站在时代之后了。在十六世纪,他们是知识底伟大传布者,因为他们相信以知识底帮助,他们能够克服人们底良心。但在十八世纪,他们底材料更不容易驾驭,他们须与一个反常而倔强的世代相周旋,他们看见每一个国家底宗教权力很迅速地衰落下来,他们清楚地感觉到他们保留他们旧主权的唯一机会就是遏制他们以前曾极力促进其进步的知识。①

在这种情形之下,法国底政治家几乎在十八世纪中叶以后,即决定倾覆长久统治世界及仍为教会之极大堡垒的一个教团。在这计划中,他们又得了一个奇异的运动底帮助。这个运动发生于教会底本身而因其与广阔的外来见解有关,故对于神学不发生兴趣的人也值得注意的。

在形上学者枉费其争辩之力量的各争点中,自由意志曾引起了最热烈的争论。而使其文字更增尖刻性者乃是此种显然为形上学之问题却为神学家拿去讨论,而以一向热烈的情绪来处置这个问题。② 自披雷杰(Pelagius)之时代起——如果不是早些③——基督教曾分裂为两大派,这两派虽然在有几方面以淡然的阴影来维持着关系,却常常都彼此保留着原有的大不同点。一派以为自由意志是虚假的,且常力示否认,因为他们说我们非但不能以我们自己的意志影响任何有价值的东西,且我们即使努力为善也是无用的,因神固已预定有些人将永沦地

---

① 蒙巴累王约于一七四〇年曾受教于耶稣会徒。他说在耶稣会徒学校里,最大的注意力是放在一般将来进教会的学生身上,而对于将来从事于教外事业的学生底能力却忽略之。从这样地方来的叙说是非常显著的。(见《蒙巴累自传》〔Mémoires de Montbarey〕第一册第一二、一三页,同上一书第九四页)
② 可阅巴尔关于信仰及道德之第一次讲道底鲜有的叙述。(见《巴尔丛著》第六册第五九八页)在那里,他说在处理喀尔文教徒及阿民教徒之间的宿仇,"辩护底恒心应与攻击之猛烈相等"。在以他底职业一方面来看,这是一种不需要的忠告,可是据说,回教神学家对于这个问题较基督教徒为尤重视。
③ 尼安得发现彼雷基阿斯讨论会是由于阿塔内喜阿(Athanasius)及阿波利内利(Apollinaris)之间的争辩而起。(见《教会史》第四册第一〇五页)

狱,有些人是得救的;其他一派则强烈地主持自由意志说,善的行动是得救之重要要素,称对方一派过于夸大信仰为必然之附属物的神底威严。①

这两个相反的主义,若推及至其合理的结果,则前一派必趋于反名目论,而后一派趋于分外工作主义,②但因为在这种问题上,人底感觉较理性为尤厉害,故通常他们宁愿跟随着普通的标准,或求援于几个古代的名字,③故通常一派将他们自己分列在奥古斯丁、喀尔文及詹西尼阿斯(Jansenius)之下,一派则列在披雷杰、阿民尼阿斯(Arminius)及摩利拿(Molina)之下。

现在一个很有趣的事实就是,在英国称为喀尔文教底主义常常总和民主精神相关,而阿民教义却常得贵族或保护党底拥护。在瑞士、北美及荷兰等共和国中,喀尔文教义常为公众所信的信条。④ 在另一方面,适在伊利莎白死后的那些黯淡的日子中,当我们底自由处在极危险的时候,当英国教会得王底帮助企图克服人们良心的时候,又当主教统治制之神圣权利的可怕要求第一次提议出来的时候⑤——于是阿民教义乃成为最有能力及最野心的这个宗教教派底抚爱教义。⑥ 而在以后随着而发生的报复中,清净教徒及独立教派徒——施行惩罚者——乃完全是喀尔文教徒。我们且不能忘记,第一次公开反对查理士的运动是从久信喀尔文主义的苏格兰而来的。

这两教派之不同的趋向是这样清楚地显著出来,于是研究其原因乃成为普通史中之必需部分,而且我们将可看到它和法国革命有很密

---

① 我所见的作家没有一个能像哥达(Göthe)对于这些学理之神学界限说得这样公平及清楚。(见《真实与创作》〔Wahrheit und Dichtung〕,载其《丛书》第二册第二编第二〇〇页,一八三七年出版于斯图加特〔Stuttgart〕)
② 于是就有罗马教会坚持主张的放纵论,在它底反面的新教徒底论据都认为不合理。
③ 这似乎是自然的趋势,曾为尼安得在叙述(很可作为警惕)诺斯提派(Gnostics)时谈到:"这种教派有一种习惯,喜将他们自己附着于古代著名或其他人底名字上。"(见《教会史》第二册第一二一页)
④ 荷兰教会第一个采用在日内瓦执行的神选教义为信仰底教条。(见摩斯海摩著《宗教史》第二册第一一二页)
⑤ 有时据说,班克落夫在一五八八年已提倡这个意见,但这种说法是错误的,而且哈拉姆在詹姆士一世以前找不到一个例。(见《宪法史》第一册第三九〇页)这种专断之论虽然在英国教会中尚属初见,可是来源已很远古了。
⑥ 阿民教义之传布在查理士一世时代之国会中常常讨论到。(见《国会史》第二册第四四四、四五二、四五五、四七〇、四八七、四九一、六六〇、九四七、一三六八页)

切的关系。

　　第一种情形令我们惊奇者,乃是喀尔文教义是为贫苦人的一种教义,而阿民教义乃是为富人的一种教义。一种教义以信仰为必需者必没有以工作为必需的教义来得牺牲大。在前一种情形中,罪人以他自己底信仰来寻求得救;在后一种情形中,罪人以其自己充分的捐助来求得救。因凡执有大权的教士们底捐助都是同样地支配应用,故我们发现在偏袒阿民教义之工作的国家中,其牧师能较喀尔文教义之有影响的牧师得到好的报酬,教会较为富丽地装饰着。显然,按最普通的计算,以慈善集中于其本身的宗教当然没有以慈善施于他人的宗教来得花费。

　　这就是这两种教义第一个大的实际上的分歧点：这种分歧点。凡熟悉各基督教国家之历史或曾游历信仰各种教义之各国者必能证明之。还可以观察出来的就是,重视辉煌的教堂及夸张的仪式的罗马教会,曾常常反对喀尔文教徒远较其反对其他之新教派为甚。①

　　从这些情形中,必然地就产生了阿民教义底贵族倾向及喀尔文教义底民主倾向。人民爱华丽及美观实在有如贵族一样,但他们不愿出费用。他们未曾受过教育的心很容易就为无数教士团底华饰及设备很完美的庙宇所迷惑。可是他们很知道,这些东西吸取了他们财富之大部分,否则这些财富就会流入他们自己底草屋中。在另一方面,贵族以他们底地位,他们底习惯及他们底教育上的传统观念的原故,自然就喜欢花费,这使他们将辉煌和宗教,将华丽和虔诚联合起来。此外,他们有一种直觉及根深蒂固的信心,以为他们自己底利益是和教士底利益相联合,凡减弱一方的利益者必会促进其他一方的倾覆。故每个基督教的民主政治将其外表上的崇拜简单化了,每个基督教的贵族政治将其外表上的崇拜铺张起来。以此类推,则社会愈趋于平等,其神学上的意见将更近于喀尔文派;同时社会愈趋于不平等,则其意见更有趋于阿

———————

① 希柏说,喀尔文教义是"最不能得罗马旧教徒之同情的一种教义"。(见《泰罗之生活》第七〇页)菲力泼第二——拥护旧教之大信徒——尤其切恨喀尔文教徒,且在敕令中称这教派为"可恶的"。(见得图著《世界史》第十册第七〇五页,再参阅第一一册第四五八页)兹举一较早的例,当罗马教刑在一五四二年恢复以后,即命令对于异教徒——尤其是喀尔文教徒——不得宽赦："围攻喀尔文教徒。"(见朗开著《教王》第一册第二一一页)

民教派的可能性。

很容易地更可将这种比较推论上去，而表明喀尔文教义比较地近乎科学，阿民教义比较地近乎艺术。① 按同样的理由，前一种适合于思想家，后一种适合于学者。② 但未追溯其全部之异点时，最重要需说明者，乃前一种宗教之宣言者似乎比较后一种宗教之宣言者能获得独立思想的习惯。这有两种明显的根据：第一，即使是最普通的喀尔文教派以其教义之名辞来说，在宗教事情上都易将其注意力集中于其本人底思想上，而不依赖他人底思想。所以，他们以一团体而言，在知识上是比较其对敌者为狭窄，不过较少屈服性。他们底见解虽然从一较小的范围中综合出来，可是总比较含有独立性，他们不甚附着于古代的事物，更不顾阿民教义之学者视为极重要的那些传统观念；第二，那些以形上学与其宗教联合的人为喀尔文教义转引而主张必然教义（Doctrine of Necessity）。③ 这种理论虽然常为人误解，却含有极大的真理，且较其他系统更能发展思想，因为它包含法律之清楚观念，而这种学识乃是人类理解力能达到的最高点。

这些考虑将使读者看到在十八世纪时法国教会中所产生的詹西教义（Jansenism）之复兴是如何地重要。因为詹西教义既完全是喀尔文教派，④在法国所显现的那些趋向即表显着喀尔文教义。那里显现着研究、民主及不屈服的精神，这种精神常常附着于那教义中。詹西教义

---

① 兹为表明起见，我可以提到一个曾游历德国各部的聪明观察者在一七八〇年说，喀尔文教徒虽较他们底对敌为富足，可是不甚鉴赏艺术。（见利斯培克〔Riesbeck〕著《德国之游》〔Travels through Germany〕第二册第二四〇页，一七八七年伦敦出版）一篇很有趣的文，不过作者尚不能综合他所表明的事实。

② 阿民教徒中有许多是非常有学问的，尤其是对于神学之研究，但最深刻的思想家却属于另一方，如奥古斯丁、巴斯卡尔及仲那坦·爱德华（Jonathan Edwards）等。对于这些喀尔文教派之形上学者，阿民教派实无对付之对手。而且很显然，耶稣会徒——为罗马教会中最热心之阿民教徒——曾常被称为博学，可是对于思想研究绝不注意，故马金托什爵士说彪非挨（Buffier）是"唯一的耶稣会徒，其名能列于抽象哲学史中者"。（见《伦理哲学进步论》〔Dessertation on the Progress of Ethical Philosophy〕第一八五页）又很有趣地可以说，喀尔文教徒在思想方面的优越及其在学问方面的逊劣，最初就有这种现象了，因尼安得评说彼雷基阿斯"不具有奥古斯丁似的深奥思考力，但在学问方面他却较奥古斯丁为优越"。（见《教会史》第四册第二九九页）

③ "基于上帝先知之观念上的彻悟的必然论曾在全个现世纪中很严正地为喀尔文教派中之神学家所拥护。"（见摩累尔〔Morell〕著《欧洲之思维哲学》〔Speculative Philosophy of Europe〕第一册第三六六页，一八四六年出版）这种趋势确是很自然，我们发现奥古斯丁也建立必然论或毫无二致的议论。

④ "詹西教义底五种主要教义其实就等于喀尔文教义。"（见巴麦著《教会论》〔on the Church〕第一册第三二〇页）

为荷兰共和国一个本土人所创始，故更可确定我以上所建之理论底真确性。① 这种教义在路易十四秉权以前那微露一线自由之光明的时代传入于法国，②在路易十四专政之时代乃强被压抑，③降至十八世纪中叶以前又复兴起，为当时引起法国革命之社会状况的自然产物。

　　詹西教义之兴起及耶稣会徒之消灭，其间的关系是很明显的。路易十四死后，詹西教徒很迅速地获得势力，而且还能达到索尔蓬（Sorbonne）地方。近十八世纪之中叶他们曾在国会中组织强有力的政党，同时他们底影响开始表现于行政机关及王底官吏中。身任金库监察长之重职的马索，据云也同情于他们底意见，而在他告退后数年，什瓦则尔继任其职，一个有相当能力的人，曾公开地维护着他们。他们也为一七六四年的金库监察长拉费第（Laverdy）及一七六九年的财政监察官忒雷所拥护。高等检察长歧尔柏特·法桑（Gilbert des Voisins）是一个詹西教徒，他以后的一个继任者索未林（Chauvelin）也是的，又律师长培雷雪尔·圣法基（Pelletier de Saint-Fargeau）及著名的教士拥护者卡牟（Camus）也是的。丢哥，当代最大的政治家，据说也抱同样的意见；而芮克，两次曾几占最高权力者，人人都知道他是一个严正的喀尔文教徒。关于这方面，我们还可以说，非但芮克，即是对于造成革命大有关系的卢骚也如此。他生长在日内瓦，故他底早期意见是从喀尔文神学论之大养成所中得来的。

　　社会之情形既如此，像耶稣会徒这种团体决不能维持他们底地位。他们是权威及传统之最后辩护者。当然他们就要在政治家全是怀疑主义者及神学家皆是喀尔文教徒底一个时代内倾覆了。即使人民，也显然要毁灭他们。当达密安（Damiens）在一七五七年企图弑君的时候，

---

① 詹西尼阿斯生于近雷尔丹（Leerdam）地方的一个乡村中，而受教育于——如果我没有错误——幼立希。
② 詹西教义之传入法国曾为丢弗内特很浮泛地谈过。（见《索尔奔史》〔Hist. de la Sorbonne〕第二册第一七〇至一七五页）但读者可以在《摩特维尔自传》第二册第二二四至二二七页中找到一个同时代及非常有特色的叙述。这种教义之传入及其与独立精神之关系，在当时曾为人所评述；又在十七世纪写作的累俄克斯（des Réaux）底意见以谓夫隆德之战乃"由于詹姆教义之传布"。（见《逸事》〔Historiettes〕第四册第七二页）
③ 和路易十四很熟稔的布利恩说"詹姆教义君主之恐怖"。（见布利恩著《传记集》第二册第二四〇页）在晚年时，路易完全为反对詹西教徒的原故升擢了一个主教，这是在一七一三年。（见《曼特农文集》第二册第三九六及四〇六页）

一般都相信耶稣会徒是那法令底煽动者。① 这一点，我们知道是错的，但这种谣传之存在即是一般思想情形之证据。总之，耶稣会徒底命运已经确定了。一七六一年四月，国会命令将他们底宪法呈出检视。八月禁止他们接受新入教者，他们底学院被解散，而许多的名著都公开地为绞刑吏所焚毁。最后在一七六二年，另一个法令出来，不容他们辩护地将他们治罪，他们底财产为政府所变卖，他们底教团被迫还俗，他们被宣布为"不适合于一统治精良的国家中"，同时他们底组织及社会也正式地废弃了。

这就是久为世所恐怖的大会社在公共意见底压力之下倾覆了。使其倾覆尤为显著者，乃是断定其命运之宪法之托辞殊为轻微，绝非任何以前之政府所愿听闻者。这个大的宗教团体确是只以一个暂时的法庭来判决它，以为它在商业转运方面不忠实及拒绝交付一笔到期的款项。

这个旧教教会底最重要的团体，法国底宗教领袖，青年底教育者，及王底听忏悔牧师，竟被传到法庭上为人控告有欺诈逃赖一个普通债务的罪名！② 一切情势之倾向都非常显然，故不用再应用公共思想所常激发的手段来倾覆耶稣会徒。他们底罪名不是计划要反对政府，不是他们曾腐化了公共的道德，也不是他们愿意倾覆宗教。这些是十七世纪时代底控诉，颇合乎那时代底特性。但在十八世纪时，只需以一件极平常的事用以假托来证实国民决定之恰当即可，故将这件大事归因于一个商人底破产或一个女主人底阴谋不啻倒因为果了。③ 在十八世纪人底眼光中，耶稣会徒之真正罪名就是他们属于过去而非现在，又因他们卫护古组织底腐败以致阻碍人类底进步。他们立在时代底大道中，时代将他们扫除开去。这就是废除他们的真原因。这种原因是藉历史之名而专以搜集宫廷之空谈与秘闻的作家所不能观察到的，他们相信大国底命运只能在大臣底外室及君王底会议中决定。

耶稣会徒倾覆以后，似乎再没有东西可以将法国教会从迅速的毁灭中拯救出来。旧的神学精神已衰落了好久了，而教士受其本身衰落

---

① "耶稣会徒为一般人所告发为此阴谋之发起人。"斯坦利(Stanley)在一七六一年所写的一封信。(见查塔姆《通信集》第二册第一二七页)
② "在法国，定罪为欺诈的商人。"(见什罗瑟著《十八世纪史》第四册第四五一页)
③ 有几个作家以耶稣会徒之毁灭归因于蓬巴杜尔夫人(Madame de Pompadour)之努力。

之痛苦更较受外来之攻击为甚。知识之进步在法国产生了和在英国所产生的一样的结果,而科学之不绝增加的吸引力吸引了许多著名的人,他们在前一世纪也许会做了宗教职业中的活动分子。法国教士所特长的绝妙的口才现在已渐消灭,我们不再听见以前使庙宇拥挤得水泄不通的大演说家底声音了。① 马西云(Massillon)是其中最后一个之能激动人心及其魔力至今令人不能已于怀者。他死于一七四二年,此后法国教士团中就不再有任何卓越的人,思想家、演说家及作家都没有。② 他们似乎再也不能恢复他们已失的地位。当社会前进,他们就退后。所有他们能力之源都干枯了。他们没有活动的领袖,他们失了政府底信用,他们丧失了人民底尊敬,他们成为时代嘲笑之的。③

最初我们将觉得奇怪,在这些情势之下,法国教士会在耶稣会徒废除之后三十年中维持他们底地位,且不获罪怨地干预着公共的事件。④ 其实宗教团体之暂时得免于难,都是由于我以上所指出的那运动正在活动的原故。因那运动,法国思想在十八世纪之后半期将其攻击之目的转变了,而将其全力以反对政治的腐败,于是就稍为忽略以前所专注意的宗教腐败了。结果,在法国,政府反施行大思想家所创始的一种政策,但思想家乃渐对于这种政策失了热烈的情绪。最卓著的法国人现在开始攻击政府,而在他们新战争的热烈中,他们松弛了对于教会的反对。但同时,他们所栽植下的种子在政府中萌芽繁殖起来。事情之进步既是这样地快,以致那些反宗教意见在数年以前被惩为狡猾人之矛盾说者,现在竟为议员及大臣们采取而施诸实行。法国统治者实行一

---

① 一七七一年,荷累斯·窝尔波尔由巴黎通信说教堂和尼院是这样的人影绝迹,好像"必然需毁坏的废弃剧院一样",他又将这种情况和以前的情形相比。(见《窝尔波尔信札》第五册第三一〇页,一八四〇年出版)
② "曾有一时处于极显要地位之法国教会是如此之倾颓不振,在十八世纪后半期当基督教本身亦被攻击时,简直没有一个著名的拥护者曾在教会等级中出现;又当教士会议在一七七〇年发表其有名咒诅以反对不信仰之危险及重奖为基督教信仰辩护之论文时,其作品之可鄙竟表示有意损害宗教之事业。"(见挨利松著《欧洲史》第一册第一八〇、一八一页)
③ 一七六六年,威廉科尔(Rev. W. Cole)致函阿尔班·蒲脱勒(Alban Butter)说:"我取径于里尔及空布累到巴黎,在那些公共地方,我看见一商人及军人对于教士及宗教组织所表示之公开及毫无限制的不敬起了非常的惊奇及反感。到巴黎,其情形尤为恶劣。"(见挨斯著《文人手札》〔Original Letters of Literary Men〕第二部第四册第四八五页)
④ "而且还保留着巨大之财产,这在革命发生时,计值八千万法郎,加入几近七千五百万之国家收入。"(见阿利松著《欧洲史》第一册第一八三页,第二册第二〇页,第十四册第一二二、一二三页)

向不过尚是理论的那些主义,于是——时常是这般情形的——实际的政治家只是将久已为进步的思想家所暗示的那些意见应用于实际。

结果,在十八世纪时,没有一个时期,其思想阶级及实行阶级能完全联合以反对教会者。因在这个世纪底前半期,教士是完全为文学而非政府所攻击;在后半期,乃为政府而非为文学所攻击。这种转变底情形在以上已指出了,我希望能清楚地表明于读者之前。我现在想证明在所有其他的研究中都曾起了这种变化,及在前一时期,注意力皆集中于精神现象,在后一时期,注意力皆集中于自然现象。从这里,政治运动获得了大的力量。因为法国底思想将其工作底目的转变了以后,即将人们底思想由内部分化到外部去,及因将注意力集中于物质而非精神,故以其敌意转向于反对政府底侵略。凡当一种趋向起来倾好于外来的事物而轻忽内部,以致重视实事而轻忽精神者,则必亦同时起一种趋向深信抑制我们意见的组织不若管理我们行动的组织来得有害。同样地,凡反对宗教基本真理的人便会不甚注意到那些真理之如何为人所误解。凡否认神之存在及灵魂之永不磨灭者,将不顾掩蔽那些高尚教义底全部形式上的崇拜。所有的偶像崇拜,所有的仪式,所有的虚饰,所有的教义以及所有的宗教,因以退步的传统观念都将令他们感觉到扰乱不安,因为他们以为被抑止的意见和被赞许的意见是同等地错误。为什么不懂得空想的真理的他们要费力去移除使真理蒙蔽的迷信呢?这样的一个世代将宁愿不攻击宗教的篡夺非分,而视教士为范围愚昧者及管理平民的一种现成的工具,故我们很少听到一个真诚的无神论者是一个热心的争辩者。但如果情形确是这样,像一世纪前在法国所发生的一样,如果具有极大能力的人为我所述的那种感觉所激动,而觉得他们处在一个专制政治之下——他们将以其全力以反对这种政府,他们将以坚决的力量来进行他们底工作,因为既相信他们已至危急的时期,暂时的快乐也就成为最先及主要的考虑了。

从这点看起来,现在在法国兴起的那些无神论的意见之进步也就成为一大有趣味而亦算是可痛的事件了。它们出现的日子即证实我刚才所说的关于十八世纪中叶时所产生的变化。它们公开传布的第一部大著作就是在一七五一年出版的著名的《百科全书》。在那时代以前,这种堕落的意见虽则偶然也有谈及,可是有才能的人都不主张,它们在前一代的社会情形中也不能对于时代产生什么印象,但在十八世纪之后半期,它们就影响到法国文学底每一部门。在一七五八年及一七七〇年之间,无神论底主义很迅速地获得了势力,而在一七七〇年即出版了那称为《自然之系统》(System of Nature)的名著,那书之成功及不幸,其能力使其出现成为法国史之重要时期。它大得一般人底欢迎,①其中所含的见解非常清楚及方法化地排列着,以致使它获得了无神论之法典的名称。五年以后,图卢斯大主教为教士对王作正式之陈述时,宣布无神论现已成为通行的意见。这和其他同样的陈述一般,必是言过其实,不过凡曾研究革命前一代之思想习惯者,必知其中含有许多的真理。在劣等的作家中,达密拉未雷(Damilaville)、得雷尔(Deleyre)、马累乞(Maréchal)、奈基翁(Naigeon)及图桑(Toussaint)是那冷酷及暗淡的主义底活动拥护者。这种主义因要消灭未来生活的希望,竟从人心中将其自己永不消灭的光荣的天性也涂抹了。而且很奇的,有几个具有智力较高的人也不能避免这种传染性。无神论公开地为空多塞、得·阿兰贝耳、狄德罗、爱尔法修、拉隆德、拉普拉斯(Laplace)、弥拉波及圣·蓝伯等所提倡。所有这些和当时一般的风气是这样地和合,以致在社会上,在其他国及其他时代所认为大错及怪癖思想而愿意掩饰的言论,人们都大放厥辞地在评论着。一七六四年,休谟在荷尔巴赫男爵(Baron d'Holbach)底家中遇见一部分当时住在巴黎的最著名的法国人。这个伟大的苏格兰人——当然很明白当时流行的意见的——乘机提出一个论据关于无神论者之存在问题。至于他自己,他说,他从来未遇见过一个无神论者。荷尔巴赫回答说:"你过去似乎有些不幸,但现在你却和十七个无神论者同聚于一桌了。"②

上述的情形虽然是这样地不幸,可是不过是那大运动中的一个单

---

① 福耳特耳反对这部著作,他说到这部书曾传布于各阶级,且为"仆人、无知识者及女子所诵读"。(见《福耳特耳丛著》第三八册第三六六页中《哲学辞典》中上帝章第四节)
② 这是狄德罗对罗密利说的。(见《罗密利之生涯》[Life of Romilly]第一册第一三一、一三二页)普利斯特利在一七七四年游历法国时说:"我在巴黎被介绍见的所有彻悟的人都不信基督教,且自认为无神论者。"(见《普利斯特利自传》第一册第七四页)又可再阅荷累斯·窝尔波尔在一七六五年由巴黎来的一封信:"他们公认的主义就是无神论。"(见《窝尔波尔信札》第五册第九六页,一八四〇年出版)

独的现象。因那大运动,法国思想在十八世纪之后半期从内心的研究转而为外界的研究。关于这种趋向,我们可以在爱尔法修底名著中找到一个有趣的例证。无疑,爱尔法修那本书实是那时法国所产生的最佳及最有影响的道德论。这是在一七五八年出版的,虽然其中有一篇论文称为《心》(The Mind),可是其中没有一段含有普通意义的心底存在的意见。在这本书——在五十年中被认为法国道德之法典者——里,有许多原理,其和伦理学之关系恰如无神论与神学的关系一样。爱尔法修在开始研究的时候,说——被视为不可争的事实——人类和其他动物之不同,在于外表形状之不同的结果。譬如,假设我们底手腕伸延出去的不是手掌和纤巧的手指,而是像马蹄之物,那么,我们必将常常成为地面上的漂泊者,不懂任何一种的技术,完全无抵抗,除了避免野兽底袭击及寻觅每日必需的食物以外,并不知有任何顾虑。当我们想到,我们底思想不过是两种官能底出产物——即由外界物件接受印象的官能及接受印象以后的记忆官能——时,我们身体底构造即显然成为我们自夸的优越性底主要原因了。从这点看来,爱尔法修说,人类内心底力量既和其他的动物相同,那么,如不为我们恃以显著及使我们具有各种最有价值的事物的外表之特殊的形状的原故,我们底感觉性及记忆力都将成为无用。这些见解立下了以后,就很容易推论出所有道德活动底主要原理。因为记忆力既是身体上感觉性之一种器官,判决力不过是一种感觉,那么,所有责任及美德的观念必须以它们和觉官的关系来测验了。换句话说,就是,必须以它们所引起的大量身体上的享乐来测验,这就是道德哲学底真基础。如主张其他的见解就不啻甘为习俗的语辞所蒙蔽,这些语辞除了在愚昧者底偏见中是毫无根基的。我们底恶行及德行都完全是我们情绪冲动之结果,而我们底情绪乃我们对于痛苦及快乐的身体上的感觉性所引起。就是这样,公正底感觉才开始发起。人因有身体上的感觉性,才有快乐和痛苦,然后才有他们自己底利益的感觉,才有在社会上冀与他人共生活的愿望。既共同集合于社会中,也就产生一般利益的观念,否则社会就不会系合在一起。又因行为之正与不正是和其他一般之利益成为正比例的,于是就建立一种方策使公正能从不公正中分辨出来。以同样不可摇动的精神及丰富的例证,爱尔法修再研究支配人类行为的其他感觉底原始,于是他说野心与友谊都全是身体上感觉性之作用。人们渴望名誉也许因为他们希望名誉之获得可以给他们以快乐,或因希望获得名誉以后可以藉得其他的快乐。至于友谊,其唯一的用处就是增加我们底快乐,或减少我们底痛苦,就是为这种目的,人才希望和他底朋友维持情感。除此以外,生命实毫无贡献可言。为善而爱善,其不可能有如为恶而爱恶。为失去了爱儿而哭泣的母亲完全为自私自利所激动,她悲痛,因为她底快乐已被夺取了,她看到一个难以填补的缺陷。故最高的德行及最鄙卑的行为都同等地是这些行为所给予的快乐所造成的,这是所有一切的推动者及创始者。我们所有及所以然都是由于外界的关系,人类之本身亦不能例外,他也是周围物件所造成的东西。

这部名著中所提出的见解,我已叙述到相当的长了,不过没有十分谈到这些见解是如何有力地提倡,而大部分却是表明它们对于一个特著的时代供给了我们一个端倪。这些见解和当时流行的趋向是这样地和合,故它们非但很快地为它们底作家获得了全欧的名誉,且在许多年中,它们继续增大其影响,尤其是在法国,它们曾震撼一时。因为它们兴于法国,故法国为它们实行之最好的国家。在法国社会中曾过其长期生活及为当时之最敏锐的观察者得封夫人(Madame Dudeffand)曾对于这一点表示极大的欢慰。她说爱尔法修底著作受人欢迎,因为他是将自己底秘密告诉所有人的一个人。

确是,在爱尔法修同时代的人看来,他底见解除大得人之欢迎外,还近似一种秘密,因为在这些见解及一般世事前进之间的关系还只是隐约地为人所见。我们生在后世,还须以许多经验来研究这个问题,当然为当代之代表的这种有系统的意见必能应当代之需要了。爱尔法修之能得其国人之同情,我们非但能从他底成功底证据中看出来,且亦可以因对于那些时代的一般情形有广大的见解而知道。即在他尚在追研其工作及发表其工作之前四年,在法国出现了一部著作。这部著作虽然表现着较大的能力及具有较高的影响,可是也指着同一的方向。我所指的就是空提雅克底绝佳的形上学论,在许多方面讲起来,这是十八世纪中最特著的作品,而其权威在两代中是这样地不能匹敌,我们若不稍事研究其内容,则决不能明白引起法国革命的那些复杂运动底性质。

一七五四年,空提雅克发表其关于心底名著,这本书底名称即足以证明其写此书的倾向。虽然这个精深的思想家所注意的不过是人类官能底彻底分析,虽然一个很有才及含有敌意的批评家称他为十八世纪之唯一形上学者,可是他也觉得他不能逃避着重于外界的那些趋向,这种趋向正支配着他那时代。结果他称他那部著作为《知觉论》(Treatise on Sensations),在书中他断定地说,我们所知道的每样事物都是知觉底结果,他底意思是指外界底活动对于我们所产生的影响。无论对于这种意见底正确性是如何地看法,它无疑总是由切近而严格的理论中来,值得极高的赞誉。可是要研究他见解所持以成立的论据,将引我们去讨论离题太远的问题,即是指出他底哲学和同时人底一般性的关系。姑且不详述这部名著作,而只需简单地将其所根据的重要点指出,以表明其和当代知识习惯间之融合性。

空提雅克底哲学所采用的材料是从六十年前陆克所写的大著作中而来的,但虽然大多数重要的地方都是从这个英国哲学家里借来,可是有一点极重要的,这个学生却和他底老师不同,而这不同点又恰是法国思想现在所采择的方向底特点。陆克因语辞或思想之不严谨,曾说思想力能有独立存在之可能,且坚持知觉底产物须凭思想力才能有效。①空提雅克为当代的流行意见所移动,决不会听从这种区别。他和他同时代的人一样,深忌任何增加内心之权威及减弱外界之影响的主张。故他完全反对思想官能为我们观念底泉源,一部分是因为思想官能不过是观念由知觉奔驰出来所经过的沟道,一部分是因为思想官能之本身也是一种感觉。所以照他看来,唯一的问题就是我们和自然之接触如何供给我们以观念。因为在这个计划中,人底官能完全是人底知觉底运用所形成的。空提雅克说,我们所下的判断,常常都拿来归因于神底主持,这是一个求便的理解法,因惧分析之困难而起的。若研究我们底判断之如何起来,即能单独地将这些阻碍移去。事实是我们对于一件物件的注意不过是该物件所激起的知觉,而我们所称的抽象观念就

---

① 至于陆克是否视这种反省的独立的官能未可确定,因为可以从他文中同时取出正面及反面的证据来。休挨尔很公正地评说:"陆克用字是这样地空泛,以致使他底门徒可以任意解说他底学说。"(见《道德哲学史》第七一页,一八五二年出版)

是注意之各种不同方法。观念既是这样产生出来,其后的程序就非常简单了。在同时注意两种观念就是要比较它们,故比较不是注意的结果而是注意底本身。这立刻就给我们以判断能力,因为我们直接即组成一种比较,必然地就下一判断。于是记忆也是一种变性的知觉,而幻想乃不过是记忆,当其达到最高活动的时候,不见的就似乎是见的了。我们从外界所得到的印象既非我们官能底原因而是官能底本身,那么,我们所得的结论也就不可避免。空提雅克又说,在人类,自然是一切的开始,我们从自然中得到全部的知识,我们只有按她给我们的教训而教训我们自己,理解之全部技术在于继续指定她所指定我们去做的工作。

这些见解底趋向绝不容有误解,故我除测量其所被采纳的范围以外,不用去估量其结果。它们热心地为人引用于知识之每一部门,只有思想习惯使其视历史为一种分立的研究,而不惯于视为与各方皆有系合性的人才表示惊奇。他们看不到在每个大时期中,总有某一种观念在活动着,其力量较任何观念皆为有力,且能范围当时的事件及决定他们最后的结果。在法国,当十八世纪之后半期时,这种观念就是内心之逊劣于外界,就是这一个危险而似乎合理的原理将人们底注意由教会转向于政府,这是从法国最著名的道德学家爱尔法修及最著名的法国形上学家空提雅克里看出来。就是这一个原理,因其增进了——如果我可以说——自然的声价,乃引诱了最有才能的思想家都专心于研究自然底定律,而废弃前代所盛行的其他追求。因为这种运动底结果,在自然科学之每一门中都有许多奇异的新发现,故法国在十八世纪之后半期所发现的关于外界的新真理,较以前所有时期合起来计算都来得多。这些发现底详细情形因其属于文化普遍目的,故将在其他地方叙述,现在我只指出其中最卓著者,藉以使读者了解后一论据之所指,及可以看到此等发现与法国革命之关系。

将外界作一普遍的观察,我们可以说引起自然作用之三种最重要的力,乃是热、光及电,在最后一种又包含磁性及流电的现象。对于这些题材,法国人才第一次努力研究而得显著的成功。至关于热一方面,非但以后归纳工作所需的材料已不避劳烦地搜集完备,即在该一代尚

第十四章　十八世纪中叶以后法国革命之近因　431

未消逝以前,归纳的工作已经确实做了;因当射热定律(Laws of Radiation)为普累伏所发明时,①传热定律(Laws of Conduction)即为傅立叶(Fourier)所建立。傅立叶在革命将爆发以前曾专心将演绎方法应用于他所计划的数学理论,而将热力学提高为一种科学。关于电学,我们只需说在同时期中,达利巴(D'Alibard)底重要实验为库隆(Coulomb)底广大的工作所继续,这将电学底现象归入于数学底范围,而完成了挨披纳斯(Œpinus)所开始的工作。② 至于光底定律,其观念正于那时从事于积集,使十八世纪末期时马律斯(Malus)及稍后夫累内尔(Fresnel)等等伟大工作成为可能。③ 这两个卓越的法国人非但对于复屈折(double refraction)的知识有重要的新发明,但马律斯还发现了偏光作用(polarization of light),这无疑是自太阳光线分析以来,光学上所得到的最好的贡献。又因为这个发现,夫累内尔得开始那些深奥的研究将光底波动说立在一坚固的根基上。此说之建立者一般已认为是胡克、海亘史及杨格(Young),而牛顿底《光之微尘论》(Corpuscular Theory of Light)最后为此说所推翻。④

关于法国知识之进步,在那些本身不可见及我们不能说出其有否物质之存在及是否仅是其他物体之情况及特性的自然部分,我们已说得很多了。⑤ 这些发现底巨大价值,在增加已知真理之数量上说起来,

---

① 普累伏是日内瓦地方的一个教授,但他伟大的见解在法国为丢隆格(Dulong)及柏提所采纳;而威尔博士(Dr. Wells)之著名的《露论》不过是这种见解之应用于实际。(见黑乞尔《自然哲学史》第一六三、三一五、三一六页)
② 库罗姆(Coulomb)关于电及磁石底记录是在一七八二年至一七八九年出版的。(见《英国学社第五次报告》〔Fifth Report of Brit. Assoc.〕第四页)
③ 夫累内尔(Fresnel)属于现世纪,但俾俄(Biot)说,马律斯(Malus)底研究在其于一七九七年渡航来因(Rhine)以前已开始。(见《世界传记》第二十六册第四一二页中俾俄著《马律斯底生活》)
④ 在这些相对理论之间的争斗及具有巨大才能之杨格之如何易易地为那些无知识的假学者——他们臆断地去批评他——所推翻及压抑,将在这部著作之另一部分叙述之,以作为英国思想史及习惯之有价值的例证。现在按放射线方面来说,其讨论暂时结束,但在另一方面还有其他的困难。这些困难应使休挨尔对于这个不枯竭的问题不作这样绝端的论调。这个有才能的作者说:"光之波动说,这是唯一能和万有引力说相并立的一个理论,因为它底普遍、有效及确定是和万有引力说同属于一个统系内的。"(见《归纳科学史》第二册第四二五页,又可阅第五〇八页)
⑤ 至关于不恃物质之特质——这能发生一种力者——而能观见物质之存在之假定的不可能方面。(见一八五三年出版巴哲特〔Paget〕著《病理学讲话》〔Lectures on Pathology〕第一册第六一页中之附录)有两种理由使我不重视这种见解:第一,这种观念,在知识之一个时期中称为不可能,在后一时期即变为完全容易并很自然地就成为必然的了;第二,无论力与物质间之关系是如何地难以分解,可是我们发现其对于来布尼兹之力学论并无害,它又并无阻止其他的卓越思想家作同样的见解,而柏克利底论据虽然常为人所攻击,却从未被驳倒。

实无可比敌,但同时另一类的发现也已成功。它们因为常与可见的世界相接触而又容易了解,故产生了更直接的结果,且——我现在将表明的——曾发生极显著的影响,强固了随附法国革命而来的民主趋向。在这有限的范围以内,当然绝不能将法国现在正深入于研究的有机及无机界之每一部分的惊人活动作一充足的观念,但我们以为较实际的是费几页纸来概括那些较显著之点,藉使读者稍明在十八世纪之后半期丛集于法国的那一代大思想家到底做了些什么。

如果我们将眼光专注于我们所居的地球上,我们必须承认化学及地质学是两种科学,非但给我们以极好的希望,且已经含有最大的综合结果。其理由甚为清楚,如我们能注意到这两大题材所根据的标准,化学底标准是组织底研究,①地质学底标准是位置底研究。前一目的是要明了支配物性的定律,后一目的是要明了支配位置的定律。在化学上,我们实验;在地质学上,我们观察。在化学上,我们所对付的是极小原子之分子底分布;②在地质学上,我们所对付的是极大物体之宇宙底分布。于是化学家以其精细,地质学家以其宏大,接触着宇宙物质之二大极端,而从这相反点出发后,即渐渐——我能很容易地证明——有一种趋向将现在所有独立的及因分工起见仍留为分别研究的科学合而论之。虽然这是哲学家——合乎真正意义的哲学家——底责任,去融会贯通之而成为一完备而有效的科学。这确是很明了的,如我们已经知道物质组织底定律及其位置底定律,那么,我们必也会知道物质所有自然之变化,即是当其不受人底思想所阻碍时。任何物质所呈现的现象,不是由于物质之内部的变化所致,即是由于物质以外的东西对它起了作用,其内部所发生的变化必须以其本身的组织来解释,外部所发生的变化则必须以该物质之地位与对于该物质发生关系的东西来解释。这是每一种偶然之事的尽量的说法,而每一样事物都必须归定于以上两类定律中之一类,即使是那些不可思议的力,无论它们是物质底流出物或物质底特性,在其最后的分析上,也必须凭恃其内部的分布或其物质

---

① 每一种化学分解都不过是化合物底一种新形式。(见罗平及弗提尔著《化学分解》〔Robin et Verdeil, *Chimie Anatomique*〕第一册第四五五、四六六、四九八页)
② 一向为人误称的原子论,正式讲起来,是一种假定而不是一种原理。但虽然是假定,我们却能因其帮助而支配化学之基础——确定比例论(doctrine of definite proportions)。

前因之外部的位置。故无论在我们知识现状中是如何地方便，谈到活力，极轻的流质及轻浮的以太，可是这种名词只能算是假定而认为未解明事实之残余底名称。这些事实须有待乎未来之世纪将其化为通则以概括一切之解释。

组织及位置底这些标准既成为所有自然科学底基础，那么，无怪乎化学及地质学——自然科学中之最佳而尚未能完备之代表——在现代能较人类知识之其他大支系尤多进步了。虽然化学家及地质学家在其各个题材中尚未达到最高峰，[①]可是所可奇者在这最近两代中，他们曾很迅速地扩展他们底眼光，深入于以前曾骤视为无关重要的材料，将其他的研究门系都附属于他们自己的研究及从各方面征集知识之宝藏——久被遗弃于幽暗之隅而误用于特殊及次等之研究者——等的有意味了。这既是现代知识之大特色，我此后将以相当的篇幅来讨论，但现在我要表明的就是，在这两大科学中——虽然还是非常不完备，可是必是最重要的——其最初之重要阶段乃是十八世纪后半期之法国人所造成的。

凡以正确之意义应用科学一名辞者——即视科学为不可推翻的许多通则，此种通则以后也许会被较高的通则所概括，但决不能推翻——必承认化学之成为一种科学其源实出于法国。以此观点来看，在化学史里只有三个大阶段：第一阶段就是火质论（phlogistic theory）底毁坏及其毁坏后氧化作用、燃烧作用及呼吸作用等原理之建立；第二阶段乃是确定比例（definite proportions）论之建立及原子假设（atomic hypothesis）对其应用；第三阶段——我们尚未能超过此一步——即是化学及电学定律之联合，及将两种不同之现象合而为一种通则的进行程序。那一种阶段在其本世纪中为最有价值，乃不是现在的问题，但可确定者乃是，前二阶段皆是法国最大化学家拉发西挨底工作。在他之前有几个重要点曾为英国之化学家所解决，他们底实验确定了以前不知之物体之存在。但接连是种事实的关键尚付阙如，在拉发西挨加入研究以前，没有一种通则足以使化学成为一种科学，或适切地说，普通所承认的唯一的通则就是斯塔尔（Stahl）所立的，但这伟大的法国人非

---

① 有许多人在地质方面仍为灾祸之假定说及在化学方面为活力之假定说所困。

但证明其不完全,且确定其完全不正确。拉发西挨所有的大发现可以在许多书中找出来,这里只需说,他不但研究出物体氧化作用及燃烧作用的定律,且他还是呼吸作用真说底创立者,这是他最先表明的纯粹的化学性质,因此就立下了关于食物功用的那些见解底基础。这些见解,德国化学家以后曾继续研究下去,而按我在这本书底第二章中证明也可用以解决人类史中的几个大问题。这对于法国底功绩是很明显的,故虽然现在已建立的这种研究系统已为其他各国疾速地采纳了,①其名称则尚称为法国底化学。② 同时,术语集既充满了错误,必须需要新的了,这里法国仍旧是先发动者,因为这个大的改革是由她四个最卓著的化学家所开始的,他们之安享盛名只在革命之前数年。③

当一部分的法国思想家正在整理化学现象之千万种变化时,另一部分的思想家也在地质学方面尽了同样的义务。第一步使此高尚之研究成为普遍化者是蒲丰。他在十八世纪之中叶时曾公布了一种地质学上的理论,这虽然不全是他底创作,可是因其口才及其殊高的推论激起了人底注意。④ 此后就继着有卢尔(Rouelle)、得马尔斯(Desmarest)、多罗密厄(Dolomieu)及蒙罗西挨等底更专门及更重要的工作。他们不到四十年就将法国人底观念引起了完全的革命,因为他们使法国人明白我们行星底表面虽然完全固定不动,可是常常都在经着最广大的变化。一般开始明白,这种永久的变动非但在自然中之显然脆弱及易消灭的部分是如此,就是看上去似乎绝对坚固及含永久性的部分,如围绕着地球外部的极坚固的山岭及包含地球的壳及外皮也如此。当人底思想已惯于这种宇宙变化之观念时,几个大思想家出现之时机才到。

---

① 按哈尔科特(Harcourt)底意见,在英国方面,卡文提什(Cavendish)有这种功绩:"他是同时代中的第一人首先对于最近拉发西挨所创的相反理论作公平的评述。"(见《英国学会一八三九年报告》第十页)

② "法国底化学"。(见汤姆孙著《化学史》第二册第一〇一、一三〇页)

③ "第一次企图组成一有系统之化学术语集是拉发西挨、柏托雷(Berthollet)及摩尔维(G. de Morveau)所始,而孚克拉(Fourcroy)则于氧气发现以后即继之。"(见忒纳著《化学》第一册第一二七页)叩维挨(见《科学之进步》〔Progrès des Sciences〕第一册第三九页)及罗平及弗提尔《化学分解》第一册第六〇二、六〇三页)将此功归于摩尔维。汤姆孙说:"这新术语集立刻通行于欧洲各部而成为化学家之普通语,并不顾一切反对的偏见及到处的攻击。"(见《化学史》第二册第一三三页)

④ 蒲丰之有名的中心热(Central heat)常被认为由来布尼兹处得来,但虽然是由古人处得到一些空泛的观念,但此说之真正创立者则似乎是笛卡儿。

第十四章 十八世纪中叶以后法国革命之近因 435

他们将许多独立分散的观察和其他已有确定之定律及经验之均等性的知识部门联合起来,而使之化为通则以成立为一种科学。

就是为这一点,及同时地质学家底研究尚仍幼稚而未解决时,欧洲最大的一个博物学家叩维挨拾起了这个题材。还有几个人底研究比他深,可是他底广泛是没有人能及的,而且他广大的研究范围使他特别利于观察外界之作用及依赖性。① 这个显著的人无疑地就是地质学成立为科学的创始人,因他非但是第一个人看到比较解剖学底通则有用于地质学的必需,而且是第一个人因实行此种观念能以地球上之地层研究和在地层中所发现的化石动物研究联合起来。② 近他底研究出版以前许多关于单独地层之有价值的事实固已为人所搜集起来,第一期的系统曾为德人所调查,第二期则为英人所调查。但这些观察虽然有功于地质学,可是都是单独的,他们不能以地球上的有机变化底研究和地面所包含的动物有机变化底研究联合起来而成一整个系统。

此巨大的步骤之完全为法国所创始,非但可以从叩维挨所做的一部分工作里看出来,且我们还须承认,我们也是由于法国人,才知道关于第三地层系统底知识。在此系统内,有机之遗物最多,和我人现状之类同点也最相接近。③ 现在还有另一个例,这就是第一个应用比较解剖学于化石骨骸之研究的,也是著名的法国人多蓬同(Daubenton)底工作。以前这些骨骸都是愚昧惊愕中的不可知的东西,有人说它们是

---

① 夫卢龙(M. Flourens)公正地评说,叩维挨之理解力乃真思想之特色。(见夫卢龙著《叩维挨之事业史》〔*Hist. des Travaix de Cuvier*〕第七六、一四二、三〇六页:"巨大之理解力为叩维挨之特色。")
② "因此奥文即称他为古生物学之创立者。"(见奥文著《化石哺乳动物》,载《英国学会一八四八年报告》第二〇八页)在一七九六年,他才"对于地球之原理有着完全新的见解"。(见二〇九页,又可阅培克韦尔(Bakewell)著《地质学》第三六八页,及密椤爱德华(Milne Edwards)著《动物学》第二部第二七九页)这个步骤之重要与年俱进,而且曾公平地为人评说,没有古生物学即没有地质学。(见贝尔福著一八四九年出版《植物学》第五九一页)麦基松爵士(Sir. R. Murchison)说:"这完全是有机遗物之研究才能使大量古岩石有清楚之划分。这种岩石以前是毫无意义地称为 Grauwacke。"(见一八五四年出版之《西琉利亚》〔*Siluria*〕一书第三六六页)又在同本著作第四六五页中说:"考察岩石组成之全部组色后,实际的地质学家深深有一种信心,即在各时期中,动物之存在——或可说是保全——及其成为化石之变化处所间有着密切的关系。"(关于古红沙岩石方面的例证可阅第三二九页)
③ 在第二期岩石之上半期,哺乳动物不易找到,直至第三纪才成为普通所见的东西。(见斯特立克兰〔Strickland〕之《鸟类学》第二一〇页,载《英国学会一八四四年报告》)在植物界中也如此,许多在第三期地层中属于属(Genera)的植物仍旧存在,在第二期则不多见,而在原始层则其科(Families)亦与现在地球上所发见者不同。(见贝尔福著《植物学》第五九二、五九三页)

从天上落下来的,有人说它们是古代长者底腿,这些人是因年愈老而身愈长的。① 这种无稽的观念永久在多蓬同一七六二年出版的传记中消灭,不过关于这方面,我们现姑不谈及。总之,法国人底思想情状是这样而且值得认为叩维挨发现之先锋。

因地质学及解剖学之联合,在自然之研究中才第一次有关于这个宇宙变化之大理论底清楚观念。同时跟着起了一种观念,同等地具有确定的规律性使宇宙变化得以成功,具有同等确定的正定律支配此种变化。在以前世纪中,偶然也曾有此种观念,但十八世纪之伟大法国人是首先将其应用于地球之全部构造及开后来更高研究之先道者。关于此等更高的研究,他们底思想尚未成熟足以观察到,②而在我们现在这一代最进步的思想才很疾速地成立起来。因为现在开始明白,既然知识上之每种新的增进都能证明所有自然变化因以进行的规律性,那么我们不得不相信在我们小行星呈现着现在的形式以前及人类步行于地面之前,这种规律性早已存在的了。我们有丰富的证据可以证明在物质世界中所常经过的变动有着均等性。这等均等性非常清楚地可以表明出来,故在所有科学中最完备的天文学里头,我们能测知许多年以前确实经过的事件,没有人可以疑惑,如关于其他问题中的科学同等地进步,那么,我们底预测也必同等地正确。故很清楚的,证明底责任不在于说自然有永久规律性的人身上,而在否认此说及强立一幻想的时期——在此时期中他们自定一幻想的不幸的混局,他们似乎看见新的法律及新的秩序——的人身上。这种无根据的臆说即使结果果有其事,可是以现在的知识情状来看是绝对不能证明,及应反对之而视为神学偏见之最后残余,每种科学皆曾因之而被阻止前进者。这些及所有

---

① 乔弗来·圣·希雷何(M. Geoffroy Saint Hilaire)曾对于从前对于这些问题的意见搜集了一些证据。(见《动物组织》〔Anomalies de Organisation〕第一册第一二一、一二七页)在其他例证中,他提及一博学者名安利抗(Henrim)者,是一个学会会员,我则猜想是一神学家。他在一七一八年出版一部著作,内中说"他指定亚当是一百三十三尺九寸",诺亚则较矮二十尺等等,有时豪底骨骼则误认为巨人底骨骼。
② 即叩维挨也主灾祸说,但按查理士·来挨尔说则他自己底发现已足推翻灾祸说而使我们明白继续性底观念。(见《地质学原理》第六〇页)的确是,叩维挨底化石观察才第一次使爬虫类、鱼类及鲸类动物之间发生联系。关于这一点,我可以说,叩维挨于无意之中为打倒种类固定旧说开一前进之道,虽然他自己却固执着旧说。在喀巴尼恩著《物理与精神之关系》(Rapports du Physique et du Moral)一书第四二七、四二八页中看到几个评述,这按写作时之时期来看,可算是很显著的评述:这些是从叩维挨里得来的结论,叩维挨本人也许要反对的。

相类的观念皆合而造成一双重的弊害：一方因它们限制了人类底研究而损伤了人类底思想；一方因它们减弱了那连续及不断的定律底大观念。这种观念固然很少人能领悟得，不过将来科学之最高通则还需完全靠着这种观念。

就是这个深切的信心，即变的现象有不变化的定律，及所有明显的纷扰皆可指归于有规律的原理——就是这一点信心在十七世纪时在一有限制的范围内领导着培根、笛卡儿及牛顿。在十八世纪时，就应用到物质宇宙底每一部，而是十九世纪底责任去将这点信心伸展到人类思想史上。这个最后的研究部门，我们应完全归功于德国，因为除维科以外，没有一个人在人类进步上曾怀疑到完全综合性底可能性，直至法国革命以前，德国大思想家才开始进修这个最高及最难的研究。法国人呢，大为自然科学所占据，故无暇去注意这种事情，[1]而普通说起来，我们可以说，在十八世纪时，欧洲这三个主要大国皆各有其特殊之贡献。英国分布着渴爱自由之心，法国传布着自然科学底知识，德国则以苏格兰之帮助重兴形上学底研究而创立了哲学历史底研究。关于这种分析法，当然也有例外，但这些是这三国底显著特点是很可确定的。自陆克在一七〇四年及牛顿在一七二七年死后，英国特别地缺少思考上的大思想家，这并非是能力的缺乏，而是因为一部分人转向于实际的事业及一部分人转向于政治竞争的原故。此后我将研究这种特殊点底原因及设法确定这种特点之如何影响于这国底命运。其结果在全部讲起来是有利的，我可毫无疑问，不过对于科学底进步当然有害，因除那些必能产生明显及实际之利益者外，皆倾向于将科学底进步远离所有新的真理。结果，英国人虽然也有几种大的发现，可是在七十年中，从未有一人能对于自然现象具有真正广大的见解，没有一个人能和在法国改革自然知识之每一科的显著思想家相比。直至牛顿死后两代余，一个显

---

[1] 孟德斯鸠和丢哥都似乎不相信有综合过去以预测未来的可能性，至于福耳特耳在其对于历史之深见中的最弱一点，即是深信旧说，以为大事皆由极小之原因发生而来，这是这个富有理解力之思想中的一个特殊错误，因其基于混乱原因与情状之上的原故。像福耳特耳这样的人也会有这样大的错误，实令那些能欣赏其极大天才之人起了愁闷的反省，且给我们一个好的教训。这种谬见在孟德斯鸠及丢哥则没有，而前一作家尤能表现其非常能力使人信其生活于较后一时期，因此能尽量用其对于政治经济及自然科学之材料，以得荣耀地立下人类史哲学之基础及其机构。可是他没有观察到每一种科学研究之最后目的，即是预测未来之力量，自他于一七五五年死后，所有法国才智之士，除福耳特耳以外，皆集中其注意于自然现象之研究。

著的反动底象征才第一次显现出来,很疾速地在国民思想之每一部门表现着。在物理方面,我们只需指出道尔顿(Dalton)、得维(Davy)及扬格,每一个在其自己之研究范围内皆是一个新时期之创立者;至于在其他的题材上,我只能公正地指出苏格兰学派底影响及对于德国文学之骤然及恰当的赞美。关于德国文学之赞美,科尔利治是主要的代表,而德国文学曾在英国人底思想中搀入一种对于综合法底倾好,较前更高及更为胆大。在十九世纪之早期开始的这个大运动,我将在后一本书中研究之。现在我仅因表明事实而说明在这个运动开始以前,英国人在几个绝对重要的事情上虽然较法国人为优越,可是在那些大而明达的见解中却在许多年中都较法国人为逊劣。没有这种广大的见解,非但坚忍的努力都将成为无用,而真正的发现也要因缺少综合的习惯而失去了它们底真实价值,因综合的习惯能将各种发现彼此联合起来,而使各无联系的片断结合而为一完全融合的真理底大统系。

对于这些研究的兴趣使我延长了原来规定的篇幅,或者过于冗长以致于不适合于这本通论底暗示及预备的性质。但法国人现在所研究之自然知识之非常成功及其对与革命之关系是如此地令人奇异,故我必须再举几个最特著的例,虽然为简便起见,我将限于叙述三个大分类。此三大分类合则称为自然史,而在所有自然史中,我们将看到法国在十八世纪后半期所采之最重要步骤。

在第一类中,即动物学之部门,我们因十八世纪之法国人而有那些仍为此种知识科系所能达到的最高通则。按动物学之真意义讲起来,它只包括两部:即解剖学部分,为动物学之静力学,及生理学部分,为动物学之力学。前一种是关于动物底构造,后一种是关于他们底功用。① 这两种学问几乎在同时为叩维挨及比沙所修进,而他们所得的主要结论经过了六十年仍旧保持着它们底要点未被混扰。一七九五

---

① 以解剖学为静力的及生理学为动力的分界线为孔德及罗平及弗提尔推论而出。(见《实验哲学》第三册第三〇三页及《化学分解》第一册第一一、一二、四〇、一〇二、一八八、四三四页)卡卢斯(Carus)及本哲明·布罗提爵士(Sir Benjamin Brodie)也有如此之结论。(见《比较解剖学》第二册第三五六页,及《病理学及外科之讲话》〔Lectures on Pathology and Surgery〕第六页)虽然所表现的没有这样确切。在另一方面,《密楞爱德华》则称生理学为"生命之科学"。(见《动物学》第一编第九页)这如果是真实的,也只能证明简直没有生理学,因为现在确是还没有所谓生命之科学。

年，叩维挨立下一大的原理，说动物之研究及分类不应若以前仅注意于其外表上的特殊点，而应注意其内部的组织，故在这方面的知识没有真的进步可言，除非伸展比较解剖学底范围。这一步现在看起来固然很简单，可是有极巨大之重要性，因为动物学因此立刻就跳出了观察者之手而转入于实验者之手，其结果就是动物详细情形之确切及正确性之获得。这种确切与正确性也只有实验能达到目的，而在每一方看起来，都较观察所能供给的这种普遍的事实来得真确。自因此指示了自然科学家以研究底真道，使他们习于一更接近及更严格的方法，及教他们轻视他们以前所喜的那些空泛的描述后，叩维挨立下了进步底基础，在最近六十年中远胜过了人底期望。这就是叩维挨所尽的真的义务，就是他推翻了利厄阿斯之天才所成立的强造的系统，而以使未来之研究得最大自由之范围的远较优越的方法来代替。因按那方法，凡关动物界内之比较解剖学尚有未曾研究得者，则所有系统必皆不完全而为假定的。这种广大见解之影响，因叩维挨之非常技巧及努力而增大，且因此证明他自己观点之切实。他对于比较解剖学知识之增进较任何人为多，但最使其著名的乃是应用其广阔的眼光于其所获得的知识上。并没有受其他通则之影响，他是全部动物界之分为脊椎动物（Vertebrata）、软体动物（Mollusca）、关节动物（Articulata）及射形动物（Radiata）那大分类的作者。① 这个分类根基坚固，且是法国以广大及哲学的精神用于物质界之现象的一个最显著的例。②

　　叩维挨底名固已大，而更大者尚在后面，当然我是指的比沙。他底名誉因我们知识之进步更增大起来，如果我们将他夭折之年和他深广之见解作一比较，我们必要称他为研究动物机构之组织的最深思想家

---

① 这个著名分类法之基础是叩维挨在一七九五年的一篇论文中定下的。（见休挨尔著《归纳科学史》第三册第四九四页）可是似乎是在一七九一年或其后一年，某几个软体动物底解剖暗示他有重改全部动物界之分类的观念。
② 叩维挨分类法之最可怕的反对论，乃是从环进说（Circular Progression）之创论而来。这是一很显著的理论，拉马克和马克李（Macleay）是其真正的创论者，而且当然也富有许多证据的。但在许多名动物学家之中仍有许多坚持四分法之论，虽然显微镜观察之不绝增加的正确性，曾观察到远较低下的神经系统，而使几个解剖学家竟将射形动物类再分为 acrita 及 nematoneura。可是所有动物既皆似各有一明显的神经统系，此种重分法也只能称为假定的。当我们底显微镜有了进步时，我们将需回恢到叩维挨底分类法。叩维挨底几个继续者曾从射形动物中移去了无足类及针刺类，但关于这一点，赖麦・琼斯（Rymer Jones）却拥护叩维挨底分类法。（见《动物界》第二一一页）

及最完全之观察者。① 他当然缺乏叩维挨所显著的那广泛的知识,但虽然因此原故,他底通则是由较小的范围中得来,可是在另一方面看来,它们比较上没有这样假定。我想它们比较完全些,而且与有关的,当然都是比较重要的题材。因为比沙底注意力异常地转向于人类体构之组织②——以最广大的意义来说,他底目的既是研究人类底组织,于是可能的话,他就成立了关于生命之原因及性质的几种知识。在这个伟大的事业中,以全部来说,他是失败的。不过他对于某几部分的影响殊为超越寻常,且又激发几种最高的研究支系,故我将简单地表明他底方法,而以之和其他一种方法——即叩维挨同时用以获得巨大成功的方法——比较一下。

叩维挨之重要步骤,就是他坚持广泛地研究动物器官之必需,而不随旧的方法仅以描述动物之习惯及外表之特殊点为事。这是一个大的改进,因为他将直接的实验代替了松弛的及普遍的观察,因此在动物学中引入了以前从来未有的确切性。③ 但比沙以更敏锐的眼光看出这一点尚未能称足。他看到每一个器官既然为各种不同的组织所合成,那么,在我们明白器官之如何因各种组织(tissues)联合起来而得产生之前,必须研究组织之本身。这一点有如其他所有的真正大思想一样并非个人底发觉,因为组织之生理上的价值已早为前于比沙的几个人如卡米岂儿(Carmichael)、斯迈斯(Smyth)、波昂(Bonn)、菩都(Bordeu)及法尔罗彼俄(Fallopius)等所承认。这些研究者虽然非常努力,却未曾产生什么重要的影响,因他们虽然收集了几种特殊的事实,可是在他

---

① 我们可以将亚里士多德除外,不过在亚里士多德及比沙之间,我们不能找到一个中间人。
② 在低等动物方面之实验帮助着这个大生理学家建立那些大的通则。这些通则虽然应用于人类,也决非尽为人类解剖学而征集的。不习比较解剖学不足以明了生理学一点,曾为赖麦·琼斯在其《动物界之组织》(Organization of the Animal Kingdom)一书第六〇一、七九一页中指明。
③ 斯汪松很奇异地怨说,叩维挨"弃却每个人能见的较平易较明白的性质,这尚幸为利尼阿斯所利用,而使这些种类之差异依据一个解剖学家所能知道的情形而定。"(见《动物之地理及分类》〔Geography and Classification of Animals〕第一七〇页,可比阅荷治松〔Hodgson〕著《尼柏尔之鸟类学》〔Ornithology of Nepal〕载《亚洲研究》第一九册第一七九页,一八三六年加尔各答出版)换句话说,这是对于叩维挨之拟将动物学成为一科学因而就褫去了动物学一些普遍的吸引力,而代以其他更写性质的吸引力的一种责言。根据观察而不根据实验之引用于自然科学之错误,曾为许多作家所谈到,但都不像圣·希雷阿在《动物之组织》第一册第九八页中所说的来得明达。

们观察中总缺乏着融会通贯性,而且总呈着一个努力的研究者因对于其所研究之学未能得一正确的见解的人底一种不完全的特色。①

在这种情形之下,比沙开始他底研究。这些研究以其实际及预期的结果来看,恐怕是个人思想对于生理学上的最有价值的贡献。一八〇一年,只在他死的前一年他出版了关于解剖学的伟大著作,在这部著作中,他将器官底研究附属于组成器官的那些组织底研究上。他说人体包含二十一个明显的组织,所有这些组织虽然完全不同,可是共同具有伸展及收缩两大特性。这些组织,他以坚苦的努力予以每一种的研究。② 他考察它们各种不同的年岁及疾病,以确定他们正常及病理上的发展。③ 他研究每一种组织之如何为潮湿、空气及温度所影响,及其特性之如何为各种化学物质所改变,且即在味觉方面亦如此。④ 因用了这种方法及其他许多趋于同一目的的实验,他迈进了一大步,使他非但被视为旧科学底革新者,且为新科学底创立者。虽然以后的观察者曾纠正他底几种结论,可是这还是用着他底方法而得的。他底方法之价值已普遍地为人所承认,几乎所有最好的解剖学家都用他底方法。他们在其他观点上,和他不同,可是都同意于必须将解剖学之未来进步

---

① 比沙是否知道斯迈斯、波昂及法尔罗彼俄之著作很可怀疑,而且我不记得他曾否提到他们底名字。可是他当然研究过菩尔都,但我怀疑影响他最大的作家是彼内尔,他底病理学通则是在比沙开始写作时提出的。
② 彼内尔说:"在一个冬天之内,他已解剖了六百多个死尸。"(见《普通解剖学》第一册第一三页中《比沙之短评》)因这种巨大之工作及每日在必然之污浊空气中工作,他立下了疾病的体质底基础,这使他以后偶然得了不起之疾而终于三十有一龄。
③ 对于这种在他以前很少见的比较解剖学(如能如此称之),比沙颇重视之且清楚地看到必然将成为病理学中之最大价值。(见《普通解剖学》第一册第三三一、三三二页,第二册第二三四至二四一页及第四册第四一七页等)不幸这些研究没有适当地为他直接的继续者所继续下去,而牟勒在他死后很久写作时,不得不专指比沙而"提出普通病理学之原理"。(见牟勒著《生理学》第一册第八〇八页,一八四〇年出版)又福该尔(M. Vogol)也在他一八四七年出版之《病理解剖学》(Pathological Anatomy)第三九八、四一三页中谈到早期病理学家所犯的错误,即注意器官之变化而忽视组织中的变化。又西门在他一八五〇年出版之《病理学》第一一五页中也说"构造解剖"及"构造进化"应为病理学之基础,(可比阅威廉于一八四八年出版之《医学原理》〔Principles of Medicine〕第六七页)他将这种合理病理学的成功都归功于亨雷及什凡,他忘记提及他们不过是实施比沙底方法(我说到这一点,对于这两个卓越的人并无不敬重之处)而其实施时之理解力又远逊于其伟大之前驱。在布卢塞氏《医学理论之研究》第四册第一〇六、一〇七页中,关于比沙对病理学所尽的极大义务有几个公平而通达的评述。
④ 按孔德底意见,在比沙以前未曾有人想到这一点(见《实验哲学》第三册第三一九页)。罗平及弗提尔在他们最近之大作中皆完全承认应用这个方法的必要。(见《化学分解》第一册第一八、一二五、一八二、三五七、五三一页)

根据于组织上的知识,其重要是比沙第一个看到的。[1]

比沙及叩维挨底方法,合在一起时,即能尽动物科学之真材料而研究之,故所有以后的自然学家不得不采纳其中的一种方法,这就是或依叩维挨底方法比较动物底器官,或按比沙底方法比较组成此等器官的组织。[2] 前一种比较既完全暗示着功用,及后一种比较暗示着构造,故显然,若要将动物界之研究尽量提至最高点,则这两种大的方法都是必需的。但如果我们问那一种方法能独立产生较重要的结果,则我们必将胜利归诸比沙。而且假如我们必须将此问题求决于名家,则大多数最著名的解剖学家及生理学家现在都倾向于比沙;而按历史来看,我们可以证明比沙底名誉因知识之进步,较他底大敌叩维挨增大得尤为疾速。而我觉得更确定者,就是在我们时代关于动物分析的两个最重要的发现都是比沙所示的方法底结果。前一个发现是阿伽西(Agassiz)所发现的,他在他化石足印学底研究途径中,观察到叩维挨按照器官的那种排列法在化石鱼方面并不能达到目的,因为在年代的消逝中,它们构造上的特性已经毁坏了,所以他就采用了其他一方法及研究组织。组织因为没有器官来得复杂,故常常发现是完全的。结果很显著地发现鱼底皮膜和鱼底构造是很密切的联系着,如果整个鱼已经消灭只存有一膜,则实际上能注意其特点而将该动物在其主要点上重新恢复起来。这种部分配合的原理,其价值殊为易见,因阿伽西乃完全根据其所发明之动物分析而成,而化石鱼类学亦因此首次呈现一确切及一定的形态。[3]

其他一发现,其应用尤为广泛者,亦恰是用同样方法作成的,这就是每个动物底齿都必然地和其身体构造之全部组织有密切的联系,故在某种限度以内,我们可以考察其齿而得预测其组织。这个自然运用之规律性底绝好的例,直至比沙死后三十余年方为人所知道,而这也完

---

[1] 因这个运动的结果,即产生了一种完全新的病理解剖学,名为组织底衰谢(Degeneration of Tissues)。这种解剖学在比沙以前并无前例,但其价值现已为多数病理学家所承认。
[2] 叩维挨完全忽略组织上底研究,而在他偶然谈到的时候,其意义也非常空泛。
[3] 阿伽西底发现完全包括在他底大著《鱼化石研究》(Recherches sur les Poissons fossiles)一书中,但无机会参阅他那部价值甚昂的书的读者,可以看他另外两篇文章,那也可以令人明白他如何研究他底题材。(这两篇文载于英国学会一八四二年报告第八〇至八八页及一八四四年报告第二七九至三一〇页)麦基松说:"化石鱼处处都证明是岩石年代之最确实的纪年者。"(见《西琉利亚》第四一七页)这可知这种研究对于地质学家是如何重要了。

全是因比沙所辛勤训诲之方法底实行方克臻此。因齿在以前从未被视为一种独立的组织而加以考查,故一般相信齿是完全没有构造的,或以为不过是一种纤维质的组织。① 但自经精微的显微镜察视以后,最近曾确定齿底组织和身体之其他部分实无歧异。② 象牙或按现在所称为的象牙质是非常有组织的,③这好像珐琅质一样是一种细胞组织,而且在事实上就是活的髓质底一种进展。这个明达的解剖学家视为富有非常意义的这个发现,约在一八三八年成功。虽然最初的步骤是由柏金耶(Purkinjé)、累齐乌斯(Retzius)及什凡(Schwann)所引起,但其主要的功劳尚需归诸内斯密斯(Nasmyth)及奥文(Owen)。在他们两者之间常有争论,不过我们现在并不欲公断其彼此相敌之议论,④我所要说的,乃是这个发现和阿伽西底发现颇为相同,其所用之方法相同,而其结果亦无异。两种发现都是因为承认了比沙底基础议论,即器官的研究必须附属于组织的研究而来的,而两种发现都对于动物分析供给了极有价值的帮助。关于这一点,奥文底贡献是无可比拟的,无论我们怎样去评述他原来所提的理由,这个著名的自然学家曾以极大的精勤将这个发现应用于所有的有脊动物,而且在一本专门讨论这个问题的书中将一个惊人的事实不容争辩地表现出来,即一只牙齿底构造就是它所属的一个种类底性质及组织底标准。⑤

---

① 一般都相信齿是纤维质所组成的,直至一八三五年柏金耶才发现齿底管状器官。在柏金耶以前,只有一个观察者名雷瓦顿(Leeuwenhoek)的,曾宣布齿底管状构造,但没有人相信他所说,且柏金耶也没有听到他底研究。
② 因了显微镜中之发现,内斯密斯在他有价值——但我很惋惜地加说是遗著——的著作中说:"在齿及动物体构之其他组织中存在之密切相类点。"(见《齿之进化底研究》〔Researches on the Development of the Teeth〕第一九八页,一八四九年出版)确实讲起来,这本书就是内斯密斯前部书底继续,那本书也用同一的名称,而是一八三九年出版的。
③ 这个名称似乎是奥文第一个暗示的,曾为人所反对,但我以为其证据并不充足。
④ 在休挨尔底《科学史》第三册第六七八页中讲到齿底组织时,并没有提到内斯密斯,同时在威尔逊着《人类解剖学》第六五页关于这个问题却并没有提到奥文,这就是人们对待其同时代人的公正与否一个例。格兰说:"奥文底研究倾向于证实内斯密斯底研究。"(《胡柏医学辞典之补编》〔Supplement to Hooper's Medical Dictionary〕第一三九○页,一八四八年出版)内斯密斯在他最后一本书中只提到奥文以指出一种错误,(《齿底研究》〔Researches on the Teeth〕第八一页,一八四九年出版)而奥文则视内斯密斯为大胆的抄袭者。(见《齿牙论》〔Odontography〕第一册第四六至五六页)
⑤ 休挨尔说:"他曾根据这种发现去研究动物界之每一部,且在他《齿牙论》中发表其结果。如果这个才能的——但心急的——作家读过《齿牙论》,则将发现奥文并未将其研究遍及于动物界之每一部,而只清楚地限于动物界中的一个最初区分。"(见《归纳科学史》第三册第六七八页,我是援引《齿牙论》第一册第六七页中的原文)且以为在有脊动物以下,这种研究将无补于动物分类之目的。

凡对于我们之知识所不绝经过的各阶段能作一深切之反想者,我想必能趋于一种结论,即当我们完全承认动物体构之研究者底大功时,我们最高的赞美不应留与作此发现的人,而应留与指示这种发现之如何能作成的人。[1] 当研究之真途径一旦表明,则其余的比较上就容易了。踏成的大路常常都开展着,困难不在于找到循旧路的人,而在找到那些作新路的人。每个时代产生无数机智及相当精勤的人,这些人各能完全精治其所习之一种科学,但不能将其科学伸展至极远的范围。这是因为这种伸展之必需附有新的方法,[2]而此种方法之有价值及新奇则非但必须恃暗示此方法者之完全能左右其问题之材料,且亦须具有创造力及理解力——这是人类天才之两种最珍贵的性质。在这里就包括有每种大研究的真困难。当任何一知识部门化为定律时,即在其本身或其应用上含有三种明显的途径,就是发明(inventions)、发现(discoveries)与方法(method)。在这三种里面,第一种合于艺术,第二种合于科学,第三种合于哲学。在这阶段里,发明所占的地位最低,而最高的思想统系殊少为其所占据;其次即是发现,这里是思想底范围真正开始的地方,因为在这里,其第一步的尝试就是以其本身的原故去找寻真理,及弃除发明所必需的那些实际上的关系。这就是科学之适当的解释,要达到这个阶段之如何困难,我们只需看半文明的民族曾有许多许多发明,但没有发现,也就明白了;不过这三阶段中之最高的乃是方法底哲学(philosophy of method),它和科学的关系就有如科学和艺术的关系一样。至于其巨大及至高的重要性可以在知识年史里找到许多证据,因为没有方法,故有几个非常有才具的人都将其一生消耗于无结果的奋勤中而绝无所得,这并不是因为他们底工作迟滞,乃是因为他们底方法是徒劳无益的。每种科学底进步与其说是靠着研究者之真实能力,无宁说是靠着所治的方法如何而定。如果游历于异国的人,将他们底力完全费在奔跑于错误的道路上,他们将失了他们底目的点,而势

---

[1] 但在比较发现之本身之价值时,则我们将赞美那些证明者,而非暗示者。
[2] 所谓以新方法研究一题材者,我意即是将其应用于其他题材之通则,以广思想之范围。称此为新方法固甚空泛,但现无其他语辞足以表明其程序。适当地说来,只有两种方法,即归纳与演绎。这两种方法虽然在要素上是不同的,可是总是混合在一起,以致不能完全将他们分开来。至其异点之真性质,则将于下一本书比较德、美之文化时再为讨论之。

至于昏绝而倒于途中。在追求真理之冗长而艰困的旅途中,而人类思想对此尚未有所发现,及我们这一代也只能聊观其形的时候,当然发现真理的成功不恃人类在研究途中之进程速度如何,而需视那些伟大而强有理解力的思想家为他们选择途径之机巧如何而定,而这些思想家也就是知识底立法者及创立者。因为他们不是以考查特殊的困难来补救缺点,而是以建立几个大而广揽的革新,使开展新的思想动脉,创造新的材料源流,以便后继者之研究及应用来补救缺点。

因为根据于这个观点,我们才提高比沙底价值,他底著作有如所有最卓越的人底著作一样——有如亚里士多德、培根及笛卡儿——表明人类思想史的一个时期。因为这样,故只有将其与那时代所表现的社会及知识状态相连起来才能公平地评述之,这就给予比沙底著作以一种殊少为人所注意的重要性及意义。关于动物分类的两个最近的大发现,我们刚才见到是他底教训底结果,但他底影响曾产生了更大的结果。他因了喀巴尼恩之助进得能阻止生理学参与法国在十九世纪早期所受之不幸的反动,这对于生理学实尽了不少计量的义务。这个问题在这里讨论未免范围太大,但我可以说明,当拿破仑不为信仰的感觉而仅为个人自私的目的而企图恢复宗教原理之权力时,文人皆屈节卑恭地和拿破仑同一观念,于是在五十年中法国人曾进修至知识最高部门的那种独立及革新的精神开始显著地销沉下去。形上学派也就兴起来,它虽然自以为超乎神学之上,却和神学很密切地联系着,而它那种夸张的观念在其暂时的辉煌中实和前一代之较谨严的方法大相径庭。① 法国底生理学家以一团体而论,是常常反对这个运动的,我们可以很清楚地证明,他们底反对——即叩维挨之大才亦不足以克胜的——一部分都是因比沙所给予的激动而起。比沙在他自己底研究中,视为必然地实行反对形上学家及神学家设法要支配每一种科学的那些臆说。兹为举例起见,我可以说明两个值得注意的事实。第一个

---

① 在文学及神学中,沙托勃良(Chateaubriand)及得梅斯特(De Maistre)当然是在这反动中的最雄辩及最有影响的人。他们两个都不喜欢归纳法,但喜由其武断自下的前提演绎地推论而称为第一原理,不过得梅斯特是一个很好的方言家,故其著作曾为许多不注意沙托勃良之风华演说的人所诵读。在形上学中,也有同样的运动发生,拉娄米杰尔(laromiguière)、路瓦耶珂拉尔(Royer-Collard)及美恩得俾隆(Maine de Biran)创则到库臧达到了最高峰的著名学派,这学派也是同等地不明白归纳法哲学及缺少对于自然科学的同情心。

事实就是在相当期间比沙底影响鲜能达到的英国许多人中,即使是我们卓著的生理学家,也明显地表示倾向于和反动派相联合,非但反对他们所不能直接解明的新奇事物,且卑屈其自己高尚之科学以附从于自然神学之目的;其他一事实即是在法国,比沙底门徒一致反对研究最后原因,这一点叩维埃学派却仍追从着,其结果则自然地,比沙底门人在地质学中引用均等性说,在动物学中引用种类变形说,在天文学中引用了星云之假定(nebular hypothesis),这些都是大而高超的计划,在它庇翼之下人们底思想可以设法逃避干预专断之论。这种干预之论知识之进步在每一地方皆减小之,而其存在却是和最近两世纪我们永常转向的那些永久秩序性的观念相矛盾。

  法国思想所呈现的及我现在只简略概括而述的那些伟大现象,将在这部著作的后半部适当地评述之。现在我将考查欧洲思想之现状及拟估值其未来之趋势。但在完成我们对于比沙之推崇时,我们只需注意,有些人对于他最有价值的作品是作怎样的看法。在他底著作中,他底目的只是努力综合生命之功能而化为通则而已。按我看起来,在许多重要点上比沙在这方面确是失败的,但其著作之本身却是例外,且为作者天才之显著例证,故我将稍述其基本之观点。

  生命以全部而言,含有两种明显的分支:一支属于动物,一支属于植物。属于动物者称为动物生命,为动植物所共有者则称为有机生命。故植物只有一个生命,而人则有两个明显的生命,这两个生命完全为不同的定律所支配,又它们虽然彼此有密切的关系却也不断地相反。在有机生命里,人完全为自己而存在;在动物生命里,他和其他人相接触。第一个生命底功能纯粹是内在的,第二个生命则是外表。他底有机生命是限于创造及毁坏的双重程序内。创造的程序就是同化作用,即消化循环与营养,毁坏程序就是分泌,如蒸发等等。这就是人和植物共有之点。在这个生命里,他在自然之情状中是无意识的,但他底动物生命之特点却是有意识的,因为他有了这个生命就能活动、感觉及判决。有了第一个生命他不过是一种植物,加上第二个生命他才是一个动物。

  如果我们现在察看使这两个生命之功能能在人类中活动的器官,则我们将为一显著的事实所惊动,即他底植物生命底器官非常无规律,而他动物生命底器官却异常匀齐。他底植物或有机生命乃为胃、肠及一般腺状系统如肝及膵等所管理,所有这些都是无规律的,容许形式及发展上之极大变化,而并不致于严重地扰及其功能。但在其动物生命中,其器官则皆为对称的,稍一差异即失其作用。非但脑部如此,即感觉器官如耳、目、鼻亦完美地对称;又它们和动物生命之其他器官如手足一样都是成双的,在身体之两旁呈现着相同的部分而产生一种对称现状为我们植物生命中所无有者,而植物生命之器官大部分都是单个的如胃、肝、膵及脾即是。

从这两个生命之器官之根本差异中,又产生了几种其他富有兴趣的不同点。我们底动物生命既然都是成双的,而有机生命是单个的,那么,前一生命有休息之可能性,即在某一时间可以停止其活动,待以后乃重恢复之。但在有机生命里,停止活动即等于死亡。我们和植物所共有的生命是永不睡眠的,如果它们底活动在一刹那间完全停止,即等于永久停止。我们身体接受物质及排出物质的程序绝不容有所间断,它本质上就是不绝活动着,因为是单个的,故永不能接受补助。其他一个生命则我们非但能在睡眠中得到恢复,且在清醒时亦能得到休息。这就是当我们运用动作的器官,我们可以休止思想的器官,而且在我们继续运用器官时,可以休止其一种功用。因为我们底动物生命既然是成双的,我们可以在短时期内,因一部分之疲倦而单独用着其他一部分,譬如用一只眼或一只手臂,以使其他一只疲乏的眼或手臂得以休息,这是有机生命之单个性质所完全没有的方便。

我们底动物生命既然完全是间歇的,而有机生命是继续不断的,[①]那么,必然的前一种生命能改进,后一种生命不能改进。没有一种改进可以不由比较而来,因为只有比较一种状态和另一种状态,我们才能矫正以前的错误而避免未来的舛谬。现在,我们底有机生命并不容有这种比较,因为它既然是不能间断的,也就不能分为阶段,但当不为疾病所阻时,则又迟钝呆板地运动着。在另一方面,我们底动物生命如思想、谈话、视觉及动作不能长久运用而无休息,又因它们常常可以中止

---

① 关于以间歇为动物生命之性质,可阅霍兰著《医学摘记》(*Medical Notes*)第三一三、三一四页,在那里还扬及比沙为这种发现之大阐发者。至关于有机生命之重要继续性,可阅部尔达赫(Burdach)著《生理学》(*Physiologie*)第八册第四二〇页。

的,故实际上可以比较它们以及改进它们。因为具有这种功能,故婴孩底第一次哭声即能渐渐进而为成人底完美言语,及没有组织的早期思想习惯即能渐臻成熟之期而为长期不绝努力之自然结果。但我们和植物所共有的有机生命不容间断而当然的也就没有改进,它服从它自己底定律,但没有动物生命所独有的重复性。它底功能如营养等等在人们出生以前几个月中已经存在了,而在动物生命尚未开始前,则绝无比较——为改进之基础——之可能。① 又虽然当人类体格长大时,其植物性的器官也同时变大,可是不能就以为它们底功能也真正的改进了,因为通常它们在儿童及成人中所尽的责任是一样地正常及完全。

因此,虽然尚有其他的原因参杂其间,我们可以说动物生命之进步是完全由于其间歇性所致,而植物生命之不进步则由于其继续性。我们还可以说第一种生命之间歇性是由于其器官之对称,而第二种生命之继续性则由于不合规律。这个广泛而奇特的综合法,当然可以遇到许多难以克胜的反对,但其中我信确含真理之种子,而且我们可以确定对于这个方法之赞美永不会过甚。因为它将功能及构造之研究和胚胎学、植物生理学比较论及习惯底影响等研究联合起来,这是一大而超越的研究园地,只有比沙底天才能力才能概括一切而研究之,但自他以来都从未有一生理学家或形上学家尝试去作一普遍的考察。

在现世纪中,对于这样极含兴趣的题材而迄无所阐发,实可证明比沙天才之横溢。因为姑不计其对于生理学及对于与之有关的每一项物理学有了什么增益,他底生命论总是绝无匹敌的,而且他以如此有限的材料得以建立这种议论。他所遗留下来的这部惊人的著作确是非常不完全,但即在其缺点中,我们也能看到一个大专家底方法,在他以前是从未有人对于这个题材引用这种方法。他底生命论可以比之古代艺术之碎片残瓦,虽然这样地不完全,也仍含有使是等艺术产生之灵感作用

---

① 见《比沙之生活》(Bichat surla Vie)第一八九至二〇三页,又第二二五至二三〇页。布卢塞也说比较只能在出生以后开始,(见其名著《骨相学研究》〔Cours de Phrénologie〕第四八七页)但这当然是很可怀疑的。很少生理学家将否认,胚胎现象——虽然为形上学家所忽略——在形成未来之性质上具有极大的关系,而且我也不明白,心理学底系统如何能完成而不被特殊的证据所反驳,如果我们忽略了其本身上之考虑。这个题材是这样地不被人审慎地研究,以致关于子宫方面,也有极端相反的叙说。如子宫之存在有如几个生理学家所断定的这样确实,那么,必确实能证明动物生命(在比沙底意义上)在胎儿时期即开始。

底印象而在每一分部中都呈现着联合的观念，使我们看起来即觉得是一个完全及生动的个体。

从以上自然知识之进步底概论中，读者即能对于十八世纪后半期在法国所产生的卓著的人底能力得到一些观念。要完成这个叙述，只需考查自然史之其余两科即植物学及矿物学即可。最初使这两种研究渐成为科学者，是法国革命前几年的法国人。

在植物学中，我们对于特殊事实之知识虽然在最近百年中疾驰地增加，①可是我们只有两种通则可以概括所谓自然定律：第一个通则关于植物底构造，第二个关于植物底生理学。关于生理学的通则就是那完美的形态学定律（Morphological law），按那定律，各种器官之不同现象都是由于必然进化的原故，雄蕊、雌蕊、花冠、花萼、花苞都不过是叶底变形及其所经的各阶段。这是我们应对德国人感谢的一种有价值的发现，这是革德（Göthe）在十八世纪后半期所作成的。②关于它底重要，每个植物学家都知道的。至于对于人类思想之史家尤为有趣，因它使伟大之进化学说之基础强固起来。最高的知识支系现在就是急速地朝这个方向走，在现世纪则已达入动物生理学之最困难部门了。③

但我们对于植物所稔知的最合乎理解的真理就是包含在它整个构造中，这我们是从那些伟大的法国人中习知的，他们在十八世纪之后半期开始研究外界。最初的步骤乃适在该世纪之中叶后为阿同松

---

① 代俄斯科利提斯（Dioscorides）及格林（Galen）知道四百五十至六百种植物。（见文开勒〔Winckler〕著《植物学史》〔Geschichte der Botanik〕第三四、四〇页，一八五四年出版）但按叩维挨尔利尼阿斯于一七七八年"指示出约有八千种"，（见《历史上的颂赞汇选》〔Recueil des Eloges Historiques〕第三册第四六八页）而迈阳说在利尼阿斯死的时代，约有八千种已知的植物。（见《植物地理学》第四页）休挨尔在所著《布利治窝式论文》第二四七页说："约有一万种"。从那时候起，进步从未间断过，而由亨斯鲁（Henslow）一八三七年版《植物学》第一三六页中，我们知道"已知及正式归于植物著作中的种类已有六万"。十年以后，林德利博士说有九万二千九百三十种，（见一八四七年《植物界》第八〇〇页）又二年，贝尔说"约有十万"。（见贝尔福一八四九年版《植物学》第五六〇页）这就是我们自然知识进步之速率。在完成这种记载以前，我应提及，在一八一二年，汤姆孙博士说："几有三万种植物曾被研究而纪录下来。"（见汤姆孙著《皇家学会史》〔Hist. of the Royal Society〕第二一页）

② 这是在一七九〇年出版的。（见文开勒著《植物学史》第三八九页）

③ 这就是研究到动物底畸形。这种现象虽然似乎是没有一定，可是现在已经知道其一定为前在情形之必然结果。在最近三十年中，这种不自然之产生底定律——普通是这样称说——已有几种发现出来了，而且还证明其非但不是不自然而是绝对地自然。因此有一种新的科学创立起来名为变态学（Teratology），现正在破坏旧的怪物观念之最后及最坚固的壁垒。

（Adanson）、丢阿美尔·丢蒙索（Duhamel de Monceau）及得封坦等所创始。这是三个卓著的思想家，他们证明一向没有人知道的一个自然方法的实用，这个方法就是累依本人也只有一个黯淡的认识。① 这减弱了利尼阿斯底不自然的系统以后，②即预备一种革新较任何知识支系所受的影响都为完全。当那一年，即革命爆发的一年，朱西厄（Jussieu）立下了一组植物学通则，这些通则之最重要者皆密切地联系着而仍为这个研究部门所能达到的最高地步。③ 在这些通则中，我只需指出三个大的提议，这些提议现在已容许为组成植物解剖学之基础。第一个提议就是植物界以广义来说，包括单子叶、双子叶或竟无子叶的植物；第二个提议就是，分析非但不是勉强的，而且是绝对自然的，因为这是一个自然的定律，凡单子叶的植物都是内长植物而层层围着茎底中心发长，双子叶的植物则是外长的，被迫着向周围发长而非向着茎底中心发长；④第三个提议就是当植物在中心发长，其果及叶之排列皆是三重的，如向周围发长则常常几是五重。

这就是十八世纪时之法国人对于植物界的贡献。⑤ 如我们再看到矿物界，则将发现我们受到他们底恩泽也几相等。矿物之研究乃自然史三系中之最不完备者，因为不计它是如何的简单及曾实施了多少实验，研究的真方法总也未能确定下来；我们还需怀疑，矿物学应附属于

---

① 林德利博士说得封坦是第一个表明双子叶植物及单子叶植物茎中之相反增加性的人。（见《英国学会第三次报告》第三三页）
② 很奇怪的，一个自然系统被证明其为优越以后许久，即好的植物学家也仍坚系着利尼阿斯底系统。更令人注意者即利尼阿斯——他是一个真实的天才及具有联合之非常能力——常常都以他自己底系统为假定的而最大的目的乃是要达到按自然种类而分的分类。（见文开勒著《植物学史》第二〇二页，及利查〔Richard〕著《植物学原理》〔Eléments de Botanique〕第五七〇页）确定，如何能将牵强附会的方法视为有永久的价值呢？（见朱西厄一八四九年版《植物学》第二〇二页）
③ 翁团·朱西厄（Antoine Jussieu）著《车前类植物》（Genera Plantarum）于一七八九年出版于巴黎，虽然都知道是数年心血所得的结果，但有几个作家却说其观念是由其叔柏纳·朱西厄（Bernard Jussieu）处借来的。但这种说法殊不值注意，而且柏纳并未发表其任何著作，故其声誉是应因其不著作而受隐没的。
④ 因此就将一极大之错误来源移去了，因为现在知道，只有在双子叶植物中才能确实地知道年代。（见亨斯鲁《植物学》第二四三页）
⑤ 以子叶来分类是这样地成功，"除极少例外，几乎所有的植物都能为任何植物学家在一闪间很确定地归入其确切的种类中去，即使是茎、叶及其他部分之断片亦能使其决定这个问题"。（见亨斯鲁《植物学》第三〇页）至关于全部植物界之三重子叶分类方面，可阅林德利底《植物学》第二册第六一页。

化学定律呢，抑或附属于结晶学定律，或两组的定律皆须注意呢。① 总之，可以确定的，就是直到现在，化学表现其本身不能还原矿物的现象，也没有具有充足能力将各种现象化为通则的化学家曾尝试担任这个工作，除了柏齐利阿斯（Ber zelius）以外，他大多数的结论都因同形结晶之绝妙发现而被推翻了。至于这个发现一般都知道皆应感谢密特射利赫（Mitscherlich），他是德国底一个大思想家。②

虽然矿物学之化学部门是在一个发育不全及无所依傍的情形中，其另一部门即结晶学却有了极大的进步，这里又是生活在十八世纪后半期的两个法国人开始了最初的步骤。约在一七六〇年罗姆得来尔（Romé de Lisle）最先研究水晶，按照一种计划，其广足以包括所有一切之水晶初期形式及注意其参差不齐以及排列之显然易变的性质。在这个研究中，他是按着一个基本的假定而进行的，就是所谓参差不齐者其实是完全合乎规律性的，而自然底作用则始终不变。当这个大的观念应用到矿物结晶之无数形式时，另一个卓越的法国人阿羽伊（Haüg）乃利用更广的材料以应用之。③ 这个显著的人能在矿物学及几何学之间造成一完美的联合，而在他将空间定律（Laws of Space）应用到物质之分子分布时，他能洞见水晶之紧密结构。④ 用了这个方法，他能证明

---

① 斯汪松说："矿物学当然不过是化学底一部分。"（见《自然史之研究》第三五六页）这非常快就决定了这个问题。但同时，什么是矿物底几何学定律呢？我们如何去处置大卫·部卢斯忒爵士（Sir David Brewster）以非常能力而发现的矿物构造与视觉现象之关系呢？

② 同分同形结晶体（isomorphism）及多种结晶形状说（polymorphism）之发现给予矿物研究之困难无疑是很大的，但霸覃（M. Beudant）似乎过度地夸言其对于"结晶形式之重要"底影响。（见《矿物学》第三七页，一八四一年巴黎出版）它们对于纯粹化学的排列更为有害，因为我们测量结晶体之极微角度的工具尚是非常不完备，角度计也测不到真正存在的差异点，故有许多断言的同分同形结晶体底情形恐怕是不真的。武拉斯吞（Wollaston）底反射角度计曾久被视为结晶学家所能有的最佳工具，但我从《利俾喜及科普报告》（Liebig and Kopp's Reports）第一册第一九、二〇页中知道夫朗肯海姆（Frankenheim）在最近发明了一个测量"显微镜结晶"之角度的工具。

③ 阿羽伊之第一部著作出现于一七八四年，（见开拉尔著《法国文学》第四册第四一页）但他在一七八一年曾过过两篇特殊的纪录。（见叩维挨著《历史上之颂赞汇选》第三册第一三八页）他底见解和他前承一人底见解之知识上的关系，对于每个矿物学家都是很明了的，但休挨尔对于这一点，曾作过分公正之叙述者又说："不幸罗姆·得来尔及阿羽伊非但是劲敌且是仇敌⋯⋯阿羽伊在著作中以绝少提及罗姆以为报复（虽然他得罗姆之恩泽显然很大），且特纪录其错误而为之纠正。"（见《归纳科学》第三册第二二九、二三〇页）其实阿羽伊非但没有绝少提及且不绝地提及，而且我在阿羽伊大作中曾数到有三百以上的例提到罗姆及援引其著作。

④ 克拉克博士，其对于矿物学之演讲曾激起听众之注意者，曾因与阿羽伊谈话而得到他底主要见解。（可阅俄忒〔Otter〕著《克拉克之生活》〔Life of Clarke〕第二册第一九二页）

所有水晶因逐渐减削之程序的原故,其第一期之形式可以变化而为第二期之形式,又证明当一种物质由流质的状态进到团体的状态时,它底分子都被结合起来。他所用的证明的方法预期着有每一种变化底可能性,因这方法包括以扰动水晶之自然均齐性而改变普通种类之水晶的那些后来的水晶层都在内。① 要确定这种均齐性之扰动能容数学上之计算者,实对于我们底知识是一种大的增进,但我以为更重要者,乃在它表明含有那卓越的观念,即是所发生之每样情形都是为定律所支配,混乱与不整齐都是不可能的。因为阿羽伊证明了,即使是最粗及最稀小的矿物形式都是其前因之自然结果,故就立下了所谓无机界病理学之基础。无论这种观念是如何地自相矛盾,均齐之对于水晶就是康健之对于动物是可以确定的,故前一种形态上如有参差不齐之现状即等于后一种之有疾病。② 故当人们底心中已知道矿物界(适切地讲起来)是没有参差不齐的现象的那大真理,那么,他们就很容易再获得一个更高的真理,就是同是这个原理也能很妥地应用到动物界中,虽然因动物界现象之异常复杂,我们需待许久以后才能到达一同等的证明。但这样的证明之成为可能实是未来所有有机科学及精神科学之进步所依恃的原理。又很可以看出来,同是这一代,既建立矿物所呈之明显的异象是绝对合乎规律的那一事实,又同时进行发现更高的一个真理,即人类思想之异象也是为定律所支配着,其确切有如决定有惰性之物质底情形一样。如对于这方面加以考查,则将超乎我篇幅之外。不过我可以说,在这个世纪底末叶时,在法国曾有一篇关于精神病的名论,为彼内尔所写者。这篇著作在各方面都有特出的见解,但其主要点即是关于精神病之神秘及不可思议的旧观念都弃了。疾病的本身乃被视为在某种情形之下所发生的不可避免的现象,而他为许多单独的证据所立下的联合的基础——即使物质的与非物质的能接连起来,因此使精神

---

① 又他清楚地看到,最适切的方法就是去研究均齐性定律(Laws of Symmetry)而演绎地将其应用于矿物,而不是从矿物所确实呈现之异象归纳而得。这是很有趣的,因为它和最好的病理学家底方法是相同的。他们在生理学上的现象而不是在病理学上的现象找寻他们题材之原理,是由正常的现象以发现异常的现象。
② 关于水晶之能如动物一样地恢复其本身之伤害,可阅巴哲特于一八五三年出版《病理学》第一册第一五二、一五三页,证实佐尔丹(Jardan)对于这个奇异问题的实验:"恢复伤害之能力……并非生物之特有性质,因为即使是水晶也会恢复其本身,当断落其一片时,在其原处即重新恢复原状而无痕迹。"

与物质能合而为一种研究的——现在正预备发现几个通则俾成为所有知识片段所集的中心。

这些就是在十八世纪之后半期开始在法国思想家身上露其曙光的见解。关于这些卓越的人在其各自研究的科学上所表现的非常才能及成功,我已超乎原意予以较长的叙述了,但在这个题材底重要点上,尚未能称为充分解说。不过也足以使读者相信我所欲证明的议论之为真确,即法国底思想在十八世纪之后半期以空前的热烈集中在外界的研究上,因此就助进了那大的运动底进行,其中革命不过是一个单独的结果罢了。科学进步和社会反叛之密切关系很可以从以下的事实中显出来,这就是科学进步和社会反叛都是为同个追求改进的愿望,同个对于以前所做的表示不满,及同样的不安、好问、独立及大胆的精神所暗示的。但在法国,这类普遍的类似点为以上所述的特种情形强固了。因为那种情形的原故,该国底活动在该世纪之前半期转向于反对教会而非反对政府,故要完成法国革命之事前工作,则必须在该世纪之后半期将攻击的目标转移了。这就恰是自然科学之每一系所引起的非常刺激的结果。因人们底注意力既坚定地集注在外界,内心的园地于是就被忽略,又当外界既附合于政府,内心附合于教会。那么,当然就是同个知识进展底活动使其现存组织之攻击者将力量转向于反对政府之腐败,有如前代将力量集中于反对宗教之腐败一样。

因此法国革命有如世界之每个大革命一样,其事前必须完全变更民族思想之习惯及联系。但除此以外,在当时还发生了一大的社会运动。这运动和知识运动有着密切的关系,而且确是组成知识运动之一部分,因其继着有同样的结果,及产生同样的原因。这个社会革命底性质,我将很简单地考察之,因为在后一本书中,必须要详细地追溯其历史,俾得表明同时在英国社会中所经过的较轻而仍特著的变迁。

法国人民在革命以前虽然常常很善于交际,但也非常排斥异阶级的人。上层阶级为一种幻想的优越性所蒙蔽,鄙视着与他们不同门楣身份的人。直接在他们以下的一阶级也效法他们,于是社会中的每一团体皆拟设法找寻一些幻想的荣显,以避免和其下层阶级接触。唯一的三种优越性之真来源——即道德、智慧及知识底优越——完全在这种可笑的社会组织中被忽视了。人们常常习于傲慢，其理由固非为具有任何之重要特异点，而仅为那些不重要的事情而自视高迈。其实这些事情除极小例外之外，都是偶然的结果，故绝无功劳可言。①

对于这些情形的第一个大打击就是对于自然科学之研究的空前激动。那些已经作成的大发现非但刺激了思想的人底思想，且还引起了社会中不甚思索的部分底好奇心。听化学家、地质学家、矿物学家及生理学家等的讲演的人，就是那些为好奇而来或为学习而来的人。在巴黎，科学的集会拥挤着以至于过溢。② 解说自然大真理的那些演讲厅及圆剧场再也不足以容纳它们底听众，有时竟觉得必需重为改大。③ 专门学校中的座位已不再限于少数的孤独学者，而常为具有品级及势力的人，能为其自己获得一席者所光顾。④ 即使是时髦的妇女也忘记了他们底轻浮，赶着来听关于矿物底组合、新盐质的发现、植物底构造、动物底组织及电流之性质等的讨论了。⑤ 对于知识之骤然追求似乎吞没了每种阶级的人。最大及最困难的研究却为那些父亲永未闻见其所研究之科学底名称的人所喜庆。蒲丰底聪慧理想骤然使地质学普遍起

---

① 可比阅《塞居尔自传》(Mém. de Ségur)第一册第二三页与累俄克斯著《历史》第一册第三四页之序论。这个好的例证就是蒙巴累王在其《自传》中很轻地谴责路易十四，但不是为他无耻的荒淫，而是为他选择了几个门不高的妇人为宫妃。（见《蒙巴累自传》第一册第三四一页，第三册第一一七页）
② 即对于解剖学这个题材也是这样地拥挤。一七六八年，翁але·柏提(Antoine Petit)在查尔丁·丢罗(Jardin du Roi)圆形大剧场中开始他底解剖学演讲，爱听他讲演的情绪是这样地重，非但所有座位都占据了，且在窗台上也拥挤着人。
③ 汤姆孙博士说到孚克拉底化学演讲——这开始于一七八四年——"男女群众是这样地拥挤去听他演讲，须将演讲厅放大为二倍才够哩。"（见《化学史》第二册第一六九页）这种情形在叩维挨著《历史上之赞颂汇选》第二册第一九页中也有提到。
④ 在一七七九年，据说"法兰西国家学会底公开会议一时变为非常流行"，这种情形继续如此，而听讲者愈变愈多，于是在一八七五年觉得必须限制入场券，而且还有人提议不容女子入会听讲，因为那时曾发生过喧嚣的情形。（见格黎枚及狄德罗之《文学通信集》〔Grimm et Diderot Correspond. Litteraire〕第十册第三四一页，第一四册第一四八、一四九、一八五、二五一页）
⑤ 哥德斯密于一七五五年在巴黎，很惊奇地说："我对于卢尔(Rouelle)之化学讲演所见到的美丽之圈，其灿烂有如凡尔赛宫廷之辉华。"（见普赖厄著《哥德斯密之生活》第一册第一八〇页，又福尔斯忒著《哥德斯密之生活》第一册第六五页）在中世纪时，电学在巴黎女子中非常普遍，而其趣味于数年后又为佛兰克林所恢复。（可比阅格黎枚及狄德罗之《文学通信集》第七册第一二二页与塔刻〔Tucker〕著《哲斐松之生活》第一册第一九〇、一九一页）叩维挨告诉我们，即多蓬同(Daubenton)为蒲丰写的解剖描述在妇女底洗盥室里也可找到。（见《历史上之赞颂汇选》第一册第五六页）这种嗜好之改换即在《戎利斯自传》(Mém. de Genlis)第六册第三二页中也说到，虽然是以一种嘲弄的态度来述说，可比阅道孙德于一七八六年游历法国后再赴西班牙时的叙述："许多上流社会的男女都因去听专门人才之科学演讲而相遇……那解剖学教授演辞之流利与文雅令我非常惊异，而其听众之聚精会神尤不多见。"（见道孙德著《西班牙之游历》第一册第四一页）

来,化学也为孚克劳(Fourcroy)底口才、电学为诺雷忒(Nollet)底口才而得受人欢迎,而拉隆德底可赞美的论文使天文学普遍地为人所研究。总之,只需说,在革命前的三十年中,自然科学之传布是这样地快,以致古文学底研究大为人所轻视。这被认为良好教育的重要根基,每个阶级都应稍为知道一些,除了那些必须以每日工作而维持其自己者。

这个显著的变迁所产生的结果非常可贵,且因其力量与迅速更为确定了。在各阶级专限于他们自己之特殊事业时,他们也就势至保存他们自己各自的习惯,于是社会之附属阶级或当时的所谓僧侣政体就很容易地维持着了。但当各种团体的人员都在同一地方以同一目的而遇见了,他们就变成以一新的同情心结合起来。最高及最永耐的欢乐,即为感觉新真理所原成的欢乐,是现在一个最大的联合点。这联合点将那些社会分子以前曾为傲慢所笼罩而独自存在的系在一起。此外,除给他们以一种新事业外,且也给他们一种新的才能标准。在圆剧场及演讲室中第一个注意的目的物就是教授及讲演者。其间的区分就是教授者及学习者。品级上的等次判定让位于知识上的等次判定。上流社会中的渺小而传统的区别为那些大而真际的区别所继续,人们只有为这种区别才和其他人相异。思想的进步供给了一新的尊敬目的,以前的品级崇拜心已任意地为所摇动了,而其迷信的信徒为人教导着去跪在一个新奇的神底神龛前。科学厅就是德谟克拉西底庙堂,凡来学习者都自认他们底愚昧,稍为减削他们自认的优越,及开始看到人类底伟大和其封称之辉煌及门第之尊严并无关联,伟大并不在于他们底臂章、门第、家世、右酋长、左酋长、臂章、结带、青的色与红的色及他们纹章之种种华而不实之物,而在乎他们脑力之阔大、思想之力量及知识之充分。

这些见解就在十八世纪之后半期开始影响那些一直为社会之当然主人的阶级。这个大运动底力量可以表示出来的就在它还附有着其他的社会变迁。这些社会变迁其本身虽然很显得轻微,可是当其与当时之普通史发生联络时即显得非常有意义。

当自然知识之大进步以一普遍的目的感动各阶级,因此立起一新的才能标准来改革社会时,一个较小而同等民主化的趋向即在社会生活之惯例的形式上也可以看出来。要叙述这些变迁底全部将超乎这本书的其余篇幅以外，但可确定者即除非这些变迁已完全仔细研究过，否则任何人都不能写一部法国革命史。为举一例以表明我底意思，我将指出两种非常显特及有趣的革新，因其和英国社会中所遭遇的殊为类似。

第一种变迁就是衣服底改变，及显然地鄙视一切视为最重要的外表形式。在路易十四时代及路易十五之前半期，非但那些浅浮审美力的人，即使是以知识而显著的人，也在他们底华服上表现着美丽的正确性，一种美好而研究过的配置，许多金、银及皱边的装饰，在我们底时代，只有在仍保留着某一种野蛮辉煌之观的欧洲宫廷里才看得到。因为这个原故，在十七世纪时的每一个人底品级却立刻可以从他底外表上知道，没有一个人敢误穿在他上面一阶级的人底衣服。但在革命以前的这个民主运动中，人底思想过于热烈与愿望地专注于较高尚的事业，故没有功夫去忙着占据他们父亲底那些无益的纹章。鄙视地不顾这一切虚荣，变为非常普通。在巴黎，这种革新即在欢乐的集会里也能看出来，在其中某种个人底装饰是仍被视为颇自然的。当代的观察家都说到在午餐、晚餐及跳舞会中，通常所穿的衣服都变为非常简单，以致使区别都混乱了，直到后来两性都废除了每种的区别。男子在这个时候，穿件普通的大礼服，女子则穿一件普通的晨礼服。① 这种现象走到这样的极端，以致当时住在巴黎的得蒙巴累（De Montbarey）王子确定对我们说，在革命以前即使那些有勋章的人都仔细地将勋章扣在外衣内，俾使这些优越的表记不再被人看见。②

我所指的另一种革新以其为当时时代精神之特色也颇为有趣。这

---

① 一七八七年八月哲斐松从巴港通信："在社会上，宴服几乎已废除不用，他们即在大宴会中也开始穿着大衣去，固然朝廷及外交团是必须除外的。他们地位过于高，任何改进都是不成的。他们是礼仪、形式及愚行所聚之最后避难所。除此以外，他们和其他人民是在同一水平线上。"（见其《通信集》第二册第二二四页）哲斐松是一个政治家及外交家，而且很擅长于他底职业，但他所见的变迁在几年以前已经发生了。在一七八六年五月，格黎枚写的一封信里说："现在在社会里很少遇到所谓穿得整齐的人了，女人是穿衬衫，戴着帽子，男人是穿短裤和背心。"（见《格黎枚及狄德罗之文学通信》第一四册第四八五页）

② 另一同一趋向的改变也值得记载的。得培克尔区男爵夫人（Baroness d'Oberkirch）于一七八四年重游巴黎时，在她到的时候说："上流社会的男子在这个时候开始来往不带武器，而只是穿礼服时佩剑。……法国贵族就这样地弃其祖宗数世纪以来视为神圣东西而不用。"（见《得培克尔区自传》〔D'Oberkirch's Memoirs〕第二册第二一一页，一八五二年出版）

就是社会各团体之混合底倾向即表现于各种会社之设立中,[①]这是一种很显著的机关,对于我们似乎是非常自然,因我们习于见此。但真实地说,直至十八世纪,其存在都是不可能的,在十八世纪以前,每个阶级都傲视他自己对于下一阶级之优越地位,故以平等相遇于会社中是不可能的一件事。虽然对于他自己下级的人,也能妥适地予以某种保护式的亲热,可是这只能表明区分的极大间隔,因为这个大人物是不必怕他这种自卑会受到耻辱。在那些好的旧时代,对于品级与门第都给予一种专门的尊敬,凡能指出二十个有名的祖宗的人,其受人之尊敬,绝非我们在这个退步的时代所能得其概念。至于近似社会平等之事物,实是决不能看到的一个观念,在当时也没有一种组织能将普通人和那些显要者放在一个水平线上。那些显要者底脉管中充满着纯粹的血,而他们底臂章是无人能比敌的。

但在十八世纪时,知识之进步是如此之显著,以致知识优越之新原理对于贵族优越之旧原理作一疾速的进攻。当这些进攻达到某一点时,它们即产生一种适合于他们底组织,于是第一次才建立了会社,在其中所有受教育的人都能聚集拢来,并不计在前代令他们分隔的那些差异点。所奇特者,人们仅为共同享乐起见而相接触。他们在贵族化之制度中,并没有一种共同的目的,而现在却因属于同一组织,履行同一规则及获得同一利益的原故而被置在同一地位上。可是所希冀的就是这些社员虽然在许多方面各有不同,却应都受相当的教育。这样,社会第一次清楚地认识以前所不知的一种分析,贵族与非贵族之间的分野现在为受教育者及不受教育的分野所代替。

故会社之兴起与发长对一个明达的观察者看来是一个很重要的问题,而且这——我此后将证明——在十八世纪之后半期在英国史中参与着大部分的活动。关于我们现在这个问题,可以很有趣地说,在巴黎的最初会社以现代的意义来说是在一七八二年成立的,只在法国革命的前七年。在最初,其原意不过是社交的集合,但它们立刻即呈现一种民主化性质,顺合乎时代底精神。它们第一个结果——为注意当时经

[①] 社会混合显著之例,又可以以不同阶级之联姻上的数目看出来,这在路易十五朝代之中叶时开始成为普通之事。

过情形的一个最精明的评论家所说的——就是使上层阶级的人底仪礼变为简单及减弱适合于他们早期习惯的那种爱好形式及仪式的心。这些会社同时也引起了两性间的显著间隔,据记载在会社设立以后,妇女彼此较多联络而在公共地方时常不用男子陪伴。① 这一点就在男子间鼓励着一种共和党员之猛烈性,如受女子之影响也许就会和缓下去。所有这些事情都抹去了各品级之间的旧界限,又因将各阶级混而为一,而能使其联合反抗之势力成为不可抵御,及很疾速地就推翻了教会与政治。这些会社之变为政治式的确实时期当然不能确定,但其变迁约发生在一七八四年。从这个时期起,所有一切都已成过去,虽然政府在一七八七年发出命令封闭所有阶级在其中讨论政治问题的主要的会社,可是觉得不能停止这种潮流,于是命令也就收回。那会社重新聚集起来,以后再也不企图阻碍情势使然的事情进行了。

当一切事情皆协同推翻旧组织的时候,忽然发生一桩事件在法国产生极大的影响,而其自身也是十八世纪时代精神之显著的特色。在大西洋之另一岸,有一种大民族为英国政府之不能容忍的不公正所激动而起事,反抗他们底压迫者,及以后经过死力之争斗才荣耀地宣布独立。一七七六年,北美人民将那高尚的宣言对欧洲宣布出来,这宣言其实应该悬挂在每个君主底襁褓室里及每座皇宫底梁柱上。他们用文字——这是永不会被人忘却的——宣布,政府组织之目的即是为人民获得权利,只有从人民里,这个组织才能得到它底权力,"在任何时候,当政府之方式转而破坏此种目的时,则人民有权改换或废除此种政府之组织,将其基础安放在某种原理上,将其权力组织于某种方式上,以便人民最能获得安稳与快乐"。

如果这个宣言在早一代宣布,那么,除少数进步的思想家以外,恐怕全个法国都要恐怖地与辱骂地加以反对。可是现在一般的思想已到了接受的时期,宣言中所含的主义非但为法国大部分人所欢迎,且政府本身亦不能阻抑一般的感觉。② 一七七六年,佛兰克林以美国人民专

---

① 在一七八六年的春天,两性之分离更为显著,一般都怨恨,男子既到会社里去,女子只能独自到戏院去。
② 塞居尔说,他底父亲常常听见摩勒巴(Maurepas)说,舆论强迫政府违反其自己之愿望而与英国修好。(见其《自传》第一册第一一一页)

使之资格到达法国,他受到一切阶级底最热烈的欢迎,[1]且得到诱致法国政府与之订立条约保护这个年青的共和国所荣耀赢得的权利。在巴黎,这种热情是不能抵御的,无数的人从每个地方来自告奋勇地经过大西洋而为美国底自由战争。这些外援军帮助这个高尚战争的英勇造成当时历史底欢乐的一页,但这件事并非我现在之目的,我现在的目的只是要说明它对于促进法国革命之影响,而其影响确是非常显著。除这个成功的反叛所产生的不直接的结果以外,法国人更因与此新联盟之真接触得到一种刺激。在美国服务回来的官吏及军士,将他们在那幼稚的共和国中所深受的民主意见介绍到本国来。因此,这已经盛行的革命趋向更得到了新的力量,而且我们值得说,拉法夷脱底一个最著名的法令也是从这一个源流假借而来。他为美国人底原故而从军,而美国人则对他宣传有名的人权主义,这因他底鼓动正式地为国民会议所采用。[2] 的确,我们有理由可以相信,法国政府所受到的最后打击确是源于一个美国人底推动。据说因为哲斐松底劝告,故立法团中之人民党一派宣布成立为国民会议,因此就对君主公开挑战。[3]

我现在已经结束了研究法国革命之原因了,但在结束这一本书以前,我觉得以上所讨论的问题都令我感觉有概括其主要点之必要,以及简单地说明——我前曾拟加以证明者——这个长而复杂的论据,即法国革命是由以前的情势所构成的不可避免的一件事。这样的概论将整个问题又复置在读者底前面以后,将补救一篇冗长文字所产生的混乱,而使一般人遂以为过于繁杂的研究便简单化了。不过这种繁杂之删减,在重要点上多少总会令我所要建立的那些普通原理减低了力量。

当看到路易十四死后的法国情形,我们觉得在他底政策把国家沦于灭亡之境及破坏自由研究之每一痕迹后,其反动是必然的,但反动底原料决不能在一个五十年中处于这样恶劣的制度之下找出来。本国中

---

[1] 这消息立刻到达英国,在一七七七年一月柏克写说:"我听说佛兰克林在巴黎大受各阶级之欢迎。"(见其《丛书》第二册第三九四页)
[2] 美国革命对于拉法夷脱思想上所产生的影响,曾为他底表兄及敌人部耶(Bouillé)所叙说。(见《部耶自传》〔Mém. de Bouillé〕第一册第一〇二页、第二册第一三一、一八三页)
[3] 英国公使多尔塞特公爵(Duke of Dorset)于一七八九年七月九日由巴黎致函彼特说:"哲斐松由美国来觐见的大臣,曾与三级会议之主要领袖有极长期之磋商,而我有很大的理由可以相信是由于他底劝告,这个团体才自命为国民会议。"(见汤兰著《彼得之生活》第二册第二六六页)

既有这种缺点,使大多数的卓越的法国人将其注意力转向于国外,而油然对于英国文学及英国人民特有的思想习惯起了赞美之心。新的生命既这样地移植入了法国社会底残余躯壳中,一种热情及研究的精神也就培育起来,而为笛卡儿以来所未见者。上层阶级因恼恨这种未曾料到的运动,也就设法去阻止其进展,及奋力破坏每日步步上进的研究爱好心。因要达到他们底目的,他们严酷地迫害文人,显然是要法国底思想必须陷于以前的奴隶地位,或勇敢地呈现反抗的性质。尚幸文化前途不致受害,第二个现象发生了,约在一七五〇年,一个殊死的战争开始了,在其中法国由英国所习得之自由主义及一向视为只会施于教会者才第一次施用于政府。和这个运动相符合也是这个运动中的一部分的另一个同性质的情势发生了。现在的政治经济家已能证明统治阶级底把持,即使对于国内的重要利益也会危害到,且会因着保护政策之故以致危害及人民底利益。这种赞助普遍自由的发现给了民主党一种新的战具,其力量因卢骚攻击现在组织之无敌的雄辩而更增大起来。这样的趋向也在对于自然科学各部门的热诚的冲动中表现出来。这种热诚的冲动使人们认识进步底观念,而与政府所自然而有的固定及保守的观念相牴触。关于外界方面的发现鼓励着一种思想上的不安及激动人们恶恨呆迟的精神,而危及以时代古远而见重的组织。对于自然知识的热诚也引起了教育上的改变,古代的语文既遭忽视,则另一个联合现在与过去的关联又被断绝了。陈腐意见之当然保护者教会,不能反抗爱好新奇的情绪,因其本身也因内部之分裂而衰落下去。因当是时,喀尔文教义在法国教士中传布非常迅速,因此将其分裂而为两对敌派,使其不能集合起来以反对他们底公敌。这种异教底发长也是很重要的,因喀尔文教义既完全是民主化的,那么,革命的精神即在宗教职业中也显现了,故当教会中起了争论,同时在教会与政府之间也有宿仇。这些就是使法国革命达到剧烈之顶点的大运动底主要征象,所有这些都表明一种社会情形之无组织与混乱,以致大的灾祸成为不可避免的事实。最后,当每种蕴酿都预备爆发时,北美反叛的消息像一朵火星似地落在易于燃烧的一团物质上,而起了一种火焰永不停止它底愤怒,而破坏了法国人曾一时视为贵重的东西,及对于人类底罪恶给予一个可怕的教训。在这些罪恶中继续的压迫,也许会鼓起那宽大及久受痛苦的人民底反抗。

这就是我研究法国革命的原因后的一个很粗具的见解大纲。我当然不能以为已经确定了所有的原因,不过我相信我没有遗漏一个重要点。当然在包含证据的那些材料中,尚有许多缺点,且工作愈努力则成功也必愈大。这些缺点我非常明了,我只能表示遗憾,经历一更广泛的研究的必需迫我将这许多的东西留为未来的研究者去征集。同时必须记得,这是首次的企图,按一种足以包括全部知识关系的方法去研究法国革命之前因。我可以说,史家违反了健全的哲学及违反了普通的理解力,固执地轻忽那些自然知识底大支系。其实,在每个文明国家中,只有在这些自然知识的大支系中才最能清楚地看出人类思想的运用,故思想习惯也最易确定。结果,法国革命事实上是历史中最重要、最复杂及最荣耀的一件事——为许多作家所研究,他们大都能表现相当的能力,不过全部都缺乏初步之科学教育,而没有科学之教育则决不能把握住任何时代的精神,或对于各方面能作广泛之考察。现在只需举一个例,我们已看到对于外界研究之非常冲动和推翻法国组织之民主运动有着密切的关系,但是这种关系,史家未能循索出来,因为他们不明白自然哲学及自然历史各支系之进步。故他们使他们所研究的题材残缺不全,而缺乏它应有的适合的平均分配。因用了这个方法,史家降而为编年史家,所以他们不是解决一个问题,而是涂着一幅图画。故因不轻视为法国革命史搜集材料的那些精勤人底工作,我们可以确定地说,这部历史实未曾有人写过,因为企图担任这种工作的人并没有这样的材料使他们视法国革命仅为在科学、哲学、宗教及政治之每一部门中所看到的大运动中的一部分。

至于我曾否有所建立来补救这种缺点是一个问题,可留待适当的评判者去决定。关于这点,我至少可以确定,凡有不完全之处,其过不在于所用的方法,而在于任何个人将这样大的一个研究全部充分运用的绝端困难。就是这一点,我感觉可以得到宽恕。至于方法之本身,我觉得没有错误,因我深信时机已经很接近,那时人类史将被安放在适当的基础上,那时人类史之研究将被认为最高贵最热烈的研究,那时将明白地看到,如欲研究而得成功则必须要有一广泛而富于理解力的头脑,丰富地充满着人类知识之各最高支系。当这一点完全确认以后,历史只能由那些习惯上合乎写史的人去担任,这样就可从传记家、系谱学家、轶事搜集者及宫廷、君主贵族等等编年史家之手中解救出来——这些虚荣事物的空谈者,蹲在每个墙角中伺候着而将民族文学之大路污染着这些记载。如说这样的编纂者能通过一个超乎他们能力所能达的范围以外,而能对于人类事件放一些光明,实是我们知识程度退步及未能将其范围分别清楚的又一证明。如果我曾令人明了这种越俎代庖的事情及使史家感觉其事业之尊严,则我对于我底时代可谓已尽稍些义务,而我也将满足地说,在许多地方我也不能实现我原来所建议的意见。的确,我很愿意承认,在这本书中,也有许多这样不满意的地方,我只能辩说,这个题材太大,个人的生命太短及每一种事业之不完全性。故我愿意这部著作不要按每一单独部分的完成来评价,而需按这些部分之如何融合为一完全匀称之整个为评价。这在这样新奇而广大的事业中,我有权希望着。而且我还要说,如果读者觉得这些意见和他自己的不相合,他应记得他底见解也和我以前一样,但经过了广泛的研究以后,我觉得这些见解缺少坚固的证据,灭亡人类底事业及致危及知识底进步。要考查教育我们的那些观念及废弃那些不能作为证据者,实是一件非常困难的工作,凡惧难而却步者在责骂肩此巨任的人以前,即需先事反省。我所说的当然也许有谬误之处,但这却是忠实追求真理,不倦的工作、忍耐而焦急的反省所产生的结果。从这样而获得的结论不能说是可以危及其他结论的原故而被推翻,也不会受到反对我这种结论的论断底影响。我所提出的原理都是根据清楚的论据,为非常确凿的事实所维护的。所要确定的一点,就是这些论据是否公正,这些事实是否真确。如这两个条件已无问题,则推论所得的原理是必然的了。它们底证明在这本书中当然是不完全的,读者必须等到这部通论结束以后再下最后的判断,那时这个问题所有方面都呈在他底面前。这部通论的其余部分,我已说过将占据着研究德国、美国、苏格兰及西班牙底文化,每一国都呈现着知识发展之不同方式,故随着在宗教、科学、社会及政治史中皆有一种不同的趋向,这种分歧的原因,我拟确定之。第二步则将综合此等原因。在将此等原因归并于普通的原理之下以后，我们即能获得欧洲思想之基本定律，各国之分歧点或为是等定律所趋的方向不同或为各定律之力量不同所支配。这部通论就是要发现这些基本的定律，在这部著作底本文中，我将引用这些定律于英国史而试以其帮助研究我们所经过的时期，固定我们现代文化底基础，及表明我们未来进步之途径。

第十五章　由第五世纪至第十九世纪中叶之西班牙思想史概略

在前一本书中，我曾试建立四个主要的命题。这些命题按我底眼光看来应定为文化史之基础，这就是：（一）人类之进步须恃一切现象之定律已达研究成功之途及此种定律之知识已分布至相当境界；（二）在此种研究开始以前，怀疑精神必先兴起，初则助进研究，继则因研究而怀疑愈见深刻；（三）由此而得之发现，增加了知识真理底影响及相当地——非绝对地——减少了道德真理底影响，道德真理原较知识真理为固定而少新的增进；（四）这种运动底大敌，即文化之大敌，就是保护精神。所谓保护精神者，我就是指，认生活之一切事情处处需受国家及教会监视及保护而后社会方能繁荣的观念，国家呢，教人应该做什么，教会则教人应该相信什么。这就是我认为欲正确明了历史之最重要的命题，而且我以辩护任何命题的两个方法来辩护这几个命题，这就是归纳与演绎两方法。归纳法的辩护即包含历史及科学事实底征集及由此等事实中找出结论；演绎法的辩护包含这些结论底证实，即表明这些事实之如何解明各国底历史及其命运。关于前一种，即演绎方法的辩护，我现在不能有新的见解；但关于归纳方法的辩护，我希望在这本书中，相当地予以阐明，且因此方法非但能证实以上四种主要的命题，而且还能证实几种次要者，这些次要的命题虽然也是从以上四种中出来，可是却需分别地证明。按以上所述的纲要，则这部通论其余部分将包含西班牙、苏格兰、德国及美国史之研究，其目的即在补充英国史之不足以解明的一些原理。西班牙既是一国家，在其中我们既观察到其国家改进之主要条件最受摧残，则我们也将发现这国家报复其摧残之手段也最辣,故在西班牙,我们最能确定某几种意见之流行是如何地促成其人民之衰落。

我们已知道古热带文化附着有几种显著的特种状态,即我所称为的自然之一切现象,及此种特状激起了幻想以后即鼓进迷信及阻碍人类去分析这种可怖的自然现象,换句话说,即阻碍自然科学之创立。现在很有趣的,即在这几方面,没有一个欧洲的国家像西班牙这样充满了热带的条件,没有一个欧洲的地方像西班牙这样地为自然指定为迷信之场所及避难处。现在既重述到以上已证明的,①我们需记得,迷信之最重要的自然原因即饥馑、疫疠、地震及气候之一般令人不康健之状况,此非但缩短人之生命期限,且增加人类祈求神助之次数及热烈。将这些特殊点合在一起,则其在西班牙之情形较任何欧洲地方为显著,故宜将其概述一下,以表明它们在形成国民性上产生了怎样有害的影响。

如果我们将西班牙之极北部除外,则我们可以说,其气候之两种主要特点乃是热及干燥,这两种情形却使灌溉极端困难。因横断陆地之河流,其河床往往过深以致灌溉不易,而常使土地长久废弃在特别荒芜的情态中。② 因为这个原故以及雨量的稀少,这个国家也常受到严重的旱灾及饥馑的降临而为欧洲各国所不经见者。同时气候变化之速——尤其在中部——使西班牙常处于不康健之状况中,而这种普通的倾向既因中世纪时之不断地闹饥荒而更甚,则疫疠之害更有不可抵抗之势。当我们知道在这个半岛上——包括葡萄牙——地震是极端的大害,③及其曾激起那些自然的迷信情绪时,我们可以稍为明白他们底

---

① 见博克尔《英国文化史》第一册第二章。
② "西班牙农业之不振,一方面是属于自然的原因,另一方面则属于道德的原因。在前一原因下我们可以分列为气候之热度与土壤之干燥二项。错综于全国的河流大部都是流在河床很深的地方,因此不甚有用——除了在某几处可以用以灌溉以外。"(见克洛区著《地理与统计辞典》第二册第七〇八页,一八四九年伦敦出版)
③ "地震仍旧可以常常在格拉那达及沿着亚利干的(Alicante)省之海岸边感觉到,在那面地震曾造成非常重大的灾害。更进到内部里,在小特累马特尔山脉(Sierra del Tremédal)或阿尔巴拉西(Albarracia)区域内,在忒卢(Terruel)省内,火焰镕石之爆发及小震动自远古以来已常有的了。横过卵石构成之变层中,当可见到黑色的云斑岩。该国之老居民说,在他们年青的时候,曾见到地底降沉及硫磺气之喷出。这些现象在冬之四个月中都曾有过,而且还有地震,以致使两里格(leagues)之圆周内的七村庄都蒙到相当的损害。尚幸未有生命之损失,因为居民一见危险的象征,早已弃家而走了。"(见《西班牙地质学之研究》〔Ezquerra on the Geology of Spain〕载《伦敦地质学社季刊》第六册第四一二、四一三页,一八五〇年伦敦出版)"玛拉加省、木尔西亚及格拉那达又在葡萄牙国中绕里斯本之四乡,据记载曾在几个时期中受到极大的地震灾害。"(见来挨尔著《地质学原理》第三五八页,一八五三年伦敦出版)"沿岸平原,(转下页)

（接上页）尤以在喀他基那(Cartagena)及亚利干的沿岸地震最多。"(见福尔德〔Ford〕著《西班牙》第一七四页)"西班牙这一角是这个半岛中的主要火山地域,从卡波·得·盖他(Cabo de Gata)直伸延到近喀他基那地方,地震是常有的。"(见福尔德著《西班牙》第一七四页)"西班牙——包括葡萄牙,以其外形视之有两卡斯提尔之巨大高原,几高出海面二千尺以上——恐怕是欧洲之最有趣的部分,这非但因其外形如此,且因其是受到地震灾害的地域,地震底力量及破坏力曾在那里一再表现着极大的规模的祸害。"(见马雷特〔Mallet〕编《英国会社之地震目录》〔Earthquake Catalogue of the British Association〕,载一八五八年报告第九页,一八五八年伦敦出版)

我冗长地摘录这几段,一方面因为它们具有自然真理之兴趣,一方面因为其中的事实对于正确明白西班牙史方面是很重要的。它们对于西班牙人性质之影响,我相信在我这部《文化史》中早已指明了。在那时,我并没有援引证据来证明这个半岛底地震次数,因为我以为凡稍知地球之自然史者都会明白这种情形。但当一八五八年之四月在《爱丁堡评论报》(Edinburgh Review)载着一篇评论诬蔑我铸成了严重的错误,并且抨击极其放恣。在该报之四六八页中,该评论者在警告读者反对我底"不正确"以后,即说:"但博克尔先生继续着说:'地震及火山爆裂在意大利及西班牙与葡萄牙半岛中较其他任何大国都来得多而有害。'因此他以一种简单的理论程序推论到那些地方的迷信比较上更盛行,教士更有权力,但美术诗歌均冠绝一时,而科学却未见萌苗。在这推论中的每一关连都大致有些错误。在西班牙半岛中并没有火山,而唯一曾发生过的地震,只有在里斯本。"现在我当然没有权去希冀一个评论报的写作者,只是为应付暂时的目的而写普通的文章,而亦知道他底文章必被人阅读一遍而弃置一旁的,会在这种不适宜的环境中努力去通晓他这个问题底底细。如希望他会这样,真是一件大不公平的事。他并无意于一定要正确,他底名字是假托的,他底名誉——如果有的话——也并未在危险中。他所犯的错误也应以宽厚之态度处之,因为他们底工具既是暂时的印刷品,那么,当然不会被人记得,因此也不会造成大的患害。

以上这些考虑就常常阻止我对于匿名的评论作任何答复。但《爱丁堡评论报》所载的那一段表现着这样奇特的愚昧,我实不愿使之湮没,而录之以作为文学之怪事。反对我的其他诸点,不用说当然也一样容易地被我驳倒。当然没有一个合乎理性的人,会以为我经过了多年的精勤不断的研究,还会犯了对敌人无所顾忌地沾污我的那些幼稚的错误。总之,我可以说我所说的真实事件没有一件不具有极丰富与无可辩驳的证据的。但要我同时将所有证明分列与引证出来实是不可能的事,而且在这样大的一件工作里,我必须有些地方要依赖读者底公正而不依赖读者底大量。我当然不是要求读者在将来当他底判断力周移于我和我的批评者之间的时候会偏袒于我这方面,以为包含在一个精密而谨慎的工作中的叙述。而具有真确作家之名者以最先的可能来说,总较被人掠过而不加注意,同时宣布者能卸去所有责任,避去所有危险,及对其个人并无所毁的评论报或报章底叙述来得正确。

简单的事实,就是西班牙底地震曾较欧洲所有部分——意大利除外——合起来都来得多。如果将地震之原因所产生的财产与生命之损失综合起来,其数必令人人震惊。当我们以为那些具有较轻微破坏力的无数小地震除增加了恐惧之总量以外,还会无边际地推进迷信之增长,那么,很显然,这样的现象必会对于组成西班牙民族性方面占着一个重要的部分。凡不嫌麻烦而研究以下之章节的人,将会发现地震单在西班牙一国内所造成的可怖的灾害底确实证据,葡萄牙还是除外的。他们所指的时期都不到二百年,第一次地震是一六三九年,最后一次是一八二九年。可阅《维拉尔夫人文集》(Lettres de Madame de Villars, Ambassadrice en Espagne)第二○五册,一七五九年阿姆斯特丹出版。拉菩德(Laborde)著《西班牙》第一册第一六九页,一八○九年伦敦出版。敦老普(Dunlop)著《西班牙传记》(Memoirs of Spain)第二册第二二六、二二七页,一八三四年爱丁堡出版。霸最尔(Boisel)著《西班牙游记》(Journal du Voyage d'Espagne)第二四三页,一六六九年巴黎出版。马雷特著《英国会社之地震目录》,一八五八年伦敦出版,一八五三年报告第一四六页,一八五四年报告第二六、二七、五四、五五、五七、六五、一一○、一四○、一七三、一九六、二○二页。斯本文著《西班牙之游历》第一册第一六六页,一七八七年伦敦出版。福尔德著《西班牙》第一七八页,一八四七年伦敦出版。培根著《比斯开之六年居留》(Six Years in Biscay)第三二页,一八三八年伦敦出版。又可比阅因格尔斯（转下页）

生命是如何地不安全,及虚伪野心的教士们是如何地容易将这种不安全利用而为推进他们权力的工具。

这个国家底另一特殊现状即畜牧生活的流行,这完全是因不易立一农业之安定生活而使然的。在西班牙之大部分地方,气候使劳动者不能竟日工作,而这种被迫的工作上的间断,助进人民在生活上起了一种不规则及不固定的感觉,以致他们宁做牧人底流浪职业而不喜农业之固定生活。① 又在他们抗御回教侵略者的悠长而热烈的战争中,因由敌人方面给予了这许多惊恐及劫掠,使他们以为生活之方法应趋向于容易移动的一种,故视畜类底生产自较土地底生产为稍胜,宁做牧人而不愿做农人,就因这样,他们可以少受突被劫掠与摧残的痛苦。即在十一世纪末叶时,当托利多(Toledo)被占据后,在厄斯特勒马都拉(Estramadura)、勒曼察(La Mancha)及新卡斯提尔(New Castile)地方的边疆居民几乎全以畜牧为业,他们底畜类并非在私人牧场上食草而是在旷野中随便放牧。所有这些都增加生活底不安定,强固冒险底爱好心及浪漫的精神使后一时期底民众文学呈现了一种特殊的风格。在这种情形之下,每件事物都转变为不确定及不安静,思想与研究是不可能的,怀疑是没有的,而一般的情势就是预备着那些迷信的习惯,及根深蒂固牢不可破的信仰,而造成西班牙民族史中之主要现象。

(接上页)(Inglis)著《西班牙》第一册第三九三页,第二册第二八九至二九一页,一八三一年伦敦出版。
  这些作者所叙述的是一百九十年中所蒙的灾害。从他们底记载看来,显然在西班牙没有一代没有城堡、乡村及镇市被地震毁坏,以及男、女、儿童为地震所压死。但按我们底匿名教训者底意思,则西班牙曾否有过地震实是疑问,因为他说整个半岛包括葡萄牙在内"唯一所知的地震只有在里斯本"。
  西班牙底历史充满着无数同样的例证,若引以证明,未免太繁赘了,但这个问题既是这般重要及这样地被人误解,即使有使读者有厌倦之虞,我也不得不再举一例以表明地震对于造成西班牙迷信之作用。一五〇四年,"地震继着最老的人都记忆不起的大风暴降临到安达卢齐阿(Andalusia),尤其是卡蒙那(Carmona)属于后者的一个地方,而且酿成了极可怖的凄凉景况。迷信的西班牙人现在在上天宣布极大的灾祸的预言征象中看到这些预兆,每个庙宇都祷告者"等语。(见普累斯科特著《斐迪南及伊萨伯拉之历史》〔History of Ferdinand and Isabella〕第三册第一七四页,一八四二年巴黎出版)
① 故库克著《西班牙》第一册第八五页中有说到"这样合乎西班牙农民之习惯的流浪生活",不过对于这一点和该国之自然构造的关系并没有说明。提克诺以他通常的正确性及精透眼光解决了这个问题:"这个,在远古的时候已经很适宜于畜牧生活及事业的,半岛底气候与情形,无疑地会容易——如果不是引起——使西班牙诗兴呈现着一种田野的情调,其源尚可追溯于古之山歌……自中世纪以来畜牧生活的职业在西班牙及葡萄牙之流行远较欧洲其他部分为甚,或者因为这种情形的原故,在两国之诗歌中很早就有山歌及牧童诗歌,而两种也都和民众戏剧发生关系。"(见提克诺著《西班牙文学史》第三册第九、三六页,一八四九年伦敦出版)

这些情形,如任其自然,将如何影响于西班牙之最后命运,是一个很难回答的问题。但无疑的,它们底影响必很重要,虽然因其证据之缺乏,我们不能确切地加以推测。至关于实际上的结果,这一点是不重要,因为尚有其他一悠长而连续的及更有影响的事件和上述的事件交相密结,在同一方面中产生一种联合,这种联合牢不可破,而我们亦可从其中确定地循索该国以后所以衰落的步阶。西班牙之衰落原因史当然会变得非常清楚明确,如果我们研究我所陈说的那些普通原理。至这原理之本身将因其对于这个增益知识——虽然是悲惨的——的题材所发布的光明而更确定。

罗马帝国灭亡以后,西班牙史中之主要事实即西哥德族(Visigoths)之居留及其意见在半岛上之建立。他们和前于他们的稣汇维(Suevi)一样,是阿利阿教徒(Arians),而西班牙在一百五十年中即变为那著名异教底嘲弄之的,① 当时确有许多哥德族皆附从这种异教。但在五世纪之末叶,法兰克人改变宗教以后即采信相反的正教底信条,而为其教士鼓动着与其信奉异教的邻国开战。当时的法兰克王克罗维斯(Clovis)被教会认为信仰底拥护者,因教会底原故,他才攻击这些不信仰的西哥德人。② 他以后的继位者为同样的动机所推动,也追求着同样的政策,③ 几在一世纪中,法国和西班牙之间总存有意见之交战,西哥德王国因此很严重地频于危机而有几次几乎都陷入分裂之境。故在西班牙,为民族独立之战争亦即为民族宗教之战争,而在阿利阿王与阿利阿教士之间成立了一种密切的联合。在那些愚暗的时代,后一阶级当然能因这种契约而有所获得,而且还因他们为反对敌人而

---

① 西班牙早期史年代之不能确定可以从名作家关于阿利阿教之通行年限具有各种不同之叙述一点看出来,这一点实较君主之崩逝与登极还重要。对于普通知识丰富的克利(M'Crie)在他著《西班牙改革史》(History of the Reformation in Spain)第七页中说:"阿利阿教几于两个世纪中为该国之盛行及公认的教条。"关于这一点他援引都尔底格列高里(Gregory of Tours)以为证,故福利挨尔(Fauriel)很有理由地认此"为难解决的问题"。
② 当四九六年,正教教士认克罗维斯为"反对西哥德族之拥护者"。(见福利挨尔著《南高卢史》〔Histoire de la Gaule Méridionale〕第二册第四一页)他们又将他比基甸(Gideon)(见第六六页)。俄提(Ortiz)是这样地热心,以致忘记他底爱国心而热诚地赞许这个残暴的野蛮人。这个残暴的人确是攻打过俄提底本国,不过他底宗教意见则仍被认为对的。
③ 因此在五三一年,契尔得柏特(Childebert)进军反对西哥德人,因他们是阿利阿教徒的原故。(见福利挨尔著《南高卢史》第二册第一三一页。又在五四二年契尔得柏特及克罗泰尔又二次攻击之而围困了萨拉哥撒)

作的祷告及偶然表演的奇迹而得到相当的现实的利益。因此，西班牙教士所据有的巨大势力很早已定下了基础，且因以后的事件更形强固起来。因在第六世纪之后叶，拉丁教士使他们底西哥德主人改变了宗教，而西班牙政府皈依正教以后自然地即赐予其教师（即教士）以一种权力，且其权力之大与阿利阿僧侣团所拥有者初无二致。当然，西班牙统治者在感谢那些指示其误入迷途的人以后，宁愿增加而不愿减弱教会底权力。教士即利用着这一点，结果，在七世纪中叶以前，在西班牙之宗教阶级具有的势力较任何欧洲部分为大。① 宗教会议非但成为教会底会议，且亦为王国中底国会。② 在托利多——当时的西班牙京城——教士底权力非常巨大，而且炫耀地表现着，以致在六三三年底一个会议中，我们发现王确实俯伏在那些主教底前面。半世纪以后，宗教史家提及这个卑屈的仪式为另一个王所效法，因此即蔚为一种已成的风俗了。这并不是一个毫无意义的仪式，更可从另一个相类的事实中显露出来。在他们底法律中，确也能见到相类似的趋势，因按西哥德人底法典，每一凡人，无论是原告或被告，皆能坚持其诉讼之理由以待辖境中之主教审判，而非由教外的良吏去判决。即使两方皆愿由民事法庭解决，可是主教仍有权取消其判决而认为不正确，而他底专责就是监督司法及训导官吏如何去尽他们底责任。③ 关于教士权势之另一可痛的证明，即反对异教徒的法律在西班牙较任何国家为苛酷，尤其犹太人，被他们暴虐地严厉迫害着。④ 的确，维持其信仰之预望的强烈已足使其能正式宣布，即使对君主也可以不予承认，除非他应允了保持其纯

---

① "至于在七世纪中在西班牙西哥德族君主之下所招集的会议，很不易决定它们之应被视为宗教的集会，抑或政治的集会。没有一个王国像西班牙这样完全为僧侣政体所束缚。"（见哈拉姆著《中世纪之英国》第一册第五一一页，一八四六年出版）
② "但在西班牙，自西哥德族人弃去他们底阿利阿教以后，主教即更明显地影响立法庭整个性质。托利多底宗教会议不仅是国家底会议而且是王国底国会。"（见弥尔曼〔Milman〕著《拉丁基督教史》〔History of Latin Christianity〕第一册第三八〇页，一八五四年伦敦出版）
③ "在西班牙，主教有特殊的责任继续督察着司法行政，而在一切重要时机中则招集起来告诫审判官须按虔诚与公正而判决。"（见弥尔曼著《拉丁基督教史》第一册第三八六页）六三三年的托利多的会议命令主教去训诫审判官。
④ "反对异教之可怖的法律及对于犹太人之残暴的司法上压迫，已经指定了西班牙为残忍之迷信底王座与中心了。"（见弥尔曼著《拉丁基督教史》第一册第三八一页，又可阅普累斯科特之《斐迪南及伊萨伯拉史》第一册第二三五、二三六页，骚提著《西特编年史》〔Chronicles of the Cid〕第一八页）我特别指明这几段的原故，就因克利关于这一方面曾有非常的叙述："翻开天主教裁判所法庭成立以前之西班牙罪犯处置史，则可见普通异教徒所受之惩罚较其他国家都来得和缓。"见克利著《西班牙之改革史》第八三页，是西班牙新教徒最好的一本书。

粹之信仰,而审查君主对信仰之是否纯粹保持,其判决人当然是主教们了。因他们底同意,君主才能享有王位。

这些就是在七世纪中及七世纪前使西班牙教会获得了欧洲无可比伦的势力的情势。在八世纪之早期发生了一件事,在表面上似乎是要分裂及分散僧侣团,但在实际上却绝端地有利于他们。在七一一年,回教徒由非洲航海而北,在西班牙之南部上岸。他们在三年间,除了西北部几不能到达的区域以外,征服了全国。西班牙人安稳地避居于本国山中以后,即重新鼓励起来,集合他们底力量开始攻击他们底侵略者。一个决战开始了,这个战争几延长至八世纪之久,而在这个战争里面,亦即是第二次在西班牙史中,独立的战争即是宗教的战争;阿拉伯之不信基督者及西班牙之基督徒之间的争斗即继着以前在法国特林尼塔尼阿教徒(Trinitarians)及阿利阿教徒之间所发生的争斗而来。在无限的困难中基督徒打出他们底出路来。在第九世纪之中叶,他们已达杜罗(Douro)之界。在第十一世纪闭幕以前,他们已克服至泰加斯(Tagus),而他们底古京城托利多则于一〇八五年光复。但同时,尚有许多未竟的工作。在南方,战争呈现着最剧烈的状态而辗转地伸长直至一四八七年占据了玛拉加(Malaga)及一四九二年占据了格拉那达(Granada),基督教之王国方能重新建立,而西班牙古王国也最后恢复起来。

但所有这些影响到西班牙人性质方面者最为显著。在八个连续的世纪中,全国都从事于宗教战争,而那些神圣的战争在其他国家也不过偶然地发生,但在西班牙却延长继续而至二十代之久。[①] 其目的既不仅在光复故土,而是重建一种宗教信条,以故,担任解释信条的人其地位之重要与崇高真无可比拟了。在营地里,在会议室里,宗教的言论到处可闻,且绝对的受人服从,因为战争底目的既然在于传播基督教,则它底传道者似乎应该对于与他们特殊有关的这一件事参与一显著的部分。这个国家所受到的危险既很大,则危险所必然泼动的迷信感觉也激动起来了,这些迷信的感觉我曾屡屡表明为热带文化之主要特点。

---

① "按西班牙史家之夸大文体说起来,在西班牙最后之摩尔王国屈服于基督教军力以前,几经历有八世纪之不断的战争及三千七百次的战仗。"(见罗伯孙著《查理士五世》第六五页,一八五七年普累斯科特出版于伦敦)

当西班牙基督徒被逐而迫得避难于此方时，这种重要的原理即开始其作用。在他们深山的避难处里，他们保留着一个满贮圣哲遗物的箱，而崇视之为他们极大安全之担保。这对于他们就是国家底国旗，他们围着它集合起来，他们靠它底神圣的力量方能自坚其信仰而获得了惊奇的胜利。他们自命为十字军，他们底思想即习惯于思索起自然的事情，为我们现在所绝难相信者，而这点遂使他们和其他欧洲国家显分畛域。① 他们底青年看见幻象，他们底老年人只是梦想着。奇异的现象从天上赐给他们，在战争的前一夜，神秘的预兆显现了，且又说，每当回教徒亵渎一个基督圣徒底坟墓时，雷电即交加地谴责这个不信仰者，如必需的话，还要惩罚他们底不法侵略。②

在这样的情形之下，教士不难伸展他们底势力，或我们可以说，情势使他们得以伸展势力。西班牙基督徒幽避于阿斯都里亚山（Mountains of Asturias）中，在相当时间内便失去了他们以前的富源，因此很迅速地即退化而失去了他们以前那一些文化。他们底财富被夺取及幽闭于一相当荒芜的境域以后，他们即陷于野蛮，而至少于一世纪中，毫无技艺、商业与文学之存在。他们底愚暗增大了，迷信也就更甚，而后一种即适足以强固了他们教士底权威。故事情底顺序是很自然的，回教底侵略使基督徒穷困，穷困造成愚昧，愚昧造成轻信，而轻信剥夺了人底权力及研究的愿望以后，即鼓励着一种尊敬的精神及固定那些屈服的习惯，对于教会的盲目服从，这些即造成西班牙史之主要及最不幸的特点。

从这点看起来，回教徒之侵略有三方面强固着西班牙人民底尊敬情感：第一方面就是鼓动一延绵而不易解决的宗教战争；第二方面就是不绝的及巨大的危险的显现；第三方面就是在基督教中所造成的穷困或可说是愚暗。

---

① "但没有一种人民像西班牙人自摩尔战争以来这样觉得他们自己是绝对的十字军，没有一种人民曾常常这样深信他们日常生活之事件中有神迹之显现，故没有一种人民曾像这样谈到神圣的东西有如极熟稔及极平常的事一样。这种情感及性质的痕迹可以在各种西班牙文学中找出来。"（见提克诺著《西班牙文学史》第二册第三三三页）

② "牧师混在会议及营中，穿着僧侣底衣服，常常带兵去打仗。他们以梦及显现很神秘地会悟上天底意志，神迹是常有的事，被蹂躏过的圣哲之墓冢发出雷与电，以毁灭侵犯者。"（见普累斯科特著《斐迪南及伊萨伯拉史》第一册第三九页）

这些事件在以前既有着大的阿利阿战争,同时又永久附有着那些自然现象——我曾表明其趋于同一方向者——底作用,故即联合而形成一种积集的力量,以致在西班牙,神学底分子倒并非是国民性底组合而是国民性之本身。西班牙之最明察及最野心的君主都被迫追随着这种普遍的觉醒,他们虽然专制,却不得不屈服于他们相信为他们所支配的意见底压力下。在十五世纪时与格拉那达底战争倒是属于宗教的而非政治的,以极大之牺牲来领导这次战争及以能力及忠实地说来,处皆优越于斐迪南(Ferdinand)的伊萨伯拉(Isabella),其目的不在获得土地而在传播基督信仰。① 关于这次战争目的上的怀疑,确可以因以后所发生的事件而消解。因战争方结束,斐迪南及伊萨伯拉即颁布明令,凡国内不信基督的犹太人悉予驱逐,因此,西班牙底土地可永不为不信仰者之显现而玷污。② 使他们成为基督徒,或不能,则毁灭他们乃是天主教裁判所底职务。天主教裁判所即成立于该朝代,而在十五世纪末叶以前具有充分运用的力量。③ 在十六世纪时,王座为两个极有才能的君主所据有,他们也走着同样的途径,于一五一六年继斐迪南王位的查理士五世统治西班牙达五十年之久,而他那行政上的一般性质也和其前人相仿。至关于他底外交政策,他底三次主要战争乃是对付法国、日耳曼诸王及土耳其。三次战争中,第一次是政治的,但后两次则完全是宗教的。在日耳曼战争中,他拥护教会,反对革新,在慕尔堡一战(The Battle of Muhlberg)中,他是这样地屈服着新教徒的诸王,以致相当地延迟了宗教改革底进行。在他另一大战中,他以反对回教之基督教拥护者的资格,完成了他祖父斐迪南所开始的事业。查理士在东部之扫荡回教徒,其情景不下于斐迪南当年在西部之丰功伟业;在维也纳之前击退土耳其人一役之在十六世纪,即等于征服格拉那达之阿拉伯人一役之在五世纪一般具有同等位置。故查理士在他事业结束时曾说过:拥护其信条较国家为尤甚,又说其野心之第一目的即在维

---

① "伊萨伯拉可以被认为这个战争底灵魂,她以最超脱的见解来从事于这次战争,与其说她要获得土地,不如说她想重建十字军王国于古基督教徒领域内。"(见普累斯科特著《斐迪南及伊萨伯拉史》第一册第三九二页)
② 关于真实被逐的犹太人底数目,我找不到可靠的记载。各种的记载其数约自十六万以迄八十万不等。
③ 天主教裁判所于一二四二年传入阿拉冈。

第十五章 由第五世纪至第十九世纪中叶之西班牙思想史概略 473

持基督教事业。① 此种自豪语说来也不为无因。他为信仰而奋斗的热烈，也可在他反对荷兰之异教的言论中看出来。按同时代之有力的作家说，在他朝代中，在荷兰，因其宗教之意见之不同而被处死者其数在五万至十万人之间。② 以后的研究曾怀疑此说之不正确，③这说或许是过甚其辞的。但我们知道，在一五二〇年至一五五〇年之间，他公布了许多法律，凡信异教者皆须斩首，或遭活焚、生埋。责罚之等差即视各事件之情形而定，可是严重的非刑大都是施于那些携带异教书籍，或受雇抄录及自行抄录异教书籍者。④ 他对他儿子的最后忠告和他这些政策毫无二致。在他死前的几天，他在遗嘱上签定一追加书，主张对异教徒永无可赦，且皆应处死，天主教裁判所应负责任维持此项遗嘱，使达到圆满之目的。⑤

这种野蛮的政策初非这个统治者底恶行或恶劣性情之单纯的表现，而需归因于那些广被而普通的原因底作用，这些原因对于个人发生作用而强迫其采取这种途径。查理士并非是一个立意复仇的人，他原本的性情是近乎恻隐而非苛酷，而且是很真诚的，他实行他底信仰以尽其责任，他非常爱他底友人，以至最和他接近者即是最爱他的人。⑥ 但在公共行为上，以上这些完全不生作用，他不得不服从时代及其所生活

---

① 在他去位时的演辞中，他说："他曾永久注意到他亲爱之出生地底利益，但最注意者乃是基督教之极大利益。他第一个目的就是维持这些纯洁者来反对不信基督者。"（见普累斯科特著《菲力泼二世》第一册第八页）
② 格罗喜阿斯说有十万人，菩尔(Bor)、美泰尔(Meteren)及保罗(Paul)说有五万人。
③ 如果我记得清楚的话，普累斯科特曾对于这点怀疑，但这个精通的史家底意见因不甚熟谙荷兰文学而缺少了力量，因在荷兰文学中必能找到主要的证据。关于这一点有如许多其他的事情一样，摩特利(Motley)底有价值的著作已足答复一切了。
④ 见普累斯科特著《菲力泼二世》第一册第一九六、一九七页。一五二三年，第一次的人被焚毙。（见摩特利著《荷兰共和国》〔Dutch Republic〕第一册第六九页）
⑤ 他死于九月二十一日，于九日那天他再写遗嘱追加书，"命令他底儿子追随他底政策及将境内的异教徒都按法处置，而这一点却不能有例外，不能对于任何人有怜悯之心。他恳求菲力泼护持天主教裁判所，视为成就这个好工作底最好方法"。（见普累斯科特著《罗伯孙著查理士第五之增补》〔Additions to Robertsons Charles Ⅴ〕第五七六页）
⑥ 本国底证据或者有偏袒的嫌疑，可是在另一方面，劳麦在他有价值的《十六及十七世纪史》一书第一册第二二页曾公正地说他底性格曾为人所误认，"因史家情愿采纳法国及新教作家之矛盾的叙述"。要在两极端中取一恰当的见解，我将抄录一段关于一个博学及独无偏见的作者对于查理士一代所下的总评："虽然他皇帝用欺诈的手段，却从没有像佛兰西斯这样地不忠于行，他底心对于具有本地尊严之色彩，是决不会有这种卑鄙的行为的。对于宗教与友谊真诚，忠于所言，非常宽厚，对于仆人大度，对于王底责任不辞辛劳地去担负，急于为人民谋幸福，而且在私生活中殊无可议之处，他底人格是不能与当时任何君主比拟的。"（见敦汉〔Dunham〕著《西班牙史》〔History of Spain〕第五册第四一页）"温和是他性格之基础"。（第三〇页）

之国家底趋向。那些趋向在他死后更为明显,那时西班牙王座为一个君主占有四十年之久,他在少年时即已接位,而他这一朝特殊富有趣味,因这一朝就是他所统治的人民底性情底一种表征及结果。

于一五五五年继查理士王位的菲力泼确是时代底一个产儿,一时尖刻的传记家有称他为民族性之最完全的典型者,这话实在是很确当。① 他最喜欢的一个格言不愧为他底政策之关键者,即"若需统治异教徒,无宁不予统治"。既具有极高的权力,他就竭其力量,将这个原则施诸实行。当他一听见新教徒正在西班牙劝人改信宗教时,他就绞尽脑力地去压制异教;而一般舆论又是这样地绝对附和着他,故他能毫无危险地压抑在欧洲到处骚动的那些意见。在西班牙,宗教改革经过了短期的奋斗以后即完全消逝,而约在十年中,即最后的痕迹也幻灭了。② 荷兰人愿意采纳而在许多情形中确是采纳了改革的教义,于是菲力泼对他们开战,一个残暴的战争竟延长至三十年之久,直至他死时为止,因为他决定要消灭新的教义。③ 他命令凡拒绝反悔的异教徒必须受焚死的极刑,如确能反悔,则尚可予以宽免,但一旦故态复萌,仍须处死,不过不施用焚刑而已。在荷兰,究有多少人罹难,我们却没有确切的根据,④ 但亚尔伐(Alva)曾以胜利的口吻说,在他执政之五六年中,他曾处死一万八千人以上,还除了在战场上被他杀戮的更大的数目。这在他短期的秉政时期就造成了四万个牺牲者,这种估计倒很可靠,因为我们从其他材料中知道,一年中几有八千以上的人是处死或被焚的。这种政策就是菲力泼底教训底结果,而造成他整个政策中的必然部分。他心中最高的愿望及其能牺牲一切者,即是要消灭这个新的

---

① "当他成长时,西班牙人骄傲地满足地看到他们未来的君主是国民性中之最完美典型人物。"(见普累斯科特著《菲力泼二世》第一册第二一九页)故在摩特利著《荷兰共和国》第一册第一二八页中有"他是一个完全西班牙人"。
② "在这种保护之下,西班牙与新教之争争是很短的,约于一五五九年开始热烈争斗,于一五七〇年则完全结束了。"(见提克诺著《西班牙文学史》第一册第四二五页)
③ 在亚尔伐(Alva)到达以前,"菲力泼对于马加累特(Margaret)的命令就是用她底全力去消灭异教徒"。(见得维斯〔Davies〕著《荷兰史》〔History of Holland〕第一册第五五一页)又在一五六三年,他写"法国底榜样及祸害即证明严厉处罚异教徒是怎样地有利"。(见劳麦著《十六及十七世纪史》第一册第一七一页)
④ 摩特利在一五六六年说:"奥兰治王估计直到这个时候在这些省内有五万人因这个法令而处死了,他是一个温厚的人,以故发言是很谨慎的。"(见摩特利著《荷兰共和国》第一册第四二四、四二五页)

教义而重新恢复旧的。对于这一点,即使是他底极大野心及无限的权力之爱好也有变为附属的希望了。他底目的就是造成欧洲的帝国,因为他希望恢复教会底权力。① 他所有的政策、所有的磋商、所有的战争都是指向于这一个目的。他一接位,即和教皇订一耻辱的条约,使人不要说他起兵反对基督世界的首领。他最后一件大的事业在几方面看来也是最重要的,就是以几不可置信的代价来夺取那著名的阿马达(Armada)。他希望以阿马达来屈服英国及摧残欧洲异教之蓓蕾,褫夺新教徒底主要支持及唯一避难的庇护所。②

当菲力泼追随前人底途径,正在浪费西班牙之生命及财宝以传播宗教意见时,③人民对这种可怕的政策非但不起而反对,而且还予以同情而热诚地认许。的确,他们非但认许且还崇拜这位实施此种政策的人。恐怕从来没有一个君主统治了这样长久,及遇到了这样多的变迁,会得其人民之爱戴有如菲力泼一样。无论在好或恶的报告中,西班牙人总以不可摇动的忠心来紧系着他。他们对于他底爱心不会因他底挫折、他底令人嫌恶的行为、他底暴虐及他底苛税而衰减。反过来说,他们爱他到底。他是这样地妄自尊大,他竟不容任何人见他,即最有力的贵族也不许,除非他们跑在他底面前。而他呢,只说半句话,令人去猜度逢迎他底意思而尽力为他服务。虽至他底极小的事和愿望,他们也都预备着去服从。一个同时代的人或对菲力泼所受到的普遍的顺服表示惊讶说,西班牙人"非仅爱他,非仅尊敬他,直至绝对地崇拜他,而且视他底命令为神圣的,以至违反他底命令即等于冒犯上帝"。④

像菲力泼二世这样的一个人,永没有一个朋友,其行为怪异,他是

---

① "因为要恢复旧教教会,他才希冀统有欧洲王国。"(见得维斯著《荷兰史》第二册第三二九页)
② 伊利莎白因具有异教、权力及能力三种可怕的性质,异常为西班牙人所厌恨,而准备阿马达人(Armada)去反抗她这一件事实是该国从未曾有的全民族底举动。
③ 在世的一个最卓越的史家说:"这是菲力泼底热诚并合着上帝底愤怒来反对异教徒。"(见摩特利著《荷兰共和国》第二册第一五五页)"菲力泼活着就是力行他所信的上帝底意志。"(见二八五页)
④ 这些是空塔利尼(Contarini)底话,是写在朗开著《俄托曼及西班牙王国》(Ottoman and Spanish Empire)一书(一八四三年出版于伦敦)第三三页中。西思蒙第虽然不知道这一段文字,可是也在他一八四六年伦敦出版之《南欧文学》(Literature of the South of Europe)第二册第二七三页中说,菲力泼虽然"没有可赞颂的地方,可是他仍常为西班牙人所热诚爱慕"。在他死后半世纪,索美尔迪克(Sommerdyck)游历西班牙而在他所著该国之珍奇叙述中,他告诉我们菲力泼被认为"在他自己时代的苏罗门"。(见索美尔迪克著《西班牙之游》〔Voyage d'Espagne〕第六三、九五页,一六六五年巴黎出版)

一个粗暴的主人,一个野蛮的父亲,一个血腥及毫无慈悲的统治者——他会这样地为他所生活在的一个国家及常常注意他底行动的一个民族所敬重。这种情形而能发生,实是近代史中最惊奇及骤视之最不易解说的一个事实。这里我们有一个君主,他虽然在每一方都能激起恐怖与嫌恶,可是人民对他的爱戴更甚于惶惧,且在一长期统治中成为全国人民底偶像。这件事是这样地奇突颇值得我们加以严重的注意,因要解除这个疑问,我们必须先研究这种忠诚之热情底原因。这种忠诚在数世纪中曾使西班牙人显与欧洲其他国人民判然异致。

其中主要的一个原因当然就是教士所据有的巨大势力。因为这个具有大权的团体所重视的格言有一自然的倾向,使人民尊敬其君主而无贰心,而在忠耿与迷信之间实有一真正的及实际的关系,这可以从历史的事实里看出来,即这两种感觉几乎是常常同时昌盛同时衰落的。这在思考方面,我们确能想得到,因为看到两种感觉都是尊敬习惯之产物,使人在行为方面服从,在信仰方面轻信。① 经验与理智故皆视此为思想之普通定律,在其作用时也许有例外,不过在大多数的情形中都是没有判别的。这个原则失败的唯一之例,恐怕就是当一个专制的政府不了解它自己的利益,以致于触犯教士而与之分离罢。凡这样的情形一发生,则在忠耿与迷信之间必起了争斗,忠耿为政治阶级所支持,而迷信则为宗教阶级所维护。这样的战争曾见于苏格兰,但在历史上这种例并不多,当然永不会在西班牙发生,反过来,却有几种情势拍合着君主与教会的结合,而使人民对于两方都几乎出于同等的敬视。

这些情势之最重要乃是阿拉伯人之大侵略,将基督徒驱逼至西班牙之一角使无复去路,以致只有严格的训练及对于领袖绝对服从方能使他们直捣敌人。于是他们对君主的忠心不但是应一时之需,而且是必需的了。因西班牙人如不能团结,则必无机会再在他们奋击的可怕的敌人之前保存他们民族之生存了。所发的这个长的战争既是政治及宗教的,于是就形成政治及宗教阶级之密切联合,因君主及教士同等地愿意将回教徒赶出了西班牙,几达八世纪之久,教会及政府间之契合成为西班牙人所处之特殊地位上的必然趋势。其后这种趋势既经消失,

----

① "尊敬的习惯如引用于宗教则源成迷信,如引用于政治则源成专制政体"(可阅前书第一三八页)

危机也去了,而教会及政府之契合底印象却仍盘旋在一般人底思想中而牢不可拔。

这种印象底证据及其所产生之忠耿,我们在每一方都能发现许多。从未有一国家底古歌谣像西班牙这样多,而这样地和民族史有关。但据说它们主要的特点乃是含有劝谆对于君主服从与忠耿的热烈,而且他们是从这一点的源流立下了美德底榜样,却非从武功上标榜美德。①在文字上最能表明西班牙人之思想者乃是《西德》一诗,这是在十二世纪之末期时所写的,在其中我们发现情势逼迫人民对于君主表示非常忠耿之最新证据。宗教会议也表现着同等的趋势,因除少数例外,没有一个教会曾如此同等地热诚拥护君主底权利。在民法中,我们也看到同个原理在作用,据有力方面说,没有一种法律制度,曾像西班牙法律将忠君一点这样地极端着重。② 即使他们底戏剧作家也不愿将一出反叛的戏剧在舞台上表现,深惧他们将来表示赞许每个善良的西班牙人认为最可怕的大逆不道的东西。③ 凡王所接触的东西,似乎都须专备供奉的。没有一个人可以骑上王曾骑过的马,④没有一个人可以和王

---

① "故事诗和西班牙史之关系较其他诗歌都密切而普遍,说起来,故事诗也是最优美的一种诗歌。全部故事诗之最显著的特色,恐怕就是它表现国民性之透彻,忠君之情绪常常是很明显的。彪屈来哥勋爵(Lord Butrago)牺牲他底生命来救他底君主"等等。(见提克诺著《西班牙文学史》第一册第一三三页)"在西班牙武士之绝对服从中,王底命令较任何方面都重要,即牺牲友谊与爱情亦所不顾。这种服从的礼仪已成为一种成语了——君命重于流血。"(见福尔德著《西班牙》第一八三页)

② "忠于上峰之一种德行在西班牙法律中之规定,较任何国之法律的规定为尤严厉。……巴泰特斯(Partidas)一书讲到一种古法律,其规定,凡公开表示愿意君主死者则定为死罪而损失其所有一切,对于该犯之最大宽恕乃是免其死而挖去其二目,使其永不再见其所愿望之一切。毁坏君主之名誉与弑君罪同,而亦受同等之责罚,其最大之饶恕乃是免其死而割去其舌。"(见骚西著《西特编年史》第四四二页)

③ 故生于一六〇二年而具有盛名之诗人及戏剧家蒙塔尔文"据说曾避免开演叛乱之剧本于舞台上,惟恐蒙有鼓动叛乱之嫌疑"。(见捷克诺著《西班牙文学史》第二册第二八三页)在卡尔得隆(Calderon)及罗泼·得·未加(Lope de Vega)底戏剧中也表现着同样的精神。关于表明在卡尔得隆一本喜剧中的"卡斯提尔忠君之情绪",可阅哈拉姆著《欧洲文学》第三册第六三页,第二版,一八四三年伦敦出版;关于罗泼的则可阅琉挨斯著《西班牙之戏剧》(The Spanish Drama)第七八页。

④ "王底马是永不能被其他人用过的。有一天当菲力泼四世正一排行列地到阿托乞圣母教堂(The Church of our Lady of Atocha)去的时候,麦地那·得·拉斯·托尔斯(Medina-de-las-torres)公爵呈送给王一匹骏马,这马是属于他的而是玛德里城中之最好的马,但王却不受,因他以为这样来报答王那匹高贵的驽马未免是一遗憾。"(见敦老普著《西班牙传记》第二册第三七二页)一六七九年游历西班牙及以地位而言是最易获得宫廷底辛秘的多尔诺夫人(D'Aulnoy)曾听到这样一件事:"有人曾经对我讲过,倘若国王御用过一匹马,那么,为尊敬起见,便永远没有人敢骑那匹马了。"(见多尔诺著《西班牙游历杂记》(Relation du Voyage d'Espagne)第二册第四〇页,(转下页)

离弃了的女人结婚。① 马和他底女人都是神圣的,而任何人民干预其已受王之所尊重的东西都得视为不恭顺。这种规律也不仅限于在位时的君主,即使君主崩后,也极端禁止其纳作妃嫔的任何妇人改嫁。她曾受王所选,这种选择已经将她底地位提高,而高于一切人了,她至多只能退居于修道院中,终身为其不可补救之损失而悲伤着。这些规律倒多受习俗所推动,而不见于法律所规定。② 它们受公众意志所拥护,是西班牙民族过度忠君之结果。他们底作家常以这种忠君的观念为夸耀,见诸文字间,而且是很有理由的,因为这确是前无匹敌而亦没有一样东西可以摇撼之者。他们对于暴君与贤主同贡其忠顺之心,初无轩轾。这种忠君的观念在十六世纪西班牙之黄金时代极度活跃,即至十七世纪该国衰落时也甚显著,而经十八世纪之内战打击后此种观念尚依然固结不去。的确,这已成为国家底传统观念,它非但渐成为一种民族情绪,且几乎是民族信仰的一个条目。克拉林敦在他所著《英国叛乱史》中——这他很知道决不会在西班牙发生的——曾对于这问题作一公正及适切的评论。他说对于君主缺少尊敬,西班牙人认为是一种"极恶的罪","对于他们的君主表示屈服的尊重是他们宗教中的重要部分"。③

这就是西班牙人性质所组成的两种大要素:忠君及迷信,尊重君主及尊重教士是影响西班牙人思想及支配西班牙史之进行的主要本质。使其能发生的特殊及未有前例的那些情势刚才曾表明清楚,现在既已知道它们底本源,不妨再循索它们底结果。这种结果上的研究将

(接上页)一六九三年里昂出版)在十八世纪之中叶我到这种忠君风俗的另一段,这恐怕在西班牙之马厩中仍是一种习俗。"如果这个君主曾一次给一匹马一种光荣而骑到它背上,则这匹马永不能再被其他人用。"(见攸尔达·挨泼·利斯[Udal ap Rhys]著《西班牙之游》〔A Tour Through Spain〕第一五页,一七六〇年伦敦再版)

① 故卡斯提尔底亨利四世也是这样,当他于一四五四年登位的时候将"托利多修道院中的一个女主持"作为他底一个后妃,这件事之受万民痛骂者因,如普累斯科特所说,他"先废弃了他前一个后妃——一个高贵而无可指劾的人。"(见普累斯科特著《斐迪南及伊萨伯拉史》第一册第六八页)

② 可是有一个古法律为萨拉哥撒第三次会议所议定之教规式法律命令,凡王族寡妇"皆被逼着去穿教服而自闭于修道院中以终其余年"。(见夫勒里〔Fleury〕著《宗教史》〔Histoire Ecclésiastique〕第九册第一○四页)

③ "听说俄利发累斯(Olivarez)曾非常严厉地责难公爵(即巴金干)对于君主的亲密及缺少尊敬,这对于西班牙人是一种非常巨大的罪。……他们对于君主的服从的尊敬是他们宗教中的重要部分。"(见克拉林敦著《叛乱史》第一五页,一八四三年牛津出版)

更为重要,非但因为这些感觉在欧洲之任何部分都没有这样强固、这样永久及这样的纯粹,且因西班牙地处欧陆之极端而为庇里尼山所陷绝,故从自然地理方面及道德方面都和其他国家极少接触。[①] 而一般事情因不为国外之习惯所同化,我们不难发现迷信及忠君之纯粹及自然的结果——两种曾占据人心最有权力及最不自私的情感,而其互合的作用,我们可以清楚地用以循索西班牙史中之主要事件。

这种结合的结果在一个相当时期内显然是有利的,而且当然具有很大的利益。因教会与君主既能志同道合,而又为人民之热诚拥护所激动,故即倾其全副精神于其事业,而表现着一种永不会不趋于成功之一途的热烈心。于是基督徒由西班牙之北部渐渐南进,寸寸进逼地奋斗,直至最后达到极南部而完全降服了回教徒,而得使全国仍受治于一个统治及一种教义之下。这个大的结果是在十五世纪之末叶时成功的,而令西班牙之国号灿耀着非常的光辉。西班牙久为其本国之宗教战争所困扰,从未得各强国之注意,且亦无暇注意及之。可是现在她造成一个紧密的及团结的王国,而立刻在欧洲事件中处在一个重要的地位。在以后一百年中,她权力进行之速实为罗马帝国以来所未前见。在一四七八年西班牙还在割据的状态中,格拉那达为回教徒所有,卡斯提尔及亚拉冈(Aragon)各有君主。在一五九〇年以前则非但这些分裂的地方都坚固地团结为一王国,而且在国外也很迅速地获得土地,以致危及欧洲之独立。西班牙底历史在这个时期是一个绵长而不断的成功史。这个国家,最近为内战所分裂及为敌对教义所扰者,竟能于三代中并吞整个葡萄牙、那发尔及卢西云(Roussillon)。用外交,或用武力,她获得阿他(Artois)及法兰斯·孔德(Franche Comté)以及荷兰,又获得美兰尼斯(Milanese)、那不勒斯、西西里、撒地尼亚、巴利阿利群岛(Balearic)及加那列群岛(Canaries)等地。她底一个君主做了日耳曼皇,而这个皇底儿子乃能支配英国的会议,而娶了英国的王后。当时世界上最可怕的土耳其军队被其制服,而且西班牙军队更左右逢源了。法国国王受到屈辱,法国底军队常遭挫败,巴黎曾一度陷于极大的危

---

① 这些交通之障碍曾有一时认定为几不可信之事,可阅一八二六年巴黎出版《柏提吐传记集》(*Collection des Mémoires Par Petitot*)第一册第一六九页中之《封特内马罗衣自传》。

险,法王在战场上被惨败后,还被虏而囚禁于玛得里。在欧洲以外,西班牙底功业也同等地惊人。在美洲,西班牙人据有概括六十纬度及包括两热带的土地。除墨西哥、中美洲、委内瑞辣、新格拉那达、秘鲁及智利以外,他们克服古巴、圣多明哥、牙买加及其他岛屿;在非洲,他们得修达(Ceuta)、美利拉(Melilla)、俄朗(Oran)、部加阿(Bougiah)及突尼斯(Tunis),而且威震全巴巴利海岸;在亚洲,他们在得康(Deccan)之每一边都有殖民地,他们占据麻剌甲之一部,他们在香料群岛中(The Spice Islands)建立起来。最后克服了可爱的菲列宾群岛,就将他们距离最远的占有地都接连起来,而使这个环绕世界的大帝国底每一部都得以交通无阻。

和这有关的,就是大尚武精神底发生,这是任何现代国家都未曾表现过的。所有国内的才智之士非从事于教会事业即专注于军事职业。这两种事业的确是常常联合在一起的,且据说教士出征的习俗在欧洲其他国家久已废止,而在西班牙则尚在实行。① 总之,一般的趋势是很显然的。十六世纪及十五世纪之一部分的成功的战争及围攻底撮述,即足证明西班牙人在这方面之优胜于其同时代人,及表明其在破坏的技艺方面,其天才伸展之速。另一个例证——如需要的话——也可从一个事实里推论出来,即自古代希腊之时以来,没有一国曾像西班牙产生这样多的文人而兼为军士者。卡尔得隆(Calderon)、瑟凡提兹(Cervantes)及罗泼·得·未加(Lope de Vega)为国战争而死。许多其他的名作家也入军界,其中可以提到的就是阿各忒·得·摩利那(Argote de Molina)、阿空雅(Acuña)、柏那·提亚士·得·卡斯提罗(Bernal Diaz del Castillo)、菩斯康(Boscan)、卡利略(Carrillo)、塞提那(Cetina)、挨尔西拉(Ercilla)、挨斯彼内尔(Espinel)、佛兰西斯科·得·腓加罗阿(Francisco de Figueroa)、加西勒苏·得·拉·未加(Garcilasso de la Vega)、歧楞·得·卡斯屈罗(Guillen de Castro)、伊塔(Hita)、哈忒多·得·门多萨(Hurtado de Mendoza)、马摩尔·卡发哲尔(Marmol Carvajal)、培累斯·得·古斯曼(Perez de Guzman)、

---

① "对于不信基督教者(回教徒)的神圣战争在更后一时期仍继续存在在西班牙人之不变的尚武宗教精神中,至其余的欧洲文明各国则早已停止的了。"(见普累斯科特著《斐迪南及伊萨伯拉史》第一册第一六二页)

蒲尔加(Pulgar)、累菩雷多(Rebolledo)、罗克塞斯(Roxas)及维卢挨斯(Virues),他们这样就不知不觉地成为西班牙普遍流行的那种精神底证据。

于是迷信与忠君之间即有一种联合。这种联合,许多读者仍加以重视,而在其发生时,曾激起欧洲之赞美,虽也有恐惧。这种大民族富有军人、爱国及宗教的热烈心,这种热烈心为其对于教会之尊敬的顺服及其对于君主之忠勇的专诚而更增高。西班牙底力量因这样地激动而被管理着,于是变为谨慎而奋发,这种相反性质之结合即由于前述之伟大事业而来。但此种进步之弊陋即在过于凭恃个人,故就不能永固。这种运动只有在贤明睿智的统治者之下方能进行,当继起的领袖才具不胜任之时,则所行的制度必立即倾覆,即因人民对于每种事业皆习于给予一种必需的热心,而对于领导热心之机智方面却无所补。如这种事情之国家为一世袭君主所统治,则其国必致衰落,以事情之一般性而言,无能的统治者有时是必会起来的。此种情形一发生,则退化即开始,因人民习于效忠之滥用,其势所趋则虽乱命亦不知别择而同样地服从。这点令我们观察到西班牙文化与英国之重要不同点。我们在英国,是一种为批评、不满足及吹毛求疵的人民,常常责备我们底统治者,怀疑他们底政策,以敌对的精神讨论他们底方针,不容教会与政府有多大的权力,以我们自己的方法处理事件,即使因些须的不平也会预备反抗那不良的习俗及不由衷的忠君之心。盖因忠君之念从未真正地打动我们底心,不过是浮面上的一种习惯而不是根深蒂固的一种情绪。在英国人之所谓忠耿并非那引诱他们牺牲他们底自由而去谄媚君主的一种心,亦非因一时蒙蔽,他们便专为己利的那一种。结果,无论我们底君主是好是坏,我们底进步总是无间断的。在任何情形中,伟大的运动仍在前进。我们底君主也有十分庸劣与犯罪的,不过即如亨利三世及查理士二世那样的统治者也不能加害到我们。同样,在十八世纪及十九世纪的许多年中,当我们底改进非常显著时,我们底统治者大都是庸懦之辈。安尼及最初两乔治也都不学无术,未尝受过什么教育,且天性便是懦弱而固执者。二王在位几亘六十年,及其相继崩逝,践祚者又为一终身多病之君,且卧治又达六十年之久,不过我们也无妨忠实地说,恰好因他无能，所以就一般政策而言，他是最无害的。这里并不是故意暴露乔治三世之可怖政策。他底政策后世自有公正的评判为其当代人所不敢下者，但我们可以确定，他底狭隘的理解力、专制的性情、可怜的迷信，及继其位的愚昧纵欲者底令人不可信的卑鄙，都不能于英国文化底进行，或于英国繁昌底潮流发生丝毫的碍阻。我们欢乐地向前进，毫不顾虑到以上的一切。我们不会因我们统治者底愚行而离开我们底正道，因我们很知道，我们握住我自己的命运在自己的手中，英国人民本身自有其凭藉与丰富的谋划，因之以自育成为伟大、快乐与聪慧者。

可是在西班牙，政府一失凭恃，整个民族即遭分裂。在以上所述的兴盛的时代，西班牙王国代有明君，斐迪南及伊萨伯拉、查理士五世及菲力泼二世几个贤良君主相继接位，为任何国家在同等之长时期中所不能比拟者。伟大的事业都受他们底卵育而产生，因他们底关切，西班牙才显然兴盛起来，但在他们辞世以后所发生的事情，即表明所有这些事业多成泡影，政治之本身是如何地腐败。政制必须先扶植育成之而后方能兴盛，现在西班牙之政制，既根据于人民之忠心与尊敬，故其成功并不靠民族底能力，而却靠民族利益所托恃的那些人底才能。

菲力泼二世，西班牙明君之一，崩于一五九八年，一旦他死后，西班牙便迅速地衰落下去。① 由一五九八年至一七〇〇年，西班牙王座之继承者为菲力泼三世、菲力泼四世及查理二世。他们和其前任者一比较便最显著不过。菲力泼三世及菲力泼四世均陷于慵惰不学、意志不坚定及卑污奢纵的生活中。查理士二世是从前旺盛一时之奥地利王朝最后一个王，他底缺点之多使任何人都觉得他底举措无不可笑与可鄙。以他底思想及其个人假如易地而处于愚忠之观念较西班牙为稀薄的国家中必将受到普遍的厌恶。虽然他死的时候还是盛年，可是看起来已像一个老而颓唐的放荡者。三十五岁时，他底头发也完全秃了，他没有

---

① "到菲力泼二世时，这个王国底伟大已成为过去了，从这个时期起就可怕地衰落下来。"（见敦汉著《西班牙史》第五册第八七页）而俄提则总称之为"菲力泼二世之死亡与我人衰落之原因"。（见《小册子》第七册序第六页）这个通达的史家又在其他地方说，如菲力泼三世之才能足与其父相埒，则西班牙将会继续兴盛下去。（见第七册第二一一页）最近几个西班牙作家见到菲力泼二世之政策所形成的巨大糜费及其所负之债，则以为该国之衰微始于他一朝之末年，但事实上没有一个大国会或将会因其政府之糜费而倾覆的。这种奢华会造成普遍的痛苦，当然不能宽宥之。但如篇幅足容长篇之议论者，我能很易地表明尚有其他更永固之混乱结果，非为普通所能料到者。

睫毛，且已成为半身不遂，他患癫痫，他底萎弱是尽人皆知的。他底外表绝对地令人厌恶而且是戆傻可憎，巨大的口加着突出而可怕的下颚，使其齿永不能相遇，而致食时咀嚼且不可能。① 如果没有绝对可靠的证据，他底愚昧真是令人不能置信。他对于本国领土内大城或省域底名称都不知晓，而与法国战争时，据说他还可惜英国失了好些城邑，岂知那些城邑实在是组成他底领域之一部分呢。最后，他就沉迷于绝无理性的迷信中，他相信他自己常给魔鬼所诱引，他认他自己业已受邪而应禳除，他需要忏悔师及两个教团僧在夜中伴着他才能入梦。②

人们现在可以清楚地看到，西班牙底巍煌是建造在如何松散的基础上。明君在上则邦家兴盛，国君惛弱则国运衰落。十六世纪时之伟大君主底伟略丰功均非十七世纪之君主所能绍述与蹑步。西班牙之倾覆是这样地迅速，以致菲力泼死后仅及三传，而这个威震遐迩最强的上邦即不得不降落而为附庸之国，为各国任意加以侮辱，迅陷于瓦解土崩，割弃膏腴之地，备受舆论之指摘，为学生及道德家引为关于人事的变迁的题材，而最后则极端受辱地看到她自己的土地为一自己无分参与的条约所分割。真实的，她只有忍辱吞声，她底光荣已成陈迹，她因战败而受屈辱。当时的西班牙人回忆过去实在免不了要为他们底国家——武士制及幻想，勇敢及忠心之选择处所——悲痛。世界的女王，海的皇后，各国之畏惧已成过去了，她底权力一去不能复还了，关于她，我们可以说她底惨苦有如在一个极不重要的时候，基督委托在一个将死的政治家底口中吐露的悲痛一样。悲伤的爱国志士当然有充足的理由要为他底土地、他底国家、他底久负盛名的土地底命运而悲泣，有如一个拒绝他人之安慰的人一样，但现在这些土地都出租了，有如出租的

---

① 一六九六年，驻于玛德里的英国大臣斯坦诺普（Stanhope）写：“他有一个狼吞虎咽的胃而将东西囫囵吞下去，因为他下颚伸得这样出，两排牙齿是永不能遇在一起的。补偿这一点，于是他有一个阔大的喉，故一个沙囊或母鸡底肝可以直吞下去，假如他底胃消化力不足，则整个地排泄出来。"（可阅马洪著《查理士二世之下的西班牙》第七九页，一八四〇年伦敦出版。这是一部很有价值的原来文件之总集，完全为我所遇见之西班牙史家所不知者）
② "幻想每样所说或所做的事情都是魔鬼底引诱，从不以为他自己是平安的，除非他底听忏悔师及两个教团僧在他旁边，而他们则每夜在他底旁边说谎。"（见马洪著《查理士二世之下的西班牙》第一〇二页）故西班牙史家称他为"信仰与宗教之迷恋者"，就因为他对于僧侣有这种爱好的原故。（见巴卡拉〔Bacallar〕著《西班牙战争纪略》〔Comentarios de la Guerra de España〕第一册第二〇页）

不动产及受过打击的田庄一样。①

　　我们去叙说西班牙在十七世纪时所受的损失及灾祸实在是一种辞费而无益的工作。这种损失及灾祸之直接原因无疑地是不良的政府及失政的统治者,不过一切错误的潜在推动者仍系于忠君与尊敬精神之存在,这是西班牙人把任何国皆摈斥唾弃的东西独撮拾而信仰之,且因习于重赖个人,使国家退而处于不稳固之地位,于是往往庸懦荏弱的君主必然地就倾覆了英明的父祖所艰苦卓绝建造的大厦。

　　西班牙教会势力之增加即西班牙政府能力衰落之表征及最显特之结果。因忠耿与迷信之念既皆是国民性之重要成分及为尊敬习惯之结果,则我们可以想到,除非尊敬之观念减少,否则忠耿与迷信之念亦必互为消长。故西班牙政府在十七世纪时固因其极端之柔弱而失了人民一部分之爱心,可是教会也就自然地进展,乘隙而享有君主所丧弃的尊敬。此外,现行政府之懦弱也助长了教士们底要求而使其敢作篡夺之行为,这点若在十六世纪之西班牙君主,他们虽然迷信也决不能容其一刻实现的。② 故十七世纪时除苏格兰以外,任何大国之教会权力都减削了,唯在西班牙则确实地增大起来。这样的结果是很值得注意的,非但研究历史的学者应如此,即关切其本国之幸福及对于公共事业之实

---

① 这个神圣的列王底宝座,这个充满王权的岛屿,
　这是庄严的宇域,这是马斯底居所,
　这是新的伊甸,小型的天堂,
　这是上帝为他一己建树以抗御战争之侵入,思想危害之传染的壁垒;
　这是愉快的人生之孕育场,这是世间底小桃源,
　这块在银海中的宝石
　像屋宇外的坚固的墙垣,渊深的壕堑
　司着保卫的职责以拒绝瘠土荒域之辈来觊觎;
　这都是神圣之列王底福地、宇域、王国、英国、保姆和出生地。
　他们底出生地人人震慑,他们底诞降远近传闻,
　他们在基督教上之建树,与武士制之确立,
　其伟绩播及于远方,
　一似在顽强的犹太地中的举世祝福的玛利之子底陵寝之受人崇敬:
　这块是那可爱的人底疆土,
　这块誉满寰宇的可爱的疆土。
　但如今,
　已沦为鹑民之宅与蔓草之田。

② 即菲力泼二世也常保留某种权力以威胁宗教僧侣团,虽然他是完全为宗教偏见所屈服。"当菲力泼这样愿意提高宗教团体之地位以致其权力殊为膨胀时,他也很审慎地不容其超越王权。"(见普累斯科特之《菲力泼二世史》第三册第二三五页)

际处理感觉兴趣者又何独不然呢。

菲力泼死后的二十三年间，王座为菲力泼三世所有。这个君主底懦弱之极甚与其前王英迈之超越适成正比。过去百余年中，西班牙人既乐于受治于明君，而历世明君也能旰宵政事及严格地督策其臣下。但菲力泼三世之几近于愚鲁的无知，使其不能担负辛劳的国务，而遂大权旁落于雷尔马（Lerma）。雷尔马独平章机密者达二十年之久，①在西班牙这般忠耿的人民中，这种异常的状态下当然要减弱行政上的力量，因在他们底眼中，君主之直接及无可假借的特权是处理政事及国运隆盛之要素。雷尔马很知道这种感觉及感到他自己地位之非常不稳固，故自然地希望以另一种支持来巩固他自己，以令其自己不必完全依恃着王底恩宠。因此，他和教士组成一严密的盟合，而在其长期执政之期内始终尽力增加教士底权威。于是王所失去的势力逐渐落于教会之手，而且教会之忠告乃对于教会表示一种顺服远较十六世纪之迷信君主为甚。在这种契合中，当然人民底利益是不受注意了，他们底幸福在一般政策中是不占地位的。反之，教士为感谢这样明了其才能及信奉宗教的政府，用尽其力量以阿好之，于是双重的专制底束缚紧系着这个可怜民族底颈项，使他们结一个长而可耻的屈服的苦果。②

西班牙教育在十七世纪时之权力增加，其证据到处撷拾即得。修道院及教堂惊人地日见激增，他们底财富也是这样地富裕，以致分裂及屈辱的科德司人（Cortes）竟敢作公开的抗议。一六二六年为菲力泼三世死后的五年，他们要求设法阻止教会方面的不绝的侵占。在这个著名的文书中，在玛得利集合的科德司人宣布，没有一天教外的人不损失了他们底财产而转富了教会的人；而其弊害至大，以致在西班牙，除尼庵以外，竟有九千以上的僧院。这种惊人的叙述我相信永不曾有过相反对立的证据，而其可能性则反有其他几种情形以为之佐证。生活于菲力泼三世时代的达维拉（Davila）确定说，在一六二三年时单是黑袍

---

① "对于君主及王国绝对有左右之权。"这是查理士·康华理爵士（Sir Charles Cornwallis）于一六〇五年五月三十一日由法拉多利（Valladolid）致英国议员的一封信。（见文乌〔Winwood〕著《备忘录》（Memorials）第二册第七三页，一七二五年伦敦出版）他底权力由一五九八年直维持至一六一八年。（见俄提著《小册子》第六册第二九〇、三二五页）

② 菲力泼三世所表现之唯一能力就是附议他底大臣努力伸展教会底势力。

僧派及圣芳济一宗之教团已达三万二千人,其他的教士也相等地增加。当菲力泼三世死前,在塞维尔(Seville)教堂中执职的牧师其数达百人,在塞维尔主教管辖区中有一万四千名小礼拜堂牧师,在喀拉荷拉(Calahorra)主教管辖区中者更有一万八千名。① 也不见有什么补救这种可怕情形的希望。教会愈富则愈引致教外人加入教会,故以一般情形来看,教外的利益实可谓无止境地受剥削了。的确,这种骤然之变动是很有规律的,而且为前在的许多情势所趋而更易发生。自五世纪以来,一般的情势为我们所见到的,都倾向于这一方面而给予教士以一种统治权为其他国家所不能容忍者。人民底思想情态既属如是,那么,也只有默视着一切应反对的事情在进行着,有如一个西班牙史家所说,凡有提议要减少或断绝西班牙教会现在所具有的巨大财富者都必被断定为异教矣。

以上所说的情形既是那般自然的发展,可以但从另一方富有兴趣的事业中看来也未尝不为是。在欧洲他部,十七世纪是以出乎宗教以外之文学的兴趣著称。在这种文学中绝无宗教理论参杂于其间,一时写作名家如培根及笛卡儿都是教外人,对于教会简直是持敌对的态度,而他们著作中所含的见解,也纯粹是宗教以外的性质的。但在西班牙,从来没有这种变化发生。在这国内,教会对于一切知识阶级以迄愚顽都能操纵之。公共意见底压力很大,即一切作家都以置身宗教事业为荣,而以黑暗时代所重视的热烈来维护宗教事业底利益。瑟凡提兹在其死前三年做了圣芳济派僧侣。② 罗泼·得·未加是一个牧师,他是天主裁判所底一个职员,一六二三年且在群众中帮助着在玛得里、阿尔卡拉门之外焚毙一个异教徒。摩尔土(Moreto)为西班牙三大戏剧家之一,在其最后十二年中过着道院的生活。蒙塔尔凡(Montalvan),他底戏剧至今尚脍炙人口者,也是一个牧师而任职于天主教裁判所中者。

---

① 菲力泼三世一朝若以王之虔诚及善良来说,乃是教会之黄金时代。虽然宗教底机关已太多,还是不绝地大增,在已存的机关中又立新的祭坛或圣坛所。于是雷尔马(Lerma)公爵建立了七个寺院及两个附有专门学校的教堂,故卡拉荷拉(Calaharra)之主教管辖区内有一万八千个小礼拜堂牧师,塞维尔有一万四千个。宗教牧师倍增之无用,可以从一个事实里更清楚地看出来,即仅塞维尔教堂已有一百个牧师,而事实上六个牧师已足够公共虔诚之用了。(见敦汉著《西班牙史》第五册第二七四页)

② 直至一六一六年他方从事于最后这一种职业,不过他开始在一六一三年穿圣芳济僧侣底衣服。

第十五章 由第五世纪至第十九世纪中叶之西班牙思想史概略 487

塔里加(Tarrega)、密拉·得·密斯句(Mira de Mescua)及提尔索·得·摩利拿(Tirso de Molina)都是舞台上的成功作家而又都是教士。索利斯(Solis)，墨西哥之著名史家，也是一个教士。菲力泼三世委为编纂国史者及查理士五世朝代时执大权之桑多发尔(Sandoval)，最初是一个培内纳丁僧侣，以后做了塔(Tuy)地方底主教，再后则升充巴姆普罗那地方底主教。菲力泼三世底作传者达维拉也是一个牧师。马利亚纳(Mariana)是一个耶稣会徒，继他而任史官的密那那(Miñana)是发楞喜阿地方底一个著名的僧人。马丁·卡里罗(Martin Carrillo)同时是一个法律参议及史家，但他并不满意于这两种职业而也进了教会，做了萨拉哥撒地方(Saragossa)底大牧师。安托尼俄(Antonio)，西班牙最博通的编纂者，是塞维尔底大牧师。以散文著作讽诵一时及以前被人目为一伟大之作家的格拉西安(Gracian)是一个耶稣会徒。在诗中，也有同样的倾向。巴拉维西诺(Paravicino)在十六世纪中继续为菲力泼三世及四世宫廷中之甚负时望的传道者。西姆拉(Zamora)是一个僧侣。阿亨索拉(Argensola)是萨拉哥撒地方的一个大牧师。[①] 工哥拉(Gongora)是一个牧师，利俄哈(Rioja)也曾在天主教裁判所中得到一个高的职位。[②] 卡尔得隆是菲力泼四世小礼拜堂中的牧师，他底情感富于宗教之狂性热——这实在是阻绝其横溢之天才者——故曾被称为天主教裁判所中之诗人。[③] 他对于教会的爱好心是一种热情，凡能增进教会之利益者，他都毫不迟疑地去做。在西班牙，这种情绪是很自然的，虽然在其他国家中这些情绪将引起惊疑，而一个卓著的批评家曾宣布，读了他底著作实在禁不住要愤怒。如果这样，则这种愤怒应遍及于当时之国人，因为那个时期的西班牙人少有不具同样的情感的。西班牙最著名之讽刺诗(Mock-Heroic poems)底作者唯拉唯西俄萨(Villaviciosa)，非但是天主教裁判所中的一个职员，而且在他遗嘱中，他力求他底家属及其子若孙，在可能的范围中应也在这个组

---

① 这是年幼的阿亨索拉。
② "在天主教裁判所中占着很高的地位。"（见提克诺著《西班牙文学史》第二册第五〇七页）
③ "卡尔得隆事实上是天主教裁判所底真诗人，他激励着一种宗教情感——这在他所有剧本中都太明显了——这只有使我对于他所抱的信仰感到恐怖。"（见西思蒙第著《南欧文学》第二册第三七九页）

织中供职,更不宜计及职务的重轻,因他说其中所有的职位都是值得尊敬的。在这社会情形中,凡有溢出乎教外或科学的精神当然是无发生及进展的可能。在这个国度里只有信仰而没有研究。在地位较高的阶级中,人人非从事于战争即从事于神学,且大多数为职兼此二者。而以文学为职业的人更又与俗沉浮附和着流行的偏见。教会底一切,非但极受尊敬,且为人所慑服。技巧与工艺原可尽量推进之,俾从事于有价值的发展,可是又误引之以为颂扬迷信所发明的愚行的工具。一种习俗愈暴虐及愈荒谬则奉承阿好、歌功颂德的人亦愈多,当然没有人敢加以攻击了。证明宗教迫害为必需的西班牙著作一时竟汗牛充栋,而发行此种著作的国家乃是千人中无一人怀疑焚烧异教徒为不切当之国家。至于组成神学家之另一种主要材料的神迹在十七世纪时也常常发生,也常常纪录着。所有文人都急于要对这个重要问题有所叙说。圣哲也是因享有极大的名誉,他们底传记非常多,可是没有注意到真实方面,这原是那种著作所常有的特色。西班牙底思想完全为这些及同类的题材所占据。僧院、尼庵、宗教团体及教堂都受同等的注意,而巨秩的书都记载着这些事情,以使当日详情都得以保存。凡修道院与教堂,史家一人以上也每为之写史,且各事竞争而均尽力设法为其教会极尊崇赞扬的能事,及维持为教会所保护的利益。①

这就是宗教职业底畸形发展及西班牙人在十七世纪时对于宗教事业的屈伏。② 他们竭力令教会强固,而反观其他国家却正开始热烈地要减削教会底权力。这种不幸的特殊点无疑地是以前事件底影响,但这是西班牙衰落之直接原因,因为无论以前的情形是如何,在现代,国家底兴盛都全凭几种原理,而教士以一团体而言是不容参加的。在菲

---

① "西班牙在十六及十七世纪时简直没有一个僧侣有名的圣哲设有特殊的纪念,每个宗教团体及大教堂都至少有一个史家而大多数则有几个,故西班牙宗教史的书底数目可以称为繁琐了。"(提克诺著《西班牙文学史》第三册第一三二页)

② 一六二三年豪挨尔从玛德里写说:"这就是他们在这里对于教会所表示的尊敬,且他们对于所有教会中人都抱有这样神圣的一种观念,以致西班牙之最伟大的同(Don)也将震栗地不敢对于最卑鄙的教会中人任何迫害或侮辱的事。"(见《蒙挨尔之信札》第一三八页,一七五四年伦敦出版)"他们对于教会之职能所表示的尊敬是很令人难解的,王与后都不觉得鄙夷地去吻一个尖帽僧徒底袖或一个牧师底白法衣。……这个地方不像其他地方之有怀疑及强辩者。"(见第四九六页)

力泼三世之下，他们获得了不少的力量，而且就在这一朝代中以可怕的野蛮手段驱逐了全部摩尔民族。这件事底本身之残忍及其结果之可怖，使有些作家谓此即为西班牙后来倾覆之源，却忘记了其他更重要的原因也在作用着，而这种可惊的罪恶也只有在一个久视异教为可怕的恐怖因而预备以任何代价去刷清她底土地而免与污渎基督信仰的人们为伍的国家才能发生。

自十五世纪末期回教在西班牙之最后王国被克服以后，西班牙人之最大目的乃是使被征服者改变宗教。他们相信全部人民之未来幸福已在梢头，当他看到教士底劝告也无效力，于是乃另设别法而迫害那些不受劝服者。因肉刑、焚烧及恐吓的手段，他们最后却达到了目的，我们确知自一五二六年以后在西班牙的回教没有一个不改信基督教了。大多数都是强迫着去受洗礼的，但受了洗礼以后，则已算属于教会而应受教会底训练。这种训练由天主教裁判所主持，而这些新的基督徒或我们现在所称的摩利斯库斯人（Moriscoes），①在一五二六年以后都是受该所之极野蛮待遇而始驯服的。对他们底改教发生了怀疑，于是教会底责任乃是要考查他们底真诚与否。民政方面亦加以协助，一五六六年菲力泼二世下令命摩利斯库斯人，凡足以引发其以前之宗教的一切事物皆在禁止之列。他们在严厉责罚之下被迫学习西班牙文及废弃所有的阿拉伯书籍。他们不许阅读或书写本国文字，或竟不许其在自己的家中讲本国语。他们底仪式及游戏都严厉地遭禁绝。甚至他们不能耽嗜其父亲所惯有的娱乐以及服御其固有的衣饰。妇女不许再蒙面纱。又因为沐浴是一种异教的习惯，故所有公共浴室皆遭废置，即家庭中的沐浴亦受禁止。

因这等的政策的结果，②积怨之民最后乃起而作叛，一五六八年他们亡命地集合他们底军力来反对整个西班牙王国。其结果之所趋是当然不容怀疑的，但摩利斯库斯人因为痛苦所忿激及为全部回教徒而战，

---

① 那是他们普遍的名称，但在阿拉冈则他们被称为"背弃信仰者"，是一种侮辱的称呼。（若内尔〔Janer〕著《西班牙摩利斯库斯人之情况》〔*Condicion de los Moriscos de España*〕第二六页，一八五七年玛德里出版）

② 在一五六六年以前侮辱摩利斯库斯人之其他手段已列举在普累斯科特著《菲力泼二世》第三册第一〇页以及其他页中。在查理士五世朝代中，尚有许多为普通史家所未载的地方上的专制的法令。

故将战事延长至一五七一年才最后屈服下来。① 失败以后，他们底人数及力量大见减削，在菲力泼二世朝代后二十七年中，我们比较已不甚听到他们了。虽然偶然也有骚乱，旧的怨恨已渐渐消灭而在时间上或会完全消灭了。总之，西班牙人已不必再施暴力，因摩利斯库斯人在每方都受屈辱，分裂而离散于王国各部，如说他们——即使希望的话——还会死灰复燃，则简直是笑话了。

但菲力泼二世死后，我所叙述的变动即开始了。这种变动和在其他国家殊不相同，而使西班牙教士在十七世纪时权力之坐大远较十六世纪时为浩盛。结果是立即明显的。教士并没有想到菲力泼二世反对摩利斯库斯人的政策是既已那般确定的，即在他生前，他们还希望着一个新的朝代，到那时大凡信仰上有丝毫可疑之人，都必须受戮或放逐于西班牙之外。② 但终菲力泼二世一代，政府还能略主稳重，牵制着教会矫枉过正的热诚，且二世因听从他底能臣底谏诤对于那些恳求他执行以及他本人的意向也在内心蕴酿着的政策到底尚幸未见实施。③ 但在他继承者之下，教士——我们已经见到——获得了新的力量，旋即以为他们力足以再组成一十字军以铲除摩尔民族之可怜的余裔。

发楞喜阿大主教第一个先出场。一六○二年这个卓著的教长奏明菲力泼三世反对摩利斯库斯人，其后又感觉到他自己底见解为教士热烈地拥护且亦不为王所反对时，他又继续奏请。④ 这个大主教自视以

---

① 一五七一年三月之最后一次降服情形曾巧妙地描述于普累斯科特著《菲力泼三世史》第三册第一四八至一五一页中。摩利斯库斯人之可佩的勇敢曾为门多萨(Mendoza)证明于其当代之战史中，但在叙述他们所犯的恐怖的暴行中，他却并不宽容西班牙基督徒对于他们所起的长期及不堪痛苦的挑拨。

② 普利斯科特在《菲力泼二世史》第三册第一三九页中引奥地利之同·约翰(Don John)于一五七○年至菲力泼二世函，并说西班牙之僧侣正公开宣传反对王对于摩利斯库斯人之宽厚。

③ 这段重要的章节关于菲力泼之真情绪方面是确实的，除非我们说黎卑拉(Rèbera)曾大说其谎，但所奇者若内尔及拉芳泰并不知道有包含这样显著之章节之一书。

④ 这些建议书是印在息密尼(Ximenez)著《他底生活》之附录中。可阅一本很珍奇的书称为《上帝信徒黎卑拉之生活与道行》(Viday Virtudes del Venerable Siervo de Dios D. Juan de Ribera)底第三六七页至三七四页、第三七六至三九三页。这是改革长老会会员息密尼神父著的，于一七三四年出版于罗马。这部著作我相信是很少的，总之，我不能在西班牙或意大利得到一部，而经过几年的搜寻，我才在伦敦书铺子里购得现在这一本。瑟库尔(Circourt)在他名著《西班牙阿拉伯人史》中似乎不知道有这本书，且还怨恨未能获得黎卑拉之作品，而这等建议书乃是间接援引来的。(见瑟库尔著《西班牙阿拉伯人史》〔Histoire des Arabes d'Espagne〕第三册第一六八、三五一页，一八四六年巴黎出版)窝宗似乎也不知道，虽然他及瑟库尔都援引挨斯克利伐(Escriva)著《黎卑拉之生活》。(见窝宗著《菲力泼三世》第二一四至二二一页，一八三九年伦敦出版)该得斯(Geddes)曾写出这些建议书的大纲，不过他虽是一个博（转下页）

为既拥有权威且以地位等级之优越颇自命为西班牙教会之当然代表,便对王确定地说,西班牙王国所受到的灾祸都是因有这些信仰动摇者而酿成,以故对这些人,现在必须除恶务尽而灭绝之,应为大卫之对待非利士(Philistines)人及扫罗(Saul)之对待亚马力(Amalekites)人一般。他说,菲力泼二世于一五八八年遣往攻击英国的阿马达(Armada)曾被毁灭,因上帝以为担任这件事的人还在本国安然做异教徒,故即使这件是虔诚的事业也不容其成功。同样的理由,对阿尔及耳(Algiers)的最后出征也失败了,这显然是上天底意旨,当西班牙尚为异教者所居住时,什么都不会兴盛起来的。故他劝谏王驱逐所有的摩利斯库斯人,除了几个判定了在划船中工作,及几个已成为奴隶而工作于美洲矿中的人以外。他又说这一件事将使菲力泼之朝代较所有的后代为光荣,且其名誉将远迈于忽略了他们明显之责任的前代之上。

这些观察除与西班牙教会之彰明的见解相符合以外,尚热烈地为托利多大主教,即西班牙主教之个人势力所拥护。只有一点,他和发楞喜阿大主教底意见不同。发楞喜阿大主教底意思以为七岁以下的儿童无须流放,盖因其无害于信仰,可以和他们底父母分离而仍留在西班牙。对于这点,托利多大主教坚持地反对。他说他不愿冒险将纯粹的基督徒血统与不信基督者相混合,他又宣布如留一个不信仰者来腐化了这个地方,他便要立刻将他们全部的男女和儿童杀死。①

这些人应流放而全部处死,这是教会中有权力之党底愿望。他们以为这种警醒的责罚很可以使各国的异教徒皆大恐怖。一时著名的及当时最有势力的黑袍僧名布利达(Bleda)者,表示很愿意这样做及彻底地做。他说,为立榜样起见,凡在西班牙的摩利斯库斯人都应受斩首之刑,因为要知道他们是否真的基督徒既不可能的,那么,这只有让上帝去定夺,他是什么只有他自己知道,他也可在下一世得到成为真正的天

(接上页)通而正确的作家,却有一不良的习惯,即不表明他底材料从什么地方来。(见该得斯著《短篇论文》〔Tracts〕第一册第六〇至七一页,一七三〇年伦敦出版)

① "驱逐他们之最有权力的煽动者乃是桑多发尔(Don Bernardo de Roiasy Sandoval),即托利多之红衣大主教及西班牙之天主教裁判长及总长。这个大主教就是驱逐摩利斯库斯人前后数年中皆能绝对支配王之雷尔马公爵之兄弟。他很热明地要将全部摩利斯库斯人消灭,故他竟反对剩留七岁以下的摩利斯库斯儿童,他确定以为如遗留任何摩利斯库斯儿童于西班牙以污辱真正西班牙人之血统,则不如将其男女及儿童尽杀之以除根。"(见该得斯《短篇论文》第一册第八五、八六页)

主教徒的报酬。①

很显然的,这个曾显赫一时的民族底可怜的残余底命运现在已被确定了。菲力泼三世时宗教的顾忌使他不敢与教会争斗,而他底大臣雷尔马也不敢冒险牺牲他底权威来表示反对的行动。一六〇九年,他对王宣布摩利斯库斯人底驱逐是必需的。菲力泼回答说:"这是一个伟大的决定,让我们实行罢。"而这却是以不可摇动的野蛮手段实行着,一时号称最勤奋的西班牙居民被放逐出去有如驱逐野兽一般的约有一百万人,这只因为他们在宗教信仰之虔诚与否一点上有可怀疑的地方之故。② 许多到达海岸时被杀了,其他受了毒打或遭抢劫,而大多数都在最悲苦的情形中航海到非洲去。在途中,许多船中的水手又起来虐待他们,杀了男的,强奸女的,而将儿童掉到海里去。能逃避了这种命运的人都上了巴巴利海岸,而在那里他们又为贝督英人所袭击,以致许多都被杀害。有些就走到沙漠里去而死于饥馑。确实因此而死的人数我们没有真确的记载,但据可靠的作家说,在一次出发中,有十四万人带往非洲,而有十万以上的人由西班牙驱逐后数月惨死了。

至此,教会才真正的胜利了。自此在庇里尼山及直布罗陀海峡之间才再也看不见一个异教徒。所有人都是信奉正教者,所有人都是忠心的。在这个大国中的每一居民都服从教会与畏惧君主。据一般相信从这种快乐的结合中,西班牙底国运是必然地会昌盛起来的。菲力泼三世底名字是千秋永戴的,而后世亦将对他驱逐不信基督之种族底剩余后裔那种英勇的行为称颂不衰。而凡曾参与这一件荣耀之事的人也应以最优遇的祝福为之酬报。他们自己及家属将立邀上天底宠祐。地上将再结果实,树将拍它们底手。荆棘化为枞树,有刺的植物也将一变

---

① "他确是对所有旧非基督僧人(Old Christian laity)确定地说,任何时候当王下令则他们不受良心责罚地去杀戮所有摩利斯库斯人,且不必宽赦任何自认为基督徒的人,这不过是仿效十字军反对阿尔俾派(Albigenses)之圣神及可嘉的榜样罢了。十字军占据了有二千旧教徒及异教徒之培齐尔(Bezeir)城后,即问他们底主要布道者亚诺神父——一个西斯迪显教团底僧侣——说:'他们应否将所有假天主教徒杀死。'这个神圣的神父即答:'他们应毫无分别地将所有的叛徒杀死而让上帝——他知道一切的——在下世去酬报那些真正的天主教徒。'他们就都被杀了。"(见该得斯《短篇论文》第一册第八四页)
② 这是平均的估计。有几个作家写得少些,有几个写得多些,而有一个作家说:"被驱逐的数目据估计曾有四万户及二百万人。"(见克拉克著《西班牙内部情形》〔Internal State of Spain〕第三三页,一八一八年伦敦出版)但这是不可信的。

第十五章　由第五世纪至第十九世纪中叶之西班牙思想史概略　　493

而为雁来红。一个新的时代开始了。在这时代中,西班牙既芟除了异教徒以后,可以安然了,而人们既平安地生活着,可安睡在他自己底葡萄园阴影之下,静适地培植他们庭园及嚼吃他们自植的果树。

这些就是教会所给予的希望且为人民所共同信赖者。我们底职务就是要去研究这种希望究能实现至何程度,而这种为教士所鼓励,为民族所欢迎及热烈地为西班牙几个最大的天才者所赞颂的行为底结果是什么。[①]

这种行为对于西班牙之物质上的昌盛可以用几句话来结束,几遍于这国底各部中,大群的精勤的农夫及专门的工匠至此乍见减少了。当时所著称的最优良的农业制度乃是由摩利斯库斯人所创行的。他们以不疲的劳力耕种及灌溉,[②]米、棉、糖之种植及丝、纸之制造几乎仅限于他们才会做。自他们放逐以后,所有这些都一起被毁灭了,而且大多数都永成过去的事业了。因为西班牙基督徒视这种事业为不屑为,以他们底评判看来,只有战争及宗教是两种值得从事的副业,为王而战或进教会是光荣的,舍此二者都是可鄙及卑贱的职业了[③]。故当摩利斯库斯人逐出了西班牙以后,就没有人可以赓续那可鄙的事业了,工艺及制造品都退化了,或完全失传了,而大部分可耕之地都日渐荒芜。发楞

---

① "在整个王国之虔诚的欢呼中——瑟凡提兹、罗泼·得·未加及其他当代之天才者都加入这种普遍的欢庆。"(提克诺著《西班牙文学史》第一册第四二八、四二九页)波里诺(Porreño)说这可以同列入世界之七奇事中。(见耶尼〔Yañez〕著《传记》〔*Memorias*〕第二九七页)而达维拉(Davila)于《菲力泼三世传记》(*Vida de Felipe Tercero*)第二册第四一章及一三九页则称之为自倍拉约(Pelayo)时代以来之最荣耀的成功。所有这些都是很自然的,而真正奇异者乃此种情绪尚存留至现代也。卡姆坡马内斯(Campomanes),一个很有才能及较其国人远具有自由思想者,却不觉羞耻地说:"一六一〇年至一六一三年之耶稣教徒之驱逐是异常公正的事。"(见《公众教育之补篇》〔*Appendix to Popular Education*〕第四册第一三〇页,一七七七年玛德里出版)俄提于一八〇一年尚不敢明显地表示此种意见,不过他显然赞成使西班牙避免"回教徒所种恶因之反应"。(见《西班牙史撮要》〔*Compendio de la Historia de España*〕第六册第三〇四、三〇五页)即于一八五六年,西班牙之现代大史家当承认这种恐怖的罪恶对于该国发生严重的物质损害时,还确定对我们说对于宗教统一方面,这种举动最有巨大的利益,他却没有观察到他所夸张的那种统一会造成思想之服从性与固定性殊有害于真的改进,因它阻碍意见之表现及冲突,以致使人之智机不得锻炼成熟,以备应付一切。当这种聪明的意见公布于世以后,另一个著名的西班牙人在王家史学院奖励过的一部书中更厉害地宣布说,摩利斯库斯人之驱逐非但因获得教条之统一而原成大的利益,且这种统一乃是西班牙人灵魂之必需。我们对于这样一个国家将作何感想?当这些意见不是剧台上的几个假装疯狂者或木偶人所表示的,而是国中的才智博通之士利用其地位之权威以宣传这些意见的呢。

② "摩尔人是西班牙从未曾有的最聪慧的农业家。"(见拉菩德著《西班牙》第二册第二一六页)即荷来拉诺斯(Jovellanos)也承认:"除摩尔人占据之部分外,西班牙人几乎完全不明白灌溉之法。"(见克拉克著《西班牙之内部情形》第一一六页)

③ 比较明达的西班牙人也对于全国之轻蔑有用工业表示遗憾。

喜阿及格拉那达地方底几处最肥饶的部分都因失了灌溉以致留在那里的极少数人口也无法以供给粮食。所有的区域都骤然荒凉起来，直到现在也再未见到繁茂的现象。这些荒凉的地方就成为贩私及盗贼底避难所，他们继着勤谨的居民占据了这些地方。据说，摩利斯库斯底驱逐即是有组织的大队盗贼的起源。这种有组织的盗贼在这个时期以后即成为西班牙之祸患，以后的政府也没有能完全将其消灭的。

除这些不幸的结果以外，还有其他或更为严重的结果。教会所得的胜利同时增加她底权力及名誉。在十七世纪底那时起，非但教士底利益为教外人梦想所不及，且教外人底利益竟也没有顾及。一时较有成就的人物皆为教士，以及全部现实的事情，现世政策的见解皆为时人所不重视，没有人查问，没有人怀疑，没有人敢问所有这些是否对的，人们底思想停滞而在屈服状态。当每一国家都向前进步时，西班牙独自退后。每一个国家对于知识有所增进，创造艺术或扩大科学，西班牙麻木得有如似死的蛰虫，为可诅咒的迷信所迷惑，而这种迷信剥夺了她底力量，在欧洲成为长期衰落的一个单独的例。在她一切希望是灭绝了，在十七世纪闭幕以前，唯一的问题就是这个打击是谁造成的，因着什么致分裂了这个曾一度蔚为强有力的帝国，谁底阴影曾盖着这个世界，谁底大的遗迹在衰败的时候凛然尚有尊严之色。

要表明西班牙衰落之各阶段几乎是不可能的，因为即是西班牙人也感觉到羞耻，也不愿将他们耻辱的历史写出来，故关于菲力泼四世及查理士二世之可恨的朝代实无详细之叙述，而这两个朝代合起来却几有八十年之久。① 但我也能收集几种事实，而且是很显著的事实。在

---

① 没有人曾设法弥补俄提所申诉的缺点，直至一八五六年当拉芳泰在玛德里出版他著包含菲力泼四世及查理士二世之第一六册及一七册之西班牙史的时候。关于这部著作，我无意于污渎之，反之，读之却不能不发生兴趣，因其各标题之编排非常清楚，而其文笔之清丽令人回想到卡斯提尔散文之黄金时代。但我被迫着要说以历史之观点来说，尤其是以担负研究西班牙衰落原因史之观点来说，是完全失败的。第一点，拉芳泰并没有从原成他本国之衰落的那些偏见中解放出来，而第二点则他——尤其对于菲力泼四世及查理士二世两朝——并没有精勤努力地去搜寻关于研究西班牙所经过之经济变迁底材料。他过于注意浮面，而将象征来代替了原因，所以西班牙人民之真历史常常逸出其范围。至于我底研究所指向的目的强迫我从较大而普遍的见解来考量事件，故当然我们所获的结论即和他大不相同，但我愿意证明——不论值得与否——若将他底书当艺术著作来看，则殊不失为精美之作，虽然以科学来看，我以为他未曾产生出什么影响，也未曾对于那不幸而曾一时大盛过的西班牙底真历史有新的阐明，他底口才、学问及审别力使他成为该国之主要装饰品。

第十五章　由第五世纪至第十九世纪中叶之西班牙思想史概略　495

十七世纪开始时,玛得利底人口达四十万之多,在十八世纪开始时却不到二万人。① 西班牙最富的城塞维尔在十六世纪时有一万六千以上架的织机,事实上即可以雇用十三万人。② 在菲力泼五世时,这一万六千架的织机即逐渐减为三百以下,而在科泰斯于一六六二年呈给菲力泼四世的报告中据说这城只存有以前居民的四分之一人口,而在邻近所植的葡萄及橄榄曾为全城之富源者亦几完全荒废。托利多在十六世纪之中叶有羊毛工厂五十家以上,迄一六六五年只存有十三家,这种工业之全部几乎皆为摩利斯库斯人所带走而转建于突尼斯。③ 托利多一向闻名的丝工业也因同一理由而完全衰落,几有四万人恃以为生者失了业。至于其他的工业也都走了同样的命运。在十六世纪及十七世纪之早期,西班牙以制造手套曾享世界之盛名,当时巨量地制出,巨量地输向他国,此中尤以向英国及法国推销为甚,间亦运往印度。但在一六五五年马提内斯·得·马塔(Martinez de Mata)曾对我们确定地这样写出,在那时候这种富源已经消失了,手套底制造在以前虽然在西班牙底每一个城都有,可是已几近停止了。曾繁荣过一时的卡斯提尔州,一切都逐渐衰落下去。即塞额维阿(Segovia)也没有了工业,而只留存了以前富足底回忆。④ 不耳各斯(Burgos)底衰落也同等地迅速,这著名城市底商业已经幻灭了,它那荒凉的街道及空阔无人的房屋造成了这样冷落的现象,以致一个当代的人因震于一切破坏之烈,而着力地宣布不耳各斯底一切已名存实亡了。⑤ 在其他区域里,也产生了同等致命的结果。西班牙南方的几个得天独厚的美丽州郡在以前是非常富足,以故在皇室感到需要的时候端赖它们底岁贡即已够充实皇库底不足,但

---

① 因以前不知有统计学,这种估计必然是不完备的,但自西班牙在十七世纪衰落以后,京城人口之急骤递减是不可避免的事。查理士二世同时代的一个人确是说在一六九九年玛德里只有十五万居民。(见《卢维尔自传》[*Mémoires de Louville*]第一册第七二页,一八一八年巴黎出版)
② 似曾努力写一书,以掩饰其本国之衰微而尚未能称为正确之卡普马尼(Capmany)曾错误地给了三个数目。(见《评论问题》[*Qüestiones Criticas*]第三〇页)我底材料是塞维尔之贸易公司由一七〇一年之官厅报告中得来的。
③ 可阅拉菩德著《西班牙》第四册第三三八页,那里也说突尼斯因摩利斯库斯人被驱逐之结果乃以制帽著名,而制帽之法"后又为奥尔良(Orleans)地方所仿效"。可比阅卡姆波马内斯著《民众教育附录》(*Apendice á la Educacion Popular*)第四册第二四九页附录中关于突尼斯之制帽工厂。
④ 塞额维阿以布色之美著名,其颜料乃由西印度来之贝中取得,而又认为与古人之紫衣颇相同。
⑤ 至于我,则当然这种事实,较西班牙史家乐于收集之君主、条约及战仗之详情尤为适合于西班牙之真历史。

现在呢,那些州郡既已衰落得这样快,以致在一六四〇年竟无法以征收一种可称为有利可图的税。① 至十七世纪之后半期,情形更坏了,人民之困穷与痛苦难以描述。近玛德里四周之乡村中居民确实不断地受到饥馑之苦,稍有贮粮的农夫皆拒绝销售,因金钱虽属需要,而他们底家庭却将立受饥馑之祸。结果,玛德里京城闹了饥荒,以致普通的威逼都失了效验,于是在一六六四年时卡斯提尔州不得不领着一支军队,带着行刑吏去巡视附近的乡村,强迫居民将他们底食料带到玛德里市场去。② 整个西班牙布满着这种贫乏的现象。昔日号称富足及繁昌的国家充满着下流的僧侣及教士,他们无餍足的贪婪吸收了仅存的财富。因此,政府虽在赤贫的状态中也丝毫得不到一些供应。征税员因受命狂征,曾竭尽了方法去罗掘。他们非但攫夺了人民底床及器具,且掀出了人民底屋顶,卖了屋顶上底材料以求有所得。居民皆因被迫而逃逸,农地皆荒废不治,大部人皆陷于缺乏食料及冻死,所有的乡村都荒芜了,在许多城镇中,三分之二的房屋在十七世纪之末叶都完全毁坏了。③

在这种灾祸之中,西班牙底精神与能力俱成泡影。凡百庶业中,所有生命之力都消失了。西班牙军队于一六四三年在罗克拉(Rocroy)地方打了败仗,有几个作家都以为这一仗是西班牙威名颓败之源,可是这不过是许多象征之一。④ 一六五六年,曾有人提议组织一小的舰队,

---

① "简直不能捐助一些出来以应国家危急之用。"(见敦老普著《传记》第一册第二八五页)当政府发觉不能再向人民榨取一些金钱的时候,才开始明白所有的一切。
② 一六六四年,方绍爵士(Sir Richard Fanshawe)从玛德里写信给本内(Bennet)秘书说:"自昨天分别以后,卡斯提尔省长奉王之严命与绞刑吏出发到四乡去,不顾一切对于他底地位及自身之危机,于是这个城市底市场立刻又充满着丰富的食料。"(见《方绍夫人自传》[*Memoirs of Lady Fanshawe，Written by herself*]第二九一页,一八三〇年伦敦出版)
③ 只有当代眼见者之确定及不矛盾的证据才能使这种事情成为可信。一六八六年,阿尔发累斯·俄索利俄·累丁(Alvarez Osorioy Redin)写他底《论文》(*Discursos*),这些是出版于一六八七及一六八八年,又于一七七五年重印于玛德里。
④ 一七六七年牛津出版之《克拉林敦国家文件》(*Clarendon State Papers*)第一册第二七五页中我找到有荷普敦(Hopton)于一六三五年五月三十一日由玛德里写给文得班克(Windebank)秘书的一封信。作这篇官场通信的作者叙说到当时刚编好的西班牙军队,并且说:"我已观察过这些招募的兵士,及发觉他们底马非常驽弱,以致大多数都永不能走到会集之所,而且那些还是不易得到的,他们底步兵都不愿意举步有如带着锁链的监狱中的奴隶一样,而其数目则尚不足原定数额,还不到三分之一。"这是罗克拉之战(The Battle of Rocroy)前八年的情形,以后则更趋恶劣。海德爵士(Sir Edward Hyde)于一六四九——一六五〇年三月十八日由玛德里写给尼古尔斯(Nicholas)之信中说:"西班牙底事情真是极大混乱,而能使之趋于不可(转下页)

第十五章 由第五世纪至第十九世纪中叶之西班牙思想史概略

但在沿海岸之渔业都是这样地不振,以致即招募水兵以求充实所需要的几只船也不可能。①这个提议也就失了人家底注意了,而西班牙把舵者之愚昧已尽人皆知,故无人愿信托他们。② 至于军事服务方面,据说在十七世纪之末叶时,大部分的军队都脱离了军队生活,而少数忠诚者则穿着破布服,没有薪俸及几濒于冻馁。另一记载描述这一度称霸的西班牙是完全没有守土之力的,边界上的城镇都没有守卫,堡垒都已失修及荒废,火药库及兵工厂都空了,工厂停了工,即造船的技术也完全丢失了。

当这个国家全部萎靡不振,有如受了几种不治的疾病的打击似的时候,最可恐怖的现象却在京城中发现为王所目击者。玛德里底居民正受着饥荒之苦,设法供给他们食料的那种专制政策只能产生暂时的效果,许多人在街道上精力疲尽地倒下来而就此死去,其尤甚者大道横尸,而无人筹救济之策。最后人民遂绝望而国家统治之力全失,一六八〇年,非但玛德里底工人,即大多数的商人也组成队伍,侵占民房而

(接上页)挽救之地步。"又于一六五〇年四月十四日之另一函有:"如果神迹而不能保存他们,则这个君主必很快地会被毁灭了。"(见《克拉林敦国家文件》第三册第一三、一七页,一七八六年出版)呈与路易十四的一个关于荷兰的官场报告宣布荷兰人"认西班牙太弱,于下一百年中简直不能再起战争"。(见劳麦著《附有原文件之十六及十七世纪史》第一册第二三七页,一八三五年伦敦出版)

① "一世纪以前,西班牙在海与陆方面都是占优势的,她普通的海军力是一百四十只帆蓬扁船,是地中海及大西洋之恐怖,但现在(即一六五六年)"因商业及渔业在海岸衰落的原故,现任西班牙之海军大将及王之宠子只备了三只破帆船,以极大的困难才能避免了阿尔基令(Algerine)海盗,以后且几完全破沉于阿非利加海岸边,究不若以前伺候奥地利第一大约翰(First Great John of Austria)及查理士皇的那多利亚(Dorias)及门多萨(Mendozas)的无数舰队了。"(见敦老普底《传记》第一册第五四九页)即在一六四八年,西班牙"在海军方面已非常微弱,以致必须雇荷兰船只来维持他底美洲商业"。(见马克松著《商业年史》〔*Annals of Commerce*〕第二册第四三五页,一八〇五年伦敦出版)要完成这个证据的连锁,则在《克拉林敦国家文件》第二册第八六页(一七七三年出版)中有一封于一六四〇年六月由玛德里发的信说:"船只他们是很少,船员更少,陆地谋生者也不足周其生计,以种种看起来,金钱尤感缺乏了。"在我看来,我被逼着要说在这个时期的西班牙史永不值得详细地去写,我恐怕会使读者厌烦哩。

② 如果有人信任他们,也只有冒险着去牺牲,这是斯坦诺普于一六九〇年第一次由英国出使于玛德里宫廷时所发现的,可阅马洪著《查理士二世下之西班牙》第三页(一八四〇年伦敦出版)载他给什留斯布里勋爵的一封信:"我们被迫着到距格龙(Croyne)不到九英里称为斐罗尔(Ferrol)的小港中,而因一个西班牙领港之颠顶,我们底船只互相碰撞,且海岸上将底船也搁浅了几个钟点,尚幸能脱险而无任何损害。"的确,以前曾为世界最勇敢及最熟练之航海者的西班牙水手已是这样地退化,以致在十八世纪早期时我们已发现公认"要西班牙人从事于水手事业,不啻将他们运到不知道的国中去"。(见红衣主教《阿尔培罗尼史》〔*The History of Cardinal Alberroni*〕第二五七页,一七一九年伦敦出版)

在白日之下居然抢劫与谋害居民。① 在十七世纪的后二十年中,这个京城不是一种叛乱的情形中而是呈着一种无政府状态。社会底组织已松弛了,日呈分解之势,用当代人底一句有力的话来说,就是自由与束缚同等地没有人知道,政府之普通执行的职能已停止了,玛德里底警察因欠饷无着,只有解散而从事于抢劫,政府也没法可图补救。宫廷非常穷困,并御仆底工资及王室底日用而无法支持之。② 一六九三年养老金都停止付给,所有王底官吏及大臣底俸给皆减去三分之一。③ 不特无从挽救,而饥馑与穷困只有变本加厉,一六九九年,居于玛德里的英国大臣斯坦诺普(Stanhope)写说,没有一天没有人因为面包扭殴而被杀的,而他自己的秘书曾看见五个妇人在烘面包店前为群众所拥挤而窒息死了,尤惨凄者乞丐二万名又从各处群集到这个京城中来。④

---

① 见敦老普《自传》第二册第二二四、二二五页。一六八〇年,法国公使夫人维拉尔(Madame de Villars)由玛德里写信那边的情形是这样地不好,她底丈夫以为最好她还是回国。(见《维拉尔夫人文集》〔Lettres de Madame de Villars〕第一六九页,一七五九年阿姆斯特丹出版)一六七七年丹麦公使写的一封信描述玛德里底每一房屋由顶至底都有正常的守卫,"自上而下"。(见即明耶著《关于继承的谈判》〔Négociations relatives à la Succession〕第四册第六三八页,一八四二年巴黎出版)据说因饥馑而死的人以在安达卢齐阿为最多。

② 除其他之不顾前后策略外,货币底价值也非常低落。马丁(Martin)于一六八〇年三月六日由玛德里写给夫人累瑟博士(Dr. Fraser)的一信说:"钱币价值降落只有以前四分之一的价值。"(见《斯巴尔丁社杂录》〔Miscellany of the Spalding Club〕第五册第一八七页,一八五二年亚伯丁〔Aberdeen〕出版)

③ "王最近出一命令,毫无例外地征取所有官吏及大臣薪俸及工资之三分之一,以及停付他及他父亲所赐之来年(即一六九四年)终身恤金。"(见马洪著《查理士二世下之西班牙》第四〇页中载英国公使于一六九三年十一月十八日在玛德里所写的一封信)在密约(Millot)著《诺爱传记》(Mémoires de Noailles)第一册第三五九页(一八二八年巴黎出版)也这样说:"节省房金三分之一,并减缩军事职员及民事职员之俸给。"在前朝,恩俸也曾在一时停止过。一六五〇年海德由玛德里写信说:"从前所赐的恩俸现在普遍地都停止了。"(见《克拉林敦国家文件》第二册第五三八页,一七七三年牛津出版)第二步所采的方针就是一六六七年的一种建议,要抽卡斯提尔、阿拉冈等议会会员薪俸之所得税,但这个意见却并未实行,直至最后他们却像其他公仆一样受一六九三年那广泛法令的支配。可阅密约著《关于继承之谈判》第二册第一二八页载法国公使于一六六七年六月二日由玛德里致路易十四一函。要重新发现十七世纪时之西班牙史之唯一机会,乃是将这些与同样的文件与西班牙作家之空泛的叙述相比较。

④ 可阅马洪著《查理士二世下之西班牙》第一三八至一四〇页。在五月二十一日"我们又增加了由乡村中蜂涌而来的二万名乞丐来分有我们微薄的食粮。他们在老家里已饱受饥馑之苦,所以看起来像鬼魅一般"。在五月二十七日"面包底缺乏已变本加厉地近乎饥荒了,而四乡云集而至的大帮穷苦的人更使情形趋于恶化。我一直都是自己设法,直至没有力量得到一些面包的时候,我才求助于监督官吏,像大多数外国公使以前的办法一样,经他很有礼貌地问我家属的情形后即答应我每天可取二十块面包,但我必须要走六英里的路到发雷约(Vallejas)才能取得,有如当夜我底仆人荷着长枪带了回来一样,否则就会被人抢去,因每天在道路上都有因扭殴争夺面包而被杀的,凡被夺取之面皆是合法的奖品。……我底书记同・佛兰西斯科(Don Francisco)昨天见五个穷苦的妇人在烘面包店的前面为群众窒息死了"。

第十五章　由第五世纪至第十九世纪中叶之西班牙思想史概略　499

如果这种情形再继续到另一朝代,那么,混乱更将扩大,而整个社会机构将溃崩无遗了。使西班牙从这种野蛮的情景拯救出来的唯一机会就是它应急速地沦亡。这种变更是不可避免的,而且很有理由可以恐惧,它也许会再陷于使其民族恶恨的一种情景中。因为十七世纪之末叶时,修达(Ceuta)为回教徒所围困,西班牙政府既无军队又乏船只,故关于这个重要堡垒之命运极为关怀。当然无疑,这个堡垒要是失守,西班牙将再为不信基督者所统治,而这次他们至少将毫无困难地管理这一班为痛苦所困、半饥馑以及几乎垂毙的人民。

侥幸的是在一七〇〇年,当一切情形最恶劣的时候,那个呆王查理士二世死了,西班牙就入于路易十四底子孙菲力泼五世之手。这由奥地利朝转入于波旁朝的变更还引起了许多其他的变迁。由一七〇〇年统治至一七四六年①的菲力泼非但是生养教育于法国,而且在感觉及习惯上也是一个法国人。恰在他进西班牙以前,路易训示他永不要忘记他是一个法国人,有一天他也许会登法国底王位的。在他做了西班牙王以后,他忽视西班牙人,轻视他们底忠告,而将所有的权力都付与他自己的国人。西班牙底政事现在为路易十四底臣民所主持,而路易派往玛德里的公使常常行了西班牙首相底职务。以前威震世界的王国,现在竟渺小于法国底一州,所有重要的事件都在巴黎决定,而菲力泼本人也是受训令于巴黎的。②

事实上,西班牙既这样地破碎及无力抵抗,是绝不能有任何力量了,如果该国底政治要上轨道则绝对需要国外人底加入。③ 即在一六八二年,菲力泼接位的前十八年,在西班牙本国尚找不到一个精通战术的人,故查理士二世不得不将西班牙底荷兰属土底军事防御托付与奥

---

① 只有一七二四年曾有路易之短期的间断,但这不过仅是几个月的事,而那时路易虽名为君主,却无真实权力,故菲力泼仍是实际的统治者。
② "法王常派人驻在玛德里以组成一个会议,凡尔赛即是这个会议底灵魂,议员都是法国宫廷中人员,而时常被派到玛德里去主持事务及报告在挨斯叩利尔会议(Councils of Escurial)所经过之一切,阿尔培马尼则必是创始这种阴谋之秘密的人。"(见红衣主教《阿尔培罗尼史》第七〇页,一七一九年伦敦出版)
③ 即老练的外交家托西(Torcy)也因西班牙能避免完全之倾覆以致惊奇到将君主之更易归因于神底直接干预。"西班牙人民毫无犹疑地服从着已故王底遗旨而迎接他,而且乐闻将有开明的政治,为一反以前令他们萎靡不振的措施之所为者。"(见《彼得堡传记》〔*Memoirs of Peterborough*〕第一册第一〇二页,一八五三年伦敦出版)

地利驻西公使得·格拉那(De Grana)之手。① 故当一七〇二年王位承继的战争爆发时,即西班牙人自己也愿意本国底军队受外国人底统治。一七〇四年,这种非常的情形即表现在柏利克(Berwick)公爵底身上。他是一个英国人,带领西班牙军队反抗敌人,而事实上做了西班牙军队底大元帅。西班牙王因不满于他底行动曾决定免去了他底职务,但他亦不委本国人继其任而求路易十四另委一个将军,于是这个要职即落于泰西(Tessé)将军,一个法国人之手。过后,柏利克又被招至玛德里而受命为西班牙军队之主领,以保护厄斯特勒马都拉(Estremadura)及卡斯提尔。这一点,他完全成功了,在一七〇七年阿尔曼萨之战(The Battle of Almansa),他打退了侵犯者,倾覆了伪君查理士,②而使菲力泼于一七一〇年致函巴黎再罗致军事将领而要求最好能得得·封多姆公爵(Duke de Vendomé)。③ 这个富有才具的统领者下车伊始,即将一种新的力量加入于西班牙会议中而完全击败了联盟国,④故西班牙获得独立的战争,其成功皆由于外国人底能力,而事实上这个战役皆出于法国及英国将军所计划及统率,西班牙人将领无与焉。

同样地,西班牙财政在十七世纪末叶时是如此可悲的混乱,在菲力泼五世登位时之名义上的财政大臣尚表示希望财政应由巴黎遣来的人主持,他们才有使财政渐趋安定之能力。他觉得在西班牙没有人能肩此巨任,且也不仅是他才有这种意见。一七〇一年,卢维尔(Louville)

---

① "他将这些省份之军事防卫事情交托给驻于玛德里之奥地利公使格拉那侯爵(Marquis of Grana),因为西班牙本国缺乏足与法王抗衡的指挥人才。"(见敦老普《自传》第二册第二三二页,可比阅一八二七年巴黎出版《格拉蒙将军传记》〔Mèmoires du Maréchal de Gramont〕第二册第八二页中关于西班牙将军之缺乏)格拉那本人对于西班牙政府之意见,可以由他于一六八〇年在玛德里与法国女公使谈话中看出来,这次谈话还保留在该女公使之通信集中。(见《维拉尔爵夫人之文集》第一一八、一一九页)

② 在最近出版的一部著作中,(见《彼得堡传记》第一册第一四八、一五五、一六一、二〇六、二一〇页,第二册第三四、九三页,一八五三年伦敦出版)查理士非但被称为西班牙王——他从未做过西班牙王,因西班牙并不欢迎他——且在所有历史中,他都确实被称为查理士三世;而菲力泼五世则仅称为安如·菲力泼(Philip of Anjou)。如承认这点,则结果必是现在西班牙所称的查理士三世将改变他底称号,而易名查理士四世,而查理士四世则将改称为查理士五世了。这真是太不成话了,当传记者都能这样把以自己些少的先人为主的意见掺入于史底广大范围中,而设法要抹去已成的事实,原因就是他们为所欲写述的英雄所迷惑。

③ "这个胜利建立了菲力泼底王座。"(见敦汉著《西班牙史》第五册第一三六页)"这一个胜利可以说是救西班牙的。"(见科克斯〔Coxe〕著《西班牙之波旁君主》〔Bourben Kings of Spain〕第一册第四〇八页)即俄提也认为如柏利克失败,则菲力泼也将会倾覆的。

④ 按柏利克说,当初是想聘他的。(见《柏利克传记》〔Mémoires de Berwick〕第二册第一〇六、一〇九页)

第十五章　由第五世纪至第十九世纪中叶之西班牙思想史概略　501

写信给托西(Torcy)说如财政专家不立刻由法国来,则最近将没有财政可理。最后乃选择了奥累(Orry),他是在一七〇一年之夏季到达玛德里。他觉得西班牙一切都处于极可悲惨的情形中,而西班牙人之无能昭然若揭,以致他非但须统制财政,而且尚须负军事之责。外表上是卡那来士(Canalez)做军机大臣,可是他对于一切事情都颟顸愚暗,故实际上的负责人是奥累。

法国人底统治继续着没有间断,直至菲力泼五世于一七一四年再婚及路易十四于一七一五年驾崩为止,①而以上两件事都减少了法国人底势力,且有一时候简直破坏了他们底势力。不过他们所失了的权力不是复归于西班牙人,而是转授于其他的异国人。在一七一四及一七二六年之间,在西班牙两个最有权力及最显著的人乃是阿尔培罗尼(Alberoni)——一个意大利人——及利普尔达(Ripperda)——一个荷兰人。利普尔达在一七二六年被辞退,②他倒了以后,西班牙底政事为刻尼格西(Konigseg)所统治,他是一个德国人,也就是奥地利驻西公使。③就是在利普尔达辞退之前后任职的格利马尔杜(Grimaldo),也是法国学派中之门徒及在奥累之下教育出来的。④所有这一切都不是偶然的结果,也不是由于朝廷底变异不测,西班牙底民族精神已消逝殆尽,只有异国人或富有异国思想的人方能当得起政府的责任。除以上所述关于这一点的证据以外,我将再益以两种证明。诺爱(Noailles)是一个很公正的评判者,且也决无意要反对西班牙人的,他于一七一〇年很着重地说,西班牙人虽有忠诚之心,却无能力统治,因他们同时对于

---

① "封多姆在这个时候到,引起了君主底精神及他底人民底热烈。"(见科克斯《西班牙之波旁君主》第二册第四〇页)"封多姆公爵之到,再改变了西班牙底命运。"(见《彼得堡传记》第二册第一三〇页)
② 见《利普尔达自传》第一一七、一一八页,一七四〇年伦敦再版。圣·西门(Saint Simon)在《自传》第二一六册第二四六页中说利普尔达"乃和其前任者阿尔培罗尼同为专制的国务总理"。西班牙在他统治之下,可谓昌盛繁荣了。最近一世纪之英国短篇论文作者及政治家对于阿尔培罗尼之评述却非常不公正。他虽然性质过于暴烈,可还是统治西班牙以来之最贤良的大臣。
③ "全才全能的刻尼格西。"(见科克斯著《西班牙之波旁君主》第三册第一五四页)"西班牙忠谏之主要提议者。"(见第一五九页)一七二七至一七二八年,"刻尼格西把持政府之每一机关"。(见第一九〇页,又可阅第二三五页)
④ "原是在奥累之下的一个书记,他得到他底雇主底宠幸"等等。(见科克斯著《西班牙之波旁君主》第三册第三九页)科克斯曾看到许多的信都是与西班牙有关系的人写的,且有许多未曾付印过。这一点使他底书非常有价值,以政事之叙述方面说起来,这较西班牙人所能作的出品都好,虽然作者在作家及事实之艺术编排方面远不及拉方泰。

军事及政治都是毫无学验的。一七一一年菩那克（Bonnac）提起说，有一议决案决定不以要职付诸西班牙人，因向所聘用者都是办事失职或不忠实的。

　　西班牙政府脱离了西班牙人之手后开始表现几种生气勃勃的象征。这种变迁是轻微的，但其趋向尚属正当，虽然我们现在看到，因一般原因之恶化作用，西班牙未必会因此复兴起来，但其动机还算良好。因这是第一次设法拥护宗教以外人底权利，及减少教士底权威。法国人获得统治权以后，立刻即提议强迫教士捐弃他们在教会中所积聚的财富以应国家底需要。即路易十四也坚持卡斯提尔州长之要职不应由教士担任，因他说，在西班牙，牧师及僧侣之权力已经过大了。数年中占有极大势力的奥累也趋着同样的意向，他对于教士之免受征税及不受民法裁判的权利二点均拟予以相当的制裁。他反对圣所所拥有的利益，又设法褫夺教会设有庇护所之特权。他还攻击天主教裁判所，而且能谏劝菲力泼使他曾一度决定了停止那可怖的裁判所及废除异教裁判所大判事之职。不过这个动机却很适当地就放弃了，因为如果这个动机实行了，那么，必会产生一种革命而使菲力泼本人底王冕也保不住。如果这样，则反动必然起来而使教会较前尤为强固。可是有许多事情也都是违反西班牙人底意思而造福于西班牙的。① 一七〇七年，教士被迫捐弃其巨量财富之一小部分与政府，姑美租税之名为借贷。十年以后当阿尔培罗尼执政时，这种假饰也就掉弃了，非但政府实行所谓"宗教之税则"，且尚禁锢或放逐反对付税而为其教团要求权利的牧师。② 这是在西班牙所取的最勇敢的步骤，且为当时之西班牙人所不敢擅行者。可是阿尔培罗尼以一异国人的资格是绝不知谙该国底传统的顾忌，而且在另一可纪念的时期，他确曾断然地加以反对。完全与公共意见同其步骤的玛德里政府每不愿意与不信基督者交涉事件。所谓不信基督者即宗教观念与他们不相同的人。但有时这种交涉是不可避免的，于是他们总是含着恐惧与战栗去交涉，生怕西班牙底信仰将因与不信仰者之密切接触而受染

---

① 在一七〇二年五月时菲力泼在写给路易十四的一封信中已诉述西班牙人在每方都反对他了。
② 他"（阿尔培罗尼）不顾罗马教皇底阻止继续征收宗教税，禁锢或流放保护宗教团之利益的顽固的牧师。"（见科克斯著《西班牙之波旁君主》第二册第二八八页）

污。即在一六九八年当这个王国显然已寿终正寝而无法以避免破坏者之蹂躏时,西班牙人底偏见还是非常厉害地拒绝荷兰人底援助,因荷兰人是异教徒的原故。那时荷兰和英国发生了密切的关系,而英国底目的乃在设法使西班牙独立以抵御法国底阴谋。可是西班牙之神学家商议了这件事以后,宣布不能容纳荷兰之援助,因为这样将使荷兰人得以宣传其宗教意见,故按这种见解则宁愿为一旧教敌人所屈服,而不愿受一新教友人底帮助。①

不过西班牙人虽痛恨新教徒,却更痛恨回教徒。他们永不会忘记那种教义的信徒曾一度几征服了全部的西班牙以及数世纪中都占有着最膏腴的国土。这种记忆增强了他们底宗教怨恨,而使他们成为反对土耳其及阿非利加之回教徒的战争之主要拥护者。但阿尔培罗尼既是一异国人却不为这些思想所推移,而使全个西班牙震惊者乃是他以适应政治情势之故不顾教会底主张,非但和回教徒联合,且以军械与金钱供给他们。② 的确,在这些及同样的政策中,阿尔培罗尼违反了国民底意志,而只有活着去追悔他底勇敢。但也确实的,就是他底政策乃一个大的政治及反神学运动中的一部分,这在十八世纪几乎完全渗透了欧洲。这个运动底影响可以在西班牙政府中看出来,而不能在人民中看出来。这因为在许多年中,政府都是为异国人或本国人具有异国精神的人所把持。故我们发现在十八世纪之大半叶,西班牙政治家独自造成为一种距离人民甚远的阶级,或可以说专注于其智力能力的阶级,其距离人民之远较当时任何国的政治家为尤甚。凡精通史实者都将承认这种现象实是表明一种病态,及任何改革如未能得人民之同意时皆将不能产生一种好的结果。在西班牙所确实产生的结果为何,我们现在可以看到。不过最好先再申述教会势力对于国民智力之阻碍,对于所

---

① 一六九八年一月二日驻在玛德里的英国大臣在这京城中写说:"这个朝廷并没有要请求荷兰底军队来保卫他们在法兰德斯(Flanders)的地方底趋势。他们曾和神学家商议,而神学家则以为按良心应反对这种建议,因这将使异教之传布获得极大之机会。他们还未曾答复一定是反面的,而他们将宁愿求助于旧教徒的法国人。"(见马洪著《查理士二世下之西班牙》第九八、九九页)

② 这种政策之造成反对的呼号是很易想得到的,而阿尔培罗尼发现他自己非常危险的时候,就利用了秘密的磋商来否认——至少可以——反对他的那些罪状。可阅一七一九年《阿尔培罗尼史》第一二四页中他给教皇的一封愤怒而谨慎的信。俄提显然没有深察证据,也就误认为这是在阿尔培罗尼倾覆以后对于他的诬告。

有研究的压制及所有自由思想的桎梏会如何及至最后使该国趋于极悲惨之地位,以致举国人民底官能因失却运用而陷于麻木,驯至不复能尽其应尽的责任,故在每一职司以迄学术部门中,无论是政治生活,或思想哲学,或机械工业,都必需招用客卿了。

　　西班牙人底愚昧及其体智方面的不活动,假如没有多方面的证据为之证实,言之将令人难以置信。格拉蒙(Gramont)于十七世纪后半期以个人的经验写述西班牙说,上层阶级非但不懂科学与文学,且对于邻国所表现之最普通的新进步亦似略无所闻。低层阶级也同样地懒散,而完全依赖异国人去收麦割草及建造房屋。一六七九年在玛德里的又一社会观察者确定地说,即最高地位的,永也不想到他们底儿子应该去入学。凡命定应入陆军者如希望学习数学亦不能如愿,因为既没有学校更没有师资。书籍除了神学一门以外一般人皆视为废物者,简直没有人注意到了,直至十八世纪,玛德里还没有一所公共图书馆。而所谓文化城市也流布着同样的愚昧。萨拉曼加(Salamanca)是西班牙最古及最著名之大学底所在地,只有在这里我们或能找到科学研究底微光。① 但得·托列斯(De Torres)——其本人是西班牙人,且曾问学于萨拉曼加者——于十八世纪之早期曾宣布他在该大学读了五年书才听见有所谓数学科学之存在。② 在一七七一年,该大学还对教授牛顿底发现持着拒绝的论调,而其理由就是牛顿底系统并不若亚里士多德

---

① 这个大学在十三世纪之早期由巴梭西亚(Palencia)迁到萨拉曼加去。(见福尔纳尔〔Forner〕著《西班牙之雄辩及其文学价值》〔Oracion Apologélica por la España y Su mérito Literaris〕第一七〇页,一七八六年玛德里出版)在十五世纪之初期,学子远道云集非常昌盛。(见塞姆柏尔〔Sempere〕著《西班牙君主国》〔De la Monarchie Espagnole〕第一册第六五页)一五三五年,被描述为"一个拥有七、八千学生的大学"。可阅一八二七年伦敦出版挨利斯《原函件》(Original Letters)第二部第二册第五六页中载约翰·梅逊(John Mason)于一五三五年六月三日由法拉多利(Valladolid)发的一封信。但像每样在西班牙称为有价值的东西一样,这个大学在十七世纪时衰落了,于一六二八年审慎研究之而称颂其中仍实行之几种办法的蒙康尼斯(Monconys)也说:"但是赞美了许多话以后,我也只好讲出来,在这大学里读书的学生都是些真正的饭桶。"(见《蒙康尼斯先生之游记》第一册第二二页,一六九五年巴黎出版)可是他们底愚昧——蒙康尼斯对于这方面曾举出几个奇例——总不能阻止当时及以后的西班牙作家定萨拉曼加大学为世界上规模宏伟而成绩优良的大学。

② "据说,他在该大学底一个学校中读了五年以后才偶然地知道有数学一科之存在。"(见提克诺著《西班牙文学史》第三册第二二三页)十八世纪的一个著名的西班牙作家确是夸大他本国人对于数学的愚暗,及因他们不作此等愚笨的研究而确定证明其较其他之民族为优越。(见福尔纳尔著《西班牙之雄辩及其文学价值》第三八页)

系统之与启示的宗教相吻合。① 整个西班牙都走着一条路，每一个地方，知识皆受藐视，而研究则全遭阻绝。淮乔（Feijoo）——其为人虽然迷信及思想有些迟钝——拟在科学上寻索途径以启迪其国人者，曾记载着他底极警辟的意见说，在其时的人若从事于所谓哲学的研究，每每愈学愈糊涂起来。② 当然他是对的。无疑，在西班牙人，愈学习则所知愈少。因为他所得的教育就是研究是罪恶的，智慧必须被抑止，而轻信与服从乃是最高的人类趋向。一七二一、一七二二两年间，法国驻玛德里公使得•圣•西门公爵（Duke de Saint Simon）总述他底观察说，在西班牙，科学是一种罪恶，愚昧是一种美德。五十年以后，另一个尖锐的观察家对其当时西国底国民思想之一般情形深示惊讶，也曾以同等尖锐及同等严刻的句子表示他底意见。因欲找寻一个例证以表明他对于一般黑暗之感觉，他有力地说，一个英国受普通教育的人在西班牙可算得是一个有学问的人了。③

凡深知八十年前一个平常英国人底普通教育的程度怎样的，将认以上这种比较是很有力，而且受到这种讥嘲的国家其愚昧情形也可想见了。在这样的情形之中，而尚以为西班牙人能有力辅助其他民族在研究上有所发现者岂非笑话，因为他们对于其他民族为他们造就及已成为普通知识的那些发现还不愿接受呢。这样忠耿及信奉正教的人民是决不会喜欢新奇的事物，而且新奇的事物总是旧意见的改革，究竟是含着危险性的。西班牙人愿意步他们祖先底后尘，而不愿他们过去的信仰很粗率地被扰动。在无机界里，血液循环被哈维证明后一百五十年他们尚否认之。④ 这些东西都是新的，最好稍加考虑，不要接受得太

---

① 在一七八八年伦敦出版之《一个英国官吏由西班牙写来之信函》（*Letters from Spain by an English Officer*）一书第二册第二五六页中说，在所有西班牙大学中"牛顿及现在哲学是仍旧禁止教授的，没有一样东西能代替亚里士多德及教会中之迷信神父及博士底地位"。
② 或如在某一个地方，他表白他自己所知道的"几等于零"一样。
③ "一个英国人底普通教育在这里将成为一个有学问的人，如能懂得希腊文则很可以称为一个非常人了。"（见斯文本著《一七七五及一七七六之西班牙游历》〔*Travels Through Spain in 1775 and 1776*〕第二册第二一二、二一三页，一七八七年伦敦再版）
④ 即在一七八七这样的时候，道孙德——一个很有成功的人，曾特意游历西班牙以注意西班牙之知识程度及经济情形，而以其以前之研究来说亦颇能胜任此种工作——还说："我曾普遍地观察过，凡与我有机缘谈过话的医师都是他们所敬爱之彼克尔医学博士（doctor Piquer）底学徒，彼克尔否认或至少怀疑'血液循环'说。"（道孙德著《西班牙之游历》第三册第二八一页，一七九二年伦敦再版）在那时，西班牙底医师可是也开始读贺弗曼（Hoffmann）、卡楞（转下页）

快。同样理由,当一七六〇年,政府中有几个大胆的人建议玛德里之道路应扫除清洁时,这个大胆的提议即激起了一般的愤怒,非但普通无知识的人,即一般称为受教育者也大声非难。政府希望为公共卫生之保护人的业医者发表意见。这一点,他们丝毫不觉困难地答复了,他们绝不怀疑,污秽是应该存留的。扫除污秽是一种新的实验,新的实验则结果殊难预测云。他们底祖宗也是生活在玛德里街道中,为什么他们没有这样做呢?他们底祖宗是聪明人,其行为定必合理,就算人所怨詈的臭气也是卫生的。因为空气既锐利和彻骨,那么,臭气大可使气氛沉重,而因此清除空气中所含之有害特质。故玛德里底医师们以为一切东西最好按前人所布置的保存着,不可设法移去各处所散置着的污秽物来洁净这个京城。

关于保持康健方面的观念尚且如此,则医治疾病的方法当很难望其有所成功了。流血与清涤是西班牙医师底唯一治疗法。① 他们对于人体普通功能之黯无所知非常令人震惊,我们只可说,在医学方面之无所进步初无例外,十八世纪之西班牙人所知谙的医术并不较他们十六世纪时之祖宗为多。而且有些方法,他们还在退化呢。因为他们医治的方法是这样的粗暴,时间稍一延长则病人必死无疑,②他们自己的君主菲力泼五世都不敢信任他们而宁聘用一个爱尔兰人为御医。虽然爱尔兰人在医学上并没多大的成就,可是总较一个西班牙医生为佳。③

(接上页)(Cullen)及其他异教的思想家底著作了。在那些著作中他们将惊奇地发现血液循环之说是假定地而非认为一个尚有置辩之余地的问题。但学生则必须将此等事情当为真的,因道孙德在二八二页里又说"在他们医学班里,他们没有解剖"。可比阅一八〇九年拉菩德著《西班牙》第一册第七六页、第三册第三一五页,及哥达(Godoy)《自传》(一八三六年伦敦出版)第二册第一五七页。哥达说到在玛德里、巴塞罗那及加的斯的外科学院时,说直至他于一七九三年秉政的时候,"在这个京城内,即桑卡罗(San Carlos)学院也没有供实际教学的演讲室"。

① 可是他们宁用流血的方法,可阅道孙德著《一七八六及一七八七年西班牙之游历》第二册第三七至三九页中之奇异的证据。稍有医学常识的道孙德对于西班牙医师之愚暗及不慎颇为惊异,他说:"医学科学及其实施在西班牙之程度是最低的,而以阿斯里亚为尤甚。"可比阅斯普楞该尔著《医学史》第三册第二一七页,及《文乌自传》第二册第二一九页。后一书中的援引表明不幸的西班牙人在菲力泼三世时所遭之可怕的"血淡清涤与流放"之危险。

② "一七八〇年可怜的卡姆柏兰德在玛德里的时候几天之内几乎为他底三个外科医生所药死,他底最危险的一个杀人者就是瓜达斯·得·科泼(Guardes de Corps)底主要外科医生,他且说这个不幸的病人是当局送到他那里医治的。"(可阅《卡姆柏兰德自传》第二册,第六七、六八页,一八〇七年伦敦出版)

③ 在十八世纪时,一般西班牙人开始承认这一点,因为他们不能闭着眼睛看他们底朋友以及亲戚这样疾速地死于医生之治疗,以致疾病及死亡之比例几相等,故虽然他们极法国民族,可是总尽量借用法国底医生与外科医生。

他们对于医学及外科方面的技术都同等地落后,器具非常粗劣而药料的配合也不精密。制药方法既不知道,在大城镇里的药铺都完全是由国外供给药料的,而在小镇及离京城较远的区域里,药料之性质非常恶劣,以致所希冀者乃是那药料也许无害而已。因在十八世纪中叶时,西班牙并无一个实际的化学师。的确,卡姆波马内斯(Campomanes)本人对我们说,在一七七六年这样近的时期,在全个西班牙尚找不到一个人知道如何制造极普通的药剂如氧化镁、硫酸钠,及水银与锑之普通调制。不过这个著名的政治家又说一个化学实验室不久将建立于玛德里,虽然这件事因无前例必将被认为不祥的新奇事件,他却很自信地希望因这个实验室底帮助,那他本国人底普遍愚暗在时间上将有所补救。

凡在实际上有用及能助进知识者皆由国外输入的。斐迪南六世之名臣安西那达(Ensenada)对于该国之黑暗及冷酷很为惊恐,他一再尝试欲加以挽救而无效。当他在十八世纪之中叶当政时,他公开宣布,在西班牙简直没有民法、物理、解剖学及植物学等的大学教授职。他又说,没有好的西班牙地图,也没有人知道如何制作地图。他们所有的地图都是从法国或荷兰来的。他说这些地图是非常不正确,但西班牙人既不能制作,也就没有其他可靠的舆图。他公开地说这种情形可耻,因为他很悲痛地怨恨,如果没有法国人及荷兰人之努力,恐怕任何西班牙人都不能知道他自己那一城所处的地位或两城间的距离了。

所有这些的唯一补救剂似乎就是国外的帮助,西班牙那时既为一异国朝代所统治,那么,这种帮助当然就来临了。塞未(Cervi)建立了玛德里及塞维尔底药学会社,弗基利(Virgili)创办了加的斯(Cadiz)地方的外科学院,而菩尔斯(Bowles)则拟在西班牙人中推进矿物学之研究。到远处罗致大学教授,而且还请求利尼阿斯由瑞典派出植物学的人才,以教授生理学学生。① 政府还采纳了许多其他及同样的步骤,假如我们不了然于凡政府之要去启发一个民族是不可能,以及希冀改革之动机之绝对地必须由人民本身自动发起的话,那么,西政府之旰宵辛劳的努力必值得我们底热烈赞美。除非其原始是非常自然,否则没有一种进步是真的。一种运动,如果要发生效力,则必须由内部发生而不

---

① 我曾误引这个事实底证据,不过读者尽可以信其正确。

能由外部强自输贯而入，这必须基于整个国家的普遍要求而不能仅按少数有权力者的意志。在十八世纪时，所有的改革方法都拥挤着供给以与西班牙人，但西班牙人并不要改革。他们对于自己是满足的，他们确信他们自己意见之正确，他们对于他们所承袭下来的观念非常骄满，而这些观念他们也不愿有所增减。因万事都不发生怀疑，故他们不愿研究。以最清楚及最引人的文字所写出来的新的美丽的真理，不能在这种思想顽固及甘受束缚的人中产生影响。① 自五世纪以来，一种不幸的历史之串合已决定了这个民族底性质于一特殊的方向，没有一个政治家、君主或立法者能设法反对之，而十七世纪乃是一切所达到之顶点。在那时期西班牙民族睡着了，而以一民族而言，它从未清醒过来。这是死的永眠而不是休息的暂寐。在这睡眠中一切能力不是休息着而是瘫痪了，而一种冷去的及普遍的麻痹继那光荣——虽然只是片面的——的活动而起。这种活动当其使西班牙之名成为世界之恐怖时，曾侮辱了她最痛恨的敌人底尊敬。

即美术方面西班牙人以前曾处于超越之地位者，亦同沦入此种普遍的退化，而按他们自己的作者自认，则自十八世纪开始时即已完全衰弱不振了。使国家获得安全方面的技术也和主持民族赏乐方面的技术处于同样的苦境中。在西班牙没有一个人能造一只船，没有一个人能在船造好以后知道怎样装置。结果，在十七世纪之末叶时西班牙所仅有的几只船是怎样的朽烂，以致一个史家说简直担当不起本船上的枪炮底震动。一七五二年，政府决定了要恢复海军后，觉得必须到英国招致造船匠，而且还须在英国找寻制绳和帆布的人，本国人底技巧是够不上这种艰辛的成就的。这个王底大臣——其能力与力量，以人民之无能使其处于困难之景况中而言，实是非常显著的——就这样地设法立一舰队较一百余年来在西班牙所见者为优胜。② 他们又采取其他许多步骤以使国防方面有充分的预备，虽然在每一例里，他们都迫着要依赖异国人底帮助。陆军与海军都非常混乱而必须重新组织。步兵底军纪

---

① 道孙德说："同·安托尼俄·索拉诺（Don Antonio Solano）实验哲学教授之证明的清楚及确实是值得注意的，不过不幸他底讲演虽然不取报酬也没有人去听他，因玛德里是这样地缺乏科学的嗜好。"《西班牙之游历》第二册第二七五页）
② 拉芳泰说安珊那达（Ensenada）是西班牙海军底重振者及创立者。

第十五章 由第五世纪至第十九世纪中叶之西班牙思想史概略 509

为一爱尔兰人名俄赖利（O'Reilly）者所改造，西班牙底军校都是托付他管理的。在加的斯一个大的海军专校开办了起来，但校长是陆军上校哥丹（Godin）——一个法国官吏。如其他东西一样的，几乎成为无用的大炮后又得到马利士（Maritz）为之改良，他是一个法国人，而同时一个意大利人名迦苏拉（Gazola）者又将造炮之事归责于兵工厂。

为西班牙之自然大富源的矿产也为情势所逼，因该国人之愚昧及冷淡而无所发展。它们已全遭荒弃，即使有开采者亦皆为其他国人所主持。位置于亚拉冈（Aragon）歧斯多流域（Valley of Gistau）中之著名钴矿遂落于德人之手，他们在十八世纪之前半期即从那里获得了巨大的利益。同样的，为西班牙首富之瓜达堪纳尔（Guadalcanal）银矿亦由外国人所开采而于本国人无焉。虽然这些矿产在十六世纪时已被发现，它们却和其他重要的事情一样地在十七世纪时被人忘却，而于一七二八年才重新为英国冒险家所开采，计划工具与资本以及工人都是从英国来的。① 其他矿产之尤著者乃是拉·曼察（La Mancha）地方底阿尔玛丁（Almaden）矿。这个矿底水银出产品质最良而产量也非常多，且除为许多普遍之技术所需外，对于西班牙尤为有用，因为没有了它，这个新世界中的金和银是不能由矿苗中提炼出来的。以前在随处可以发见及常常可以发现大量朱砂的阿尔玛丁地方曾采去了大量的水银，但有一个时候出产渐渐减少，虽然需要却不绝增加，尤以国外为甚。在这情形之下，西班牙政府深惧这样重要的富源也许要消灭，于是决定研究现行采矿的方法。但西班牙人底知识够不上这种研究，因此王底顾问只有请求国外人底帮助。一七五二年，一个爱尔兰自然学家名菩尔斯者被委派去考察阿尔玛丁，以便确定失败的原因。他发觉矿工惯于将矿口直掘下去，而不沿随着矿脉的方向，这样可笑的一种采掘法已足够证明他们底失败。菩尔斯乃报告政府，如将矿口斜掘进去则矿当然有丰富的出产。政府赞许这个提议，且立命施行。不过西班牙之矿工

---

① "一七二八年，一个新的冒险家担任了开采瓜达堪纳尔（Guadalcanal）底矿产，这就是保维斯侯爵（Marquis of Powis）底女儿玛利·赫伯特（Lady Mary Herbert）。……玛利离开了玛德里到瓜达堪纳尔去，矿工与工程师都由英国运去，费用是由她，跟她去的亲戚该治（Gage）及她底父亲出的。"（见雅各〔Jacob〕著《关于贵重矿物之出产及消耗之史的研究》〔*Historical Inquiry into the Production and Consumption of the Precious Metals*〕第一册第二七八、二七九页，一八三一年伦敦出版）

太坚持着他们底旧方法，他们将矿口照旧直掘下去墨守祖宗底成法，而以为他们祖宗所做的都必是对的。结果，只有不容他们去工作，但西班牙既没有好的工人，只有到德国去招致新的工人来。这个矿自用了爱尔兰人主持及德国人工作后，即大改旧观，虽然因用了生手常常有不利的地方，可是直接的变化结果就是水银的产量倍增，而同时顾主所出的代价可以减少。

　　这种弥漫于全民族及于每一生活部门中的愚昧，若以西班牙以前所享有之巨大利益看来，实很难令人想象得到。若以之和政府之能力相比较则尤为可惊，因该政府在八十余年中曾不绝努力以改良该国之事业。在十八世纪之早期利普尔达在希望振兴西班牙工业时，曾在塞额维亚设立了一个大的羊毛工厂，于是塞额维亚一时曾成为一昌盛的城市。但在那时最普通的制作方法都已遗忘，他不得不到荷兰招收制造者教授西班牙人如何织羊毛，但回顾在盛世的时候，西班牙人曾以织羊毛出名的。① 一七五七年，当时的首相窝尔(Wall)更大规模地在新卡斯提尔底瓜达拉哈达(Guadalajara)地方建立一同样的工厂，但机器中立刻发生了毛病，西班牙人对于这些东西既不知道也不注意，于是只有派人到英国去招致工人来修理。② 最后查理士三世底顾问以用普通方法来觉醒人民究令人失望，于是乃草拟一规模更大的计划及聘请数千异国工匠居于西班牙，颇相信他们底榜样及他们之骤然混入也许可以激励这个疲倦的民族。③ 但一切都归无效，这个国家底精神已经涣散了，没有东西可以令它恢复。在种种尝试中，国家银行之设立乃是政治家之最得意见解，他们希望从这个扩大信用及贷款于商人的组织中得到良好的结果。但这个计划虽然实行，却还是未见效果。当人民没有企业心，政府是没有方法使他们这样的。在西班牙这样的国家中，一个大的银行是外国的输入，但可以形成而永不能自然发展，其发起以迄

---

① "有五十个制造工人乘船到了加的斯，他们是利普尔达男爵在荷兰招集的……在当时完全为外国人所管理的在塞额维亚底工厂，他希望在下一代或可以完全由西班牙人自己主持。"(见利普尔达《传记》第二三、六二、九一、一〇四页，一七四〇年伦敦出版)
② "首相窝尔一个爱尔兰人，计划从威尔特郡(Wiltshire)之美克锡姆(Melksham)引致俾文(Thomas Bevan)某某来修理机件。"(见福列德著《西班牙》第五二五页，一八四七年版)
③ 一七六八年从巴姆普罗那游历至玛德里之哈利斯说："我看不到有十二个人耕种或在路上作任何工作。"(见《马斯柏利伯爵詹姆士哈利斯之日记及通信》〔Diaries and Correspondence of James Harris〕第一册第三八页，一八四四年伦敦出版)

第十五章　由第五世纪至第十九世纪中叶之西班牙思想史概略　511

完成都出于外国人之手,最初为荷兰人利普尔达所建议,①其最后组织为法国人卡巴拉斯(Cabarrus)所定。

在每样事里,同样的定律在作用着。在外交上,最有才能者不是西班牙人而是外国人,而在十八世纪时常见之怪现象乃西班牙之驻外公使有法国、意大利及爱尔兰人。②没有一样东西是本国的,没有一样东西是西班牙本国做的。由一七〇〇年统治至一七四六年及具有极大权力的菲力泼五世常常黏附着他本国的观念而至终是一个法国人。他死后三十年,西班牙政治中之三个最卓著人物是:窝尔,生于法国,父母是爱尔兰人;③格利马尔提,热那亚土著;④及挨斯揆拉乞(Esquilache),西西里土著。挨斯揆拉乞主持财政有年,自受查理士三世之信任后——任何大臣都未曾享有此种信任——只于一七六六年时曾被撤换,原因是人民不满于这个勇敢的异国人所介绍的改革。⑤窝尔,一个更显著的人,因西班牙当时外交人才至为缺乏,于一七四七年被派出使于伦敦。自对于国事大有建树后,即于一七五四年秉政中枢直至一七六三年为止。这个著名的爱尔兰人致仕以后,热那亚人格利马尔提继续他由一七六三年统治至一七七七年而完全是着重于法国的政治眼光。⑥他主要的奖励者是什瓦则尔。这个人曾将他自己的观点浸渗着

---

① "一个国家银行,最初是利普尔达所提议的计划。"(见科克斯著《西班牙之波旁君主》第五册第二〇二页)
② 同时,克拉克写道:"西班牙在过去许多年中都是在外国大臣指导之下,至于这一点是否由于该国人之缺乏人才或君主之厌恶问政,我不愿多说,不过该国之贵族确哀悼之为一极大之危险。"(见他底《关于西班牙民族的函件》〔Letters Concerning the Spanish Nation〕第三三一页,一七六三年伦敦出版)
③ 对于西班牙事情很熟悉的斯坦诺普说,窝尔是一个"爱尔兰底土著"。(见马洪著《英国史》第四册第一八二页,一八五三年伦敦三版)但在《诸爱传记》第四册第四七页说他是"爱尔兰原籍而生于法国者"。又可阅奥泼斯克罗斯(Opúsculos)著《那发累泰地方之教育传记》(Biografia de Ensenada in Navarrete)第二册第二六页(一八四八年出版于玛德里):"李嘉图、窝尔原籍爱尔兰而生于法国。"个人认识他而又曾叙述他的斯本文并未提及他生在何处。(见斯文本著《西班牙之游历》第一册第三一四至三一八页,一七八七伦敦再版)
④ "一个热那亚人,而又在法国生长的人。"(见敦汉著《西班牙史》第五册第一七〇页)
⑤ 他底辞退曾详述于利俄(M. Rio)著《查理士三世史》(Historia del Reinado de Carlos Ⅲ.)中第二册第一章,可是需参阅科克斯《西班牙波旁君主》第四册第三四〇至三四六页。科克斯称他为斯圭拉西(Squilaci),但我是按西班牙作者之缀字,他们常称他为挨斯揆拉乞。他对于这个王的影响是这样地大,按科克斯说(见第四册第三四七页)查理士三世公开地说:"如果他只有一小块面包,也将和斯圭拉西分吃一半。"
⑥ 他于一七七六年辞职,但一直主持政事直至一七七七年他底继续者佛罗里达·布兰卡到的时刻为止。(见利俄著《查理士三世史》第三册第一七一、一七四页)

什瓦则尔,而什瓦则尔也完全以他底忠告为依归。① 当时的法国首相什瓦则尔确常常过分地夸说,但说他对于玛德里的影响较凡尔赛为大,也未必没有相当的真实存于其中。

无论怎样,自格利马尔提任职四年后,法国人底权势是非常显著地表现出来。深恨耶稣会徒及曾将他们逐出于法国境外的什瓦则尔也拟将他们逐出于西班牙境外。这个计划底实行曾与阿兰达(Aranda)密商过,阿兰达虽然是西班牙人,却在法国受到良好的教育,而且曾在巴黎社会中造成一种深恨任何方式之宗教权力的气氛。② 这个秘密整备着的计划很巧妙地成功了。一七六七年,西班牙政府不容耶稣会徒有自辩之机会,及并不予以事前的通知骤然下了驱逐他们的命令。他们是这样怨恨地被人由他们生长的及向受到抚爱的国家中赶了出来,非但他们底财富都充公了,即他们本身所有的也减削到殊为微少,而且如果他们出版任何刊物以自辩护则那极微少的也不能有;同时还宣布任何西班牙人敢写述他们的事情,则应以犯重大的叛逆罪而处死。③

政府这种大胆的行为即天主教裁判所也觉得震惊了。这个曾一时称为万能的裁判所因受政治之权威所恐吓及怀疑,于是一切动作力求谨慎,而且对于异教徒之待遇便较前大为温和。不从事整百整千地消灭不信仰者,而自一七四六年至一七五九年间只能焚戮了十个人,在一七五九年至一七八八年只有四个人。在后一时期之非常减少的现象,一部分的原因是由于那位博学之士阿兰达,及其他法国怀疑派的友人所施的极大权力。这位名人直至一七七三年止是卡斯提尔州底州长,

―――――――――――

① "他全和什瓦则尔商议而进行他底事业。"(见科克斯著《西班牙之波旁君主》第四册第三三九页)"关于这个计划的实行,他曾和什瓦则尔协谋。"(见三七三页)"他底朋友及他底奖励者。"(第三九一页及第五册第六页)

② 副主教科克斯以职业上的语调说到阿兰达,"在法国他染了上等社会底文雅,而深印了当代开始成为时髦而渐趋于危险的自由意见"。(见科克斯著《西班牙之波旁君主》第四册第四〇二页)他反大敌人和平王(Prince of the Peace)原意要严厉的,却无意地反称赞了他,而说他是"和法国最近一世纪之中叶的法国最著名的文人有关",以及他是"他抛弃了宗教的偏见,虽然他曾为哲学上的热心所推移"。(见哥达《自传》第一册第三一九页,一八三八年伦敦出版)有些人对于他的敌忾是异常有价值的。这个王又说,阿兰达"只有对于最劣等的教派的人提出这个要求",而忘却像西班牙这样的国家,每个开明的人都必是属于一个可怜的小教派的。

③ 见科克斯著《西班牙之波旁君主》第四册第三六二页。利俄在所著《查理士三世史》第二册中曾对于耶稣会徒之驱逐有一长的叙述,不过不甚合理及不甚正确,他是完全以西班牙底观念来写的,他忽略了这是一件法国领导的欧洲运动。他否认什瓦则尔底影响。(见一五二页)非难科克斯之完全正确叙述;(见一二三页)最后又将这一件大事归因于仅属于这个半岛底因素作用。

他曾发出了一道著名的命令禁止天主教裁判所干预法庭底事件。他曾拟过计划完全裁撤这个裁判所,但因他所信托的朋友在巴黎将这个计划事前宣布了,故没有成功。① 可是他底见解非常有效,一七八一年以后在西班牙简直没有焚烧过一个异教徒,天主教裁判所已过于惊栗于政府底措置,深惧一有失当将危及于这个神圣组织底安全。

一七七七年由法国引入于西班牙之反神学政策的主要拥护者格利马尔提辞去首相之职,但继续他的佛罗里达·布尔卡(Florida Blanca)却是善于萧规曹随的人,于是格利马尔提便将权力与政策都转授于他,故政事的进步并无间断地走着同一方向。在这个新首相之下,其措施一似其前任者,有一种坚决心表示着要褫夺教会底权力及拥护教外人底权利。在任何问题下,宗教利益总被视为教外利益之附属品。关于这一点,有许多例可以举示,但有一个重要的例是不能遗漏的。我们已知道在十八世纪之早期时阿尔培罗尼主政的时候,曾与回教徒联合而犯了西班牙认为的巨大罪恶。无疑的,这件事就是他致于倾覆的主因,因为一般都以为仅从政治上的利益设想是不能使基督教国家与不信仰者底国家联合或和约成为一件正当的事。② 但西班牙政府因以前我所述的原因已较西班牙本身为进步,其举措渐能大胆做去,而倾向于将绝对开明的为一般人所不能接受的见解灌输到这国家内。结果,一七八二年佛罗里达·布尔卡和土耳其订了约,这个约停止了宗教意见的战斗。据说其他欧洲底强国对此都表惊异,他们绝不相信西班牙人将停止他们毁灭不信基督者之长期努力。③ 可是当欧洲方在惊异中,而其他同等惊人的事件又发生了。一七八四年,西班牙和的黎波里签一和

---

① 当一七八六年,在巴黎的时候,我由和编纂百科全书者有关的一人处得悉以下的一段趣事。阿兰达旅居于玛德里的时候,常常对他所认识的文人声明如他一旦有权,则必决定取消天主教裁判所。故他之委任为州长颇为其党所欣然赞同,尤以得阿兰贝耳为甚,但他还未开始他底改革的时候,忽然在当时印的百科全书中的一论预将他之自由主义和盘托出。阿兰达读了这篇论著以后非常震惊说:"这种不慎的泄露将引起人对我之愤恨,而使我底计划失败。"(见科克斯著《西班牙之波旁君主》第四册第四〇八页)

② 一六九〇年据说"自摩尔人被驱逐以后,没有一个西班牙王曾遣使到回教王里去"。(见马洪著《查理士二世下之西班牙》第五页)在那年,曾遣使于摩洛哥,但这不过是关于赎救被囚人而去的,当然没有一些媾和的意思在里面。

③ "其他的欧洲宫廷都表示震惊与遗憾地看到一种条约的签订,使西班牙及波尔忒人(The Porte)之间所常存在的宗教及政治底敌忾消灭了。"(见科克斯著《西班牙之波旁君主》第五册第一五二、一五三页)

约，一七八五年又和阿尔及耳（Algiers）签订和约。这些刚批准，一七八六年又和突尼斯结约。故西班牙人民实在吃惊不小，觉得他们现在已和一千多年以来敬承祖训而视为恐怖的国家修好订交，而这些国家以西班牙教会之意见看来，凡基督教之政府都应首先对它们开战，或可能的话应予以消灭者。

如现在把这些事件底较迂远及知识上的结果暂时搁置不论，而其具有直接及物质上之结果是非常有利一点当可无疑的，虽我们现在看到，它们并没有产生永久的利益，因为它们曾为更有力更普通的原因之不利的作用所抑止。可是我们必须承认其直接之结果是绝对有利益的，而对于那些于人事方面具有短浅之眼光者则也许会视此利益具有永久性。由腓斯（Fez）及摩洛哥王国以至于土耳其帝国最极端之绵延的海岸线，不再允许大量之海盗施其故技。这些海盗一向横行海上，以劫掠及俘虏西班牙船只及强迫西班牙人民做奴隶为事。以前每年都需糜费大量金钱以赎取这些悲惨的囚禁者，①现在所有这些祸害却都已了结了。同时，对于西班牙之商业亦有了大的激动，一个新的贸易孔道开展着，而她底船只可以平安地出现于利凡得（Levant）之富国中。这增加了她底财富，而这些中又起了另一情形推进她底富源。因为西班牙最富饶的地方就是为地中海所冲积的地方，于数世纪以来已成为回教海盗之掠夺物，他们常常骤然上岸，以致使居民常受恐吓，不得不逐渐退往内部而遗弃了他们国家之最富饶的土地。但自订了条约以来，这种危险就立刻停止了，人民回到他们底故居去，土地重新再长出果子来，通常的工业再兴起来，村庄稠密，即制造品也渐有出产。繁盛的基础似乎已立下来，这是从回教徒被逐出于格拉那达以来所未见的。

我现在已将在十八世纪大半叶的西班牙最精明睿智的政治家之最重要设施置于读者之前了。要看这些改革之所由发生，则我们应不能忘记一七五九年登极以至于一七八八年为止的查理士个人的性格。他是一个具有极大能力的人，虽然生于西班牙，却没有西班牙底习气，当

---

① 在十八世纪之中叶，西班牙之地中海沿岸常年有守卫"以警防敌人之来"。（见攸达尔·挨泼·利斯著《西班牙之旅行》第七〇页，一七六〇年出版）

第十五章　由第五世纪至第十九世纪中叶之西班牙思想史概略　515

他做了君主的时候，以一久离本国的人而他所倾好的习尚及意见已早与西班牙人二致。① 拿他与其臣民试作比较，他当然是开明得多。他们底心中怀抱着一种最纯粹及最不好的宗教权力方式为欧洲所未前见者。就是这种权力，他要用尽力量去阻止其发展。他远迈于斐迪南六世及菲力泼五世之上，虽然他们受了法国思想底影响曾超越了所应行的范围。② 教士既对这种行动表示愤激，即纷纷露着不满竟或作恐吓的态度。他们宣布查理士劫掠教会，褫夺她底权利，侮辱她底牧师，因此倾覆了西班牙以至超出了人力挽救以外。但这个性情颇为坚定，及不免于固执的王却坚持其政策，他和他底大臣都是有真实才能的人，故虽然遇到许多困难，也能大部实现其计划。虽然他们未免有错误以及眼光短小，不过他们不能不称赞他们在尝试改变他们所统治的那半迷信半野蛮的国家底命运的时候所表现的忠实、勇敢与不自私。可是我们必须揭示，在这方面他们因攻击人民所爱好的弊害而反增强人民对于弊害的爱好，拟以法律改变人之意见者其弊尤甚于无效。这非但是失败，而且还形成一种反动，这种反动乃使人之意见较前更为坚固。先转移了人之意见，然后方有改变法律之可能。当你能使人们相信迷信是有害的，那么，你才可进一步反对那些鼓励迷信及恃迷信为生的阶级。但无论任何一大而可注意的团体是如何地有害，切忌用武力加以干涉，除非知识之进步在以前已摇动其基础，及解脱其对于国民思想之桎梏。这常是热诚改革者之错误，他们因急于实现其目的，常令政治运动超迈于知识运动之前，以致颠倒了自然之秩序，而使他们本身或其后代受到痛苦。他们与对方破裂而燃烈火以毁坏之。于是又来一个迷信及专制的时代，人类年史中之另一黑暗时期。而此种情形之所以发生者，全因人们不愿等待时机而愿坚持预测事情之进行。譬如在法国及德国，固强专制者乃自由之友，使迷信更为永固者乃迷信之敌人。在这些国家中，一般仍相信政府能改革社会，故凡恃自由意见者一旦握到政

---

① "虽然查理士生长及教育俱在于西班牙，但他很早就离开了本国而未沾染着本国的风俗、法律、仪态以及言语；同时因他居于外国以及与法国来往，故他于法国底性质及制度有一种自然的偏好。"（见科克斯著《西班牙之波旁君主》第四册第三三七页）
② 他"在努力改革道德及限制教士底权力方面远超过其前的二个君主"。（同书第五册第二一五页）

权即滥用权力,以谓如此他们将完善地达到其目的。在英国,这种的诱惑虽然没有这样普遍,可是更为厉害,不过我们底舆论既能支配政治家,则我们能避免外国所遭遇的弊害,因为我们不容政府施行民族不赞同的法律。在西班牙就不同,人民底习惯是这样地奴隶化,及其本身久受羁轭之束缚,故在十八世纪时,虽然政府极力反对其最宝贵之偏见,他们也并不敢反抗,而且他们也没有合法的方法可以表达他们底意见。可是他们底感觉倒很厉害。反动的材料静默地积聚着,在十八世纪消逝以前,反动底本身已很明显了。在查理士诞生的时候,这种反动总是潜伏着的。这一部分由于他底活动而具生气之政府所激起之恐惧,一部分由于他所引入之改革都是显然有利的,因而在他一代放一异彩为各阶级之所共见。除了他底政策能保证免除海盗之不断劫掠外,他当然为西班牙获得最尊荣的和平,为两个世纪以来任何西班牙政府所不能得者,因此就使一般人回忆到菲力泼二世时之最光明及最荣耀的日子。① 在查理士登位的时候,西班牙尚不足称为一个三等国,在他死的时候,西班牙可以很公平地自称为一等国了,因他在数年中都能以敌体平等的地位与法、英、奥折冲周旋,而且在欧洲会议中他也曾处于领导之地位。关于这一点,查理士底个性大有影响,他曾因谋国之忠实而为人所尊敬,曾因果敢有为为人所恐惧。② 以个人而论,他享有极高的名誉;以一君主而论,同时代的那些君主,除了普鲁士底斐迪礼以外没有一个堪与他并驾齐驱,不过斐迪礼底非常能力还因着他卑鄙的贪婪行为及侵略邻国的野心失去了光彩呢。查理士三世就毫无这种行为,他审慎地增加西班牙底国防能力,自树了战斗的力量后,立即使西班牙成为欧洲之恐怖,其恐怖之程度较十六世纪以来为尤甚。现在非但不会受四邻小国之侵辱,且尚具有抵抗与攻战之能力。陆军人员之选拔、训练及生活待遇既大加改进,海军底人数及能力亦见增加。而他这种改进的政治并没有加重了人民底负担,国家底富源千头万绪地开展出去,

---

① 科克斯称一七八三年之和约为"自圣·昆丁和约(The Peace of St. Quintin)以来,西班牙君主所签订之最光荣及最有利益之和约"。(见《西班牙之波旁君主》第五册第一四四页)
② 在他朝代之末时叶,我们发现一个同时代的评论者对于他非常偏袒,而可为"对于他现在这个旧教君主之条约、主义以及交战等之完全忠实地与固执地附和"之证据。(见《一个英国官吏底信件》第二册第三二九页,一七八八年伦敦出版)

以致到了查理士三世一朝时，人民颇能缴纳大量的税金，不若前几代时的贫乏。征收及解纳进口税的方法也上了轨道。① 永远管业的法律已废弛了，而且还采纳了许多步骤来减弱嗣续遗产之坚固性。国内的工业已能解脱了许多久被困缚的桎梏，而自由贸易主义也广遍地被承认，以致在一七六五年关于五谷的旧法律也取消了，五谷之输出解禁，而能自由转运至西班牙各地方，不受可笑预防方法之留难，这种种方法却是以前政府自命为得意之作的。

也是在查理士三世朝代时，美洲殖民地才第一次受到一个聪明及自由主义政策底治理。西班牙政府在治理殖民地方面的态度，恰和当时我国那狭隘及无能力的君主对付我们大殖民地的行为相反。当乔治三世底暴行酝酿着不列颠殖民地底反叛时，查理士三世却努力从事于怀柔各殖民地。为达此目的及大量增加其财富的原故，他尽力利用当时之知识与方法。一七六四年，他完成了当时所美称的伟大功业，即每月与美洲有一次规定的航行，以使他所设计的改革能容易地传入于美洲，及殖民地上的人民所受的痛苦也可以注意得到。翌年，自由贸易已准行于西印度群岛，那里的大量货品现在可以为他们自己底利益及邻邦底利益而畅销于各处了。在一般殖民地中，他介绍了许多的改进，移去了许多的压迫，制止官吏底专制及解除人民底重担。最后，在一七七八年，当自由贸易主义成功地试行于美洲群岛后，即再伸延至美洲大陆，秘鲁及新西班牙底港口完全开放了，因了此种方法对于那些增进殖民地的繁荣问题起了极大的激动。这些殖民地有天赋之富源，可惜往往为人们底愚行所制而致贫瘠得可怜。

所有这些对于母国的作用是这样地迅疾，以致当专卖旧制度将届崩溃的时候，西班牙底贸易即开始进步及不绝开展，直至进出口都达到一种高点为原改革人所未能意料到者。据说外国商品之输出是三倍，本国之出品是五倍，而由美洲所得之利益却有九倍。②

---

① 这些经济的改进大部分是出于法国人沙巴路（Cabarrus）之功。
② "在查理士朝之早期，对于美洲之商业曾采用更自由主义之步骤，但在一七七八年引用了一完全激进的变化。自由贸易之政策很快地产生了最有利益的效果，外国货物之输出增加三倍，国内出产物增加五倍，而由美国所得之利益却造成九与一之可惊的比例。关税也同等迅速地增加。"（见克来克著《西班牙内部情形之研究》第七二页，一八一八年伦敦出版）

许多加重低层阶级人民底负担的税则都取消了,而劳动阶级既能免除大的担负,他们底生活情形也就可以很快地改良了。这种改革又复见诸明文而订定于法律,以便当他们有时要伸诉对于上层之不满时,可以由公共法庭中得到公正的判决。在以前,一个穷苦的人绝没有机会可以反对富人,但在查理士三世的时候,政府定了许多规律,凡雇主欺骗工资及无故解约,工人及机匠皆能得到赔偿。[①]

非但是劳动阶级,即文字及科学阶级也被鼓励及保护着。这两种阶级一向所受到的威胁及危险之源就是天主教裁判所,而查理士所操的步骤乃因遏制该裁判所底权力而相当地减少了这种危机。这个君主也常常预备奖励他们,他是一个精于治学的人,而且喜欢被认为学问之保护者。他登位后即下谕豁免所有印刷者及直接与印刷有关者如活字铸工等之军事上职责。他又尽力将新的生命灌输于各大学中,而且尚努力恢复他们底训练及名誉。他建立学校,捐助大学,奖励教授,及颁赐恩俸。在这些事业中,他底慷慨博施似乎是永不会枯竭的,而即此一端已足使西班牙之文人尊敬之而永矢勿忘了。他们以不幸生于现在而不生于查理士三世之时代为遗憾。在其朝代时,据说文人底利益必须视其知识之成就如何而定,而后者之重视殊为超绝寻常,以致在一七七一年曾规定教育为政府行政中之最重要一项目。

但事情不止此,在查理士三世朝代时,西班牙底表面起了极大的变化为回教徒最后被驱逐一百五十年来所未曾有的现象,这并没有言过其实。在他一七五九年登位的时候,前王斐迪南六世之聪明及和平政策,非但能使他清偿前王所积欠的债务,且尚为他积聚了相当的财富。查理士就充分利用了这充实的国库以作公共的伟大事业,这一点当然能较他其他的政绩为尤能引起人们的意识而使他一朝盛享隆誉。当财富不绝累增,人民负担减轻而有余资以供糜费的时候,他就将一部分国库拨为华饰京城之用。据说他死后五十年人们还以玛德里之巍峨壮观对他称颂不衰。公共建筑、公共花园、环绕京城之美丽行人道、高大的城门、京城中之各机关组织及其通达邻乡之道路都是查理士三世底建

---

① 可阅佛罗里达·布尔卡在科克斯著《西班牙之波旁君主》第五册第三三一页中的叙述:"不顾有权阶级之利益与兴趣,使工匠及职工易于获得其工作之极微报酬。"

第十五章　由第五世纪至第十九世纪中叶之西班牙思想史概略　　519

设事业,而且这些事业是最能证明其天才与丰富之审美力者。①

在国内之其他部分,他筑道路,开运河,贯通穷乡僻野以利商业。在查理士三世登位的时候,整个摩累那山脉(Sierra Morena)还是杳无人烟为虎狼丛集之所,没有一个温文的商人敢走到这样的地方来,于是这个介于瓜的牙纳(Guadiana)及瓜达尔几维(Guadalquivir)流域之间及立于地中海与大西洋港口间之通道上的西班牙之天然大道却无商业之踪迹。查理士三世之努力的政府即决定有以补救之,因西班牙人民没有能力担当这种工作,故于一七六七年邀致了六千荷兰人及法兰德斯人(Flemish)散居在这个荒凉的地方。他们一到,即赐以土地,在全境内辟道路,建立乡村,一刹那间即将荆棘的荒漠变为富饶可爱之域。

几乎在整个西班牙,道路都修筑完竣,在一七六〇年,这样早已拨有另一批经费专作此用。许多新的工作都开始了,同时还不断改良与警备以免官吏之侵没公款,故在数年之间即将建筑公路之费用减去大半。② 在这些成功之事业中之最重要者,即由玛拉加(Malaga)筑至安德基拉(Antequera)及由阿奎那(Aquilas)筑至罗尔卡(Lorca)之两公路。因这两公路,地中海与安达卢齐阿(Andalusia)及木尔西亚(Murcia)内地之间即可交通无阻。当西班牙之南部及东南部之交通发达时,其北部与西北部亦同时开辟。一七六九年,毕尔巴鄂(Bilbao)及鄂斯马(Osma)之间即开始筑路,③后又完成加里西亚(Galicia)及阿斯托加(Astorga)之间的道路。这些及同样的工作都是非常技巧地实行着,故在以前在欧洲列为最劣之西班牙公路却一变而为宽夷坦荡的道路了。的确,一个很适当的——并无偏私的——批评家以为查理士

---

① "但这是因查理士三世,玛德里才有她现在的辉煌。在他管理之下,王宫建筑完成,亚尔喀拉(Alcatá)及圣・文孙特(San Vincente)之高门竖立,海关、邮政局、博物馆、王族印刷局都建造起来,三个高尚美术专门学校大事改进,自然史陈列室、植物园、圣卡罗国家银行及许多免费学校都设立起来,同时由城内所加设通达四乡的道路及装饰有雕刻像与喷泉的充满快感的行人道等诸种建设看起来,都表现出这个嘉惠庶民的王对政事之关切。"(见《一个美国人写的西班牙》〔Spain by an American〕第一册第二〇六页,又第二九七页,一八三一年伦敦出版)

② 利俄确是说,费用减少到三分之二有些地方减少到四分之三。(见利俄著《查理士三世史》第四册第一一七页)

③ 一七六九年,巴累提(Baretti)非常惊奇地写:"比斯开人确是造筑了一条很大的路由俾尔菩阿到奥斯华。"(见巴累提著《英国葡萄牙西班牙及法国之游历》〔Journey through England, Portugal, Spain and France〕第四册第三一一页,一七七〇年出版)

三世死后,任何国内都找不到像西班牙这样好的道路。①

在内地,河流皆可航驶,而于河流之间又皆联以运河。厄波罗(Ebro)河流过阿拉冈之中心及旧卡斯提尔之一部,而且直通罗哥罗虐(Logroño)以达杜德拉(Tudela)都可作为商业之航路。但在杜德拉及萨拉哥撒之间因急流及沙床中之岩石阻碍不可航行。结果,那瓦(Navarre)即失了与地中海之自然交通。在查理士五世之建设的朝代中曾思有以补救此缺点,但这个计划是失败,搁止及忘却直至二百余年后才为查理士三世所恢复。在他护持之下,即计划开阿拉冈大运河以联络地中海及大西洋。但西班牙政府像在许多例中一样的,其进步总远较西班牙本身所能随步者为速,这样的计划究因本国财资之不足而停止,但真实的效果却非常有价值。一条运河确是开至萨拉哥撒而厄波罗河底川流,非但可供运输,且亦可用以灌溉土地。即在阿拉冈之极西端也有很平安与利益的商道,旧的土地复加以垦植,因此西班牙底他部也受到均沾的利益。譬如,卡斯提尔在食粮不足的季节常常需要阿拉冈底供给,虽然阿拉冈之所出亦只足供本省之消耗,但因了这条大运河——同时还有道斯忒(Tauste)运河——阿拉冈底土壤较前为尤富于出产,而厄波罗之肥饶平原出产之丰盛竟可同时供给卡斯提尔人及阿拉冈人以麦及其他食料。②

查理士三世之政府又在阿姆保斯忒(Amposta)及阿尔法克斯(Alfaques)之间筑一运河,以灌溉加达鲁尼亚之极南端及使一大区域可供耕植,在以前这大区域因缺少雨量的原故从来未曾耕耘过的。同时另一更大的事业就是企图在京城及大西洋之间建一水路,这就是从玛德里开一运河到托利多,从这里泰加斯人(Tagus)可以将货物运到

---

① 斐迪南六世及查理士三世之朝代对于这一重要的政治经济方面产生了最有利益的变化。新的道路都开辟起来而都是建筑得非常坚固与平坦的,现在在西班牙有几条庄丽的路可以和欧洲之最美的路媲美,这些路确是以最超越的眼光及最大的规模来建筑的。(见拉菩德著《西班牙》第四册第四二七页,一八〇九年伦敦出版)

② 见科克斯著《西班牙之波旁君主》第五册第一九八、一九九、二八六、二八七页。道孙德著《西班牙》第一册第二一二至二一五页。拉菩德著《西班牙》第二册第二七一页。这一条运河原用以打通比斯开港及地中海之自由交通者,只在马斐松底《交通年史》第四册第九五、九六页中稍为提起。这是一本有学问及有价值的著作,不过关于西班牙则非常不完备。这件大事业的商业价值及其所达到之成功,在福尔德著《西班牙》第五八七页很严重地被忽视了。这本书虽然大为人所赞美,可是实在草率终篇,如读者不善参阅其他书籍者则必被其误引。利俄底《查理士三世史》对于这个问题有几点很有趣的材料,但可惜我未援引其章节以为证。

里斯本,而西方的商业将都能振兴起来。但这个及其他宏远的计划都因查理士三世之死而含苞未放,凡百事业因他底死而消灭了。他去世以后,这个国家仍复降落到以前的暮气沉沉里,而且我们很清楚地可以看到这些伟大的工作不是民族的而是政治的。换句话说,它们不过是个人底工作,这些人之不断的努力如果与普通因素之作用相反则其价值直等于零。这普通因素常常是不可见的,但我们中间之个性最强者也不得不违反自己的意思而绝对地服从着。

但在某一时间却也做了许多工作,而且查理士三世按照政治家之普通原理来推想,也很可以过分地希望他底工作将能永久改变西班牙底运命。因为他所计划及实行的这些,[1]以至其他工作并非如普通一般情形常,以榨逼人民及摧残工业的税收来建设的。襄佐及忠告他的人都是真正为公共利益着想,及永不会犯这种大错的人。在他统治之下,国家底财富锐利地激增,下层阶级底生活需要非但没有减少,而且还倍增了。进口货物较前为尤能公平地课税。在十七世纪时倾政府所有的力量还无从向人民榨取出来的税收,现在都能照例地缴纳,又因国家资源之发展,这些税收都立刻变为有生产力的而不是繁重的。在管理财政方面也实行着一种制度,其例创自前代,其时斐迪南六世之谨慎及和平政策为前述之许多改进立下了基础。斐迪南遗留给查理士三世一种并非勒索而是节约下来的财富。在他所引进的许多改革中——这些改革我不愿赘述——有一种是非常重要且为其政策之特色。在他一朝以前,西班牙每年需付出大量金钱由教皇分配(是他底权利)与几个富的寺院作为经费,而同时他可由寺院取得产品,这或者是作为酬劳的。斐迪南六世却免了教皇担负这种转折的责任,而使西班牙王有权废去这种制度,而为国家节省一笔大的款项,这一笔款项是罗马教廷一向安享惯的。这一种政策必能得查理士三世之愉快的赞助,因和他自

---

[1] 可阅佛罗里达·布尔卡在科克斯著《西班牙之波旁君主》第五册第二八九页中之叙述:"在其他许多部分尚有策动开筑灌溉运河、振兴农业及商业之同样工作。满刹那勒斯(Manzanares)及瓜达拉马(Guadarrawa)运河由国家银行继续去开筑,这银行曾将由银行输出所得之半数利润拨作此用。……建造在安达卢齐阿之 Campo Nuevo 之中心及为得斯披那·泼尔罗斯之崎岖通道而筑之阿尔牟拉代尔(Almuradiel)城是另一个例,可以证明对于四乡农业之注意。因为在几年之中,我们已不见有森林与可怕的荒漠,而见有公共建筑、房屋、田园与已垦之地,出产各种之壳类与果实以屏蔽道路及免除盗贼之危险。"

己的见解很是和合，而且我们同时发见在他一朝这种政策非但实行，且尚扩而充之。因为当他看见西班牙人对于教皇的情感非常热烈以致不顾王底努力而自动对教皇贡献时，他即决定遏止这种自动的礼物。因欲达此目的，曾拟定了许多方法，最后有一种方法成功了，当时以为定能有效的。这就是下了一道诏谕禁止任何人将金钱送往罗马，但如果偶然他要汇款，他不应按普通方法汇去，却应由公使大臣或西班牙王之其他机关转给。

如果我们覆按上述之种种处置情形而且以其整个地看来，即由菲力泼五世之接位至查理士三世之死为止之九十年中，我们将对于他们政策之合一、前进之合乎规律及其明显之成功表示惊异。仅以政治眼光来看这些政策，我们尚要疑问这种大而不断的进步，曾否在这些朝代之以前或以后在其他国中可以看得到。三朝以来，在政府方面是没有停止的，没有一种反动，没有一些踌躇的征象，改进继续着改进，改革继续着改革，不断地前进。常为西班牙之昭彰的患害及大胆的政治家一向都不敢惹动的教会权力，为一联组的政治家由俄利以至于佛罗里达·布兰卡所努力阻遏。他们底力量在后来之三十年中为菲力泼二世死后之最有才能的君主查理士三世所热烈赞助，就是天主教裁判所也知道战栗而不得不放松它底牺牲。异教徒底焚刑已经停止了，酷刑也不用了，迫害异教已经不受人鼓励。现在不以幻想的干忤来责罚人们，而倾向于注意他们底真正的利益，减轻他们底担负，增进他们底安乐及阻止他们上部人的专制。用种种方法来牵制教士底贪婪，及阻止他们自由劫夺国家底财富。因有这种见解，故永远管业的法律重新修改过，而用种种方法阻碍那些愿意将财产捐助于宗教事业的人。在这件事及其他事情中，社会的真正兴趣却是偏向于幻想方面。欲将非宗教阶级提高于宗教阶级之上，欲解除人民一向对于一无所知及永不能解决的问题所予的注意，欲在这种荒芜的思想中代以科学或文学的嗜好乃第一次成为西班牙政府之目的。耶稣会徒底驱逐，圣地权利底侵犯，整个僧侣团由最高之主教以至于最低之僧侣皆知畏法，约束其情绪及遏制其对于其他阶级之傲慢等，都是这个政策中的一部分。这些措置在其他国中可称为伟大的行为，在西班牙这样的国中就可称为奇迹了。关于这些我曾给予一简单而不完全的叙述,但仍不足以表明这个政府是如何地努力减少迷信,阻碍偶像崇拜,激发智力,推动工业及唤醒人民于死睡中。我曾删略了许多有相当兴趣及趋于同一目的政策,因为我处处都想设法只限于叙述最能清楚表明普通运动的那些显著之点。凡曾精细研究过那时期之西班牙历史者,将能找到更多的证据来证明当时那些秉政及倾其全力以改造其所统治之国家的人底技能及精力。但这些特殊的研究都需要专门的人才去研究,我如能坚固地把握住其大的进程及全部的大纲已可满足了,如果我已证实这个普通的理论及使读者相信西班牙政府曾如何清楚地看到他们本国所受之痛苦,如何热烈地从事于补救这种弊害,及如何恢复其以前之命运,即曾一度为欧洲君主国之主而拥有极富足广大为罗马王国倾覆以后统属在一个政权之下之土地底命运,我就算已达目的。

凡相信政府能化治一种民族及立法者是社会进步之因素的人,将自然地希望西班牙能从那些自由主义的信条中获得永久的利益,这种自由主义的信条才第一次施诸实行。但事实上,这种政策表面上虽然似乎是聪明,却是毫无效果,原因就是它和以前的整个情势相反而行。它违反国民思想底习惯而是引用于尚未成熟的社会中,没有一种改革能够产生真的良果,除非它是公共意见底运用,除非人民本身是主动。在西班牙十八世纪时,外国的影响及外国政治底复杂性将开明的君主赐予一个不开化的国家。① 结果,在某一时间,伟大的事业确是完成了,弊害移去了,痛苦减少了,许多重要的改进介绍进来了,而且又表现着一种信仰自由的精神,为这个向受牧师所控制一切及充满迷信之宇域中所一向未曾前见的。但西班牙底心却无动于中,当表面及事情底象征是进步了,事情底本身却没有改变。在那里面底下面及远出乎政治补救所能达的地方,有许多大的普通因素在工作着,这些大的因素已作用了许多世纪,总有一天要强迫政治家退回他们底步骤,而逼他们采用一种合乎该国的习俗,和造成那些习俗的情势相融合的政策。

---

① 这是很重要需说明的就是西班牙之国会——人民言论只能在这里听得到的——在十八世纪百年中只开了三次集会,而那时也不过单为举行仪式而已。

最后这个反动来了。一七八八年查理士三世驾崩,继位者乃是查理士四世,一个真正西班牙种,虔诚、信奉正教及愚暗的君主。① 现在可以看到每样事业是怎样地不安妥,对于非由人民发起而由政治阶级所赐予他们的改革是怎样地不可靠。查理士四世虽然是一个懦弱与可鄙的君主,②其一般见解却为西班牙民族之情绪所呵护,故不到五年,他能完全改换三朝以来的政治家所建造起来的自由政策。不到五年什么都改变了,教会权力恢复,凡关于自由讨论的事都被禁止,自十七世纪以来未曾听见过的旧的专制主义都重新出现,牧师又呈现着他们以前的重要性,文人受胁迫,文学不受欢迎而天主教裁判所却骤然死灰复燃起来,表现着一种能力使它底敌方都震栗而证明以前所计划以减弱其权力的那些企图,不能破坏它底精力或挫折它底旧精神。

查理士三世底大臣及表彰他一朝的那些伟大改革底创始者都被辞退,而让位于那些合于这个新情势的顾问。查理士四世宠信教会过甚以致不能容纳开明的政治家,阿兰达及佛罗里达·布兰卡都撤职而被幽禁。③ 荷未拉诺斯驱逐出朝,而卡巴拉斯则系于狱。因为现在必须做的工作是这些卓越的人所不能参与的。九十年来未曾间断的一贯政策将一旦取消,以使十七世纪之古王国——愚暗,专制及迷信的王国——也许能复活,或可能的话,恢复其原始的力量。

西班牙重新又蒙盖着黑暗,夜底阴影又重新袭击那不幸的土地。一个有名的作者说最恶劣的一种压迫似乎是一种新而不祥的重力萦系在这国内。④ 同时,而且是这个政策中的自然部分,凡能激起思想的研究都被禁止,而下令通告各大学禁止道德哲学底研究,发布这命令的大

---

① 因具有这三种性质,他方能得巴塞罗那主教之热诚赞许。这主教在关于西班牙教会之最近著作中称他为"富于信仰心的国王"。(见多明哥·科斯塔及鲍累斯〔Domingo Costa y Borras〕著《西班牙教会现在与将来之检讨》〔*Observaciones Sobre El Presente Y El Porvenir de la lglesia en España*〕第八〇页,一八五七年出版)
② 即在阿利松著《欧洲史》中——通常对于他这种人过分称誉者——也对他祈示轻视之意:"查理士四世并不是缺少良好的性质,不过他是一个弱而无能的君主。"(见第八册第三八二页,一八四九年爱丁堡出版)
③ 见塞姆柏尔著《西班牙君主国》第二册第一六七页。我不用说,《哥达传记》中所述者是绝不可信的,凡完明白西班牙史者都将知道他那一本书是想破坏同时代中的几个有才能及思想高尚的人底人格藉以提高他自己的名誉。
④ "故各种最恶劣的压迫,无论政治与宗教方面都以一个新的及奇异的重力压到整个国家的身上。"(见提克诺著《西班牙文学史》第三册第三一八页)

臣公正地说这个君主并不要有哲学家。① 可是并不用恐惧西班牙会产生危险的事情,这个民族不敢更甚者不愿反抗,且还让步而由这个君主任所欲为。在数年中,他废除前王所采用的最有价值的改革,自撤免他父亲底顾问后,即将最高的职位赐予和他自己一样狭隘和无能力的人,他使国家濒于破产。又据一个西班牙史家底叙述,他耗费全国底所有的财资。

这就是十八世纪后半期的西班牙情形。法国底侵略跟踪而来了,这个不幸的国家受到了种种的灾殃与耻辱。但这里灾殃与耻辱却有一个分别:灾殃可以由他人加到我身上来,但是国必自侮,然后人侮。国外的破坏者能造成祸害,却不会源成你底耻辱。国家和个人一样,要是能忠实于自己,决不会受耻辱的。现世纪的西班牙曾被劫掠而压迫,而这些不名誉的行为应加于劫掠者底身上而不应加于被劫者底身上。她曾为粗暴而不法的军队所蹂躏,她底田荒芜了,她底镇市被劫了,她底乡村被焚了。这些丑恶的行为必须归罪于造恶者而非被牺牲者之故。即以物质的眼光来看,如果人民能有自治之习惯及有独立的感觉者皆不难恢复此等损失。此自治之习惯及独立之感觉实是所有伟大之泉源。有了这些泉源底帮助,每种损害都可以恢复,每种弊害都可以补救。没有它们则轻微的打击亦可形成致名之伤。在西班牙,这两种泉源并不存,而亦似乎无法可以培养了。在该国,人们久已习于尊敬君主与教会,故忠君与迷信实已夺取高尚情绪之位而代之。此种高尚之情绪乃造成自由之源,没有它们独立的真观念是永不会达到的。

在十九世纪时,确常有一种精神表现着似乎一切都有蓬勃向上之意。在一八一二、一八二〇及一八三六年中有几个热心的改革者,拟给西班牙一种自由的宪法,以使西班牙人民获得自由。他们所成功者也不过是一时的,以后一切都完了。他们所能赐予者不过是宪法政府底形式,他们不能找到使这些形式发生作用的传统观念与习惯。他们摹仿自由底言论,他们抄袭自由底制度,他们力效自由底姿态,可是果有

---

① "卡巴尔耶罗(Caballero)因恐惧所有学术上之进步将会扰乱宫廷之和平,故不久之前曾通令各大学禁止道德哲学之研究。据说在令中有'王上并不缺少哲学家,但是缺少驯良而服从的人民'。"(见多布拉多〔Doblado〕著《由西班牙来之信件》〔*Letters from Spain*〕第三五八页)

何用呢？受到第一次的逆运打击时，他们底偶像已碎为片片了。他们底宪法破坏，他们底会议解散，他们底法律废止了。不可避免的反动迅疾地随着来，在每一次扰乱以后，政府底力量增强，专制的理论固定，而西班牙之自由主义者却只有悔恨其当初无效地企图将自由思想灌输于他们那个不快乐及国运衰微的国家。①

使这些失败更值得注意者，即在很早的时候，西班牙人确是有和英国相同及英国之伟大所由来的地方特权及市民权，但这样的制度虽然能保存自由却永不能创造自由。西班牙有自由底形式，却没有自由底精神，因此形式在一时虽然很好，却很快地就消逝了。在英国，精神先于形式，故其形式能永久。故西班牙人虽然能夸张其较我们早一世纪已有自由之制度，却不能保存之，就因其只有制度而无其他。我们直到一二六四年才有平民代议制，但在卡斯提尔则一一六九年，在阿拉图则一一三三年已有。又赐予英国镇市的最早特许状是在十二世纪，而在西班牙，我们发现在一〇二〇年这样早已有赐予雷翁（Leon）地方的特许状了，而且在十一世纪时在镇市中的授予选举权已如定诸法律一样地稳固了。

事实就是在西班牙这些制度并非出乎人民之需要，而是源于他们统治者之政治手腕。这些制度与其说是公民所希冀的，不如说是许予公民的。因为在与回教徒交战时，西班牙之基督教君主当南进时自然急于要引致人民居于边界之镇市，以便与敌人相对而抗拒之，因此目的，他们赐特许状与镇市，赐特权予居民。当回教徒渐渐由阿斯都利亚（Asturias）被击退至格拉那达时，边界也改变了，市民权扩张到新的征服地中去，以使危险的地带也可成为酬赏的地方。但同时那些普通因素——我前曾指明的——正在预先定下了这个民族底忠君与迷信的习惯，其积习之深实足以致伤自由之精神。有了这种情形，制度就毫无效

---

① 在西班牙，人民底言论是常和自由党底言论相反的，这有许多作家都曾说过，不过不曾注意到它底理由。窝尔吾说到西班牙之国会，"公共的愤怒在一八一四年推翻了他们，而在一八二三年，他们不是被法国军队所压服，而是为他们本国人民之憎恶所压服"等等。（见《西班牙之革命》〔Revolutions of Spain〕第一册第三二二、三二三页，一八三七年伦敦出版），又可阅第二九〇页，昆（Quin）所著一八二四年伦敦出版之《斐迪南七世传记》（Memoirs of Ferdinand the Seventh）第一二一页中说到："在王所经过的城市中，群众因教团僧及教士之鼓动推翻了宪法底基石而发出最凶暴的言语来侮辱宪法、国会及自由党。"

力了。它们是没有根基的,它们在一方为一个政治结合所创伤,在另一方面又为另一个政治结合所破坏。在十四世纪闭幕以前,西班牙人已很坚固地居于他们最近所获得的土地上而不会再蒙到被逐的危险了;而在另一方面,他们也不见得一时能将他们底征服地伸展开去以驱逐回教徒出乎格拉那达坚垒以外。于是使地方特权能得以实行的情势已经改变了,当这种情势渐见明显时,特权就开始消灭。这些特权既不适合于人民底习惯,当然一遇机会即遭倾覆。在十四世纪末叶,它们底衰落已很可观察出来;在十五世纪闭幕时,它们几将消灭,至十六世纪早期则最后推翻了。[1]

就是这样,那些因素战胜了它们底每一个障碍。按事件之一般性及长期之比较上看来,它们是不可抵御的。它们底作用常常或偶然地在短时期中为政治家所攻击或停止,这些政治家常常预备着他们经验上的及眼光短浅的补救方法。但当时代精神是反对那些补救时,他们极其量也能只享到一刻的成功,在那一刻过去以后,反动就闯入而不得不忍受当时鲁莽之责罚了。这种情形底证据凡将立法史与舆论史相对证的人都能在每个文明国家中找到。西班牙镇市底命运给我们一个好的证明,西班牙底教会底命运也能给我们另一个证明。因为在查理士二世死后八十余年中,西班牙底统治者都曾企图减弱宗教底权力,可是他们所有努力底结果就是一个不足轻重及毫无能力的王如查理士四世者也能绝不费事很快地推翻他们底一切所为。这原因就是在十八世纪时,教会一方虽为法律攻击,另一方却为舆论所左袒。人民底意见当然是源于影响全国的那大而普通的因素,但他们底法律却常是违反国民意志的那少数有权的人底工作。立法者一死或停职,则常予继承者以机会一反其见解与计划。可是在这政治生活之演变中,那些普通因素总是坚立不动,虽然它们常是远不可见,直至政治家倾向于这方面时,将它们带到浮面上来而给以公开与公共的权威。

这就是查理士四世在西班牙所做的事情,当他想要左袒教会及阻

---

[1] 许多作家都以公共自由之最后破坏归原于一五二一年维拉拉之战(Battle of Villalar),虽然明知王族如在此战失败,则其最后之结果也是相同的。有一个时候,我曾拟追溯十五世纪时之地方及代表制度史,但当时所收集之材料证明,在西班牙从未有真正之自由精神存在,故自由之表记及形式当然总需被抹去。

挠自由研究时,他只需认许他前王等所轻忽的那些国民习惯即可了。该国僧侣团对于舆论之把持是人所共知的,而其真实把持之程度尚不止此。在十七世纪时是怎样我们已看到了;在十八世纪时,其权力简直没有减低的象征,除了在少数勇敢人中尚有反抗的态度,不过那时公共言论是这样地反对他们,以致什么影响也没有。在菲力泼五世朝代之早期时,曾经过西班牙的拉巴(Labat)告诉我们,当一个神父举行弥撒礼时,即最高位贵族也以为替他整衣及俯伏下去吻他底手是一件荣耀的事。这既然在欧洲最骄傲的贵族所做的事,那么,我们可以猜想一般的情绪是如何的了。的确,拉巴曾确定对我们说,如果一个西班牙人不将他底财产分一部分与教会,简直不能算有真的信仰,尊敬僧侣团已绝对地成为国民性之重要部分了。

有一个更奇的例呈现在耶稣会徒被驱逐的时候。以前曾是有用而现在不易对付的这个团体在十八世纪时,一直在十九世纪中都是进步与宗教自由底顽固敌人。西班牙底统治者见这个团体反对他们底改革计划,于是决定要去了这个处处令人棘手的障碍。在法国,耶稣会徒刚被视为公共妨害者而毫无困难地一举被压制下来了。查理士三世底顾问觉得这样有益的政策决没有理由不能在他们国内效仿的,于是在一七六七年他们仿效法国人在一七六四年所立的榜样将教会这个大支柱取缔了。① 做了这件事以后,政府以为对于减弱宗教权力已采取了确定的步骤,尤其是该国君主是很热忱赞助这种办法的。这件事发生的后一年,查理士三世按习俗在圣·查理士(Saint Charles)节日的一天出现于王宫底阳台上预备许诺人民以任何的要求,这种要求通常就是祷告,辞退一个大臣或取消一种税则。可是在这个时候,玛德里底公民并不为这件事所占据,却觉得有更重要的利益在受到了危险,在朝廷惊惶意料之外,他们却同声要求耶稣会徒应恢复其教,重穿上教衣,以使西班牙因重见这些神圣的人而欢欣起来。②

---

① 这是教皇底意思,以为查理士这种举动曾使他自己底灵魂受了危险。
② 这种情形——这曾为克利铁纽约林(Crétineau-Joly)在《耶稣拥护者史》(Histoire de la Compagnie de Jésus)第五册第三一一页中及其他许多作家在敦汉著《西班牙史》第五册第一八〇页中说出——既为人所误述,而又为一个作家所怀疑,我不如抄录科克斯底一段叙述于下,他所知的关于查理士三世朝代之情形都是由当时的目击得来的。"在他们被驱逐之后一年,玛德里就发生了一件事非常显著及惊人地证明了他们底势力。在圣·查理士节日的(转下页)

像这样的国家你能做些什么呢？当舆论底潮流冲入而反对的时候，法律有什么用呢？在这种障碍之前，查理士三世底政府虽然有好的动机也计无所施了，而且还不止此，它确是反造成患害，因为引起了公共对于教会的同情，而反强固了它所欲减弱的团体。西班牙民族继续对于那残暴与压迫沾污着每种罪恶的教会表示热爱。这种爱心非但不减弱，而且只有增加不止。礼物和遗产很随便地和从各方面涌进来，人们还愿意自己和其家属做乞丐以使这种普遍捐助增高起来。这种趋势愈来愈高，至一七八八年王底大臣佛罗里达·布兰卡说，在最近五十年教会底岁收增加得这样快有许多都有加倍的价值的。①

即使是天主教裁判所，人底聪慧所计划的最野蛮的制度，也为舆论所拥护以攻击君主。西班牙政府愿意推翻了它，而用全力予以减弱，可是西班牙人民因其饶有历史而加爱之，因其为反对异教侵入之最良保护而怀抱之。② 这种例曾在一七七八年表现出来，那时当天主教裁判所判决一个异教徒时，有几个领袖的贵族甘充仆役侍候着，很欢乐地以为有机会可以在公共地方表示他们对于教会的服从与驯良。③

所有这些事情都是自然而合乎顺序的。它们是一长组例的因素底结果，其作用我曾拟由阿利阿教战争（Arian War）爆发以后在十三世

（接上页）时候，当这个王在王宫之洋台上召见人民及按例应允他们之普遍要求时，巨大群众之声音一致要求招致耶稣会教徒回国及应许他们穿现世教士之衣服，这使全国宫廷非常震惊与混乱。这种出人意外的事情使王惊惶而抑郁，经谨慎之研究后，他以为最妥当就是将托利多之红衣大主教及他底大代表放逐出去，以其为这次骚动要求中之主动者。（见科克斯著《西班牙之波旁君主》第四册第三六八、三六九页，一八一五年伦敦再版）利俄在《查理士三世史》第二册第一九七、一九九页中关于这件事的评述，关于他底论评及公正方面都不是十分可靠。如怀疑一个当代人底叙述，而此种叙述之本身既甚可能，而又为生活于相近时期的人所永不否认者，则未免太不具批评眼光。的确，将科克斯底著作译为西班牙文的牟利尔（M. Muriel）非但不加否认，且盛颂之。至少我们可以说，利俄之将这件事之发生于一七六七年的错误透过于科克斯，以及证明这件事因与托利多大主教有关而决不能发生于是年是非常不公平。因科克斯很清楚地说，这件事发生于一七六八年，"他们被驱逐之后一年"。

① 另一个西班牙人——和平王——说，在一七八八年查理士四世接位的时候，"僧院中拥挤着不断增加的各种教团及各种年龄的僧侣"。（见哥达《自传》第一册第一二六页）
② 对于我们，天主教裁判所似乎不过是人们之情爱所寄托的一个东西，但其中包含着情绪是无疑的，"西班牙是畏敬宗教裁判所的"。（见《卢维尔传记》第一册第三六页）而这得斯告诉我们："天主教裁判所非但为法律所建立，且有一种奇异之魔力将其固定于人民之内心及情爱中，以致凡侮辱在天主教裁判所中当过报告及证人的人都将被凌迟而死。"（见《短篇论文》第一册第四〇〇页，一七三〇年伦敦出版）
③ "天主教裁判所之密友如阿布朗泰斯（Abrantes）、摩拉（mora）及其他之西班牙贵人都去帽与剑，权当仆人。"（见科克斯著《西班牙之波旁君主》第四册第四一八、四一九页）这是在俄拉维（Olavide）那件大事中所发生的情形。

纪中循索出来。那些因素强迫西班牙人迷信，故以法律来改变他们底性质实是徒劳无功的一件事。迷信之唯一补救就是知识，没有其他的东西能扫除人类思想中的病菌。没有知识，患麻疯者不得洁净，奴隶不得自由。欧洲文明就是源于有法律及事物之联系的知识，但这恰常是西班牙所缺乏的。除非这种缺乏已补满了，除非科学以其勇敢及研究的精神曾按其自己的态度及方法建立了她研究所有题材的权利，否则我们将可确定地说，在西班牙，没有文字，没有大学，没有立法者，没有任何种的改革者能将西班牙人民从一般情势将他们投掷进去的那种孤立无助及黄暗情形中拯救出来。

没有一种伟大的政治改进——无论其表面是如何地合理和动人——能产生永久的利益，除非在这种改进以前，舆论先起变化及舆论之每种变化以前先有知识之变化。这几种理论是所有历史都能证明的，而在西班牙史中尤为明显。西班牙人什么都有，只是没有知识。他们巨大的财富及分布于全球各部的肥沃及人口稠密的土地，他们本国因受大西洋及地中海之洗刷及具有良港的原故，很令人赞羡地位置着，适便于欧、美之贸易交通而能左右两半球之商业。① 他们在很早的时期就有充分的地方特权，他们有独立的国会，他们有权选择他们自己的官吏及管理他们自己的城市。他们曾有富饶而昌盛的镇市，大量的工业品及巧练的工匠，这些工匠底优良出品在世界之各市场必能倾销无存，他们曾从事于美术之进修而获有卓越的成功，他们高贵而精美的图画及辉焕的教堂曾公平地被列为人类手工之最神奇作品。他们讲一种美丽、响亮及易变化的语言，而他们底文字也能与语言媲美。他们底土壤也含有各种的宝藏，它充满着酒和油及产生几有热带地方之丰富的佳良果品，它藏有极有价值的矿产，其产量之丰富为欧洲任何部分所不及，没有一个地方我们能找到这样贵重而值钱的大理石，这样容易得到及这样地近海以致很平安地可以载运至需要它

---

① 一个成功的现代地理学家说："以海岸线之长，港口之多，地理上之地位之佳及自然出产之丰富来说，西班牙较任何欧洲国家都具有较大的商业利益。"（见约翰斯吞〔Johnston〕著《自然统计及历史地理学之辞典》〔Dictionary of Physical, Statistical, and Historical Geography〕第一二一三页，一八五〇年伦敦出版）

第十五章　由第五世纪至第十九世纪中叶之西班牙思想史概略　531

们的国家中。① 至于金属,没有一种而为西班牙不具有极大的产量的,她底银矿及汞矿最多出品,她盛产铜而拥有大量的铝,② 无机界中的两种最有用的出产铁和煤,③ 这个非常幸运的国家也有许多。接说铁在西班牙底每部都有,而且品质最佳,④ 同时阿斯都利亚底煤矿又据说是取之不尽的。⑤ 总之,自然是这样地席丰履厚,据说并无言过其实,西班牙本国几包有能满足人类之需要及好奇之每种自然出产品。

这些都是绝佳的礼物,现在留为史家去叙述这些礼物是怎样地被利用着。当然占有这些礼物的人民永不缺乏天赋的才能,他们也曾有大政治家、英明的君主、贤哲的官吏及通达的立法者。他们也曾有许多有才能及有力量的统治者,而他们底历史也因常有勇敢而不自私的爱国志士出现而保有着光荣。这些志士牺牲他们自己以冀救助他们底国家。人民底勇敢毫无问题的,至于上层阶级,西班牙君子之拘泥形式的尊荣已成为俗语而流行于世界了。以整个民族讲起来,最好的批评家称他们意志高尚、气量宽大、忠实、正直、亲密热烈的朋友,与私生活一切有关系的人和爱、坦白、慈善与合乎人道。⑥ 他们对于宗教事情的热

---

① "西班牙之大理石较任何欧洲国家产量都大而且美丽,而最贵重的那种却很易得而接近海底交通,但它们久已完全为人所忽视,大部分即较聪慧的本地人也不知道。"(见库克著《西班牙》第二册第五一页,一八三四年伦敦出版)在玛德里之自然史陈列室中,"大理石的标本非常瑰丽奇伟及表明怎样宝贵的东西还埋藏在这半岛中。"(见福尔德著《西班牙》第四一三页,一八四七年伦敦出版)

② 一八三二年,库克写说:"该多尔山脉(Sierra de Gador)之铝矿现在堆积充溢,因该矿物出产量大而易采掘。……铝在这条琐脉之其他部分近亚尔美里亚(Almeria)也非常丰富。"(见库克著《西班牙》第二册第七五页)"现存西班牙矿之最有价值者厥唯在格拉那达之铝矿,在最近二十年中所获得之铝底供量是这样地大,以致其他国家出产较少的铝都不能不停工而铝底价值又相当地跌落。"(见克洛区著《地理及统计辞典》第二册第七〇五页,一八四九年伦敦出版)

③ 我按普通的语辞,将煤归属于无机界中,不顾其细胞组织及植物之原种。

④ "在数年之中,西班牙全部丰富矿产中之最有价值者恐将为铁矿,这是在每处都能发见,而且品质最良的。"(见库克著《西班牙》第二册第七八页)

⑤ "产量是取用不竭,品质优良,工作异常容易,而交通又近海岸,可是实际上它们完全无用,只是交托给少数工人及几只驴子运这种矿物到希洪去。"(见库克著《西班牙》第二册第七九、八〇页)"在俄维挨多(Oviedo)之近邻有几个地方是欧洲之最大的煤矿区域。"(见福尔德著《西班牙》第三八一页,参阅第三九二、六〇六页)

⑥ "他们严肃、和平及朴素,对于友谊方面坚固而热烈,虽然成交是很不易而谨慎。"(见攸达尔·挨泼·利斯著《西班牙之旅行》第三页,一七六〇年伦敦出版)"当他们一旦承认这种友谊,则将成为最忠信之朋友。……他们对于主义非常正直而求其完整。"(见克拉克著《关于西班牙民族之信札》第三三四页,一七六三年伦敦出版)"如我将对于他们之循良底回忆之感觉完全表示出来则未免近乎阿谀,但我至少敢说,简单、忠诚、大量、高超的自尊心及荣誉之重视是西班牙国民性中之最卓越及显著的状态。"(见道孙德著《西班牙之游历》第三册第三五三页,(转下页)

诚是无问题的,①而且他们异常节制与节约。③ 可是所有这些良好的性质对于他们毫无用处,而且如果他们继续愚昧下去,则这些性质将对于他们继续无用。所有这些的结果将如何及在这国家中能否采取正当的途径没有人能说的。③ 如果不采此途径则没有一种改革能深入其浮面以下,其主要之途径,就是减少人民底迷信,而这只有依恃自然科学底进程来完成。自然科学使人明了秩序和规律底观念以后,即渐渐侵攻扰乱、神怪及奇迹的旧观念,因此使人底思想此后习于自然的原因来表明事情底变化,不再如以前专以纯粹之超自然原因来解说了。

欧洲最进步的国家在三个世纪以来,早已将自然的原因来解说每样事物了。但不幸在西班牙,教育常常仍为教士所把持,他们坚定地反

(接上页)一七九二年伦敦再版)"西班牙人底性情虽然天然深沉,而政治家则狡诡,但在他们性情中尚不失有坦白与忠实的表现。"(一个英国官吏写的《由西班牙来的信件》第二册第一七一页,一七八八年伦敦出版)"凡我所知道的西班牙人,其不良的品性都较其他人民为少。"(见克罗刻〔Croker〕著《西班牙之游历》〔Travels through Spain〕第二三七、二三八页,一七九九年伦敦出版)"西班牙人底正直是著名的,而且很显著地显现于商业各方面。"(见拉菩德著《西班牙》第四册第四二三页,一八〇九年伦敦出版)"的确,若以全体来说,没有一种人民较西班牙为更合乎人道,或对于其他人之感觉较怜悯及爱。在这方面,他们恐怕只有超过于其他民族而不会落后。"(见库克著《西班牙》第一册第一八九页,一八三四年伦敦出版)"西班牙人对于生活之各方面都很仁慈。"(见霍斯金〔Hoskins〕著《西班牙》第二册第五八页,一八五一年伦敦出版)最后我将引两位专门的政治家为证,他们和西班牙人都是很熟悉的。一七七〇年,哈利斯——后为马姆斯柏利勋爵——写:"他们是勇敢、忠实与宽宏大度。"(见《马姆斯柏利伯爵之日记与通信》第一册第四八页,一八四四年伦敦出版)按摩尔(Moore)说,霍兰勋爵评定"西班牙人在平均上是欧洲之品质最良的民族"。(见《摩尔自传》〔Moore's Memoirs〕第三册第二五三页,约翰罗素勋爵〔Lord John Russel〕于一八五三年出版于伦敦)

① 这一点他们全部历史确定地证明的;至关于他们最近之情形,一八四五年出版之《西班牙之意外事》(The Revelations of Spain)一书之作者说:"但宗教是这样地深种于西班牙之国民性中,故毁坏每样事物之最暴烈的政治风云也吹过它而不留丝毫影响,只有在受教育的男子人口中才能见到这种热烈之稍为缺乏。"(见该书第一册第三四〇页)

② "这些人民之习惯性才令人惊奇,我从未见过一个西班牙人重饮第二杯酒,在下层人民中,一块面包、一个苹果、一条葱或一个石榴已算是通常的食物。"(见克罗刻著《西班牙之游历》第一一六页)"他们在生活方面非常中和及节制饮食,'醉酒'是最厉害的责骂名词,除了搬夫和骡夫之外,很少可以看见酗醉的人。"(见达尔利姆普尔著《西班牙之游历》第一七四页,一七七七年伦敦出版)"在上等阶级中,酒醉简直是一种不会沾染的恶习,即在下等阶级中也不是很普遍的。"(见《哥达传记》第二册第三二一页,挨斯美那〔Esménard〕之注释)

③ "这是太阳底下的最奇异的国家,因为在这里智慧者简直没有力量。"(见因格尔斯著《西班牙》第一册第一〇一页,一八三一年伦敦出版)现在可且听,限制才智之士之自由及大胆作为后之实际结果罢。"特别的,在上了这个半岛及在任何处考察一二哩以后,即可看到五世纪以前英国礼貌之重新出现——发觉你自己处在一个已消灭的半文化的社会中,这种社会情形在十四世纪闭幕后及查理士二世朝代之我国史中已找不到痕迹了。"(见一个英国侨民著《西班牙之意外事》第二册第一页)

对知识的进步,他们以为知识的进步对于他们底权力是致命伤。① 故当人民安于愚昧及使人民愚昧之原因继续存在时,即不时有开明的统治者到西班牙采用着自由的政策也是没用的。西班牙底改革者除极少例外都是很热诚地攻击教会,他们很清楚地看到以为教会底权力应该减少。可是他们没有明白,这样地减少法实毫无用处,除非是舆论要求着政治家这样做才是真的减少。在西班牙,乃是政治家首先发动然后人民附从的。故在西班牙,在一个时期所做的事未必在另一时期继续下去做。当自由主义者获得权力时就压抑着天主教裁判所,可是斐迪南七世很容易地就恢复了它,因为这个裁判所虽然为西班牙立法者所破坏,其存在确是合乎西班牙民族底习惯及传统观念的。② 新的变迁发生了,在一八二〇年这个可恶的裁判所又废了。不过它底形式虽去,它底精神仍存。③ 天主教裁判所底名字、本体及其外表已经消失无余了,但其饱浸于天主教裁判所中的精神仍为人民底心所爱护着,一旦有小小的激动即将爆发出来,而重新恢复这个裁判所而造成西班牙民族之不可饶恕的迷信。

同样的,在现世纪中,所有其他对于教会之更有系统的攻击都是起初成功而在以后当然地被破坏的。在一八〇九年约瑟(Joseph)底时代,寺院教团都被压抑,他们底财产也充公了,可是西班牙并没有因此而得到多大的好处。整个民族都维护他们,当风暴过去了,他们都重新恢复了原状。一八三六年又起了另一个政治运动,那时适自由主义者

---

① "以一种人民而言,西班牙人是愚昧,是异常地愚昧,简直难以比喻,但这是因为他们底教育完全操在教士之手的原故,这些教士努力维持着他们底愚昧,以便他们可以维持权力。"(见《一个美国人著的西班牙》第二册第三六〇页)"玛德里底学校都是耶稣会徒所主持的,而他们所受的教育也就是他们那些领导者所能给的教育。"(见因格尔斯著《西班牙》第一册第一五六页)"私家教育在这里几乎完全操于教士之手。"(见《西班牙之意外事》第二册第二七页)在西班牙有如在其他国中一样,旧教徒或新教徒,教士以一团体来说,都谆谆教人以信仰而不注重研究,而以一种保守天性抑止研究之勇敢性。没有这种勇敢是决没有新知识的,虽然他们也有精博之学及书籍之强记。西班牙之教士较任何国之教士都来得有权力,故在西班牙,他们在这方面更表现得肆无忌惮。
② "斐迪南一到玛德里,就重新设立天主教裁判所,而这个谕旨普遍地为西班牙人民所欢跃拥护。"(见昆著《斐迪南七世传记》第一八九、一九〇页,一八二四年伦敦出版)这个及同样的行为使西班牙教会及人民异常欢乐,故一个伟大的牧师以为斐迪南之回到西班牙实在是上帝顾虑西班牙人民之福利的一种直接行动。
③ "天主教裁判所之精神仍旧生活着,因为没有一个君主、国会或宪法曾在西班牙应许任何近乎宗教自由的事情。"(见福尔德著《西班牙》第六〇页)

执政，故门提什保尔（Mendizabal）充公了所有的教会财产，而几剥夺教士们全部巨大及不合法而获得的财富。① 他不知道未先减少一个制度底势力而妄攻击之是一件如何愚笨的事。这样其结果是很清楚地表明着，在几年之中反动就开始了。一八四五年即实行所谓让与律令（The law of devolution）第一步就是恢复教士底财产。一八五一年他们底地位更因那著名的空科达律（Concordat）而改进，在那律里，获得与占有的权利很严正地确定了给他们。所有这些事情和整个民族很是志同道合。② 可是自由主义者未免过于发狂，在他们获得权力的后四年，就强迫取消这办法及反对对于教会的一切让步，谁知这一切的让步不幸都是舆论所乐于赞同的。结果是很容易可以看得出来，在阿拉冈及西班牙之其他部分人民即蜂涌起义，卡尔底叛乱（A Carlist insurrection）爆发了，全国响应地以为宗教发生了危险了，要使这种国家有利是不可能的。改革者当然被推翻了，而在一八五六年底秋天他们底党也分裂了。政治的反动现在开始，而其进行如此之速，以致在一八五七年春天，前两年的政策完全被推翻了。那些安然以为他们能够以法律重新改造他们国家人，看到他们底希望已完全化为乌有。一个新的政府组织了起来，其政策与民族之思想更为接近。一八五七年五月招集国会，人民底代表认许执行政府底行政，以他们联合的权力，使一八五一年空科达律中之最可恶的条款也任意地确定，教会财产的拍卖禁止了，及一切对于主教底权力的限制也取消了。

读者现在将能明白西班牙文化底真性质了。他将看见在忠君与宗教之耸人听闻的名目之下，是如何地潜伏着这些名目所常常隐藏着而是史家应努力揭出的弊害。一种盲目的尊敬精神，假托着对于君主及教会的无价值及可鄙的服从，乃是西班牙人民之主要恶德。这是他们

---

① 我找不到关于这些事情之详细历史。
② 当空科达成为法律的那一年，霍斯金——著名的非洲游历者，一个显然很有知识的人——从西班牙回来以后即出版了一本关于西班牙的书。他底著作是很有价值的，因为它表示空科达法律成立以前之一般感觉，而那时西班牙教士还在受着自由党之善意及非常失算之法令底痛苦。"我们在星期日到这些教堂中去而惊奇地发觉人数非常拥挤，教士底进款已剧烈地减少了，不过他们底财产现在已渐见恢复。"（见霍斯金著《西班牙》第一册第二五页）"这些牧师渐渐在西班牙重新树立他们底权力。"（第二册第二○一页）"这些拥挤的教堂，及做礼拜仪式之没有任何穷困之表现——姑不计其将税收亦充拨此用——都证明西班牙人现在仍如兴盛时之一样为虔诚的崇拜者及教会之热心朋友。"（见第二册第二八一页）

整个民族底恶德,即此一点已足使其趋于沦亡了。有许多国家都曾因这一点而受到极大的痛苦。但在欧洲,找不到一个地方曾像西班牙这样地长受这种恶德底创伤。故在欧洲,没有一个地方所发生的结果曾像西班牙这样地明显与有害。固然以自由这个字的真意义来说,自由底观念确是已消灭了,但它底本身可说是永久存在的。当然也曾有过暴动,而且当然也会有暴动,不过这些暴动与其说是自由底爆发,无宁说是不法底爆发。在最文明的国家中,其趋势常常是服从着不公正的法律,但在服从的时候,总是坚持着这种法律底取消。这是因为我们看到,移去不公平的事情总比较反抗它们为佳。当我们屈服于特殊的压迫的时候,我们就攻击这种压迫所由来的制度。因为要一个民族具有这种见解,则非达到某一种思想程度不可。这在欧洲史之黑暗时期中是不可能的。故我们发现在中世纪时,骚动虽然不断,叛乱是很少的。但自十六世纪以来,为切身之不公正引起之地方叛乱已渐渐减少,而为直接攻打不公正之本源的革命所代替。当然无疑这种变化是有利的,一半是因为根据事实而起因是常常好的,一半是因为革命不像叛乱之常易发生,如人民完全注重于较大的补救办法,则社会的安全不致常常扰乱。同时叛乱普通都是错误的,革命常常是对的。叛乱之起常源于愚昧人们之疯狂及感情用事的困斗,他们不耐于受到这些切身的损害,且亦永不去研究其深远及普通的原因。但一个革命,当其为民族本身之作用时,即是一种辉煌而尊严的奇观,除因弊害之存在而产生的愤怒底道德性质以外,尚增加了预测及联络性之知识性质;又因在同一行动中结合了我们天性中之最良部分而达到双重的目的,即非但惩罚了压迫者而还解放了被压迫者。

但在西班牙,却永未曾有过所谓正式的革命,也永未曾有过一次大的民族叛乱。人民虽然常常违法却从未自由过,在他们中间,我们发现仍旧保存着野蛮的特殊色彩,这使人们宁喜偶然的不服从而不喜有系统的自由。他们也有几种情感和我们普通性质相同,即使是他们那种奴隶性的忠君之心也不能灭绝的,时时这几种情感就推动他们反抗不公正。这样的本性是人性中之不可让渡的整体,这是我们决不能丧失的,这是反抗专制之滥用的最后源流。西班牙现在所能有者就是这些,故西班牙人之所以反抗者并非因他们是西班牙人而因他们是人。又即使他们在反抗,他们还是恭顺尊敬。当他们起来反对一种烦扰的进口税时,他们却屈服于一种制度之前,岂知进口税不过是这种制度中之最小的弊害罢了。他们殴打征税员却俯伏在征税员所听命的可鄙的君主之足前。他们将辱骂造恶多端及强行勒索的僧侣,或有时嘲弄那甜言蜜语及贪婪的牧师,可是他们也会牺牲其生命以维护那残暴的教会。教会曾令他们受到极可怖的灾害,但他们仍紧系之以为爱好中之最亲目的。

和这些思想习惯有关的及也实在是组成思想习惯之一部分的方面,我们发现着一种尊古之心及过度地坚持着旧意见、旧信仰及旧习惯,这些使我们回想到以前曾一度昌盛过的那些热带文化。这种偏见有一时在欧洲是很普遍的,不过它们开始在十六世纪时消失了,而比较地说起来,除了西班牙独喜紧系着以外,现在已经灭绝了。在这国家中,它们保留着他们原有的势力而产生他们自然的结果。他们一方鼓励着一种观念以为最需知道的一切真理已经大白了,一方面却抑止对于未来的那些希望及减薄对于未来的那些广博的信心。既没有这种未来的希望及信心,什么伟大的事情都不能成功的。凡对于过去太事留意的人民将永不会起来帮助向前走的进步,他们且绝难相信进步是可能的。古代事物对于他们是和智慧同意义的,而每种改进都是一种危险的改革。欧洲在许多世纪中曾留恋于这种情景而不舍,西班牙则现在仍旧留恋于此种情景中。故西班牙人以迟钝、萎靡及不具有希望而著名,而这三种性质在我们这个忙碌及事业发达的时代将他们和文明世界之其余人们隔绝着。他们既深信没有什么能做的,也就并不急于做什么。他们既深信他们世袭的知识已远超过于他们所能获得的,他们也就愿意保存他们知识所有之全部而不受损坏,以为极微的变化也许会减少它们底价值。他们满足于所遗传的一切,而和欧洲之大底伟大的学术运动隔绝。这种在十六世纪时开始可以清楚地观察到的运动自那时起即不断地前进,摇动旧的意见,破坏旧的愚行,对于各方面都改革着,改进着以至竟影响到如俄罗斯及土耳其等之野蛮国家,但只剩着西班牙未加损害。当人类的智慧正大踏步地向前走,当每方面的发现同时压迫着我们，迅疾不断地来着以致最强的眼力因为它们底光所迷惑而不能将它们融会贯通的时候，当其他更主要及离普通经验更远的发现正很明显地走近前来及也可远远地——在远处他们隐约地对于最接近它们底那些进步的思想家发生作用，在他们底思想中充满着那些难解释的、不安静的及几乎不安的感觉，而这些感觉乃是未来成功的先锋——看到的时候；当面幕已很粗暴地被揭去，及自然已到处碰壁而不得不对于人类之不屈不挠精神表露其秘密，显现其组织、其体构及其定律时；当欧洲已震撼着知识成功之嚣扰，即专制政府也不得不信服而拟分歧其自然之途径，用之以为新工具以便加紧压迫人民之自由时；当在这种普遍的嚣扰及激动中，公共的思想颠倒来回而被鼓荡着扰乱着的时候——西班牙继续睡着，不受扰乱，不注意，也无感觉，不从世界之其他部分接受印象，也不对世界作任何印象。她躺在大陆底极端如一团大而无知觉的东西，是现在仅存的中世纪之感觉及知识之唯一代表。而且最坏的象征就是她颇满足于她自己的情形。虽然她是欧洲最退步的国家，她却相信她自己是最前进的。她对于每样应自惭的东西都表示骄矜，她骄傲她意见之古，骄傲她底正教，骄傲她信仰的力量，骄傲她无数幼稚的轻信，骄傲她对于信条及风俗之不愿修改，骄傲她对于异教徒的仇恨，骄傲于她之不绝警防着异教在国内有了充分与合法的建立。

所有这些事情集合起来就产生了那种悲惨的现象，我们即总称之为西班牙。这三个字底历史就是人类种族所能造成的每种变化底历史，它包含着极端的力量与极端的懦弱，无量的财富与赤洗的贫困，它是各种种族各种言语与各种血统底混合史。它含有人类之机智所能规划的各种政治结合，无限种类与无限数量的法律，种种的宪法由最严厉的以至于最自由的。民主政体，君主政体，牧师秉政的政府，地方秉政的政府，贵族主持的政府，代表团主持的政府，本国人执政的政府，外国人执政的政府，种种都已尝试过而无效果。物质上的器具都曾大量地用过，由国外输入许多工艺，新发明与机械，工厂设立起来，交通开发，造路，筑河，开矿，造港。总之，各种改变都有，只是意见永矢不改；各种可能的变更都有，只是知识不变更。结果，无论政府底力量如何，外国风俗底影响如何，以及物质上的改新如何——这只能点触着社会底表面而不能深入其内部——西班牙民族底进步是毫无表征可见;牧师非但没有失了势力,而且还非常稳固;对于教会的极微攻击也会引起人民底反感;同时教士底荒淫及现世纪尚沾污王座的那些败德都不能减少许多世纪以来之积力曾深刻于西班牙民族之思想中及潜入于其心中的迷信或忠君之情绪。

图书在版编目(CIP)数据

英国文化史 / (英)博克尔著；胡肇椿译；李孝迁整理. —上海：上海古籍出版社，2018.11
(中国近代史学文献丛刊)
ISBN 978 - 7 - 5325 - 9004 - 9

Ⅰ.①英… Ⅱ.①博… ②胡… ③李… Ⅲ.①文化史—研究—英国 Ⅳ.①K561.03

中国版本图书馆CIP数据核字(2018)第236132号

中国近代史学文献丛刊

英国文化史

博克尔 著
胡肇椿 译
李孝迁 整理

上海古籍出版社出版发行

(上海瑞金二路272号 邮政编码200020)
(1) 网址：www.guji.com.cn
(2) E-mail：guji1@guji.com.cn
(3) 易文网网址：www.ewen.co
浙江新华数码印务有限公司印刷
开本635×965 1/16 印张35.75 插页6 字数545,000
2018年11月第1版 2018年11月第1次印刷
ISBN 978 - 7 - 5325 - 9004 - 9
K·2565 定价：138.00元
如有质量问题，请与承印公司联系